Spark

The Definitive Guide

스파크 완벽 가이드

| 표지 설명 |

표지 그림은 아메리카제비꼬리솔개(학명: *Elanoides forficatus*)입니다. 브라질 남부에서 미국 남동부에 이르는 산림지대와 습지대에서 발견되는 맹금류로 작은 파충류, 양서류, 포유류뿐만 아니라 큰 곤충도 먹고 삽니다.

몸길이는 약 50~68cm이며 날개를 편 길이는 약 120cm입니다. 날카로운 갈래 꼬리로 방향을 조정하며 공중을 날아다닙니다. 머리와 몸 아랫면은 흰색이고 등과 날개는 검은색입니다. 대부분의 시간을 공중에서 보내며, 땅에 머무르지 않고 수표면을 날아다니며 물을 마십니다. 물 근처에 둥지를 짓습니다.

맹금류 중에서도 아메리카제비꼬리솔개는 사교적인 동물입니다. 잠을 자거나 쉴 때 무리 지어 보금자리를 잡습니다. 이동할 때는 수백에서 수천 마리가 함께하기도 합니다. O'Reilly 책 표지의 많은 동물은 멸종 위기에 처해 있습니다. 멸종 위기의 동물은 세계적으로도 매우 중요한 사안입니다. animals.oreilly.com 사이트에 접속하면 멸종 위기의 동물을 돕는 방법을 알 수 있습니다.

표지 이미지는 리처드 리데커의 『The Royal Natural History』(1893)에서 가져왔습니다.

스파크 완벽 가이드

스파크를 활용한 빅데이터 처리와 분석의 모든 것

초판 1쇄 발행 2018년 12월 10일
초판 4쇄 발행 2022년 10월 5일

지은이 빌 체임버스, 마테이 자하리아 / **옮긴이** 우성한, 이영호, 강재원 / **펴낸이** 김태헌
베타리더 김건우, 이승범, 김광일, 김보미, 김지훈, 권재철, 노현정, 공승환, 박윤진, 김혜진
펴낸곳 한빛미디어(주) / **주소** 서울시 서대문구 연희로2길 62 한빛미디어(주) IT출판부
전화 02-325-5544 / **팩스** 02-336-7124
등록 1999년 6월 24일 제25100-2017-000058호 / **ISBN** 979-11-6224-128-8 93000

총괄 전정아 / **책임편집** 서현 / **기획·편집** 박지영 / **교정·전산편집** 김철수 / **진행** 최민이
디자인 표지·내지 신종식
영업 김형진, 김진불, 조유미 / **마케팅** 박상용, 송경석, 한종진, 이행은, 고광일, 성화정 / **제작** 박성우, 김정우

이 책에 대한 의견이나 오탈자 및 잘못된 내용에 대한 수정 정보는 한빛미디어(주)의 홈페이지나 아래 이메일로 알려주십시오. 잘못된 책은 구입하신 서점에서 교환해드립니다. 책값은 뒤표지에 표시되어 있습니다.
한빛미디어 홈페이지 www.hanbit.co.kr / 이메일 ask@hanbit.co.kr

Spark
The Definitive Guide
스파크 완벽 가이드

O'REILLY®
한빛미디어 Hanbit Media, Inc.

지은이 소개

지은이 **빌 체임버스** Bill Chambers

2014년에 몇몇 연구 프로젝트에 스파크를 도입했습니다. 데이터브릭스Databricks에서 제품 관리를 맡고 있으며 사용자들이 다양한 아파치 스파크 애플리케이션을 개발할 수 있는 환경을 만들기 위해 노력하고 있습니다. 또한 정기적으로 스파크와 관련된 블로그를 작성하고 콘퍼런스 발표와 밋업meetup에 참여하고 있습니다. UC버클리 대학교 정보대학원UC Berkeley School of Information에서 정보 관리와 시스템 분야의 석사학위를 취득했습니다.

지은이 **마테이 자하리아** Mate Zaharia

2009년에 아파치 스파크 프로젝트를 시작했고 UC버클리 대학교 박사 과정 동안 스파크와 함께 했습니다. 버클리의 여러 연구원 및 외부 공동 작업자와 함께 스파크의 핵심 API를 설계하고 스파크 커뮤니티를 성장시키고 있으며 구조적 API와 구조적 스트리밍 같은 새로운 개념을 만드는 데 참여하고 있습니다. 2013년 마테이와 버클리 스파크 팀은 오픈소스 프로젝트의 성장을 도우려 데이터브릭스를 설립하고 상업용 제품을 제공하기 시작했습니다. 현재 데이터브릭스의 최고 기술 전문가로 일하고 있으며 스탠퍼드 대학교의 컴퓨터 과학 분야 조교수를 맡아 대규모 시스템과 인공지능 분야를 연구하고 있습니다. 2013년에 UC버클리 대학교에서 컴퓨터 과학 박사학위를 취득했습니다. 마테이는 아파치 메소스 프로젝트의 초기 멤버이자 아파치 하둡의 커미터입니다. 마테이의 연구 내용은 2014 ACM Doctoral Dissertation Award 및 VMware Systems Research Award를 수상하며 인정받았습니다.

옮긴이 소개

옮긴이 **우성한** panelion@gmail.com

오디오 소셜 미디어 스푼라디오에서 데이터 엔지니어로 재직하며 데이터 레이크 구축 및 데이터 분석에 힘쓰고 있습니다. 모바일 게임, SNS 서비스, 결제 시스템 등 다양한 SW 분야에서 개발한 경험이 있으며, 2011년 빅데이터의 매력에 빠져 이 분야의 오픈소스를 다루기 시작했습니다. kt NexR의 대표적인 빅데이터 솔루션인 NDAP 개발에 참여했으며, NexR 엔터프라이즈 제품의 아키텍처 설계부터 프런트엔드/백엔드 개발까지 수행하는 풀 스택 엔지니어로서 빅데이터 처리 통합 솔루션을 개발했습니다.

옮긴이 **이영호** diesel.yh.lee@gmail.com

토스 팀의 업무 스타일에 매료되어 현재 토스페이먼츠 데이터 엔지니어링 팀에서 스파크 기반의 통합 데이터 처리 도구와 AB 테스트 도구를 구현하고 운영하는 DRI를 가지고 즐겁게 일하고 있습니다. 스푼라디오의 데이터 팀장으로서 데이터 레이크 구축과 운영을 담당했고 kt NexR에서 빅데이터 기술에 대한 기본기를 다지면서 여러 배치/실시간 빅데이터 프로젝트에 참여했습니다. 기술서적 번역과 강연을 즐기며 빅데이터 기술의 높은 벽을 허물어내는 데 큰 관심이 있습니다.

옮긴이 **강재원** jwon.kang3703@gmail.com

현재 kt NexR에서 데이터 사이언스 팀장을 맡고 있습니다. SPSS Korea에서 분석 솔루션을 기반으로 다양한 도메인에서 분석 컨설턴트로 활동했습니다. kt NexR에 데이터 사이언티스트로 합류한 후 국내 최초 금융권 빅데이터 분석 프로젝트를 성공적으로 수행하면서 지금까지 다양한 기업을 대상으로 데이터 분석의 가치와 최적 방법론을 전파하려 노력하고 있습니다. 최근에는 스파크를 기반으로 텐서플로 등과 같은 다양한 프레임워크를 활용한 분석 방법론을 연구하고 있습니다.

제가 아파치 스파크 1.6을 사용하기 시작했던 것이 엊그제 같은데, 벌써 아파치 스파크 2.4가 2018년 11월에 출시되었습니다. 아파치 스파크는 개발자와 사용자가 많고 발전이 빨라서 새 버전이 출시될 때마다 적지 않은 기능이 추가됩니다. 그래서 인터넷으로 최신 자료를 찾아서 습득하는 것도 쉽지 않지요.

때마침 한국어로 출시된 『스파크 완벽 가이드』는 아파치 스파크 창시자인 마테이가 쓴 스파크 바이블이라고 할 수 있습니다. 친절한 기본부터 꼼꼼한 심화까지 잘 구성되어 있어 입문용으로도 좋고, 두고두고 곁에 두는 참고용으로도 좋습니다. 아파치 스파크 커미터인 저도 정독하며 많은 도움을 받았습니다. 빅데이터에 입문하시는 분과 데이터 엔지니어 및 과학자 분의 소중한 시간을 크게 절약해줄 책입니다. 적극 추천해 드립니다.

_현동준
아파치 스파크 커미터

『스파크 완벽 가이드』의 추천사를 부탁받고 교정 작업 중인 원고를 받았습니다. 700페이지가 넘는 적지 않은 분량이었는데, 시간 가는 줄 모르고 하루 만에 다 읽어버렸습니다. 책을 읽으면서 한 페이지씩 넘길 때마다 가슴속이 시원한 느낌이 들었습니다. 예전부터 '이런 책이 있어야 하는데'라고 생각해왔던 바로 그런 책이었습니다. 속이 시원한 느낌과 함께 추천사를 어렵지 않게 쓸 수 있겠다는 안도감도 들었습니다.

스파크는 이미 대기업, 중소기업, 스타트업 가릴 것 없이 여러 기업에서 활용되고 있는 강력한 빅데이터 도구입니다. 그런 만큼 시중에 볼만한 학습 자료나 도서도 많이 나와 있습니다. 하지만 대부분의 도서가 몇 년 전 상황에 머물러 있어 계속해서 발전하고 있는 스파크를 충분히 설명하기에는 부족했던 것이 사실입니다.

스파크 2.0 DataFrame API가 소개되고 널리 사용되면서 많은 사람에게 친숙한 SQL과 비슷한 사용성, 그리고 좋은 성능으로 스파크는 더욱 대중성 있는 프로젝트가 되었습니다. 기존에 스파크를 사용하던 사람들은 어렵지 않게 DataFrame의 사용법을 익혔으리라 생각하지만, 새롭게 스파크를 접하는 사람들에겐 스파크 1.0 시절의 RDD와 DataFrame을 함께 익히느라 적잖이 혼란스러웠으리라 생각합니다.

이 책은 현재 가장 인기 있고 많이 쓰이는 DataFrame을 중심으로 많은 사람이 관심을 가지고 활발하게 개발 중인 미래의 머신러닝 영역까지 아주 잘 풀어내고 있습니다. 오픈소스는 계속 움직이기 마련이기에 이 책도 언젠가는 구식이 될지 모르겠지만 당분간은 새롭게 스파크를 배우는 사람들에게 그리고 기존에 스파크를 사용하던 사람들에게 제가 첫 번째로 추천하는 도서가 될 것입니다.

_김상우

쏘카 데이터그룹 그룹장

페이스북 스사모(한국 스파크 사용자 모임) 공동설립, 운영진

『스파크 완벽 가이드』는 국내 출간을 손꼽아서 기다렸던 책입니다. 스파크 교육을 진행할 때 교재로 사용했던 책의 번역서가 이제야 나오게 되었네요. 아파치 스파크의 창시자인 마테이님이 저자로 참여하여 더욱더 신뢰가 가는 책입니다.

그리고 무엇보다도 스파크의 과거와 현재 그리고 앞으로의 방향 등이 잘 녹아 있습니다.

스파크의 기본 아키텍처부터 구조적 API의 내용 그리고 스파크 2.x의 새로운 특징들을 포함한 구성이 매우 흥미롭습니다. 다양한 예제로 핸즈온을 진행할 수 있으며 모든 실습 코드는 깃허브에서 최신의 상태로 관리됩니다.

스파크를 처음 접하는 스파크 뉴비, 스파크로 빅데이터 플랫폼을 운용하는 데이터 엔지니어, 스파크 애플리케이션을 개발하는 디벨로퍼 그리고 스파크로 데이터 전처리를 수행하는 데이터 분석가 모두에게 필수 도서로 이 책을 추천합니다.

_정유선

SK텔레콤

한국 스파크 사용자 모임 소속

빅데이터 분야에서 '배치=하둡', '실시간=스파크'라는 공식을 당연하게 여기는 시기가 도래했습니다. 사실 하둡의 강점이었던 배치 처리도 스파크가 모두 처리하는 단계로 발전했습니다. 빅데이터의 대명사로 불리는 하둡은 스파크가 발전하면서 이제는 단지 데이터를 분산해서 저장하는 스토어 레벨로 충분할 정도입니다. 그만큼 빅데이터에서 스파크가 대표적인 분산 처리 프레임워크로 확고히 자리를 잡았으며, 더욱이 머신러닝/딥러닝이 대부분의 분야에서 활용되면서 이를 대규모로 분산 처리해줄 수 있는 스파크가 가장 강력한 도구로 사용되고 있습니다.

국내에서 스파크를 진정 초대용량으로 실전에서 사용하신 분들이 이 책을 번역한다고 하기에 단순히 기계적인 번역이 아닐 거라 예상하며 리뷰를 살펴보았습니다. 본인들이 직접 집필한 정성 이상으로 원문의 의미 하나하나를 자연스럽고 현실적으로 풀어주었습니다. 역자들이 경험한 것 이상의 내용이 애초 원문에 기술되지 않아서 조금 아쉽지만, 스파크를 처음 시작하거나 제대로 기본부터 배워야 하는 분들에게 다른 미사여구를 추가할 필요 없이 강력 추천할 수 있는 책입니다. 더불어 역자들이 추후에 본인들의 경험을 더 충분히 녹여낸 서적을 내놓는다면 더욱 더 강력히 추천하겠습니다.

_정구범

BigData Evangelist @ kt NexR

빅데이터와 머신러닝이 산업 전반에 확산됨에 따라 대용량 분산 처리와 분석이 모두 가능한 아파치 스파크는 빅데이터 소프트웨어 아키텍처의 코어로 확고하게 자리 잡았습니다.

이 책의 공동 저자 중 한 명인 마테이 자하리아는 오픈소스 스파크 이전부터 버클리 대학교에서 스파크의 주요 엔진을 설계했으며, 머신러닝 부분에 있어서도 가장 중요한 역할을 한 초기 멤버입니다.

책 내부를 자세히 보면 1부에서는 스파크의 전반적인 내용을 설명하고 있기 때문에 조금 낯선 코드 구조가 나오더라도 바로 전부 이해하기보다는 개념을 위주로 이해하면 좋습니다. 2부와

3부에서는 주요 API와 데이터 타입을 자세히 다루고 있고, 4부와 5부에서는 실제 프로그램을 구동시키기 위한 방법을 다루고 있습니다. 그러므로 전체를 파악하기 위해 책 전체를 빠르게 속독한 후 4, 2, 5부 순서대로 익히고, 로우레벨 API를 다루는 3부는 그다음에 자세히 익히면 좋습니다. 마지막으로 6부에서 고급 분석 기법을 배우고 나머지 부분을 가벼운 마음으로 보실 것을 추천해 드립니다.

이 책은 스파크의 전반적인 구조와 주요 API를 자세히 설명하고 있습니다. 또한 최신 API를 중심으로 애플리케이션을 어떻게 만들면 되는지 설명하고 있기 때문에 초급에서 중급 단계로 넘어가려는 빅데이터 애플리케이션 개발자에게 적합합니다.

_이상훈

삼성생명 DA Lab

한국 스파크 사용자 모임, 케라스 코리아 운영자

스파크는 오픈소스 중에서도 활발하게 많이 사용되는 프로젝트 중 하나이고, 여러 회사에서 사업에 사용하려 시도하고 있습니다. 이 책은 스파크에 대한 지루하고 복잡한 설명보다는 간단한 예제를 이용하여 어려울 수 있는 내용을 쉽게 풀어 알려줍니다. 스파크 2.0부터 추가된 여러 기능과 갱신된 내용을 다루고 있어 기술에 관심이 많은 사람, 새롭게 스파크를 배우고자 하는 사람에게 특히 적합하고, 운용 환경이나 튜닝에 대한 내용도 담고 있어 고급 스파크 사용자, 실무에서 스파크를 사용하고 있는 사람에게도 도움이 되는 책입니다.

_권혁진

Hortonworks

스파크 커미터, 한국 스파크 사용자 모임 운영진

베타리더의 글

번역 과정에서 원문의 뜻을 흐리지 않기 위해 많은 시간을 역자들과 함께 고민하였습니다. 책 제목이 『스파크 완벽 가이드』지만 스파크와 관련된 내용을 책 한 권에 모두 담을 수는 없으며 스파크를 한 번에 완벽하게 이해하는 것 또한 어렵다고 생각합니다.

인터넷에서 스파크와 관련된 다양한 정보를 찾아볼 수 있고, 스파크에 대한 다른 전문가들의 서적도 많이 찾아볼 수 있습니다. 하지만 저자들이 예제와 함께 직접 소개하는 스파크 2.0 버전의 구조적 API인 DataFrame, Dataset, 스파크 SQL 그리고 구조적 스트리밍을 이해하고 개발하고자 하는 독자분에게 이 책을 추천합니다. 이 책으로 스파크를 처음 공부하는 독자라면 이 말을 해드리고 싶습니다.

"스파크의 세계에 오신 것을 환영합니다!"

_김건우
빅데이터 엔지니어 & 아키텍트

책 속의 예제들을 zeppelin docker 이미지로 만드는 작업을 하면서 스파크의 다양한 활용 방법을 학습할 수 있었습니다. 예제 코드가 각 장의 핵심을 잘 표현했기 때문에 이해가 잘되었습니다. 예제 코드를 따라 해보는 것만으로도 업무에서 발생하는 다양한 문제를 해결할 수 있을 겁니다.

_이승범
빅데이터 엔지니어

먼저 이 책의 번역을 위해 수고하신 분들께 감사드리며, 베타리딩에 참여할 수 있어서 정말 좋았습니다. 저 또한 베타리딩을 하면서 스파크에 대한 학습과 스파크를 활용한 고급 분석을 공부해볼 수 있어서 뿌듯했습니다.

기존에 다양한 툴로 분석을 하던 분석가라면 책에 실려 있는 예제 코드를 직접 수행해보는 것만으로도 스파크를 활용한 고급 분석의 기본적인 부분은 익힐 수 있을 겁니다. 스파크와 스파크를 활용한 분석에 관심이 있는 모든 독자분에게 이 책이 좋은 첫걸음이자 길잡이가 될 수 있을 거라 생각합니다.

_김광일
데이터 사이언티스트

처음 베타리더 제의를 받았을 때 정말 기뻤습니다. 빅데이터 분야에 핫한 기술인 스파크의 모든 것을 담은 번역서를 누구보다 빨리 읽어볼 수 있다니! 제안해주신 역자분들께 감사드립니다. 덕분에 스파크 기술을 공부할 수 있었습니다. 그리고 베타리더를 하면서 IT 도서에 만연한 번역어투를 최대한 없애기 위해 열심히 노력했습니다. 읽는 분들 모두 스파크를 더욱 쉽게 이해할 수 있으면 좋겠습니다.

_김보미
빅데이터 엔지니어

이 책의 베타리딩에 참여해서 참으로 기뻤고, 스파크 클러스터의 운영자로서 스파크 2.0의 구조적 API와 스트리밍을 익히는 데 도움이 많이 되었습니다. 스파크에 관심이 많으신 분이 보면 좋을 것 같습니다. 여러 바쁜 개발 업무 속에서도 번역하느라 항상 고생하셨던 David, Diesel 수고하셨고, 앞으로도 이 책으로 인해 업무적으로 스파크를 학습하는 데 도움이 될 것 같습니다.

_김지훈
빅데이터 엔지니어

분석가로 업무를 수행하면서 SPSS, SAS, R, DB 등 다양한 분석 도구를 활용했었습니다. 실무에서 대용량 데이터에 대한 머신러닝을 수행하는 데 기존 분석 도구를 활용했던 분석가라면 많은 시행착오와 제약사항을 경험했을 겁니다. 다양한 빅데이터 분석 요구를 충족시키기 위해서는 최신 분석 방법론뿐만 아니라 빅데이터를 다루고 분석할 수 있는 환경 및 도구에 대한 준비는 필수라고 생각합니다. 이 책은 미래를 준비하는 빅데이터 엔지니어 및 분석가에게 많은 도움이 될 것이라고 생각합니다.

_권재철
데이터 사이언티스트

베타리더로서 번역본을 먼저 접할 기회를 주셔서 감사합니다. 이 책은 스파크와 관련된 전반적인 내용을 다룹니다. 분석가 입장에서 읽어보았을 때 고급 분석 부분의 경우 다양한 분석 테마에 대해 간단한 적용 사례와 함께 기본적인 분석 방법을 스파크를 통해 실습을 해볼 수 있도록 구성되어 있어서 스파크로 분석을 해보려는 이들이 입문서로 사용하기에 적합할 겁니다.

_노현정
데이터 사이언티스트

지난 수년 동안 전공자/실무자로서 스파크 및 데이터 과학에 대한 서적을 다독했으나 『스파크 완벽 가이드』처럼 스파크 전반에 대한 이론 및 실습 모두를 명료하게 설명한 책은 없었습니다. 아울러 스파크와 머신러닝을 연계하여 활용케 함으로써 대학(원)생뿐만 아니라 특히 실무자에게 매우 훌륭한 지침서 역할을 할 것이라 확신합니다.

_공승환
데이터 사이언티스트

데이터 분석가 입장에서 여러 서적을 접혀보았지만 기술적인 부분의 이해 없이 빅데이터에 대한 접근은 쉽지 않다는 것을 깨달았습니다. 베타리더로서 스파크의 기술적인 부분과 분석 부분을 함께 습득하고 이해할 수 있는 좋은 서적을 함께 할 수 있어서 감사했습니다.

_박윤진
데이터 사이언티스트

옮긴이의 말

빅데이터 세상의 문을 연 아파치 하둡이 세상에 등장한 지 10년이 넘었습니다. 그 후 아파치 하둡을 기반으로 한 많은 오픈소스가 탄생했으며 스파크도 그중 하나로 시작했습니다. 스파크는 하둡의 가장 큰 특징 중 하나인 맵리듀스의 연산 처리 속도가 느린 점을 개선하기 위해 인메모리 방식의 처리를 기반으로 연산 속도를 개선했습니다.

스파크는 하둡의 장점뿐만 아니라 여러 오픈소스가 가진 장점을 함께 가지고 있습니다. 예를 들어 아파치 하이브의 장점인 HQL을 사용할 수 있을 뿐만 아니라 SQL에 친숙한 사용자를 위해 스파크 SQL을 제공합니다. 그리고 아파치 스톰의 스트리밍 처리 기술을 지원하는 스파크 스트리밍을 제공합니다. 이에 그치지 않고 최근에 화두가 되고 있는 머신러닝 처리를 위해 MLlib 라이브러리를 제공합니다. 마지막으로 스파크 GraphX를 제공함으로써 그래프 처리 능력까지 가진 팔방미인입니다. 그리고 기본 제공 기능 외에 다양한 기능을 스파크 패키지로 제공하고 있으며, 스파크를 사용하는 많은 사용자는 이를 내려받아 손쉽게 사용할 수 있는 일종의 '스파크 생태계'를 구축했습니다. 스파크 사용자는 본인이 개발한 스파크 라이브러리를 스파크 패키지를 통해 공유할 수 있습니다.

구글 트렌드에서 찾아보아도 아파치 스파크는 전 세계적으로 주목받고 있는 오픈소스 프로젝트 중 하나이며, 이에 발맞추어 스파크 자체도 사용자의 관심사를 반영하여 점점 더 개선되고 있습니다.

최근 빅데이터의 추세는 머신러닝입니다. 엔터프라이즈 환경에서 빅데이터 도입기에는 데이터를 한곳으로 모으는 '수집'에 초점이 맞추어졌습니다. 수집된 데이터를 처리하는 단계를 거쳐 이제는 분석하는 단계에 이르렀고, 현재 머신러닝 및 AI 기술을 활용하여 빅데이터를 분석하고 있습니다. 스파크 역시 머신러닝 및 AI와 관련된 많은 개발이 이루어지고 있습니다. 그리고 스파크는 사용자 친화적인 API를 통해 여러 오픈소스 또는 여러 언어를 사용해 하나의 파이프라인으로 생성할 수 있다는 장점이 있으며, 스파크를 사용해 빅데이터 처리 및 분석과 관련된 모든 과정을 수행할 수 있습니다.

『스파크 완벽 가이드』 역시 스파크의 장점을 잘 살릴 수 있도록 스파크의 기초적인 내용부터 처리, 운용, 관리, 모니터링 그리고 머신러닝, 그래프에 이르기까지 다양한 내용을 종합적으로 잘 설명하고 있는 책입니다. '완벽 가이드'라는 타이틀을 달고 나온 책으로서 그 명성에 걸맞게 스파크를 사용하는 국내 모든 사용자의 책장에 꽂혀 있는 그런 책이 될 거라 믿어 의심치 않습니다. 이 책으로 많은 사람이 스파크에 관심을 가지는 좋은 계기가 되길 바랍니다.

이 책을 번역하면서 가장 중점을 둔 부분은 독자에게 좀 더 쉽게 다가갈 수 있는 책이 되는 것이었습니다. 그렇기 때문에 단어, 어투, 문장 구성 모두 읽는 사람이 쉽게 이해할 수 있도록 최대한 노력해 번역하였습니다. 이를 위해 실무에서 스파크로 개발하는 개발자 및 R 언어로 분석을 수행하는 분석가 등 많은 분을 베타리더로 모집했습니다. 베타리더로 참여해주신 모든 분께 감사의 인사를 드립니다. 특히 번역하는 내내 옆에서 함께 힘이 되어주신 ST Unitas의 김건우 팀장님 감사합니다.

『스파크 완벽 가이드』는 3명의 역자가 번역을 동시에 진행했습니다. 3명의 역자가 동시에 번역을 진행하기 좋은 환경을 구성하기 위해 모든 번역을 마크다운markdown으로 작성하였습니다. 마크다운으로 작성된 파일은 git으로 코드 관리를 하여 충돌이 발생하는 상황을 최대한 피하려고 했으며, 또한 버전 관리를 통해 불의의 사태를 미리 방지하였습니다. 번역하기 전에는 몰랐지만 『스파크 완벽 가이드』 원서 역시 마크다운으로 작성되었다는 사실을 알고 또 한 번 놀라게 되었습니다. 한 가지 재미있는 사실은 원서의 19장에서 43128로 나온 부분이 마크다운 오류로 인해 발생한 문제였으며 실제로는 4 * 3 * 128이었습니다. 이 때문에 번역하면서도 43128이 어떻게 나오게 됐는지 한참 찾았던 기억이 아직도 눈에 선하게 그려집니다.

『스파크 완벽 가이드』의 예제를 독자가 수월하게 실행할 수 있도록 다양한 환경을 제공하려 노력했습니다. 그중 하나가 바로 도커 환경입니다. 도커와 관련된 내용은 원서에 수록되어 있지 않습니다. 하지만 손쉽게 스파크를 실행할 수 있는 환경을 구성할 수 있도록 부록에 추가해두었습니다. 도커 환경 구축에 도움을 준 kt NexR의 이승범 님께 감사의 말씀 드립니다.

『스파크 완벽 가이드』를 좀 더 완벽하게 번역할 수 있도록 함께 참여해주신 kt NexR의 이영호 팀장님, 그리고 강재원 팀장님 정말 수고 많으셨습니다. 주중 주말 가릴 것 없이 매일 밤새도록 함께 번역한 시간들이 있었기에 번역을 성공적으로 마무리할 수 있었습니다.

마지막으로 언제나 제가 하는 일을 믿어주고 옆에서 많은 조언을 해준 아내와 번역한다고 많은 시간 함께 놀아주지 못한 우리 딸 MINY에게 미안하고 감사하고 사랑한다는 말을 전하고 싶습니다.

_우성한

데이터는 수집, 저장, 처리, 분석의 과정을 거치며 그 가치를 키워나갑니다. 그리고 시간이 지나면 생을 마감하고 영구 저장소에 저장되거나 제거됩니다. 과거에는 데이터 생산 주체가 사람이었지만, 이제는 핸드폰, 자동차 심지어는 시계에서도 정보를 생산합니다. 바로 데이터 생산의 주체가 바뀐 겁니다. 기계적으로 생산되는 데이터양은 사람이 따라가지 못할 만큼 방대하기에 그 데이터를 저장하고 처리할 기술이 필요했고, 그 결과 우리가 알고 있는 빅데이터 기술이 시장에서 주목받기 시작했습니다. 하둡을 필두로 유명 오픈소스 프레임워크들은 각자의 영역에서 혁신적인 기능과 가치를 제공하며 승승장구했습니다. 맵리듀스MapReduce 프레임워크나 하이브Hive가 지배하던 데이터 처리 분야는 아파치 스파크의 등장으로 큰 전환점을 맞이했습니다. 디스크를 넘나들며 처리하던 비효율성을 제거하면서 높은 처리 성능을 제공한 스파크는 단단한 코어 라이브러리를 기반으로 빠르게 성장하며 빅데이터 처리뿐만 아니라 분석 기술까지 시장 깊숙이 전파했습니다.

아파치 스파크가 소개되기 전에는 빅데이터 저장과 처리 프레임워크(하둡), SQL 엔진(하이브), 실시간 처리(Flume interceptor 활용, 혹은 MapReduce 반복 실행 등) 그리고 머신러닝(머하웃, R)을 각각 익혀야 했습니다. 각 기술의 학습 곡선은 높았으며 이를 종합적으로 활용하려면 많은 시간과 노력이 필요했습니다. 아파치 스파크는 하나의 프레임워크 안에 이런 기능을 모두 담고, 단일 프로그래밍 인터페이스를 통해 구현할 수 있는 능력을 제공했습니다. 그뿐만이 아닙니다. 스파크는 과거에 맵리듀스로 대변되는 빅데이터 병렬 처리 프레임워크의 비효율성(중간 결과의 디스크 저장)을 제거하여 특정 상황에서 기존 프레임워크보다 백배 이상의 성능을 발휘합니다. 스파크가 자랑하는 거대한 커뮤니티는 이 기능을 더욱 정교하게 만들기 위해 노력하고 있습니다. 또한 스파크 코어를 확장하거나 스파크에서 유용한 기능을 제공하는 서드파티 라이브러리도 계속 늘고 있습니다.

아파치 스파크는 두 번째 버전을 출시하면서 구조적 API에 큰 공을 들였습니다. 과거에는 RDD(탄력적 분산 데이터셋)를 통해 사용자가 함수형 프로그래밍 방식으로 데이터를 조작해야 했습니다. 하지만 새롭게 소개된 구조적 API는 복잡함을 제거하여 사용자가 처리 과정에 집중할 수 있는 여유를 선사합니다. 이제 스파크 사용자는 데이터 처리 방법을 고민해야 합니다. 스파크는 사용자의 의도를 파악하고 최적의 처리 방법을 찾아내 결과를 생성합니다. 그리고 스파크가 강조하는 '통합' 사상을 유지한 채 모든 유형의 워크로드를 하나의 애플리케이션에 일관성 있는 API로 담아 연속형 애플리케이션을 쉽게 구성할 수 있는 환경을 선사합니다. 실시간으로 데이터를 읽어 ETL(추출, 변환, 적재) 처리하고 머신러닝 모델에 적용해 값을 예측한 후 결과를 어딘가에 저장하는 처리를 구현하려면 얼마나 많은 애플리케이션을 개발하고 엮어야 할까요? 아파치 스파크 세상에서는 이 모든 과정을 하나의 애플리케이션으로 구현합니다.

이 책은 기존의 여러 기술 번역서와 다르게 경어체를 사용합니다. 역자와 대면으로 교감한 것은 아니지만 번역자 입장에서 이 책을 읽었을 때 '예제로 흐름을 지배한다'와 '스파크를 속삭이려 한다'는 느낌을 받았습니다. 따라서 예제 실행 환경을 쉽게 마련하는 방법을 조금 더 자세히 알려주고, 스파크 이야기를 듣는 것처럼 읽을 수 있는 친근하고 편안한 번역서를 만들어야겠다고 생각했습니다. '이 책의 저자들이 나에게 스파크 이야기를 들려주는구나'라는 생각으로 책을 읽어보기 바랍니다. 그리고 다시 한번 강조하지만 우성한 역자가 작성한 실행 환경 구축에 대한 내용에 따라 반드시 실행 환경을 구축해야 합니다. 스파크를 시작할 때 가장 어려운 단계는 콘솔을 실행하고 spark라는 키워드를 입력하는 겁니다. 스파크는 어렵지 않습니다. 내가 구사할 수 있는 언어로 스파크를 빠르게 시작해보세요. 꼭 스칼라 언어가 아니어도 좋습니다. 여러분이 마음만 먹으면 이 책의 저자들이 여러분을 스파크의 세계로 편안하게 인도할 겁니다.

번역을 진행하면서 많은 분의 도움을 받았습니다. 먼저 ST Unitas의 김건우 팀장님은 오랜 시간 역자들을 응원하며 부족한 부분을 지적하고 책의 품질을 높이는 데 많은 도움을 주셨습니다. 그리고 훌륭한 팀원이자 한글 번역가인 김보미(https://brunch.co.kr/@devapril)님의 열정적인 '한글 to 한글' 번역은 우리를 감동시켰습니다. 일일이 나열하지 못하지만 빅데이터 분야에서 활약 중인 베타리더 분들과 스파크 세계에서 큰 축을 이루고 있는 추천인 분들께 감사의 말씀을 드리고 싶습니다.

마지막으로 긴 번역 시간 동안 아빠와 함께 놀지 못한 아들, 딸에게 미안하고 고맙다는 말을 남깁니다. 매번 바쁘고 함께 해주지 못하는 아빠라서 미안합니다. 그리고 오랜 시간 동안 남편을 지지하며 전쟁과 같은 육아와 베타리딩을 도맡아준 사랑하는 아내에게 존경과 감사의 말을 전하고 싶습니다.

_이영호
2018년 10월 온통 푸르른 제주에서

학교를 졸업하고 데이터 분석 일을 한 지 어느덧 13년 차가 되었습니다. 그동안 참 많은 변화가 있었습니다. 빅데이터 패러다임이 등장하면서 기존의 RDBMS 중심의 데이터 적재 환경은 하둡, 하이브와 같은 오픈소스 기반으로 변화되고 있으며 SAS, SPSS와 같은 상용 분석 솔루션 중심의 데이터 분석 환경은 R, 파이썬 등으로 점점 대체되고 있습니다. 게다가 AI가 화두가 되면서 텐서플로 등과 같은 다양한 머신러닝/딥러닝 프레임워크도 출현했습니다. 이러한 변화가 채 정착되기도 전에 최근 데이터 과학 분야에는 새로운 기술이 화두가 되고 있습니다. 바로 아파치 스파크의 등장입니다.

분석 컨설팅 업무를 수행하는 데이터 사이언티스트 입장에서 스파크의 등장은 매우 환영할 만합니다. 왜냐하면 데이터 크기는 차치하고라도 점점 더 다양한 출처의 원시 데이터를 처리해야 하는 실시간성의 예측 모델 요건이 늘어가고 있기 때문입니다. 또한 다양한 도메인에서 고객 요구를 기반으로 데이터 분석 프로젝트를 리딩해야 하는 상황에서 분석 환경 및 기술에 대한 선택지가 많을수록 요구사항도 다양해집니다. 예를 들어 자율주행 차량에서 발생하는 실시간 운행 정보와 기상 및 외부 센서 정보와 같은 수백만 개의 센서 스트림을 분석해서 자율주행 차량에 실시간으로 사고 위험 지표를 전송해야 한다고 할 때 기존의 하둡과 같은 배치 기반의 오픈소스 기술로는 데이터를 처리하는 과정이나 분석 모델을 운영하는 과정에 한계가 있습니다.

스파크는 이러한 분석 환경의 한계성을 쉽게 극복하도록 해줍니다. 분석 관점에서는 R과 파이썬을 넘나들면서 MLlib과 같은 머신러닝 라이브러리를 유연하게 사용할 수 있으며, 파이프라인 개념을 통해 데이터 처리부터 애플리케이션 작성까지 사용자 친화적인 API를 사용하여 협업하는 멤버들과 공유하면서 효율적으로 진화시켜나갈 수 있는 장점이 있습니다.

『스파크 완벽 가이드』는 스파크의 이러한 장점을 예제와 함께 수록한 책입니다. 어떤 분야에서든 기본적으로 읽어봐야 할 필수 서적이 있습니다. 처음 번역 요청을 받고 원문을 읽어보면서 바이블 같다는 느낌을 받았습니다. 스파크의 기본 개념부터 시작해서 데이터 수집 및 처리, 관리, 운용, 그리고 머신러닝 구현 방법까지 데이터 엔지니어와 데이터 사이언티스트 모두에게 필요한 내용이 담겨 있습니다. 저와 공역자들도 이 책의 이러한 장점을 최대한 살리기 위해 원문의 내용을 최대한 살리면서 독자들이 이해하기 쉬운 방식으로 내용을 풀어나가기 위해 많은 노력을 했습니다. 특히 고급 분석과 머신러닝 파트는 이 책의 성격상 개별 분석 알고리즘에 대한 세세한 내용까지 담겨 있지 않았기에 원문을 좀 더 잘 이해하는 데 필요하다고 판단되는 최소한의 배경지식은 주석 형식을 빌려 설명하려고 노력했습니다.

개인적으로는 이 책을 데이터 사이언티스트에게 더 권하고 싶습니다. 과거에는 데이터 수집/처리와 분석 업무가 엄연히 구분되었지만, 이제는 그러한 경계가 점점 모호해지고 있습니다. 분석 모델의 활용 방안에 따라 원본 데이터에 대한 수집 방법부터 분석 파트 구성 로직과 데이터 처리 성능 계산까지 일련의 과정을 최종 모델을 개발하는 데이터 사이언티스트가 관여해야 하는 경우가 더 많습니다. 이런 관점에서 이 책은 특히 스파크 기반의 환경에서 분석 업무를 수행하고자 하는 분석가에게 매우 유용할 겁니다.

끝으로 함께 번역한 우성한 책임님과 이영호 팀장님에게 감사의 말씀 드립니다. 업무로 바쁜 와중에도 서로를 격려하면서 함께 고생했기에 가능했습니다. 또한 프로젝트로 바쁜 와중에도 베타리딩에 열심히 참여해준 Data Science 팀 멤버에도 감사드립니다. 여러분의 도움으로 부끄럽지 않게 마무리할 수 있었습니다. 그리고 오랜 시간 동안 일과 번역 작업에 시달리던 저를 지지해주고 이해해준 사랑하는 가족에게 감사의 말을 전합니다.

_강재원

지은이의 말

『스파크 완벽 가이드』를 읽고 계신 여러분 환영합니다. 스파크 2.0 버전에서 처음 소개된 차세대 스파크 API를 집중적으로 다루는 책을 여러분에게 소개할 수 있어 매우 기쁩니다.

아파치 스파크는 오늘날 대규모 데이터 처리 시스템 분야에서 가장 인기 있는 시스템 중 하나입니다. 스파크는 다양한 프로그래밍 언어를 지원하는 API와 풍부한 내장 기능 그리고 서드파티third-party 라이브러리를 사용자에게 제공합니다. 스파크 프로젝트는 2009년 UC버클리 대학교에서 연구 목적으로 시작한 프로젝트이며 수년에 걸쳐 발전해왔습니다. 2013년 아파치 소프트웨어 재단에 기부된 이후 스파크 커뮤니티는 더 강력한 API와 고수준high-level 라이브러리를 발전시켜왔기 때문에 여러분에게 알려주고 싶은 내용이 많습니다.

이 책을 집필한 이유는 다음과 같습니다. 첫째, 쉽게 실행해볼 수 있는 예제와 함께 모든 유형의 기초적인 사용 사례를 다루는 종합 아파치 스파크 서적이 있으면 좋겠다고 생각했습니다. 둘째, 기존에 출간된 스파크 서적이 다루지 못한 스파크 2.0 버전의 구조적 API인 DataFrame, Dataset, 스파크 SQL 그리고 구조적 스트리밍Structured Streaming을 집중적으로 소개하고 싶었습니다. 이 책에서 스파크의 모든 기능을 담은 최신 아파치 스파크 애플리케이션을 개발하는 데 필요한 구체적인 지식을 얻기 바랍니다

빌 체임버스 & 마테이 자하리아

이 책에 대하여

이 책은 아파치 스파크를 사용하려는 데이터 과학자data scientist와 데이터 엔지니어data engineer에게 적합한 내용으로 구성되었습니다. 각자의 역할에 따라 스파크를 사용하는 방법에 조금 차이가 있습니다. 하지만 대부분의 애플리케이션 개발은 두 영역을 함께 다루는 경우가 많으므로 이 책이 유용할 겁니다. 특히 데이터 과학자는 문제의 해답을 얻고 통계적 모델을 생성하기 위해 대화형 쿼리query 작업에 집중하는 반면 데이터 엔지니어는 유지 보수성과 반복성 있는 운영용 애플리케이션을 개발하는 데 집중합니다. 여기서 운영용 애플리케이션은 데이터 과학자가 생성한 모델을 활용하거나 더 깊이 있는 분석을 위한 데이터를 준비(예: 데이터 수집 파이프라인 생성)하는 임무를 수행합니다. 스파크를 사용하면 이런 역할의 경계가 사라질 수 있습니다. 예를 들어 데이터 과학자는 운영용 애플리케이션을 간단하게 패키징하고 데이터 엔지니어는 파이프라인의 구성과 관리에 필요한 데이터를 이해하는 데 대화형 분석을 사용할 수 있습니다.

이 책에 데이터 과학자와 엔지니어가 스파크를 학습하는 데 필요한 모든 내용을 담고 싶었지만 몇 가지 내용은 제외할 수밖에 없었습니다. 첫 번째로 이 책은 머신러닝처럼 아파치 스파크에서 사용할 수 있는 분석 기술의 세부사항은 다루지 않습니다. 대신 독자가 머신러닝의 기초적인 배경지식을 이미 가진 것으로 가정하고 스파크의 여러 라이브러리를 활용해 머신러닝 기술을 사용하는 방법을 보여줍니다. 머신러닝 기술을 깊이 있게 다루는 전문 서적들이 많이 출간되어 있으므로 관심 있는 독자는 전문 서적을 함께 읽어보기 바랍니다. 두 번째로 이 책은 운영과 관리보다는 애플리케이션 개발에 집중하고 있습니다. 예를 들어 '사용자가 많은 아파치 클러스터는 어떻게 관리하는가?'와 같은 내용은 다루지 않습니다. 하지만 엔지니어가 효율적으로 애플리케이션을 실행하고 일상적인 유지 보수를 수행하는 데 필요한 모니터링, 디버깅 그리고 설정과 관련된 종합적인 내용은 5부와 6부에서 다룰 예정입니다. 마지막으로 이 책은 고수준의 신규 API인 구조적 API를 중점적으로 소개하므로 스파크의 저수준low-level API(특히 RDD와 DStream)는 많이 다루지 않습니다. 이 책은 RDDResilient Distributed Dataset(탄력적 분산 데이터셋)나 DStream으로 개발한 애플리케이션을 유지 보수하는 사용자에게는 적합하지 않을 수 있습니다. 하지만 새로운 애플리케이션을 작성하기 위한 좋은 가이드가 될 겁니다.

감사의 글

이 책이 나오기까지 많은 분의 헌신적인 노력이 있었습니다.

먼저 이 책을 쓸 수 있는 시간을 허락해준 데이터브릭스 직원들에게 감사의 말을 전하고 싶습니다. 여러분의 지원 없이는 이 책이 세상에 나올 수 없었을 겁니다. 특히 알리 고시Ali Ghodsi, 이온 스토이카Ion Stoica, 패트릭 웬델Patrick Wendell의 적극적인 지원에 감사드립니다.

그리고 많은 분이 책의 베타판과 각 장을 검토해주었습니다. 업계 최고 수준의 전문가들이 제공해준 소중한 검토는 큰 도움이 되었습니다.

리뷰어 이름을 알파벳순으로 나열하였습니다.

- 린 암스트롱Lynn Armstrong
- 미키오 브라운Mikio Braun
- 줄 댐지Jules Damji
- 데니 리Denny Lee
- 알렉스 토마스Alex Thomas

이 책을 읽고 주제 구성과 관련된 의견을 전달해주신 여러 스파크 사용자, 기여자 그리고 커미터 분들께 감사의 말을 전합니다.

도움 주신 분들을 알파벳순으로 나열하였습니다.

- 새미어 아가왈Sameer Agarwal
- 바그라 아미베키앙Bagrat Amirbekian
- 마이클 암브러스트Michael Armbrust
- 조셉 브래들리Joseph Bradley
- 타다가타 다스Tathagata Das
- 호세인 팔라키Hossein Falaki
- 웬첸 팽Wenchen Fan
- 수안 홍Sue Ann Hong

- 옌 화이 Yin Huai
- 팀 헌터 Tim Hunter
- 샤오 리 Xiao Li
- 쳉 리안 Cheng Lian
- 시앙루 멩 Xiangrui Meng
- 크리스 모크 Kris Mok
- 조시 로센 Josh Rosen
- 스리나쓰 샹카 Srinath Shankar
- 타쿠야 우에신 Takuya Ueshin
- 허먼 반 호벨 Herman van Hövell
- 레이놀드 신 Reynold Xin
- 필립 양 Philip Yang
- 버락 야브즈 Burak Yavuz
- 시지옹 츄 Shixiong Zhu

마지막으로 친구, 가족 그리고 사랑하는 모든 이에게 감사의 말을 전하고 싶습니다. 그들의 지원과 인내 그리고 격려가 없었다면 『스파크 완벽 가이드』를 세상에 소개하지 못했을 겁니다.

빌 체임버스 & 마테이 자하리아

CONTENTS

CHAPTER 3 스파크 기능 둘러보기

CONTENTS

Part 2 구조적 API: DataFrame, SQL, Dataset

CHAPTER 4 구조적 API 개요

CHAPTER 5 구조적 API 기본 연산

CONTENTS

CHAPTER 8 조인

CONTENTS

CHAPTER 10 스파크 SQL

CONTENTS

CHAPTER 11 Dataset

Part 3 저수준 API

CHAPTER 12 RDD

CONTENTS

CHAPTER 13 RDD 고급 개념

CONTENTS

CHAPTER 14 분산형 공유 변수

Part 4 운영용 애플리케이션

CHAPTER 15 클러스터에서 스파크 실행하기

CHAPTER 16 스파크 애플리케이션 개발하기

CONTENTS

CHAPTER 19 성능 튜닝

CONTENTS

CHAPTER 21 구조적 스트리밍의 기초

CHAPTER 22 이벤트 시간과 상태 기반 처리

Part 6 고급 분석과 머신러닝

CHAPTER 24 고급 분석과 머신러닝 개요

CHAPTER 25 데이터 전처리 및 피처 엔지니어링

CONTENTS

CHAPTER 26 분류

CONTENTS

CHAPTER 28 추천

CONTENTS

CHAPTER 29 비지도 학습

CHAPTER 30 그래프 분석

CHAPTER 31 딥러닝

CONTENTS

Part I

빅데이터와 스파크 간단히 살펴보기

아파치 스파크는 빠른 속도로 빅데이터 처리 분야의 표준이 되어가고 있습니다. 아파치 스파크의 창시자들은 기존 빅데이터 처리 시스템의 한계를 연구하여 다양한 빅데이터 워크로드를 좀 더 일관된 형태로 한데 묶을 수 있는 고성능 엔진을 개발했습니다. 1부에서는 아파치 스파크를 간단히 살펴보겠습니다. 그리고 이어지는 여러 부(part)에서 필요한 준비사항을 설명하고 아파치 스파크의 각종 기능을 가볍게 설명합니다. 아파치 스파크에 대한 대략적인 그림을 머릿속에 스케치하는 데 도움이 될 겁니다.

Part I

빅데이터와 스파크 간단히 살펴보기

CHAPTER 1

아파치 스파크란

아파치 스파크는 통합 컴퓨팅 엔진이며 클러스터 환경에서 데이터를 병렬로 처리하는 라이브러리 집합입니다. 스파크는 가장 활발하게 개발되고 있는 병렬 처리 오픈소스 엔진이며 빅데이터에 관심 있는 여러 개발자와 데이터 과학자에게 표준 도구가 되어가고 있습니다. 스파크는 널리 쓰이는 네 가지 언어(파이썬, 자바, 스칼라, R)를 지원하며 SQL뿐만 아니라 스트리밍, 머신러닝에 이르기까지 넓은 범위의 라이브러리를 제공합니다. 스파크는 단일 노트북 환경에서부터 수천 대의 서버로 구성된 클러스터까지 다양한 환경에서 실행할 수 있습니다. 이런 특성을 활용해 빅데이터 처리를 쉽게 시작할 수 있고 엄청난 규모의 클러스터로 확장해나갈 수 있습니다.

[그림 1-1]은 스파크에서 제공하는 전체 컴포넌트와 라이브러리입니다.

그림 1-1 스파크 기능 구성

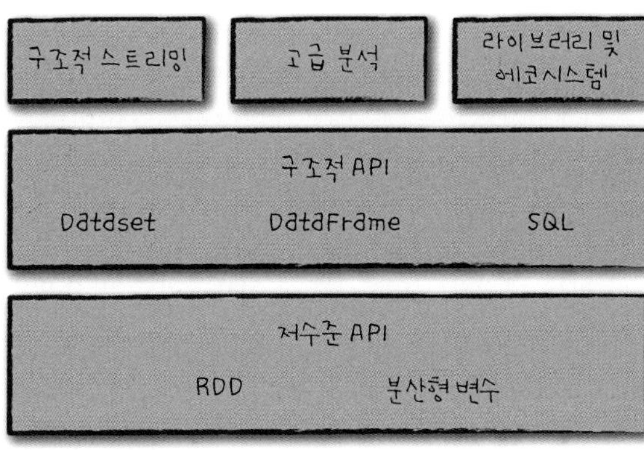

[그림 1-1]의 각 영역은 이 책의 부part 구성과 대체로 일치합니다. 이 책은 스파크의 전체 영역을 설명합니다. 그리고 스파크가 다양한 컴포넌트로 이루어져 있다는 사실을 알려줄 겁니다.

이 책의 독자라면 아파치 스파크의 개념과 기능을 이미 알고 있을 수도 있습니다. 하지만 조금 지루하더라도 이 장을 학습할 것을 권장합니다. 여기서는 스파크의 기본 철학과 개발 배경('사람들은 왜 갑자기 병렬 데이터 처리에 열광하게 되었는가?'에 대한 설명) 그리고 스파크의 역사와 스파크 실행에 필요한 몇 가지 기초사항을 설명합니다.

1.1 아파치 스파크의 철학

여기서는 아파치 스파크를 설명하는 '빅데이터를 위한 통합 컴퓨팅 엔진과 라이브러리 집합'이라는 문장을 기준으로 스파크의 핵심 요소를 파헤쳐보겠습니다.

통합

스파크는 '빅데이터 애플리케이션 개발에 필요한 통합 플랫폼을 제공하자'는 핵심 목표를 가지고 있습니다. 그렇다면 통합unified이라는 단어의 의미는 무엇일까요? 스파크는 간단한 데이터 읽기에서부터 SQL 처리, 머신러닝 그리고 스트림 처리에 이르기까지 다양한 데이터 분석 작업을 같은 연산 엔진과 일관성 있는 API로 수행할 수 있도록 설계되어 있습니다. 스파크의 이러한 개발 사상은 현실 세계의 데이터 분석 작업(주피터 노트북과 같은 대화형 분석 도구를 사용하거나 운영용 애플리케이션 개발과 같은 전통적인 소프트웨어 개발 작업으로)이 다양한 처리 유형과 라이브러리를 결합해 수행된다는 통찰에서 비롯되었습니다.

스파크의 통합 특성을 이용하면 기존의 데이터 분석 작업을 더 쉽고 효율적으로 수행할 수 있습니다. 먼저 스파크에서는 일관성 있는 조합형 API를 제공하므로 작은 코드 조각이나 기존 라이브러리를 사용해 애플리케이션을 만들 수 있습니다. 조합형 API만으로 문제를 해결할 수 없을 때는 직접 스파크 기반의 라이브러리를 만들 수도 있습니다. 스파크의 API는 사용자 애플리케이션에서 다른 라이브러리의 기능을 조합해 더 나은 성능을 발휘할 수 있도록 설계되었습니다. 예를 들어 SQL 쿼리로 데이터를 읽고 ML 라이브러리로 머신러닝 모델을 평가해야 할 경우 스파크 엔진은 이 두 단계를 하나로 병합하고 데이터를 한 번만 조회할 수 있게 해줍니다.

스파크의 범용 API와 엄청난 처리 능력을 결합하면 대화형 분석과 운영용 애플리케이션에 필요한 플랫폼을 얻을 수 있습니다.

스파크는 소프트웨어 영역의 여러 통합 플랫폼과 유사한 사용 방식을 제공합니다. 기존의 통합 프레임워크를 사용하는 데이터 과학자는 데이터 모델링에 파이썬이나 R에서 제공하는 다양한 통합 라이브러리를, 웹 개발자는 Node.js나 장고Django 같은 통합 프레임워크가 제공하는 기능을 활용합니다. 스파크가 발표되기 전에는 통합 엔진을 제공하는 병렬 데이터 처리용 오픈소스가 없었습니다. 따라서 사용자는 다양한 API와 시스템을 직접 조합해서 애플리케이션을 작성해야 했습니다. 스파크는 통합 엔진을 제공하면서 빠르게 빅데이터 분석 업무의 표준이 되었습니다. 시간이 지나면서 스파크는 더 많은 처리 유형을 지원하기 위해 자체 API를 확장해나가고 있으며 스파크 프로젝트 개발자들은 통합 엔진을 더욱 정교하게 다듬고 있습니다. 이 책에서는 스파크 2.0 버전을 기반으로 사용자 애플리케이션 최적화를 더욱 강력하게 지원하는 구조적structured API를 중점적으로 다룹니다.

컴퓨팅 엔진

스파크는 통합이라는 관점을 중시하면서 기능의 범위를 컴퓨팅 엔진으로 제한해왔습니다. 그 결과 스파크는 저장소 시스템의 데이터를 연산하는 역할만 수행할 뿐 영구 저장소 역할은 수행하지 않습니다. 그 대신 클라우드 기반의 애저 스토리지Azure Storage, 아마존 S3Amazon S3, 분산 파일 시스템인 아파치 하둡Apache Hadoop, 키/값 저장소인 아파치 카산드라Apache Cassandra, 메시지 전달 서비스인 아파치 카프카Apache Kafka 등의 저장소를 지원합니다. 스파크는 내부에 데이터를 오랜 시간 저장하지 않으며 특정 저장소 시스템을 선호하지도 않습니다. 연구 결과 대부분의 데이터는 여러 저장소 시스템에 혼재되어 저장되고 있었기 때문입니다. 데이터 이동은 높은 비용을 유발합니다.[1] 따라서 스파크는 데이터 저장 위치에 상관없이 처리에 집중하도록 만들어졌습니다. 또한 사용자 API는 서로 다른 저장소 시스템을 매우 유사하게 볼 수 있도록 만들어졌습니다. 따라서 애플리케이션은 데이터가 저장된 위치를 신경 쓰지 않아도 됩니다.

스파크는 연산 기능에 초점을 맞추면서 아파치 하둡 같은 기존 빅데이터 플랫폼과 차별화하고 있습니다. 하둡은 범용 서버 클러스터 환경에서 저비용 저장 장치를 사용하도록 설계된 하둡 파일 시스템과 컴퓨팅 시스템(맵리듀스)을 가지고 있으며 두 시스템은 매우 밀접하게 연관되

1 옮긴이_ 가장 크게 영향을 받는 자원은 네트워크이며 일정 규모 이상의 연산 클러스터에서는 네트워크 포화 현상이 발생하기도 합니다.

어 있습니다. 하둡과 같은 구조에서는 둘 중 하나의 시스템만 단독으로 사용하기 어렵습니다. 특히 다른 저장소의 데이터에 접근하는 애플리케이션을 개발하기 어렵습니다. 스파크는 하둡 저장소와 잘 호환됩니다. 그리고 연산 노드와 저장소를 별도로 구매할 수 있는 공개형 클라우드 환경이나 스트리밍 애플리케이션이 필요한 환경 등 하둡 아키텍처를 사용할 수 없는 환경에서도 많이 사용됩니다.

라이브러리

궁극의 스파크 컴포넌트는 데이터 분석 작업에 필요한 통합 API를 제공하는 통합 엔진 기반의 자체 라이브러리입니다. 스파크는 엔진에서 제공하는 표준 라이브러리와 오픈소스 커뮤니티에서 서드파티 패키지 형태로 제공하는 다양한 외부 라이브러리를 지원합니다. 사실 스파크의 표준 라이브러리는 여러 오픈소스 프로젝트의 집합체입니다. 스파크 코어 엔진 자체는 최초 공개 후 큰 변화가 없었지만 라이브러리의 경우 더 많은 기능을 제공하기 위해 꾸준히 변해왔습니다. 스파크는 SQL과 구조화된 데이터를 제공하는 스파크 SQL, 머신러닝을 지원하는 MLlib, 스트림 처리 기능을 제공하는 스파크 스트리밍과 새롭게 선보인 구조적 스트리밍 그리고 그래프 분석 엔진인 GraphX 라이브러리를 제공합니다. 기본 라이브러리 외에 다양한 저장소 시스템을 위한 커넥터connector부터 머신러닝을 위한 알고리즘까지 수백 개의 외부 오픈소스 라이브러리도 존재합니다. 외부 라이브러리 목록은 spark-packages.org[2]에서 확인할 수 있습니다.

1.2 스파크의 등장 배경

데이터 분석에 새로운 처리 엔진과 프로그래밍 모델이 필요한 근본적인 이유는 무엇일까요? 그 이유는 컴퓨터 애플리케이션과 하드웨어의 바탕을 이루는 경제적 요인의 변화 때문입니다.

역사적으로 컴퓨터는 프로세서의 성능 향상에 힘입어 해마다 빨라졌습니다(매년 새롭게 출시되는 프로세서들은 이전 버전보다 더 많은 양의 명령어를 처리합니다). 그 결과 애플리케이션은 코드를 수정하지 않아도 자연스럽게 더 빨라졌습니다. 대규모 애플리케이션은 이런 경향에 맞춰 만들어졌으며 대부분의 시스템은 단일 프로세서에서만 실행되도록 설계되었습니다. 더 많은 연산과 대규모 데이터 처리를 프로세서의 성능 향상에 맡겼던 겁니다.

2 https://spark-packages.org/

안타깝게도 하드웨어의 성능 향상은 2005년경에 멈췄습니다(물리적인 방열 한계로 인해 하드웨어 개발자들은 단일 프로세서의 성능을 향상시키는 방법 대신 모든 코어가 같은 속도로 동작하는 병렬 CPU 코어를 더 많이 추가하는 방향으로 선회했습니다). 이런 현상은 애플리케이션의 성능 향상을 위해 병렬 처리가 필요하며 스파크와 같은 새로운 프로그래밍 모델의 세상이 도래할 것임을 암시했습니다.

프로세서 속도가 개선되지 않았던 2005년에도 새로운 기술 덕분에 데이터 저장과 수집 기술은 눈에 띄게 느려지지 않았습니다. 1TB의 데이터를 저장하는 데 드는 비용은 대략 14개월마다 절반으로 줄고 있으므로 조직 규모에 상관없이 대량의 데이터를 저렴하게 저장할 수 있습니다. 게다가 데이터 수집(센서, 카메라, 공개 데이터 등)에 필요한 기술 비용은 계속해서 저렴해지고 정밀도는 개선되고 있습니다. 한 가지 예로 카메라 기술의 경우 계속 해상도가 높아지고 있으며 픽셀당 비용은 매년 저렴해지고 있습니다. 12MB 픽셀을 지원하는 웹캠 가격은 3~4달러 정도입니다. 이런 현상 덕분에 사람들이 제작한 비디오나 산업 현장에 설치된 자동화 센서 같은 다양한 영역의 영상 데이터를 저렴하게 수집할 수 있습니다. 게다가 카메라는 망원경이나 유전자 분석 장치 같은 데이터 수집 장비의 핵심 센서이므로 장비의 가격이 낮아지고 있습니다.

결과적으로 데이터 수집 비용은 극히 저렴해졌지만, 데이터는 클러스터에서 처리해야 할 만큼 거대해졌습니다. 게다가 지난 50년간 개발된 소프트웨어는 더는 자동으로 성능이 향상되지 않았고 데이터 처리 애플리케이션에 적용한 전통적인 프로그래밍 모델도 더는 힘을 발휘하지 못했습니다. 따라서 새로운 프로그래밍 모델이 필요해졌으며 이런 문제를 해결하기 위해 아파치 스파크가 탄생했습니다.

1.3 스파크의 역사

아파치 스파크는 UC버클리 대학교에서 2009년 스파크 연구 프로젝트로 시작되었습니다. 다음 해에 UC버클리 대학교 AMPLab 소속인 마테이 자하리아Matei Zaharia, 모샤라프 카우두리Mosharaf Chowdhury, 마이클 프랭클린Michael Franklin, 스콧 쉔커Scott Shenker 그리고 이온 스토이카Ion Stoica가 발표한 논문인 「Spark: Cluster Computing with Working Sets」[3]를 통해 처음 세상에 알

3 http://bit.ly/2Mt8QT6

려졌습니다. 당시 하둡 맵리듀스는 수천 개의 노드로 구성된 클러스터에서 병렬로 데이터를 처리하는 최초의 오픈소스 시스템이자 클러스터 환경용 병렬 프로그래밍 엔진의 대표주자였습니다. AMPLap은 새로운 프로그래밍 모델의 장단점을 이해하기 위해 맵리듀스 사용자들과 함께 일했습니다. 그리고 여러 가지 사용 사례에서 발견한 문제점들을 정리해 더 범용적인 컴퓨팅 플랫폼을 설계했습니다. 자하리아는 이에 그치지 않고 UC버클리 대학교의 하둡 사용자들과 플랫폼의 요건을 연구했습니다. 이들은 데이터를 반복적으로 탐색하는 알고리즘을 활용해 대규모 머신러닝을 수행하는 팀이었습니다.

연구의 결과로 두 가지 사실이 명확해졌습니다. 첫 번째는 클러스터 컴퓨팅이 엄청난 잠재력을 가지고 있다는 것이었습니다. 맵리듀스에 경험이 있는 조직은 자체 데이터를 활용해 기존과는 다른 애플리케이션을 만들어냈습니다. 하지만 이런 경험이 없는 조직은 누군가가 성공하고 난 후에야 활용할 수 있었습니다.[4] 두 번째는 맵리듀스 엔진을 사용하는 대규모 애플리케이션의 난이도와 효율성 문제였습니다. 예를 들어 전통적인 머신러닝 알고리즘은 데이터를 10~20회가량 처리합니다. 하지만 이를 맵리듀스로 처리하려면 단계별로 맵리듀스 잡을 개발하고 클러스터에서 각각 실행해야 하므로 매번 데이터를 처음부터 읽어야 했습니다.

스파크 팀은 이런 문제를 해결하기 위해 먼저 여러 단계로 이루어진 애플리케이션을 간결하게 개발할 수 있는 함수형 프로그래밍 기반의 API를 설계했습니다. 그리고 연산 단계 사이에서 메모리에 저장된 데이터를 효율적으로 공유할 수 있는 새로운 엔진 기반의 API를 구현했습니다. 이어서 스파크 팀은 UC버클리 대학교와 외부 사용자를 대상으로 시스템에 대한 실험을 시작했습니다.

스파크의 첫 번째 버전은 배치 애플리케이션만 지원했습니다. 하지만 얼마 지나지 않아 대화형 데이터 분석이나 비정형 쿼리ad-hoc query 같은 강력한 기능을 제공하기 시작했습니다. AMPLap은 스칼라 인터프리터를 단순히 스파크에 접목하는 방식으로 수백 개의 노드에서 쿼리를 실행할 수 있는 매우 유용한 대화형 시스템을 제공할 수 있었습니다. 이 아이디어를 기반으로 분석가나 데이터 과학자들이 스파크에서 대화형으로 SQL을 실행할 수 있는 엔진인 샤크Shark를 빠르게 개발했습니다. 샤크는 2011년에 처음 공개되었습니다.

스파크 팀은 최초 공개 후 새로운 라이브러리가 스파크의 가장 강력한 부가 기능이 될 수 있다는 확신을 하게 되었습니다. 따라서 현재도 '표준 라이브러리' 형태의 구현 방식을 유지하고 있

4 옮긴이_ 생소한 기술에 대한 기술력과 대량의 데이터를 가진 조직은 남들보다 빠르게 혁신적인 애플리케이션이나 서비스를 만들어냈지만, 이런 역량이 없는 조직은 성공 사례가 나온 후에나 모방하던 현상을 의미합니다.

습니다. 이후 AMPLap의 여러 그룹이 MLlib, 스파크 스트리밍 그리고 GraphX를 만들기 시작했습니다. 이들이 만들어낸 API의 뛰어난 호환성 덕분에 처음으로 같은 엔진을 이용해 여러 처리 유형을 결합한 빅데이터 애플리케이션을 개발할 수 있었습니다.

2013년에 스파크는 30개 이상의 UC버클리 대학교 외부 조직에 100명 이상의 기여자가 있는 널리 사용하는 프로젝트로 성장했습니다. AMPLap은 스파크가 특정 업체에 종속되는 것을 막기 위해 아파치 재단에 기부했습니다. 초기 AMPLap 팀은 프로젝트를 성장시키기 위해 데이터브릭스를 설립했으며 여러 회사와 조직이 합류해 스파크에 이바지하고 있습니다. 이후 아파치 스파크 커뮤니티는 2014년에 스파크 1.0 버전을, 2016년에 스파크 2.0 버전을 공개했으며 계속해서 새로운 기능이 추가된 스파크를 발표하고 있습니다.

스파크가 제공하는 조합형 API의 핵심 아이디어 또한 계속해서 진화하고 있습니다. 1.0 이전의 스파크 초기 버전은 **함수형 연산**(자바 객체로 이루어진 컬렉션에 맵이나 리듀스 같은 병렬 연산을 수행하는 방식) 관점에서 API를 정의했습니다. 스파크 1.0 버전부터 **구조화된 데이터**를 기반으로 동작하는 신규 API인 스파크 SQL이 추가되었습니다(고정형 데이터 포맷을 사용하는 스파크 테이블은 자바의 인메모리 데이터 표현 방식에 종속되지 않습니다). 스파크 SQL은 데이터 포맷과 코드를 잘 이해하는 라이브러리와 API를 이용해 새롭고 강력한 최적화 기능을 제공합니다. 시간이 흐른 뒤 스파크에는 DataFrame, 머신러닝 파이프라인 그리고 자동 최적화를 수행하는 구조적 스트리밍 등 더 강력한 구조체 기반의 신규 API를 추가했습니다. 이 책의 대부분 영역은 실무에서 사용할 수 있는 차세대 API를 설명하는 데 할애합니다.

1.4 스파크의 현재와 미래

수년 전에 공개된 스파크는 꾸준한 인기를 얻고 있으며 활용 사례가 늘어나고 있습니다. 그리고 스파크 생태계의 여러 신규 프로젝트는 스파크의 영역을 꾸준히 넓혀나가고 있습니다. 한 가지 예로 새로운 고수준 스트리밍 엔진인 구조적 스트리밍을 2016년에 소개했습니다. 이 기술은 우버나 넷플릭스 같은 기술 회사뿐만 아니라 NASA, CERN 같은 연구소에서 거대한 규모의 데이터셋을 처리하기 위해 사용합니다. 또한 MIT나 하버드 같은 교육 기관에서는 과학적 데이터 분석에 스파크를 사용합니다.

스파크가 여전히 빠르게 성장하고 있다는 점을 고려하면 빅데이터 분석을 수행하는 기업의 핵심 기술이 될 것이라 예상할 수 있습니다. 빅데이터 문제를 해결하려는 데이터 과학자나 엔지니어는 스파크를 설치하고 이 책을 가까이해야 할 겁니다.

1.5 스파크 실행하기

이 책은 스파크와 관련된 코드를 충실하게 제공하므로 책을 읽으면서 코드를 실행할 준비를 해야 합니다. 대부분의 코드는 대화형 실행 방식으로 연습할 수 있습니다. 코드를 살펴보기 전에 실행에 필요한 준비사항을 알아보겠습니다.

사용자는 파이썬, 자바, 스칼라, R 그리고 SQL 언어에서 스파크를 사용할 수 있습니다. 스파크는 스칼라로 구현되어 자바 가상 머신 기반으로 동작합니다. 따라서 노트북이나 클러스터 환경에서 스파크를 실행하려면 자바를 설치해야 합니다. 파이썬 API를 사용하려면 파이썬 인터프리터 2.7 버전 이상을 설치해야 합니다. R을 사용하려면 컴퓨터에 R을 설치해야 합니다.

스파크를 시작하는 두 가지 방법이 있습니다. 아파치 스파크를 노트북에 내려받아 설치하거나, 이 책의 코드를 제공하는 스파크 학습용 무료 클라우드 환경인 웹 기반의 데이터브릭스 커뮤니티 버전을 실행하면 됩니다. 각 방법을 알아보겠습니다.

> **NOTE_** 스파크 설치 및 실행 방법은 이어지는 절에서 잘 설명하고 있습니다. 하지만 원서에서 담고 있지 않은 세부 설치 및 사용 방법을 부록 A '스파크 설치 및 실행'에 수록해 놓았습니다. 특히 도커 환경에서 예제를 실행해보고 싶다면 부록 A를 참고하기 바랍니다.

1.5.1 로컬 환경에 스파크 내려받기

로컬 환경에서 스파크를 내려받아 실행하려면 자바가 설치되어 있어야 합니다(명령행에 `java`를 입력해 확인합니다). 그리고 파이썬으로 스파크를 사용하려면 설치된 파이썬 버전을 확인해야 합니다.[5] 또한 스파크 프로젝트의 공식 홈페이지[6]에 접속해 패키지 유형을 'Pre-built for

5 옮긴이_ `python -V` 명령을 사용해 확인할 수 있습니다.

6 http://spark.apache.org/downloads.html

Hadoop 2.7 and later'로 선택하고 Direct Download를 클릭합니다. 그리고 내려받은 타르볼(tarball) 파일의 압축을 해제합니다. 이 책은 스파크 2.2 버전 기반이므로 2.2 버전 이상을 내려받아야 합니다.

하둡 클러스터용 스파크 내려받기

스파크는 아파치 하둡 같은 분산 파일 시스템이 없는 로컬 환경에서도 실행할 수 있습니다. 하지만 노트북에 설치된 스파크에서 하둡 클러스터로 접속하고 싶다면 스파크 다운로드 페이지[7]에서 자신의 하둡 버전에 맞는 패키지 유형을 선택해 올바른 스파크 버전을 내려받아야 합니다. 4부에서 스파크가 클러스터 환경과 하둡 파일 시스템에서 어떻게 동작하는지 알아볼 것이므로 지금은 간단하게 노트북에서 스파크를 실행합니다.

> **NOTE_** 스파크 2.2 버전에서는 `pip install pyspark` 명령으로 파이썬용 스파크를 설치할 수 있습니다. 하지만 집필 중에 개발된 기능이어서 관련 명령을 책에 모두 담을 수는 없었습니다.

소스에서 직접 빌드하기

이 책에서는 자세히 다루지 않지만 소스를 이용해 스파크를 빌드build하고 설정하는 방법도 있습니다. 아파치 다운로드 페이지에서 소스 패키지를 선택해 내려받고 README 파일의 내용에 따라 빌드합니다. 먼저 스파크를 내려받고 명령행에서 내려받은 파일의 압축을 풉니다. 다음은 내려받은 파일의 압축을 풀고 압축을 푼 디렉터리로 이동하는 코드 스니펫snippet[8]이며 모든 Unix 형태의 명령행에서 실행할 수 있습니다.

```
cd ~/Downloads
tar -xf spark-2.2.0-bin-hadoop2.7.tgz
cd spark-2.2.0-bin-hadoop2.7.tgz
```

압축을 풀면 수많은 디렉터리와 파일이 생성됩니다. 대부분의 디렉터리는 스파크 소스 코드를

7 http://spark.apache.org/downloads.html

8 옮긴이_ 스니펫은 재사용이 가능한 소스 코드나 기계어의 작은 부분을 뜻하는 프로그래밍 용어입니다. https://en.wikipedia.org/wiki/Snippet_(programming)

확인할 때만 참고하게 되므로 겁먹을 필요 없습니다.[9] 다음 절에서는 수많은 디렉터리 중에서 스파크의 다양한 대화형 콘솔이 들어 있는 중요한 디렉터리를 알아보겠습니다.

1.5.2 스파크 대화형 콘솔 실행하기

사용자는 다양한 언어를 지원하는 스파크의 대화형 셸을 실행할 수 있습니다. 이 책은 주로 파이썬, 스칼라 그리고 SQL을 염두에 두고 작성했으므로 세 언어 중 하나를 사용할 것을 추천합니다.

파이썬 콘솔 실행하기

파이썬 콘솔을 실행하려면 파이썬 2.x나 3.x 버전이 설치되어 있어야 합니다. 스파크 홈 디렉터리에서 다음 명령을 사용해 파이썬 콘솔을 실행할 수 있습니다.

```
./bin/pyspark
```

명령을 실행한 다음 'spark'를 입력하고 엔터키를 누르면 SparkSession 객체가 출력됩니다.

스칼라 콘솔 실행하기

스칼라 콘솔을 실행하려면 다음 명령을 실행합니다.

```
./bin/spark-shell
```

명령을 실행한 다음 'spark'를 입력하고 엔터키를 누르면 파이썬 환경과 동일하게 SparkSession 객체가 출력됩니다.

SQL 콘솔 실행하기

이 책에서는 많은 양의 스파크 SQL 코드를 다룹니다. 스파크 SQL을 사용할 수 있는 SQL 콘솔은 다음 명령으로 실행합니다. 스파크 SQL은 2부에서 자세히 알아보겠습니다.

---

9 옮긴이_ 스파크 소스 코드는 실행과 직접적인 관련이 없습니다. 따라서 일반적인 사용자라면 거의 볼 일이 없습니다.

```
./bin/spark-sql
```

1.5.3 클라우드에서 스파크 실행하기

스파크 학습용으로 대화형 노트북을 사용하고 싶다면 데이터브릭스 커뮤니티 판을 사용하면 됩니다. 데이터브릭스는 스파크를 창시한 버클리 팀이 만든 회사이며 학습용 환경인 무료 커뮤니티 판을 클라우드 서비스로 제공합니다. 데이터브릭스 커뮤니티 판에는 이 책에서 사용하는 모든 데이터와 코드가 들어 있으며, 그들을 쉽고 빠르게 실행해볼 수 있는 환경을 제공합니다. 데이터브릭스 커뮤니티 판을 사용하는 방법은 이 책의 공식 코드 저장소[10]를 참고하거나 부록 A '스파크 설치 및 실행'을 참조하세요. 웹 브라우저 기반의 인터페이스에서 스칼라, 파이썬, SQL, R 언어로 코드를 실행하고 결과를 시각화할 수 있습니다.

1.5.4 이 책에서 사용하는 데이터

이 책의 예제에서는 다양한 데이터소스를 사용합니다. 이 책의 코드 예제는 원서의 공식 코드 저장소가 아닌 역자의 깃허브 코드 저장소에서 내려받으세요. 코드 예제에 관한 자세한 사항은 A.4절을 참조하세요.

1.6 정리

이 장에서는 스파크의 개요와 탄생 배경 그리고 환경 구성 방법을 알아보았습니다. 앞으로 스파크와 관련된 내용을 살펴볼 때 다양한 언어로 작성한 코드 예제도 함께 설명합니다. 각자 선호하는 스파크 실행 환경을 구성하고 책을 읽음과 동시에 코드를 실행해보기 바랍니다. 다음 장에서는 스파크의 아키텍처와 언어 지원 등 스파크를 사용할 때 기본적으로 알아야 하는 개념을 알아보겠습니다.

---

10 https://bit.ly/2QKoyM6

CHAPTER 2

스파크 간단히 살펴보기

1장에서는 아파치 스파크의 역사를 살펴보았습니다. 이제 스파크를 사용해볼 차례입니다. 이 장에서는 DataFrame과 SQL을 사용해 클러스터, 스파크 애플리케이션 그리고 구조적 API를 살펴봅니다. 이 과정에서 스파크의 핵심 용어와 개념을 접하고 사용법을 익힐 수 있습니다. 그럼 스파크의 기본 배경지식을 알아보겠습니다.

2.1 스파크의 기본 아키텍처

보통 '컴퓨터'라고 하면 집이나 직장 책상 위에 놓인 장비 한 대를 떠올립니다. 이 컴퓨터는 영화를 보거나 스프레드시트를 사용하기에 아주 적합합니다. 하지만 한 대의 컴퓨터로 수행하기 힘든 작업이 있습니다. 특히 데이터를 처리하는 경우가 그렇습니다. 한 대의 컴퓨터(HPC 같은 환경의 거대 머신을 뜻하는 것이 아니라 집이나 직장에 있는 한 대의 컴퓨터를 의미합니다)는 대규모 정보를 연산할 만한 자원이나 성능을 가지지 못합니다. 연산을 할 수 있다고 해도 완료하는 데 너무 많은 시간이 걸릴 수 있습니다. 컴퓨터 **클러스터**는 여러 컴퓨터의 자원을 모아 하나의 컴퓨터처럼 사용할 수 있게 만듭니다. 하지만 컴퓨터 클러스터를 구성하는 것만으로는 부족하며 클러스터에서 작업을 조율할 수 있는 프레임워크가 필요합니다. 스파크가 바로 그런 역할을 하는 프레임워크입니다. 스파크는 클러스터의 데이터 처리 작업을 관리하고 조율합니다.

스파크가 연산에 사용할 클러스터는 스파크 스탠드얼론standalone 클러스터 매니저, 하둡 YARN,

메소스Mesos 같은 클러스터 매니저에서 관리합니다. 사용자는 클러스터 매니저에 스파크 애플리케이션을 제출submit합니다. 이를 제출받은 클러스터 매니저는 애플리케이션 실행에 필요한 자원을 할당하며 우리는 할당받은 자원으로 작업을 처리합니다.

2.1.1 스파크 애플리케이션

스파크 애플리케이션은 **드라이버**driver 프로세스와 다수의 **익스큐터**executor 프로세스로 구성됩니다. 드라이버 프로세스는 클러스터 노드 중 하나에서 실행되며 `main()` 함수를 실행합니다. 이는 스파크 애플리케이션 정보의 유지 관리, 사용자 프로그램이나 입력에 대한 응답, 전반적인 익스큐터 프로세스의 작업과 관련된 분석, 배포 그리고 스케줄링 역할을 수행하기 때문에 필수적입니다. 드라이버 프로세스는 스파크 애플리케이션의 심장과 같은 존재로서 애플리케이션의 수명 주기 동안 관련 정보를 모두 유지합니다.

익스큐터는 드라이버 프로세스가 할당한 작업을 수행합니다. 즉, 드라이버가 할당한 코드를 실행하고 진행 상황을 다시 드라이버 노드에 보고하는 두 가지 역할을 수행합니다.

[그림 2-1]은 클러스터 매니저가 물리적 머신을 관리하고 스파크 애플리케이션에 자원을 할당하는 방법을 나타냅니다. 클러스터 매니저는 스파크 스탠드얼론 클러스터 매니저, 하둡 YARN, 메소스 중 하나를 선택할 수 있으며 하나의 클러스터에서 여러 개의 스파크 애플리케이션을 실행할 수 있습니다. 클러스터 매니저는 4부에서 자세히 알아보겠습니다.

그림 2-1 스파크 애플리케이션의 아키텍처

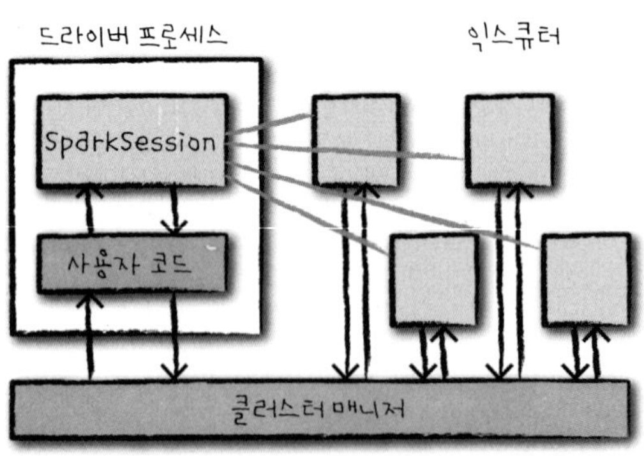

[그림 2-1]을 보면 왼쪽에 드라이버 프로세스가 있고 오른쪽에 네 개의 익스큐터가 있습니다. 참고로 [그림 2-1]에는 클러스터 노드의 개념을 나타내지 않았습니다. 사용자는 각 노드에 할당할 익스큐터 수를 지정할 수 있습니다.

NOTE_ 스파크는 클러스터 모드뿐만 아니라 **로컬 모드**도 지원합니다. 드라이버와 익스큐터는 단순한 프로세스이므로 같은 머신이나 서로 다른 머신에서 실행할 수 있습니다. 하지만 로컬 모드로 실행하면 드라이버와 익스큐터를 단일 머신에서 스레드 형태로 실행합니다. 이 책은 로컬 모드를 염두에 두고 썼기 때문에 모든 예제를 단일 머신에서 실행할 수 있습니다.

스파크 애플리케이션을 이해하기 위한 핵심사항은 다음과 같습니다.

- 스파크는 사용 가능한 자원을 파악하기 위해 클러스터 매니저를 사용합니다.
- 드라이버 프로세스는 주어진 작업을 완료하기 위해 드라이버 프로그램의 명령을 익스큐터에서 실행할 책임이 있습니다.

익스큐터는 대부분 스파크 코드를 실행하는 역할을 합니다. 하지만 드라이버는 스파크의 언어 API를 통해 다양한 언어로 실행할 수 있습니다. 다음 절에서 스파크의 다양한 언어 API를 알아보겠습니다.

2.2 스파크의 다양한 언어 API

스파크의 언어 API를 이용하면 다양한 프로그래밍 언어로 스파크 코드를 실행할 수 있습니다. 스파크는 모든 언어에 맞는 몇몇 '핵심 개념'을 제공합니다. 이러한 핵심 개념은 클러스터 머신에서 실행되는 스파크 코드로 변환됩니다. 구조적 API만으로 작성된 코드는 언어에 상관없이 유사한 성능을 발휘합니다. 다음 목록은 언어별 요약 정보입니다.

- **스칼라**
  스파크는 스칼라로 개발되어 있으므로 스칼라가 스파크의 '기본' 언어입니다. 이 책에서는 스칼라 예제를 대부분 제공합니다.
- **자바**
  스파크가 스칼라로 개발되어 있지만, 스파크 창시자들은 자바를 이용해 스파크 코드를 작성할 수 있도록 심혈을 기울였습니다. 이 책은 스칼라에 초점을 맞추었지만 필요에 따라 자바 예제도 함께 제공합니다.

- **파이썬**
  파이썬은 스칼라가 지원하는 거의 모든 구조를 지원합니다. 이 책에서는 스칼라 코드 예제에 대응하는 파이썬 API가 있는 경우 파이썬 코드도 함께 제공합니다.

- **SQL**
  스파크는 ANSI SQL:2003 표준 중 일부를 지원합니다. 분석가나 비프로그래머도 SQL을 이용해 스파크의 강력한 빅데이터 처리 능력을 쉽게 활용할 수 있습니다. 이 책에서는 필요에 따라 SQL 코드 예제도 함께 제공합니다.

- **R**
  스파크에는 일반적으로 사용하는 두 개의 R 라이브러리가 있습니다. 하나는 스파크 코어에 포함된 SparkR이고, 다른 하나는 R 커뮤니티 기반 패키지인 sparklyr입니다. 두 라이브러리를 통합하는 방법은 32장에서 자세히 알아보겠습니다.

[그림 2-2]는 SparkSession과 스파크의 언어 API 간의 관계를 나타냅니다.

그림 2-2 SparkSession과 스파크의 언어 API 간의 관계

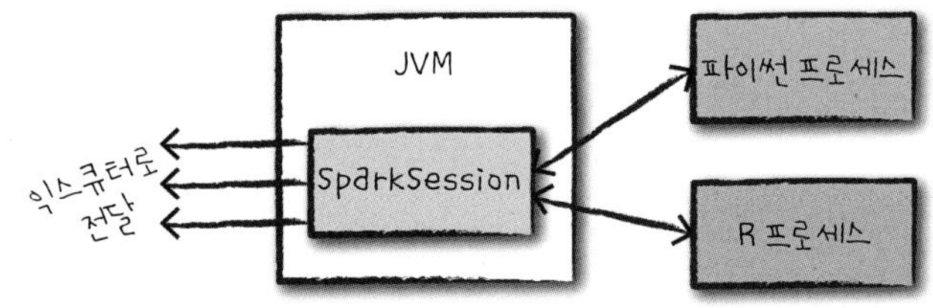

각 언어 API는 앞서 설명한 핵심 개념을 유지하고 있습니다. 사용자는 스파크 코드를 실행하기 위해 SparkSession 객체를 진입점으로 사용할 수 있습니다. 파이썬이나 R로 스파크를 사용할 때는 JVM 코드를 명시적으로 작성하지 않습니다. 스파크는 사용자를 대신해 파이썬이나 R로 작성한 코드를 익스큐터의 JVM에서 실행할 수 있는 코드로 변환합니다.

2.3 스파크 API

다양한 언어로 스파크를 사용할 수 있는 이유는 스파크가 기본적으로 두 가지 API를 제공하기 때문입니다. 하나는 저수준의 비구조적unstructured API이며, 다른 하나는 고수준의 구조적structured API입니다. 이 책에서는 두 가지 API 모두 다루지만 이 장에서는 구조적 API를 중점적으로 설명합니다.

2.4 스파크 시작하기

지금까지는 스파크 애플리케이션의 기본 개념을 살펴보았습니다. 실제 스파크 애플리케이션을 개발하려면 사용자 명령과 데이터를 스파크 애플리케이션에 전송하는 방법을 알아야 합니다. SparkSession을 생성하면서 자세히 알아보겠습니다.

> **NOTE_** 예제를 실행하려면 1장의 내용을 따라 스파크 로컬 모드를 실행해야 합니다. 대화형 세션을 시작하려면 `./bin/spark-shell` 명령을 사용해 스칼라 콘솔에 접속할 수 있습니다. 그리고 `./bin/pyspark` 명령을 사용해 파이썬 콘솔에 접속할 수도 있습니다. 이런 방법으로 대화형 스파크 애플리케이션을 시작할 수 있습니다. 또한 `spark-submit` 명령을 사용해 스탠드얼론 애플리케이션을 스파크에 제출할 수 있습니다. 스파크 애플리케이션 실행 방법은 3장에서 자세히 알아보겠습니다.

대화형 모드로 스파크를 시작하면 스파크 애플리케이션을 관리하는 SparkSession이 자동으로 생성됩니다. 하지만 스탠드얼론 애플리케이션으로 스파크를 시작하면 사용자 애플리케이션 코드에서 SparkSession 객체를 직접 생성해야 합니다.

2.5 SparkSession

이 장의 도입부에서 이야기한 것처럼 스파크 애플리케이션은 SparkSession이라 불리는 드라이버 프로세스로 제어합니다. SparkSession 인스턴스는 사용자가 정의한 처리 명령을 클러스터에서 실행합니다. 하나의 SparkSession은 하나의 스파크 애플리케이션에 대응합니다. 스칼라와 파이썬 콘솔을 시작하면 spark 변수로 SparkSession을 사용할 수 있습니다. 스칼라나 파이썬에서 SparkSession을 확인하기 위해 다음 코드를 실행해보겠습니다.

```
spark
```

스칼라 콘솔은 다음과 같은 결과를 출력합니다.

```
res0: org.apache.spark.sql.SparkSession = org.apache.spark.sql.SparkSession@...
```

그리고 파이썬 콘솔은 다음과 같은 결과를 출력합니다.

```
<pyspark.sql.session.SparkSession at 0x7efda4c1ccd0>
```

이제 일정 범위의 숫자를 만드는 간단한 작업을 수행해보겠습니다. 이 숫자들은 스프레드시트에서 컬럼명을 지정한 것과 같습니다.[1]

```
// 스칼라 코드
val myRange = spark.range(1000).toDF("number")

# 파이썬 코드
myRange = spark.range(1000).toDF("number")
```

방금 생성한 DataFrame은 한 개의 컬럼column과 1,000개의 로우row[2]로 구성되며 각 로우에는 0부터 999까지의 값이 할당되어 있습니다. 이 숫자들은 **분산 컬렉션**을 나타냅니다. 클러스터 모드에서 코드 예제를 실행하면 숫자 범위의 각 부분이 서로 다른 익스큐터에 할당됩니다. 이것이 스파크의 DataFrame입니다.

2.6 DataFrame

DataFrame은 가장 대표적인 구조적 API입니다. DataFrame은 테이블의 데이터를 로우와 컬럼으로 단순하게 표현합니다. 컬럼과 컬럼의 타입을 정의한 목록을 **스키마**schema라고 부릅니다. DataFrame은 컬럼에 이름을 붙인 스프레드시트와 비슷하다고 생각할 수 있습니다. [그림 2-3]은 DataFrame과 스프레드시트 사이의 근본적인 차이점을 보여줍니다. 스프레드시트는 한 대의 컴퓨터에 있지만, 스파크 DataFrame은 수천 대의 컴퓨터에 분산되어 있습니다. 여러 컴퓨터에 데이터를 분산하는 이유는 단순합니다. 단일 컴퓨터에 저장하기에는 데이터가 너무 크거나 계산에 너무 오랜 시간이 걸릴 수 있기 때문입니다.

1 옮긴이_ 스프레드시트 프로그램에는 A, B, C 등으로 표기된 컬럼명을 변경하는 기능이 있습니다. 저자는 A 컬럼의 1~1000번 로우의 값을 0~999로 지정하고, A 컬럼명을 'number'로 변경한 상태와 같다고 설명합니다.

2 옮긴이_ row는 외래어표기법상 '로'로 표기해야 하나, 문맥상 분간이 어려울 때가 있으므로 이 책에서는 '로우'로 표기합니다.

그림 2-3 분산 컴퓨터와 단일 컴퓨터 분석의 차이점

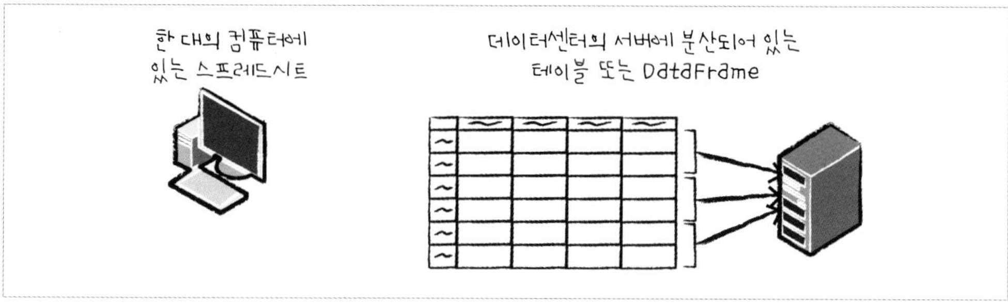

DataFrame은 스파크에서만 사용하는 개념이 아닙니다. 파이썬과 R 모두 비슷한 개념을 가지고 있습니다. 그러나 파이썬과 R의 DataFrame은 일반적(예외사항도 있습니다)으로 분산 컴퓨터가 아닌 단일 컴퓨터에 존재합니다. 이런 상황에서는 DataFrame으로 수행할 수 있는 작업이 해당 머신이 가진 자원에 따라 제한될 수밖에 없습니다. 스파크는 파이썬과 R 언어를 모두 지원하기 때문에 파이썬 Pandas 라이브러리의 DataFrame과 R의 DataFrame을 스파크 DataFrame으로 쉽게 변환할 수 있습니다.

NOTE_ 스파크는 Dataset, DataFrame, SQL 테이블 그리고 RDD라는 몇 가지 핵심 추상화 개념을 가지고 있습니다. 이 개념 모두 분산 데이터 모음을 표현합니다. 이 중 가장 쉽고 효율적인 DataFrame은 모든 프로그래밍 언어에서 사용할 수 있습니다. Dataset은 2부 마지막에, RDD는 3부에서 자세히 알아보겠습니다.

2.6.1 파티션

스파크는 모든 익스큐터가 병렬로 작업을 수행할 수 있도록 파티션이라 불리는 청크 단위로 데이터를 분할합니다. 파티션은 클러스터의 물리적 머신에 존재하는 로우의 집합을 의미합니다. DataFrame의 파티션은 실행 중에 데이터가 컴퓨터 클러스터에서 물리적으로 분산되는 방식을 나타냅니다. 만약 파티션이 하나라면 스파크에 수천 개의 익스큐터가 있더라도 병렬성은 1이 됩니다. 또한 수백 개의 파티션이 있더라도 익스큐터가 하나밖에 없다면 병렬성은 1이 됩니다.

DataFrame을 사용하면 파티션을 수동 혹은 개별적으로 처리할 필요가 없습니다. 물리적 파티션에 데이터 변환용 함수를 지정하면 스파크가 실제 처리 방법을 결정합니다. RDD 인터페이스를 이용하는 저수준 API 역시 제공되며 3부에서 자세히 알아보겠습니다.

2.7 트랜스포메이션

스파크의 핵심 데이터 구조는 **불변성**immutable을 가집니다. 즉, 한번 생성하면 변경할 수 없습니다. 처음엔 이상한 개념처럼 보일 수 있습니다. 데이터 구조를 변경할 수 없다면 어떻게 사용할 수 있을까요? DataFrame을 '변경'하려면 원하는 변경 방법을 스파크에 알려줘야 합니다. 이때 사용하는 명령을 **트랜스포메이션**이라 부릅니다. 다음 코드는 DataFrame에서 짝수를 찾는 간단한 트랜스포메이션 예제입니다.

```
// 스칼라 코드
val divisBy2 = myRange.where("number % 2 = 0")

# 파이썬 코드
divisBy2 = myRange.where("number % 2 = 0")
```

위 코드를 실행해도 결과는 출력되지 않습니다.[3] 추상적인 트랜스포메이션만 지정한 상태이기 때문에 액션action(2.8절에서 설명합니다)을 호출하지 않으면 스파크는 실제 트랜스포메이션을 수행하지 않습니다. 트랜스포메이션은 스파크에서 비즈니스 로직을 표현하는 핵심 개념입니다. 트랜스포메이션에는 두 가지 유형이 있습니다. 하나는 **좁은 의존성**narrow dependency이고 다른 하나는 **넓은 의존성**wide dependency입니다.

좁은 의존성을 가진 트랜스포메이션(좁은 트랜스포메이션)은 각 입력 파티션이 하나의 출력 파티션에만 영향을 미칩니다. 이전 코드 예제에서 where 구문은 좁은 의존성을 가집니다. 따라서 [그림 2-4]에서 볼 수 있듯이 하나의 파티션이 하나의 출력 파티션에만 영향을 미칩니다.

그림 2-4 좁은 의존성

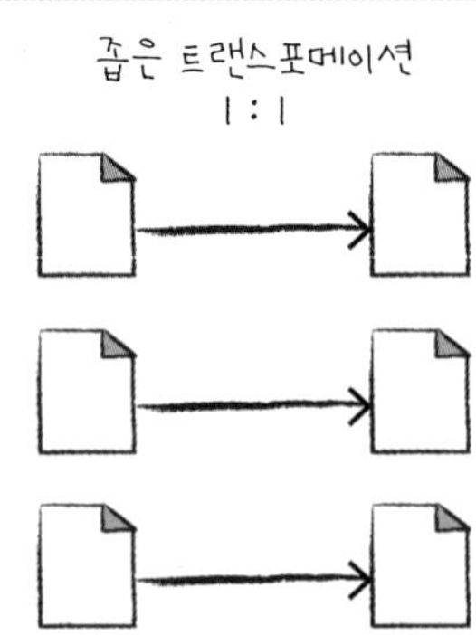

3 옮긴이_ 명령을 실행하면 응답값이 출력되지만 데이터를 처리한 결과는 아닙니다.

넓은 의존성을 가진 트랜스포메이션(넓은 트랜스포메이션)은 하나의 입력 파티션이 여러 출력 파티션에 영향을 미칩니다. 스파크가 클러스터에서 파티션을 교환하는 **셔플**shuffle이라는 단어를 자주 들었을 겁니다. 좁은 트랜스포메이션을 사용하면 스파크에서 **파이프라이닝**pipelining을 자동으로 수행합니다. 즉, DataFrame에 여러 필터를 지정하는 경우 모든 작업이 메모리에서 일어납니다. 하지만 셔플은 다른 방식으로 동작합니다. 스파크는 셔플의 결과를 디스크에 저장합니다. [그림 2-5]는 넓은 트랜스포메이션을 보여줍니다.

그림 2-5 넓은 의존성

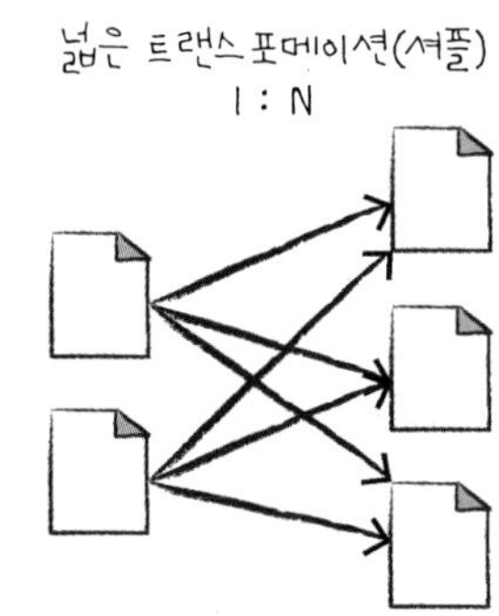

이 내용은 사실 아주 중요한 주제입니다. 웹에서 스파크를 검색해보면 셔플 최적화에 관한 토론을 많이 볼 수 있습니다. 그러나 지금은 두 종류의 트랜스포메이션이 있다는 점만 알면 됩니다. 이어서 지연 연산을 알아보겠습니다.

2.7.1 지연 연산

지연 연산lazy evaluation은 스파크가 연산 그래프를 처리하기 직전까지 기다리는 동작 방식을 의미합니다. 스파크는 특정 연산 명령이 내려진 즉시 데이터를 수정하지 않고 원시 데이터에 적용할 트랜스포메이션의 **실행 계획**을 생성합니다. 스파크는 코드를 실행하는 마지막 순간까지 대기하다가 원형 DataFrame 트랜스포메이션을 간결한 물리적 실행 계획으로 컴파일합니다. 스파크는 이 과정을 거치며 전체 데이터 흐름을 최적화하는 엄청난 강점을 가지고 있습니다. DataFrame의 **조건절 푸시다운**predicate pushdown이 한 예가 될 수 있습니다. 아주 복잡한 스파크 잡이 원시 데이터에서 하나의 로우만 가져오는 필터를 가지고 있다면 필요한 레코드 하나만 읽는 것이 가장 효율적입니다. 스파크는 이 필터를 데이터소스로 위임[4]하는 최적화 작업을 자동으로 수행합니다.

2.8 액션

사용자는 트랜스포메이션을 사용해 논리적 실행 계획을 세울 수 있습니다. 하지만 실제 연산을 수행하려면 **액션** 명령을 내려야 합니다. 액션은 일련의 트랜스포메이션으로부터 결과를 계산하도록 지시하는 명령입니다. 가장 단순한 액션인 count 메서드는 DataFrame의 전체 레코드 수를 반환합니다.

```
divisBy2.count()
```

위 코드는 500을 출력합니다. count 외에도 다음 세 가지 유형의 액션이 있습니다.

- 콘솔에서 데이터를 보는 액션
- 각 언어로 된 네이티브 객체에 데이터를 모으는 액션
- 출력 데이터소스에 저장하는 액션

액션을 지정하면 스파크 잡job이 시작됩니다. 스파크 잡은 필터(좁은 트랜스포메이션)를 수행한 후 파티션별로 레코드 수를 카운트(넓은 트랜스포메이션)합니다. 그리고 각 언어에 적합한 네이티브 객체에 결과를 모읍니다. 이때 스파크가 제공하는 스파크 UI로 클러스터에서 실행 중인 스파크 잡을 모니터링할 수 있습니다.

2.9 스파크 UI

스파크 UI는 스파크 잡의 진행 상황을 모니터링할 때 사용합니다. 스파크 UI는 드라이버 노드의 4040 포트로 접속할 수 있습니다. 로컬 모드에서 스파크를 실행했다면 스파크 UI의 주소는

4 옮긴이_ 만약 데이터 저장소가 데이터베이스라면 WHERE 절의 처리를 데이터베이스에 위임합니다. 스파크는 하나의 레코드만 받습니다. 조건절 위임 기능을 사용하면 처리에 필요한 자원을 최소화할 수 있습니다.

http://localhost:4040입니다. 스파크 UI에서 스파크 잡의 상태, 환경 설정, 클러스터 상태 등의 정보를 확인할 수 있습니다. 스파크 UI는 스파크 잡을 튜닝하고 디버깅할 때 매우 유용합니다. [그림 2-6]은 9개의 태스크와 두 개의 스테이지로 이루어진 스파크 잡의 UI 예시 화면입니다.

그림 2-6 스파크 UI

스파크 잡의 실행과 웹 UI는 18장에서 자세히 알아보겠습니다. 지금은 '스파크 잡은 개별 액션에 의해 트리거되는 다수의 트랜스포메이션으로 이루어져 있으며 스파크 UI로 잡을 모니터링할 수 있다'는 점만 기억하기 바랍니다.

2.10 종합 예제

이전 예제에서는 비록 빅데이터는 아니지만 일련의 숫자로 구성된 DataFrame을 생성해보았습니다. 이 절에서는 현실적인 예제로 지금까지 배운 내용을 확실히 이해하고 스파크 내부에서 어떤 일이 일어나는지 단계별로 살펴보겠습니다. 이번 예제에서는 미국 교통통계국의 항공운항 데이터[5] 중 일부를 스파크로 분석합니다.

예제용 CSV 디렉터리에는 데이터 파일이 여럿 있습니다. 그리고 9장에서 다루게 될 다양한 파일 포맷을 가진 디렉터리도 있습니다. 지금은 CSV 포맷의 파일만 사용합니다.

각 파일은 여러 로우를 가집니다. 이 파일들은 CSV 파일이며 반정형semi-structured 데이터 포맷입니다. 파일의 각 로우는 DataFrame의 로우가 됩니다.

---

5 https://bit.ly/2yw2fCx

```
$ head /data/flight-data/csv/2015-summary.csv
DEST_COUNTRY_NAME,ORIGIN_COUNTRY_NAME,count
United States,Romania,15
United States,Croatia,1
United States,Ireland,344
```

스파크는 다양한 데이터소스를 지원합니다. 데이터는 SparkSession의 DataFrameReader 클래스를 사용해서 읽습니다. 이때 특정 파일 포맷과 몇 가지 옵션을 함께 설정합니다. 예제에서는 스파크 DataFrame의 스키마 정보를 알아내는 **스키마 추론**schema inference 기능을 사용합니다. 그리고 파일의 첫 로우를 헤더로 지정하는 옵션도 함께 설정합니다.

스파크는 스키마 정보를 얻기 위해 데이터를 조금 읽습니다. 그리고 해당 로우의 데이터 타입을 스파크 데이터 타입에 맞게 분석합니다. 하지만 운영 환경에서는 데이터를 읽는 시점에 스키마를 엄격하게 지정하는 옵션을 사용해야 합니다.

```
// 스칼라 코드
val flightData2015 = spark
  .read
  .option("inferSchema", "true")
  .option("header", "true")
  .csv("/data/flight-data/csv/2015-summary.csv")

# 파이썬 코드
flightData2015 = spark\
  .read\
  .option("inferSchema", "true")\
  .option("header", "true")\
  .csv("/data/flight-data/csv/2015-summary.csv")
```

스칼라와 파이썬에서 사용하는 DataFrame은 불특정 다수의 로우와 컬럼을 가집니다. 로우의 수를 알 수 없는 이유는 데이터를 읽는 과정이 지연 연산 형태의 트랜스포메이션이기 때문입니다. 스파크는 각 컬럼의 데이터 타입을 추론하기 위해 적은 양의 데이터를 읽습니다. [그림 2-7]은 DataFrame에서 CSV 파일을 읽어 로컬 배열이나 리스트 형태로 변환하는 과정입니다.

그림 2-7 DataFrame에서 CSV 파일을 읽어 로컬 배열이나 리스트 형태로 변환하는 과정

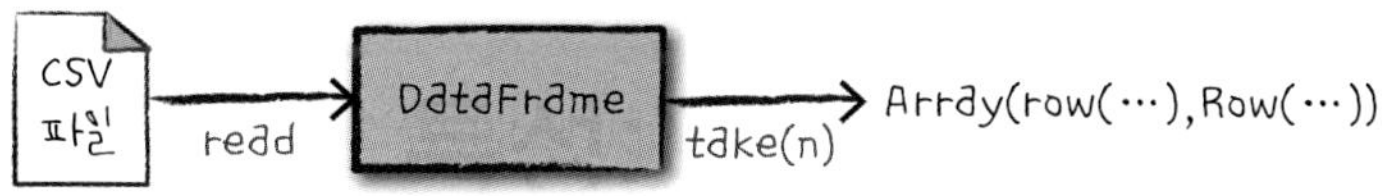

DataFrame의 take 액션을 호출하면 이전의 head 명령과 같은 결과를 확인할 수 있습니다.

```
flightData2015.take(3)

Array([United States,Romania,15], [United States,Croatia...
```

이제 트랜스포메이션을 추가로 지정합시다! 정수 데이터 타입인 count 컬럼을 기준으로 데이터를 정렬합니다. [그림 2-8]은 처리 과정을 보여줍니다.

> **NOTE_** sort 메서드는 DataFrame을 변경하지 않습니다. 트랜스포메이션으로 sort 메서드를 사용하면 이전의 DataFrame을 변환해 새로운 DataFrame을 생성해 반환합니다. 결과 DataFrame에 take 메서드를 호출하면 어떤 일이 일어나는지 [그림 2-8]에서 확인할 수 있습니다.

그림 2-8 DataFrame을 이용한 데이터 읽기, 정렬, 수집

sort 메서드는 단지 트랜스포메이션이기 때문에 호출 시 데이터에 아무런 변화도 일어나지 않습니다. 하지만 스파크는 실행 계획을 만들고 검토하여 클러스터에서 처리할 방법을 알아냅니다. 특정 DataFrame 객체에 explain 메서드를 호출하면 DataFrame의 계보lineage나 스파크의 쿼리 실행 계획을 확인할 수 있습니다.

```
flightData2015.sort("count").explain()

== Physical Plan ==
*Sort [count#195 ASC NULLS FIRST], true, 0
+- Exchange rangepartitioning(count#195 ASC NULLS FIRST, 200)
   +- *FileScan csv [DEST_COUNTRY_NAME#193,ORIGIN_COUNTRY_NAME#194,count#195] ...
```

축하합니다. 지금 막 첫 번째 실행 계획을 읽었습니다! 실행 계획은 다소 어려워 보이지만 조금만 연습하면 무리 없이 이해할 수 있습니다. 실행 계획은 위에서 아래 방향으로 읽으며 최종 결과는 가장 위에, 데이터소스는 가장 아래에 있습니다. 위 예제에서는 각 줄의 첫 번째 키워드(Sort, Exchange, FileScan)를 주목하세요. 특정 컬럼을 다른 컬럼과 비교하는 sort 메서드가 넓은 트랜스포메이션으로 동작하는 것을 볼 수 있습니다. 지금 실행 계획을 전부 이해하지 못하더라도 너무 걱정하지 마세요. 실행 계획은 디버깅과 스파크의 실행 과정을 이해하는 데 도움을 주는 도구일 뿐입니다.

이제 트랜스포메이션 실행 계획을 시작하기 위해 액션을 호출합니다. 액션을 실행하려면 몇 가지 설정이 필요합니다. 스파크는 셔플 수행 시 기본적으로 200개의 셔플 파티션을 생성합니다. 이 값을 5로 설정해 셔플의 출력 파티션 수를 줄입니다.

```
spark.conf.set("spark.sql.shuffle.partitions", "5")

flightData2015.sort("count").take(2)

... Array([United States,Singapore,1], [Moldova,United States,1])
```

[그림 2-9]는 위 예제의 처리 과정을 보여줍니다. 논리적 트랜스포메이션은 물론이고 물리적 파티션 수도 함께 나타냈습니다.

그림 2-9 논리적, 물리적 DataFrame 처리 과정

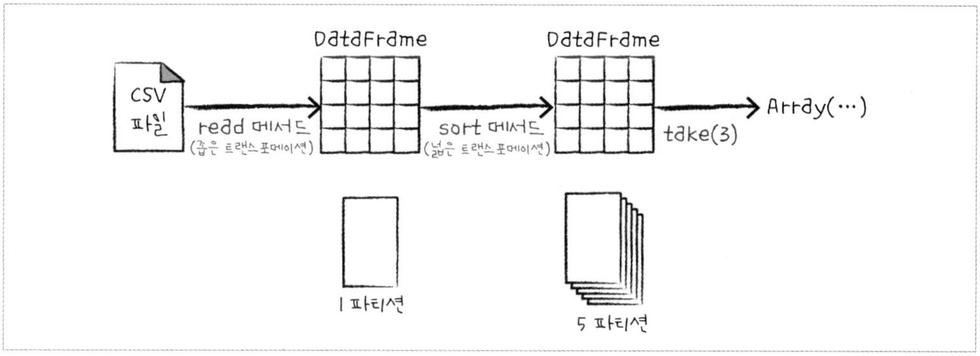

트랜스포메이션의 논리적 실행 계획은 DataFrame의 계보를 정의합니다. 스파크는 계보를 통해 입력 데이터에 수행한 연산을 전체 파티션에서 어떻게 재연산하는지 알 수 있습니다. 이 기능은 스파크의 프로그래밍 모델인 함수형 프로그래밍의 핵심입니다. 함수형 프로그래밍은 데이터의 변환 규칙이 일정한 경우 같은 입력에 대해 항상 같은 출력을 생성합니다.

사용자는 물리적 데이터를 직접 다루지 않습니다. 대신 앞서 설정한 셔플 파티션 파라미터와 같은 속성으로 물리적 실행 특성을 제어합니다. 앞서 셔플 파티션 수를 5로 설정했기 때문에 5개의 출력 파티션이 생성됩니다. 이 값을 변경하면 스파크 잡의 실제 실행 특성을 제어할 수 있습니다. 이 설정을 다른 값으로 변경해 파티션 수가 변경되는 현상을 직접 확인하기 바랍니다. 값을 변경하면 런타임이 크게 달라질 수 있습니다. 그리고 스파크 UI에 접속해(4040 포트를 사용합니다) 잡의 실행 상태와 스파크 잡의 물리적, 논리적 실행 특성을 확인할 수 있습니다.

2.10.1 DataFrame과 SQL

이전 예제에서는 간단한 트랜스포메이션 작업을 수행해보았습니다. 이어서 DataFrame과 SQL을 사용하는 복잡한 작업을 수행해보겠습니다. 스파크는 언어에 상관없이 같은 방식으로 트랜스포메이션을 실행할 수 있습니다. 사용자가 SQL이나 DataFrame(R, 파이썬, 스칼라, 자바에서)으로 비즈니스 로직을 표현하면 스파크에서 실제 코드를 실행하기 전에 그 로직을 기본 실행 계획(`explain` 메서드를 호출해 실행 계획을 확인할 수 있습니다)으로 컴파일합니다. 스파크 SQL을 사용하면 모든 DataFrame을 테이블이나 뷰(임시 테이블)로 등록한 후

SQL 쿼리를 사용할 수 있습니다. 스파크는 SQL 쿼리를 DataFrame 코드와 같은 실행 계획으로 컴파일하므로 둘 사이의 성능 차이는 없습니다.

다음 예제처럼 `createOrReplaceTempView` 메서드를 호출하면 모든 DataFrame을 테이블이나 뷰로 만들 수 있습니다.

```
flightData2015.createOrReplaceTempView("flight_data_2015")
```

이제 SQL로 데이터를 조회할 수 있습니다. 새로운 DataFrame을 반환하는 `spark.sql` 메서드로 SQL 쿼리를 실행합니다. `spark`는 SparkSession의 변수입니다. DataFrame에 쿼리를 수행하면 새로운 DataFrame을 반환합니다. 로직을 작성할 때 반복적인 느낌이 들지만 매우 효율적입니다. 또한 사용자는 어떤 상황에서든 가장 편리한 방식으로 트랜스포메이션을 지정할 수 있습니다. 이해를 돕기 위해 두 가지 실행 계획을 비교해보겠습니다.

```
// 스칼라 코드
val sqlWay = spark.sql("""
SELECT DEST_COUNTRY_NAME, count(1)
FROM flight_data_2015
GROUP BY DEST_COUNTRY_NAME
""")

val dataFrameWay = flightData2015
  .groupBy("DEST_COUNTRY_NAME")
  .count()

sqlWay.explain
dataFrameWay.explain

# 파이썬 코드
sqlWay = spark.sql("""
SELECT DEST_COUNTRY_NAME, count(1)
FROM flight_data_2015
GROUP BY DEST_COUNTRY_NAME
""")

dataFrameWay = flightData2015\
  .groupBy("DEST_COUNTRY_NAME")\
  .count()
```

```
sqlWay.explain()
dataFrameWay.explain()

== Physical Plan ==
*HashAggregate(keys=[DEST_COUNTRY_NAME#182], functions=[count(1)])
+- Exchange hashpartitioning(DEST_COUNTRY_NAME#182, 5)
   +- *HashAggregate(keys=[DEST_COUNTRY_NAME#182], functions=[partial_count(1)])
      +- *FileScan csv [DEST_COUNTRY_NAME#182] ...

== Physical Plan ==
*HashAggregate(keys=[DEST_COUNTRY_NAME#182], functions=[count(1)])
+- Exchange hashpartitioning(DEST_COUNTRY_NAME#182, 5)
   +- *HashAggregate(keys=[DEST_COUNTRY_NAME#182], functions=[partial_count(1)])
      +- *FileScan csv [DEST_COUNTRY_NAME#182] ...
```

두 가지 실행 계획은 동일한 기본 실행 계획으로 컴파일됩니다!

데이터에서 흥미로운 통계를 찾아보겠습니다. 이 과정에서 스파크의 DataFrame과 SQL은 다양한 데이터 처리 기능을 제공한다는 사실을 알 수 있습니다. 스파크는 빅데이터 문제를 빠르게 해결하는 데 필요한 수백 개의 함수를 제공합니다. 다음 예제에서는 특정 위치를 왕래하는 최대 비행 횟수를 구하기 위해 max 함수를 사용합니다. max 함수는 DataFrame의 특정 컬럼 값을 스캔하면서 이전 최댓값보다 더 큰 값을 찾습니다. max 함수는 필터링을 수행해 단일 로우를 결과로 반환하는 트랜스포메이션입니다.

```
spark.sql("SELECT max(count) from flight_data_2015").take(1)

// 스칼라 코드
import org.apache.spark.sql.functions.max

flightData2015.select(max("count")).take(1)

# 파이썬 코드
from pyspark.sql.functions import max

flightData2015.select(max("count")).take(1)
```

위 예제의 결괏값은 370,002입니다. 다음 예제에서는 상위 5개의 도착 국가를 찾아내는 복잡한 코드를 실행해보겠습니다. 이 예제는 처음으로 다뤄보는 다중 트랜스포메이션 쿼리이기 때문에 단계별로 알아보겠습니다. 먼저 아주 직관적인 SQL 집계 쿼리부터 시작합니다.

```
// 스칼라 코드
val maxSql = spark.sql("""
SELECT DEST_COUNTRY_NAME, sum(count) as destination_total
FROM flight_data_2015
GROUP BY DEST_COUNTRY_NAME
ORDER BY sum(count) DESC
LIMIT 5
""")

maxSql.show()

# 파이썬 코드
maxSql = spark.sql("""
SELECT DEST_COUNTRY_NAME, sum(count) as destination_total
FROM flight_data_2015
GROUP BY DEST_COUNTRY_NAME
ORDER BY sum(count) DESC
LIMIT 5
""")

maxSql.show()

+-----------------+-----------------+
|DEST_COUNTRY_NAME|destination_total|
+-----------------+-----------------+
|    United States|           411352|
|           Canada|             8399|
|           Mexico|             7140|
|   United Kingdom|             2025|
|            Japan|             1548|
+-----------------+-----------------+
```

이어서 의미는 같고 구현과 정렬 방식이 조금 다른 DataFrame 구문을 살펴보겠습니다. 앞서 설명했듯이 기본 실행 계획은 SQL로 정의한 처리와 같습니다. 쿼리를 실행해 정상적인 결과가 나오는지 확인해보겠습니다.

```
// 스칼라 코드
import org.apache.spark.sql.functions.desc

flightData2015
  .groupBy("DEST_COUNTRY_NAME")
```

```
  .sum("count")
  .withColumnRenamed("sum(count)", "destination_total")
  .sort(desc("destination_total"))
  .limit(5)
  .show()

# 파이썬 코드
from pyspark.sql.functions import desc

flightData2015\
  .groupBy("DEST_COUNTRY_NAME")\
  .sum("count")\
  .withColumnRenamed("sum(count)", "destination_total")\
  .sort(desc("destination_total"))\
  .limit(5)\
  .show()

+-----------------+-----------------+
|DEST_COUNTRY_NAME|destination_total|
+-----------------+-----------------+
|    United States|           411352|
|           Canada|             8399|
|           Mexico|             7140|
|   United Kingdom|             2025|
|            Japan|             1548|
+-----------------+-----------------+
```

DataFrame의 explain 메서드로 확인해보면 총 7가지 단계가 있습니다. [그림 2-10]에서 전체 '코드' 수행 단계를 볼 수 있습니다. explain 메서드가 출력하는 실제 실행 계획은 물리적인 실행 시점에서 수행하는 최적화로 인해 [그림 2-10]과 다를 수 있습니다. 하지만 개념을 이해하기에는 좋은 그림입니다. 실행 계획은 트랜스포메이션의 **지향성 비순환 그래프**directed acyclic graph, DAG이며 액션이 호출되면 결과를 만들어냅니다. 그리고 지향성 비순환 그래프의 각 단계는 불변성을 가진 신규 DataFrame을 생성합니다.

그림 2-10 DataFrame의 변환 흐름

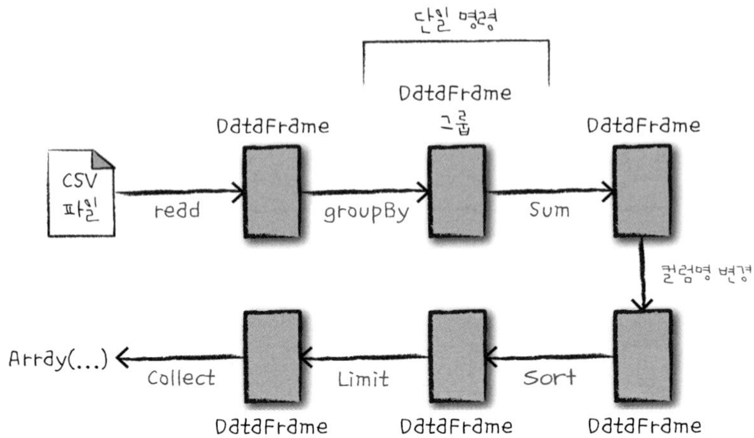

첫 번째 단계에서는 데이터를 읽습니다. 데이터를 읽는 DataFrame은 이미 이전 예제에서 정의했습니다. 다시 한번 강조하지만 스파크는 해당 DataFrame이나 자신의 원본 DataFrame에 액션이 호출되기 전까지 데이터를 읽지 않습니다.

두 번째 단계에서는 데이터를 그룹화합니다. `groupBy` 메서드가 호출되면 최종적으로 그룹화된 DataFrame을 지칭하는 이름을 가진 `RelationalGroupedDataset`을 반환합니다. 기본적으로 키 혹은 키셋을 기준으로 그룹을 만들고 각 키에 대한 집계를 수행합니다.

세 번째 단계에서는 집계 유형을 지정하기 위해 컬럼 표현식이나 컬럼명을 인수로 사용하는 `sum` 메서드를 사용합니다. `sum` 메서드는 새로운 스키마 정보를 가지는 별도의 DataFrame을 생성합니다. 신규 스키마에는 새로 만들어진 각 컬럼의 데이터 타입 정보가 들어 있습니다. 다시 한번 강조하지만, `sum` 메서드 역시 트랜스포메이션이므로 아무런 연산도 일어나지 않습니다. 스파크는 새롭게 생성된 결과 스키마를 통해 타입 정보를 추적합니다.

네 번째 단계에서는 컬럼명을 변경합니다. 이름을 변경하기 위해 `withColumnRenamed` 메서드에 원본 컬럼명과 신규 컬럼명을 인수로 지정합니다. 이 단계에서도 여전히 연산은 일어나지 않습니다. `withColumnRenamed` 메서드 역시 트랜스포메이션입니다.

다섯 번째 단계에서는 데이터를 정렬합니다. 결과 DataFrame의 첫 번째 로우를 확인해보면 `destination_total` 컬럼에서 가장 큰 값을 가지고 있습니다.

역순으로 정렬하기 위해 desc 함수를 임포트import합니다. desc 함수는 문자열이 아닌 Column 객체를 반환합니다. DataFrame 메서드 중 대부분은 문자열 형태의 컬럼명, Column 타입 그리고 표현식을 파라미터로 사용합니다. Column과 표현식은 사실상 같은 겁니다.

여섯 번째 단계에서는 limit 메서드로 반환 결과의 수를 제한합니다. 결과 DataFrame의 전체 데이터 대신 상위 5개 로우를 반환합니다.

마지막 단계에서는 액션을 수행합니다. 이 단계에 와서야 DataFrame의 결과를 모으는 프로세스를 시작합니다. 처리가 끝나면 코드를 작성한 프로그래밍 언어에 맞는 리스트나 배열을 반환합니다. 이해를 돕기 위해 explain 메서드를 호출해 실행 계획을 살펴보겠습니다.

```
// 스칼라 코드
flightData2015
  .groupBy("DEST_COUNTRY_NAME")
  .sum("count")
  .withColumnRenamed("sum(count)", "destination_total")
  .sort(desc("destination_total"))
  .limit(5)
  .explain()

# 파이썬 코드
flightData2015\
  .groupBy("DEST_COUNTRY_NAME")\
  .sum("count")\
  .withColumnRenamed("sum(count)", "destination_total")\
  .sort(desc("destination_total"))\
  .limit(5)\
  .explain()

== Physical Plan ==
TakeOrderedAndProject(limit=5, orderBy=[destination_total#16194L DESC], outpu...
+- *HashAggregate(keys=[DEST_COUNTRY_NAME#7323], functions=[sum(count#7325L)])
   +- Exchange hashpartitioning(DEST_COUNTRY_NAME#7323, 5)
      +- *HashAggregate(keys=[DEST_COUNTRY_NAME#7323], functions=[partial_sum...
         +- InMemoryTableScan [DEST_COUNTRY_NAME#7323, count#7325L]
            +- InMemoryRelation [DEST_COUNTRY_NAME#7323, ORIGIN_COUNTRY_NA...
               +- *Scan csv [DEST_COUNTRY_NAME#7578,ORIGIN_COUNTRY_NAME...
```

출력된 실행 계획은 '개념적 계획'과 정확하게 일치하지 않지만 모든 부분을 포함하고 있습니다. 실행 계획을 확인하면 첫 줄에서 `limit` 구문과 `orderBy` 구문을 볼 수 있습니다. 또한 `partial_sum` 함수를 호출하는 부분에서 집계가 두 단계로 나누어지는 것을 알 수 있습니다. 단계가 나누어지는 이유는 숫자 목록의 합을 구하는 연산이 가환성commutative을 가지고 있어 합계 연산 시 파티션별 처리가 가능하기 때문입니다. 물론 DataFrame을 어떻게 읽는지도 확인할 수 있습니다.

데이터를 드라이버로 모으는 대신 스파크가 지원하는 여러 데이터소스로 내보낼 수도 있습니다. 예를 들어 PostgreSQL과 같은 데이터베이스나 다양한 포맷의 파일에 결과를 저장할 수 있습니다.

2.11 정리

지금까지 아파치 스파크의 기초를 알아보았습니다. 이 과정에서 트랜스포메이션과 액션 그리고 스파크가 DataFrame의 실행 계획을 최적화하기 위해 트랜스포메이션의 지향성 비순환 그래프를 지연 실행하는 방법을 설명했습니다. 그리고 데이터가 파티션으로 구성되는 방법과 복잡한 트랜스포메이션 작업을 실행하는 단계도 함께 알아보았습니다. 다음 장에서는 방대한 스파크 에코시스템과 스트리밍부터 머신러닝에 이르는 스파크의 고급 개념과 다양한 기능을 알아보겠습니다.

CHAPTER 3

스파크 기능 둘러보기

앞 장에서는 트랜스포메이션과 액션 등 스파크의 구조적 API와 관련된 핵심 개념을 소개했습니다. 이런 단순한 개념적 구성요소는 스파크 에코 시스템의 방대한 기능과 라이브러리(그림 3-1)의 바탕을 이룹니다. 스파크는 기본 요소인 저수준 API와 구조적 API 그리고 추가 기능을 제공하는 일련의 표준 라이브러리로 구성되어 있습니다.

그림 3-1 스파크의 기능

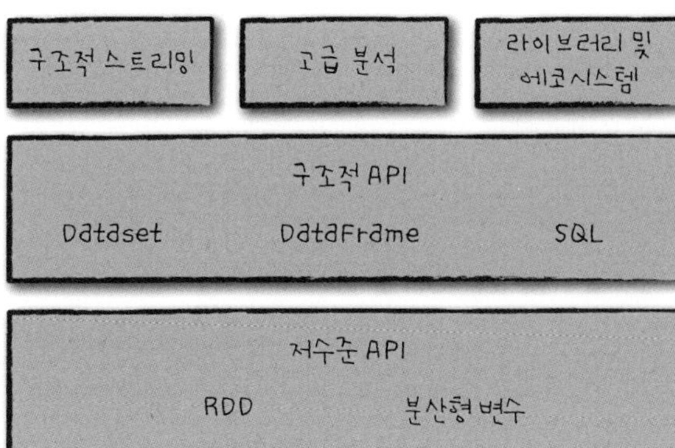

스파크의 라이브러리는 그래프 분석, 머신러닝 그리고 스트리밍 등 다양한 작업을 지원하며, 컴퓨팅 및 스토리지 시스템과의 통합을 돕는 역할을 합니다. 이 장에서는 아직 다루지 않은 API와 주요 라이브러리 그리고 스파크가 제공하는 다양한 기능을 소개합니다.

이 장에서는 다음과 같은 내용을 설명합니다.

- spark-submit 명령으로 운영용 애플리케이션 실행
- Dataset: 타입 안정성(type-safe, 타입 세이프)을 제공하는 구조적 API
- 구조적 스트리밍
- 머신러닝과 고급 분석
- RDD: 스파크의 저수준 API
- SparkR
- 서드파티 패키지 에코시스템

이 장을 보면서 생긴 궁금증은 관련 주제를 다루는 장에서 자세한 내용을 확인할 수 있습니다.

3.1 운영용 애플리케이션 실행하기

스파크를 사용하면 빅데이터 프로그램을 쉽게 개발할 수 있습니다. spark-submit 명령을 사용해 대화형 셸에서 개발한 프로그램을 운영용 애플리케이션으로 쉽게 전환할 수 있습니다. spark-submit 명령은 애플리케이션 코드를 클러스터에 전송해 실행시키는 역할을 합니다. 클러스터에 제출된 애플리케이션은 작업이 종료되거나 에러가 발생할 때까지 실행됩니다. 스파크 애플리케이션은 스탠드얼론, 메소스 그리고 YARN 클러스터 매니저를 이용해 실행됩니다.

spark-submit 명령에 애플리케이션 실행에 필요한 자원과 실행 방식 그리고 다양한 옵션을 지정할 수 있습니다.

사용자는 스파크가 지원하는 프로그래밍 언어로 애플리케이션을 개발한 다음 실행할 수 있습니다. 가장 간단한 방법은 로컬 머신에서 애플리케이션을 실행하는 겁니다. 스파크와 함께 제공되는 스칼라 애플리케이션 예제를 실행해보겠습니다. 스파크를 내려받은 디렉터리에서 다음 명령을 실행합니다.

```
./bin/spark-submit \
  --class org.apache.spark.examples.SparkPi \
  --master local \
  ./examples/jars/spark-examples_2.11-2.2.0.jar 10
```

위 스칼라 애플리케이션 예제는 파이[pi]값을 특정 자릿수까지 계산합니다. spark-submit 명령에 예제 클래스를 지정하고 로컬 머신에서 실행되도록 설정했습니다. 그리고 실행에 필요한 JAR 파일과 관련 인수도 함께 지정했습니다.

다음은 파이썬으로 작성한 애플리케이션을 실행하는 예제입니다.

```
./bin/spark-submit \
  --master local \
  ./examples/src/main/python/pi.py 10
```

spark-submit 명령 중 master 옵션의 인숫값을 변경하면 스파크가 지원하는 스파크 스탠드얼론, 메소스 그리고 YARN 클러스터 매니저에서 동일한 애플리케이션을 실행할 수 있습니다.

spark-submit 명령은 이 책의 예제를 실행하는 데 유용한 도구입니다. 이어서 2장에서 볼 수 없었던 API를 예제와 함께 알아보겠습니다.

3.2 Dataset: 타입 안정성을 제공하는 구조적 API

첫 번째로 설명할 API는 Dataset입니다. Dataset은 자바와 스칼라의 정적 데이터 타입에 맞는 코드, 즉 정적 타입 코드statically typed code[1]를 지원하기 위해 고안된 스파크의 구조적 API입니다. Dataset은 타입 안정성을 지원하며 동적 타입 언어인 파이썬과 R에서는 사용할 수 없습니다.

DataFrame은 다양한 데이터 타입의 테이블형 데이터를 보관할 수 있는 Row 타입의 객체로 구성된 분산 컬렉션입니다. Dataset API는 DataFrame의 레코드를 사용자가 자바나 스칼라로 정의한 클래스에 할당하고 자바의 ArrayList 또는 스칼라의 Seq 객체 등의 고정 타입형 컬렉션으로 다룰 수 있는 기능을 제공합니다. Dataset API는 **타입 안정성**을 지원하므로 초기화에 사용한 클래스 대신 다른 클래스를 사용해 접근할 수 없습니다. 따라서 Dataset API는 다수의 소프트웨어 엔지니어가 잘 정의된 인터페이스로 상호작용하는 대규모 애플리케이션을 개발하는 데 특히 유용합니다.

1 옮긴이_ 정적 타입 코드는 자료형이 고정된 언어를 의미합니다. 자바, 스칼라, C, C++ 등의 프로그래밍 언어가 정적 타입에 해당합니다. 이와 반대되는 동적 타입의 프로그래밍 언어로는 파이썬, 자바스크립트 등이 있습니다.

Dataset 클래스(자바에서는 Dataset<T>, 스칼라에서는 Dataset[T]로 표기합니다)는 내부 객체의 데이터 타입을 매개변수로 사용합니다. 예를 들어 Dataset[Person]은 Person 클래스의 객체만 가질 수 있습니다. 스파크 2.0 버전에서는 자바의 JavaBean 패턴[2]과 스칼라의 케이스 클래스 유형으로 정의된 클래스를 지원합니다. 스파크는 이러한 타입을 제한적으로 사용할 수밖에 없습니다. 그 이유는 자동으로 타입 T를 분석한 다음 Dataset의 표 형식 데이터에 적합한 스키마를 생성해야 하기 때문입니다.

Dataset은 필요한 경우에 선택적으로 사용할 수 있다는 장점이 있습니다. 예를 들어 다음 예제와 같이 데이터 타입을 정의하고 map과 filter 함수를 사용할 수 있습니다. 스파크는 처리를 마치고 결과를 DataFrame으로 자동 변환해 반환합니다. 또한 스파크가 제공하는 여러 함수를 이용해 추가 처리 작업을 할 수 있습니다. 이는 타입 안정성을 보장하는 코드에서 저수준 API를 사용할 수 있으며, 고수준 API의 SQL을 사용해 빠른 분석을 할 수 있게 합니다. 다음은 타입 안정성 함수와 DataFrame을 사용해 비즈니스 로직을 신속하게 작성하는 방법을 보여주는 간단한 예제입니다.

```
// 스칼라 코드
case class Flight(DEST_COUNTRY_NAME: String,
                  ORIGIN_COUNTRY_NAME: String,
                  count: BigInt)
val flightsDF = spark.read
  .parquet("/data/flight-data/parquet/2010-summary.parquet/")
val flights = flightsDF.as[Flight]
```

마지막으로 소개할 Dataset의 장점은 collect 메서드나 take 메서드를 호출하면 DataFrame을 구성하는 Row 타입의 객체가 아닌 Dataset에 매개변수로 지정한 타입의 객체를 반환한다는 겁니다. 따라서 코드 변경 없이 타입 안정성을 보장할 수 있으며 로컬이나 분산 클러스터 환경에서 데이터를 안전하게 다룰 수 있습니다.

2 옮긴이_ JavaBean 패턴은 생성자에 너무 많은 파라미터가 존재할 때 대안으로 사용하는 패턴으로, 변수의 Setter 메서드를 정의해 매개변수를 전달하는 방식입니다.

```
// 스칼라 코드
flights
  .filter(flight_row => flight_row.ORIGIN_COUNTRY_NAME != "Canada")
  .map(flight_row => flight_row)
  .take(5)

flights
  .take(5)
  .filter(flight_row => flight_row.ORIGIN_COUNTRY_NAME != "Canada")
  .map(fr => Flight(fr.DEST_COUNTRY_NAME, fr.ORIGIN_COUNTRY_NAME, fr.count + 5))
```

Dataset은 11장에서 자세히 알아보겠습니다.

3.3 구조적 스트리밍

구조적 스트리밍은 스파크 2.2 버전에서 안정화production-ready된 스트림 처리용 고수준 API입니다. 구조적 스트리밍을 사용하면 구조적 API로 개발된 배치 모드의 연산을 스트리밍 방식으로 실행할 수 있으며, 지연 시간을 줄이고 증분 처리할 수 있습니다. 구조적 스트리밍은 배치 처리용 코드를 일부 수정하여 스트리밍 처리를 수행하고 값을 빠르게 얻을 수 있다는 장점이 있습니다. 또한 프로토타입을 배치 잡으로 개발한 다음 스트리밍 잡으로 변환할 수 있으므로 개념 잡기가 수월합니다. 앞서 설명한 모든 작업은 데이터를 증분 처리하면서 수행됩니다.

구조적 스트리밍을 얼마나 쉽게 만들 수 있는지 간단한 예제로 알아보겠습니다. 예제에서는 소매retail 데이터셋[3]을 사용합니다. 소매 데이터셋에는 특정 날짜와 시간 정보가 있습니다. 지금은 예제 데이터셋 중 하루치 데이터를 나타내는 by-day[4] 디렉터리의 파일을 사용합니다.

여러 프로세스에서 데이터가 꾸준하게 생성되는 상황을 상상해보세요. 지금 사용하는 데이터는 소매 데이터이므로 소매점에서 생성된 데이터가 구조적 스트리밍 잡이 읽을 수 있는 저장소로 전송되고 있다고 가정합니다.

샘플 데이터를 확인하면 데이터 구조를 확인할 수 있습니다.

3 https://bit.ly/2PvOwCS

4 옮긴이_ 링크를 확인하면 all과 by-day 디렉터리가 있습니다.

```
InvoiceNo,StockCode,Description,Quantity,InvoiceDate,UnitPrice,CustomerID,Country
536365,85123A,WHITE HANGING HEART T-LIGHT HOLDER,6,2010-12-01 08:26:00,2.55,17...
536365,71053,WHITE METAL LANTERN,6,2010-12-01 08:26:00,3.39,17850.0,United Kin...
536365,84406B,CREAM CUPID HEARTS COAT HANGER,8,2010-12-01 08:26:00,2.75,17850...
```

이어서 정적 데이터셋의 데이터를 분석해 DataFrame을 생성합니다. 이때 정적 데이터셋의 스키마도 함께 생성합니다. 스트림 처리 과정에서 스키마를 추론하는 방법은 5부에서 자세히 알아보겠습니다.

```
// 스칼라 코드
val staticDataFrame = spark.read.format("csv")
  .option("header", "true")
  .option("inferSchema", "true")
  .load("/data/retail-data/by-day/*.csv")

staticDataFrame.createOrReplaceTempView("retail_data")
val staticSchema = staticDataFrame.schema

# 파이썬 코드
staticDataFrame = spark.read.format("csv")\
  .option("header", "true")\
  .option("inferSchema", "true")\
  .load("/data/retail-data/by-day/*.csv")

staticDataFrame.createOrReplaceTempView("retail_data")
staticSchema = staticDataFrame.schema
```

지금은 시계열[time-series] 데이터를 다루기 때문에 데이터를 그룹화하고 집계하는 방법을 알아볼 필요가 있습니다. 이를 위해 특정 고객(CustomerId로 구분합니다)이 대량으로 구매하는 영업 시간을 살펴볼 겁니다. 예를 들어 총 구매비용 컬럼을 추가하고 고객이 가장 많이 소비한 날을 찾아보겠습니다.

윈도우 함수[window function]는 집계 시에 시계열 컬럼을 기준으로 각 날짜에 대한 전체 데이터를 가지는 윈도우를 구성합니다. 윈도우는 간격을 통해 처리 요건을 명시할 수 있기 때문에 날짜와 타임스탬프 처리에 유용합니다. 스파크는 관련 날짜의 데이터를 그룹화합니다.

```
// 스칼라 코드
import org.apache.spark.sql.functions.{window, col}

staticDataFrame
  .selectExpr(
    "CustomerId",
    "(UnitPrice * Quantity) as total_cost",
    "InvoiceDate")
  .groupBy(
    col("CustomerId"), window(col("InvoiceDate"), "1 day"))
  .sum("total_cost")
  .show(5)

# 파이썬 코드
from pyspark.sql.functions import window, col

staticDataFrame\
  .selectExpr(
    "CustomerId",
    "(UnitPrice * Quantity) as total_cost",
    "InvoiceDate")\
  .groupBy(
    col("CustomerId"), window(col("InvoiceDate"), "1 day"))\
  .sum("total_cost")\
  .show(5)
```

SQL 코드를 사용해 동일한 작업을 할 수 있습니다.

실행 결과는 다음과 같습니다.

```
+----------+--------------------+------------------+
|CustomerId|              window|   sum(total_cost)|
+----------+--------------------+------------------+
|   17450.0|[2011-09-20 00:00...|          71601.44|
...
|      null|[2011-12-08 00:00...|31975.590000000007|
+----------+--------------------+------------------+
```

null 값을 가진 결과 로우는 일부 트랜잭션에 customerId 값이 없음을 의미합니다.

지금까지 정적 DataFrame 버전의 코드를 알아보았습니다. 구문에 익숙하다면 아주 어렵지 않았을 겁니다.

로컬 모드로 이 코드를 실행하려면 로컬 모드에 적합한 셔플 파티션 수를 설정하는 것이 좋습니다. 셔플 파티션 수는 셔플 이후에 생성될 파티션 수를 의미합니다. 기본값은 200이지만 로컬 모드에서는 그렇게 많은 익스큐터가 필요하지 않기 때문에 이 값을 5로 줄이겠습니다. 이미 2장에서 이와 동일한 설정을 했었습니다. 이 설정이 왜 중요한지 기억나지 않는다면 2장을 다시 한번 살펴보기 바랍니다.

```
spark.conf.set("spark.sql.shuffle.partitions", "5")
```

지금까지 동작 방식을 알아보았습니다. 이제 스트리밍 코드를 살펴보겠습니다! 코드는 거의 바뀌지 않습니다. read 메서드 대신 readStream 메서드를 사용하는 게 가장 큰 차이점입니다. 그리고 maxFilesPerTrigger 옵션을 추가로 지정합니다. 이 옵션을 사용해 한 번에 읽을 파일 수를 설정할 수 있습니다. 이번 예제를 '스트리밍'답게 만드는 옵션이지만 운영 환경에 적용하는 것은 추천하지 않습니다.

```
// 스칼라 코드
val streamingDataFrame = spark.readStream
  .schema(staticSchema)
  .option("maxFilesPerTrigger", 1)
  .format("csv")
  .option("header", "true")
  .load("/data/retail-data/by-day/*.csv")

# 파이썬 코드
streamingDataFrame = spark.readStream\
  .schema(staticSchema)\
  .option("maxFilesPerTrigger", 1)\
  .format("csv")\
  .option("header", "true")\
  .load("/data/retail-data/by-day/*.csv")
```

이제 DataFrame이 스트리밍 유형인지 확인할 수 있습니다.[5]

```
streamingDataFrame.isStreaming // true를 반환합니다.
```

5 옮긴이_ isStreaming 속성은 Dataset이 데이터를 연속적으로 전달하는 데이터소스라면 true를 반환합니다.

기존 DataFrame 처리와 동일한 비즈니스 로직을 적용해보겠습니다. 다음 코드는 총 판매 금액을 계산합니다.

```
// 스칼라 코드
val purchaseByCustomerPerHour = streamingDataFrame
  .selectExpr(
    "CustomerId",
    "(UnitPrice * Quantity) as total_cost",
    "InvoiceDate")
  .groupBy(
    col("CustomerId"), window(col("InvoiceDate"), "1 day"))
  .sum("total_cost")

# 파이썬 코드
purchaseByCustomerPerHour = streamingDataFrame\
  .selectExpr(
    "CustomerId",
    "(UnitPrice * Quantity) as total_cost",
    "InvoiceDate")\
  .groupBy(
    col("CustomerId"), window(col("InvoiceDate"), "1 day"))\
  .sum("total_cost")
```

이 작업 역시 지연 연산lazy operation이므로 데이터 플로를 실행하기 위해 스트리밍 액션을 호출해야 합니다.

스트리밍 액션은 어딘가에 데이터를 채워 넣어야 하므로 count 메서드와 같은 일반적인 정적 액션과는 조금 다른 특성을 가집니다. 여기서 사용할 스트리밍 액션은 **트리거**가 실행된 다음 데이터를 갱신하게 될 인메모리 테이블에 데이터를 저장합니다. 이번 예제의 경우 파일마다 트리거를 실행합니다. 스파크는 이전 집계값보다 더 큰 값이 발생한 경우에만 인메모리 테이블을 갱신하므로 언제나 가장 큰 값을 얻을 수 있습니다.

```
// 스칼라 코드
purchaseByCustomerPerHour.writeStream
  .format("memory") // memory = 인메모리 테이블에 저장
  .queryName("customer_purchases") // 인메모리에 저장될 테이블명
  .outputMode("complete") // complete = 모든 카운트 수행 결과를 테이블에 저장
  .start()
```

```
# 파이썬 코드
purchaseByCustomerPerHour.writeStream\
  .format("memory")\
  .queryName("customer_purchases")\
  .outputMode("complete")\
  .start()
```

스트림이 시작되면 쿼리 실행 결과가 어떠한 형태로 인메모리 테이블에 기록되는지 확인할 수 있습니다.

```
// 스칼라 코드
spark.sql("""
  SELECT *
  FROM customer_purchases
  ORDER BY `sum(total_cost)` DESC
  """)
  .show(5)

# 파이썬 코드
spark.sql("""
  SELECT *
  FROM customer_purchases
  ORDER BY `sum(total_cost)` DESC
  """)\
  .show(5)
```

더 많은 데이터를 읽을수록 테이블 구성이 바뀐다는 것을 알 수 있습니다. 각 파일에 있는 데이터에 따라 결과가 변경될 수도 있고 변경되지 않을 수도 있습니다. 이 예제는 고객을 그룹화하기 때문에 시간이 지남에 따라 일정 기간 최고로 많이 구매한 고객의 구매 금액이 증가할 것으로 기대할 수 있습니다. 또한 상황에 따라 처리 결과를 콘솔에 출력할 수도 있습니다.

```
purchaseByCustomerPerHour.writeStream
  .format("console") // console = 콘솔에 결과 출력
  .queryName("customer_purchases_2")
  .outputMode("complete")
  .start()
```

이 예제에서 사용한 두 가지 방식[6]을 운영 환경에서 사용하는 것은 좋지 않지만 구조적 스트리밍의 강력함을 편리하게 느껴보기에는 충분합니다. 그리고 스파크가 데이터를 처리하는 시점이 아닌 이벤트 시간에 따라 윈도우를 구성하는 방식에 주목할 필요가 있습니다. 이 방식을 사용하면 기존 스파크 스트리밍의 단점을 구조적 스트리밍으로 보완할 수 있습니다. 구조적 스트리밍은 5부에서 자세히 알아보겠습니다.

3.4 머신러닝과 고급 분석

스파크가 인기 있는 또 다른 이유는 내장된 머신러닝 알고리즘 라이브러리인 MLlib을 사용해 대규모 머신러닝을 수행할 수 있기 때문입니다. MLlib을 사용하면 대용량 데이터를 대상으로 전처리preprocessing, 멍잉munging[7], 모델 학습model training 및 예측prediction을 할 수 있습니다. 또한 구조적 스트리밍에서 예측하고자 할 때도 MLlib에서 학습시킨 다양한 예측 모델을 사용할 수 있습니다. 스파크는 분류classification부터 회귀regression, 군집화clustering 그리고 딥러닝deep learning에 이르기까지 머신러닝과 관련된 정교한 API를 제공합니다. 머신러닝 API를 설명하기 위해 *k*-평균이라는 표준 알고리즘을 이용해 기본적인 군집화를 수행해보겠습니다.

TIP ***k*-평균이란?**

k-평균은 데이터에서 *k*개의 중심이 임의로 할당되는 군집화 알고리즘입니다. 중심점에 가까운 점들을 군집에 할당하고 할당된 점들의 중심을 계산합니다. 이 중심점을 **센트로이드**(centroid)라고 합니다. 그런 다음 해당 센트로이드에 가장 가까운 점들의 군집에 레이블을 지정하고, 새로 계산한 중심으로 센트로이드를 이동시킵니다. 이 과정을 정해진 횟수만큼 또는 수렴할 때까지(더는 중심 포인트의 변경 없을 때까지) 반복합니다.

스파크는 데이터 전처리에 사용하는 다양한 메서드를 제공합니다. 다음 예제는 원본 데이터를 올바른 포맷으로 만드는 트랜스포메이션을 정의하고, 실제로 모델을 학습한 다음 예측을 수행합니다.

---

6 옮긴이_ 메모리나 콘솔로 출력하는 방식과 파일별로 트리거를 수행하는 방식을 의미합니다.

7 옮긴이_ 데이터 랭글링(data wrangling)이라고도 하며, 원본 데이터를 다른 형태로 변환하거나 매핑하는 과정을 의미합니다.

```
staticDataFrame.printSchema()

root
 |-- InvoiceNo: string (nullable = true)
 |-- StockCode: string (nullable = true)
 |-- Description: string (nullable = true)
 |-- Quantity: integer (nullable = true)
 |-- InvoiceDate: timestamp (nullable = true)
 |-- UnitPrice: double (nullable = true)
 |-- CustomerID: double (nullable = true)
 |-- Country: string (nullable = true)
```

MLlib의 머신러닝 알고리즘을 사용하기 위해서는 수치형 데이터가 필요합니다. 예제의 데이터는 타임스탬프, 정수 그리고 문자열 등 다양한 데이터 타입으로 이루어져 있으므로 수치형으로 변환해야 합니다. 다음은 몇 가지 DataFrame 트랜스포메이션을 사용해 날짜 데이터를 다루는 예제입니다.

```
// 스칼라 코드
import org.apache.spark.sql.functions.date_format

val preppedDataFrame = staticDataFrame
  .na.fill(0)
  .withColumn("day_of_week", date_format($"InvoiceDate", "EEEE"))
  .coalesce(5)

# 파이썬 코드
from pyspark.sql.functions import date_format, col

preppedDataFrame = staticDataFrame\
  .na.fill(0)\
  .withColumn("day_of_week", date_format(col("InvoiceDate"), "EEEE"))\
  .coalesce(5)
```

데이터를 학습 데이터셋(학습셋)과 테스트 데이터셋(테스트셋)으로 분리해야 합니다. 예제에서는 특정 구매가 이루어진 날짜를 기준으로 직접 분리합니다.[8] 또한 MLlib의 트랜스포메이션 API(TrainValidationSplit이나 CrossValidator)를 사용해 학습 데이터셋과 테스트 데이터셋을 생성할 수도 있습니다. 이 방식은 6부에서 자세히 알아보겠습니다.

8 옮긴이_ 코드 예제에서는 원본 DataFrame의 where 메서드를 사용해 두 개의 새로운 DataFrame을 생성합니다. '2011-07-01'을 기준으로 이전 날짜 데이터는 학습 데이터셋, 이후 날짜 데이터는 테스트 데이터셋이 됩니다.

```
// 스칼라 코드
val trainDataFrame = preppedDataFrame
  .where("InvoiceDate < '2011-07-01'")
val testDataFrame = preppedDataFrame
  .where("InvoiceDate >= '2011-07-01'")

# 파이썬 코드
trainDataFrame = preppedDataFrame\
  .where("InvoiceDate < '2011-07-01'")
testDataFrame = preppedDataFrame\
  .where("InvoiceDate >= '2011-07-01'")
```

데이터가 준비되었으니 액션을 호출해 데이터를 분리하겠습니다. 예제의 데이터는 시계열 데이터셋으로서 임의 날짜를 기준으로 데이터를 분리합니다. 비록 학습 데이터셋과 테스트 데이터셋을 분리하기 위한 최적의 방법은 아니지만 예제를 설명하기에는 충분합니다. 위 예제의 코드는 데이터셋을 대략 절반으로 나눕니다.

```
trainDataFrame.count()
testDataFrame.count()
```

DataFrame의 트랜스포메이션은 2부에서 자세히 알아보겠습니다. 스파크 MLlib은 일반적인 트랜스포메이션을 자동화하는 다양한 트랜스포메이션을 제공합니다. 그중 하나가 바로 StringIndexer입니다.

```
// 스칼라 코드
import org.apache.spark.ml.feature.StringIndexer

val indexer = new StringIndexer()
  .setInputCol("day_of_week")
  .setOutputCol("day_of_week_index")

# 파이썬 코드
from pyspark.ml.feature import StringIndexer

indexer = StringIndexer()\
  .setInputCol("day_of_week")\
  .setOutputCol("day_of_week_index")
```

앞 예제는 요일day of week을 수치형으로 반환합니다. 예를 들어 토요일을 6으로, 월요일을 1로 반환합니다. 그러나 이러한 번호 지정 체계는 수치로 표현되기 때문에 암묵적으로 토요일이 월요일보다 더 크다는 것을 의미합니다. 이는 분명 잘못된 방식입니다. 이 문제점을 보완하기 위해서는 OneHotEncoder를 사용해 각 값을 자체 컬럼으로 인코딩해야 합니다. 이렇게 하면 특정 요일이 해당 요일인지 아닌지 불리언Boolean 타입으로 나타낼 수 있습니다.

```
// 스칼라 코드
import org.apache.spark.ml.feature.OneHotEncoder

val encoder = new OneHotEncoder()
  .setInputCol("day_of_week_index")
  .setOutputCol("day_of_week_encoded")

# 파이썬 코드
from pyspark.ml.feature import OneHotEncoder

encoder = OneHotEncoder()\
  .setInputCol("day_of_week_index")\
  .setOutputCol("day_of_week_encoded")
```

위 예제의 결과는 벡터 타입을 구성할 컬럼 중 하나로 사용됩니다. 스파크의 모든 머신러닝 알고리즘은 수치형 벡터 타입을 입력으로 사용합니다.

```
// 스칼라 코드
import org.apache.spark.ml.feature.VectorAssembler

val vectorAssembler = new VectorAssembler()
  .setInputCols(Array("UnitPrice", "Quantity", "day_of_week_encoded"))
  .setOutputCol("features")

# 파이썬 코드
from pyspark.ml.feature import VectorAssembler

vectorAssembler = VectorAssembler()\
  .setInputCols(["UnitPrice", "Quantity", "day_of_week_encoded"])\
  .setOutputCol("features")
```

위 예제는 세 가지 핵심 특징인 가격(UnitPrice), 수량(Quantity), 특정 날짜의 요일(day_of_week_encoded)을 가지고 있습니다. 다음은 나중에 입력값으로 들어올 데이터가 같은 프로세스를 거쳐 변환되도록 파이프라인을 설정하는 예제입니다.

```
// 스칼라 코드
import org.apache.spark.ml.Pipeline

val transformationPipeline = new Pipeline()
  .setStages(Array(indexer, encoder, vectorAssembler))

# 파이썬 코드
from pyspark.ml import Pipeline

transformationPipeline = Pipeline()\
  .setStages([indexer, encoder, vectorAssembler])
```

학습 준비 과정은 두 단계로 이루어집니다. 우선 변환자transformer를 데이터셋에 적합fit시켜야 합니다. 그리고 6부에서 자세히 알아보겠지만 기본적으로 StringIndexer는 인덱싱할 고윳값의 수를 알아야 합니다. 고윳값의 수를 알 수 있다면 인코딩을 매우 쉽게 할 수 있지만, 만약 알 수 없다면 컬럼에 있는 모든 고윳값을 조사하고 인덱싱해야 합니다.

```
// 스칼라 코드
val fittedPipeline = transformationPipeline.fit(trainDataFrame)

# 파이썬 코드
fittedPipeline = transformationPipeline.fit(trainDataFrame)
```

학습 데이터셋에 변환자를 적합시키고 나면 학습을 위한 맞춤 파이프라인fitted pipeline이 준비됩니다. 그리고 이것을 사용해서 일관되고 반복적인 방식으로 모든 데이터를 변환할 수 있습니다.

```
// 스칼라 코드
val transformedTraining = fittedPipeline.transform(trainDataFrame)

# 파이썬 코드
transformedTraining = fittedPipeline.transform(trainDataFrame)
```

이제 모델 학습에 사용할 파이프라인이 마련되었습니다. 하지만 데이터 캐싱을 설명하기 위해 파이프라인 구성 과정에서 데이터 캐싱 과정을 제외시켰습니다. 캐싱은 4부에서 자세히 알아보겠습니다. 동일한 트랜스포메이션을 계속 반복할 수 없으므로 그 대신 모델에 일부 하이퍼파라미터hyperparameter 튜닝값을 적용합니다. 캐싱을 사용하면 중간 변환된 데이터셋의 복사본을 메모리에 저장하므로 전체 파이프라인을 재실행하는 것보다 훨씬 빠르게 반복적으로 데이터셋에 접근할 수 있습니다. 얼마나 큰 차이를 보이는지 궁금하다면 예제에서 다음 코드를 제거하고 데이터 캐싱 없이 모델 학습을 진행해보기 바랍니다. 그다음에 제거했던 코드를 다시 추가하고 처리해보면 속도 면에서 분명한 차이를 느낄 수 있을 겁니다.

```
transformedTraining.cache()
```

학습 데이터셋이 완성되었으므로 모델을 학습할 차례입니다. 머신러닝 모델을 사용하려면 관련 클래스를 임포트하고 인스턴스를 생성해야 합니다.

```
// 스칼라 코드
import org.apache.spark.ml.clustering.KMeans

val kmeans = new KMeans()
  .setK(20)
  .setSeed(1L)

# 파이썬 코드
from pyspark.ml.clustering import KMeans

kmeans = KMeans()\
  .setK(20)\
  .setSeed(1L)
```

스파크에서 머신러닝 모델을 학습시키는 과정은 크게 두 단계로 진행됩니다. 첫 번째 단계는 아직 학습되지 않은 모델을 초기화하고, 두 번째 단계는 해당 모델을 학습시킵니다. MLlib의 DataFrame API에서 제공하는 모든 알고리즘은 항상 두 가지 유형으로 구성되어 있으며 다음과 같은 명명규칙을 따릅니다.

- 학습 전 알고리즘 명칭: `Algorithm`[9]
- 학습 후 알고리즘 명칭: `AlgorithmModel`

이번 예제에서는 `KMeans`와 `KMeansModel`이 학습 전 알고리즘 명칭과 학습 후 알고리즘 명칭에 해당합니다.

---

9 옮긴이_ 학습 전 알고리즘 명칭은 '알고리즘명'이고, 학습 후 알고리즘 명칭은 '알고리즘명 + Model'입니다.

MLlib의 DataFrame API에서 제공하는 추정자estimator는 앞서 사용한 전처리 변환자(예: StringIndexer)와 거의 동일한 인터페이스를 가지고 있습니다. 이 인터페이스를 사용해 전체 파이프라인의 학습 과정을 단순화할 수 있습니다. 이 장의 예제에서는 단계별로 설명하기 위해 파이프라인에서 kmeans 모델 설정 과정을 생략하겠습니다.

```
// 스칼라 코드
val kmModel = kmeans.fit(transformedTraining)

# 파이썬 코드
kmModel = kmeans.fit(transformedTraining)
```

모델 학습이 완료되면 몇 가지 성과 평가지표에 따라 학습 데이터셋에 대한 비용[10]을 계산할 수 있습니다. 예제에서 사용한 데이터셋의 군집 비용은 상당히 높은 편입니다. 입력 데이터에 대한 전처리와 표준화 작업이 적절히 이루어지지 않았기 때문입니다. 이와 관련한 내용은 25장에서 자세히 알아보겠습니다.

```
kmModel.computeCost(transformedTraining)

// 스칼라 코드
val transformedTest = fittedPipeline.transform(testDataFrame)

# 파이썬 코드
transformedTest = fittedPipeline.transform(testDataFrame)

kmModel.computeCost(transformedTest)
```

예제의 모델은 아직 개선할 부분이 많습니다. 앞으로 더 많은 전처리 과정을 추가하고, 하이퍼파라미터값을 튜닝하면 더 좋은 모델을 만들 수 있습니다. 모델을 개선하는 방법은 6부에서 자세히 알아보겠습니다.

10 옮긴이_ 군집 비용을 말하며, 각 군집 중심점과의 제곱거리의 합을 의미합니다.

3.5 저수준 API

스파크는 RDD를 통해 자바와 파이썬 객체를 다루는 데 필요한 다양한 기본 기능(저수준 API)을 제공합니다. 그리고 스파크의 거의 모든 기능은 RDD를 기반으로 만들어졌습니다. DataFrame 연산도 RDD를 기반으로 만들어졌으며 편리하고 매우 효율적인 분산 처리를 위해 저수준 명령으로 컴파일됩니다. 원시 데이터를 읽거나 다루는 용도로 RDD를 사용할 수 있지만 대부분은 구조적 API를 사용하는 것이 좋습니다. 하지만 RDD를 이용해 파티션과 같은 물리적 실행 특성을 결정할 수 있으므로 DataFrame보다 더 세밀한 제어를 할 수 있습니다.

또한 드라이버 시스템의 메모리에 저장된 원시 데이터를 병렬처리parallelize하는 데 RDD를 사용할 수 있습니다. 다음은 간단한 숫자를 이용해 병렬화해 RDD를 생성하는 예제입니다. 그런 다음 다른 DataFrame과 함께 사용할 수 있도록 DataFrame으로 변환합니다.

```
// 스칼라 코드
spark.sparkContext.parallelize(Seq(1, 2, 3)).toDF()

# 파이썬 코드
from pyspark.sql import Row

spark.sparkContext.parallelize([Row(1), Row(2), Row(3)]).toDF()
```

RDD는 스칼라뿐만 아니라 파이썬에서도 사용할 수 있습니다. 하지만 두 언어의 RDD가 동일하진 않습니다. 언어와 관계없이 동일한 실행 특성을 제공하는 DataFrame API와는 다르게 RDD는 세부 구현 방식에서 차이를 보입니다. 4부에서 RDD와 저수준 API를 자세히 알아보겠습니다. 낮은 버전의 스파크 코드를 계속 사용해야 하는 상황이 아니라면 RDD를 사용해 스파크 코드를 작성할 필요는 없습니다. 최신 버전의 스파크에서는 기본적으로 RDD를 사용하지 않지만, 비정형 데이터나 정제되지 않은 원시 데이터를 처리해야 한다면 RDD를 사용해야 합니다.

3.6 SparkR

SparkR은 스파크를 R 언어로 사용하기 위한 기능입니다. SparkR은 스파크가 지원하는 모든 언어에 적용된 원칙을 동일하게 따르고 있습니다. SparkR을 사용하려면 SparkR을 설치하고 코드를 실행하면 됩니다. SparkR은 파이썬 API와 매우 유사합니다. 단지 파이썬 대신 R 구문을 사용한다는 점만 다릅니다. 파이썬에서 사용할 수 있는 대부분 기능은 SparkR에서도 사용할 수 있습니다.

```
# R 코드
library(SparkR)
sparkDF <- read.df("/data/flight-data/csv/2015-summary.csv",
         source = "csv", header="true", inferSchema = "true")
take(sparkDF, 5)

# R 코드
collect(orderBy(sparkDF, "count"), 20)
```

R 사용자는 magrittr의 pipe 연산자와 같은 R 라이브러리를 사용해 스파크 트랜스포메이션 과정을 R과 유사하게 만들 수 있습니다. 이 특징을 활용하면 정교한 플로팅plotting 작업을 지원하는 ggplot과 같은 라이브러리를 손쉽게 사용할 수 있습니다.

```
# R 코드
library(magrittr)
sparkDF %>%
  orderBy(desc(sparkDF$count)) %>%
  groupBy("ORIGIN_COUNTRY_NAME") %>%
  count() %>%
  limit(10) %>%
  collect()
```

파이썬에 적용된 모든 개념이 SparkR에도 적용되어 있으므로 R 언어로 된 코드 예제는 별도로 제공하지 않습니다. 파이썬과 R의 유일한 차이점은 구문이 다르다는 겁니다. SparkR과 sparklyr는 7부에서 자세히 알아보겠습니다.

3.7 스파크의 에코시스템과 패키지

스파크가 자랑하는 최고 장점은 커뮤니티가 만들어낸 패키지 에코시스템과 다양한 기능입니다. 이러한 기능 중 일부는 스파크 코어 프로젝트에 포함되어 널리 사용되고 있습니다. 2017년 12월을 기준으로 300여 개 이상의 패키지가 존재하며 계속해서 늘어나고 있습니다. 스파크 패키지 목록은 누구나 자신이 개발한 패키지를 공개할 수 있는 저장소인 spark-packages.org[11]에서 확인할 수 있습니다. 이외에도 다양한 프로젝트와 패키지를 깃허브와 같은 웹사이트에서 찾아볼 수 있습니다.

3.8 정리

이 장에서는 스파크를 비즈니스와 기술적 문제 해결에 적용할 수 있는 다양한 방법을 알아보았습니다. 스파크의 단순하고 강력한 프로그래밍 모델은 다양한 문제를 해결하는 데 손쉽게 적용할 수 있습니다. 수많은 사람이 만든 다양한 패키지는 여러 비즈니스 문제를 성공적으로 해결할 수 있는 스파크의 능력에 대한 중요한 증거입니다. 에코시스템과 커뮤니티가 성장할수록 더 많은 패키지가 만들어질 겁니다.

이 책의 나머지 부분은 [그림 3-1]에 있는 스파크의 여러 기능을 자세히 설명합니다.

이 책은 차례대로 읽는 것이 가장 좋습니다. 하지만 용어가 궁금하거나 필요한 내용을 찾아 해당 장으로 바로 이동해도 상관없습니다.

---

11 https://spark-packages.org/

Part II

구조적 API: DataFrame, SQL, Dataset

아파치 스파크 커뮤니티는 2.0 버전을 출시하면서 구조적 API를 소개했습니다. 아파치 스파크의 1.x 버전에서는 RDD와 같은 저수준 API를 활용하는 방법이 주를 이루었으나 2.0 출시 이후에는 자동화된 최적화 기능과 장애 대응 능력을 제공하는 구조적 API의 사용이 필수적임을 강조하고 있습니다. 2부에서는 구조적 API가 무엇인지 그리고 어떤 장점과 기능을 가지고 있는지 알아봅니다.

Part II

구조적 API : DataFrame, SQL, Dataset

CHAPTER 4

구조적 API 개요

2부에서는 스파크의 구조적 API를 자세히 살펴보겠습니다. 구조적 API는 비정형 로그 파일부터 반정형 CSV 파일, 매우 정형적인 파케이Parquet 파일까지 다양한 유형의 데이터를 처리할 수 있습니다. 구조적 API에는 다음과 같은 세 가지 분산 컬렉션 API가 있습니다.

- Dataset
- DataFrame
- SQL 테이블과 뷰

배치batch와 **스트리밍**streaming 처리에서 구조적 API를 사용할 수 있습니다. 구조적 API를 활용하면 배치 작업을 스트리밍 작업으로 손쉽게 변환할 수 있습니다(반대의 경우에도 마찬가지입니다). 2부에서는 구조적 API의 내용에 집중하고 스트림 처리와 관련된 내용은 5부에서 자세히 알아보겠습니다.

구조적 API는 데이터 흐름을 정의하는 기본 추상화 개념입니다. 지금까지는 스파크의 여러 기능을 튜토리얼 기반으로 가볍게 알아보았습니다. 2부에서는 조금 더 자세히 들여다보겠습니다. 이 장에서는 반드시 이해해야 하는 세 가지 기본 개념을 설명합니다.

- 타입형(typed)/비타입형(untyped) API의 개념과 차이점
- 핵심 용어
- 스파크가 구조적 API의 데이터 흐름을 해석하고 클러스터에서 실행하는 방식

이어서 특정 데이터 타입이나 데이터소스를 활용하는 구체적인 사례를 알아보겠습니다.

NOTE_ 4장을 시작하기 전에 스파크의 기본 개념과 정의를 다시 한번 떠올려 보겠습니다. 스파크는 **트랜스포메이션**의 처리 과정을 정의하는 분산 프로그래밍 모델입니다. 사용자가 정의한 다수의 트랜스포메이션은 지향성 비순환 그래프(DAG)로 표현되는 명령을 만들어냅니다. 액션은 하나의 잡을 클러스터에서 실행하기 위해 스테이지와 태스크로 나누고 DAG 처리 프로세스를 실행합니다. 트랜스포메이션과 액션으로 다루는 논리적 구조가 바로 DataFrame과 Dataset입니다. 새로운 DataFrame이나 Dataset을 만들려면 트랜스포메이션을 호출해야 합니다. 그리고 연산을 시작하거나 사용한 언어에 맞는 데이터 타입으로 변환하려면 액션을 호출해야 합니다.

4.1 DataFrame과 Dataset

우리는 1부에서 DataFrame을 알아보았습니다. 스파크는 DataFrame과 Dataset이라는 두 가지 구조화된 컬렉션 개념을 가지고 있습니다. 둘 사이의 의미적인 차이점을 알아보기 전에 무엇을 나타내는지 먼저 정의해보겠습니다.

DataFrame과 Dataset은 잘 정의된 로우와 컬럼을 가지는 분산 테이블 형태의 컬렉션입니다. 각 컬럼은 다른 컬럼과 동일한 수의 로우를 가져야 합니다('값 없음'은 `null`로 표시합니다). 그리고 컬렉션의 모든 로우는 같은 데이터 타입 정보를 가지고 있어야 합니다. DataFrame과 Dataset은 결과를 생성하기 위해 어떤 데이터에 어떤 연산을 적용해야 하는지 정의하는 지연 연산의 실행 계획이며, 불변성을 가집니다. DataFrame에 액션을 호출하면 스파크는 트랜스포메이션을 실제로 실행하고 결과를 반환합니다. 이 과정은 사용자가 원하는 결과를 얻기 위해 로우와 컬럼을 처리하는 방법에 대한 계획을 나타냅니다.

NOTE_ 기본적으로 테이블과 뷰는 DataFrame과 같습니다. 대신 테이블은 DataFrame 코드 대신 SQL을 사용합니다. 스파크 SQL은 10장에서 자세히 알아보겠습니다.

DataFrame과 Dataset을 조금 더 구체적으로 정의하려면 '스키마'를 알아야 합니다. 스키마는 분산 컬렉션에 저장할 데이터 타입을 정의하는 방법입니다.

4.2 스키마

스키마는 DataFrame의 컬럼명과 데이터 타입을 정의합니다. 스키마는 데이터소스에서 얻거나(스키마 온 리드schema-on-read라고 합니다) 직접 정의할 수 있습니다. 스키마는 여러 데이터 타입으로 구성되므로 어떤 데이터 타입이 어느 위치에 있는지 정의하는 방법이 필요합니다.

4.3 스파크의 구조적 데이터 타입 개요

스파크는 사실상 프로그래밍 언어입니다. 스파크는 실행 계획 수립과 처리에 사용하는 자체 데이터 타입 정보를 가지고 있는 **카탈리스트**Catalyst 엔진을 사용합니다. 카탈리스트 엔진은 다양한 실행 최적화 기능을 제공합니다. 스파크는 자체 데이터 타입을 지원하는 여러 언어 API와 직접 매핑되며, 각 언어에 대한 매핑 테이블을 가지고 있습니다. 파이썬이나 R을 이용해 스파크의 구조적 API를 사용하더라도 대부분의 연산은 파이썬이나 R의 데이터 타입이 아닌 스파크의 데이터 타입을 사용합니다. 다음 코드 예제는 스칼라나 파이썬이 아닌 **스파크**의 덧셈 연산을 수행합니다.

```
// 스칼라 코드
val df = spark.range(500).toDF("number")
df.select(df.col("number") + 10)

# 파이썬 코드
df = spark.range(500).toDF("number")
df.select(df["number"] + 10)
```

스파크에서 덧셈 연산이 수행되는 이유는 스파크가 지원하는 언어를 이용해 작성된 표현식을 카탈리스트 엔진에서 스파크의 데이터 타입으로 변환해 명령을 처리하기 때문입니다. 이런 동작이 가능한 이유를 설명하기 전에 Dataset을 먼저 알아보겠습니다.

4.3.1 DataFrame과 Dataset 비교

본질적으로 구조적 API에는 '비타입형'인 DataFrame과 '타입형'인 Dataset이 있습니다. 어찌면 DataFrame을 '비타입형'으로 보는 것이 다소 부정확할 수도 있습니다. 물론 DataFrame에도 데이터 타입이 있습니다. 하지만 스키마에 명시된 데이터 타입의 일치 여부를 **런타임**이 되어서야 확인합니다. 반면에 Dataset은 스키마에 명시된 데이터 타입의 일치 여부를 **컴파일 타임**에 확인합니다. Dataset은 JVM 기반의 언어인 스칼라와 자바에서만 지원합니다. Dataset의 데이터 타입을 정의하려면 스칼라의 케이스 클래스(`case class`)나 자바 빈(`JavaBean`)을 사용해야 합니다.

이 책의 예제는 대부분 DataFrame을 사용합니다. 스파크의 DataFrame은 `Row` 타입으로 구성된 Dataset입니다. `Row` 타입은 스파크가 사용하는 '연산에 최적화된 인메모리 포맷'의 내부적인 표현 방식입니다. `Row` 타입을 사용하면 가비지 컬렉션garbage collection과 객체 초기화 부하가 있는 JVM 데이터 타입을 사용하는 대신 자체 데이터 포맷을 사용하기 때문에 매우 효율적인 연산이 가능합니다. 파이썬이나 R에서는 스파크의 Dataset을 사용할 수 없습니다. 하지만 최적화된 포맷인 Dataframe으로 처리할 수 있습니다.

NOTE_ 내부 카탈리스트 포맷을 잘 설명해주는 여러 가지 스파크 발표 자료가 있습니다. 이 책은 일반 독자를 대상으로 하고 있으므로 카탈리스트 엔진 구현과 관련된 내용은 다루지 않습니다. 구현과 관련된 내용이 궁금하다면 데이터브릭스의 조쉬 로젠[1]과 하만 반 호벨[2]이 스파크의 카탈리스트 엔진 구현에 관해 설명한 영상을 참고하세요.

DataFrame, 스파크의 데이터 타입 그리고 스키마를 완전히 이해하려면 시간이 필요합니다. 지금 기억해야 할 것은 DataFrame을 사용하면 스파크의 최적화된 내부 포맷을 사용할 수 있다는 사실입니다. 스파크의 최적화된 내부 포맷을 사용하면 스파크가 지원하는 어떤 언어 API를 사용하더라도 동일한 효과와 효율성을 얻을 수 있습니다. 만약 컴파일 타임에 엄격한 데이터 타입 검증이 필요하다면 11장 'Dataset'을 참조하세요.

이제 친근하고 이해하기 쉬운 개념인 컬럼과 로우를 알아보겠습니다.

4.3.2 컬럼

컬럼은 정수형이나 문자열 같은 **단순 데이터 타입**, 배열이나 맵 같은 **복합 데이터 타입** 그리고

1 https://youtu.be/5ajs8EIPWGI

2 https://youtu.be/GDeePbbCz2g

null 값을 표현합니다. 스파크는 데이터 타입의 모든 정보를 추적하며 다양한 컬럼 변환 방법을 제공합니다. 스파크의 컬럼은 테이블의 컬럼으로 생각할 수 있습니다. 5장에서 컬럼에 대해 자세히 알아보겠습니다.

4.3.3 로우

로우는 데이터 레코드입니다. DataFrame의 레코드는 Row 타입으로 구성됩니다. 로우는 SQL, RDD, 데이터소스에서 얻거나 직접 만들 수 있습니다. 다음은 range 메서드를 사용해 DataFrame을 생성하는 예제입니다.

```
// 스칼라 코드
spark.range(2).toDF().collect()

# 파이썬 코드
spark.range(2).collect()
```

두 코드 모두 Row 객체로 이루어진 배열을 반환합니다.

4.3.4 스파크 데이터 타입

스파크는 여러 가지 내부 데이터 타입을 가지고 있습니다. [표 4-1], [표 4-2], [표 4-3]은 다양한 프로그래밍 언어의 데이터 타입이 스파크의 어떤 데이터 타입과 매핑되는지 나타냅니다.

표를 확인하기 전에 특정 데이터 타입의 컬럼을 초기화하고 정의하는 방법을 알아보겠습니다.

스파크 데이터 타입을 스칼라에서 사용하려면 다음과 같은 코드를 사용합니다.

```
import org.apache.spark.sql.types._

val b = ByteType
```

스파크 데이터 타입을 자바에서 사용하려면 다음 패키지의 팩토리 메서드를 사용합니다.

```
import org.apache.spark.sql.types.DataTypes;

ByteType x = DataTypes.ByteType;
```

[표 4-1]에서는 파이썬의 데이터 타입과 관련된 제약사항을 확인할 수 있습니다. 그리고 [표 4-2]와 [표 4-3]에서는 스칼라와 자바의 데이터 타입과 관련된 제약사항을 확인할 수 있습니다. 스파크 데이터 타입을 파이썬에서 사용하려면 다음과 같은 코드를 사용합니다.

```
from pyspark.sql.types import *

b = ByteType()
```

스파크가 지원하는 언어별 매핑 정보는 다음 표에서 확인할 수 있습니다.

표 4-1 파이썬 데이터 타입 매핑

스파크 데이터 타입	파이썬 데이터 타입	데이터 타입 생성/접근용 API
ByteType	int, long. 참고: 숫자는 런타임에 1바이트 크기의 부호형 정수(integer)로 변환됩니다. -128과 127 사이의 값을 가집니다.	ByteType()
ShortType	int, long. 참고: 숫자는 런타임에 2바이트 크기의 부호형 정수로 변환됩니다. -32768과 32767 사이의 값을 가집니다.	ShortType()
IntegerType	int, long. 참고: 파이썬은 '정수형' 데이터 타입의 숫자를 관대하게 정의합니다. 매우 큰 숫자값을 IntegerType()에서 사용하면 스파크 SQL에서 거부할 수 있습니다. 숫자값이 너무 크면 LongType을 사용해야 합니다.	IntegerType()
LongType	long. 참고: 숫자는 런타임에 8바이트 크기의 부호형 정수로 변환됩니다. -9223372036854775808과 9223372036854775807 사이의 값을 가집니다. 더 큰 숫자를 사용하려면 값을 decimal.Decimal 형으로 변환해 DecimalType을 사용합니다.	LongType()
FloatType	float. 참고: 숫자는 런타임에 4바이트 크기의 단정도(single-precision) 부동소수점으로 변환됩니다.	FloatType()
DoubleType	float	DoubleType()
DecimalType	decimal.Decimal	DecimalType()
StringType	string	StringType()
BinaryType	bytearray	BinaryType()
BooleanType	bool	BooleanType()
TimestampType	datetime.datetime	TimestampType()
DateType	datetime.date	DateType()
ArrayType	list, tuple, array	ArrayType(elementType, [containsNull]). 참고: containsNull의 기본값은 True입니다.

스파크 데이터 타입	파이썬 데이터 타입	데이터 타입 생성/접근용 API
MapType	dict	MapType(keyType, valueType, [valueContainsNull]). 참고: valueContainsNull의 기본값은 True입니다.
StructType	list, tuple	StructType(fields). 참고: 괄호 안의 fields는 StructField 객체로 이루어진 파이썬 list 타입이며 같은 필드명은 사용할 수 없습니다.
StructField	이 필드의 데이터 타입과 대응되는 파이썬 데이터 타입입니다. 예를 들어 IntegerType을 사용하는 StructField는 파이썬의 int 데이터 타입을 사용합니다.	StructField(name, dataType, [nullable]) 참고: nullable의 기본값은 True입니다.

표 4-2 스칼라 데이터 타입 매핑

스파크 데이터 타입	스칼라 데이터 타입	데이터 타입 생성/접근용 API
ByteType	Byte	ByteType
ShortType	Short	ShortType
IntegerType	Int	IntegerType
LongType	Long	LongType
FloatType	Float	FloatType
DoubleType	Double	DoubleType
DecimalType	java.math.BigDecimal	DecimalType
StringType	String	StringType
BinaryType	Array[Byte]	BinaryType
BooleanType	Boolean	BooleanType
TimestampType	java.sql.Timestamp	TimestampType
DateType	java.sql.Date	DateType
ArrayType	scala.collection.Seq	ArrayType(elementType, [containsNull]). 참고: containsNull의 기본값은 true입니다.
MapType	scala.collection.Map	MapType(keyType, valueType, [valueContainsNull]). 참고: valueContainsNull 의 기본값은 true입니다.
StructType	org.apache.spark.sql.Row	StructType(fields). 참고: 괄호 안의 fields는 StructField 객체로 이루어진 스칼라 Array 타입이며 같은 필드명은 사용할 수 없습니다.
StructField	이 필드의 데이터 타입과 대응되는 스칼라 데이터 타입입니다. 예를 들어 IntegerType을 사용하는 StructField는 스칼라의 Int 데이터 타입을 사용합니다.	StructField(name, dataType, [nullable]). 참고: nullable의 기본값은 true입니다.

표 4-3 자바 데이터 타입 매핑

스파크 데이터 타입	자바 데이터 타입	데이터 타입 생성/접근용 API
ByteType	byte, Byte	DataTypes.ByteType
ShortType	short, Short	DataTypes.ShortType
IntegerType	int, Integer	DataTypes.IntegerType
LongType	long, Long	DataTypes.LongType
FloatType	float, Float	DataTypes.FloatType
DoubleType	double, Double	DataTypes.DoubleType
DecimalType	java.math.BigDecimal	DataTypes.createDecimalType() DataTypes.createDecimalType(precision, scale)
StringType	String	DataTypes.StringType
BinaryType	byte[]	DataTypes.BinaryType
BooleanType	boolean, Boolean	DataTypes.BooleanType
TimestampType	java.sql.Timestamp	DataTypes.TimestampType
DateType	java.sql.Date	DataTypes.DateType
ArrayType	java.util.List	DataTypes.createArrayType(elementType). 참고: containsNull의 값은 true입니다. DataTypes.createArrayType(elementType, containsNull)
MapType	java.util.Map	DataTypes.createMapType(keyType, valueType). 참고: valueContainsNull 의 값은 true입니다. DataTypes.createMapType(keyType, valueType, valueContainsNull)
StructType	org.apache.spark.sql.Row	DataTypes.createStructType(fields). 참고: 괄호 안의 fields는 StructField 객체로 이루어진 자바 List 또는 배열이며 동일한 필드명은 사용할 수 없습니다.
StructField	이 필드의 데이터 타입과 대응되는 자바 데이터 타입입니다. 예를 들어 IntegerType을 사용하는 StructField는 자바의 int 데이터 타입을 사용합니다.	DataTypes.createStructField(name, dataType, nullable)

스파크 SQL은 계속 성장하고 있습니다. 최신 데이터 타입을 알고 싶다면 스파크 공식 문서[3]를 참고하세요. 고정형 DataFrame을 그대로 사용하는 경우는 거의 없으며, 대부분 DataFrame의 처리와 변환을 수행합니다. 따라서 구조적 API의 실행 과정을 알아야 합니다.

3 http://bit.ly/2EdflXW

4.4 구조적 API의 실행 과정

이 절에서는 스파크 코드가 클러스터에서 실제 처리되는 과정을 설명합니다. 설명만으로도 코드를 작성하고 실행하는 절차를 이해할 수 있을 겁니다. 이제부터 구조적 API 쿼리가 사용자 코드에서 실제 실행 코드로 변환되는 과정을 알아보겠습니다. 진행 과정은 다음과 같습니다.

1. DataFrame/Dataset/SQL을 이용해 코드를 작성합니다.
2. 정상적인 코드라면 스파크가 **논리적 실행 계획**으로 변환합니다.
3. 스파크는 **논리적 실행 계획**을 **물리적 실행 계획**으로 변환하며 그 과정에서 추가적인 최적화를 할 수 있는지 확인합니다.
4. 스파크는 클러스터에서 **물리적 실행 계획**(RDD 처리)을 실행합니다.

먼저 실행할 코드를 작성해야 합니다. 작성한 스파크 코드는 콘솔이나 `spark-submit` 셸 스크립트로 실행합니다. 카탈리스트 옵티마이저Catalyst Optimizer는 코드를 넘겨받고 실제 실행 계획을 생성합니다. 마지막으로 스파크는 코드를 실행한 후 결과를 반환합니다. [그림 4-1]에서 전체 과정을 확인할 수 있습니다.

그림 4-1 카탈리스트 옵티마이저

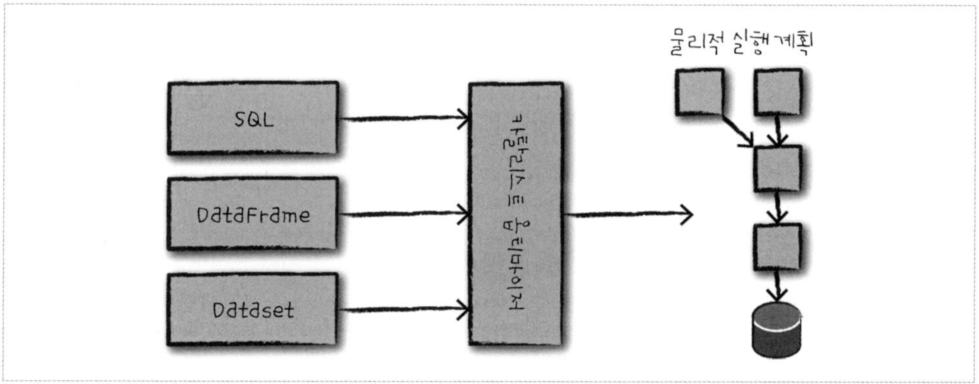

4.4.1 논리적 실행 계획

첫 번째 실행 단계에서는 사용자 코드를 논리적 실행 계획으로 변환합니다. [그림 4-2]에서 변환 과정을 확인할 수 있습니다.

그림 4-2 구조적 API의 논리적 실행 계획 수립 과정

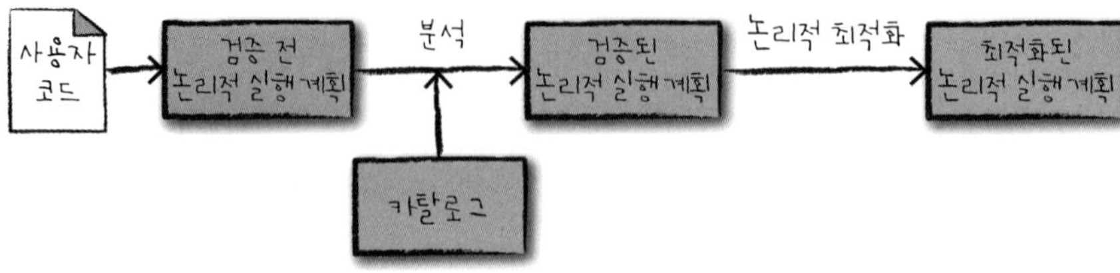

논리적 실행 계획 단계에서는 추상적 트랜스포메이션만 표현합니다. 이 단계에서는 드라이버나 익스큐터의 정보를 고려하지 않습니다. 그리고 사용자의 다양한 표현식을 최적화된 버전으로 변환합니다. 이 과정으로 사용자 코드는 **검증 전 논리적 실행 계획**unresolved logical plan으로 변환됩니다. 코드의 유효성과 테이블이나 컬럼의 존재 여부만을 판단하는 과정이므로 아직 실행 계획을 검증하지 않은 상태입니다. 스파크 **분석기**analyzer는 컬럼과 테이블을 **검증**하기 위해 **카탈로그**, 모든 테이블의 저장소 그리고 DataFrame 정보를 활용합니다. 필요한 테이블이나 컬럼이 카탈로그에 없다면 검증 전 논리적 실행 계획이 만들어지지 않습니다. 테이블과 컬럼에 대한 검증 결과는 카탈리스트 옵티마이저로 전달됩니다. 카탈리스트 옵티마이저는 조건절 푸시 다운predicate pushing down이나 선택절 구문을 이용해 논리적 실행 계획을 최적화하는 규칙의 모음입니다. 필요한 경우 도메인에 최적화된 규칙을 적용할 수 있는 카탈리스트 옵티마이저의 확장형 패키지를 만들 수도 있습니다.

4.4.2 물리적 실행 계획

이어서 물리적 실행 계획을 생성하는 과정이 시작됩니다. 스파크 실행 계획이라고도 불리는 **물리적 실행 계획**은 논리적 실행 계획을 클러스터 환경에서 실행하는 방법을 정의합니다. [그림 4-3]에 표현한 것처럼 다양한 물리적 실행 전략을 생성하고 비용 모델을 이용해서 비교한 후 최적의 전략을 선택합니다. 비용을 비교하는 한 가지 예는 사용하려는 테이블의 크기나 파티션 수 등의 물리적 속성을 고려해 지정된 조인 연산 수행에 필요한 비용을 계산하고 비교하는 겁니다.

그림 4-3 물리적 실행 계획 수립 과정

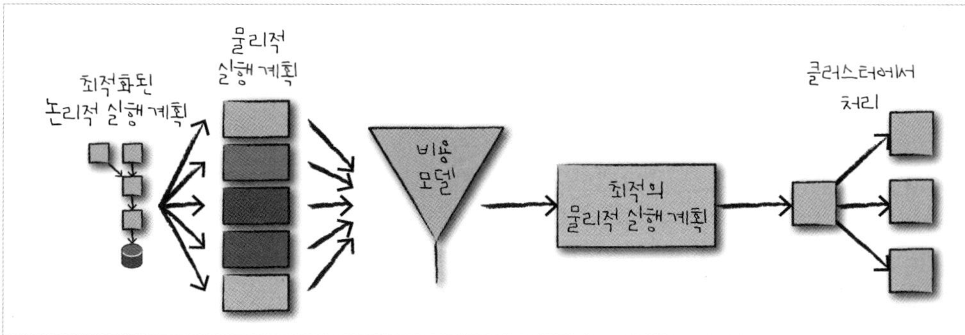

물리적 실행 계획은 일련의 RDD와 트랜스포메이션으로 변환됩니다. 스파크는 DataFrame, Dataset, SQL로 정의된 쿼리를 RDD 트랜스포메이션으로 컴파일합니다. 따라서 스파크를 '컴파일러'라고 부르기도 합니다.

4.4.3 실행

스파크는 물리적 실행 계획을 선정한 다음 저수준 프로그래밍 인터페이스인 RDD를 대상으로 모든 코드를 실행합니다. 스파크는 런타임에 전체 태스크[task]나 스테이지[stage]를 제거할 수 있는 자바 바이트 코드를 생성해 추가적인 최적화를 수행합니다. 마지막으로 스파크는 처리 결과를 사용자에게 반환합니다.

4.5 정리

이 장에서는 스파크의 구조적 API를 알아보았습니다. 그리고 사용자 코드가 물리적인 실행 코드로 변환되는 과정도 함께 알아보았습니다. 다음 장에서는 구조적 API의 핵심 개념과 주요 기능의 사용법을 자세히 알아보겠습니다.

CHAPTER 5

구조적 API 기본 연산

4장에서는 구조적 API의 핵심 추상화 개념을 알아보았습니다. 이 장에서는 아키텍처 개념에서 벗어나 DataFrame과 DataFrame의 데이터를 다루는 기능을 소개합니다. 특히 DataFrame의 기본 기능을 중점적으로 다룹니다. DataFrame을 사용한 집계, 윈도우 함수, 조인 등의 내용은 7장과 8장에서 자세히 알아보겠습니다.

DataFrame은 `Row` 타입의 **레코드**(테이블의 로우 같은)와 각 레코드에 수행할 연산 표현식을 나타내는 여러 **컬럼**(스프레드시트의 컬럼 같은)으로 구성됩니다. **스키마**는 각 컬럼명과 데이터 타입을 정의합니다. DataFrame의 **파티셔닝**은 DataFrame이나 Dataset이 클러스터에서 물리적으로 배치되는 형태를 정의합니다. **파티셔닝 스키마**는 파티션을 배치하는 방법을 정의합니다. 파티셔닝의 분할 기준은 특정 컬럼이나 비결정론적nondeterministically[1] 값을 기반으로 설정할 수 있습니다.

우선 DataFrame을 생성합니다.

```
// 스칼라 코드
val df = spark.read.format("json")
  .load("/data/flight-data/json/2015-summary.json")

# 파이썬 코드
df = spark.read.format("json").load("/data/flight-data/json/2015-summary.json")
```

1 옮긴이_ '비결정론적'의 의미는 '매번 변하는' 정도로 이해하면 됩니다. 정확한 의미가 궁금하다면 http://bit.ly/2CSUMTC를 참고하세요.

DataFrame은 컬럼을 가지며 스키마로 컬럼을 정의합니다. 앞 예제에서 만든 DataFrame의 스키마를 살펴보겠습니다.

```
df.printSchema()
```

스키마는 관련된 모든 것을 하나로 묶는 역할을 합니다. 스키마를 자세히 알아보겠습니다.

5.1 스키마

스키마는 DataFrame의 컬럼명과 데이터 타입을 정의합니다. 데이터소스에서 스키마를 얻거나 직접 정의할 수 있습니다.

> **CAUTION_** 데이터를 읽기 전에 스키마를 정의해야 하는지 여부는 상황에 따라 달라집니다. 비정형 분석(ad-hoc analysis)에서는 스키마-온-리드가 대부분 잘 동작합니다(단, CSV나 JSON 같은 일반 텍스트 파일을 사용하면 다소 느릴 수 있습니다). 하지만 `Long` 데이터 타입을 `Integer` 데이터 타입으로 잘못 인식하는 등 정밀도 문제가 발생할 수 있습니다. 따라서 운영 환경에서 추출(Extract), 변환(Transform), 적재(Load)를 수행하는 ETL 작업에 스파크를 사용한다면 직접 스키마를 정의해야 합니다. ETL 작업 중에 데이터 타입을 알기 힘든 CSV나 JSON 등의 데이터소스를 사용하는 경우 스키마 추론 과정에서 읽어 들인 샘플 데이터의 타입에 따라 스키마를 결정해버릴 수 있습니다.

이번 예제에서는 4장에서 사용한 데이터 파일을 사용합니다. 이 파일은 미국 교통통계국이 제공하는 항공운항 데이터[2]이며 줄로 구분된 반정형 JSON 데이터입니다.

```
// 스칼라 코드
spark.read.format("json").load("/data/flight-data/json/2015-summary.json").schema

# 파이썬 코드
spark.read.format("json").load("/data/flight-data/json/2015-summary.json").schema
```

위 스칼라 코드 실행 결과는 다음과 같습니다.

2 https://bit.ly/2yw2fCx

```
org.apache.spark.sql.types.StructType = ...
StructType(StructField(DEST_COUNTRY_NAME,StringType,true),
StructField(ORIGIN_COUNTRY_NAME,StringType,true),
StructField(count,LongType,true))
```

파이썬 코드 실행 결과는 다음과 같습니다.

```
StructType(List(StructField(DEST_COUNTRY_NAME,StringType,true),
StructField(ORIGIN_COUNTRY_NAME,StringType,true),
StructField(count,LongType,true)))
```

스키마는 여러 개의 StructField 타입 필드로 구성된 StructType 객체입니다. StructField는 이름, 데이터 타입, 컬럼이 값이 없거나 null일 수 있는지 지정하는 불리언값을 가집니다. 필요한 경우 컬럼과 관련된 메타데이터를 지정할 수도 있습니다. 메타데이터는 해당 컬럼과 관련된 정보이며 스파크의 머신러닝 라이브러리에서 사용합니다.

스키마는 복합 데이터 타입인 StructType을 가질 수 있습니다. 복합 데이터 타입은 6장에서 자세히 설명합니다. 스파크는 런타임에 데이터 타입이 스키마의 데이터 타입과 일치하지 않으면 오류를 발생시킵니다. 다음 코드는 DataFrame에 스키마를 만들고 적용하는 예제입니다.

```
// 스칼라 코드
import org.apache.spark.sql.types.{StructField, StructType, StringType, LongType}
import org.apache.spark.sql.types.Metadata

val myManualSchema = StructType(Array(
  StructField("DEST_COUNTRY_NAME", StringType, true),
  StructField("ORIGIN_COUNTRY_NAME", StringType, true),
  StructField("count", LongType, false,
    Metadata.fromJson("{\"hello\":\"world\"}"))
))

val df = spark.read.format("json").schema(myManualSchema)
  .load("/data/flight-data/json/2015-summary.json")
```

같은 처리를 하는 파이썬 코드는 다음과 같습니다.

```
# 파이썬 코드
from pyspark.sql.types import StructField, StructType, StringType, LongType

myManualSchema = StructType([
  StructField("DEST_COUNTRY_NAME", StringType(), True),
  StructField("ORIGIN_COUNTRY_NAME", StringType(), True),
  StructField("count", LongType(), False, metadata={"hello":"world"})
])
df = spark.read.format("json").schema(myManualSchema)\
  .load("/data/flight-data/json/2015-summary.json")
```

스파크는 자체 데이터 타입 정보를 사용하므로 프로그래밍 언어의 데이터 타입을 스파크의 데이터 타입으로 설정할 수 없습니다. 다음 절에서는 스키마에 정의하는 컬럼에 대해 알아보겠습니다.

5.2 컬럼과 표현식

스파크의 컬럼은 스프레드시트, R의 dataframe, Pandas의 DataFrame 컬럼과 유사합니다. 사용자는 **표현식**으로 DataFrame의 컬럼을 선택, 조작, 제거할 수 있습니다.

스파크의 컬럼은 표현식을 사용해 레코드 단위로 계산한 값을 단순하게 나타내는 논리적인 구조입니다. 따라서 컬럼의 실젯값을 얻으려면 로우가 필요하고, 로우를 얻으려면 DataFrame이 필요합니다. DataFrame을 통하지 않으면 외부에서 컬럼에 접근할 수 없습니다. 컬럼 내용을 수정하려면 반드시 DataFrame의 스파크 트랜스포메이션을 사용해야 합니다.

5.2.1 컬럼

컬럼을 생성하고 참조할 수 있는 여러 가지 방법이 있지만, `col` 함수나 `column` 함수를 사용하는 것이 가장 간단합니다. 이들 함수는 컬럼명을 인수로 받습니다.

```
// 스칼라 코드
import org.apache.spark.sql.functions.{col, column}

col("someColumnName")
column("someColumnName")

# 파이썬 코드
from pyspark.sql.functions import col, column

col("someColumnName")
column("someColumnName")
```

이 책에서는 col 함수를 계속해서 사용합니다. 컬럼이 DataFrame에 있을지 없을지는 알 수 없습니다. 컬럼은 컬럼명을 **카탈로그**에 저장된 정보와 비교하기 전까지 **미확인** 상태로 남습니다. 4장에서 알아본 것처럼 **분석기**가 동작하는 단계에서 컬럼과 테이블을 분석합니다.

> **NOTE_** 앞서 컬럼을 참조하는 두 가지 방식을 알아보았습니다. 스칼라는 고유 기능을 사용해 다음과 같이 더 간단한 방법으로 컬럼을 참조할 수 있습니다. 하지만 코드가 짧다고 성능이 좋아지는 것은 아닙니다.
>
> ```
> // 스칼라 코드
> $"myColumn"
> 'myColumn
> ```
>
> $를 사용하면 컬럼을 참조하는 특수한 문자열 표기를 만들 수 있습니다. 틱 마크(')는 **심벌**이라고도 불리는 특수 기호입니다. 틱 마크는 특정 식별자를 참조할 때 사용하는 스칼라 고유의 기능입니다. 위 두 코드는 모두 같은 일을 처리하며 컬럼명으로 컬럼을 참조합니다. 다른 사람의 스파크 코드를 읽다보면 이런 표기법을 볼 수도 있습니다. 실무에서는 가장 편한 방법을 선택하기 바랍니다.

명시적 컬럼 참조

DataFrame의 컬럼은 col 메서드로 참조합니다. col 메서드는 조인 시 유용합니다. 예를 들어 DataFrame의 어떤 컬럼을 다른 DataFrame의 조인 대상 컬럼에서 참조하기 위해 col 메서드를 사용합니다. 조인은 8장에서 자세히 알아보겠습니다. col 메서드를 사용해 명시적으로 컬럼을 정의하면 스파크는 분석기 실행 단계에서 컬럼 확인 절차를 생략합니다.

```
df.col("count")
```

5.2.2 표현식

앞서 DataFrame을 정의할 때 컬럼은 표현식이라고 했습니다. 그럼 표현식이란 무엇일까요? **표현식**은 DataFrame 레코드의 여러 값에 대한 트랜스포메이션 집합을 의미합니다. 여러 컬럼명을 입력으로 받아 식별하고, '단일 값'을 만들기 위해 다양한 표현식을 각 레코드에 적용하는 함수라고 생각할 수 있습니다. 여기서 '단일 값'은 `Map`이나 `Array` 같은 복합 데이터 타입일 수 있습니다. 복합 데이터 타입은 6장에서 자세히 알아보겠습니다.

표현식은 `expr` 함수로 가장 간단히 사용할 수 있습니다. 이 함수를 사용해 DataFrame의 컬럼을 참조할 수 있습니다. 예를 들어 `expr("someCol")`은 `col("someCol")` 구문과 동일하게 동작합니다.

표현식으로 컬럼 표현

컬럼은 표현식의 일부 기능을 제공합니다. `col()` 함수를 호출해 컬럼에 트랜스포메이션을 수행하려면 반드시 컬럼 참조를 사용해야 합니다. `expr` 함수의 인수로 표현식을 사용하면 표현식을 분석해 트랜스포메이션과 컬럼 참조를 알아낼 수 있으며, 다음 트랜스포메이션에 컬럼 참조를 전달할 수 있습니다. 몇 가지 예제를 살펴보겠습니다.

`expr("someCol - 5")`, `col("someCol") - 5`, `expr("someCol") - 5`는 모두 같은 트랜스포메이션 과정을 거칩니다. 그 이유는 스파크가 연산 순서를 지정하는 논리적 트리로 컴파일하기 때문입니다. 이 말을 처음 들으면 조금 혼란스러울 수 있습니다. 하지만 다음 핵심 내용은 반드시 기억하기 바랍니다.

- 컬럼은 단지 표현식일 뿐입니다.
- 컬럼과 컬럼의 트랜스포메이션은 파싱된 표현식과 동일한 논리적 실행 계획으로 컴파일됩니다.

예제와 함께 자세히 알아보겠습니다.

```
(((col("someCol") + 5) * 200) - 6) < col("otherCol")
```

[그림 5-1]은 논리적 트리의 개요를 나타냅니다.

그림 5-1 논리적 트리

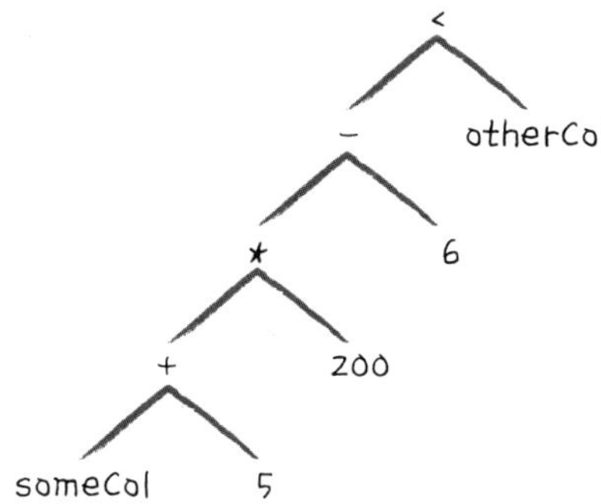

[그림 5-1]이 어색하지 않은 이유는 지향성 비순환 그래프 DAG 이기 때문입니다. 이 그래프는 다음 코드로 동일하게 표현할 수 있습니다.

```
// 스칼라 코드
import org.apache.spark.sql.functions.expr

expr("(((someCol + 5) * 200) - 6) < otherCol")

# 파이썬 코드
from pyspark.sql.functions import expr

expr("(((someCol + 5) * 200) - 6) < otherCol")
```

이 내용은 아주 중요하기 때문에 조금 더 자세히 알아보겠습니다. SQL의 SELECT 구문에 이전 표현식을 사용해도 잘 동작하며 동일한 결과를 생성합니다. 그 이유는 SQL 표현식과 위 예제의 DataFrame 코드는 실행 시점에 동일한 논리 트리로 컴파일되기 때문입니다. 따라서 DataFrame 코드나 SQL로 표현식을 작성할 수 있으며 동일한 성능을 발휘합니다.

DataFrame 컬럼에 접근하기

printSchema 메서드로 DataFrame의 전체 컬럼 정보를 확인할 수 있습니다. 하지만 프로그래밍 방식으로 컬럼에 접근할 때는 DataFrame의 columns 속성을 사용합니다.

```
spark.read.format("json").load("/data/flight-data/json/2015-summary.json")
  .columns
```

5.3 레코드와 로우

스파크에서 DataFrame의 각 로우는 하나의 레코드입니다. 스파크는 레코드를 Row 객체로 표현합니다. 스파크는 값을 생성하기 위해 컬럼 표현식으로 Row 객체를 다룹니다. Row 객체는 내부에 바이트 배열을 가집니다. 이 바이트 배열 인터페이스는 오직 컬럼 표현식으로만 다룰 수 있으므로 사용자에게 절대 노출되지 않습니다.

DataFrame을 사용해 드라이버에 개별 로우를 반환하는 명령은 항상 하나 이상의 Row 타입을 반환합니다.

> **NOTE_** 이 장에서는 '로우'와 '레코드'를 같은 의미로 사용하면서 후자에 초점을 두었습니다. 대문자로 시작하는 Row는 Row 객체를 의미합니다.

DataFrame의 `first` 메서드로 로우를 확인해보겠습니다.

```
df.first()
```

5.3.1 로우 생성하기

각 컬럼에 해당하는 값을 사용해 Row 객체를 직접 생성할 수 있습니다. Row 객체는 스키마 정보를 가지고 있지 않습니다. DataFrame만 유일하게 스키마를 갖습니다. 그러므로 Row 객체를 직접 생성하려면 DataFrame의 스키마와 같은 순서로 값을 명시해야 합니다. 이 내용은 5.4.1절 'DataFrame 생성하기'에서 다시 한번 알아보겠습니다.

```
// 스칼라 코드
import org.apache.spark.sql.Row

val myRow = Row("Hello", null, 1, false)

# 파이썬 코드
from pyspark.sql import Row

myRow = Row("Hello", None, 1, False)
```

로우의 데이터에 접근하는 방법은 아주 쉽습니다. 원하는 위치를 지정하기만 하면 됩니다. 스칼라나 자바에서는 헬퍼 메서드를 사용하거나 명시적으로 데이터 타입을 지정해야 합니다. 반면 파이썬이나 R에서는 올바른 데이터 타입으로 자동 변환됩니다.

```
// 스칼라 코드
myRow(0) // Any 타입
myRow(0).asInstanceOf[String] // String 타입
myRow.getString(0) // String 타입
myRow.getInt(2) // Int 타입

# 파이썬 코드
myRow[0]
myRow[2]
```

Dataset API를 사용하면 자바 가상 머신Java Virtual Machine, JVM 객체를 가진 데이터셋을 얻을 수 있습니다. Dataset은 11장에서 자세히 알아보겠습니다.

5.4 DataFrame의 트랜스포메이션

지금까지 DataFrame의 핵심 영역을 간단히 살펴보았습니다. 이어서 DataFrame을 다루는 방법을 알아보겠습니다. DataFrame을 다루는 방법은 [그림 5-2]에 표현한 것처럼 몇 가지 주요 작업으로 나눌 수 있습니다.

- 로우나 컬럼 추가
- 로우나 컬럼 제거
- 로우를 컬럼으로 변환하거나, 그 반대로 변환
- 컬럼값을 기준으로 로우 순서 변경

그림 5-2 다양한 유형의 트랜스포메이션

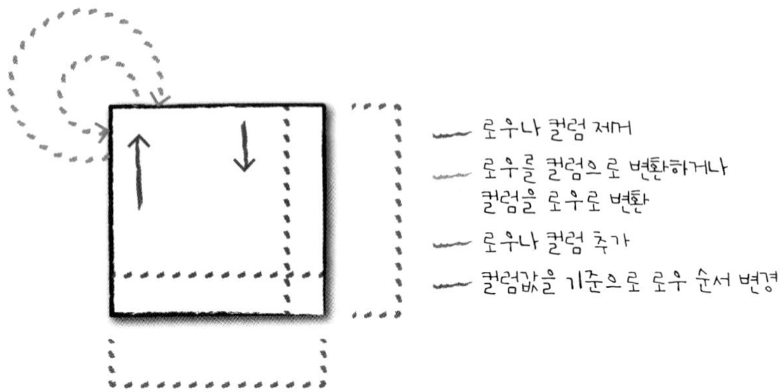

이 모든 유형의 작업은 트랜스포메이션으로 변환할 수 있습니다. 가장 일반적인 트랜스포메이션은 모든 로우의 특정 컬럼값을 변경하고 그 결과를 반환하는 겁니다.

5.4.1 DataFrame 생성하기

원시 데이터소스에서 DataFrame을 생성할 수도 있습니다. 데이터소스는 9장에서 다루지만 예제용 DataFrame을 생성하기 위해 잠시 사용하겠습니다. 그리고 생성한 DataFrame은 이 장 후반부에서 SQL 쿼리를 실행하고 SQL의 기본 트랜스포메이션을 확인하기 위해 임시 뷰로 등록하겠습니다.

```
// 스칼라 코드
val df = spark.read.format("json")
  .load("/data/flight-data/json/2015-summary.json")
df.createOrReplaceTempView("dfTable")

# 파이썬 코드
df = spark.read.format("json").load("/data/flight-data/json/2015-summary.json")
df.createOrReplaceTempView("dfTable")
```

Row 객체를 가진 Seq 타입을 직접 변환해 DataFrame을 생성할 수도 있습니다.

```scala
// 스칼라 코드
import org.apache.spark.sql.Row
import org.apache.spark.sql.types.{StructField, StructType, StringType, LongType}

val myManualSchema = new StructType(Array(
  new StructField("some", StringType, true),
  new StructField("col", StringType, true),
  new StructField("names", LongType, false)))

val myRows = Seq(Row("Hello", null, 1L))
val myRDD = spark.sparkContext.parallelize(myRows)
val myDf = spark.createDataFrame(myRDD, myManualSchema)

myDf.show()
```

> **NOTE_** 스칼라 버전의 스파크 콘솔을 사용하는 경우 Seq 데이터 타입에 **toDF** 함수를 활용할 수 있어 스파크의 implicits가 주는 장점을 얻을 수 있습니다.[3] 물론 implicits를 import해야 합니다. 하지만 implicits는 `null` 타입과 잘 맞지 않습니다. 그러므로 실제 운영 환경에서 사용하는 것은 권장하지 않습니다.

```
// 스칼라 코드
val myDF = Seq(("Hello", 2, 1L)).toDF("col1", "col2", "col3")

# 파이썬 코드
from pyspark.sql import Row
from pyspark.sql.types import StructField, StructType, StringType, LongType

myManualSchema = StructType([
  StructField("some", StringType(), True),
  StructField("col", StringType(), True),
  StructField("names", LongType(), False)
])

myRow = Row("Hello", None, 1)
myDf = spark.createDataFrame([myRow], myManualSchema)
myDf.show()
```

실행 결과는 다음과 같습니다.

3 옮긴이_ implicits는 기본 스칼라 객체를 DataFrame으로 변환하는 데 사용합니다. 자세한 내용은 http://bit.ly/2xrFpML을 참고하세요.

```
+-----+----+-----+
| some| col|names|
+-----+----+-----+
|Hello|null|    1|
+-----+----+-----+
```

지금까지 DataFrame을 만드는 방법을 알아보았습니다. 이제 다음과 같이 가장 유용하게 사용할 수 있는 메서드를 알아보겠습니다.

- 컬럼이나 표현식을 사용하는 select 메서드
- 문자열 표현식을 사용하는 selectExpr 메서드
- 메서드로 사용할 수 없는 org.apache.spark.sql.functions 패키지에 포함된 다양한 함수

이 세 가지 유형의 메서드로 DataFrame을 다룰 때 필요한 대부분의 트랜스포메이션 작업을 해결할 수 있습니다.

5.4.2 select와 selectExpr

select와 selectExpr 메서드를 사용하면 데이터 테이블에 SQL을 실행하는 것처럼 DataFrame에서도 SQL을 사용할 수 있습니다.

```
-- SQL
SELECT * FROM dataFrameTable
SELECT columnName FROM dataFrameTable
SELECT columnName * 10, otherColumn, someOtherCol as c FROM dataFrameTable
```

다시 말해, DataFrame의 컬럼을 다룰 때 SQL을 사용할 수 있습니다. DataFrame을 사용한 몇 가지 예제를 살펴보면서 컬럼을 다루는 여러 가지 방법을 알아보겠습니다. 그중 문자열 컬럼명을 인수로 받는 select 메서드를 사용하는 방법이 가장 쉽습니다.

```
// 스칼라 코드
df.select("DEST_COUNTRY_NAME").show(2)

# 파이썬 코드
df.select("DEST_COUNTRY_NAME").show(2)
```

```
-- SQL
SELECT DEST_COUNTRY_NAME FROM dfTable LIMIT 2
```

실행 결과는 다음과 같습니다.

```
+-----------------+
|DEST_COUNTRY_NAME|
+-----------------+
|    United States|
|    United States|
+-----------------+
```

같은 형태의 쿼리로 여러 컬럼을 선택할 수 있습니다. 여러 컬럼을 선택하려면 select 메서드에 원하는 컬럼명을 추가합니다.

```
// 스칼라 코드
df.select("DEST_COUNTRY_NAME", "ORIGIN_COUNTRY_NAME").show(2)

# 파이썬 코드
df.select("DEST_COUNTRY_NAME", "ORIGIN_COUNTRY_NAME").show(2)

-- SQL
SELECT DEST_COUNTRY_NAME, ORIGIN_COUNTRY_NAME FROM dfTable LIMIT 2
```

실행 결과는 다음과 같습니다.

```
+-----------------+-------------------+
|DEST_COUNTRY_NAME|ORIGIN_COUNTRY_NAME|
+-----------------+-------------------+
|    United States|            Romania|
|    United States|            Croatia|
+-----------------+-------------------+
```

5.2절 '컬럼과 표현식'에서 알아봤던 것처럼 다양한 컬럼 참조 방법이 있습니다. 컬럼을 참조하는 다양한 방법을 섞어가면서 사용할 수 있다는 점을 꼭 알아두기 바랍니다.

```
// 스칼라 코드
import org.apache.spark.sql.functions.{expr, col, column}

df.select(
    df.col("DEST_COUNTRY_NAME"),
    col("DEST_COUNTRY_NAME"),
    column("DEST_COUNTRY_NAME"),
    'DEST_COUNTRY_NAME,
    $"DEST_COUNTRY_NAME",
    expr("DEST_COUNTRY_NAME"))
  .show(2)

# 파이썬 코드
from pyspark.sql.functions import expr, col, column

df.select(
    expr("DEST_COUNTRY_NAME"),
    col("DEST_COUNTRY_NAME"),
    column("DEST_COUNTRY_NAME"))\
  .show(2)
```

Column 객체와 문자열을 함께 섞어 쓰는 실수를 많이 합니다. 다음 코드 예제를 실행하면 컴파일러 오류가 발생합니다.

```
df.select(col("DEST_COUNTRY_NAME"), "DEST_COUNTRY_NAME")
```

expr 함수는 가장 유연한 참조 방법입니다. expr 함수는 단순 컬럼 참조나 문자열을 이용해 컬럼을 참조할 수 있습니다. 설명을 위해 AS 키워드로 컬럼명을 변경한 다음 alias 메서드로 원래 컬럼명으로 되돌려보겠습니다.

```
// 스칼라 코드
df.select(expr("DEST_COUNTRY_NAME AS destination")).show(2)

# 파이썬 코드
df.select(expr("DEST_COUNTRY_NAME AS destination")).show(2)

-- SQL
SELECT DEST_COUNTRY_NAME as destination FROM dfTable LIMIT 2
```

위 코드는 컬럼명을 'destination'으로 변경합니다. 표현식의 결과를 다른 표현식으로 다시 처리할 수 있습니다.

```
// 스칼라 코드
df.select(expr("DEST_COUNTRY_NAME as destination").alias("DEST_COUNTRY_NAME"))
  .show(2)

# 파이썬 코드
df.select(expr("DEST_COUNTRY_NAME as destination").alias("DEST_COUNTRY_NAME"))\
  .show(2)
```

위 코드는 변경한 컬럼명을 원래 이름으로 되돌려 놓습니다.

우리는 select 메서드에 expr 함수를 사용하는 패턴을 자주 사용합니다. 스파크는 이런 작업을 간단하고 효율적으로 할 수 있는 selectExpr 메서드를 제공합니다. selectExpr 메서드는 자주 사용하는 편리한 인터페이스 중 하나입니다.

```
// 스칼라 코드
df.selectExpr("DEST_COUNTRY_NAME as newColumnName", "DEST_COUNTRY_NAME").show(2)

# 파이썬 코드
df.selectExpr("DEST_COUNTRY_NAME as newColumnName", "DEST_COUNTRY_NAME").show(2)
```

selectExpr 메서드는 스파크의 진정한 능력을 보여줍니다. selectExpr 메서드는 새로운 DataFrame을 생성하는 복잡한 표현식을 간단하게 만드는 도구입니다. 사실 모든 유효한 비집계형non-aggregating SQL 구문을 지정할 수 있습니다. 단, 컬럼을 식별할 수 있어야 합니다. 다음 코드는 DataFrame에 출발지와 도착지가 같은지 나타내는 새로운 withinCountry 컬럼을 추가하는 예제입니다.

```
// 스칼라 코드
df.selectExpr(
    "*", // 모든 원본 컬럼 포함
    "(DEST_COUNTRY_NAME = ORIGIN_COUNTRY_NAME) as withinCountry")
  .show(2)

# 파이썬 코드
df.selectExpr(
    "*", # 모든 원본 컬럼 포함
    "(DEST_COUNTRY_NAME = ORIGIN_COUNTRY_NAME) as withinCountry")\
  .show(2)
```

```
-- SQL
SELECT *, (DEST_COUNTRY_NAME = ORIGIN_COUNTRY_NAME) as withinCountry
FROM dfTable
LIMIT 2
```

실행 결과는 다음과 같습니다.

```
+-----------------+-------------------+-----+-------------+
|DEST_COUNTRY_NAME|ORIGIN_COUNTRY_NAME|count|withinCountry|
+-----------------+-------------------+-----+-------------+
|    United States|            Romania|   15|        false|
|    United States|            Croatia|    1|        false|
+-----------------+-------------------+-----+-------------+
```

select 표현식에는 DataFrame의 컬럼에 대한 집계 함수를 지정할 수 있습니다. 다음 예제는 지금까지의 예제와 크게 다르지 않습니다.

```
// 스칼라 코드
df.selectExpr("avg(count)", "count(distinct(DEST_COUNTRY_NAME))").show(2)

# 파이썬 코드
df.selectExpr("avg(count)", "count(distinct(DEST_COUNTRY_NAME))").show(2)

-- SQL
SELECT avg(count), count(distinct(DEST_COUNTRY_NAME)) FROM dfTable LIMIT 2
```

실행 결과는 다음과 같습니다.

```
+-----------+---------------------------------+
| avg(count)|count(DISTINCT DEST_COUNTRY_NAME)|
+-----------+---------------------------------+
|1770.765625|                              132|
+-----------+---------------------------------+
```

5.4.3 스파크 데이터 타입으로 변환하기

때로는 새로운 컬럼이 아닌 명시적인 값을 스파크에 전달해야 합니다. 명시적인 값은 상숫값일 수 있고, 추후 비교에 사용할 무언가가 될 수도 있습니다. 이때 **리터럴** literal을 사용합니다. 리터럴은 프로그래밍 언어의 리터럴값을 스파크가 이해할 수 있는 값으로 변환합니다. 리터럴은 표현식이며 이전 예제와 같은 방식으로 사용합니다.

```
// 스칼라 코드
import org.apache.spark.sql.functions.lit

df.select(expr("*"), lit(1).as("One")).show(2)

# 파이썬 코드
from pyspark.sql.functions import lit

df.select(expr("*"), lit(1).alias("One")).show(2)
```

SQL에서 리터럴은 상숫값을 의미합니다.

```
-- SQL
SELECT *, 1 as One FROM dfTable LIMIT 2
```

실행 결과는 다음과 같습니다.

```
+-----------------+-------------------+-----+---+
|DEST_COUNTRY_NAME|ORIGIN_COUNTRY_NAME|count|One|
+-----------------+-------------------+-----+---+
|    United States|            Romania|   15|  1|
|    United States|            Croatia|    1|  1|
+-----------------+-------------------+-----+---+
```

어떤 상수나 프로그래밍으로 생성된 변숫값이 특정 컬럼의 값보다 큰지 확인할 때 리터럴을 사용합니다.

5.4.4 컬럼 추가하기

DataFrame에 신규 컬럼을 추가하는 공식적인 방법은 DataFrame의 `withColumn` 메서드를 사용하는 겁니다. 숫자 1을 값으로 가지는 컬럼을 추가하는 예제는 다음과 같습니다.

```
// 스칼라 코드
df.withColumn("numberOne", lit(1)).show(2)

# 파이썬 코드
df.withColumn("numberOne", lit(1)).show(2)

-- SQL
SELECT *, 1 as numberOne FROM dfTable LIMIT 2
```

실행 결과는 다음과 같습니다.

```
+-----------------+-------------------+-----+---------+
|DEST_COUNTRY_NAME|ORIGIN_COUNTRY_NAME|count|numberOne|
+-----------------+-------------------+-----+---------+
|    United States|            Romania|   15|        1|
|    United States|            Croatia|    1|        1|
+-----------------+-------------------+-----+---------+
```

이번에는 흥미롭고 실제와 가까운 표현식을 만들어보겠습니다. 다음은 출발지와 도착지가 같은지 여부를 불리언 타입으로 표현하는 예제입니다.

```
// 스칼라 코드
df.withColumn("withinCountry", expr("ORIGIN_COUNTRY_NAME == DEST_COUNTRY_NAME"))
  .show(2)

# 파이썬 코드
df.withColumn("withinCountry", expr("ORIGIN_COUNTRY_NAME == DEST_COUNTRY_NAME"))\
  .show(2)
```

withColumn 메서드는 두 개의 인수를 사용합니다. 하나는 컬럼명이고, 다른 하나는 값을 생성할 표현식입니다. 한 가지 재미있는 것은 withColumn 메서드로 컬럼명을 변경할 수도 있다는 겁니다. SQL 문법은 이전 예제와 동일하기 때문에 생략하겠습니다.

```
df.withColumn("Destination", expr("DEST_COUNTRY_NAME")).columns
```

실행 결과는 다음과 같습니다.

```
... DEST_COUNTRY_NAME, ORIGIN_COUNTRY_NAME, count, Destination.
```

5.4.5 컬럼명 변경하기

withColumn 메서드 대신 withColumnRenamed 메서드로 컬럼명을 변경할 수도 있습니다. withColumnRenamed 메서드는 첫 번째 인수로 전달된 컬럼명을 두 번째 인수의 문자열로 변경합니다.

```
// 스칼라 코드
df.withColumnRenamed("DEST_COUNTRY_NAME", "dest").columns

# 파이썬 코드
df.withColumnRenamed("DEST_COUNTRY_NAME", "dest").columns

... dest, ORIGIN_COUNTRY_NAME, count.
```

5.4.6 예약 문자와 키워드

공백이나 하이픈(-) 같은 예약 문자는 컬럼명에 사용할 수 없습니다. 예약 문자를 컬럼명에 사용하려면 백틱(`) 문자를 이용해 이스케이핑escaping해야 합니다. withColumn 메서드를 사용해 예약 문자가 포함된 컬럼을 생성해보겠습니다. 다음은 이스케이핑 문자가 필요한 경우와 필요 없는 경우의 예제입니다.

```
// 스칼라 코드
import org.apache.spark.sql.functions.expr

val dfWithLongColName = df.withColumn(
    "This Long Column-Name",
    expr("ORIGIN_COUNTRY_NAME"))

# 파이썬 코드
dfWithLongColName = df.withColumn(
    "This Long Column-Name",
    expr("ORIGIN_COUNTRY_NAME"))
```

위 예제에서는 withColumn 메서드의 첫 번째 인수로 새로운 컬럼명을 나타내는 문자열을 지정했기 때문에 이스케이프escape 문자가 필요 없습니다. 하지만 다음 예제에서는 표현식으로 컬럼을 참조하므로 백틱(`) 문자를 사용합니다.

```
// 스칼라 코드
dfWithLongColName.selectExpr(
    "`This Long Column-Name`",
    "`This Long Column-Name` as `new col`")
  .show(2)

# 파이썬 코드
dfWithLongColName.selectExpr(
    "`This Long Column-Name`",
    "`This Long Column-Name` as `new col`")\
  .show(2)

dfWithLongColName.createOrReplaceTempView("dfTableLong")

-- SQL
SELECT `This Long Column-Name`, `This Long Column-Name` as `new col`
FROM dfTableLong LIMIT 2
```

표현식 대신 문자열을 사용해 명시적으로 컬럼을 참조하면 리터럴로 해석되기 때문에 예약 문자가 포함된 컬럼을 참조할 수 있습니다. 예약 문자나 키워드를 사용하는 표현식에만 이스케이프 처리가 필요합니다. 다음 두 예제 모두 같은 DataFrame을 만들어냅니다.

```
// 스칼라 코드
dfWithLongColName.select(col("This Long Column-Name")).columns

# 파이썬 코드
dfWithLongColName.select(expr("`This Long Column-Name`")).columns
```

5.4.7 대소문자 구분

기본적으로 스파크는 대소문자를 가리지 않습니다. 다음과 같은 설정을 사용해 스파크에서 대소문자를 구분하게 만들 수 있습니다.

```
-- SQL
set spark.sql.caseSensitive true
```

5.4.8 컬럼 제거하기

DataFrame에서 컬럼을 제거하는 방법을 알아보겠습니다. select 메서드로 컬럼을 제거할 수 있지만 컬럼을 제거하는 메서드인 drop을 사용할 수도 있습니다.

```
df.drop("ORIGIN_COUNTRY_NAME").columns
```

다수의 컬럼명을 drop 메서드의 인수로 사용해 컬럼을 한꺼번에 제거할 수 있습니다.

```
dfWithLongColName.drop("ORIGIN_COUNTRY_NAME", "DEST_COUNTRY_NAME")
```

5.4.9 컬럼의 데이터 타입 변경하기

가끔 특정 데이터 타입을 다른 데이터 타입으로 형변환할 필요가 있습니다. 다수의 StringType 컬럼을 정수형으로 변환해야 하는 경우가 그 예입니다. cast 메서드로 데이터 타입을 변환할 수 있습니다. 다음은 count 컬럼을 Integer 데이터 타입에서 String 데이터 타입으로 형변환하는 예제입니다.

```
df.withColumn("count2", col("count").cast("string"))

-- SQL
SELECT *, cast(count as string) AS count2 FROM dfTable
```

5.4.10 로우 필터링하기

로우를 필터링하려면 참과 거짓을 판별하는 표현식을 만들어야 합니다. 그러면 표현식의 결과가 false인 로우를 걸러낼 수 있습니다. DataFrame의 가장 일반적인 필터링 방법은 문자열 표현식이나 컬럼을 다루는 기능을 이용해 표현식을 만드는 겁니다. DataFrame의 where 메서드나 filter 메서드로 필터링할 수 있습니다. 이 두 메서드 모두 같은 연산을 수행하며 같은 파라미터 타입을 사용합니다. 이 중 SQL과 유사한 where 메서드를 앞으로 계속 사용하겠지만, filter도 사용할 수 있다는 점을 기억하기 바랍니다.

> **NOTE_** 스칼라나 자바에서 Dataset API를 이용해 filter 메서드를 사용하면 Dataset의 각 레코드에 적용할 함수를 filter 메서드에 사용할 수 있습니다. 자세한 내용은 11장을 참조하세요.

다음 예제의 filter와 where 메서드는 모두 동일하게 동작합니다. 스칼라와 파이썬 모두 같은 결과를 반환합니다.

```
df.filter(col("count") < 2).show(2)
df.where("count < 2").show(2)

-- SQL
SELECT * FROM dfTable WHERE count < 2 LIMIT 2
```

실행 결과는 다음과 같습니다.

```
+-----------------+-------------------+-----+
|DEST_COUNTRY_NAME|ORIGIN_COUNTRY_NAME|count|
+-----------------+-------------------+-----+
|    United States|            Croatia|    1|
|    United States|          Singapore|    1|
+-----------------+-------------------+-----+
```

같은 표현식에 여러 필터를 적용해야 할 때도 있습니다. 하지만 스파크는 자동으로 필터의 순서와 상관없이 동시에 모든 필터링 작업을 수행하기 때문에 항상 유용한 것은 아닙니다. 그러므로 여러 개의 AND 필터를 지정하려면 차례대로 필터를 연결하고 판단은 스파크에 맡겨야 합니다.

```
// 스칼라 코드
df.where(col("count") < 2).where(col("ORIGIN_COUNTRY_NAME") =!= "Croatia")
  .show(2)
```

```
# 파이썬 코드
df.where(col("count") < 2).where(col("ORIGIN_COUNTRY_NAME") != "Croatia")\
  .show(2)

-- SQL
SELECT * FROM dfTable WHERE count < 2 AND ORIGIN_COUNTRY_NAME != "Croatia"
LIMIT 2
```

실행 결과는 다음과 같습니다.

```
+-----------------+-------------------+-----+
|DEST_COUNTRY_NAME|ORIGIN_COUNTRY_NAME|count|
+-----------------+-------------------+-----+
|    United States|          Singapore|    1|
|          Moldova|      United States|    1|
+-----------------+-------------------+-----+
```

5.4.11 고유한 로우 얻기

일반적으로 DataFrame에서 고윳값이나 중복되지 않은 값을 얻는 연산을 자주 사용합니다. 고윳값을 얻으려면 하나 이상의 컬럼을 사용해야 합니다. DataFrame의 모든 로우에서 중복 데이터를 제거할 수 있는 distinct 메서드를 사용해 고윳값을 찾을 수 있습니다. 항공운항 데이터셋에서 중복되지 않은 출발지 정보를 얻는 예제를 살펴보겠습니다. distinct 메서드는 중복되지 않은 로우를 가진 신규 DataFrame을 반환합니다.

```
// 스칼라 코드
df.select("ORIGIN_COUNTRY_NAME", "DEST_COUNTRY_NAME").distinct().count()

# 파이썬 코드
df.select("ORIGIN_COUNTRY_NAME", "DEST_COUNTRY_NAME").distinct().count()

-- SQL
SELECT COUNT(DISTINCT(ORIGIN_COUNTRY_NAME, DEST_COUNTRY_NAME)) FROM dfTable
```

결괏값은 256입니다.

```
// 스칼라 코드
df.select("ORIGIN_COUNTRY_NAME").distinct().count()

# 파이썬 코드
df.select("ORIGIN_COUNTRY_NAME").distinct().count()

-- SQL
SELECT COUNT(DISTINCT ORIGIN_COUNTRY_NAME) FROM dfTable
```

결괏값은 125입니다.

5.4.12 무작위 샘플 만들기

DataFrame에서 무작위 샘플 데이터를 얻으려면 DataFrame의 sample 메서드를 사용합니다. DataFrame에서 표본 데이터 추출 비율을 지정할 수 있으며, 복원 추출sample with replacement이나 비복원 추출sample without replacement의 사용 여부를 지정할 수도 있습니다.

```
val seed = 5
val withReplacement = false
val fraction = 0.5
df.sample(withReplacement, fraction, seed).count()

# 파이썬 코드
seed = 5
withReplacement = False
fraction = 0.5
df.sample(withReplacement, fraction, seed).count()
```

결괏값은 126입니다.

5.4.13 임의 분할하기

임의 분할random split은 원본 DataFrame을 임의 크기로 '분할'할 때 유용하게 사용됩니다. 이 기능은 머신러닝 알고리즘에서 사용할 학습셋, 검증셋 그리고 테스트셋을 만들 때 주로 사용합니다. 다음 예제에서는 분할 가중치를 함수의 파라미터로 설정해 원본 DataFrame을 서로 다른 데이터를 가진 두 개의 DataFrame으로 나눕니다. 이 메서드는 임의성randomized을 가지도록 설계되었으므로 시드값을 반드시 설정해야 합니다(예제의 코드에서는 'seed'로 표현된 파라미터값을 임의의 숫자값으로 변경해야 합니다). 총합이 1이 되도록 각 DataFrame의 비율을 지정하지 않으면 예제와 같은 비율로 지정됩니다.

```
// 스칼라 코드
val dataFrames = df.randomSplit(Array(0.25, 0.75), seed)
dataFrames(0).count() > dataFrames(1).count() // False

# 파이썬 코드
dataFrames = df.randomSplit([0.25, 0.75], seed)
dataFrames[0].count() > dataFrames[1].count() # False
```

5.4.14 로우 합치기와 추가하기

앞서 배웠듯이 DataFrame은 불변성을 가집니다. 그러므로 DataFrame에 레코드를 추가하는 작업은 DataFrame을 변경하는 작업이기 때문에 불가능합니다. DataFrame에 레코드를 추가하려면 원본 DataFrame을 새로운 DataFrame과 **통합**union해야 합니다. 통합은 두 개의 DataFrame을 단순히 결합하는 행위입니다. 통합하려는 두 개의 DataFrame은 반드시 동일한 스키마와 컬럼 수를 가져야 합니다.

> **CAUTION_** union 메서드는 현재 스키마가 아닌 컬럼 위치를 기반으로 동작합니다. 따라서 사용자가 생각한 대로 자동 정렬되지 않을 수도 있습니다.

```
// 스칼라 코드
import org.apache.spark.sql.Row

val schema = df.schema

val newRows = Seq(
  Row("New Country", "Other Country", 5L),
  Row("New Country 2", "Other Country 3", 1L)
)

val parallelizedRows = spark.sparkContext.parallelize(newRows)
```

```
val newDF = spark.createDataFrame(parallelizedRows, schema)

df.union(newDF)
  .where("count = 1")
  .where($"ORIGIN_COUNTRY_NAME" =!= "United States")
  .show() // 전체 데이터를 조회하면 신규 로우를 확인할 수 있습니다.
```

스칼라에서는 반드시 =!= 연산자[4]를 사용해야 합니다. 컬럼 표현식과 문자열을 비교할 때 =!= 연산자를 사용하면 컬럼 표현식($"ORIGIN_COUNTRY_NAME")이 아닌 컬럼의 실젯값을 비교 대상 문자열(United States)과 비교합니다.

```
# 파이썬 코드
from pyspark.sql import Row

schema = df.schema
newRows = [
  Row("New Country", "Other Country", 5L),
  Row("New Country 2", "Other Country 3", 1L)
]
parallelizedRows = spark.sparkContext.parallelize(newRows)
newDF = spark.createDataFrame(parallelizedRows, schema)

# 파이썬 코드
df.union(newDF)\
  .where("count = 1")\
  .where(col("ORIGIN_COUNTRY_NAME") != "United States")\
  .show()
```

실행 결과는 다음과 같습니다.

```
+-----------------+-------------------+-----+
|DEST_COUNTRY_NAME|ORIGIN_COUNTRY_NAME|count|
+-----------------+-------------------+-----+
|    United States|            Croatia|    1|
|    United States|            Namibia|    1|
|    New Country 2|    Other Country 3|    1|
+-----------------+-------------------+-----+
```

4 옮긴이_ =!=와 ===는 사실 스파크의 Column 클래스에 정의된 함수입니다. 이해를 돕기위해 연산자로 표현했습니다.

로우가 추가된 DataFrame을 참조하려면 새롭게 만들어진 DataFrame 객체를 사용해야 합니다. DataFrame을 뷰로 만들거나 테이블로 등록하면 DataFrame 변경 작업과 관계없이 동적으로 참조할 수 있습니다.

5.4.15 로우 정렬하기

sort와 orderBy 메서드를 사용해 DataFrame의 최댓값 혹은 최솟값이 상단에 위치하도록 정렬할 수 있습니다. 두 메서드는 완전히 같은 방식으로 동작합니다.[5] 두 메서드 모두 컬럼 표현식과 문자열을 사용할 수 있으며 다수의 컬럼을 지정할 수 있습니다. 기본 동작 방식은 오름차순 정렬입니다.

```
// 스칼라 코드
df.sort("count").show(5)
df.orderBy("count", "DEST_COUNTRY_NAME").show(5)
df.orderBy(col("count"), col("DEST_COUNTRY_NAME")).show(5)

# 파이썬 코드
df.sort("count").show(5)
df.orderBy("count", "DEST_COUNTRY_NAME").show(5)
df.orderBy(col("count"), col("DEST_COUNTRY_NAME")).show(5)
```

정렬 기준을 명확히 지정하려면 asc나 desc 함수를 사용합니다. 두 함수 모두 컬럼의 정렬 순서를 지정합니다.

```
// 스칼라 코드
import org.apache.spark.sql.functions.{desc, asc}

df.orderBy(expr("count desc")).show(2)
df.orderBy(desc("count"), asc("DEST_COUNTRY_NAME")).show(2)

# 파이썬 코드
from pyspark.sql.functions import desc, asc

df.orderBy(expr("count desc")).show(2)
df.orderBy(col("count").desc(), col("DEST_COUNTRY_NAME").asc()).show(2)
```

5 옮긴이_ 스파크 코드를 살펴보면 orderBy 메서드 내부에서 sort 메서드를 호출합니다.

```
-- SQL
SELECT * FROM dfTable ORDER BY count DESC, DEST_COUNTRY_NAME ASC LIMIT 2
```

asc_nulls_first, desc_nulls_first, asc_nulls_last, desc_nulls_last 메서드를 사용하여 정렬된 DataFrame에서 null 값이 표시되는 기준을 지정할 수 있습니다.

트랜스포메이션을 처리하기 전에 성능을 최적화하기 위해 파티션별 정렬을 수행하기도 합니다. 파티션별 정렬은 sortWithinPartitions 메서드로 할 수 있습니다.

```
// 스칼라 코드
spark.read.format("json").load("/data/flight-data/json/*-summary.json")
  .sortWithinPartitions("count")

# 파이썬 코드
spark.read.format("json").load("/data/flight-data/json/*-summary.json")\
  .sortWithinPartitions("count")
```

튜닝과 최적화 내용은 3부에서 자세히 알아보겠습니다.

5.4.16 로우 수 제한하기

DataFrame에서 추출할 로우 수를 제한해야 할 때가 있습니다. DataFrame에서 상위 10개의 결과만을 보고자 하는 경우가 그 예입니다. limit 메서드를 사용해 추출할 로우 수를 제한할 수 있습니다.

```
// 스칼라 코드
df.limit(5).show()

# 파이썬 코드
df.limit(5).show()

-- SQL
SELECT * FROM dfTable LIMIT 6

// 스칼라 코드
df.orderBy(expr("count desc")).limit(6).show()
```

```
# 파이썬 코드
df.orderBy(expr("count desc")).limit(6).show()

-- SQL
SELECT * FROM dfTable ORDER BY count desc LIMIT 6
```

5.4.17 repartition과 coalesce

또 다른 최적화 기법은 자주 필터링하는 컬럼을 기준으로 데이터를 분할하는 겁니다. 이를 통해 파티셔닝 스키마와 파티션 수를 포함해 클러스터 전반의 물리적 데이터 구성을 제어할 수 있습니다.

repartition 메서드를 호출하면 무조건 전체 데이터를 셔플합니다. 향후에 사용할 파티션 수가 현재 파티션 수보다 많거나 컬럼을 기준으로 파티션을 만드는 경우에만 사용해야 합니다.

```
// 스칼라 코드
df.rdd.getNumPartitions // 1

# 파이썬 코드
df.rdd.getNumPartitions() # 1

// 스칼라 코드
df.repartition(5)

# 파이썬 코드
df.repartition(5)
```

특정 컬럼을 기준으로 자주 필터링한다면 자주 필터링되는 컬럼을 기준으로 파티션을 재분배하는 것이 좋습니다.

```
// 스칼라 코드
df.repartition(col("DEST_COUNTRY_NAME"))

# 파이썬 코드
df.repartition(col("DEST_COUNTRY_NAME"))
```

선택적으로 파티션 수를 지정할 수도 있습니다.

```
// 스칼라 코드
df.repartition(5, col("DEST_COUNTRY_NAME"))

# 파이썬 코드
df.repartition(5, col("DEST_COUNTRY_NAME"))
```

coalesce 메서드는 전체 데이터를 셔플하지 않고 파티션을 병합하려는 경우에 사용합니다.[6] 다음은 목적지를 기준으로 셔플을 수행해 5개의 파티션으로 나누고, 전체 데이터를 셔플 없이 병합하는 예제입니다.

```
// 스칼라 코드
df.repartition(5, col("DEST_COUNTRY_NAME")).coalesce(2)

# 파이썬 코드
df.repartition(5, col("DEST_COUNTRY_NAME")).coalesce(2)
```

5.4.18 드라이버로 로우 데이터 수집하기

스파크는 드라이버에서 클러스터 상태 정보를 유지합니다. 로컬 환경에서 데이터를 다루려면 드라이버로 데이터를 수집해야 합니다.

아직 드라이버로 데이터를 수집하는 연산을 정확하게 설명하지 않았습니다. 하지만 몇 가지 메서드는 이미 사용해보았습니다. collect 메서드는 전체 DataFrame의 모든 데이터를 수집하며, take 메서드는 상위 N개의 로우를 반환합니다. show 메서드는 여러 로우를 보기 좋게 출력합니다.

```
// 스칼라 코드
val collectDF = df.limit(10)
collectDF.take(5) // take는 정수형 값을 인수로 사용합니다.
collectDF.show() // 이 명령은 결과를 정돈된 형태로 출력합니다.
collectDF.show(5, false)
collectDF.collect()
```

6 옮긴이_ 파티션 수를 줄이려면 셔플이 일어나는 repartition 대신 coalesce를 사용해야 합니다.

```
# 파이썬 코드
collectDF = df.limit(10)
collectDF.take(5) # take는 정수형 값을 인수로 사용합니다.
collectDF.show() # 이 명령은 결과를 정돈된 형태로 출력합니다.
collectDF.show(5, False)
collectDF.collect()
```

전체 데이터셋에 대한 반복iterate 처리를 위해 드라이버로 로우를 모으는 또 다른 방법이 있습니다. toLocalIterator 메서드는 이터레이터iterator(반복자)로 모든 파티션의 데이터를 드라이버에 전달합니다. toLocalIterator 메서드를 사용해 데이터셋의 파티션을 차례로 반복 처리할 수 있습니다.

```
collectDF.toLocalIterator()
```

CAUTION_ 드라이버로 모든 데이터 컬렉션을 수집하는 작업은 매우 큰 비용(CPU, 메모리, 네트워크 등)이 발생합니다. 대규모 데이터셋에 collect 명령을 수행하면 드라이버가 비정상적으로 종료될 수 있습니다. toLocalIterator 메서드도 마찬가지입니다. toLocalIterator 메서드를 사용할 때 매우 큰 파티션이 있다면 드라이버와 애플리케이션이 비정상적으로 종료될 수 있습니다. 또한 연산을 병렬로 수행하지 않고 차례로 처리하기 때문에 매우 큰 처리 비용이 발생합니다.

5.5 정리

이 장에서는 DataFrame의 기본 연산을 알아보았습니다. 그리고 DataFrame을 사용하는 데 필요한 개념과 다양한 기능도 함께 알아보았습니다. 다음 장에서는 DataFrame의 데이터를 다루는 다양한 방법을 자세히 알아보겠습니다.

CHAPTER 6

다양한 데이터 타입 다루기

앞 장에서는 DataFrame의 기본 개념과 DataFrame의 핵심 추상화 개념을 알아보았습니다. 이 장에서는 스파크의 구조적 연산에서 가장 중요한 내용인 표현식을 만드는 방법을 알아보겠습니다. 그리고 다음과 같은 다양한 데이터 타입을 다루는 방법도 함께 알아봅니다.

- 불리언 타입
- 수치 타입
- 문자열 타입
- date와 timestamp 타입
- null 값 다루기
- 복합 데이터 타입
- 사용자 정의 함수

6.1 API는 어디서 찾을까

스파크는 현재 활발하게 성장하고 있는 프로젝트입니다. 이 책을 포함한 모든 스파크 관련 서적의 내용은 언젠가 예전 버전의 내용이 될 겁니다. 그러므로 데이터 변환용 함수를 어떻게 찾는지 알아야 합니다. 데이터 변환용 함수를 찾기 위해 핵심적으로 보아야 할 부분은 다음과 같습니다.

- **DataFrame(Dataset) 메서드**

  DataFrame은 Row 타입을 가진 Dataset이므로 결국에는 Dataset 메서드[1]를 만나게 됩니다.

  DataFrameStatFunctions[2]와 DataFrameNaFunctions[3] 등 Dataset의 하위 모듈은 다양한 메서드를 제공합니다. 이 메서드를 사용해 여러 가지 문제를 해결할 수 있습니다. 예를 들어 DataFrameStatFunctions는 다양한 통계적 함수를 제공하며, DataFrameNaFunctions는 null 데이터를 다루는 데 필요한 함수를 제공합니다.

- **Column 메서드**

  5장에서 컬럼 관련 메서드를 알아보았습니다. Column은 alias나 contains 같이 컬럼과 관련된 여러 가지 메서드를 제공합니다. Column API는 스파크 문서[4]를 참고하세요.

  org.apache.spark.sql.functions 패키지는 데이터 타입과 관련된 다양한 함수를 제공합니다. 이 패키지는 많이 쓰이므로 보통 전체 패키지를 임포트하고 사용합니다. SQL과 DataFrame 함수는 스파크 문서[5]를 참고하세요.

함수가 너무 많다고 겁먹지 않아도 됩니다. 대부분의 SQL과 분석 시스템에서도 찾아볼 수 있는 함수입니다. 모든 함수는 데이터 로우의 특정 포맷이나 구조를 다른 형태로 변환하기 위해 존재합니다. 함수를 사용해 더 많은 로우를 만들거나 줄일 수 있습니다. 다음은 분석에 사용할 DataFrame을 생성하는 예제입니다.

```
// 스칼라 코드
val df = spark.read.format("csv")
  .option("header", "true")
  .option("inferSchema", "true")
  .load("/data/retail-data/by-day/2010-12-01.csv")
df.printSchema()
df.createOrReplaceTempView("dfTable")

# 파이썬 코드
df = spark.read.format("csv")\
  .option("header", "true")\
  .option("inferSchema", "true")\
  .load("/data/retail-data/by-day/2010-12-01.csv")
df.printSchema()
df.createOrReplaceTempView("dfTable")
```

1 http://bit.ly/2rKkALY
2 http://bit.ly/2DPYhJC
3 http://bit.ly/2DPAqd3
4 http://bit.ly/2FloFbr
5 http://bit.ly/2DPAycx

스키마와 데이터 샘플은 다음과 같습니다.

```
root
 |-- InvoiceNo: string (nullable = true)
 |-- StockCode: string (nullable = true)
 |-- Description: string (nullable = true)
 |-- Quantity: integer (nullable = true)
 |-- InvoiceDate: timestamp (nullable = true)
 |-- UnitPrice: double (nullable = true)
 |-- CustomerID: double (nullable = true)
 |-- Country: string (nullable = true)

+---------+---------+--------------------+--------+-------------------+----...
|InvoiceNo|StockCode|         Description|Quantity| InvoiceDate       |Unit...
+---------+---------+--------------------+--------+-------------------+----...
|   536365|   85123A|WHITE HANGING HEA...|       6|2010-12-01 08:26:00|    ...
|   536365|    71053| WHITE METAL LANTERN|       6|2010-12-01 08:26:00|    ...
...
|   536367|    21755|LOVE BUILDING BLO...|       3|2010-12-01 08:34:00|    ...
|   536367|    21777|RECIPE BOX WITH M...|       4|2010-12-01 08:34:00|    ...
+---------+---------+--------------------+--------+-------------------+----...
```

6.2 스파크 데이터 타입으로 변환하기

프로그래밍 언어의 고유 데이터 타입을 스파크 데이터 타입으로 변환해보겠습니다. 스파크 데이터 타입으로 변환하는 방법은 반드시 알아두어야 합니다. 데이터 타입 변환은 `lit` 함수를 사용합니다. `lit` 함수는 다른 언어의 데이터 타입을 스파크 데이터 타입에 맞게 변환합니다. 스칼라와 파이썬의 다양한 데이터 타입을 스파크 데이터 타입으로 변환해보겠습니다.

```
// 스칼라 코드
import org.apache.spark.sql.functions.lit

df.select(lit(5), lit("five"), lit(5.0))

# 파이썬 코드
from pyspark.sql.functions import lit

df.select(lit(5), lit("five"), lit(5.0))
```

SQL에서는 스파크 데이터 타입으로 변환할 필요가 없으므로 값을 직접 입력해 사용합니다.

```
-- SQL
SELECT 5, "five", 5.0
```

6.3 불리언 데이터 타입 다루기

불리언은 모든 필터링 작업의 기반이므로 데이터 분석에 필수적입니다. 불리언 구문은 and, or, true, false로 구성됩니다. 불리언 구문을 사용해 true 또는 false로 평가되는 논리 문법을 만듭니다. 논리 문법은 데이터 로우를 필터링할 때 필요조건의 일치(true)와 불일치(false)를 판별하는 데 사용됩니다.

소매 데이터셋을 사용해 불리언을 다루어보겠습니다. 불리언 식에는 일치 조건뿐만 아니라 작다, 크다와 같은 비교 연산 조건을 사용할 수 있습니다.

```
// 스칼라 코드
import org.apache.spark.sql.functions.col

df.where(col("InvoiceNo").equalTo(536365))
  .select("InvoiceNo", "Description")
  .show(5, false)
```

> **CAUTION_** 스칼라에서 ==과 ===은 특별한 의미를 가집니다. 스파크에서 동등 여부를 판별해 필터링하려면 일치를 나타내는 ===이나 불일치를 나타내는 =!=를 사용해야 합니다. not 함수나 equalTo 메서드를 사용할 수도 있습니다.

```
// 스칼라 코드
import org.apache.spark.sql.functions.col

df.where(col("InvoiceNo") === 536365)
  .select("InvoiceNo", "Description")
  .show(5, false)
```

파이썬은 더 간편한 표기법을 사용할 수 있습니다.

```
# 파이썬 코드
from pyspark.sql.functions import col

df.where(col("InvoiceNo") != 536365)\
  .select("InvoiceNo", "Description")\
  .show(5, False)

+---------+--------------------------+
|InvoiceNo|Description               |
+---------+--------------------------+
|536366   |HAND WARMER UNION JACK    |
...
|536367   |POPPY'S PLAYHOUSE KITCHEN |
+---------+--------------------------+
```

가장 명확한 방법은 문자열 표현식에 조건절을 명시하는 겁니다. 이 방법은 파이썬과 스칼라 모두에서 사용할 수 있으며, 다음과 같이 '일치하지 않음'을 표현할 수 있습니다.

```
df.where("InvoiceNo = 536365")
  .show(5, false)
df.where("InvoiceNo <> 536365")
  .show(5, false)
```

and 메서드나 or 메서드를 사용해서 불리언 표현식을 여러 부분에 지정할 수 있습니다. 불리언 표현식을 사용하는 경우 항상 모든 표현식을 and 메서드로 묶어 차례대로 필터를 적용해야 합니다.

차례대로 필터를 적용해야 하는 이유는 다음과 같습니다. 불리언 문을 차례대로 표현하더라도 스파크는 내부적으로 and 구문을 필터 사이에 추가해 모든 필터를 하나의 문장으로 변환합니다. 그런 다음 동시에 모든 필터를 처리합니다. 원한다면 and 구문으로 조건문을 만들 수도 있습니다. 하지만 차례로 조건을 나열하면 이해하기 쉽고 읽기도 편해집니다. 반면 or 구문을 사용할 때는 반드시 동일한 구문에 조건을 정의해야 합니다.

```
// 스칼라 코드
val priceFilter = col("UnitPrice") > 600
val descripFilter = col("Description").contains("POSTAGE")
```

```
df.where(col("StockCode").isin("DOT")).where(priceFilter.or(descripFilter))
  .show()

# 파이썬 코드
from pyspark.sql.functions import instr

priceFilter = col("UnitPrice") > 600
descripFilter = instr(df.Description, "POSTAGE") >= 1
df.where(df.StockCode.isin("DOT")).where(priceFilter | descripFilter).show()

-- SQL
SELECT * FROM dfTable WHERE StockCode in ("DOT") AND(UnitPrice > 600 OR
    instr(Description, "POSTAGE") >= 1)

+---------+---------+--------------+--------+-------------------+---------+...
|InvoiceNo|StockCode|   Description|Quantity|        InvoiceDate|UnitPrice|...
+---------+---------+--------------+--------+-------------------+---------+...
|   536544|      DOT|DOTCOM POSTAGE|       1|2010-12-01 14:32:00|   569.77|...
|   536592|      DOT|DOTCOM POSTAGE|       1|2010-12-01 17:06:00|   607.49|...
+---------+---------+--------------+--------+-------------------+---------+...
```

불리언 표현식을 필터링 조건에만 사용하는 것은 아닙니다. 불리언 컬럼을 사용해 DataFrame을 필터링할 수도 있습니다.

```
// 스칼라 코드
val DOTCodeFilter = col("StockCode") === "DOT"
val priceFilter = col("UnitPrice") > 600
val descripFilter = col("Description").contains("POSTAGE")

df.withColumn("isExpensive", DOTCodeFilter.and(priceFilter.or(descripFilter)))
  .where("isExpensive")
  .select("unitPrice", "isExpensive").show(5)

# 파이썬 코드
from pyspark.sql.functions import instr

DOTCodeFilter = col("StockCode") == "DOT"
priceFilter = col("UnitPrice") > 600
descripFilter = instr(col("Description"), "POSTAGE") >= 1
df.withColumn("isExpensive", DOTCodeFilter & (priceFilter | descripFilter))\
  .where("isExpensive")\
  .select("unitPrice", "isExpensive").show(5)
```

```
-- SQL
SELECT UnitPrice, (StockCode = 'DOT' AND
  (UnitPrice > 600 OR instr(Description, "POSTAGE") >= 1)) as isExpensive
FROM dfTable
WHERE (StockCode = 'DOT' AND
      (UnitPrice > 600 OR instr(Description, "POSTAGE") >= 1))
```

필터를 반드시 표현식으로 정의할 필요는 없습니다. 별도의 작업 없이 컬럼명을 사용해 필터를 정의할 수도 있습니다.

SQL에 익숙한 독자라면 지금까지 설명한 모든 구문이 익숙할 겁니다. 이 모든 구문은 where 절로 표현할 수 있습니다. 그리고 필터를 표현해야 한다면 DataFrame 인터페이스 방식보다 SQL이 훨씬 쉽습니다. 스파크 SQL을 사용한다고 해서 성능 저하가 발생하는 것은 아닙니다. 예를 들어 다음 두 문장은 동일하게 처리됩니다.

```
// 스칼라 코드
import org.apache.spark.sql.functions.{expr, not, col}

df.withColumn("isExpensive", not(col("UnitPrice").leq(250)))
  .filter("isExpensive")
  .select("Description", "UnitPrice").show(5)
df.withColumn("isExpensive", expr("NOT UnitPrice <= 250"))
  .filter("isExpensive")
  .select("Description", "UnitPrice").show(5)
```

다음 코드 역시 동일하게 처리됩니다.

```
# 파이썬 코드
from pyspark.sql.functions import expr

df.withColumn("isExpensive", expr("NOT UnitPrice <= 250"))\
  .where("isExpensive")\
  .select("Description", "UnitPrice").show(5)
```

CAUTION_ '불리언 표현식을 만들 때 null 값 데이터는 어떻게 다뤄야 하지?'라는 의문이 들 겁니다. null 값 데이터는 조금 다르게 처리해야 합니다. 다음 코드는 null 값에 안전한(null-safe) 동치(equivalence) 테스트를 수행하는 예제입니다.

```
df.where(col("Description").eqNullSafe("hello")).show()
```

비록 현재 버전인 스파크 2.2 버전에서 사용할 수는 없지만 SQL의 IS [NOT] DISTINCT FROM 구문과 동일한 기능이 스파크 2.3 버전에 포함될 예정입니다.[6]

6.4 수치형 데이터 타입 다루기

카운트count는 빅데이터 처리에서 필터링 다음으로 많이 수행하는 작업입니다. 대부분은 수치형 데이터 타입을 사용해 연산 방식을 정의하기만 하면 됩니다.

상황을 가정해 가상의 예제를 만들어보겠습니다. 우리는 소매 데이터셋의 수량을 잘못 기록했고, 실제 수량은 $(현재 수량 * 단위 가격)^2 + 5$ 공식으로 구할 수 있다는 사실을 알았습니다. 이 문제를 해결하려면 수치형 함수인 pow를 사용합니다. pow 함수는 표시된 지수만큼 컬럼의 값을 거듭제곱합니다.

```
// 스칼라 코드
import org.apache.spark.sql.functions.{expr, pow}

val fabricatedQuantity = pow(col("Quantity") * col("UnitPrice"), 2) + 5
df.select(expr("CustomerId"), fabricatedQuantity.alias("realQuantity")).show(2)

# 파이썬 코드
from pyspark.sql.functions import expr, pow

fabricatedQuantity = pow(col("Quantity") * col("UnitPrice"), 2) + 5
df.select(expr("CustomerId"), fabricatedQuantity.alias("realQuantity")).show(2)

+----------+------------------+
|CustomerId|      realQuantity|
+----------+------------------+
|   17850.0|239.08999999999997|
|   17850.0|          418.7156|
+----------+------------------+
```

위 예제의 두 컬럼 모두 수치형이므로 곱셈 연산이 가능합니다. 그리고 필요한 경우 덧셈이나 뺄셈도 가능합니다. 또한 SQL을 사용해 동일하게 처리할 수도 있습니다.

6 옮긴이_ SPARK-20463 이슈는 2.3 버전에서 해결되었습니다. https://bit.ly/2x470bk

```
// 스칼라 코드
df.selectExpr(
  "CustomerId",
  "(POWER((Quantity * UnitPrice), 2.0) + 5) as realQuantity").show(2)

# 파이썬 코드
df.selectExpr(
  "CustomerId",
  "(POWER((Quantity * UnitPrice), 2.0) + 5) as realQuantity").show(2)

-- SQL
SELECT customerId, (POWER((Quantity * UnitPrice), 2.0) + 5) as realQuantity
FROM dfTable
```

반올림도 자주 사용하는 수치형 작업 중 하나입니다. 때로는 소수점 자리를 없애기 위해 Integer 데이터 타입으로 형변환하기도 합니다. 하지만 스파크는 정확한 계산이 가능한 함수를 제공합니다. 그리고 정밀도를 사용해 더 세밀한 작업을 수행할 수 있습니다. 다음은 소수점 첫째 자리에서 반올림하는 예제입니다.

```
// 스칼라 코드
import org.apache.spark.sql.functions.{round, bround}

df.select(round(col("UnitPrice"), 1).alias("rounded"), col("UnitPrice")).show(5)
```

기본적으로 round 함수는 소수점 값이 정확히 중간값 이상이라면 반올림합니다. 내림은 bround 함수를 사용합니다.

```
// 스칼라 코드
import org.apache.spark.sql.functions.lit

df.select(round(lit("2.5")), bround(lit("2.5"))).show(2)

# 파이썬 코드
from pyspark.sql.functions import lit, round, bround

df.select(round(lit("2.5")), bround(lit("2.5"))).show(2)

-- SQL
SELECT round(2.5), bround(2.5)
```

```
+-------------+--------------+
|round(2.5, 0)|bround(2.5, 0)|
+-------------+--------------+
|          3.0|           2.0|
|          3.0|           2.0|
+-------------+--------------+
```

두 컬럼 사이의 상관관계를 계산하는 것도 수치형 연산 작업 중 하나입니다. 예를 들어 고객이 비싼 물건보다 저렴한 물건을 더 많이 구매하는지 알기 위해 두 컬럼에 대한 피어슨 상관계수를 계산해볼 필요가 있습니다. 다음 예제와 같이 DataFrame의 통계용 함수나 메서드를 사용해 피어슨 상관계수를 계산할 수 있습니다.

```
// 스칼라 코드
import org.apache.spark.sql.functions.{corr}

df.stat.corr("Quantity", "UnitPrice")
df.select(corr("Quantity", "UnitPrice")).show()

# 파이썬 코드
from pyspark.sql.functions import corr

df.stat.corr("Quantity", "UnitPrice")
df.select(corr("Quantity", "UnitPrice")).show()

-- SQL
SELECT corr(Quantity, UnitPrice) FROM dfTable

+-------------------------+
|corr(Quantity, UnitPrice)|
+-------------------------+
|     -0.04112314436835551|
+-------------------------+
```

하나 이상의 컬럼에 대한 요약 통계를 계산하는 작업 역시 자주 수행됩니다. 요약 통계는 describe 메서드를 사용해 얻을 수 있습니다. describe 메서드는 관련 컬럼에 대한 집계count, 평균mean, 표준편차stddev, 최솟값min, 최댓값max을 계산합니다. 통계 스키마는 변경될 수 있으므로 describe 메서드는 콘솔 확인용으로만 사용해야 합니다.

```
// 스칼라 코드
df.describe().show()
```

```
# 파이썬 코드
df.describe().show()

+-------+------------------+------------------+------------------+
|summary|          Quantity|         UnitPrice|        CustomerID|
+-------+------------------+------------------+------------------+
|  count|              3108|              3108|              1968|
|   mean| 8.627413127413128| 4.151946589446603|15661.388719512195|
| stddev|26.371821677029203|15.638659854603892|1854.4496996893627|
|    min|               -24|               0.0|           12431.0|
|    max|               600|            607.49|           18229.0|
+-------+------------------+------------------+------------------+
```

정확한 수치가 필요하다면 함수를 임포트하고 해당 컬럼에 적용하는 방식으로 직접 집계를 수행할 수 있습니다.

```
// 스칼라 코드
import org.apache.spark.sql.functions.{count, mean, stddev_pop, min, max}

# 파이썬 코드
from pyspark.sql.functions import count, mean, stddev_pop, min, max
```

StatFunctions 패키지는 다양한 통계 함수를 제공합니다. `stat` 속성을 사용해 접근할 수 있으며 다양한 통곗값을 계산할 때 사용하는 DataFrame 메서드입니다. 예를 들어 `approxQuantile` 메서드를 사용해 데이터의 백분위수를 정확하게 계산하거나 근사치를 계산할 수 있습니다.

```
// 스칼라 코드
val colName = "UnitPrice"
val quantileProbs = Array(0.5)
val relError = 0.05

df.stat.approxQuantile("UnitPrice", quantileProbs, relError) // 2.51

# 파이썬 코드
olName = "UnitPrice"
quantileProbs = [0.5]
relError = 0.05

df.stat.approxQuantile("UnitPrice", quantileProbs, relError) # 2.51
```

StatFunctions 패키지는 교차표cross-tabulation나 자주 사용하는 항목 쌍을 확인하는 용도의 메서드도 제공합니다. 단, 연산 결과가 너무 크면 화면에 모두 보이지 않을 수 있습니다.

```
// 스칼라 코드
df.stat.crosstab("StockCode", "Quantity").show()

# 파이썬 코드
df.stat.crosstab("StockCode", "Quantity").show()

// 스칼라 코드
df.stat.freqItems(Seq("StockCode", "Quantity")).show()

# 파이썬 코드
df.stat.freqItems(["StockCode", "Quantity"]).show()
```

마지막으로 소개할 StatFunctions 패키지의 함수는 monotonically_increasing_id입니다. 이 함수는 모든 로우에 고유 ID 값을 추가합니다. 이 함수는 모든 로우에 0부터 시작하는 고윳값을 생성합니다.

```
// 스칼라 코드
import org.apache.spark.sql.functions.monotonically_increasing_id

df.select(monotonically_increasing_id()).show(2)

# 파이썬 코드
from pyspark.sql.functions import monotonically_increasing_id

df.select(monotonically_increasing_id()).show(2)
```

스파크의 새로운 버전이 릴리스될 때마다 새로운 함수가 생겨납니다. 새로 추가된 함수는 스파크 공식 문서에서 확인할 수 있습니다. 불규칙적으로 데이터를 생성할 수 있는 rand( ) 함수나 randn( ) 함수 등 임의 데이터 생성 함수를 예로 들 수 있습니다. 이 함수들은 잠재적으로 결정론determinism과 관련된 문제를 가지고 있습니다. 스파크 메일링 리스트에서 이와 관련된 논의를 찾아볼 수 있습니다. 또한 최신 버전의 StatFunction 패키지는 블룸bloom 필터링이나 스케칭 알고리즘sketching algorithms 같은 여러 고급 기법과 관련된 함수를 제공합니다. 더 자세한 내용은 API 문서를 참고하세요.[7]

7 옮긴이_ http://bit.ly/2ptAiY2

6.5 문자열 데이터 타입 다루기

문자열을 다루는 작업은 거의 모든 데이터 처리 과정에서 발생합니다. 그러므로 문자열을 다루는 방법을 알아야 합니다. 로그 파일에 정규 표현식을 사용해 데이터 추출, 데이터 치환, 문자열 존재 여부, 대/소문자 변환 처리 등의 작업을 할 수 있습니다.

대/소문자 변환 작업부터 시작하겠습니다. initcap 함수는 주어진 문자열에서 공백으로 나뉘는 모든 단어의 첫 글자를 대문자로 변경합니다.

```
// 스칼라 코드
import org.apache.spark.sql.functions.{initcap}

df.select(initcap(col("Description"))).show(2, false)

# 파이썬 코드
from pyspark.sql.functions import initcap

df.select(initcap(col("Description"))).show()

-- SQL
SELECT initcap(Description) FROM dfTable

+--------------------------------+
|initcap(Description)            |
+--------------------------------+
|White Hanging Heart T-light Holder|
|White Metal Lantern             |
+--------------------------------+
```

lower 함수를 사용해 문자열 전체를 소문자로 변경하거나, upper 함수를 사용해 문자열 전체를 대문자로 변경할 수 있습니다.

```
// 스칼라 코드
import org.apache.spark.sql.functions.{lower, upper}

df.select(col("Description"),
    lower(col("Description")),
    upper(lower(col("Description")))).show(2)

# 파이썬 코드
from pyspark.sql.functions import lower, upper
```

```
df.select(col("Description"),
    lower(col("Description")),
    upper(lower(col("Description")))).show(2)

-- SQL
SELECT Description, lower(Description), Upper(lower(Description)) FROM dfTable

+--------------------+--------------------+-------------------------+
|         Description|  lower(Description)|upper(lower(Description))|
+--------------------+--------------------+-------------------------+
|WHITE HANGING HEA...|white hanging hea...|     WHITE HANGING HEA...|
| WHITE METAL LANTERN| white metal lantern|      WHITE METAL LANTERN|
+--------------------+--------------------+-------------------------+
```

문자열 주변의 공백을 제거하거나 추가하는 작업도 가능합니다. 이 작업은 `lpad`, `ltrim`, `rpad`, `rtrim`, `trim` 함수를 사용합니다.

```
// 스칼라 코드
import org.apache.spark.sql.functions.{lit, ltrim, rtrim, rpad, lpad, trim}

df.select(
    ltrim(lit("    HELLO    ")).as("ltrim"),
    rtrim(lit("    HELLO    ")).as("rtrim"),
    trim(lit("    HELLO    ")).as("trim"),
    lpad(lit("HELLO"), 3, " ").as("lp"),
    rpad(lit("HELLO"), 10, " ").as("rp")).show(2)

# 파이썬 코드
from pyspark.sql.functions import lit, ltrim, rtrim, rpad, lpad, trim

df.select(
    ltrim(lit("    HELLO    ")).alias("ltrim"),
    rtrim(lit("    HELLO    ")).alias("rtrim"),
    trim(lit("    HELLO    ")).alias("trim"),
    lpad(lit("HELLO"), 3, " ").alias("lp"),
    rpad(lit("HELLO"), 10, " ").alias("rp")).show(2)

-- SQL
SELECT
  ltrim('    HELLLOOOO  '),
  rtrim('    HELLLOOOO  '),
  trim('    HELLLOOOO  '),
  lpad('HELLOOOO  ', 3, ' '),
  rpad('HELLOOOO  ', 10, ' ')
FROM dfTable
```

```
+---------+---------+-----+---+----------+
|    ltrim|    rtrim| trim| lp|        rp|
+---------+---------+-----+---+----------+
|HELLO    |    HELLO|HELLO| HE|HELLO     |
|HELLO    |    HELLO|HELLO| HE|HELLO     |
+---------+---------+-----+---+----------+
```

lpad 함수나 rpad 함수에 문자열의 길이보다 작은 숫자를 넘기면 문자열의 오른쪽부터 제거됩니다. 이 점 유의하기 바랍니다.

6.5.1 정규 표현식

문자열의 존재 여부를 확인하거나 일치하는 모든 문자열을 치환할 때는 보통 **정규 표현식**을 사용합니다. 정규 표현식을 사용해 문자열에서 값을 추출하거나 다른 값으로 치환하는 데 필요한 규칙 모음을 정의할 수 있습니다.

스파크는 자바 정규 표현식이 가진 강력한 능력을 활용합니다. 자바 정규 표현식 문법은 보통 사용하는 언어의 문법과 약간 다르므로 운영 환경에서 정규 표현식을 사용하기 전에 다시 한번 검토해야 합니다. 스파크는 정규 표현식을 위해 regexp_extract 함수와 regexp_replace 함수를 제공합니다. 이 함수들은 값을 추출하고 치환하는 역할을 합니다.

regexp_replace 함수를 사용해 'description' 컬럼의 값을 'COLOR'로 치환해보겠습니다.

```
// 스칼라 코드
import org.apache.spark.sql.functions.regexp_replace

val simpleColors = Seq("black", "white", "red", "green", "blue")
val regexString = simpleColors.map(_.toUpperCase).mkString("|")
// 파이프 문자(|)는 정규 표현식에서 OR를 의미
df.select(
    regexp_replace(col("Description"), regexString, "COLOR").alias("color_clean"),
    col("Description")).show(2)

# 파이썬 코드
from pyspark.sql.functions import regexp_replace

regex_string = "BLACK|WHITE|RED|GREEN|BLUE"
df.select(
```

```
    regexp_replace(col("Description"), regex_string, "COLOR").alias("color_clean"),
    col("Description")).show(2)

-- SQL
SELECT
  regexp_replace(Description, 'BLACK|WHITE|RED|GREEN|BLUE', 'COLOR') as
  color_clean, Description
FROM dfTable

+--------------------+--------------------+
|         color_clean|         Description|
+--------------------+--------------------+
|COLOR HANGING HEA...|WHITE HANGING HEA...|
| COLOR METAL LANTERN| WHITE METAL LANTERN|
+--------------------+--------------------+
```

주어진 문자를 다른 문자로 치환해야 할 때도 있습니다. 정규 표현식을 만드는 것이 지루할 수 있으므로 translate 함수를 사용해 문자를 치환해보겠습니다. 이 연산은 문자 단위로 이루어집니다. 교체 문자열에서 색인된 문자에 해당하는 모든 문자를 치환합니다.[8]

```
// 스칼라 코드
import org.apache.spark.sql.functions.translate

df.select(translate(col("Description"), "LEET", "1337"), col("Description"))
  .show(2)

# 파이썬 코드
from pyspark.sql.functions import translate

df.select(translate(col("Description"), "LEET", "1337"),col("Description"))\
  .show(2)

-- SQL
SELECT translate(Description, 'LEET', '1337'), Description FROM dfTable

+----------------------------------+--------------------+
|translate(Description, LEET, 1337)|         Description|
+----------------------------------+--------------------+
|              WHI73 HANGING H3A...|WHITE HANGING HEA...|
|               WHI73 M37A1 1AN73RN| WHITE METAL LANTERN|
+----------------------------------+--------------------+
```

8 옮긴이_ 예제의 경우 L=1, E=3, T=7로 치환됩니다.

처음 나타난 색상 이름을 추출하는 것과 같은 작업을 수행할 수도 있습니다.

```
// 스칼라 코드
import org.apache.spark.sql.functions.regexp_extract

val regexString = simpleColors.map(_.toUpperCase).mkString("(", "|", ")")
// 파이프 문자(|)는 정규 표현식에서 OR를 의미
df.select(
    regexp_extract(col("Description"), regexString, 1).alias("color_clean"),
    col("Description")).show(2)

# 파이썬 코드
from pyspark.sql.functions import regexp_extract

extract_str = "(BLACK|WHITE|RED|GREEN|BLUE)"
df.select(
    regexp_extract(col("Description"), extract_str, 1).alias("color_clean"),
    col("Description")).show(2)

-- SQL
SELECT regexp_extract(Description, '(BLACK|WHITE|RED|GREEN|BLUE)', 1),
  Description
FROM dfTable

+------------+--------------------+
| color_clean|         Description|
+------------+--------------------+
|       WHITE|WHITE HANGING HEA...|
|       WHITE| WHITE METAL LANTERN|
+------------+--------------------+
```

때로는 값 추출 없이 단순히 값의 존재 여부를 확인하고 싶을 때가 있습니다. 이때 contains 메서드를 사용합니다. 이 메서드는 인수로 입력된 값이 컬럼의 문자열에 존재하는지 불리언 타입으로 반환합니다.

```
// 스칼라 코드
val containsBlack = col("Description").contains("BLACK")
val containsWhite = col("DESCRIPTION").contains("WHITE")
df.withColumn("hasSimpleColor", containsBlack.or(containsWhite))
  .where("hasSimpleColor")
  .select("Description").show(3, false)
```

파이썬과 SQL에서는 instr 함수를 사용해 값의 존재 여부를 확인합니다.

```
# 파이썬 코드
from pyspark.sql.functions import instr

containsBlack = instr(col("Description"), "BLACK") >= 1
containsWhite = instr(col("Description"), "WHITE") >= 1
df.withColumn("hasSimpleColor", containsBlack | containsWhite)\
  .where("hasSimpleColor")\
  .select("Description").show(3, False)

-- SQL
SELECT Description FROM dfTable
WHERE instr(Description, 'BLACK') >= 1 OR instr(Description, 'WHITE') >= 1

+----------------------------------+
|Description                       |
+----------------------------------+
|WHITE HANGING HEART T-LIGHT HOLDER|
|WHITE METAL LANTERN               |
|RED WOOLLY HOTTIE WHITE HEART.    |
+----------------------------------+
```

위 예제는 값을 두 개만 사용하므로 간단해보이지만, 값의 개수가 늘어나면 복잡해집니다.

동적으로 인수의 개수가 변하는 상황을 스파크는 어떻게 처리하는지 알아보겠습니다. 값 목록을 인수로 변환해 함수에 전달할 때는 varargs라 불리는 스칼라 고유 기능을 활용합니다. 이 기능을 사용해 임의 길이의 배열을 효율적으로 다룰 수 있습니다. 예를 들어 select 메서드와 varargs를 함께 사용해 원하는 만큼 동적으로 컬럼을 생성할 수 있습니다.

```
// 스칼라 코드
val simpleColors = Seq("black", "white", "red", "green", "blue")

val selectedColumns = simpleColors.map(color => {
   col("Description").contains(color.toUpperCase).alias(s"is_$color")
}):+expr("*") // 이 값을 추가할 수도 있습니다.

df.select(selectedColumns:_*).where(col("is_white").or(col("is_red")))
  .select("Description").show(3, false)
```

```
+--------------------------------+
|Description                     |
+--------------------------------+
|WHITE HANGING HEART T-LIGHT HOLDER|
|WHITE METAL LANTERN             |
|RED WOOLLY HOTTIE WHITE HEART.  |
+--------------------------------+
```

파이썬은 인수의 개수가 동적으로 변하는 상황을 아주 쉽게 해결할 수 있습니다. 이번에는 문자열의 위치(위치는 1부터 시작)를 정수로 반환하는 locate 함수를 사용합니다. 그런 다음 위치 정보를 불리언 타입으로 변환합니다.

```
# 파이썬 코드
from pyspark.sql.functions import expr, locate

simpleColors = ["black", "white", "red", "green", "blue"]
def color_locator(column, color_string):
  return locate(color_string.upper(), column)\
    .cast("boolean")\
    .alias("is_" + color_string)
selectedColumns = [color_locator(df.Description, c) for c in simpleColors]
selectedColumns.append(expr("*")) # Column 타입이어야 합니다.

df.select(*selectedColumns).where(expr("is_white OR is_red"))\
  .select("Description").show(3, False)
```

locate 함수는 쉽게 확장할 수 있습니다. 따라서 컬럼이나 불리언 필터를 프로그래밍 방식으로 생성할 수 있습니다. 예를 들어 locate 함수를 확장해 입력값의 최소공배수를 구하거나 소수 여부를 판별할 수 있습니다.

6.6 날짜와 타임스탬프 데이터 타입 다루기

날짜와 시간은 프로그래밍 언어와 데이터베이스 분야의 변함없는 과제입니다. 계속해서 시간대[timezone]를 확인해야 하며, 포맷이 올바르고 유효한지 확인해야 합니다. 스파크는 이런 복잡함을 피하고자 두 가지 종류의 시간 관련 정보만 집중적으로 관리합니다. 하나는 달력 형태의 날짜[date]이고, 다른 하나는 날짜와 시간 정보를 모두 가지는 타임스탬프[timestamp]입니다. 스파크는 inferSchema 옵션이 활성화된 경우 날짜와 타임스탬프를 포함해 컬럼의 데이터 타입을 최대한 정확하게 식별하려 시도합니다. 스파크는 특정 날짜 포맷을 명시하지 않아도 자체적으로 식별해 데이터를 읽을 수 있습니다. 따라서 예제의 데이터셋이 잘 동작하는 것을 확인할 수 있습니다.

날짜와 타임스탬프를 다루는 작업은 문자열을 다루는 작업과 관련이 있습니다. 날짜나 시간을 문자열로 저장하고 런타임에 날짜 타입으로 변환하는 경우가 많기 때문입니다. 데이터베이스나 구조적 데이터를 다룰 때는 이러한 작업이 드물지만, 텍스트나 CSV 파일을 다룰 때는 많이 발생합니다. 이에 대해 짧게 알아보겠습니다.

CAUTION_ 날짜와 타임스탬프를 다룰 때는 많은 주의가 필요합니다. 특히 시간대를 다룰 때는 더 그렇습니다. 스파크 2.1 이하 버전에서는 파싱하려는 값에 시간대를 지정하지 않으면 시스템 시간대를 기준으로 파싱합니다. 시간대 설정이 필요하다면 스파크 SQL 설정의 spark.conf.sessionLocalTimeZone 속성[9]을 로컬 시간대로 지정해 적용할 수 있습니다. 시간대 포맷은 반드시 자바 TimeZone 포맷을 따라야 합니다.[10]

```
df.printSchema()

root
 |-- InvoiceNo: string (nullable = true)
 |-- StockCode: string (nullable = true)
 |-- Description: string (nullable = true)
 |-- Quantity: integer (nullable = true)
 |-- InvoiceDate: timestamp (nullable = true)
 |-- UnitPrice: double (nullable = true)
 |-- CustomerID: double (nullable = true)
 |-- Country: string (nullable = true)
```

스파크는 날짜와 시간을 최대한 올바른 형태로 읽기 위해 노력합니다. 만약 특이한 포맷의 날짜와 시간 데이터를 어쩔 수 없이 다뤄야 한다면 각 단계별로 어떤 데이터 타입과 포맷을 유지하는지 정확히 알고 트랜스포메이션을 적용해야 합니다. TimestampType 클래스는 초 단위 정밀도까지만 지원합니다. 그러므로 밀리세컨드나 마이크로세컨드 단위를 다룬다면 Long 데이터 타입으로 데이터를 변환해 처리하는 우회 정책을 사용해야 합니다. 그 이상의 정밀도는 TimestampType으로 변환될 때 제거됩니다.

---

9 옮긴이_ 스파크 2.3 버전의 소스를 확인했을 때 spark.conf.sessionLocalTimeZone 속성은 찾을 수 없으며, 대신 spark.sql.session.timeZone 속성을 사용할 수 있습니다. 예: spark.conf.set("spark.sql.session.timeZone", "UTC")

10 https://bit.ly/2NcW6p2

스파크는 특정 시점에 데이터 포맷이 약간 특이하게 변할 수 있습니다. 이러한 문제를 피하려면 파싱이나 변환 작업을 해야 합니다. 스파크는 자바의 날짜와 타임스탬프를 사용해서 표준 체계를 따릅니다. 다음은 오늘 날짜와 현재 타임스탬프값을 구하는 예제입니다.

```
// 스칼라 코드
import org.apache.spark.sql.functions.{current_date, current_timestamp}

val dateDF = spark.range(10)
  .withColumn("today", current_date())
  .withColumn("now", current_timestamp())
dateDF.createOrReplaceTempView("dateTable")

# 파이썬 코드
from pyspark.sql.functions import current_date, current_timestamp

dateDF = spark.range(10)\
  .withColumn("today", current_date())\
  .withColumn("now", current_timestamp())
dateDF.createOrReplaceTempView("dateTable")
dateDF.printSchema()

root
 |-- id: long (nullable = false)
 |-- today: date (nullable = false)
 |-- now: timestamp (nullable = false)
```

위 예제로 만들어진 DataFrame을 사용해 오늘을 기준으로 5일 전후의 날짜를 구해보겠습니다. date_sum 함수와 date_add 함수는 컬럼과 더하거나 뺄 날짜 수를 인수로 전달해야 합니다.

```
// 스칼라 코드
import org.apache.spark.sql.functions.{date_add, date_sub}

dateDF.select(date_sub(col("today"), 5), date_add(col("today"), 5)).show(1)

# 파이썬 코드
from pyspark.sql.functions import date_add, date_sub

dateDF.select(date_sub(col("today"), 5), date_add(col("today"), 5)).show(1)

-- SQL
SELECT date_sub(today, 5), date_add(today, 5) FROM dateTable
```

```
+-----------------+-----------------+
|date_sub(today, 5)|date_add(today, 5)|
+-----------------+-----------------+
|       2017-06-12|       2017-06-22|
+-----------------+-----------------+
```

두 날짜의 차이를 구하는 작업도 자주 발생합니다. 두 날짜 사이의 일 수를 반환하는 datediff 함수를 사용해 이러한 작업을 수행할 수 있습니다. 월별로 일수가 다르므로 날짜만 신경 쓰는 경우가 많지만, 두 날짜 사이의 개월 수를 반환하는 months_between 함수도 있습니다.

```
// 스칼라 코드
import org.apache.spark.sql.functions.{datediff, months_between, to_date}

dateDF.withColumn("week_ago", date_sub(col("today"), 7))
  .select(datediff(col("week_ago"), col("today"))).show(1)
dateDF.select(
    to_date(lit("2016-01-01")).alias("start"),
    to_date(lit("2017-05-22")).alias("end"))
  .select(months_between(col("start"), col("end"))).show(1)

# 파이썬 코드
from pyspark.sql.functions import datediff, months_between, to_date

dateDF.withColumn("week_ago", date_sub(col("today"), 7))\
  .select(datediff(col("week_ago"), col("today"))).show(1)
dateDF.select(
    to_date(lit("2016-01-01")).alias("start"),
    to_date(lit("2017-05-22")).alias("end"))\
  .select(months_between(col("start"), col("end"))).show(1)

-- SQL
SELECT datediff(date_sub(today, 7), today), months_between('2016-01-01',
'2017-05-22')
from dataTable

+------------------------+
|datediff(week_ago, today)|
+------------------------+
|                      -7|
+------------------------+
```

```
+-------------------------+
|months_between(start, end)|
+-------------------------+
|             -16.67741935|
+-------------------------+
```

위 예제에서 to_date 함수를 처음 소개했습니다. to_date 함수는 문자열을 날짜로 변환할 수 있으며, 필요에 따라 날짜 포맷도 함께 지정할 수 있습니다. 함수의 날짜 포맷은 반드시 자바의 SimpleDateFormat 클래스[11]가 지원하는 포맷을 사용해야 합니다.

```
// 스칼라 코드
import org.apache.spark.sql.functions.{to_date, lit}

spark.range(5).withColumn("date", lit("2017-01-01"))
  .select(to_date(col("date"))).show(1)

# 파이썬 코드
from pyspark.sql.functions import to_date, lit

spark.range(5).withColumn("date", lit("2017-01-01"))\
  .select(to_date(col("date"))).show(1)
```

스파크는 날짜를 파싱할 수 없다면 에러 대신 null 값을 반환합니다. 그러므로 다단계 처리 파이프라인에서는 조금 까다로울 수 있습니다. 데이터 포맷이 지정된 데이터에서 또 다른 포맷의 데이터가 나타날 수 있기 때문입니다. 이해를 돕기 위해 년-월-일 형태가 아닌 년-일-월 형태의 날짜 포맷을 사용해보겠습니다. 스파크는 날짜를 파싱할 수 없으므로 null 값을 반환합니다.

```
dateDF.select(to_date(lit("2016-20-12")),to_date(lit("2017-12-11"))).show(1)

+-------------------+-------------------+
|to_date(2016-20-12)|to_date(2017-12-11)|
+-------------------+-------------------+
|               null|         2017-12-11|
+-------------------+-------------------+
```

지정한 날짜 형식에 맞춰 데이터가 들어온다면 특별한 문제가 발생하지 않습니다. 하지만 날짜 형식을 지키지 않은 데이터가 들어온다면 디버깅하기 매우 어렵습니다. 위 예제에서 두 번째

11 https://bit.ly/2Mz21Qc

날짜(2017-12-11)가 의도한 날짜인 11월 12일 대신 12월 11일로 표시되고 있습니다. 스파크는 날짜가 뒤섞여 있거나 데이터가 잘못되었는지 판단할 수 없으므로 오류를 발생시키지 않습니다.

그럼 차근차근 코드를 수정해나가면서 이런 문제를 완전히 회피할 수 있는 견고한 방법을 찾아보겠습니다. 첫 번째 단계는 자바의 SimpleDateFormat 표준에 맞춰 날짜 포맷을 지정하는 겁니다.[12]

문제를 해결하기 위해 to_date 함수와 to_timestamp 함수를 사용합니다. to_date 함수는 필요에 따라 날짜 포맷을 지정할 수 있지만 to_timestamp 함수는 반드시 날짜 포맷을 지정해야 합니다.[13]

```
// 스칼라 코드
import org.apache.spark.sql.functions.to_date

val dateFormat = "yyyy-dd-MM"
val cleanDateDF = spark.range(1).select(
    to_date(lit("2017-12-11"), dateFormat).alias("date"),
    to_date(lit("2017-20-12"), dateFormat).alias("date2"))
cleanDateDF.createOrReplaceTempView("dateTable2")

# 파이썬 코드
from pyspark.sql.functions import to_date

dateFormat = "yyyy-dd-MM"
cleanDateDF = spark.range(1).select(
    to_date(lit("2017-12-11"), dateFormat).alias("date"),
    to_date(lit("2017-20-12"), dateFormat).alias("date2"))
cleanDateDF.createOrReplaceTempView("dateTable2")

-- SQL
SELECT to_date(date, 'yyyy-dd-MM'), to_date(date2, 'yyyy-dd-MM'), to_date(date)
FROM dateTable2

+----------+----------+
|      date|     date2|
+----------+----------+
|2017-11-12|2017-12-20|
+----------+----------+
```

12 https://docs.oracle.com/javase/8/docs/api/java/text/SimpleDateFormat.html

13 옮긴이_ to_timestamp 함수에서 날짜 포맷을 지정하지 않으면 'yyyy-MM-dd HH:mm:ss' 포맷을 기본값으로 사용합니다.

항상 날짜 포맷을 지정해야 하는 to_timestamp 함수의 예제를 살펴보겠습니다.

```
// 스칼라 코드
import org.apache.spark.sql.functions.to_timestamp

cleanDateDF.select(to_timestamp(col("date"), dateFormat)).show()

# 파이썬 코드
from pyspark.sql.functions import to_timestamp

cleanDateDF.select(to_timestamp(col("date"), dateFormat)).show()

-- SQL
SELECT to_timestamp(date, 'yyyy-dd-MM'), to_timestamp(date2, 'yyyy-dd-MM')
FROM dateTable2

+---------------------------------+
|to_timestamp(`date`, 'yyyy-dd-MM')|
+---------------------------------+
|              2017-11-12 00:00:00|
+---------------------------------+
```

모든 언어에서 날짜와 타임스탬프 간의 변환은 매우 간단합니다. SQL에서는 다음과 같은 방식을 사용합니다.

```
-- SQL
SELECT cast(to_date("2017-01-01", "yyyy-dd-MM") as timestamp)
```

올바른 포맷과 타입의 날짜나 타임스탬프를 사용한다면 매우 쉽게 비교할 수 있습니다. 날짜를 비교할 때는 날짜나 타임스탬프 타입을 사용하거나 yyyy-MM-dd 포맷에 맞는 문자열을 지정합니다.

```
cleanDateDF.filter(col("date2") > lit("2017-12-12")).show()
```

스파크가 리터럴로 인식하는 문자열을 지정해 날짜를 비교할 수도 있습니다.

```
cleanDateDF.filter(col("date2") > "'2017-12-12'").show()
```

CAUTION_ 암시적 형변환(implicit type casting)은 매우 위험합니다. 특히 null 값 또는 다른 시간대나 포맷을 가진 날짜 데이터를 다룰 때는 더 위험합니다. 암시적 형변환에 의지하지 말고 명시적으로 데이터 타입을 변환해 사용하세요.

6.7 null 값 다루기

DataFrame에서 빠져 있거나 비어 있는 데이터를 표현할 때는 항상 null 값을 사용하는 것이 좋습니다. 스파크에서는 빈 문자열이나 대체 값[14] 대신 null 값을 사용해야 최적화를 수행할 수 있습니다. DataFrame의 하위 패키지인 .na를 사용하는 것이 DataFrame에서 null 값을 다루는 기본 방식입니다. 또한 연산을 수행하면서 스파크가 null 값을 제어하는 방법을 명시적으로 지정하는 몇 가지 함수도 있습니다. 자세한 내용은 5.4.15절 '로우 정렬하기'와 6.3절 '불리언 데이터 타입 다루기'를 참조하세요.

CAUTION_ null은 모든 프로그래밍 언어의 도전과제입니다. 스파크도 예외가 될 수는 없습니다. 암시적으로 null 값을 사용하는 것보다 명시적으로 사용하는 것이 항상 좋습니다. 이전 예제에서 null 데이터 타입을 가지는 컬럼을 어떻게 만들 수 있는지 알아보았습니다. 하지만 여기에도 함정이 존재합니다. null 값을 허용하지 않는 컬럼을 선언해도 **강제성**은 없습니다. 그러므로 정의한 스키마의 모든 컬럼이 null 값을 허용하지 않는다고 해도 스파크는 이를 강제할 수 없으며 null 값을 컬럼에 넣을 수 있습니다. nullable 속성은 스파크 SQL 옵티마이저가 해당 컬럼을 제어하는 동작을 단순하게 도울 뿐입니다. 만약 null 값이 없어야 하는 컬럼에 null 값이 존재한다면 부정확한 결과를 초래하거나 디버깅하기 어려운 특이한 오류를 만날 수 있습니다.

null 값을 다루는 두 가지 방법이 있습니다. 명시적으로 null 값을 제거하거나, 전역 또는 컬럼 단위로 null 값을 특정 값으로 채워 넣는 겁니다. 이 두 가지 방법을 알아보겠습니다.

6.7.1 coalesce

스파크의 coalesce 함수는 인수로 지정한 여러 컬럼 중 null이 아닌 첫번 째 값을 반환합니다. 모든 컬럼이 null이 아닌 값을 가지는 경우 첫 번째 컬럼의 값을 반환합니다.[15]

---

14 옮긴이_ 사용자가 임의로 지정한 null 대체 문자를 의미합니다.

15 옮긴이_ 예제에서는 각 행에서 Description 컬럼의 값이 null인지 확인하고, null인 경우 CustomerId의 값을 반환합니다. 만약 Description 컬럼의 값이 null이 아닌 경우 Description 컬럼의 값을 반환합니다.

```
// 스칼라 코드
import org.apache.spark.sql.functions.coalesce

df.select(coalesce(col("Description"), col("CustomerId"))).show()
```

```
# 파이썬 코드
from pyspark.sql.functions import coalesce

df.select(coalesce(col("Description"), col("CustomerId"))).show()
```

6.7.2 ifnull, nullIf, nvl, nvl2

coalesce 함수와 유사한 결과를 얻을 수 있는 몇 가지 SQL 함수가 있습니다. ifnull 함수는 첫 번째 값이 null이면 두 번째 값을 반환합니다. 첫 번째 값이 null이 아니면 첫 번째 값을 반환합니다. 반면 nullif 함수는 두 값이 같으면 null을 반환합니다. 두 값이 다르면 첫 번째 값을 반환합니다. nvl 함수는 첫 번째 값이 null이면 두 번째 값을 반환합니다. 첫 번째 값이 null이 아니면 첫 번째 값을 반환합니다. 마지막으로 nvl2 함수는 첫 번째 값이 null이 아니면 두 번째 값을 반환합니다. 그리고 첫 번째 값이 null이면 세 번째 인수로 지정된 값을 반환합니다(예제에서는 else_value).

```
-- SQL
SELECT
  ifnull(null, 'return_value'),
  nullif('value', 'value'),
  nvl(null, 'return_value'),
  nvl2('not_null', 'return_value', "else_value")
FROM dfTable LIMIT 1

+------------+----+------------+------------+
|           a|   b|           c|           d|
+------------+----+------------+------------+
|return_value|null|return_value|return_value|
+------------+----+------------+------------+
```

이 함수들은 DataFrame의 select 표현식으로 사용할 수 있습니다.

6.7.3 drop

drop 메서드는 null 값을 가진 로우를 제거하는 가장 간단한 함수입니다. 기본적으로 null 값을 가진 모든 로우를 제거합니다.

```
df.na.drop()
df.na.drop("any")
```

SQL을 사용한다면 컬럼별로 수행해야 합니다.

```
-- SQL
SELECT * FROM dfTable WHERE Description IS NOT NULL
```

drop 메서드의 인수로 any를 지정한 경우 로우의 컬럼값 중 하나라도 null 값을 가지면 해당 로우를 제거합니다. all을 지정한 경우 모든 컬럼의 값이 null이거나 NaN인 경우에만 해당 로우를 제거합니다.

```
df.na.drop("all")
```

drop 메서드에 배열 형태의 컬럼을 인수로 전달해 적용할 수도 있습니다.

```
// 스칼라 코드
df.na.drop("all", Seq("StockCode", "InvoiceNo"))

# 파이썬 코드
df.na.drop("all", subset=["StockCode", "InvoiceNo"])
```

6.7.4 fill

fill 함수를 사용해 하나 이상의 컬럼을 특정 값으로 채울 수 있습니다. 채워 넣을 값과 컬럼 집합으로 구성된 맵을 인수로 사용합니다.

예를 들어 String 데이터 타입의 컬럼에 존재하는 null 값을 다른 값으로 채워 넣는 방법은 다음과 같습니다.

```
df.na.fill("All Null values become this string")
```

df.na.fill(5:Integer) 같은 방식을 사용해 Integer 데이터 타입의 컬럼에 존재하는 null 값을 다른 값으로 채워 넣을 수 있습니다. Double 데이터 타입의 컬럼에는 df.na.fill(5:Double) 같은 방식으로 사용할 수 있습니다. 다수의 컬럼에 적용하고 싶다면 적용하고자 하는 컬럼명을 배열로 만들어 인수로 사용합니다.

```
// 스칼라 코드
df.na.fill(5, Seq("StockCode", "InvoiceNo"))

# 파이썬 코드
df.na.fill("all", subset=["StockCode", "InvoiceNo"])
```

스칼라 Map 타입을 사용해 다수의 컬럼에 fill 메서드를 적용할 수도 있습니다. 여기서 키[key]는 컬럼명이며, 값[value]은 null 값을 채우는 데 사용할 값입니다.

```
// 스칼라 코드
val fillColValues = Map("StockCode" -> 5, "Description" -> "No Value")
df.na.fill(fillColValues)

# 파이썬 코드
fill_cols_vals = {"StockCode": 5, "Description": "No Value"}
df.na.fill(fill_cols_vals)
```

6.7.5 replace

drop 메서드와 fill 메서드 외에도 null 값을 유연하게 대처할 방법이 있습니다. 조건에 따라 다른 값으로 대체[replace]하는 겁니다. replace 메서드를 사용하려면 변경하고자 하는 값과 원래 값의 데이터 타입이 같아야 합니다.

```
// 스칼라 코드
df.na.replace("Description", Map("" -> "UNKNOWN"))

# 파이썬 코드
df.na.replace([""], ["UNKNOWN"], "Description")
```

6.8 정렬하기

5장에서 설명한 것처럼 asc_nulls_first, desc_nulls_first, asc_nulls_last, desc_nulls_last 함수를 사용해 DataFrame을 정렬할 때 null 값이 표시되는 기준을 지정할 수 있습니다.

6.9 복합 데이터 타입 다루기

복합 데이터 타입을 사용하면 해결하려는 문제에 더욱 적합한 방식으로 데이터를 구성하고 구조화할 수 있습니다. 복합 데이터 타입에는 구조체struct, 배열array 그리고 맵map이 있습니다.

6.9.1 구조체

구조체는 DataFrame 내부의 DataFrame으로 생각할 수 있습니다. 쿼리문에서 다수의 컬럼을 괄호로 묶어 구조체를 만들 수 있습니다.

```
df.selectExpr("(Description, InvoiceNo) as complex", "\*")

df.selectExpr("struct(Description, InvoiceNo) as complex", "\*")

// 스칼라 코드
import org.apache.spark.sql.functions.struct

val complexDF = df.select(struct("Description", "InvoiceNo").alias("complex"))
complexDF.createOrReplaceTempView("complexDF")

# 파이썬 코드
from pyspark.sql.functions import struct

complexDF = df.select(struct("Description", "InvoiceNo").alias("complex"))
complexDF.createOrReplaceTempView("complexDF")
```

복합 데이터 타입을 가진 DataFrame을 만들어보았습니다. 이를 다른 DataFrame을 조회하는 것과 동일하게 사용할 수 있습니다. 유일한 차이점은 문법에 점(.)을 사용하거나 getField 메서드를 사용한다는 겁니다.

```
complexDF.select("complex.Description")
complexDF.select(col("complex").getField("Description"))
```

* 문자를 사용해 모든 값을 조회할 수 있으며, 모든 컬럼을 DataFrame의 최상위 수준으로 끌어올릴 수 있습니다.

```
complexDF.select("complex.*")

-- SQL
SELECT complex.* FROM complexDF
```

6.9.2 배열

배열을 정의하기 위해 한 가지 사례를 살펴보겠습니다. 데이터에서 Description 컬럼의 모든 단어를 하나의 로우로 변환할 겁니다.

우선 Description 컬럼을 복합 데이터 타입인 배열로 변환하겠습니다.

split

배열로 변환하려면 split 함수를 사용합니다. split 함수에 구분자delimiter를 인수로 전달해 배열로 변환합니다.

```
// 스칼라 코드
import org.apache.spark.sql.functions.split

df.select(split(col("Description"), " ")).show(2)

# 파이썬 코드
from pyspark.sql.functions import split

df.select(split(col("Description"), " ")).show(2)

-- SQL
SELECT split(Description, ' ') FROM dfTable
```

```
+--------------------+
|split(Description,  )|
+--------------------+
| [WHITE, HANGING, ...|
| [WHITE, METAL, LA...|
+--------------------+
```

split 함수는 스파크에서 복합 데이터 타입을 마치 또 다른 컬럼처럼 다룰 수 있는 매우 강력한 기능입니다. 파이썬과 유사한 문법을 사용해 배열값을 조회할 수 있습니다.

```
// 스칼라 코드
df.select(split(col("Description"), " ").alias("array_col"))
  .selectExpr("array_col[0]").show(2)

# 파이썬 코드
df.select(split(col("Description"), " ").alias("array_col"))\
  .selectExpr("array_col[0]").show(2)

-- SQL
SELECT split(Description, ' ')[0] FROM dfTable
```

실행 결과는 다음과 같습니다.

```
+------------+
|array_col[0]|
+------------+
|       WHITE|
|       WHITE|
+------------+
```

배열의 길이

배열의 크기size를 조회해 배열의 길이를 알 수 있습니다.

```
// 스칼라 코드
import org.apache.spark.sql.functions.size

df.select(size(split(col("Description"), " "))).show(2) // 5와 3 출력
```

```
# 파이썬 코드
from pyspark.sql.functions import size

df.select(size(split(col("Description"), " "))).show(2) # 5와 3 출력
```

array_contains

array_contains 함수를 사용해 배열에 특정 값이 존재하는지 확인할 수 있습니다.

```
// 스칼라 코드
import org.apache.spark.sql.functions.array_contains

df.select(array_contains(split(col("Description"), " "), "WHITE")).show(2)

# 파이썬 코드
from pyspark.sql.functions import array_contains

df.select(array_contains(split(col("Description"), " "), "WHITE")).show(2)

-- SQL
SELECT array_contains(split(Description, ' '), 'WHITE') FROM dfTable
```

실행 결과는 다음과 같습니다.

```
+------------------------------------------+
|array_contains(split(Description,  ), WHITE)|
+------------------------------------------+
|                                      true|
|                                      true|
+------------------------------------------+
```

하지만 이 함수로 우리 시나리오를 완성할 수 없습니다. 복합 데이터 타입의 배열에 존재하는 모든 값을 로우로 변환하려면 explode 함수를 사용합니다.

explode

explode 함수는 배열 타입의 컬럼을 입력받습니다. 그리고 입력된 컬럼의 배열값에 포함된 모든 값을 로우로 변환합니다. 나머지 컬럼값은 중복되어 표시됩니다. [그림 6-1]은 처리 과정을 보여줍니다.

그림 6-1 텍스트로 이루어진 컬럼의 explode( ) 처리 과정

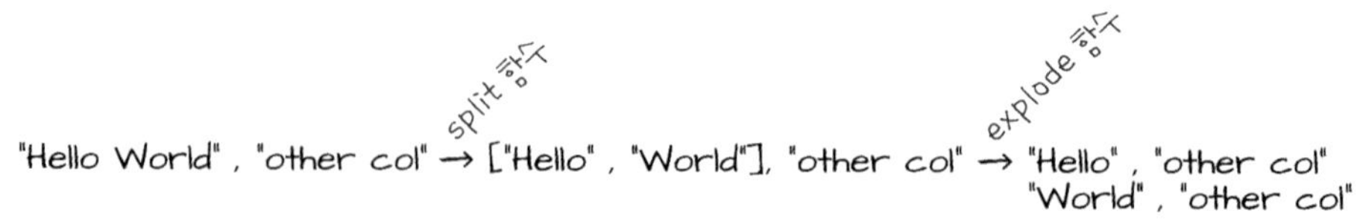


```
// 스칼라 코드
import org.apache.spark.sql.functions.{split, explode}

df.withColumn("splitted", split(col("Description"), " "))
  .withColumn("exploded", explode(col("splitted")))
  .select("Description", "InvoiceNo", "exploded").show(2)

# 파이썬 코드
from pyspark.sql.functions import split, explode

df.withColumn("splitted", split(col("Description"), " "))\
  .withColumn("exploded", explode(col("splitted")))\
  .select("Description", "InvoiceNo", "exploded").show(2)

-- SQL
SELECT Description, InvoiceNo, exploded
FROM (SELECT *, split(Description, " ") as splitted FROM dfTable)
LATERAL VIEW explode(splitted) as exploded
```

실행 결과는 다음과 같습니다.

```
+--------------------+---------+--------+
|         Description|InvoiceNo|exploded|
+--------------------+---------+--------+
|WHITE HANGING HEA...|   536365|   WHITE|
|WHITE HANGING HEA...|   536365| HANGING|
+--------------------+---------+--------+
```

6.9.3 맵

맵은 map 함수와 컬럼의 키-값 쌍을 이용해 생성합니다. 그리고 배열과 동일한 방법으로 값을 선택할 수 있습니다.

```
// 스칼라 코드
import org.apache.spark.sql.functions.map

df.select(map(col("Description"), col("InvoiceNo")).alias("complex_map")).show(2)

# 파이썬 코드
from pyspark.sql.functions import create_map

df.select(create_map(col("Description"), col("InvoiceNo")).alias("complex_map"))\
  .show(2)

-- SQL
SELECT map(Description, InvoiceNo) as complex_map FROM dfTable
WHERE Description IS NOT NULL
```

실행 결과는 다음과 같습니다.

```
+--------------------+
|         complex_map|
+--------------------+
|Map(WHITE HANGING...|
|Map(WHITE METAL L...|
+--------------------+
```

적합한 키를 사용해 데이터를 조회할 수 있으며, 해당 키가 없다면 null 값을 반환합니다.

```
// 스칼라 코드
df.select(map(col("Description"), col("InvoiceNo")).alias("complex_map"))
  .selectExpr("complex_map['WHITE METAL LANTERN']").show(2)

# 파이썬 코드
df.select(create_map(col("Description"), col("InvoiceNo")).alias("complex_map"))\
  .selectExpr("complex_map['WHITE METAL LANTERN']").show(2)
```

실행 결과는 다음과 같습니다.

```
+--------------------------------+
|complex_map[WHITE METAL LANTERN]|
+--------------------------------+
|                            null|
|                          536365|
+--------------------------------+
```

map 타입은 분해하여 컬럼으로 변환할 수 있습니다.

```
// 스칼라 코드
df.select(map(col("Description"), col("InvoiceNo")).alias("complex_map"))
  .selectExpr("explode(complex_map)").show(2)

# 파이썬 코드
df.select(create_map(col("Description"), col("InvoiceNo")).alias("complex_map"))\
  .selectExpr("explode(complex_map)").show(2)
```

실행 결과는 다음과 같습니다.

```
+--------------------+------+
|                 key| value|
+--------------------+------+
|WHITE HANGING HEA...|536365|
| WHITE METAL LANTERN|536365|
+--------------------+------+
```

6.10 JSON 다루기

스파크는 JSON 데이터를 다루기 위한 몇 가지 고유 기능을 지원합니다. 스파크에서는 문자열 형태의 JSON을 직접 조작할 수 있으며, JSON을 파싱하거나 JSON 객체로 만들 수 있습니다. 다음은 JSON 컬럼을 생성하는 예제입니다.

```
// 스칼라 코드
val jsonDF = spark.range(1).selectExpr("""
  '{"myJSONKey" : {"myJSONValue" : [1, 2, 3]}}' as jsonString""")

# 파이썬 코드
jsonDF = spark.range(1).selectExpr("""
  '{"myJSONKey" : {"myJSONValue" : [1, 2, 3]}}' as jsonString""")
```

get_json_object 함수로 JSON 객체(딕셔너리나 배열)를 인라인 쿼리로 조회할 수 있습니다. 중첩이 없는 단일 수준의 JSON 객체라면 json_tuple을 사용할 수도 있습니다.

```
// 스칼라 코드
import org.apache.spark.sql.functions.{get_json_object, json_tuple}

jsonDF.select(
    get_json_object(col("jsonString"), "$.myJSONKey.myJSONValue[1]") as "column",
    json_tuple(col("jsonString"), "myJSONKey")).show(2)

# 파이썬 코드
from pyspark.sql.functions import get_json_object, json_tuple

jsonDF.select(
    get_json_object(col("jsonString"), "$.myJSONKey.myJSONValue[1]").alias("column"),
    json_tuple(col("jsonString"), "myJSONKey")).show(2)
```

SQL을 사용한 처리는 다음과 같습니다.

```
jsonDF.selectExpr(
    "get_json_object(jsonString, '$.myJSONKey.myJSONValue[1]') as column",
    "json_tuple(jsonString, 'myJSONKey')").show(2)
```

실행 결과는 다음과 같습니다.

```
+------+--------------------+
|column| c0                 |
+------+--------------------+
|     2|{"myJSONValue":[1...|
+------+--------------------+
```

to_json 함수를 사용해 StructType을 JSON 문자열로 변경할 수 있습니다.

```
// 스칼라 코드
import org.apache.spark.sql.functions.to_json

df.selectExpr("(InvoiceNo, Description) as myStruct")
  .select(to_json(col("myStruct")))

# 파이썬 코드
from pyspark.sql.functions import to_json

df.selectExpr("(InvoiceNo, Description) as myStruct")\
  .select(to_json(col("myStruct")))
```

to_json 함수에 JSON 데이터소스와 동일한 형태의 딕셔너리(맵)를 파라미터로 사용할 수 있습니다. 그리고 from_json 함수를 사용해 JSON 문자열을 다시 객체로 변환할 수 있습니다. from_json 함수는 파라미터로 반드시 스키마를 지정해야 합니다. 필요에 따라 맵 데이터 타입의 옵션을 인수로 지정할 수도 있습니다.

```
// 스칼라 코드
import org.apache.spark.sql.functions.from_json
import org.apache.spark.sql.types._

val parseSchema = new StructType(Array(
  new StructField("InvoiceNo",StringType,true),
  new StructField("Description",StringType,true)))
df.selectExpr("(InvoiceNo, Description) as myStruct")
  .select(to_json(col("myStruct")).alias("newJSON"))
  .select(from_json(col("newJSON"), parseSchema), col("newJSON")).show(2)

# 파이썬 코드
from pyspark.sql.functions import from_json
from pyspark.sql.types import *

parseSchema = StructType((
  StructField("InvoiceNo",StringType(),True),
  StructField("Description",StringType(),True)))
df.selectExpr("(InvoiceNo, Description) as myStruct")\
  .select(to_json(col("myStruct")).alias("newJSON"))\
  .select(from_json(col("newJSON"), parseSchema), col("newJSON")).show(2)
```

실행 결과는 다음과 같습니다.

```
+--------------------+-------------------+
|jsontostructs(newJSON)|            newJSON|
+--------------------+-------------------+
|  [536365,WHITE HAN...|{"InvoiceNo":"536...|
|  [536365,WHITE MET...|{"InvoiceNo":"536...|
+--------------------+-------------------+
```

6.11 사용자 정의 함수

스파크의 가장 강력한 기능 중 하나는 사용자 정의 함수user defined function, UDF를 사용할 수 있다는 겁니다. UDF는 파이썬이나 스칼라 그리고 외부 라이브러리를 사용해 사용자가 원하는 형태로 트랜스포메이션을 만들 수 있게 합니다. UDF는 하나 이상의 컬럼을 입력으로 받고, 반환할 수 있습니다. 스파크 UDF는 여러 가지 프로그래밍 언어로 개발할 수 있으므로 엄청나게 강력합니다. UDF는 레코드별로 데이터를 처리하는 함수이기 때문에 독특한 포맷이나 도메인에 특화된 언어를 사용하지 않습니다. 이러한 UDF는 기본적으로 특정 SparkSession이나 Context에서 사용할 수 있도록 임시 함수 형태로 등록됩니다.

스칼라, 파이썬, 자바로 UDF를 개발할 수 있습니다. 하지만 언어별로 성능에 영향을 미칠 수 있으므로 주의해야 합니다. 이 부분을 설명하기 위해 UDF를 생성해서 스파크에 등록할 겁니다. 그리고 생성된 UDF를 사용해 코드를 실행하는 과정에서 정확히 무슨 일이 발생하는지 알아보겠습니다.

첫 번째로 실제 함수가 필요합니다. 예제로 사용할 UDF를 만들어보겠습니다. 숫자를 입력받아 세제곱 연산을 하는 power3 함수를 개발합시다.

```
// 스칼라 코드
val udfExampleDF = spark.range(5).toDF("num")
def power3(number:Double):Double = number * number * number
power3(2.0)
```

```
# 파이썬 코드
udfExampleDF = spark.range(5).toDF("num")
def power3(double_value):
  return double_value ** 3
power3(2.0)
```

위 예제를 실행하면 power3 함수가 정상 동작하는 것을 알 수 있습니다. 즉, 함수를 정의해 입력값을 원하는 결과로 만들어낼 수 있습니다. 입력 조건을 까다롭게 만들어 조금 더 개선할 수 있습니다. 입력값을 특정 데이터 타입으로 강제하고 null 값을 입력하지 못하게 만들어야 합니다. null 값을 다루는 방법은 6.7절 'null 값 다루기'를 참조하세요.

이제 함수를 만들고 테스트를 완료했으므로 모든 워커 노드에서 생성된 함수를 사용할 수 있도록 스파크에 등록할 차례입니다. 스파크는 드라이버에서 함수를 직렬화하고 네트워크를 통해 모든 익스큐터 프로세스로 전달합니다. 이 과정은 사용하는 언어와 관계없이 발생합니다.

함수를 개발한 언어에 따라 근본적으로 동작하는 방식이 달라집니다. 스칼라나 자바로 함수를 작성했다면 JVM 환경에서만 사용할 수 있습니다. 따라서 스파크 내장 함수가 제공하는 코드 생성 기능의 장점을 활용할 수 없어 약간의 성능 저하가 발생합니다. 그리고 많은 객체를 생성하거나 사용해도 성능 문제가 발생합니다. 성능 최적화는 19장 '성능 튜닝'에서 자세히 알아보겠습니다.

파이썬으로 함수를 작성했다면 매우 다르게 동작합니다. 스파크는 워커 노드에 파이썬 프로세스를 실행하고 파이썬이 이해할 수 있는 포맷으로 모든 데이터를 직렬화(앞서 JVM 사용 언어에도 존재했던 부분)합니다. 그리고 파이썬 프로세스에 있는 데이터의 로우마다 함수를 실행하고 마지막으로 JVM과 스파크에 처리 결과를 반환합니다. [그림 6-2]에 처리 과정을 나타냈습니다.

그림 6-2 파이썬 UDF 처리 과정

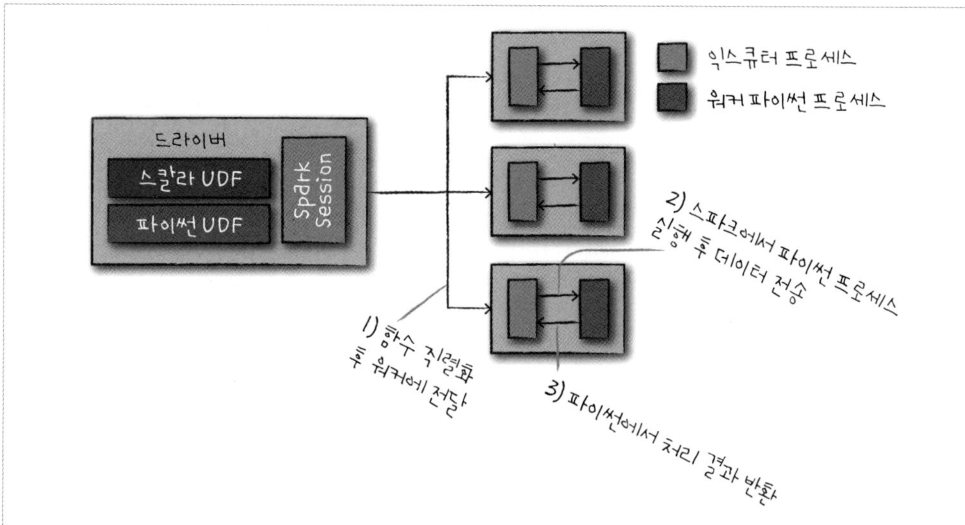

CAUTION_ 파이썬 프로세스를 시작하는 부하도 크지만, 진짜 부하는 파이썬으로 데이터를 전달하기 위해 직렬화하는 과정에서 발생합니다. 이 특성은 두 가지 문제점을 만들어냅니다. 첫째, 직렬화에 큰 부하가 발생합니다. 둘째, 데이터가 파이썬으로 전달되면 스파크에서 워커 메모리를 관리할 수 없습니다. 그러므로 JVM과 파이썬이 동일한 머신에서 메모리 경합을 하면 자원에 제약이 생겨 워커가 비정상적으로 종료될 가능성이 있습니다. 스칼라로 함수를 개발하는 것은 시간이 오래 걸리지 않으며, 무엇보다 파이썬에서도 사용할 수 있으므로 자바나 스칼라로 사용자 정의 함수를 작성하는 것이 좋습니다.

UDF를 실행해보겠습니다. 먼저 DataFrame에서 사용할 수 있도록 함수를 등록합니다.

```
// 스칼라 코드
import org.apache.spark.sql.functions.udf

val power3udf = udf(power3(_:Double):Double)
```

이제 power3 함수를 DataFrame의 다른 함수와 동일한 방법으로 사용할 수 있습니다.

```
// 스칼라 코드
udfExampleDF.select(power3udf(col("num"))).show()
```

위 예제는 파이썬에도 동일하게 적용됩니다. 먼저 사용자 정의 함수를 등록합니다.

```
# 파이썬 코드
from pyspark.sql.functions import udf

power3udf = udf(power3)
```

사용자 정의 함수 등록이 완료되면 DataFrame에서 사용할 수 있습니다.

```
# 파이썬 코드
from pyspark.sql.functions import col

udfExampleDF.select(power3udf(col("num"))).show(2)

+-----------+
|power3(num)|
+-----------+
|          0|
|          1|
+-----------+
```

아직까지는 사용자 정의 함수를 DataFrame에서만 사용할 수 있습니다. 문자열 표현식에서는 사용할 수 없습니다. 하지만 사용자 정의 함수를 스파크 SQL 함수로 등록하면 이야기는 달라집니다. SQL 함수로 등록하면 모든 프로그래밍 언어와 SQL에서 사용자 정의 함수를 사용할 수 있습니다.

스칼라를 사용해 사용자 정의 함수를 등록해보겠습니다.

```
// 스칼라 코드
spark.udf.register("power3", power3(_:Double):Double)
udfExampleDF.selectExpr("power3(num)").show(2)
```

사용자 정의 함수를 스파크 SQL 함수로 등록했기 때문에 스칼라로 개발된 사용자 정의 함수를 파이썬에서 우회적으로 사용할 수 있습니다. 그 이유는 DataFrame에 스파크 SQL 함수나 SQL 표현식을 사용할 수 있기 때문입니다. 하지만 사용자 정의 함수를 DataFrame 함수 대신 SQL 표현식으로 사용해야 합니다.

```
# 파이썬 코드
udfExampleDF.selectExpr("power3(num)").show(2)
# 스칼라로 등록된 사용자 정의 함수 사용
```

파이썬 함수를 SQL 함수로 등록할 수 있습니다. 다른 언어에서도 동일한 방법으로 사용할 수 있습니다.

함수가 올바르게 동작할 수 있도록 반환되는 데이터 타입을 지정합니다. 스파크는 파이썬의 데이터 타입과는 다른 자체 데이터 타입을 사용하기 때문에 함수를 정의할 때 반환 타입을 지정하는 것이 좋습니다. 반환 데이터 타입을 반드시 지정할 필요는 없지만 지정하는 것이 좋습니다.

함수에서 반환될 실제 데이터 타입과 일치하지 않는 데이터 타입을 지정하면 스파크는 오류가 아닌 null 값을 반환합니다. 다음 예제와 같이 함수의 반환 데이터 타입을 DoubleType으로 변경하면 이러한 현상을 확인할 수 있습니다.

```
# 파이썬 코드
from pyspark.sql.types import IntegerType, DoubleType

spark.udf.register("power3py", power3, DoubleType())

# 파이썬 코드
udfExampleDF.selectExpr("power3py(num)").show(2)
# 파이썬으로 등록된 UDF 사용
```

null 값을 반환하는 이유는 range 메서드가 Integer 데이터 타입의 데이터를 만들기 때문입니다. 파이썬에서 Integer 데이터 타입을 사용해 연산하였다면 Float 데이터 타입(스파크의 Double 데이터 타입과 동일)으로 변환할 수 없으므로 null 값을 반환합니다. 이 문제를 해결하려면 파이썬 함수가 Integer 데이터 타입 대신 Float 데이터 타입을 반환하도록 수정해야 합니다.

SQL에서도 등록된 사용자 정의 함수를 사용할 수 있습니다.

```
-- SQL
SELECT power3(12), power3py(12) -- 반환 데이터 타입 문제로 동작하지 않습니다.
```

사용자 정의 함수에서 값을 선택적으로 반환하려면 파이썬은 None을, 스칼라는 Option 타입을 반환해야 합니다.

6.12 Hive UDF

하이브 문법을 사용해서 만든 UDF/UDAF도 사용할 수 있습니다. 이렇게 하려면 SparkSession을 생성할 때 SparkSession.builder().enableHiveSupport()를 명시해 반드시 하이브 지원 기능을 활성화해야 합니다. 하이브 지원이 활성화되면 SQL로 UDF를 등록할 수 있습니다. 사전에 컴파일된 스칼라와 자바 패키지에서만 지원되므로 라이브러리 의존성을 명시해야 합니다.

```
-- SQL
CREATE TEMPORARY FUNCTION myFunc AS 'com.organization.hive.udf.FunctionName'
```

TEMPORARY 키워드를 제거하면 하이브 메타스토어에 영구permanent 함수로 등록됩니다.

6.13 정리

이 장에서는 스파크 SQL을 사용 목적에 맞게 확장하는 것이 얼마나 쉬운지 알아보았습니다. 소수만 이해하는 형식이나 도메인에 특화된 언어가 아닌, 스파크를 사용하지 않고도 테스트 및 유지 보수할 수 있는 간단한 함수만으로도 스파크 SQL을 확장할 수 있었습니다! 스파크 SQL은 복잡한 비즈니스 로직을 구현하는 데 사용할 수 있는 아주 강력한 기능입니다. 스파크 SQL을 사용해 로컬 머신의 5줄짜리 데이터부터 100개의 노드로 구성된 클러스터의 테라바이트급 데이터까지 모두 처리할 수 있습니다!

CHAPTER 7

집계 연산

집계aggregation는 무언가를 함께 모으는 행위이며 빅데이터 분석의 초석입니다. 집계를 수행하려면 **키**나 **그룹**을 지정하고 하나 이상의 컬럼을 변환하는 방법을 지정하는 **집계 함수**를 사용합니다. 집계 함수는 여러 입력값이 주어지면 그룹별로 결과를 생성합니다. 스파크의 집계 능력은 다양한 활용 사례와 가능성으로 비추어보았을 때 매우 정교하며 충분히 발달해 있습니다. 일반적으로 특정 그룹의 평균값을 구하는 것과 같은 수치형 데이터 요약에 집계를 사용할 수 있습니다. 이런 연산은 합산, 곱셈 또는 카운팅counting 등의 작업이 될 수 있습니다. 또한 배열, 리스트 또는 맵 같은 복합 데이터 타입을 사용해 집계를 수행할 수도 있습니다. 이와 관련된 내용은 7.1.12절 '복합 데이터 타입의 집계'에서 자세히 알아보겠습니다.

스파크는 모든 데이터 타입을 다루는 것 외에도 다음과 같은 그룹화 데이터 타입을 생성할 수 있습니다.

- 가장 간단한 형태의 그룹화는 `select` 구문에서 집계를 수행해 DataFrame의 전체 데이터를 요약하는 겁니다.
- 'group by'는 하나 이상의 키를 지정할 수 있으며 값을 가진 컬럼을 변환하기 위해 다른 집계 함수를 사용할 수 있습니다.
- '윈도우(window)'는 하나 이상의 키를 지정할 수 있으며 값을 가진 컬럼을 변환하기 위해 다른 집계 함수를 사용할 수 있습니다. 하지만 함수의 입력으로 사용할 로우는 현재 로우와 어느 정도 연관성이 있어야 합니다.
- '그룹화 셋(grouping set)'은 서로 다른 레벨의 값을 집계할 때 사용합니다. SQL, DataFrame의 롤업 그리고 큐브를 사용할 수 있습니다.
- '롤업(rollup)'은 하나 이상의 키를 지정할 수 있습니다. 그리고 컬럼을 변환하는 데 다른 집계 함수를 사용하여 계층적으로 요약된 값을 구할 수 있습니다.

- '큐브(cube)'는 하나 이상의 키를 지정할 수 있으며 값을 가진 컬럼을 변환하기 위해 다른 집계 함수를 사용할 수 있습니다. 큐브는 모든 컬럼 조합에 대한 요약 값을 계산합니다.

지정된 집계 함수에 따라 그룹화된 결과는 `RelationalGroupedDataset`을 반환합니다.

> **NOTE_** 반드시 명심해야 할 사항은 어떤 결과를 만들어야 할지 정확히 파악해야 한다는 겁니다. 빅데이터를 사용해 연산을 수행하는 경우 질문에 대한 **정확한** 답을 얻기 위해서는 연산, 네트워크, 저장소 등 상당한 비용이 들 수밖에 없습니다. 그러므로 수용 가능한 정도의 정확도에 맞춰 근사치를 계산하는 것이 비용을 고려했을 때 더 효율적입니다. 이 책에서는 몇 가지 근사치 계산용 함수를 함께 소개합니다. 근사치 계산용 함수를 사용해 스파크 잡의 실행과 속도를 개선할 수 있습니다. 특히 대화형 셸을 이용해 비정형 분석을 수행하는 경우에 유용합니다.

구매 이력 데이터를 사용해 파티션을 훨씬 적은 수로 분할할 수 있도록 리파티셔닝하고 빠르게 접근할 수 있도록 캐싱하겠습니다. 파티션 수를 줄이는 이유는 적은 양의 데이터를 가진 수많은 파일이 존재하기 때문입니다.

```
// 스칼라 코드
val df = spark.read.format("csv")
  .option("header", "true")
  .option("inferSchema", "true")
  .load("/data/retail-data/all/*.csv")
  .coalesce(5)

df.cache()
df.createOrReplaceTempView("dfTable")

# 파이썬 코드
df = spark.read.format("csv")\
  .option("header", "true")\
  .option("inferSchema", "true")\
  .load("/data/retail-data/all/*.csv")\
  .coalesce(5)

df.cache()
df.createOrReplaceTempView("dfTable")
```

다음은 함수의 결과를 비교할 수 있도록 샘플 데이터를 출력한 겁니다.

```
+---------+---------+-------------------+--------+-------------+---------+-----
|InvoiceNo|StockCode|        Description|Quantity|  InvoiceDate|UnitPrice|Cu...
+---------+---------+-------------------+--------+-------------+---------+-----
|   536365|   85123A|WHITE HANGING...   |       6|12/1/2010 8:26|     2.55| ...
|   536365|    71053|WHITE METAL...     |       6|12/1/2010 8:26|     3.39| ...
...
|   536367|    21755|LOVE BUILDING BLO...|       3|12/1/2010 8:34|     5.95| ...
|   536367|    21777|RECIPE BOX WITH M...|       4|12/1/2010 8:34|     7.95| ...
+---------+---------+-------------------+--------+-------------+---------+-----
```

DataFrame을 사용해 기본 집계를 수행해보겠습니다. 다음은 count 메서드를 사용한 간단한 예제입니다.

```
df.count() == 541909
```

이 책을 앞에서부터 차례대로 차근차근 읽었다면 count 메서드가 트랜스포메이션이 아닌 액션이라는 사실을 알고 있을 겁니다. 그러므로 결과를 즉시 반환합니다. 위 예제처럼 count 메서드는 데이터셋의 전체 크기를 알아보는 용도로 사용하지만 메모리에 DataFrame 캐싱 작업을 수행하는 용도로 사용되기도 합니다.

지금은 count 메서드가 약간 이질적으로 보일 수 있습니다. 그 이유는 함수가 아니라 메서드 형태로 존재하고 트랜스포메이션처럼 지연 연산 방식이 아닌 즉시 연산을 수행하기 때문입니다. 다음 절에서는 지연 연산 방식으로 count 메서드를 사용하는 방법을 알아보겠습니다.

7.1 집계 함수

모든 집계는 6장에서 사용한 DataFrame의 .stat 속성을 이용하는 특별한 경우를 제외한다면 함수를 사용합니다. 집계 함수는 org.apache.spark.sql.functions 패키지[1]에서 찾아볼 수 있습니다.

1 https://bit.ly/2tRMYus

NOTE_ 스칼라와 파이썬에서 임포트할 수 있는 함수와 SQL에서 사용 가능한 함수 사이에는 약간의 차이가 있습니다. 이 내용은 매 릴리스마다 변하므로 최종 목록을 이 책에 포함하는 것은 불가능합니다. 이 절에서는 자주 사용하는 함수 위주로 알아보겠습니다.

7.1.1 count

가장 먼저 count 함수를 알아보겠습니다. 다음 예제에서 count 함수는 액션이 아닌 트랜스포메이션으로 동작합니다. count 함수는 두 가지 방식으로 사용할 수 있습니다. 하나는 count 함수에 특정 컬럼을 지정하는 방식이고, 다른 하나는 count(*)나 count(1)을 사용하는 방식입니다. count 함수를 사용해 다음 예제와 같이 전체 로우 수를 카운트할 수 있습니다.

```
// 스칼라 코드
import org.apache.spark.sql.functions.count

df.select(count("StockCode")).show() // 541909

# 파이썬 코드
from pyspark.sql.functions import count

df.select(count("StockCode")).show() # 541909

-- SQL
SELECT COUNT(*) FROM dfTable
```

CAUTION_ null 값이 포함된 데이터의 레코드 수를 구할 때는 몇 가지 유의사항이 있습니다. 예를 들어 count(*) 구문을 사용하면 null 값을 가진 로우를 포함해 카운트합니다. 하지만 count 함수에 특정 컬럼을 지정하면 null 값을 카운트하지 않습니다.

7.1.2 countDistinct

전체 레코드 수가 아닌 고유 레코드 수를 구해야 한다면 countDistinct 함수를 사용합니다. 이 함수는 개별 컬럼을 처리하는 데 더 적합합니다.

```
// 스칼라 코드
import org.apache.spark.sql.functions.countDistinct

df.select(countDistinct("StockCode")).show() // 4070

# 파이썬 코드
from pyspark.sql.functions import countDistinct

df.select(countDistinct("StockCode")).show() # 4070

-- SQL
SELECT COUNT(DISTINCT *) FROM DFTABLE
```

7.1.3 approx_count_distinct

대규모 데이터셋을 다루다 보면 정확한 고유 개수가 무의미할 때도 있습니다. 어느 정도 수준의 정확도를 가지는 근사치만으로도 유의미하다면 approx_count_distinct 함수를 사용해 근사치를 계산할 수 있습니다.

```
// 스칼라 코드
import org.apache.spark.sql.functions.approx_count_distinct

df.select(approx_count_distinct("StockCode", 0.1)).show() // 3364

# 파이썬 코드
from pyspark.sql.functions import approx_count_distinct

df.select(approx_count_distinct("StockCode", 0.1)).show() # 3364

-- SQL
SELECT approx_count_distinct(StockCode, 0.1) FROM DFTABLE
```

approx_count_distinct 함수는 최대 추정 오류율maximum estimation error이라는 한 가지 파라미터를 더 사용합니다. 예제에서는 큰 오류율 설정했기 때문에 기대치에서 크게 벗어나는 결과를 얻게 되지만, countDistinct 함수보다 더 빠르게 결과를 반환합니다. 이 함수의 성능은 대규모 데이터셋을 사용할 때 훨씬 더 좋아집니다.

7.1.4 first와 last

함수명에서도 알 수 있듯이 `first`와 `last` 함수는 DataFrame의 첫 번째 값이나 마지막 값을 얻을 때 사용합니다. 이들 함수는 DataFrame의 값이 아닌 로우를 기반으로 동작합니다.

```
// 스칼라 코드
import org.apache.spark.sql.functions.{first, last}

df.select(first("StockCode"), last("StockCode")).show()

# 파이썬 코드
from pyspark.sql.functions import first, last

df.select(first("StockCode"), last("StockCode")).show()

-- SQL
SELECT first(StockCode), last(StockCode) FROM dfTable

+-----------------------+----------------------+
|first(StockCode, false)|last(StockCode, false)|
+-----------------------+----------------------+
|                 85123A|                 22138|
+-----------------------+----------------------+
```

7.1.5 min과 max

DataFrame에서 최솟값과 최댓값을 추출하려면 `min`과 `max` 함수를 사용합니다.

```
// 스칼라 코드
import org.apache.spark.sql.functions.{min, max}

df.select(min("Quantity"), max("Quantity")).show()

# 파이썬 코드
from pyspark.sql.functions import min, max

df.select(min("Quantity"), max("Quantity")).show()

-- SQL
SELECT min(Quantity), max(Quantity) FROM dfTable
```

```
+-------------+-------------+
|min(Quantity)|max(Quantity)|
+-------------+-------------+
|       -80995|        80995|
+-------------+-------------+
```

7.1.6 sum

DataFrame에서 특정 컬럼의 모든 값을 합산하려면 sum 함수를 사용합니다.

```
// 스칼라 코드
import org.apache.spark.sql.functions.sum

df.select(sum("Quantity")).show() // 5176450

# 파이썬 코드
from pyspark.sql.functions import sum

df.select(sum("Quantity")).show() # 5176450

-- SQL
SELECT sum(Quantity) FROM dfTable
```

7.1.7 sumDistinct

특정 컬럼의 모든 값을 합산하는 방법 외에도 sumDistinct 함수를 사용해 고윳값을 합산할 수 있습니다.

```
// 스칼라 코드
import org.apache.spark.sql.functions.sumDistinct

df.select(sumDistinct("Quantity")).show() // 29310

# 파이썬 코드
from pyspark.sql.functions import sumDistinct

df.select(sumDistinct("Quantity")).show() # 29310

-- SQL
SELECT SUM(DISTINCT Quantity) FROM dfTable -- 29310
```

7.1.8 avg

sum 함수의 결과를 count 함수의 결과로 나누어 평균값을 구할 수 있지만, 스파크의 avg 함수나 mean 함수를 사용하면 평균값을 더 쉽게 구할 수 있습니다. 다음 예제는 집계된 컬럼을 재활용하기 위해 alias 메서드를 사용합니다.

```
// 스칼라 코드
import org.apache.spark.sql.functions.{sum, count, avg, expr}

df.select(
    count("Quantity").alias("total_transactions"),
    sum("Quantity").alias("total_purchases"),
    avg("Quantity").alias("avg_purchases"),
    expr("mean(Quantity)").alias("mean_purchases"))
  .selectExpr(
    "total_purchases/total_transactions",
    "avg_purchases",
    "mean_purchases").show()

# 파이썬 코드
from pyspark.sql.functions import sum, count, avg, expr

df.select(
    count("Quantity").alias("total_transactions"),
    sum("Quantity").alias("total_purchases"),
    avg("Quantity").alias("avg_purchases"),
    expr("mean(Quantity)").alias("mean_purchases"))\
  .selectExpr(
    "total_purchases/total_transactions",
    "avg_purchases",
    "mean_purchases").show()

+--------------------------------------+----------------+----------------+
|(total_purchases / total_transactions)|   avg_purchases|  mean_purchases|
+--------------------------------------+----------------+----------------+
|                      9.55224954743324|9.55224954743324|9.55224954743324|
+--------------------------------------+----------------+----------------+
```

NOTE_ distinct 함수를 사용해 모든 고윳값의 평균을 구할 수도 있습니다. 대부분의 집계 함수는 고윳값을 사용해 집계를 수행하는 방식을 지원합니다.

7.1.9 분산과 표준편차

평균을 구하다 보면 자연스럽게 분산과 표준편차가 궁금해집니다. 분산과 표준편차는 평균 주변에 데이터가 분포된 정도를 측정하는 방법입니다. 분산은 평균과의 차이를 제곱한 결과의 평균이며 표준편차는 분산의 제곱근입니다. 스파크에서는 함수를 사용해 분산과 표준편차를 계산할 수 있습니다. 스파크는 표본표준편차sample standard deviation 뿐만 아니라 모표준편차population standard deviation 방식도 지원하기 때문에 주의가 필요합니다. 이 둘은 완전히 다른 통계 방식이므로 구분해서 사용해야 합니다. variance 함수나 stddev 함수를 사용한다면 기본적으로 표본표준분산sample standard variance과 표본표준편차 공식을 이용합니다.

모표준분산population standard variance이나 모표준편차 방식을 사용하려면 다음 예제와 같이 var_pop 함수나 stddev_pop 함수를 사용합니다.

```
// 스칼라 코드
import org.apache.spark.sql.functions.{var_pop, stddev_pop}
import org.apache.spark.sql.functions.{var_samp, stddev_samp}

df.select(var_pop("Quantity"), var_samp("Quantity"),
  stddev_pop("Quantity"), stddev_samp("Quantity")).show()

# 파이썬 코드
from pyspark.sql.functions import var_pop, stddev_pop
from pyspark.sql.functions import var_samp, stddev_samp

df.select(var_pop("Quantity"), var_samp("Quantity"),
  stddev_pop("Quantity"), stddev_samp("Quantity")).show()

-- SQL
SELECT var_pop(Quantity), var_samp(Quantity),
  stddev_pop(Quantity), stddev_samp(Quantity)
FROM dfTable

+-----------------+-----------------+-------------------+------------------+
| var_pop(Quantity)|var_samp(Quantity)|stddev_pop(Quantity)|stddev_samp(Quan...|
+-----------------+-----------------+-------------------+------------------+
|47559.303646609056|47559.391409298754|  218.08095663447796|   218.081157850...|
+-----------------+-----------------+-------------------+------------------+
```

7.1.10 비대칭도와 첨도

비대칭도skewness[2]와 첨도kurtosis[3] 모두 데이터의 변곡점extreme point을 측정하는 방법입니다. 비대칭도는 데이터 평균의 비대칭 정도를 측정하고, 첨도는 데이터 끝 부분을 측정합니다. 비대칭도와 첨도는 확률변수random variable의 확률분포probability distribution로 데이터를 모델링할 때 특히 중요합니다. 비록 여기서는 이와 관련된 수학적인 내용을 깊이 알아보지 않지만, 인터넷에서 관련 내용을 아주 쉽게 찾아볼 수 있습니다. 함수를 사용해 비대칭도와 첨도를 계산해보겠습니다.

```
import org.apache.spark.sql.functions.{skewness, kurtosis}

df.select(skewness("Quantity"), kurtosis("Quantity")).show()

# 파이썬 코드
from pyspark.sql.functions import skewness, kurtosis

df.select(skewness("Quantity"), kurtosis("Quantity")).show()

-- SQL
SELECT skewness(Quantity), kurtosis(Quantity) FROM dfTable

+-------------------+------------------+
| skewness(Quantity)|kurtosis(Quantity)|
+-------------------+------------------+
|-0.2640755761052562|119768.05495536952|
+-------------------+------------------+
```

7.1.11 공분산과 상관관계

지금까지 단일 컬럼 집계 함수를 알아보았습니다. 이제 두 컬럼값 사이의 영향도를 비교하는 함수를 알아보겠습니다. cov와 corr 함수를 사용해 공분산covariance과 상관관계correlation를 계산할 수 있습니다. 공분산은 데이터 입력값에 따라 다른 범위를 가집니다. 상관관계는 피어슨 상관계수Pearson correlation coefficient를 측정하며 −1과 1 사이의 값을 가집니다.

---

2 옮긴이_ 실숫값 확률변수의 확률분포 비대칭성을 나타내는 지표입니다. '왜도'라고도 합니다.

3 옮긴이_ 확률분포의 뾰족한 정도를 나타내는 척도입니다.

var 함수처럼 표본공분산sample covariance 방식이나 모공분산population covariance 방식으로 공분산을 계산할 수도 있습니다. 그러므로 사용하고자 하는 방식을 명확하게 지정하는 것이 좋습니다. 상관관계는 모집단이나 표본에 대한 계산 개념이 없습니다. 공분산과 상관관계를 수행하는 방법은 다음과 같습니다.

```
// 스칼라 코드
import org.apache.spark.sql.functions.{corr, covar_pop, covar_samp}

df.select(corr("InvoiceNo", "Quantity"), covar_samp("InvoiceNo", "Quantity"),
    covar_pop("InvoiceNo", "Quantity")).show()

# 파이썬 코드
from pyspark.sql.functions import corr, covar_pop, covar_samp

df.select(corr("InvoiceNo", "Quantity"), covar_samp("InvoiceNo", "Quantity"),
    covar_pop("InvoiceNo", "Quantity")).show()

-- SQL
SELECT corr(InvoiceNo, Quantity), covar_samp(InvoiceNo, Quantity),
  covar_pop(InvoiceNo, Quantity)
FROM dfTable

+------------------------+----------------------------+--------------------+
|corr(InvoiceNo, Quantity)|covar_samp(InvoiceNo, Quantity)|covar_pop(InvoiceN...|
+------------------------+----------------------------+--------------------+
|    4.912186085635685E-4|          1052.7280543902734|            1052.7...|
+------------------------+----------------------------+--------------------+
```

7.1.12 복합 데이터 타입의 집계

스파크는 수식을 이용한 집계뿐만 아니라 복합 데이터 타입을 사용해 집계를 수행할 수 있습니다. 예를 들어 특정 컬럼의 값을 리스트로 수집하거나 셋 데이터 타입으로 고윳값만 수집할 수 있습니다.

수집된 데이터는 처리 파이프라인에서 다양한 프로그래밍 방식으로 다루거나 사용자 정의 함수를 사용해 전체 데이터에 접근할 수 있습니다.

```
// 스칼라 코드
import org.apache.spark.sql.functions.{collect_set, collect_list}

df.agg(collect_set("Country"), collect_list("Country")).show()

# 파이썬 코드
from pyspark.sql.functions import collect_set, collect_list

df.agg(collect_set("Country"), collect_list("Country")).show()

-- SQL
SELECT collect_set(Country), collect_set(Country) FROM dfTable

+--------------------+---------------------+
|collect_set(Country)|collect_list(Country)|
+--------------------+---------------------+
|[Portugal, Italy,...| [United Kingdom, ...|
+--------------------+---------------------+
```

7.2 그룹화

지금까지 DataFrame 수준의 집계만 다뤘습니다. 하지만 데이터 **그룹** 기반의 집계를 수행하는 경우가 더 많습니다. 데이터 그룹 기반의 집계는 단일 컬럼의 데이터를 그룹화하고 해당 그룹의 다른 여러 컬럼을 사용해서 계산하기 위해 카테고리형 데이터categorical data를 사용합니다.

데이터 그룹 기반의 집계를 설명하는 데 가장 좋은 방법은 그룹화를 해보는 겁니다. 이전에 했던 것처럼 카운트를 가장 먼저 수행합니다. 고유한 송장번호(InvoiceNo)를 기준으로 그룹을 만들고 그룹별 물품 수를 카운트합니다. 이 연산은 또 다른 DataFrame을 반환하며 지연 처리 방식으로 수행됩니다.

그룹화 작업은 하나 이상의 컬럼을 그룹화하고 집계 연산을 수행하는 두 단계로 이뤄집니다. 첫 번째 단계에서는 RelationalGroupedDataset이 반환되고, 두 번째 단계에서는 DataFrame이 반환됩니다.

그룹의 기준이 되는 컬럼을 여러 개 지정할 수 있습니다.

```
df.groupBy("InvoiceNo", "CustomerId").count().show()

-- SQL
SELECT count(*) FROM dfTable GROUP BY InvoiceNo, CustomerId

+---------+----------+-----+
|InvoiceNo|CustomerId|count|
+---------+----------+-----+
|   536846|     14573|   76|
|  C544318|     12989|    1|
+---------+----------+-----+
```

7.2.1 표현식을 이용한 그룹화

카운팅은 메서드로 사용할 수 있으므로 조금 특별합니다. 하지만 메서드 대신 count 함수를 사용할 것을 추천합니다. 또한 count 함수를 select 구문에 표현식으로 지정하는 것보다 agg 메서드를 사용하는 것이 좋습니다. agg 메서드는 여러 집계 처리를 한 번에 지정할 수 있으며, 집계에 표현식을 사용할 수 있습니다. 또한 트랜스포메이션이 완료된 컬럼에 alias 메서드를 사용할 수 있습니다.

```
// 스칼라 코드
import org.apache.spark.sql.functions.count

df.groupBy("InvoiceNo").agg(
    count("Quantity").alias("quan"),
    expr("count(Quantity)"))
  .show()

# 파이썬 코드
from pyspark.sql.functions import count

df.groupBy("InvoiceNo").agg(
    count("Quantity").alias("quan"),
    expr("count(Quantity)")).show()
```

```
+---------+----+---------------+
|InvoiceNo|quan|count(Quantity)|
+---------+----+---------------+
|   536596|   6|              6|
|  C542604|   8|              8|
+---------+----+---------------+
```

7.2.2 맵을 이용한 그룹화

컬럼을 키로, 수행할 집계 함수의 문자열을 값으로 하는 맵map 타입을 사용해 트랜스포메이션을 정의할 수 있습니다. 수행할 집계 함수를 한 줄로 작성하면 여러 컬럼명을 재사용할 수 있습니다.

```
// 스칼라 코드
df.groupBy("InvoiceNo").agg("Quantity"->"avg", "Quantity"->"stddev_pop").show()

# 파이썬 코드
df.groupBy("InvoiceNo").agg(expr("avg(Quantity)"),expr("stddev_pop(Quantity)"))\
  .show()

-- SQL
SELECT avg(Quantity), stddev_pop(Quantity), InvoiceNo FROM dfTable
GROUP BY InvoiceNo

+---------+------------------+--------------------+
|InvoiceNo|     avg(Quantity)|stddev_pop(Quantity)|
+---------+------------------+--------------------+
|   536596|               1.5|  1.1180339887498947|
|  C542604|              -8.0|  15.173990905493518|
+---------+------------------+--------------------+
```

7.3 윈도우 함수

윈도우 함수를 집계에 사용할 수도 있습니다. 윈도우 함수는 데이터의 특정 '윈도우window'를 대상으로 고유의 집계 연산을 수행합니다. 데이터의 '윈도우'는 현재 데이터에 대한 참조reference를 사용해 정의합니다. 윈도우 명세window specification는 함수에 전달될 로우를 결정합니다. 표준 group-by 함수와 유사해보일 수도 있으므로 이 둘의 차이점을 알아보겠습니다.

group-by 함수를 사용하면 모든 로우 레코드가 단일 그룹으로만 이동합니다. 윈도우 함수는 프레임frame에 입력되는 모든 로우에 대해 결괏값을 계산합니다. 프레임은 로우 그룹 기반의 테이블을 의미합니다. 각 로우는 하나 이상의 프레임에 할당될 수 있습니다. 가장 흔하게 사용되는 방법 중 하나는 하루를 나타내는 값의 롤링 평균rolling average을 구하는 겁니다. 이 작업을 수행하려면 개별 로우가 7개의 다른 프레임으로 구성되어야 합니다. 프레임을 정의하는 방법은 잠시 후에 알아보겠습니다. 참고로 스파크는 다음 세 가지 종류의 윈도우 함수를 지원합니다.

- 랭크 함수(ranking function)
- 분석 함수(analytic function)
- 집계 함수(aggregate function)

[그림 7-1]은 로우가 어떻게 여러 프레임에 할당될 수 있는지 나타냅니다.

그림 7-1 윈도우 함수 시각화

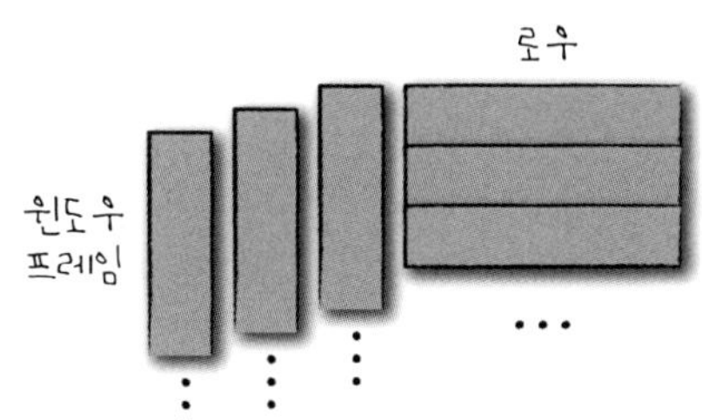

예제를 위해 주문 일자(`InvoiceDate`) 컬럼을 변환해 'date' 컬럼을 만듭니다. 이 컬럼은 시간 정보를 제외한 날짜 정보만 가집니다.

```
// 스칼라 코드
import org.apache.spark.sql.functions.{col, to_date}

val dfWithDate = df.withColumn("date", to_date(col("InvoiceDate"), "MM/d/yyyy H:mm"))
dfWithDate.createOrReplaceTempView("dfWithDate")

# 파이썬 코드
from pyspark.sql.functions import col, to_date

dfWithDate = df.withColumn("date", to_date(col("InvoiceDate"), "MM/d/yyyy H:mm"))
dfWithDate.createOrReplaceTempView("dfWithDate")
```

윈도우 함수를 정의하기 위해 첫 번째 단계로 윈도우 명세를 만듭니다. 여기서 사용하는 partitionBy 메서드는 지금까지 사용해온 파티셔닝 스키마의 개념과는 관련이 없으며 그룹을 어떻게 나눌지 결정하는 것과 유사한 개념입니다. orderBy 메서드는 파티션의 정렬 방식을 정의합니다. 그리고 프레임 명세(rowsBetween 구문)는 입력된 로우의 참조를 기반으로 프레임에 로우가 포함될 수 있는지 결정합니다. 다음 예제에서는 첫 로우부터 현재 로우까지 확인합니다.

```
// 스칼라 코드
import org.apache.spark.sql.expressions.Window
import org.apache.spark.sql.functions.col

val windowSpec = Window
  .partitionBy("CustomerId", "date")
  .orderBy(col("Quantity").desc)
  .rowsBetween(Window.unboundedPreceding, Window.currentRow)

# 파이썬 코드
from pyspark.sql.window import Window
from pyspark.sql.functions import desc

windowSpec = Window\
  .partitionBy("CustomerId", "date")\
  .orderBy(desc("Quantity"))\
  .rowsBetween(Window.unboundedPreceding, Window.currentRow)
```

이제 집계 함수를 사용해 고객을 좀 더 자세히 살펴보겠습니다. 여기서는 시간대별 최대 구매 개수를 구하는 예를 들어봅니다. 그러려면 위 예제에서 사용한 집계 함수에 컬럼명이나 표현식을 전달해야 합니다. 그리고 이 함수를 적용할 데이터 프레임이 정의된 윈도우 명세도 함께 사용합니다.

```
import org.apache.spark.sql.functions.max

val maxPurchaseQuantity = max(col("Quantity")).over(windowSpec)

# 파이썬 코드
from pyspark.sql.functions import max

maxPurchaseQuantity = max(col("Quantity")).over(windowSpec)
```

앞 예제는 컬럼이나 표현식을 반환하므로 DataFrame의 select 구문에서 사용할 수 있습니다. 먼저 구매량 순위를 만들겠습니다. dense_rank 함수를 사용해 모든 고객에 대해 최대 구매 수량을 가진 날짜가 언제인지 알아보겠습니다. 동일한 값이 나오거나 중복 로우가 발생해 순위가 비어 있을 수 있으므로 rank 함수 대신 dense_rank 함수를 사용합니다.

```
// 스칼라 코드
import org.apache.spark.sql.functions.{dense_rank, rank}

val purchaseDenseRank = dense_rank().over(windowSpec)
val purchaseRank = rank().over(windowSpec)

# 파이썬 코드
from pyspark.sql.functions import dense_rank, rank

purchaseDenseRank = dense_rank().over(windowSpec)
purchaseRank = rank().over(windowSpec)
```

이 예제 또한 select 구문에서 사용할 수 있는 컬럼을 반환합니다. 이제 select 메서드를 사용해 계산된 윈도우값을 확인해보겠습니다.

```
// 스칼라 코드
import org.apache.spark.sql.functions.col

dfWithDate.where("CustomerId IS NOT NULL").orderBy("CustomerId")
  .select(
    col("CustomerId"),
    col("date"),
    col("Quantity"),
    purchaseRank.alias("quantityRank"),
    purchaseDenseRank.alias("quantityDenseRank"),
    maxPurchaseQuantity.alias("maxPurchaseQuantity"))
  .show()

# 파이썬 코드
from pyspark.sql.functions import col

dfWithDate.where("CustomerId IS NOT NULL").orderBy("CustomerId")\
  .select(
    col("CustomerId"),
    col("date"),
```

```
    col("Quantity"),
    purchaseRank.alias("quantityRank"),
    purchaseDenseRank.alias("quantityDenseRank"),
    maxPurchaseQuantity.alias("maxPurchaseQuantity")).show()

-- SQL
SELECT CustomerId, date, Quantity,
  rank(Quantity) OVER (PARTITION BY CustomerId, date
                       ORDER BY Quantity DESC NULLS LAST
                       ROWS BETWEEN
                         UNBOUNDED PRECEDING AND
                         CURRENT ROW) as rank,
  dense_rank(Quantity) OVER (PARTITION BY CustomerId, date
                             ORDER BY Quantity DESC NULLS LAST
                             ROWS BETWEEN
                               UNBOUNDED PRECEDING AND
                               CURRENT ROW) as dRank,
  max(Quantity) OVER (PARTITION BY CustomerId, date
                      ORDER BY Quantity DESC NULLS LAST
                      ROWS BETWEEN
                        UNBOUNDED PRECEDING AND
                        CURRENT ROW) as maxPurchase
FROM dfWithDate WHERE CustomerId IS NOT NULL ORDER BY CustomerId
```

```
+----------+----------+--------+------------+-----------------+---------------+
|CustomerId|      date|Quantity|quantityRank|quantityDenseRank|maxP...Quantity|
+----------+----------+--------+------------+-----------------+---------------+
|     12346|2011-01-18|   74215|           1|                1|          74215|
|     12346|2011-01-18|  -74215|           2|                2|          74215|
|     12347|2010-12-07|      36|           1|                1|             36|
|     12347|2010-12-07|      30|           2|                2|             36|
|     12347|2010-12-07|      12|           4|                4|             36|
|     12347|2010-12-07|       6|          17|                5|             36|
|     12347|2010-12-07|       6|          17|                5|             36|
+----------+----------+--------+------------+-----------------+---------------+
```

7.4 그룹화 셋

지금까지는 컬럼의 값을 이용해 여러 컬럼을 집계하는 데 group-by 표현식을 사용했습니다.

때로는 여러 그룹에 걸쳐 집계할 수 있는 무언가가 필요할 수 있습니다. **그룹화 셋**이 바로 그 주인공입니다. 그룹화 셋은 여러 집계를 결합하는 저수준 기능입니다. 그룹화 셋을 이용하면 group-by 구문에서 원하는 형태로 집계를 생성할 수 있습니다.

이해를 돕기 위해 다음 예제를 살펴보겠습니다. 재고 코드(stockCode)와 고객(CustomerId)별 총 수량을 얻기 위해 다음과 같은 SQL 표현식을 사용합니다.

```
// 스칼라 코드
val dfNoNull = dfWithDate.na.drop()

dfNoNull.createOrReplaceTempView("dfNoNull")

# 파이썬 코드
dfNoNull = dfWithDate.na.drop()

dfNoNull.createOrReplaceTempView("dfNoNull")

-- SQL
SELECT CustomerId, stockCode, sum(Quantity) FROM dfNoNull
GROUP BY customerId, stockCode
ORDER BY CustomerId DESC, stockCode DESC

+----------+---------+-------------+
|CustomerId|stockCode|sum(Quantity)|
+----------+---------+-------------+
|     18287|    85173|           48|
|     18287|   85040A|           48|
|     18287|   85039B|          120|
...
|     18287|    23269|           36|
+----------+---------+-------------+
```

그룹화 셋을 사용해 동일한 작업을 수행할 수 있습니다.

```
-- SQL
SELECT CustomerId, stockCode, sum(Quantity) FROM dfNoNull
GROUP BY customerId, stockCode GROUPING SETS((customerId, stockCode))
ORDER BY CustomerId DESC, stockCode DESC
```

```
+----------+---------+------------+
|CustomerId|stockCode|sum(Quantity)|
+----------+---------+------------+
|     18287|    85173|          48|
|     18287|   85040A|          48|
|     18287|   85039B|         120|
...
|     18287|    23269|          36|
+----------+---------+------------+
```

CAUTION_ 그룹화 셋은 null 값에 따라 집계 수준이 달라집니다. null 값을 제거하지 않았다면 부정확한 결괏값을 얻게 됩니다. 이 규칙은 큐브, 롤업 그리고 그룹화 셋에 적용됩니다.

고객이나 재고 코드에 상관없이 총 수량의 합산 결과를 추가하려하면 이야기는 달라집니다. group-by 구문을 사용해 처리하는 것은 불가능합니다. 하지만 그룹화 셋을 사용하면 가능합니다. 단지 `GROUPING SETS` 구문에 집계 방식을 지정하면 됩니다. 이 과정은 여러 개의 그룹을 하나로 묶는 것과 같습니다.

```
-- SQL
SELECT CustomerId, stockCode, sum(Quantity) FROM dfNoNull
GROUP BY customerId, stockCode GROUPING SETS((customerId, stockCode),())
ORDER BY sum(Quantity) DESC, CustomerId DESC, stockCode DESC

+----------+---------+------------+
|customerId|stockCode|sum(Quantity)|
+----------+---------+------------+
|     18287|    85173|          48|
|     18287|   85040A|          48|
|     18287|   85039B|         120|
...
|     18287|    23269|          36|
+----------+---------+------------+
```

`GROUPING SETS` 구문은 SQL에서만 사용할 수 있습니다. DataFrame에서 동일한 연산을 수행하려면 `rollup` 메서드와 `cube` 메서드를 사용합니다. 롤업과 큐브를 알아보겠습니다.

7.4.1 롤업

지금까지는 명시적 그룹화를 알아보았습니다. 다양한 컬럼을 그룹화 키로 설정하면 그룹화 키로 설정된 조합뿐만 아니라 데이터셋에서 볼 수 있는 실제 조합을 모두 살펴볼 수 있습니다. 롤업은 group-by 스타일의 다양한 연산을 수행할 수 있는 다차원 집계 기능입니다.

다음 예제에서는 시간(신규 Date 컬럼)과 공간(Country 컬럼)을 축으로 하는 롤업을 생성합니다. 롤업의 결과로 생성된 DataFrame은 모든 날짜의 총합, 날짜별 총합, 날짜별 국가별 총합을 포함합니다.

```
val rolledUpDF = dfNoNull.rollup("Date", "Country").agg(sum("Quantity"))
  .selectExpr("Date", "Country", "`sum(Quantity)` as total_quantity")
  .orderBy("Date")
rolledUpDF.show()

# 파이썬 코드
rolledUpDF = dfNoNull.rollup("Date", "Country").agg(sum("Quantity"))\
  .selectExpr("Date", "Country", "`sum(Quantity)` as total_quantity")\
  .orderBy("Date")
rolledUpDF.show()

+----------+--------------+--------------+
|      Date|       Country|total_quantity|
+----------+--------------+--------------+
|      null|          null|       5176450|
|2010-12-01|United Kingdom|         23949|
|2010-12-01|       Germany|           117|
|2010-12-01|        France|           449|
...
|2010-12-03|        France|           239|
|2010-12-03|         Italy|           164|
|2010-12-03|       Belgium|           528|
+----------+--------------+--------------+
```

null 값을 가진 로우에서 전체 날짜의 합계를 확인할 수 있습니다. 롤업된 두 개의 컬럼값이 모두 null인 로우는 두 컬럼에 속한 레코드의 전체 합계를 나타냅니다.

```
rolledUpDF.where("Country IS NULL").show()

rolledUpDF.where("Date IS NULL").show()

+----+-------+--------------+
|Date|Country|total_quantity|
+----+-------+--------------+
|null|   null|       5176450|
+----+-------+--------------+
```

7.4.2 큐브

큐브cube는 롤업을 고차원적으로 사용할 수 있게 해줍니다. 큐브는 요소들을 계층적으로 다루는 대신 모든 차원에 대해 동일한 작업을 수행합니다. 즉, 전체 기간에 대해 날짜와 국가별 결과를 얻을 수 있습니다. 기존 기능만으로 다음과 같은 정보를 가진 테이블을 만들 수 있을까요?

- 전체 날짜와 모든 국가에 대한 합계
- 모든 국가의 날짜별 합계
- 날짜별 국가별 합계
- 전체 날짜의 국가별 합계

메서드 호출 방식은 롤업과 매우 유사하며 rollup 메서드 대신 cube 메서드를 호출합니다.

```
// 스칼라 코드
dfNoNull.cube("Date", "Country").agg(sum(col("Quantity")))
  .select("Date", "Country", "sum(Quantity)").orderBy("Date").show()

# 파이썬 코드
from pyspark.sql.functions import sum

dfNoNull.cube("Date", "Country").agg(sum(col("Quantity")))\
  .select("Date", "Country", "sum(Quantity)").orderBy("Date").show()

+----+--------------------+-------------+
|Date|             Country|sum(Quantity)|
+----+--------------------+-------------+
|null|               Japan|        25218|
|null|            Portugal|        16180|
```

```
|null|        Unspecified|         3300|
|null|               null|      5176450|
|null|          Australia|        83653|
...
|null|             Norway|        19247|
|null|          Hong Kong|         4769|
|null|              Spain|        26824|
|null|     Czech Republic|          592|
+----+-------------------+------------+
```

큐브를 사용해 테이블에 있는 모든 정보를 빠르고 쉽게 조회할 수 있는 요약 정보 테이블을 만들 수 있습니다.

7.4.3 그룹화 메타데이터

큐브와 롤업을 사용하다 보면 집계 수준에 따라 쉽게 필터링하기 위해 집계 수준을 조회하는 경우가 발생합니다. 이때 grouping_id를 사용합니다. grouping_id는 결과 데이터셋의 집계 수준을 명시하는 컬럼을 제공합니다. 예제의 쿼리는 다음과 같은 네 개의 개별 그룹화 ID 값을 반환합니다.

표 7-1 그룹화 ID의 의미

그룹화 ID	설명
3	가장 높은 계층의 집계 결과에서 나타납니다. customerId나 stockCode에 관계없이 총 수량을 제공합니다.
2	개별 재고 코드의 모든 집계 결과에서 나타납니다. customerId에 관계없이 재고 코드별 총 수량을 제공합니다.
1	구매한 물품에 관계없이 customerId를 기반으로 총 수량을 제공합니다.
0	customerId와 stockCode별 조합에 따라 총 수량을 제공합니다.

다음 예제를 살펴보면 쉽게 이해할 수 있을 겁니다.

```
// 스칼라 코드
import org.apache.spark.sql.functions.{grouping_id, sum, expr}

dfNoNull.cube("customerId", "stockCode").agg(grouping_id(), sum("Quantity"))
  .orderBy(col("grouping_id()").desc)
  .show()
```

```
+----------+---------+-------------+-------------+
|customerId|stockCode|grouping_id()|sum(Quantity)|
+----------+---------+-------------+-------------+
|      null|     null|            3|      5176450|
|      null|    23217|            2|         1309|
|      null|   90059E|            2|           19|
...
+----------+---------+-------------+-------------+
```

7.4.4 피벗

피벗pivot을 사용해 로우를 컬럼으로 변환할 수 있습니다. 현재 데이터셋에는 Country 컬럼이 있습니다. 피벗을 사용해 국가별로 집계 함수를 적용할 수 있으며 쿼리를 사용해 쉽게 결과를 확인할 수 있습니다.

```
// 스칼라 코드
val pivoted = dfWithDate.groupBy("date").pivot("Country").sum()

# 파이썬 코드
pivoted = dfWithDate.groupBy("date").pivot("Country").sum()
```

DataFrame은 국가명, 수치형 변수 그리고 날짜를 나타내는 컬럼을 조합한 컬럼을 가집니다. 예를 들어 USA와 관련된 컬럼을 살펴보면 USA_sum(Quantity), USA_sum(UnitPrice) 그리고 USA_sum(CustomerID)가 있습니다. 또한 집계를 수행했기 때문에 수치형 컬럼으로 나타납니다.[4]

다음은 예제 쿼리와 결과입니다.

```
pivoted.where("date > '2011-12-05'").select("date" ,"`USA_sum(Quantity)`").show()

+----------+-----------------+
|      date|USA_sum(Quantity)|
+----------+-----------------+
|2011-12-06|             null|
```

4 옮긴이_ pivoted.printSchema() 코드를 실행해 스키마를 확인해보기 바랍니다.

```
|2011-12-09|              null|
|2011-12-08|              -196|
|2011-12-07|              null|
+----------+----------------+
```

이제 컬럼의 모든 값을 단일 그룹화해서 계산할 수 있습니다. 하지만 데이터를 탐색하는 방식에 따라 피벗을 수행한 결괏값이 감소할 수도 있습니다. 특정 컬럼의 카디널리티cardinality가 낮다면 스키마와 쿼리 대상을 확인할 수 있도록 피벗을 사용해 다수의 컬럼으로 변환하는 것이 좋습니다.

7.5 사용자 정의 집계 함수

사용자 정의 집계 함수user-defined aggregation function, UDAF는 직접 제작한 함수나 비즈니스 규칙에 기반을 둔 자체 집계 함수를 정의하는 방법입니다. UDAF를 사용해서 입력 데이터 그룹에 직접 개발한 연산을 수행할 수 있습니다. 스파크는 입력 데이터의 모든 그룹의 중간 결과를 단일 AggregationBuffer에 저장해 관리합니다.

UDAF를 생성하려면 기본 클래스인 UserDefinedAggregateFunction을 상속받습니다. 그리고 다음과 같은 메서드를 정의해야 합니다.

- inputSchema: UDAF 입력 파라미터의 스키마를 StructType으로 정의
- bufferSchema: UDAF 중간 결과의 스키마를 StructType으로 정의
- dataType: 반환될 값의 DataType을 정의
- deterministic: UDAF가 동일한 입력값에 대해 항상 동일한 결과를 반환하는지 불리언값으로 정의
- initialize: 집계용 버퍼의 값을 초기화하는 로직을 정의
- update: 입력받은 로우를 기반으로 내부 버퍼를 업데이트하는 로직을 정의
- merge: 두 개의 집계용 버퍼를 병합하는 로직을 정의
- evaluate: 집계의 최종 결과를 생성하는 로직을 정의

다음 예제는 입력된 모든 로우의 컬럼이 true인지 아닌지 판단하는 BoolAnd 클래스를 구현합니다. 만약 하나의 컬럼이라도 true가 아니라면 false를 반환합니다.

```
// 스칼라 코드
import org.apache.spark.sql.expressions.MutableAggregationBuffer
import org.apache.spark.sql.expressions.UserDefinedAggregateFunction
import org.apache.spark.sql.Row
import org.apache.spark.sql.types._

class BoolAnd extends UserDefinedAggregateFunction {
  def inputSchema: org.apache.spark.sql.types.StructType =
    StructType(StructField("value", BooleanType) :: Nil)
  def bufferSchema: StructType = StructType(
    StructField("result", BooleanType) :: Nil)
  def dataType: DataType = BooleanType
  def deterministic: Boolean = true
  def initialize(buffer: MutableAggregationBuffer): Unit = {
    buffer(0) = true
  }
  def update(buffer: MutableAggregationBuffer, input: Row): Unit = {
    buffer(0) = buffer.getAs[Boolean](0) && input.getAs[Boolean](0)
  }
  def merge(buffer1: MutableAggregationBuffer, buffer2: Row): Unit = {
    buffer1(0) = buffer1.getAs[Boolean](0) && buffer2.getAs[Boolean](0)
  }
  def evaluate(buffer: Row): Any = {
    buffer(0)
  }
}
```

이제 간단히 클래스를 초기화하고 함수로 등록합니다.

```
// 스칼라 코드
val ba = new BoolAnd
spark.udf.register("booland", ba)

import org.apache.spark.sql.functions._

spark.range(1)
  .selectExpr("explode(array(TRUE, TRUE, TRUE)) as t")
  .selectExpr("explode(array(TRUE, FALSE, TRUE)) as f", "t")
  .select(ba(col("t")), expr("booland(f)"))
  .show()
```

```
+----------+----------+
|booland(t)|booland(f)|
+----------+----------+
|      true|     false|
+----------+----------+
```

UDAF는 현재 스칼라와 자바로만 사용할 수 있습니다. 스파크 2.3 버전에서는 스칼라나 자바의 UDF/UDAF를 6.12절 'Hive UDF'에서 알아본 것처럼 함수로 등록할 수 있습니다. 좀 더 자세한 내용은 SPARK-19439 이슈[5]를 참고하세요.

7.6 정리

이 장에서는 스파크에서 사용 가능한 여러 유형의 집계 연산을 알아보았습니다. 그룹화, 윈도우 함수 그리고 롤업과 큐브도 함께 알아보았습니다. 다음 장에서는 여러 데이터소스를 결합할 수 있는 조인을 자세히 알아보겠습니다.

5 https://issues.apache.org/jira/browse/SPARK-19439 옮긴이_ 이 이슈는 2017년 7월 5일에 해결되었고 스파크 2.3 버전에 반영되었습니다.

CHAPTER 8

조인

앞 장에서는 단일 데이터셋의 집계 방법을 알아보았습니다. 하지만 스파크 애플리케이션에서는 다양한 데이터셋을 함께 결합해 사용하는 경우가 더 많습니다. 따라서 조인은 거의 모든 스파크 작업에 필수적으로 사용됩니다. 스파크는 서로 다른 데이터를 조합할 수 있으므로 데이터를 처리할 때 기업의 여러 데이터소스를 활용할 수 있습니다. 이 장에서는 스파크가 지원하는 조인 타입과 사용법 그리고 실제 스파크가 클러스터에서 어떻게 조인을 실행하는지 생각해볼 수 있도록 기본적인 내부 동작 방식을 다룹니다. 이러한 기초 지식은 메모리 부족 상황을 회피하는 방법과 이전에 풀지 못했던 문제를 해결하는 데 도움이 됩니다.

8.1 조인 표현식

스파크는 **왼쪽**과 **오른쪽** 데이터셋에 있는 하나 이상의 **키값**을 비교하고 왼쪽 데이터셋과 오른쪽 데이터셋의 결합 여부를 결정하는 조인 표현식join expression의 평가 결과에 따라 두 개의 데이터셋을 조인합니다. 가장 많이 사용하는 조인 표현식은 왼쪽과 오른쪽 데이터셋에 지정된 키가 동일한지 비교하는 동등 조인(equi-join)입니다. 키가 일치하면 스파크는 왼쪽과 오른쪽 데이터셋을 결합합니다. 일치하지 않으면 데이터셋을 결합하지 않습니다. 스파크는 일치하는 키가 없는 로우는 조인에 포함시키지 않습니다. 스파크는 동등 조인뿐만 아니라 더 복잡한 조인 정책도 지원합니다. 또한 복합 데이터 타입을 조인에 사용할 수도 있습니다. 예를 들어 배열 타입의 키에 조인할 키가 존재하는지 확인해 조인을 수행할 수 있습니다.

8.2 조인 타입

조인 표현식은 두 로우의 조인 여부를 결정하는 반면 조인 타입은 결과 데이터셋에 어떤 데이터가 있어야 하는지 결정합니다. 스파크에서 사용할 수 있는 조인 타입은 다음과 같습니다.

- 내부 조인(inner join): 왼쪽과 오른쪽 데이터셋에 키가 있는 로우를 유지
- 외부 조인(outer join): 왼쪽이나 오른쪽 데이터셋에 키가 있는 로우를 유지
- 왼쪽 외부 조인(left outer join): 왼쪽 데이터셋에 키가 있는 로우를 유지
- 오른쪽 외부 조인(right outer join): 오른쪽 데이터셋에 키가 있는 로우를 유지
- 왼쪽 세미 조인(left semi join): 왼쪽 데이터셋의 키가 오른쪽 데이터셋에 있는 경우에는 키가 일치하는 왼쪽 데이터셋만 유지
- 왼쪽 안티 조인(left anti join): 왼쪽 데이터셋의 키가 오른쪽 데이터셋에 없는 경우에는 키가 일치하지 않는 왼쪽 데이터셋만 유지
- 자연 조인(natural join): 두 데이터셋에서 동일한 이름을 가진 컬럼을 암시적(implicit)으로 결합하는 조인을 수행
- 교차 조인(cross join) 또는 카테시안 조인(Cartesian join): 왼쪽 데이터셋의 모든 로우와 오른쪽 데이터셋의 모든 로우를 조합

이전에 관계형 데이터베이스 시스템이나 엑셀 스프레드시트를 사용해봤다면 두 개의 데이터셋을 조인하는 것이 그리 어렵지 않을 겁니다. 이제 각 조인 타입에 대한 예제를 살펴보겠습니다. 그러면 문제를 해결하기 위해 정확하게 어떤 조인 타입을 사용해야 하는지 쉽게 이해할 수 있게 될 겁니다. 우선 예제에서 사용할 몇 가지 간단한 데이터셋을 만듭니다.

```
// 스칼라 코드
val person = Seq(
    (0, "Bill Chambers", 0, Seq(100)),
    (1, "Matei Zaharia", 1, Seq(500, 250, 100)),
    (2, "Michael Armbrust", 1, Seq(250, 100)))
  .toDF("id", "name", "graduate_program", "spark_status")

val graduateProgram = Seq(
    (0, "Masters", "School of Information", "UC Berkeley"),
    (2, "Masters", "EECS", "UC Berkeley"),
    (1, "Ph.D.", "EECS", "UC Berkeley"))
  .toDF("id", "degree", "department", "school")

val sparkStatus = Seq(
    (500, "Vice President"),
    (250, "PMC Member"),
```

```
    (100, "Contributor"))
  .toDF("id", "status")
```

```
# 파이썬 코드
person = spark.createDataFrame([
    (0, "Bill Chambers", 0, [100]),
    (1, "Matei Zaharia", 1, [500, 250, 100]),
    (2, "Michael Armbrust", 1, [250, 100])])\
  .toDF("id", "name", "graduate_program", "spark_status")

graduateProgram = spark.createDataFrame([
    (0, "Masters", "School of Information", "UC Berkeley"),
    (2, "Masters", "EECS", "UC Berkeley"),
    (1, "Ph.D.", "EECS", "UC Berkeley")])\
  .toDF("id", "degree", "department", "school")

sparkStatus = spark.createDataFrame([
    (500, "Vice President"),
    (250, "PMC Member"),
    (100, "Contributor")])\
  .toDF("id", "status")
```

생성한 데이터셋을 이 장 전체 예제에서 사용하기 위해 테이블로 등록합니다.

```
person.createOrReplaceTempView("person")
graduateProgram.createOrReplaceTempView("graduateProgram")
sparkStatus.createOrReplaceTempView("sparkStatus")
```

8.3 내부 조인

내부 조인은 DataFrame이나 테이블에 존재하는 키를 평가합니다. 그리고 참(true)으로 평가되는 로우만 결합합니다. 다음은 graduateProgram DataFrame과 person DataFrame을 조인해 새로운 DataFrame을 만드는 예제입니다.

```
// 스칼라 코드
val joinExpression = person.col("graduate_program") === graduateProgram.col("id")

# 파이썬 코드
joinExpression = person["graduate_program"] == graduateProgram['id']
```

두 DataFrame 모두에 키가 존재하지 않으면 결과 DataFrame에서 볼 수 없습니다. 예를 들어 다음과 같은 표현식을 사용하면 비어 있는 결과 DataFrame을 얻게 됩니다.

```
// 스칼라 코드
val wrongJoinExpression = person.col("name") === graduateProgram.col("school")

# 파이썬 코드
wrongJoinExpression = person["name"] == graduateProgram["school"]
```

내부 조인은 기본 조인 방식이므로 JOIN 표현식에 왼쪽 DataFrame과 오른쪽 DataFrame을 지정하기만 하면 됩니다.

```
person.join(graduateProgram, joinExpression).show()

-- SQL
SELECT * FROM person JOIN graduateProgram
  ON person.graduate_program = graduateProgram.id

+---+----------------+----------------+--------------+---+-------+----------+---
| id|            name|graduate_program|   spark_status| id| degree|department|...
+---+----------------+----------------+--------------+---+-------+----------+---
|  0|   Bill Chambers|               0|         [100]|  0|Masters| School...|...
|  1|   Matei Zaharia|               1|[500, 250, 100]|  1|  Ph.D.|      EECS|...
|  2|Michael Armbrust|               1|     [250, 100]|  1|  Ph.D.|      EECS|...
+---+----------------+----------------+--------------+---+-------+----------+---
```

join 메서드의 세 번째 파라미터(joinType)로 조인 타입을 명확하게 지정할 수도 있습니다.

```
// 스칼라 코드
var joinType = "inner"

# 파이썬 코드
joinType = "inner"

person.join(graduateProgram, joinExpression, joinType).show()

-- SQL
SELECT * FROM person INNER JOIN graduateProgram
  ON person.graduate_program = graduateProgram.id
```

```
+---+----------------+----------------+--------------+---+-------+-------------
| id|            name|graduate_program|   spark_status| id| degree| department...
+---+----------------+----------------+--------------+---+-------+-------------
|  0|   Bill Chambers|               0|         [100]|  0|Masters|     School...
|  1|   Matei Zaharia|               1|[500, 250, 100]|  1|  Ph.D.|       EECS...
|  2|Michael Armbrust|               1|    [250, 100]|  1|  Ph.D.|       EECS...
+---+----------------+----------------+--------------+---+-------+-------------
```

8.4 외부 조인

외부 조인은 DataFrame이나 테이블에 존재하는 키를 평가하여 참[true]이나 거짓[false]으로 평가한 로우를 포함(그리고 조인)합니다. 왼쪽이나 오른쪽 DataFrame에 일치하는 로우가 없다면 스파크는 해당 위치에 null을 삽입합니다.

```
joinType = "outer"

person.join(graduateProgram, joinExpression, joinType).show()

-- SQL
SELECT * FROM person FULL OUTER JOIN graduateProgram
  ON graduate_program = graduateProgram.id

+----+----------------+----------------+--------------+---+-------+------------
|  id|            name|graduate_program|   spark_status| id| degree| departmen...
+----+----------------+----------------+--------------+---+-------+------------
|   1|   Matei Zaharia|               1|[500, 250, 100]|  1|  Ph.D.|       EEC...
|   2|Michael Armbrust|               1|    [250, 100]|  1|  Ph.D.|       EEC...
|null|            null|            null|          null|  2|Masters|       EEC...
|   0|   Bill Chambers|               0|         [100]|  0|Masters|    School...
+----+----------------+----------------+--------------+---+-------+------------
```

8.5 왼쪽 외부 조인

왼쪽 외부 조인은 DataFrame이나 테이블에 존재하는 키를 평가합니다. 그리고 왼쪽 DataFrame의 모든 로우와 왼쪽 DataFrame과 일치하는 오른쪽 DataFrame의 로우를 함께 포함합니다. 오른쪽 DataFrame에 일치하는 로우가 없다면 스파크는 해당 위치에 null을 삽입합니다.

```
joinType = "left_outer"

graduateProgram.join(person, joinExpression, joinType).show()

-- SQL
SELECT * FROM graduateProgram LEFT OUTER JOIN person
  ON person.graduate_program = graduateProgram.id

+---+-------+----------+-----------+----+----------------+----------------+---
| id| degree|department|     school|  id|            name|graduate_program|...
+---+-------+----------+-----------+----+----------------+----------------+---
|  0|Masters| School...|UC Berkeley|   0|   Bill Chambers|               0|...
|  2|Masters|      EECS|UC Berkeley|null|            null|            null|...
|  1|  Ph.D.|      EECS|UC Berkeley|   2|Michael Armbrust|               1|...
|  1|  Ph.D.|      EECS|UC Berkeley|   1|   Matei Zaharia|               1|...
+---+-------+----------+-----------+----+----------------+----------------+---
```

8.6 오른쪽 외부 조인

오른쪽 외부 조인은 DataFrame이나 테이블에 존재하는 키를 평가합니다. 그리고 오른쪽 DataFrame의 모든 로우와 오른쪽 DataFrame과 일치하는 왼쪽 DataFrame의 로우를 함께 포함합니다. 왼쪽 DataFrame에 일치하는 로우가 없다면 스파크는 해당 위치에 null을 삽입합니다.

```
joinType = "right_outer"

person.join(graduateProgram, joinExpression, joinType).show()
```

```
-- SQL
SELECT * FROM person RIGHT OUTER JOIN graduateProgram
  ON person.graduate_program = graduateProgram.id

+----+----------------+----------------+---------------+---+-------+------------+
|  id|            name|graduate_program|    spark_status| id| degree| department|
+----+----------------+----------------+---------------+---+-------+------------+
|   0|   Bill Chambers|               0|          [100]|  0|Masters|School of...|
|null|            null|            null|           null|  2|Masters|        EECS|
|   2|Michael Armbrust|               1|     [250, 100]|  1|  Ph.D.|        EECS|
|   1|   Matei Zaharia|               1|[500, 250, 100]|  1|  Ph.D.|        EECS|
+----+----------------+----------------+---------------+---+-------+------------+
```

8.7 왼쪽 세미 조인

세미 조인은 오른쪽 DataFrame의 어떤 값도 포함하지 않기 때문에 다른 조인 타입과는 약간 다릅니다. 단지 두 번째 DataFrame은 값이 존재하는지 확인하기 위해 값만 비교하는 용도로 사용합니다. 만약 값이 존재한다면 왼쪽 DataFrame에 중복 키가 존재하더라도 해당 로우는 결과에 포함됩니다. 왼쪽 세미 조인은 기존 조인 기능과는 달리 DataFrame의 필터 정도로 볼 수 있습니다.

```
joinType = "left_semi"

graduateProgram.join(person, joinExpression, joinType).show()

+---+-------+--------------------+-----------+
| id| degree|          department|     school|
+---+-------+--------------------+-----------+
|  0|Masters|School of Informa...|UC Berkeley|
|  1|  Ph.D.|                EECS|UC Berkeley|
+---+-------+--------------------+-----------+

// 스칼라 코드
val gradProgram2 = graduateProgram.union(Seq(
    (0, "Masters", "Duplicated Row", "Duplicated School")).toDF())

gradProgram2.createOrReplaceTempView("gradProgram2")
```

```
# 파이썬 코드
gradProgram2 = graduateProgram.union(spark.createDataFrame([
    (0, "Masters", "Duplicated Row", "Duplicated School")]))

gradProgram2.createOrReplaceTempView("gradProgram2")

gradProgram2.join(person, joinExpression, joinType).show()

-- SQL
SELECT * FROM gradProgram2 LEFT SEMI JOIN person
  ON gradProgram2.id = person.graduate_program

+---+-------+--------------------+-----------------+
| id| degree|          department|           school|
+---+-------+--------------------+-----------------+
|  0|Masters|School of Informa...|      UC Berkeley|
|  1|  Ph.D.|                EECS|      UC Berkeley|
|  0|Masters|      Duplicated Row|Duplicated School|
+---+-------+--------------------+-----------------+
```

8.8 왼쪽 안티 조인

왼쪽 안티 조인은 왼쪽 세미 조인의 반대 개념입니다. 왼쪽 세미 조인처럼 오른쪽 DataFrame의 어떤 값도 포함하지 않습니다. 단지 두 번째 DataFrame은 값이 존재하는지 확인하기 위해 값만 비교하는 용도로 사용합니다. 하지만 두 번째 DataFrame에 존재하는 값을 유지하는 대신 두 번째 DataFrame에서 관련된 키를 찾을 수 없는 로우만 결과에 포함합니다. 안티 조인은 SQL의 NOT IN과 같은 스타일의 필터로 볼 수 있습니다.

```
joinType = "left_anti"
graduateProgram.join(person, joinExpression, joinType).show()

-- SQL
SELECT * FROM graduateProgram LEFT ANTI JOIN person
  ON graduateProgram.id = person.graduate_program
```

```
+---+-------+----------+-----------+
| id| degree|department|     school|
+---+-------+----------+-----------+
|  2|Masters|      EECS|UC Berkeley|
+---+-------+----------+-----------+
```

8.9 자연 조인

자연 조인은 조인하려는 컬럼을 암시적으로 추정합니다. 즉, 일치하는 컬럼을 찾고 그 결과를 반환합니다. 왼쪽과 오른쪽 그리고 외부 자연 조인을 사용할 수 있습니다.

CAUTION_ 암시적인 처리는 언제나 위험합니다. 아래 쿼리는 두 DataFrame 또는 테이블이 **id**라는 동일한 컬럼명을 가지지만 각각의 데이터셋 입장에서는 서로 다른 의미를 지니기 때문에 부정확한 결과를 만들어낼 수 있습니다. 그렇기 때문에 자연 조인은 언제나 조심해서 사용해야 합니다.

```
-- SQL
SELECT * FROM graduateProgram NATURAL JOIN person
```

8.10 교차 조인(카테시안 조인)

마지막으로 알아볼 조인 타입은 교차 조인(또는 카테시안 조인)입니다. 간단히 말해, 교차 조인은 조건절을 기술하지 않은 내부 조인을 의미합니다. 교차 조인은 왼쪽 DataFrame의 모든 로우를 오른쪽 DataFrame의 모든 로우와 결합합니다. 교차 조인을 거치면 정말 엄청난 수의 로우를 가진 DataFrame이 생성될 수 있습니다. 1,000개의 로우가 존재하는 두 개의 DataFrame에 교차 조인을 수행하면 1,000,000(1,000×1,000)개의 결과 로우가 생성됩니다. 따라서 반드시 키워드를 이용해 교차 조인을 수행한다는 것을 명시적으로 선언해야 합니다.

```
joinType = "cross"
graduateProgram.join(person, joinExpression, joinType).show()
```

```
-- SQL
SELECT * FROM graduateProgram CROSS JOIN person
  ON graduateProgram.id = person.graduate_program

+---+-------+----------+-----------+---+----------------+----------------+-------
| id| degree|department|     school| id|            name|graduate_program|spar...
+---+-------+----------+-----------+---+----------------+----------------+-------
|  0|Masters| School...|UC Berkeley|  0|   Bill Chambers|               0|    ...
|  1|  Ph.D.|      EECS|UC Berkeley|  2|Michael Armbrust|               1|  [2...
|  1|  Ph.D.|      EECS|UC Berkeley|  1|   Matei Zaharia|               1|[500...
+---+-------+----------+-----------+---+----------------+----------------+-------
```

교차 조인이 필요한 경우 다음과 같이 명시적으로 메서드를 호출할 수도 있습니다.

```
person.crossJoin(graduateProgram).show()

-- SQL
SELECT * FROM graduateProgram CROSS JOIN person

+---+----------------+----------------+---------------+---+-------+-------------+
| id|            name|graduate_program|   spark_status| id| degree|   departm...|
+---+----------------+----------------+---------------+---+-------+-------------+
|  0|   Bill Chambers|               0|          [100]|  0|Masters|    School...|
...
|  1|   Matei Zaharia|               1|[500, 250, 100]|  0|Masters|    School...|
...
|  2|Michael Armbrust|               1|     [250, 100]|  0|Masters|    School...|
...
+---+----------------+----------------+---------------+---+-------+-------------+
```

CAUTION_ 사용자는 정말로 필요한 경우에만 교차 조인을 사용해야 합니다. 또한 명시적으로 교차 조인을 정의해야 합니다. 교차 조인은 정말 위험합니다! 숙련된 사용자는 `spark.sql.crossJoin.enable` 속성값을 true로 설정해 교차 조인 시 발생하는 경고 로그를 제거하거나 또는 스파크가 교차 조인을 다른 조인 방식으로 처리하지 않도록 만들 수 있습니다.

8.11 조인 사용 시 문제점

조인을 하다 보면 몇 가지 문제점과 궁금증이 생깁니다. 지금부터 질문의 대응 방법과 스파크의 조인 수행 방식을 알아보겠습니다. 이 내용에서 최적화와 관련된 몇 가지 힌트를 얻을 수 있습니다.

8.11.1 복합 데이터 타입의 조인

복합 데이터 타입의 조인이 어려워 보이지만 사실 그렇지 않습니다. 불리언을 반환하는 모든 표현식은 조인 표현식으로 간주할 수 있습니다.

```
import org.apache.spark.sql.functions.expr

person.withColumnRenamed("id", "personId")
  .join(sparkStatus, expr("array_contains(spark_status, id)")).show()

# 파이썬 코드
from pyspark.sql.functions import expr

person.withColumnRenamed("id", "personId")\
  .join(sparkStatus, expr("array_contains(spark_status, id)")).show()

-- SQL
SELECT * FROM
  (select id as personId, name, graduate_program, spark_status FROM person)
  INNER JOIN sparkStatus ON array_contains(spark_status, id)

+--------+----------------+----------------+---------------+---+--------------+
|personId|            name|graduate_program|   spark_status| id|        status|
+--------+----------------+----------------+---------------+---+--------------+
|       0|   Bill Chambers|               0|          [100]|100|   Contributor|
|       1|   Matei Zaharia|               1|[500, 250, 100]|500|Vice President|
|       1|   Matei Zaharia|               1|[500, 250, 100]|250|    PMC Member|
|       1|   Matei Zaharia|               1|[500, 250, 100]|100|   Contributor|
|       2|Michael Armbrust|               1|     [250, 100]|250|    PMC Member|
|       2|Michael Armbrust|               1|     [250, 100]|100|   Contributor|
+--------+----------------+----------------+---------------+---+--------------+
```

8.11.2 중복 컬럼명 처리

조인을 수행할 때 가장 까다로운 것 중 하나는 결과 DataFrame에서 중복된 컬럼명을 다루는 겁니다. DataFrame의 각 컬럼은 스파크 SQL 엔진인 카탈리스트 내에 고유 ID가 있습니다. 고유 ID는 카탈리스트 내부에서만 사용할 수 있으며 직접 참조할 수 있는 값은 아닙니다. 그러므로 중복된 컬럼명이 존재하는 DataFrame을 사용할 때는 특정 컬럼을 참조하기 매우 어렵습니다.

이런 문제를 일으키는 두 가지 상황은 다음과 같습니다.

- 조인에 사용할 DataFrame의 특정 키가 동일한 이름을 가지며, 키가 제거되지 않도록 조인 표현식에 명시하는 경우
- 조인 대상이 아닌 두 개의 컬럼이 동일한 이름을 가진 경우

이러한 상황을 설명하기 위해 잘못된 데이터셋을 만들어보겠습니다.

```
val gradProgramDupe = graduateProgram.withColumnRenamed("id", "graduate_program")

val joinExpr = gradProgramDupe.col("graduate_program") === person.col(
  "graduate_program")
```

graduate_program 컬럼을 키로 해서 조인을 수행했음에도 불구하고 두 개의 graduate_program 컬럼이 존재합니다.

```
person.join(gradProgramDupe, joinExpr).show()
```

이러한 컬럼 중 하나를 참조할 때 문제가 발생합니다.

```
person.join(gradProgramDupe, joinExpr).select("graduate_program").show()
```

위 예제를 실행하면 오류가 발생합니다. 스파크는 다음과 같은 메시지를 출력합니다.

```
org.apache.spark.sql.AnalysisException : Reference 'graduate_program' is
ambiguous, could be : graduate_program#40, graduate_program#1079.;
```

해결 방법 1: 다른 조인 표현식 사용

동일한 이름을 가진 두 개의 키를 사용한다면 가장 쉬운 조치 방법 중 하나는 불리언 형태의 조인 표현식을 문자열이나 시퀀스 형태로 바꾸는 겁니다. 이렇게 하면 조인을 할 때 두 컬럼 중 하나가 자동으로 제거됩니다.

```
person.join(gradProgramDupe,"graduate_program").select("graduate_program").show()
```

해결 방법 2: 조인 후 컬럼 제거

조인 후에 문제가 되는 컬럼을 제거하는 방법도 있습니다. 이 경우에는 원본 DataFrame을 사용해 컬럼을 참조해야 합니다. 조인 시 동일한 키 이름을 사용하거나 원본 DataFrame에 동일한 컬럼명이 존재하는 경우에 사용할 수 있습니다.

```
person.join(gradProgramDupe, joinExpr).drop(person.col("graduate_program"))
  .select("graduate_program").show()

val joinExpr = person.col("graduate_program") === graduateProgram.col("id")
person.join(graduateProgram, joinExpr).drop(graduateProgram.col("id")).show()
```

이 방법은 스파크의 SQL 분석 프로세스의 특성을 활용합니다. 스파크는 명시적으로 참조된 컬럼을 검증할 필요가 없으므로 스파크 코드 분석 단계를 통과합니다. 위 예제에서 `column` 함수 대신 `col` 메서드를 사용한 부분을 주목할 필요가 있습니다. `col` 메서드를 사용함으로써 컬럼 고유의 ID로 해당 컬럼을 암시적으로 지정할 수 있습니다.

해결 방법 3: 조인 전 컬럼명 변경

조인 전에 컬럼명을 변경하면 이런 문제를 완전히 회피할 수 있습니다.

```
val gradProgram3 = graduateProgram.withColumnRenamed("id", "grad_id")
val joinExpr = person.col("graduate_program") === gradProgram3.col("grad_id")
person.join(gradProgram3, joinExpr).show()
```

8.12 스파크의 조인 수행 방식

스파크가 조인을 수행하는 방식을 이해하기 위해서는 실행에 필요한 두 가지 핵심 전략을 이해해야 합니다.

- 노드간 네트워크 통신 전략
- 노드별 연산 전략

이런 내부 동작은 해결하고자 하는 비즈니스 문제와는 관련이 없을 수도 있습니다. 하지만 스파크 조인 수행 방식을 이해하면 빠르게 완료되는 작업과 절대 완료되지 않는 작업 간의 차이를 알 수 있습니다.

8.12.1 네트워크 통신 전략

스파크는 조인 시 두 가지 클러스터 통신 방식을 활용합니다. 전체 노드 간 통신을 유발하는 **셔플 조인**shuffle join과 그렇지 않은 **브로드캐스트 조인**broadcast join입니다. 지금은 두 방식의 세부적인 설명은 생략합니다. 이런 내부 최적화 기술은 시간이 흘러 비용 기반 옵티마이저cost-based optimizer, CBO가 개선되고 더 나은 통신 전략이 도입되는 경우 바뀔 수 있습니다. 따라서 일반적인 상황에서 정확히 어떤 일이 일어나는지 이해할 수 있도록 고수준 예제를 알아보겠습니다. 그러면 워크로드의 성능을 빠르고 쉽게 최적화하는 방법을 알 수 있습니다.

이제부터는 사용자가 스파크에서 사용하는 테이블의 크기가 아주 크거나 아주 작다고 가정합니다. 물론 실전에서 다루는 테이블의 크기는 다양하므로 중간 크기의 테이블을 활용하는 상황에서 설명과 다르게 동작할 수 있습니다. 하지만 이해를 돕기 위해 동전의 앞뒷면처럼 단순하게 정의하겠습니다.

큰 테이블과 큰 테이블 조인

하나의 큰 테이블을 다른 큰 테이블과 조인하면 [그림 8-1]과 같이 셔플 조인이 발생합니다.

그림 8-1 두 개의 큰 테이블 조인

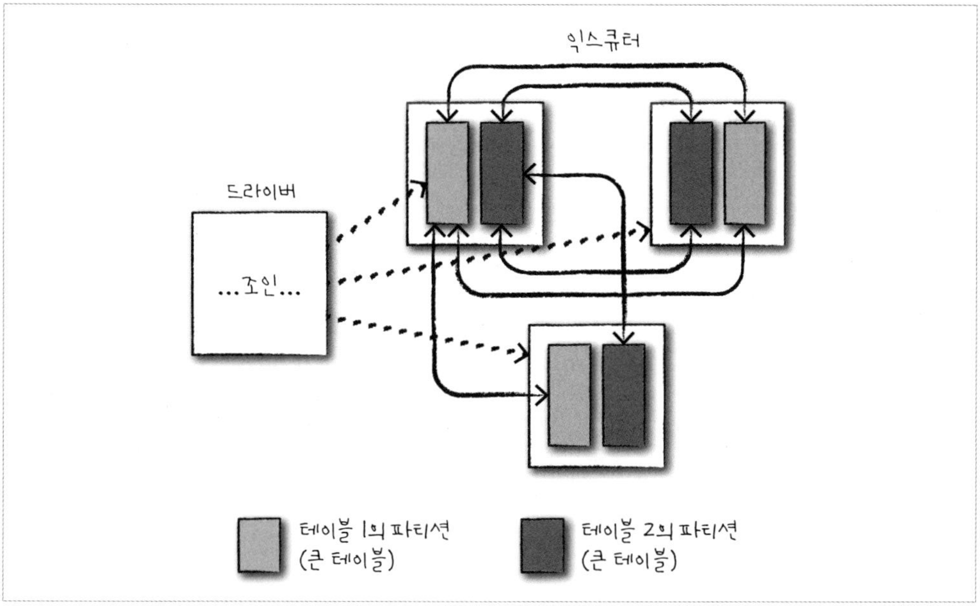

셔플 조인은 전체 노드 간 통신이 발생합니다. 그리고 조인에 사용한 특정 키나 키 집합을 어떤 노드가 가졌는지에 따라 해당 노드와 데이터를 공유합니다. 이런 통신 방식 때문에 네트워크는 복잡해지고 많은 자원을 사용합니다. 특히 데이터가 잘 나뉘어 있지 않다면 더 심해집니다.

셔플 조인 과정은 큰 테이블의 데이터를 다른 큰 테이블의 데이터와 조인하는 과정을 잘 나타냅니다. 예를 들어 사물인터넷Internet of Things, IoT 환경에서 매일 수십억 개의 메시지를 수신하고 일별 변경사항을 식별해야 한다면 `deviceId`, `messageType` 그리고 `date`와 `data - 1`을 나타내는 컬럼을 이용해 조인할 수 있습니다.

[그림 8-1]의 DataFrame 1과 2는 모두 큰 DataFrame입니다. 즉, **전체** 조인 프로세스가 진행되는 동안 (데이터 파티셔닝 없이) 모든 워커 노드(그리고 모든 파티션)에서 통신이 발생함을 의미합니다.

큰 테이블과 작은 테이블 조인

테이블이 단일 워커 노드의 메모리 크기에 적합할 정도(메모리 여유 공간 포함)로 충분히 작은 경우 조인 연산을 최적화할 수 있습니다. 큰 테이블 사이의 조인에 사용한 방법도 유용하지만 브로드캐스트 조인이 훨씬 효율적입니다. 이 방법은 작은 DataFrame을 클러스터의 전체 워커 노드에 복제하는 것을 의미합니다. 이렇게 하면 자원을 많이 사용할 것처럼 보입니다. 하지만 조인 프로세스 내내 전체 노드가 통신하는 현상을 방지할 수 있습니다. [그림 8-2]에서 볼 수 있는 것처럼 시작 시 단 한 번만 복제가 수행되며 그 이후로는 개별 워커가 다른 워커 노드를 기다리거나 통신할 필요 없이 작업을 수행할 수 있습니다.

그림 8-2 브로드캐스트 조인

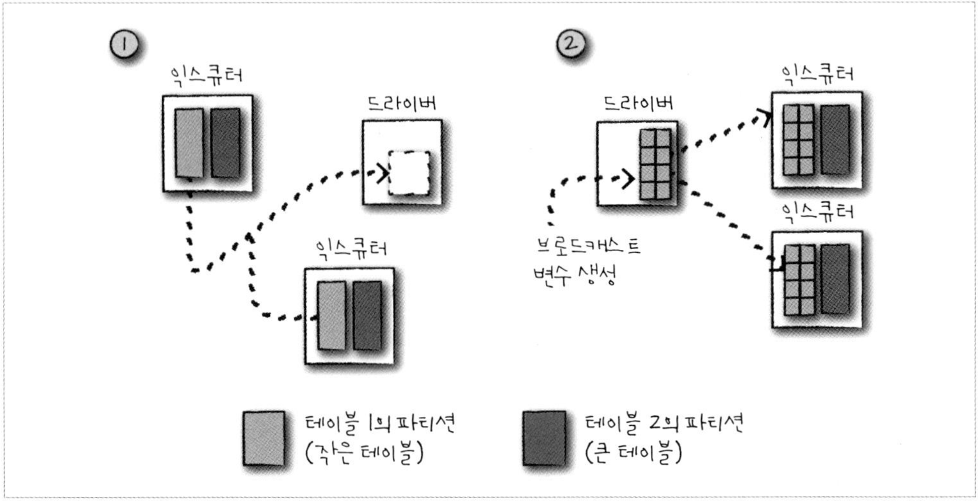

브로드캐스트 조인은 이전 조인 방식과 마찬가지로 대규모 노드 간 통신이 발생합니다. 하지만 그 이후로는 노드 사이에 추가적인 통신이 발생하지 않습니다. 따라서 모든 단일 노드에서 개별적으로 조인이 수행되므로 CPU가 가장 큰 병목 구간이 됩니다. 다음 예제와 같이 실행 계획을 살펴보면 스파크가 자동으로 데이터셋을 브로드캐스트 조인으로 설정한 것을 알 수 있습니다.

```
val joinExpr = person.col("graduate_program") === graduateProgram.col("id")

person.join(graduateProgram, joinExpr).explain()

== Physical Plan ==
*BroadcastHashJoin [graduate_program#40], [id#5....
:- LocalTableScan [id#38, name#39, graduate_progr...
+- BroadcastExchange HashedRelationBroadcastMode(....
   +- LocalTableScan [id#56, degree#57, departmen....
```

DataFrame API를 사용하면 옵티마이저에서 브로드캐스트 조인을 사용할 수 있도록 힌트를 줄 수 있습니다. 힌트를 주는 방법은 broadcast 함수에 작은 크기의 DataFrame을 인수로 전달하는 겁니다. 다음 예제는 우리가 앞서 보았던 예제와 동일한 실행 계획을 세웁니다. 하지만 항상 동일한 실행 계획을 세우는 것은 아닙니다.

```
import org.apache.spark.sql.functions.broadcast

val joinExpr = person.col("graduate_program") === graduateProgram.col("id")
person.join(broadcast(graduateProgram), joinExpr).explain()
```

SQL 역시 조인 수행에 필요한 **힌트**를 줄 수 있습니다. 하지만 **강제성**이 없으므로 옵티마이저가 이를 무시할 수도 있습니다. 특수 주석 구문을 사용해 MAPJOIN, BROADCAST, BROADCASTJOIN 등의 힌트를 설정할 수 있습니다. 이들 모두 동일한 작업을 수행하며 모두 힌트로 사용할 수 있습니다.

```
-- SQL
SELECT /*+ MAPJOIN(graduateProgram) */ * FROM person JOIN graduateProgram
  ON person.graduate_program = graduateProgram.id
```

물론 단점도 있습니다. 너무 큰 데이터를 브로드캐스트하면 고비용의 수집 연산이 발생하므로 드라이버 노드가 비정상적으로 종료될 수 있습니다. 이러한 현상은 향후 개선되어야 하는 영역입니다.

아주 작은 테이블 사이의 조인

아주 작은 테이블 사이의 조인을 할 때는 스파크가 조인 방식을 결정하도록 내버려두는 것이 제일 좋습니다. 필요한 경우 브로드캐스트 조인을 강제로 지정할 수 있습니다.

8.13 정리

이 장에서는 가장 흔한 사용 사례 중 하나인 조인을 알아보았습니다. 언급하지는 않았지만, 한 가지 중요하게 고려해야 하는 사항이 있습니다. 조인 전에 데이터를 적절하게 분할하면 셔플이 계획되어 있더라도 동일한 머신에 두 DataFrame의 데이터가 있을 수 있습니다. 따라서 셔플을 피할 수 있고 훨씬 더 효율적으로 실행할 수 있습니다. 일부 데이터를 실험용으로 사전에 분할해 조인 수행 시 성능이 향상되는지 확인해보세요. 다음 장에서는 스파크의 데이터소스 API를 알아보겠습니다. 데이터소스는 조인 순서를 결정하는 데 부가적인 영향을 미칠 수 있습니다. 일부 조인은 필터 임무를 수행하므로 네트워크의 교환 데이터를 줄여 워크로드의 성능을 쉽게 향상시킬 수 있습니다.

다음 장에서는 최근 몇 장에서 사용한 데이터 처리 방식에서 벗어나 구조적 API를 사용해 데이터를 읽고 쓰는 방법을 자세히 알아보겠습니다.

CHAPTER 9

데이터소스

이 장에서는 스파크에서 기본으로 지원하는 데이터소스뿐만 아니라 훌륭한 커뮤니티에서 만들어낸 수많은 데이터소스를 소개합니다. 스파크에는 여섯 가지 '핵심' 데이터소스와 커뮤니티에서 만든 수백 가지 외부 데이터소스가 있습니다. 다양한 데이터소스를 읽고 쓰는 능력과 데이터소스를 커뮤니티에서 자체적으로 만들어내는 능력은 스파크를 가장 강력하게 만들어주는 힘이라고 할 수 있습니다. 다음은 스파크의 핵심 데이터소스입니다.

- CSV
- JSON
- 파케이
- ORC
- JDBC/ODBC 연결
- 일반 텍스트 파일

앞서 언급했듯이 스파크에는 커뮤니티에서 만든 수많은 데이터소스가 존재합니다. 그중 일부는 다음과 같습니다.

- 카산드라[1]
- HBase[2]

1 http://bit.ly/2DSafT8
2 http://bit.ly/2FkKN5A

- 몽고디비[3]
- AWS Redshift[4]
- XML[5]
- 기타 수많은 데이터소스

이 장의 목표는 스파크의 핵심 데이터소스를 이용해 데이터를 읽고 쓰는 방법을 터득하고, 서드파티 데이터소스와 스파크를 연동할 때 무엇을 고려해야 하는지 배우는 겁니다. 이 목표를 이루기 위해 반드시 이해해야 하는 핵심 개념을 먼저 살펴보겠습니다.

9.1 데이터소스 API의 구조

특정 포맷을 읽고 쓰는 방법을 알아보기 전에 데이터소스 API의 전체적인 구조를 알아보겠습니다.

9.1.1 읽기 API 구조

데이터 읽기의 핵심 구조는 다음과 같습니다.

```
DataFrameReader.format(...).option("key", "value").schema(...).load()
```

모든 데이터소스를 읽을 때 위와 같은 형식을 사용합니다. format 메서드는 선택적으로 사용할 수 있으며, 기본값은 파케이 포맷입니다. 그리고 option 메서드를 사용해 데이터를 읽는 방법에 대한 파라미터를 키-값 쌍으로 설정할 수 있습니다. 마지막으로 schema 메서드는 데이터소스에서 스키마를 제공하거나, 스키마 추론 기능을 사용하려는 경우에 선택적으로 사용할 수 있습니다. 당연히 데이터 포맷별로 필요한 몇 가지 옵션이 존재합니다. 이 부분은 개별 데이터 포맷을 다룰 때 알아보겠습니다.

---

3 http://bit.ly/2BwA7yq
4 http://bit.ly/2GlMsJE
5 http://bit.ly/2GitGCK

NOTE_ 스파크 커뮤니티에는 수많은 요약 표기법이 있습니다. 데이터소스 읽기 API도 예외는 아닙니다. 앞으로 몇 가지 요약 표기법을 사용하겠지만 전반적인 표현의 일관성은 유지합니다.

9.1.2 데이터 읽기의 기초

스파크에서 데이터를 읽을 때는 기본적으로 DataFrameReader를 사용합니다. DataFrameReader는 SparkSession의 read 속성으로 접근합니다.

```
spark.read
```

DataFrameReader를 얻은 다음에는 다음과 같은 값을 지정해야 합니다.

- 포맷
- 스키마
- 읽기 모드
- 옵션

포맷, 스키마, 그리고 옵션은 트랜스포메이션을 추가로 정의할 수 있는 DataFrameReader를 반환합니다. 그리고 읽기 모드를 제외한 세 가지 항목은 필요한 경우에만 선택적으로 지정할 수 있습니다. 데이터소스마다 데이터를 읽는 방식을 결정할 수 있는 옵션을 제공합니다. 사용자는 DataFrameReader에 반드시 데이터를 읽을 경로를 지정해야 합니다. 전반적인 코드 구성은 다음과 같습니다.

```
spark.read.format("csv")
  .option("mode", "FAILFAST")
  .option("inferSchema", "true")
  .option("path", "path/to/file(s)")
  .schema(someSchema)
  .load()
```

옵션을 설정할 수 있는 다양한 방법이 존재합니다. 예를 들어 설정값을 가진 맵 객체를 전달할 수 있습니다. 하지만 당분간은 위 예제와 같은 방법을 사용하겠습니다.

읽기 모드

외부 데이터소스에서 데이터를 읽다 보면 자연스럽게 형식에 맞지 않는 데이터를 만나게 됩니다. 특히 반정형 데이터소스를 다룰 때 많이 발생합니다. 읽기 모드는 스파크가 형식에 맞지 않는 데이터를 만났을 때의 동작 방식을 지정하는 옵션입니다. [표 9-1]에 읽기 모드의 종류를 나타냈습니다.

표 9-1 스파크의 읽기 모드

읽기 모드	설명
`permissive`	오류 레코드의 모든 필드를 null로 설정하고 모든 오류 레코드를 _corrupt_record라는 문자열 컬럼에 기록합니다.
`dropMalformed`	형식에 맞지 않는 레코드가 포함된 로우를 제거합니다.
`failFast`	형식에 맞지 않는 레코드를 만나면 즉시 종료합니다.

읽기 모드의 기본값은 `permissive`입니다.

9.1.3 쓰기 API 구조

데이터 쓰기의 핵심 구조는 다음과 같습니다.

```
DataFrameWriter.format(...).option(...).partitionBy(...).bucketBy(...).sortBy(
  ...).save()
```

모든 데이터소스에 데이터를 쓸 때 위와 같은 형식을 사용합니다. `format` 메서드는 선택적으로 사용할 수 있으며 기본값은 파케이 포맷입니다. 그리고 `option` 메서드를 사용해 데이터 쓰기 방법을 설정할 수 있습니다. `partitionBy`, `bucketBy` 그리고 `sortBy` 메서드는 파일 기반의 데이터소스에서만 동작하며, 이 기능으로 최종 파일 배치 형태[layout]를 제어할 수 있습니다.

9.1.4 데이터 쓰기의 기초

데이터 쓰기는 데이터 읽기와 매우 유사하며, `DataFrameReader` 대신 `DataFrameWriter`를 사용합니다. 데이터소스에 항상 데이터를 기록해야 하기 때문에 `DataFrame`의 `write` 속성을 이용해 `DataFrame`별로 `DataFrameWriter`에 접근해야 합니다.

```
// 스칼라 코드
dataFrame.write
```

DataFrameWriter를 얻은 다음에는 포맷(format), 옵션(option) 그리고 저장(save) 모드를 지정해야 하며, 데이터가 저장될 경로를 반드시 입력해야 합니다. 데이터소스별로 다양한 옵션이 존재하며 개별 데이터소스를 다룰 때 자세히 알아보겠습니다.

```
// 스칼라 코드
dataframe.write.format("csv")
  .option("mode", "OVERWRITE")
  .option("dateFormat", "yyyy-MM-dd")
  .option("path", "path/to/file(s)")
  .save()
```

저장 모드

저장 모드는 스파크가 지정된 위치에서 동일한 파일이 발견했을 때의 동작 방식을 지정하는 옵션입니다. [표 9-2]에 저장 모드의 종류를 나타냈습니다.

표 9-2 스파크의 저장 모드

저장 모드	설명
append	해당 경로에 이미 존재하는 파일 목록에 결과 파일을 추가합니다.
overwrite	이미 존재하는 모든 데이터를 완전히 덮어씁니다.
errorIfExists	해당 경로에 데이터나 파일이 존재하는 경우 오류를 발생시키면서 쓰기 작업이 실패합니다.
ignore	해당 경로에 데이터나 파일이 존재하는 경우 아무런 처리도 하지 않습니다.

기본값은 errorIfExists입니다. 즉, 스파크가 파일을 저장할 경로에 데이터나 파일이 이미 존재하면 쓰기 작업은 그 즉시 실패합니다.

지금까지 데이터소스를 사용할 때 필요한 핵심 개념을 대부분 알아보았습니다. 이제부터 스파크의 핵심 데이터소스를 알아보겠습니다.

9.2 CSV 파일

CSV(comma-separated values)는 콤마(,)로 구분된 값을 의미합니다. CSV는 각 줄이 단일 레코드가 되며 레코드의 각 필드를 콤마로 구분하는 일반적인 텍스트 파일 포맷입니다. CSV 파일은 구조적으로 보이지만, 사실 매우 까다로운 파일 포맷 중 하나입니다. 그 이유는 운영 환경에서는 어떤 내용이 들어 있는지, 어떠한 구조로 되어 있는지 등 다양한 전제를 만들어낼 수 없기 때문입니다. 그러한 이유로 CSV reader는 많은 수의 옵션을 제공합니다. 예를 들어 CSV 파일 내 컬럼 내용에 콤마가 들어 있거나 비표준적인 방식으로 null 값이 기록된 경우 특정 문자를 이스케이프 처리하는 옵션을 사용해 문제를 해결할 수 있습니다.

9.2.1 CSV 옵션

[표 9-3]에 CSV reader에서 사용할 수 있는 옵션을 나타냈습니다.

표 9-3 CSV 데이터소스 옵션

읽기/쓰기	키	사용 가능한 값	기본값	설명
모두	sep	단일 문자	,	각 필드와 값을 구분하는 데 사용되는 단일 문자
모두	header	true, false	false	첫 번째 줄이 컬럼명인지 나타내는 불리언값
읽기	escape	모든 문자열	\	스파크가 파일에서 이스케이프 처리할 문자
읽기	inferSchema	true, false	false	스파크가 파일을 읽을 때 컬럼의 데이터 타입을 추론할지 정의
읽기	ignoreLeadingWhiteSpace	true, false	false	값을 읽을 때 값의 선행 공백을 무시할지 정의
읽기	ignoreTrailingWhiteSpace	true, false	false	값을 읽을 때 값의 후행 공백을 무시할지 정의
모두	nullValue	모든 문자열	""	파일에서 null 값을 나타내는 문자
모두	nanValue	모든 문자열	NaN	CSV 파일에서 NaN이나 값없음을 나타내는 문자를 선언

읽기/쓰기	키	사용 가능한 값	기본값	설명
모두	positiveInf	모든 문자열 또는 문자	Inf	양의 무한 값을 나타내는 문자(열)를 선언
모두	negativeInf	모든 문자열 또는 문자	-Inf	음의 무한 값을 나타내는 문자(열)를 선언
모두	compression 또는 codec	none, uncompressed, bzip2, deflate, gzip, lz4, snappy	none	스파크가 파일을 읽고 쓸 때 사용하는 압축 코덱을 정의
모두	dateFormat	자바의 SimpleDateFormat을 따르는 모든 문자열 또는 문자	yyyy-MM-dd	날짜 데이터 타입인 모든 필드에서 사용할 날짜 형식
모두	timestampFormat	자바의 SimpleDateFormat을 따르는 모든 문자열 또는 문자	yyyy-MM-dd'T'HH:mm:ss.SSSZZ	타임스탬프 데이터 타입인 모든 필드에서 사용할 날짜 형식
읽기	maxColumns	모든 정수	20480	파일을 구성하는 최대 컬럼 수를 선언
읽기	maxCharsPerColumn	모든 정수	1000000	컬럼의 문자 최대 길이를 선언
읽기	escapeQuotes	true, false	true	스파크가 파일의 라인에 포함된 인용부호를 이스케이프할지 선언
읽기	maxMalformedLogPerPartition	모든 정수	10	스파크가 각 파티션별로 비정상적인 레코드를 발견했을 때 기록할 최대 수. 이 숫자를 초과하는 비정상적인 레코드는 무시됨
쓰기	quoteAll	true, false	false	인용부호 문자가 있는 값을 이스케이프 처리하지 않고, 전체 값을 인용부호로 묶을지 여부
읽기	multiLine	true, false	false	하나의 논리적 레코드가 여러 줄로 이루어진 CSV 파일 읽기를 허용할지 여부

9.2.2 CSV 파일 읽기

다른 포맷과 마찬가지로 CSV 파일을 읽으려면 먼저 CSV용 DataFrameReader를 생성해야 하며 예제는 다음과 같습니다.

```
spark.read.format("csv")
```

그다음에는 스키마와 읽기 모드를 지정합니다. 이제 몇 가지 옵션을 지정해보겠습니다. 이미 앞에서 보았던 옵션도 있지만, 아직 보지 못한 옵션도 존재합니다. header 옵션은 CSV 파일을 읽기 위해 true로, mode 옵션은 FAILFAST로, inferSchema 옵션은 true로 설정합니다.

```
// 스칼라 코드
spark.read.format("csv")
  .option("header", "true")
  .option("mode", "FAILFAST")
  .option("inferSchema", "true")
  .load("some/path/to/file.csv")
```

앞서 언급했듯이 비정상적인 데이터를 얼마나 수용할 수 있을지 읽기 모드로 지정할 수 있습니다. 예를 들어 다음과 같이 읽기 모드와 5장에서 생성한 스키마를 파일의 데이터가 예상한 형태로 이루어져 있음을 검증하는 용도로 사용할 수 있습니다.

```
// 스칼라 코드
import org.apache.spark.sql.types.{StructField, StructType, StringType, LongType}

val myManualSchema = new StructType(Array(
  new StructField("DEST_COUNTRY_NAME", StringType, true),
  new StructField("ORIGIN_COUNTRY_NAME", StringType, true),
  new StructField("count", LongType, false)
))

spark.read.format("csv")
  .option("header", "true")
  .option("mode", "FAILFAST")
  .schema(myManualSchema)
  .load("/data/flight-data/csv/2010-summary.csv")
  .show(5)
```

다행히도 잘 동작합니다. 데이터가 기대했던 데이터 포맷이 아니었다면 문제가 발생했을 겁니다. 예를 들어 현재 스키마의 모든 컬럼의 데이터 타입을 LongType으로 변경합시다. **실제** 스키마와 일치하지 않지만, 스파크는 어떤 문제도 찾아내지 못합니다. 문제는 스파크가 실제로 데이터를 읽어 들이는 시점에 발생합니다. 데이터가 지정된 스키마에 일치하지 않으므로 스파크 잡은 시작 하자마자 종료됩니다.

```
// 스칼라 코드
val myManualSchema = new StructType(Array(
                     new StructField("DEST_COUNTRY_NAME", LongType, true),
                     new StructField("ORIGIN_COUNTRY_NAME", LongType, true),
                     new StructField("count", LongType, false) ))

spark.read.format("csv")
  .option("header", "true")
  .option("mode", "FAILFAST")
  .schema(myManualSchema)
  .load("/data/flight-data/csv/2010-summary.csv")
  .take(5)
```

스파크는 **지연 연산** 특성이 있으므로 DataFrame 정의 시점이 아닌 잡 실행 시점에만 오류가 발생합니다. 예를 들어 DataFrame을 정의하는 시점에는 존재하지 않는 파일을 지정해도 오류가 발생하지 않습니다.

9.2.3 CSV 파일 쓰기

데이터 읽기와 마찬가지로 CSV 파일을 쓸 때 사용할 수 있는 다양한 옵션(표 9-3)이 있습니다. maxColumns와 inferSchema 옵션 같이 데이터 쓰기에는 적용되지 않는 옵션을 제외하면 데이터 읽기와 동일한 옵션을 제공합니다. 코드 예제는 다음과 같습니다.

```
// 스칼라 코드
val csvFile = spark.read.format("csv")
  .option("header", "true").option("mode", "FAILFAST").schema(myManualSchema)
  .load("/data/flight-data/csv/2010-summary.csv")
```
[6]

```
# 파이썬 코드
csvFile = spark.read.format("csv")\
  .option("header", "true")\
  .option("mode", "FAILFAST")\
  .option("inferSchema", "true")\
  .load("/data/flight-data/csv/2010-summary.csv")
```

그리고 CSV 파일을 읽어 들여 TSV 파일로 내보내는 처리도 아주 쉽습니다.

```
// 스칼라 코드
csvFile.write.format("csv").mode("overwrite").option("sep", "\t")
  .save("/tmp/my-tsv-file.tsv")

# 파이썬 코드
csvFile.write.format("csv").mode("overwrite").option("sep", "\t")\
  .save("/tmp/my-tsv-file.tsv")
```

목적지 디렉터리에 ls 명령을 실행하면 'my-tsv-file'은 여러 파일 들어 있는 디렉터리라는 사실을 알 수 있습니다.

```
$ ls /tmp/my-tsv-file.tsv/
/tmp/my-tsv-file.tsv/part-00000-35cf9453-1943-4a8c-9c82-9f6ea9742b29.csv
```

이 명령은 실제로 데이터를 쓰는 시점에 DataFrame의 파티션 수를 반영합니다. 만약 사전에 데이터를 분할했다면 파일 수가 달라졌을 겁니다. 이 장 마지막 부분에서 이러한 방식의 트레이드오프를 알아볼 겁니다.

---

6 옮긴이_ 이전 예제에서 잘못된 사례에 대한 예를 위해 myManualSchema의 모든 컬럼의 데이터 타입을 LongType으로 변경했습니다. 이번 예제를 위해 myManualSchema를 원래의 데이터 타입으로 반드시 변경해야 합니다. schema를 지정하지 않고 다음과 같이 inferSchema 옵션을 true로 설정해 사용할 수도 있습니다.

```
val csvFile = spark.read.format("csv")
  .option("header", "true").option("mode", "FAILFAST").option("inferSchema", "true")
  .load("/data/flight-data/csv/2010-summary.csv")
```

9.3 JSON 파일

자바스크립트 세상에서 온 파일 형식들은 자바스크립트 객체 표기법, 즉 JSON^JavaScript Object Notation^으로 더 친숙하게 알려져 있습니다. 이런 종류의 데이터를 다룰 때 조심해야 하는 사항을 먼저 알아보겠습니다. 스파크에서는 JSON 파일을 사용할 때 **줄로 구분된** JSON을 기본적으로 사용합니다. 이런 방식은 큰 JSON 객체나 배열을 하나씩 가지고 있는 파일을 다루는 것과는 대조적인 부분입니다.

multiLine 옵션을 사용해 줄로 구분된 방식과 여러 줄로 구성된 방식을 선택적으로 사용할 수 있습니다. 이 옵션을 true로 설정하면 전체 파일을 하나의 JSON 객체로 읽을 수 있습니다. 스파크는 JSON 파일을 파싱한 다음에 DataFrame을 생성합니다. 줄로 구분된 JSON은 전체 파일을 읽어 들인 다음 저장하는 방식이 아니므로 새로운 레코드를 추가할 수 있습니다. 다른 포맷에 비해 훨씬 더 안정적인 포맷이므로 이 방식을 사용하는 것이 좋습니다. 줄로 구분된 JSON이 인기 있는 또 다른 이유는 구조화되어 있고, 최소한의 기본 데이터 타입이 존재하기 때문입니다(JSON은 자바스크립트를 토대로 만들어졌습니다). 따라서 스파크는 적합한 데이터 타입을 추정할 수 있어 원활하게 처리할 수 있습니다. JSON은 객체이기 때문에 CSV보다 옵션 수가 적습니다.

9.3.1 JSON 옵션

[표 9-4]에 JSON 객체를 다룰 때 사용할 수 있는 옵션을 나타냈습니다.

표 9-4 JSON 데이터소스 옵션

읽기/쓰기	키	사용 가능한 값	기본값	설명
모두	compression 또는 codec	none, uncompressed, bzip2, deflate, gzip, lz4, snappy	none	스파크가 파일을 읽고 쓸 때 사용하는 압축 코덱을 정의합니다.
모두	dateFormat	자바의 SimpleDateFormat을 따르는 모든 문자열 또는 문자	yyyy-MM-dd	날짜 데이터 타입인 모든 필드에서 사용할 날짜 형식을 정의합니다.

읽기/쓰기	키	사용 가능한 값	기본값	설명
모두	timestampFormat	자바의 SimpleDateFormat을 따르는 모든 문자열 또는 문자	yyyy-MMdd 'T'HH:mm:ss. SSSZZ	타임스탬프 데이터 타입인 모든 필드에서 사용할 날짜 형식을 정의합니다.
읽기	primitiveAsString	true, false	false	모든 프리미티브값을 문자열로 추정할지 정의합니다.
읽기	allowComments	true, false	false	JSON 레코드에서 자바나 C++ 스타일로 된 코멘트를 무시할지 정의합니다.
읽기	allowUnquotedFieldNames	true, false	false	인용부호로 감싸여 있지 않은 JSON 필드명을 허용할지 정의합니다.
읽기	allowSingleQuotes	true, false	true	인용부호로 큰따옴표(") 대신 작은따옴표(')를 허용할지 정의합니다.
읽기	allowNumericLeadingZeros	true, false	false	숫자 앞에 0을 허용할지 정의합니다(예: 00012).
읽기	allowBackslashEscapingAnyCharacter	true, false	false	백슬래시 인용부호 메커니즘을 사용한 인용부호를 허용할지 정의합니다.
읽기	columnNameOfCorruptRecord	모든 문자열	spark.sql.columnNameOfCorruptRecord 속성의 설정값	permissive 모드에서 생성된 비정상 문자열을 가진 새로운 필드명을 변경할 수 있습니다. 이 값을 설정하면 spark.sql.columnNameOfCorruptRecord 설정값 대신 적용됩니다.
읽기	multiLine	true, false	false	줄로 구분되지 않은 JSON 파일의 읽기를 허용할지 정의합니다.

줄로 구분된 JSON 파일을 읽는 방법은 데이터 파일 포맷 설정과 옵션을 지정하는 방식만 다릅니다.

```
spark.read.format("json")
```

9.3.2 JSON 파일 읽기

JSON 파일을 읽는 방법과 앞에서 살펴본 옵션을 비교해볼 수 있는 예제를 살펴보겠습니다.

```
// 스칼라 코드
spark.read.format("json").option("mode", "FAILFAST").schema(myManualSchema)
  .load("/data/flight-data/json/2010-summary.json").show(5)

# 파이썬 코드
spark.read.format("json").option("mode", "FAILFAST")\
  .option("inferSchema", "true")\
  .load("/data/flight-data/json/2010-summary.json").show(5)
```

9.3.3 JSON 파일 쓰기

JSON 파일 쓰기는 읽기와 마찬가지로 간단합니다. 또한 데이터소스에 관계없이 JSON 파일에 저장할 수 있습니다. 그러므로 이전에 만들었던 CSV DataFrame을 JSON 파일의 소스로 재사용할 수 있습니다. 이 작업 역시 이전 규칙을 그대로 따릅니다. 파티션당 하나의 파일을 만들며 전체 DataFrame을 단일 폴더에 저장합니다. JSON 객체는 한 줄에 하나씩 기록됩니다.

```
// 스칼라 코드
csvFile.write.format("json").mode("overwrite").save("/tmp/my-json-file.json")

# 파이썬 코드
csvFile.write.format("json").mode("overwrite").save("/tmp/my-json-file.json")

$ ls /tmp/my-json-file.json/
/tmp/my-json-file.json/part-00000-tid-543....json
```

9.4 파케이 파일

파케이는 다양한 스토리지 최적화 기술을 제공하는 오픈소스로 만들어진 컬럼 기반의 데이터 저장 방식입니다. 특히 분석 워크로드에 최적화되어 있습니다. 저장소 공간을 절약할 수 있고 전체 파일을 읽는 대신 개별 컬럼을 읽을 수 있으며, 컬럼 기반의 압축 기능을 제공합니다. 특히 아파치 스파크와 잘 호환되기 때문에 스파크의 기본 파일 포맷이기도 합니다. 파케이 파일은 읽기 연산 시 JSON이나 CSV보다 훨씬 효율적으로 동작하므로 장기 저장용 데이터는 파케이 포맷으로 저장하는 것이 좋습니다. 파케이의 또 다른 장점은 복합 데이터 타입을 지원한다는 겁니다. 컬럼이 배열, 맵, 구조체 데이터 타입이라 해도 문제없이 읽고 쓸 수 있습니다. 단, CSV에서는 배열을 사용할 수 없습니다. 파케이를 읽기 포맷으로 지정하는 방법은 다음과 같습니다.

```
spark.read.format("parquet")
```

9.4.1 파케이 파일 읽기

파케이는 옵션이 거의 없습니다. 데이터를 저장할 때 자체 스키마를 사용해 데이터를 저장하기 때문입니다. 따라서 포맷을 설정하는 것만으로도 충분합니다. DataFrame을 표현하기 위해 정확한 스키마가 필요한 경우에만 스키마를 설정합니다. 하지만 이런 작업은 거의 필요 없습니다. 그 이유는 CSV 파일에서 `inferSchema`를 사용하는 것과 유사하게 읽는 시점에 스키마를 알 수 있기 때문입니다(스키마 온 리드). 파케이 파일은 스키마가 파일 자체에 내장되어 있으므로 추정이 필요 없습니다. 그러므로 이 방법이 더 효과적입니다.

다음은 파케이 파일을 읽는 간단한 예제입니다.

```
spark.read.format("parquet")

// 스칼라 코드
spark.read.format("parquet")
  .load("/data/flight-data/parquet/2010-summary.parquet").show(5)

# 파이썬 코드
spark.read.format("parquet")\
  .load("/data/flight-data/parquet/2010-summary.parquet").show(5)
```

파케이 옵션

앞서 언급했듯이 파케이에는 옵션이 거의 없습니다. 정확히 2개의 옵션이 존재합니다. 단 2개의 옵션만 존재하는 이유는 스파크의 개념에 아주 잘 부합하고 알맞게 정의된 명세를 가지고 있기 때문입니다. [표 9-5]에 파케이 옵션을 나타냈습니다.

> **CAUTION_** 2개 옵션만 존재할 정도로 잘 만들어졌지만 호환되지 않는 파케이 파일을 다룰 때 문제가 발생할 수 있습니다. 다른 버전의 스파크(특히 오래된 버전)를 사용한다면 파케이 파일로 저장할 때 조심하기 바랍니다.

표 9-5 파케이 데이터소스 옵션

읽기/쓰기	키	사용 가능한 값	기본값	설명
모두	`compression` 또는 `codec`	none, uncompressed, bzip2, deflate, gzip, lz4, snappy	none	스파크가 파일을 읽고 쓸 때 사용하는 압축 코덱을 정의합니다.
읽기	`mergeSchema`	true, false	`spark.sql.parquet.mergeSchema` 속성의 설정값	동일한 테이블이나 폴더에 신규 추가된 파케이 파일에 컬럼을 점진적으로 추가할 수 있습니다. 이러한 기능을 활성화하거나 비활성화하기 위해 이 옵션을 사용합니다.

9.4.2 파케이 파일 쓰기

파케이 파일 쓰기는 읽기만큼 쉽습니다. 파일의 경로만 명시하면 됩니다. 분할 규칙은 다른 포맷과 동일하게 적용됩니다.

```
// 스칼라 코드
csvFile.write.format("parquet").mode("overwrite")
  .save("/tmp/my-parquet-file.parquet")

# 파이썬 코드
csvFile.write.format("parquet").mode("overwrite")\
  .save("/tmp/my-parquet-file.parquet")
```

9.5 ORC 파일

ORC는 하둡 워크로드를 위해 설계된 자기 기술적self-describing이며 데이터 타입을 인식할 수 있는 컬럼 기반의 파일 포맷입니다. 이 포맷은 대규모 스트리밍 읽기에 최적화되어 있을 뿐만 아니라 필요한 로우를 신속하게 찾아낼 수 있는 기능이 통합되어 있습니다. 스파크는 ORC 파일 포맷을 효율적으로 사용할 수 있으므로 별도의 옵션 지정 없이 데이터를 읽을 수 있습니다. 사람들은 ORC와 파케이의 차이점을 많이 질문합니다. 두 포맷은 매우 유사하나 근본적인 차이점이 있습니다. 파케이는 스파크에 최적화된 반면 ORC는 하이브에 최적화되어 있습니다.

9.5.1 ORC 파일 읽기

스파크에서 ORC 파일을 읽는 방법은 다음과 같습니다.

```
// 스칼라 코드
spark.read.format("orc").load("/data/flight-data/orc/2010-summary.orc").show(5)

# 파이썬 코드
spark.read.format("orc").load("/data/flight-data/orc/2010-summary.orc").show(5)
```

9.5.2 ORC 파일 쓰기

여기까지 읽어보았다면 'ORC 파일을 어떻게 저장하지?'라는 질문에 편하게 답할 수 있을 겁니다. 지금까지 본 것과 동일한 사용 패턴을 따르며 포맷을 지정한 다음 파일을 저장합니다.

```
// 스칼라 코드
csvFile.write.format("orc").mode("overwrite").save("/tmp/my-orc-file.orc")

# 파이썬 코드
csvFile.write.format("orc").mode("overwrite").save("/tmp/my-orc-file.orc")
```

9.6 SQL 데이터베이스

SQL 데이터소스는 매우 강력한 커넥터 중 하나입니다. 사용자는 SQL을 지원하는 다양한 시스템에 SQL 데이터소스를 연결할 수 있습니다. 예를 들어 MySQL, PostgreSQL, Oracle 데이터베이스에 접속할 수 있습니다. 또한 예제에서 사용할 SQLite에도 접속할 수 있습니다. 데이터베이스는 원시 파일 형태가 아니므로 고려해야 할 옵션이 더 많습니다. 예를 들어 데이터베이스의 인증 정보나 접속과 관련된 옵션이 필요합니다. 그리고 스파크 클러스터에서 데이터베이스 시스템에 접속 가능한지 네트워크 상태를 확인해야 합니다.

데이터베이스를 설정하는 번거로움을 없애고 이 책의 목적에 충실하기 위해 SQLite 실행을 위한 참고용 샘플을 제공합니다. 모든 예제는 분산 환경이 아닌 로컬 머신에서도 충분히 테스트할 수 있어야 합니다. 그러므로 로컬 머신에 간단하게 설치할 수 있는 SQLite를 사용해 데이터베이스 설정 과정을 생략합니다. 만약 분산된 환경에서 예제를 수행하려면 다른 데이터베이스를 사용해야 합니다.

SQLite 입문

SQLite[7]는 전 세계적으로 가장 많이 사용되는 데이터베이스 엔진이며 그럴만한 이유가 있습니다. SQLite는 파일에 데이터를 저장하는 데이터베이스로서 강력하고 빠르며 이해하기 쉽습니다. 설치와 실행을 매우 쉽게 할 수 있으므로 이 책의 공식 코드 저장소에 SQLite 소스 파일이 포함되어 있습니다.[8] 해당 파일을 로컬 머신으로 내려받고 실행하면 바로 SQLite에 읽고 쓸 수 있습니다. 비록 예제에서는 SQLite를 사용하지만 MySQL과 같은 전통적인 관계형 데이터베이스에서도 모든 코드가 동작합니다. SQLite와 다른 데이터베이스의 가장 큰 차이점은 데이터베이스 접속 시 사용자 인증이 필요 없다는 겁니다.

CAUTION_ SQLite가 설명용 예제로 적합하다고 해도 운영 환경에서 사용해서는 안 됩니다. 또한 SQLite는 쓰기 연산 시 전체 데이터베이스에 락을 설정하므로 분산 환경에 적합하지 않습니다. 이 장의 예제는 MySQL이나 PostgreSQL에서 실행해도 잘 동작합니다.

7 https://sqlite.org/

8 https://bit.ly/2Pvf47e

데이터베이스의 데이터를 읽고 쓰기 위해서는 스파크 클래스패스classpath에 데이터베이스의 JDBCJava DataBase Connectivity 드라이버를 추가하고 적절한 JDBC 드라이버 jar 파일을 제공해야 합니다. 예를 들어 PostgreSQL 데이터베이스에 데이터를 읽거나 쓰려면 다음과 같이 실행합니다.

```
./bin/spark-shell \
--driver-class-path postgresql-9.4.1207.jar \
--jars postgresql-9.4.1207.jar
```

다른 데이터소스와 마찬가지로 SQL 데이터베이스에서 데이터를 읽고 쓸 때 사용할 수 있는 몇 가지 옵션이 있습니다. 예제와 관련된 항목은 일부에 불과하지만 [표 9-6]은 JDBC 데이터베이스를 사용할 때 설정할 수 있는 모든 옵션 정보를 제공합니다.

표 9-6 JDBC 데이터소스 옵션

속성명	의미
url	접속을 위한 JDBC URL. 소스 시스템에 특화된 설정은 URL에 지정할 수 있습니다(예: jdbc:postgresql://localhost/test?user=fred&password=secret).
dbtable	읽을 JDBC 테이블을 설정합니다. SQL 쿼리의 FROM 절에 유효한 모든 것을 사용할 수 있습니다. 예를 들어 전체 테이블 대신 괄호 안에 서브쿼리를 사용할 수도 있습니다.
driver	지정한 URL에 접속할 때 사용할 JDBC 드라이버 클래스명을 지정합니다.
partitionColumn, lowerBound, upperBound	세 가지 옵션은 항상 같이 지정해야 하며, numPartitions도 반드시 지정해야 합니다. 이러한 속성은 다수의 워커에서 병렬로 테이블을 나눠 읽는 방법을 정의합니다. partitionColumn은 반드시 해당 테이블의 수치형 컬럼이어야 합니다. lowerBound와 upperBound는 테이블의 로우를 필터링하는 데 사용되는 것이 아니라 각 파티션의 범위를 결정하는 데 사용됩니다. 따라서 테이블의 모든 로우는 분할되어 반환됩니다. 이 옵션은 읽기에만 적용됩니다.
numPartitions	테이블의 데이터를 병렬로 읽거나 쓰기 작업에 사용할 수 있는 최대 파티션 수를 결정합니다. 이 속성은 최대 동시 JDBC 연결 수를 결정합니다. 쓰기에 사용되는 파티션 수가 이 값을 초과하는 경우 쓰기 연산 전에 coalesce(numPartitions)를 실행해 파티션 수를 이 값에 맞게 줄이게 됩니다.
fetchsize	한 번에 얼마나 많은 로우를 가져올지 결정하는 JDBC의 패치 크기를 설정합니다. 이 옵션은 기본적으로 패치 크기가 작게 설정된 JDBC 드라이버의 성능을 올리는 데 도움이 됩니다(예: Oracle의 경우 패치 크기가 10입니다). 이 옵션은 읽기에만 적용됩니다.

속성명	의미
batchsize	한 번에 얼마나 많은 로우를 저장할지 결정하는 JDBC의 배치 크기를 설정합니다. 이 옵션은 JDBC 드라이버의 성능을 향상시킬 수 있습니다. 이 옵션은 쓰기에만 적용되며 기본값은 1000입니다.
isolationLevel	현재 연결에 적용되는 트랜잭션 격리 수준을 정의합니다. 이 값은 JDBC Connection 객체에서 정의하는 표준 트랜잭션 격리 수준에 해당하는 NONE, READ_COMMITTED, READ_UNCOMMITTED, REPEATABLE_READ, SERIALIZABLE 중 하나가 될 수 있습니다. 기본값은 READ_UNCOMMITTED입니다. 이 옵션은 쓰기에만 적용됩니다. 자세한 내용은 java.sql.Connection 문서를 참고하세요.
truncate	JDBC writer 관련 옵션입니다. SaveMode.Overwrite가 활성화되면 스파크는 기존 테이블을 삭제하거나 재생성하는 대신 데이터베이스의 truncate 명령을 실행합니다. 이런 동작 방식이 더 효율적일 수 있으며, 인덱스 같은 테이블 메타데이터가 제거되는 현상을 방지할 수 있습니다. 그러나 신규 데이터가 현재 스키마와 다른 경우와 같이 일부 경우에는 정상적으로 동작하지 않을 수도 있습니다. 이 옵션의 기본값은 false이며 쓰기에만 적용됩니다.
createTableOptions	JDBC writer 관련 옵션입니다. 이 옵션을 지정하면 테이블 생성 시 특정 테이블의 데이터베이스와 파티션 옵션을 설정할 수 있습니다(예: CREATE TABLE t (*name string*) ENGINE=InnoDB). 이 옵션은 쓰기에만 적용됩니다.
createTableColumnTypes	테이블을 생성할 때 기본값 대신 사용할 데이터베이스 컬럼 데이터 타입을 정의합니다. 데이터 타입 정보는 반드시 CREATE TABLE에서 사용하는 컬럼 정의 구문과 동일한 형식으로 지정해야 합니다(예: name CHAR(64), comments VARCHAR(1024)). 지정된 데이터 타입은 유효한 스파크 SQL 데이터 타입이어야 합니다. 이 옵션은 쓰기에만 적용됩니다.

9.6.1 SQL 데이터베이스 읽기

파일 읽기와 마찬가지로 SQL 데이터베이스에서 데이터를 읽는 방법은 다른 데이터소스와 다르지 않습니다. 다른 데이터소스처럼 포맷과 옵션을 지정한 후 데이터를 읽어 들입니다.

```
// 스칼라 코드
val driver =  "org.sqlite.JDBC"
val path = "/data/flight-data/jdbc/my-sqlite.db"
val url = s"jdbc:sqlite:/${path}"
val tablename = "flight_info"

# 파이썬 코드
driver = "org.sqlite.JDBC"
```

```
path = "/data/flight-data/jdbc/my-sqlite.db"
url = "jdbc:sqlite:" + path
tablename = "flight_info"
```

접속 관련 속성을 정의한 다음, 정상적으로 데이터베이스에 접속되는지 테스트해 해당 연결이 유효한지 확인할 수 있습니다. 이것은 스파크 드라이버가 데이터베이스에 접속할 수 있는지 확인할 수 있는 훌륭한 문제 해결 기술입니다. SQLite는 로컬 머신에 존재하는 파일 형태이므로 접속 테스트가 무의미할 수도 있습니다. 하지만 MySQL 같은 데이터베이스를 사용하는 경우 다음과 같은 코드를 사용해 접속 테스트를 해볼 수 있습니다.

```
import java.sql.DriverManager

val connection = DriverManager.getConnection(url)
connection.isClosed()
connection.close()
```

접속에 성공하면 다음 예제를 진행할 수 있습니다. SQL 테이블을 읽어 DataFrame을 만들어 보겠습니다.

```
// 스칼라 코드
val dbDataFrame = spark.read.format("jdbc").option("url", url)
  .option("dbtable", tablename).option("driver",  driver).load()

# 파이썬 코드
dbDataFrame = spark.read.format("jdbc").option("url", url)\
  .option("dbtable", tablename).option("driver",  driver).load()
```

SQLite는 설정이 간단합니다. 예를 들어 사용자 인증 정보가 필요 없습니다. PostgreSQL과 같은 데이터베이스에는 더 많은 설정이 필요합니다. 다음 예제는 PostgreSQL을 이용해 위 예제와 동일한 데이터 읽기 작업을 수행합니다.

```
// 스칼라 코드
val pgDF = spark.read
  .format("jdbc")
  .option("driver", "org.postgresql.Driver")
  .option("url", "jdbc:postgresql://database_server")
```

```
  .option("dbtable", "schema.tablename")
  .option("user", "username").option("password","my-secret-password").load()

# 파이썬 코드
pgDF = spark.read.format("jdbc")\
  .option("driver", "org.postgresql.Driver")\
  .option("url", "jdbc:postgresql://database_server")\
  .option("dbtable", "schema.tablename")\
  .option("user", "username").option("password", "my-secret-password").load()
```

생성한 DataFrame은 기존 예제에서 생성한 DataFrame과 전혀 다르지 않습니다. 아무 문제없이 조회하고 변환해 조인할 수 있으며 이미 스키마가 적용되어 있음을 알 수 있습니다. 스파크는 데이터베이스의 테이블에서 스키마 정보를 읽어 테이블에 존재하는 컬럼의 데이터 타입을 스파크의 데이터 타입으로 변환하기 때문입니다. 원하는 대로 쿼리를 수행할 수 있는지 확인하기 위해 중복 데이터가 제거된 국가 목록을 조회해보겠습니다.

```
dbDataFrame.select("DEST_COUNTRY_NAME").distinct().show(5)

+-----------------+
|DEST_COUNTRY_NAME|
+-----------------+
|         Anguilla|
|           Russia|
|         Paraguay|
|          Senegal|
|           Sweden|
+-----------------+
```

잘 동작하는군요! 이제 데이터베이스를 조회하는 방법을 알았습니다. 더 진행하기 전에 알아두면 좋은 몇 가지 세부사항을 짚고 넘어가겠습니다.

9.6.2 쿼리 푸시다운

스파크는 DataFrame을 만들기 전에 데이터베이스 자체에서 데이터를 필터링하도록 만들 수 있습니다. 예를 들어 이전 예제에서 사용한 쿼리의 실행 계획을 들여다보면 테이블의 여러 컬럼 중 관련 있는 컬럼만 선택한다는 것을 알 수 있습니다.

```
dbDataFrame.select("DEST_COUNTRY_NAME").distinct().explain

== Physical Plan ==
*HashAggregate(keys=[DEST_COUNTRY_NAME#8108], functions=[])
+- Exchange hashpartitioning(DEST_COUNTRY_NAME#8108, 200)
   +- *HashAggregate(keys=[DEST_COUNTRY_NAME#8108], functions=[])
      +- *Scan JDBCRelation(flight_info) [numPartitions=1] ...
```

스파크는 특정 유형의 쿼리를 더 나은 방식으로 처리할 수 있습니다. 예를 들어 DataFrame에 필터를 명시하면 스파크는 해당 필터에 대한 처리를 데이터베이스로 위임push down합니다. 실행 계획의 PushedFilters 부분에서 관련 내용을 확인할 수 있습니다.

```
// 스칼라 코드
dbDataFrame.filter("DEST_COUNTRY_NAME in ('Anguilla', 'Sweden')").explain

# 파이썬 코드
dbDataFrame.filter("DEST_COUNTRY_NAME in ('Anguilla', 'Sweden')").explain()

== Physical Plan ==
*Scan JDBCRel... PushedFilters: [*In(DEST_COUNTRY_NAME, [Anguilla,Sweden])],
...
```

스파크는 모든 스파크 함수를 사용하는 SQL 데이터베이스에 맞게 변환하지는 못합니다. 따라서 때로는 전체 쿼리를 데이터베이스에 전달해 결과를 DataFrame으로 받아야 하는 경우도 있습니다. 조금 복잡해 보이는 처리 방식이지만 사실 아주 간단합니다. 테이블명 대신 SQL 쿼리를 명시하면 됩니다. 물론 이렇게 하려면 괄호로 쿼리를 묶고 이름을 변경하는 특수한 방식을 사용해야 합니다. 다음 예제에서는 테이블명을 별칭으로 사용했습니다.

```
// 스칼라 코드
val pushdownQuery = """(SELECT DISTINCT(DEST_COUNTRY_NAME) FROM flight_info)
  AS flight_info"""

val dbDataFrame = spark.read.format("jdbc")
  .option("url", url).option("dbtable", pushdownQuery).option("driver",  driver)
  .load()

# 파이썬 코드
pushdownQuery = """(SELECT DISTINCT(DEST_COUNTRY_NAME) FROM flight_info)
  AS flight_info"""
```

```
dbDataFrame = spark.read.format("jdbc")\
  .option("url", url).option("dbtable", pushdownQuery).option("driver",  driver)\
  .load()
```

이제 이 테이블에 쿼리할 때 실제로는 pushdownQuery 변수에 명시한 쿼리를 사용해 수행합니다. 이 사실은 실행 계획에서 확인할 수 있습니다. 스파크는 테이블의 실제 스키마와 관련된 정보를 알지 못하며 단지 쿼리의 결과에 대한 스키마만 알 수 있습니다.

```
dbDataFrame.explain()

== Physical Plan ==
*Scan JDBCRelation(
(SELECT DISTINCT(DEST_COUNTRY_NAME)
  FROM flight_info) as flight_info
) [numPartitions=1] [DEST_COUNTRY_NAME#788] ReadSchema: ...
```

데이터베이스 병렬로 읽기

이 책 전반에 걸쳐 파티셔닝partitioning(분할)과 데이터 처리 시 파티셔닝의 중요성에 관해 이야기했습니다. 스파크는 파일 크기, 파일 유형 그리고 압축 방식에 따른 '분할 가능성'에 따라 여러 파일을 읽어 하나의 파티션으로 만들거나 여러 파티션을 하나의 파일로 만드는 기본 알고리즘을 가지고 있습니다. 파일이 가진 이런 유연성은 SQL 데이터베이스에도 존재하지만 몇 가지 수동 설정이 필요합니다. 이전 옵션 목록 중 numPartitions 옵션을 사용해 읽기 및 쓰기용 동시 작업 수를 제한할 수 있는 최대 파티션 수를 설정할 수 있습니다.

```
// 스칼라 코드
val dbDataFrame = spark.read.format("jdbc")
  .option("url", url).option("dbtable", tablename).option("driver", driver)
  .option("numPartitions", 10).load()

# 파이썬 코드
dbDataFrame = spark.read.format("jdbc")\
  .option("url", url).option("dbtable", tablename).option("driver",  driver)\
  .option("numPartitions", 10).load()
```

지금은 데이터가 그리 많지 않기 때문에 여전히 한 개의 파티션만 존재합니다. 하지만 이러한 설정을 활용해 데이터베이스에 일어날 수 있는 과도한 쓰기나 읽기를 막을 수 있습니다.

```
dbDataFrame.select("DEST_COUNTRY_NAME").distinct().show()
```

안타깝게도 다른 API 셋에서만 사용할 수 있는 몇 가지 최적화 방법이 있습니다. 데이터베이스 연결을 통해 명시적으로 조건절을 SQL 데이터베이스에 위임할 수 있습니다. 이 최적화 방법은 조건절을 명시함으로써 특정 파티션에 특정 데이터의 물리적 위치를 제어할 수 있습니다. 설명이 너무 복잡하니 간단한 예제를 살펴보겠습니다. 전체 데이터 중 Anguilla와 Sweden 두 국가의 데이터만 필요합니다. 두 국가에 대한 필터를 데이터베이스에 위임해 처리된 결과를 반환할 수도 있지만, 스파크 자체 파티션에 결과 데이터를 저장함으로써 더 많은 처리를 할 수도 있습니다. 데이터소스 생성 시 조건절 목록을 정의해 스파크 자체 파티션에 결과 데이터를 저장할 수 있습니다.

```
// 스칼라 코드
val props = new java.util.Properties
props.setProperty("driver", "org.sqlite.JDBC")
val predicates = Array(
  "DEST_COUNTRY_NAME = 'Sweden' OR ORIGIN_COUNTRY_NAME = 'Sweden'",
  "DEST_COUNTRY_NAME = 'Anguilla' OR ORIGIN_COUNTRY_NAME = 'Anguilla'")
spark.read.jdbc(url, tablename, predicates, props).show()
spark.read.jdbc(url, tablename, predicates, props).rdd.getNumPartitions // 2

# 파이썬 코드
props = {"driver":"org.sqlite.JDBC"}
predicates = [
  "DEST_COUNTRY_NAME = 'Sweden' OR ORIGIN_COUNTRY_NAME = 'Sweden'",
  "DEST_COUNTRY_NAME = 'Anguilla' OR ORIGIN_COUNTRY_NAME = 'Anguilla'"]
spark.read.jdbc(url, tablename, predicates=predicates, properties=props).show()
spark.read.jdbc(url,tablename,predicates=predicates,properties=props)\
  .rdd.getNumPartitions() # 2

+-----------------+-------------------+-----+
|DEST_COUNTRY_NAME|ORIGIN_COUNTRY_NAME|count|
+-----------------+-------------------+-----+
|           Sweden|      United States|   65|
|    United States|             Sweden|   73|
|         Anguilla|      United States|   21|
|    United States|           Anguilla|   20|
+-----------------+-------------------+-----+
```

연관성 없는 조건절을 정의하면 중복 로우가 많이 발생할 수 있습니다. 다음은 중복 로우를 발생시키는 조건절 예제입니다.

```
// 스칼라 코드
val props = new java.util.Properties
props.setProperty("driver", "org.sqlite.JDBC")
val predicates = Array(
  "DEST_COUNTRY_NAME != 'Sweden' OR ORIGIN_COUNTRY_NAME != 'Sweden'",
  "DEST_COUNTRY_NAME != 'Anguilla' OR ORIGIN_COUNTRY_NAME != 'Anguilla'")
spark.read.jdbc(url, tablename, predicates, props).count() // 510

# 파이썬 코드
props = {"driver":"org.sqlite.JDBC"}
predicates = [
  "DEST_COUNTRY_NAME != 'Sweden' OR ORIGIN_COUNTRY_NAME != 'Sweden'",
  "DEST_COUNTRY_NAME != 'Anguilla' OR ORIGIN_COUNTRY_NAME != 'Anguilla'"]
spark.read.jdbc(url, tablename, predicates=predicates, properties=props).count()
```

슬라이딩 윈도우 기반의 파티셔닝

조건절을 기반으로 분할할 수 있는 방법을 알아보겠습니다. 예제에서는 수치형 count 컬럼을 기준으로 분할합니다. 여기서는 처음과 마지막 파티션 사이의 최솟값과 최댓값을 사용합니다. 이 범위 밖의 모든 값은 첫 번째 또는 마지막 파티션에 속합니다. 그런 다음 전체 파티션 수를 설정합니다. 이 값은 병렬 처리 수준을 의미합니다. 스파크는 데이터베이스에 병렬로 쿼리를 요청하며 numPartitions에 설정된 값만큼 파티션을 반환합니다. 그리고 파티션에 값을 할당하기 위해 상한값과 하한값을 수정합니다. 이전 예제와 마찬가지로 필터링은 발생하지 않습니다.

```
// 스칼라 코드
val colName = "count"
val lowerBound = 0L
val upperBound = 348113L // 예제 데이터베이스의 데이터 최대 개수입니다.
val numPartitions = 10

# 파이썬 코드
colName = "count"
lowerBound = 0L
upperBound = 348113L # 예제 데이터베이스의 데이터 최대 개수입니다.
numPartitions = 10
```

최젓값에서 최곳값까지 동일하게 분배합니다.

```
// 스칼라 코드
spark.read.jdbc(url,tablename,colName,lowerBound,upperBound,numPartitions,props)
  .count() // 255

# 파이썬 코드
spark.read.jdbc(url, tablename, column=colName, properties=props,
                lowerBound=lowerBound, upperBound=upperBound,
                numPartitions=numPartitions).count() # 255
```

9.6.3 SQL 데이터베이스 쓰기

SQL 데이터베이스에 데이터를 쓰는 것은 읽기만큼이나 쉽습니다. URI를 지정하고 지정한 쓰기 모드에 따라 데이터를 쓰면 됩니다. 다음 예제에서는 전체 테이블을 덮어쓰는 overwrite 쓰기 모드를 사용합니다. 처리를 위해 이전에 정의해놓은 CSV DataFrame을 사용합니다.

```
// 스칼라 코드
val newPath = "jdbc:sqlite://tmp/my-sqlite.db"
csvFile.write.mode("overwrite").jdbc(newPath, tablename, props)

# 파이썬 코드
newPath = "jdbc:sqlite://tmp/my-sqlite.db"
csvFile.write.jdbc(newPath, tablename, mode="overwrite", properties=props)
```

실행 결과는 다음과 같습니다.

```
// 스칼라 코드
spark.read.jdbc(newPath, tablename, props).count() // 255

# 파이썬 코드
spark.read.jdbc(newPath, tablename, properties=props).count() # 255
```

새로운 테이블에 아주 쉽게 데이터를 추가할 수 있습니다.

```
// 스칼라 코드
csvFile.write.mode("append").jdbc(newPath, tablename, props)

# 파이썬 코드
csvFile.write.jdbc(newPath, tablename, mode="append", properties=props)
```

레코드 수가 증가하는 것을 확인해보겠습니다.

```
// 스칼라 코드
spark.read.jdbc(newPath, tablename, props).count() // 765

# 파이썬 코드
spark.read.jdbc(newPath, tablename, properties=props).count() # 765
```

9.7 텍스트 파일

스파크는 일반 텍스트 파일plain-text file도 읽을 수 있습니다. 파일의 각 줄은 DataFrame의 레코드가 됩니다. 그러므로 변환하는 것도 마음대로 할 수 있습니다. 아파치 로그 파일을 구조화된 포맷으로 파싱하거나, 자연어 처리를 위해 일반 텍스트를 파싱하는 경우를 예로 들 수 있습니다. 텍스트 파일은 기본 데이터 타입의 유연성을 활용할 수 있으므로 Dataset API에서 사용하기 매우 좋은 포맷입니다.

9.7.1 텍스트 파일 읽기

텍스트 파일을 읽는 것은 매우 간단합니다. `textFile` 메서드에 텍스트 파일을 지정하기만 하면 됩니다. `textFile` 메서드는 파티션 수행 결과로 만들어진 디렉터리명을 무시합니다. 파티션된 텍스트 파일을 읽거나 쓰려면 읽기 및 쓰기 시 파티션 수행 결과로 만들어진 디렉터리를 인식할 수 있도록 `text` 메서드를 사용해야 합니다.

```
spark.read.textFile("/data/flight-data/csv/2010-summary.csv")
  .selectExpr("split(value, ',') as rows").show()

+--------------------+
|                rows|
+--------------------+
|[DEST_COUNTRY_NAM...|
|[United States, R...|
...
|[United States, A...|
|[Saint Vincent an...|
|[Italy, United St...|
+--------------------+
```

9.7.2 텍스트 파일 쓰기

텍스트 파일을 쓸 때는 문자열 컬럼이 하나만 존재해야 합니다. 그렇지 않으면 작업이 실패합니다.

```
csvFile.select("DEST_COUNTRY_NAME").write.text("/tmp/simple-text-file.txt")
```

텍스트 파일에 데이터를 저장할 때 파티셔닝 작업을 수행하면 더 많은 컬럼을 저장할 수 있습니다. 하지만 모든 파일에 컬럼을 추가하는 것이 아니라 텍스트 파일이 저장되는 디렉터리에 폴더별로 컬럼을 저장합니다.

```
// 스칼라 코드
csvFile.limit(10).select("DEST_COUNTRY_NAME", "count")
  .write.partitionBy("count").text("/tmp/five-csv-files2.csv")

# 파이썬 코드
csvFile.limit(10).select("DEST_COUNTRY_NAME", "count")\
  .write.partitionBy("count").text("/tmp/five-csv-files2py.csv")
```

9.8 고급 I/O 개념

쓰기 작업 전에 파티션 수를 조절함으로써 병렬로 처리할 파일 수를 제어할 수 있습니다. 또한

버켓팅과 **파티셔닝**을 조절함으로써 데이터의 저장 구조를 제어할 수 있습니다. 버켓팅과 파티셔닝은 잠시 후에 알아보겠습니다.

9.8.1 분할 가능한 파일 타입과 압축 방식

특정 파일 포맷은 기본적으로 분할을 지원합니다. 따라서 스파크에서 전체 파일이 아닌 쿼리에 필요한 부분만 읽을 수 있으므로 성능 향상에 도움이 됩니다. 게다가 하둡 분산 파일 시스템(HDFS) 같은 시스템을 사용한다면 분할된 파일을 여러 블록으로 나누어 분산 저장하기 때문에 훨씬 더 최적화할 수 있습니다. 이와 함께 압축 방식도 관리해야 합니다. 모든 압축 방식이 분할 압축을 지원하지는 않습니다. 데이터를 저장하는 방식에 따라 스파크 잡이 원활하게 동작하는 데 막대한 영향을 끼칠 수 있습니다. 추천하는 파일 포맷과 압축 방식은 파케이 파일 포맷과 GZIP 압축 방식입니다.

9.8.2 병렬로 데이터 읽기

여러 익스큐터가 같은 파일을 동시에 읽을 수는 없지만 여러 파일을 동시에 읽을 수는 있습니다. 다수의 파일이 존재하는 폴더를 읽을 때 폴더의 개별 파일은 DataFrame의 파티션이 됩니다. 따라서 사용 가능한 익스큐터를 이용해 병렬(익스큐터 수를 넘어가는 파일은 처리 중인 파일이 완료될 때까지 대기)로 파일을 읽습니다.

9.8.3 병렬로 데이터 쓰기

파일이나 데이터 수는 데이터를 쓰는 시점에 DataFrame이 가진 파티션 수에 따라 달라질 수 있습니다. 기본적으로 데이터 파티션당 하나의 파일이 작성됩니다. 따라서 옵션에 지정된 파일명은 실제로는 다수의 파일을 가진 디렉터리입니다. 그리고 디렉터리 안에 파티션당 하나의 파일로 데이터를 저장합니다.

예를 들어 다음 코드는 폴더 안에 5개의 파일을 생성합니다.

```
csvFile.repartition(5).write.format("csv").save("/tmp/multiple.csv")
```

ls 명령의 결과는 다음과 같습니다.[9]

```
$ ls /tmp/multiple.csv
/tmp/multiple.csv/part-00000-767df509-ec97-4740-8e15-4e173d365a8b.csv
/tmp/multiple.csv/part-00001-767df509-ec97-4740-8e15-4e173d365a8b.csv
/tmp/multiple.csv/part-00002-767df509-ec97-4740-8e15-4e173d365a8b.csv
/tmp/multiple.csv/part-00003-767df509-ec97-4740-8e15-4e173d365a8b.csv
/tmp/multiple.csv/part-00004-767df509-ec97-4740-8e15-4e173d365a8b.csv
```

파티셔닝

파티셔닝은 어떤 데이터를 어디에 저장할 것인지 제어할 수 있는 기능입니다. 파티셔닝된 디렉터리 또는 테이블에 파일을 쓸 때 디렉터리별로 컬럼 데이터를 인코딩해 저장합니다. 그러므로 데이터를 읽을 때 전체 데이터셋을 스캔하지 않고 필요한 컬럼의 데이터만 읽을 수 있습니다. 이 방식은 모든 파일 기반의 데이터소스에서 지원합니다.

```
// 스칼라 코드
csvFile.limit(10).write.mode("overwrite").partitionBy("DEST_COUNTRY_NAME")
  .save("/tmp/partitioned-files.parquet")

# 파이썬 코드
csvFile.limit(10).write.mode("overwrite").partitionBy("DEST_COUNTRY_NAME")\
  .save("/tmp/partitioned-files.parquet")
```

결과를 확인해보겠습니다.

```
$ ls /tmp/partitioned-files.parquet
...
DEST_COUNTRY_NAME=Costa Rica/
DEST_COUNTRY_NAME=Egypt/
DEST_COUNTRY_NAME=Equatorial Guinea/
DEST_COUNTRY_NAME=Senegal/
DEST_COUNTRY_NAME=United States/
```

9 옮긴이_ 디렉터리명이 코드 예제에서 명시한 multiple.csv이고, 내부 파일이 part-00000, part-00001 등으로 구분됩니다.

각 폴더는 조건절을 폴더명으로 사용하며 조건절을 만족하는 데이터가 저장된 파케이 파일을 가지고 있습니다.

```
$ ls /tmp/partitioned-files.parquet/DEST_COUNTRY_NAME=Senegal/
part-00000-tid.....parquet
```

파티셔닝은 필터링을 자주 사용하는 테이블을 가진 경우에 사용할 수 있는 가장 손쉬운 최적화 방식입니다. 예를 들어 전체 데이터를 스캔하지 않고 지난주 데이터만 보려면 날짜를 기준으로 파티션을 만들 수 있습니다. 이 기법을 사용하면 빠른 속도로 데이터를 읽어 들일 수 있습니다.

버켓팅

버켓팅bucketing은 각 파일에 저장된 데이터를 제어할 수 있는 또 다른 파일 조직화 기법입니다. 이 기법을 사용하면 동일한 버킷 ID를 가진 데이터가 하나의 물리적 파티션에 모두 모여 있기 때문에 데이터를 읽을 때 셔플을 피할 수 있습니다. 즉, 데이터가 이후의 사용 방식에 맞춰 사전에 파티셔닝되므로 조인이나 집계 시 발생하는 고비용의 셔플을 피할 수 있습니다.

특정 컬럼을 파티셔닝하면 수억 개의 디렉터리를 만들어낼 수도 있습니다. 이런 경우 데이터를 버켓팅할 수 있는 방법을 찾아야 합니다. 다음은 '버켓' 단위로 데이터를 모아 일정 수의 파일로 저장하는 예제입니다.[10]

```
val numberBuckets = 10
val columnToBucketBy = "count"

csvFile.write.format("parquet").mode("overwrite")
  .bucketBy(numberBuckets, columnToBucketBy).saveAsTable("bucketedFiles")

$ ls /user/hive/warehouse/bucketedfiles/
part-00000-tid-1020575097626332666-8....parquet
part-00000-tid-1020575097626332666-8....parquet
part-00000-tid-1020575097626332666-8....parquet
...
```

10 옮긴이_ 기본적으로 /user/hive/warehouse 디렉터리 하위에 버켓팅 파일을 기록합니다. 그러므로 /user/hive/warehouse 디렉터리를 먼저 생성해야 합니다.

버켓팅은 스파크 관리 테이블에서만 사용할 수 있습니다. 버켓팅과 파티셔닝의 자세한 내용은 스파크 서밋 2017의 발표 내용을 참고하세요.[11]

9.8.4 복합 데이터 유형 쓰기

6장에서 알아본 것처럼 스파크는 다양한 자체 데이터 타입을 제공합니다. 이러한 데이터 타입은 스파크에서는 잘 동작하지만 모든 데이터 파일 포맷에 적합한 것은 아닙니다. 예를 들어 CSV 파일은 복합 데이터 타입을 지원하지 않지만 파케이나 ORC는 복합 데이터 타입을 지원합니다.

9.8.5 파일 크기 관리

파일 크기를 관리하는 것은 데이터를 저장할 때는 중요한 요소가 아닙니다. 하지만 데이터를 읽을 때는 중요한 요소 중 하나입니다. 작은 파일을 많이 생성하면 메타데이터에 엄청난 관리 부하가 발생합니다. HDFS 같은 많은 파일 시스템은 작은 크기의 파일을 잘 다루지 못합니다. 스파크는 특히 더 그렇습니다. 이런 상황을 '작은 크기의 파일 문제'라고 합니다. 하지만 그 반대의 경우도 문제가 됩니다. 몇 개의 로우가 필요하더라도 전체 데이터 블록을 읽어야 하기 때문에 비효율적입니다. 그러므로 너무 큰 파일도 좋지 않습니다.

스파크 2.2 버전에는 자동으로 파일 크기를 제어할 수 있는 새로운 방법이 도입되었습니다. 이전 예제에서 결과 파일 수는 파일을 쓰는 시점(그리고 우리가 선택한 파티셔닝 컬럼)에서의 파티션 수에서 파생되었음을 알 수 있었습니다. 이제 결과 파일을 최적의 크기로 제한할 수 있는 새로운 기능을 활용해보겠습니다. 이 기능을 사용하려면 `maxRecordsPerFile` 옵션에 파일당 레코드 수를 지정해야 합니다. 각 파일에 기록될 레코드 수를 조절할 수 있으므로 파일 크기를 더 효과적으로 제어할 수 있습니다. 만약 파일 쓰기 객체에 다음과 같은 옵션을 설정했다면 스파크는 파일당 최대 5,000개의 로우를 포함하도록 보장할 수 있습니다.

```
df.write.option("maxRecordsPerFile", 5000)
```

11 https://bit.ly/2NJQfa2

9.9 정리

이 장에서는 스파크에서 데이터를 읽고 쓸 때 사용할 수 있는 다양한 옵션을 알아보았습니다. 이제 스파크를 사용하는 데 필요한 거의 모든 내용을 배웠습니다. 흥미롭게도 사용자 정의 데이터소스를 구현하는 방법도 있습니다. 하지만 관련 API가 구조적 스트리밍과의 호환성을 위해 개선되고 있으므로 데이터소스 구현 방법에 관한 내용은 생략했습니다. 만약 사용자 정의 데이터소스를 구현하는 방법을 알고 싶다면 모범 사례 중 하나인 카산드라 커넥터를 참고하세요.[12]

다음 장에서는 스파크 SQL을 알아보겠습니다. 그리고 지금까지 구조적 API를 사용했던 모든 것을 스파크 SQL로 실행하는 방법을 자세히 알아보겠습니다.

12 https://github.com/datastax/spark-cassandra-connector

CHAPTER 10

스파크 SQL

스파크 SQL은 스파크에서 가장 중요하고 강력한 기능 중 하나입니다. 이 장에서는 반드시 이해해야 할 스파크 SQL의 핵심 개념을 설명합니다. ANSI-SQL 규격에 맞추어 예제를 다시 작성하거나, 모든 종류의 SQL 표현식을 열거하지는 않습니다. 이 책에서는 DataFrame 코드와 SQL 코드를 비교해볼 수 있도록 최대한 함께 제공하려 노력했습니다.

간단히 말해, 스파크 SQL을 사용해 데이터베이스에 생성된 뷰view나 테이블에 SQL 쿼리를 실행할 수 있습니다. 또한 시스템 함수를 사용하거나 사용자 정의 함수를 정의할 수 있습니다. 그리고 워크로드를 최적화하기 위해 쿼리 실행 계획을 분석할 수도 있습니다. 스파크 SQL은 DataFrame과 Dataset API에 통합되어 있습니다. 따라서 데이터 변환 시 SQL과 DataFrame의 기능을 모두 사용할 수 있으며 두 방식 모두 동일한 실행 코드로 컴파일됩니다.

10.1 SQL이란

SQL 또는 **구조적 질의 언어**Structured Query Language는 데이터에 대한 관계형 연산을 표현하기 위한 도메인 특화 언어입니다. 모든 관계형 데이터베이스에서 사용되며, 많은 'NoSQL' 데이터베이스에서도 쉽게 사용할 수 있는 변형된 자체 SQL을 제공합니다. SQL은 정말 많이 사용됩니다. 기술 전문가들은 SQL이 사라질 것이라고 예상했지만 여전히 많은 기업에서 사용하고 있는 매우 우수한 데이터 처리 언어입니다. 스파크는 ANSI SQL:2003[1]의 일부를 구현했습니다. ANSI SQL:2003은 대부분의 SQL 데이터베이스에서 채택하고 있는 표준입니다. 그러므로 스파크는 유명한 벤치마크인 TPC-DS[2]를 성공적으로 통과할 수 있습니다.

10.2 빅데이터와 SQL: 아파치 하이브

스파크가 등장하기 전에는 하이브Hive가 빅데이터 SQL 접근 계층에서 사실상의 표준이었습니다. 페이스북에서 최초로 개발한 하이브는 SQL 처리가 필요한 빅데이터 업계에서 믿을 수 없을 정도로 인기 있는 도구가 되었습니다. 분석가들이 하이브로 SQL 쿼리를 실행할 수 있게 되면서 하둡을 다양한 산업군으로 진출시키는 데 다방면으로 도움을 주었습니다. 스파크는 RDD를 이용하는 범용 처리 엔진으로 시작했지만 이제는 많은 사용자가 스파크 SQL을 사용하고 있습니다.

10.3 빅데이터와 SQL: 스파크 SQL

스파크 2.0 버전에는 하이브를 지원할 수 있는 상위 호환 기능으로 ANSI-SQL과 HiveQL을 모두 지원하는 자체 개발된 SQL 파서가 포함되어 있습니다. 스파크 SQL은 DataFrame과의 뛰어난 호환성 덕분에 다양한 기업에서 강력한 기능으로 자리매김할 겁니다. 예를 들어 2016년 말 페이스북은 스파크 워크로드[3]를 가동하기 시작했으며 스파크 워크로드 덕분에 큰 효과를 봤다고 발표했습니다. 다음은 블로그 내용입니다.

> 우리는 수백 개의 하이브 잡으로 구성된 파이프라인을 단일 스파크 잡으로 대체하기 위해 스파크에 도전했습니다. 그리고 우리는 다양한 성능 및 신뢰도 개선 작업을 거쳐 운영 환경의 개체 데이터 순위 처리 시스템 중 하나를 스파크로 처리할 수 있게 되었습니다. 스파크 기반 파이프라인은 기존의 하이브 기반 파이프라인에 비해 엄청난 성능 개선(4.5~6배의 CPU 성능 개선, 3~4배의

1 https://bit.ly/2NcpcVl

2 http://www.tpc.org/default.asp

3 https://bit.ly/2bLrvJG

자원 예약 개선, 최대 5배의 지연 시간 감소)을 만들어냈으며 수개월째 운영 환경에서 잘 동작하고 있습니다.

스파크 SQL의 강력함은 몇 가지 핵심 요인에서 비롯됩니다. SQL 분석가들은 쓰리프트 서버 Thrift Server나 SQL 인터페이스에 접속해 스파크의 연산 능력을 활용할 수 있습니다. 그리고 데이터 엔지니어와 과학자는 전체 데이터 처리 파이프라인에 스파크 SQL을 사용할 수 있습니다. 이 통합형 API는 SQL로 데이터를 조회하고 DataFrame으로 변환한 다음 스파크의 MLlib이 제공하는 대규모 머신러닝 알고리즘 중 하나를 사용해 수행한 결과를 다른 데이터소스에 저장하는 전체 과정을 가능하게 만듭니다.

NOTE_ 스파크 SQL은 온라인 트랜잭션 처리(online transaction processing, OLTP) 데이터베이스가 아닌 온라인 분석용(online analytic processing, OLAP) 데이터베이스로 동작합니다. 즉, 매우 낮은 지연 시간이 필요한 쿼리를 수행하기 위한 용도로 사용할 수 없습니다. 언젠가는 '인플레이스 수정(in-place modification)' 방식을 지원하겠지만 현재는 사용할 수 없습니다.

10.3.1 스파크와 하이브의 관계

스파크 SQL은 하이브 메타스토어를 사용하므로 하이브와 잘 연동할 수 있습니다. 하이브 메타스토어는 여러 세션에서 사용할 테이블 정보를 보관하고 있습니다. 스파크 SQL은 하이브 메타스토어에 접속(이미 하이브를 사용하고 있는 경우)한 뒤 조회할 파일 수를 최소화하기 위해 메타데이터를 참조합니다. 이 기능은 기존 하둡 환경의 모든 워크로드를 스파크로 이관하려는 사용자들에게 인기를 얻고 있습니다.

하이브 메타스토어

하이브 메타스토어에 접속하려면 몇 가지 속성이 필요합니다. 먼저 접근하려는 하이브 메타스토어에 적합한 버전을 `spark.sql.hive.metastore.version`에 설정해야 합니다. 기본값은 1.2.1입니다. 또한 `HiveMetastoreClient`가 초기화되는 방식을 변경하려면 `spark.sql.hive.metastore.jars`를 설정해야 합니다. 스파크는 기본 버전을 사용하지만 메이븐 저장소나 자바 가상 머신의 표준 포맷에 맞게 클래스패스에 정의할 수도 있습니다. 또한 하이브 메타스토어가 저장된 다른 데이터베이스에 접속하려면 적합한 클래스 접두사(MySQL 사용하려면 com.

mysql.jdbc로 명시합니다)를 정의해야 합니다. 또한 스파크와 하이브에서 공유할 수 있도록 클래스 접두사를 `spark.sql.hive.metastore.sharedPrefixes` 속성에 설정합니다.

사용하던 하이브 메타스토어와 연동하고 싶다면 변경사항과 부가적인 정보가 들어 있는 스파크 공식 문서[4]를 확인하기 바랍니다.

10.4 스파크 SQL 쿼리 실행 방법

스파크는 SQL 쿼리를 실행할 수 있는 몇 가지 인터페이스를 제공합니다.

10.4.1 스파크 SQL CLI

스파크 SQL CLI Command Line Interface (명령행 인터페이스)는 로컬 환경의 명령행에서 기본 스파크 SQL 쿼리를 실행할 수 있는 편리한 도구입니다. 스파크 SQL CLI는 쓰리프트 JDBC 서버와 통신할 수 없습니다. 스파크 SQL CLI를 사용하려면 스파크 디렉터리에서 다음 명령을 실행합니다.

```
./bin/spark-sql
```

스파크가 설치된 경로의 conf 디렉터리에 hive-site.xml, core-site.xml, hdfs-site.xml 파일을 배치해 하이브를 사용할 수 있는 환경을 구성할 수 있습니다. 사용 가능한 전체 옵션을 보려면 `./bin/spark-sql --help` 명령을 실행합니다.

10.4.2 스파크의 프로그래밍 SQL 인터페이스

서버를 설정해 SQL을 사용할 수도 있지만, 스파크에서 지원하는 언어 API로 비정형 SQL을 실행할 수도 있습니다. 이를 위해 `SparkSession` 객체의 `sql` 메서드를 사용합니다. 처리된 결과는 DataFrame을 반환합니다. 예를 들어 파이썬이나 스칼라에서는 다음과 같은 코드를 실행할 수 있습니다.

4 http://bit.ly/2DFlcrL

```
spark.sql("SELECT 1 + 1").show()
```

spark.sql("SELECT 1 + 1") 명령은 프로그래밍 방식으로 평가할 수 있는 DataFrame을 반환합니다. 다른 트랜스포메이션과 마찬가지로 즉시 실행되지 않고 지연 처리됩니다. 또한 DataFrame을 사용하는 것보다 SQL 코드로 표현하기 훨씬 쉬운 트랜스포메이션이기 때문에 엄청나게 강력한 인터페이스입니다.

함수에 여러 줄로 구성된 문자열을 전달할 수 있으므로 여러 줄로 구성된 쿼리를 아주 간단히 표현할 수 있습니다. 예를 들어 파이썬이나 스칼라에서 다음과 같은 코드를 실행할 수 있습니다.

```
spark.sql("""SELECT user_id, department, first_name FROM professors
  WHERE department IN
    (SELECT name FROM department WHERE created_date >= '2016-01-01')""")
```

심지어 SQL과 DataFrame은 완벽하게 연동될 수 있으므로 더 강력합니다. 예를 들어 DataFrame을 생성하고 SQL을 사용해 처리할 수 있으며 그 결과를 다시 DataFrame으로 돌려받게 됩니다. 이러한 방식은 다양한 처리에 자주 사용하게 될 매우 효과적인 패턴 중 하나입니다.

```
// 스칼라 코드
spark.read.json("/data/flight-data/json/2015-summary.json")
  .createOrReplaceTempView("some_sql_view") // DataFrame을 SQL에서 사용할 수 있도록 처리

spark.sql("""
SELECT DEST_COUNTRY_NAME, sum(count)
FROM some_sql_view GROUP BY DEST_COUNTRY_NAME
""")
  .where("DEST_COUNTRY_NAME like 'S%'").where("`sum(count)` > 10")
  .count() // SQL의 결과를 DataFrame으로 반환

# 파이썬 코드
spark.read.json("/data/flight-data/json/2015-summary.json")\
  .createOrReplaceTempView("some_sql_view") # DataFrame을 SQL에서 사용할 수 있도록 처리

spark.sql("""
SELECT DEST_COUNTRY_NAME, sum(count)
FROM some_sql_view GROUP BY DEST_COUNTRY_NAME
```

```
""")\
  .where("DEST_COUNTRY_NAME like 'S%'").where("`sum(count)` > 10")\
  .count() # SQL의 결과를 DataFrame으로 반환
```

10.4.3 스파크 SQL 쓰리프트 JDBC/ODBC 서버

스파크는 자바 데이터베이스 연결Java Database Connectivity, JDBC 인터페이스를 제공합니다. 사용자나 원격 프로그램은 스파크 SQL을 실행하기 위해 이 인터페이스로 스파크 드라이버에 접속합니다. 비즈니스 분석가가 태블로Tableau 같은 비즈니스 인텔리전스 소프트웨어를 이용해 스파크에 접속하는 형태가 가장 대표적인 활용 사례입니다. 쓰리프트 JDBC/ODBCOpen Database Connectivity 서버는 하이브 1.2.1 버전의 HiveServer2에 맞추어 구현되어 있습니다. 스파크나 하이브 1.2.1 버전에 있는 beeline 스크립트를 이용해 JDBC 서버를 테스트해볼 수 있습니다.

JDBC/ODBC 서버를 시작하려면 스파크 디렉터리에서 다음 명령을 실행합니다.

```
./sbin/start-thriftserver.sh
```

이 스크립트는 `bin/spark-submit` 스크립트에서 사용할 수 있는 모든 명령행 옵션을 지원합니다. 쓰리프트 서버의 전체 설정 옵션을 확인하려면 `./sbin/start-thriftserver.sh --help` 명령을 실행합니다. 쓰리프트 서버는 기본적으로 localhost:10000 주소를 사용합니다. 환경변수나 시스템 속성을 지정해 쓰리프트 서버의 주소를 변경할 수 있습니다.

환경변수는 다음과 같이 설정합니다.

```
export HIVE_SERVER2_THRIFT_PORT=<listening-port>
export HIVE_SERVER2_THRIFT_BIND_HOST=<listening-host>
./sbin/start-thriftserver.sh \
  --master <master-uri> \
  ...
```

시스템 속성은 다음과 같이 설정합니다.

```
./sbin/start-thriftserver.sh \
  --hiveconf hive.server2.thrift.port=<listening-port> \
  --hiveconf hive.server2.thrift.bind.host=<listening-host> \
  --master <master-uri>
  ...
```

서버가 시작되면 다음 명령을 사용해 접속 테스트를 합니다.

```
./bin/beeline
beeline> !connect jdbc:hive2://localhost:10000
```

beeline은 사용자 이름과 비밀번호를 요구합니다. 비보안 모드의 경우에는 단순히 로컬 사용자 이름을 입력하며 비밀번호는 입력하지 않아도 됩니다. 보안 모드의 경우에는 beeline 문서에서 제시하는 방법을 따라야 합니다.[5]

10.5 카탈로그

스파크 SQL에서 가장 높은 추상화 단계는 카탈로그catalog입니다. 카탈로그는 테이블에 저장된 데이터에 대한 메타데이터뿐만 아니라 데이터베이스, 테이블, 함수 그리고 뷰에 대한 정보를 추상화합니다. 카탈로그는 `org.apache.spark.sql.catalog.Catalog` 패키지로 사용할 수 있습니다. 카탈로그는 테이블, 데이터베이스 그리고 함수를 조회하는 등 여러 가지 유용한 함수를 제공합니다. 이와 관련된 내용은 잠시 후에 알아보겠습니다. 매우 명확한 내용이기 때문에 코드 예제는 생략했지만 스파크 SQL을 사용하는 또 다른 방식의 프로그래밍 인터페이스입니다. 이 장에서는 SQL 실행만 다루겠습니다. 따라서 프로그래밍 방식의 인터페이스를 사용하는 경우라면 `spark.sql` 함수를 사용해 관련 코드를 실행할 수 있다는 점을 기억해두세요.

5 https://bit.ly/2N8dLy9

10.6 테이블

스파크 SQL을 사용해 유용한 작업을 수행하려면 먼저 테이블을 정의해야 합니다. 테이블은 명령을 실행할 데이터의 구조라는 점에서 DataFrame과 논리적으로 동일합니다. 테이블을 사용해 9장에서 알아본 조인, 필터링, 집계 등 여러 데이터 변환 작업을 수행할 수 있습니다. DataFrame은 프로그래밍 언어로 정의하지만 테이블은 데이터베이스에서 정의합니다. 스파크에서 테이블을 생성하면 **default** 데이터베이스에 등록됩니다.

스파크 2.x 버전에서 테이블은 **항상 데이터를 가지고 있다**는 점을 반드시 기억해야 합니다. 임시 테이블의 개념이 없으며 데이터를 가지지 않은 뷰만 존재합니다. 테이블을 제거하면 모든 데이터가 제거되므로 조심해야 합니다.

10.6.1 스파크 관리형 테이블

관리형 테이블과 **외부 테이블**의 개념은 반드시 기억해두어야 합니다. 테이블은 두 가지 중요한 정보를 저장합니다. 테이블의 데이터와 테이블에 대한 데이터, 즉 **메타데이터**입니다. 스파크는 데이터뿐만 아니라 파일에 대한 메타데이터를 관리할 수 있습니다. 디스크에 저장된 파일을 이용해 테이블을 정의하면 외부 테이블을 정의하는 겁니다. DataFrame의 `saveAsTable` 메서드는 스파크가 관련된 모든 정보를 추적할 수 있는 관리형 테이블을 만들 수 있습니다.

`saveAsTable` 메서드는 테이블을 읽고 데이터를 스파크 포맷으로 변환한 후 새로운 경로에 저장합니다. 새로운 실행 계획에 이러한 동작이 반영되어 있음을 알 수 있으며, 하이브의 기본 웨어하우스 경로에 데이터를 저장하는 것을 확인할 수 있습니다. 데이터 저장 경로를 변경하려면 SparkSession을 생성할 때 `spark.sql.warehouse.dir` 속성에 원하는 디렉터리 경로를 설정합니다. 기본 저장 경로는 `/user/hive/warehouse`입니다.

저장 경로 하위에서 데이터베이스 목록을 확인할 수 있습니다. 스파크는 데이터베이스 개념도 존재합니다. 10.8절 '데이터베이스'에서 자세히 알아보겠습니다. `show tables IN` *`databaseName`* 쿼리를 사용해 특정 데이터베이스의 테이블을 확인할 수도 있습니다. 쿼리에서 *`databaseName`* 부분은 테이블을 조회할 데이터베이스 이름을 나타냅니다.

신규 클러스터나 로컬 모드에서 실행하면 빈 테이블 목록을 반환합니다.

10.6.2 테이블 생성하기

다양한 데이터소스를 사용해 테이블을 생성할 수 있습니다. 스파크는 SQL에서 전체 데이터소스 API를 재사용할 수 있는 독특한 기능을 지원합니다. 즉, 테이블을 정의한 다음 테이블에 데이터를 적재할 필요가 없습니다. 스파크는 실행 즉시 테이블을 생성합니다. 파일에서 데이터를 읽을 때 모든 종류의 정교한 옵션을 지정할 수도 있습니다. 예를 들어 9장에서 사용한 항공운항 데이터를 읽는 방법은 다음과 같습니다.

```
CREATE TABLE flights (
  DEST_COUNTRY_NAME STRING, ORIGIN_COUNTRY_NAME STRING, count LONG)
USING JSON OPTIONS (path '/data/flight-data/json/2015-summary.json')
```

> **USING과 STORED AS 구문**
>
> 위 예제에서 USING 구문은 매우 중요합니다. 포맷을 지정하지 않으면 스파크는 기본적으로 하이브 SerDe 설정을 사용합니다. 하이브 SerDe는 스파크의 자체 직렬화보다 훨씬 느리므로 테이블을 사용하는 Reader와 Writer 성능에 영향을 미칩니다. 하이브 사용자는 STORED AS 구문으로 하이브 테이블을 생성할 수 있습니다.

테이블의 특정 컬럼에 코멘트comment를 추가해 다른 개발자의 이해를 도울 수 있습니다.

```
CREATE TABLE flights_csv (
  DEST_COUNTRY_NAME STRING,
  ORIGIN_COUNTRY_NAME STRING COMMENT "remember, the US will be most prevalent",
  count LONG)
USING csv OPTIONS (header true, path '/data/flight-data/csv/2015-summary.csv')
```

또한 SELECT 쿼리의 결과를 이용해 테이블을 생성할 수도 있습니다.[6]

```
REATE TABLE flights_from_select USING parquet AS SELECT * FROM flights
```

또한 테이블이 없는 경우에만 생성하도록 지정할 수도 있습니다.

---

6 옮긴이_ 예제에 나온 방식을 CTAS(Create Table ... As ... Select ...) 패턴이라고 부릅니다. 특정 테이블에서 원하는 데이터만 추출해 새로운 테이블을 생성하는 경우 이 패턴을 많이 사용합니다. 원시 데이터가 저장된 스파크 테이블에서 특정 컬럼을 추출하여 새로운 테이블에 저장해야 한다면 CTAS 패턴을 사용할 수 있습니다.

NOTE_ 앞 예제에서는 USING 구문을 사용해 포맷을 명시적으로 지정하지 않았으므로 하이브 호환 테이블을 만들게 됩니다. 또한 다음과 같은 쿼리를 사용할 수도 있습니다.

```
CREATE TABLE IF NOT EXISTS flights_from_select
  AS SELECT * FROM flights
```

마지막으로 9장에서 알아본 것처럼 파티셔닝된 데이터셋을 저장해 데이터 레이아웃을 제어할 수 있습니다.

```
CREATE TABLE partitioned_flights USING parquet PARTITIONED BY (DEST_COUNTRY_NAME)
AS SELECT DEST_COUNTRY_NAME, ORIGIN_COUNTRY_NAME, count FROM flights LIMIT 5
```

스파크에 접속한 세션에서도 생성된 테이블을 사용할 수 있습니다. 임시 테이블 개념은 현재 스파크에 존재하지 않습니다. 사용자는 임시 뷰를 만들어 이 기능을 사용할 수 있습니다. 자세한 내용은 10.7절 '뷰'를 참조하세요.

10.6.3 외부 테이블 생성하기

이 장 서두에서 언급했듯이 하이브는 초기 빅데이터 SQL 시스템 중 하나였습니다. 그리고 스파크 SQL은 완벽하게 하이브 SQL[HiveQL]과 호환됩니다. 기존 하이브 쿼리문을 스파크 SQL로 변환해야 하는 상황을 만날 수도 있습니다. 다행히도 대부분의 하이브 쿼리문을 스파크 SQL에서 바로 사용할 수 있습니다. 다음은 **외부 테이블**을 생성하는 예제입니다. 스파크는 외부 테이블의 메타데이터를 관리합니다. 하지만 데이터 파일은 스파크에서 관리하지 않습니다. CREATE EXTERNAL TABLE 구문을 사용해 외부 테이블을 생성할 수 있습니다.

다음 구문을 사용해 예제 데이터에 미리 저장된 데이터 파일의 내용을 테이블 형태로 볼 수 있습니다.

```
CREATE EXTERNAL TABLE hive_flights (
  DEST_COUNTRY_NAME STRING, ORIGIN_COUNTRY_NAME STRING, count LONG)
ROW FORMAT DELIMITED FIELDS TERMINATED BY ',' LOCATION '/data/flight-data-hive/'
```

또한 SELECT 쿼리의 결과를 이용해 외부 테이블을 생성할 수도 있습니다.

```
CREATE EXTERNAL TABLE hive_flights_2
ROW FORMAT DELIMITED FIELDS TERMINATED BY ','
LOCATION '/data/flight-data-hive/' AS SELECT * FROM flights
```

10.6.4 테이블에 데이터 삽입하기

데이터 삽입은 표준 SQL 문법을 따릅니다.

```
INSERT INTO flights_from_select
  SELECT DEST_COUNTRY_NAME, ORIGIN_COUNTRY_NAME, count FROM flights LIMIT 20
```

특정 파티션에만 저장하고 싶은 경우 파티션 명세를 추가할 수도 있습니다. 쓰기 연산은 파티셔닝 스키마에 맞게 데이터를 저장합니다(따라서 위 예제의 쿼리가 매우 느리게 동작할 수 있습니다). 하지만 마지막 파티션에만 데이터 파일이 추가됩니다.

```
INSERT INTO partitioned_flights
  PARTITION (DEST_COUNTRY_NAME=“UNITED STATES”)
  SELECT count, ORIGIN_COUNTRY_NAME FROM flights
  WHERE DEST_COUNTRY_NAME=‘UNITED STATES’ LIMIT 12
```

10.6.5 테이블 메타데이터 확인하기

테이블 생성 시 코멘트를 추가할 수 있습니다. 추가된 코멘트를 확인하려면 DESCRIBE 구문을 사용합니다. DESCRIBE 구문은 테이블의 메타데이터 정보를 반환합니다.

```
DESCRIBE TABLE flights_csv
```

다음 명령을 사용해 파티셔닝 스키마 정보도 확인할 수 있습니다. 이 명령은 파티션된 테이블에서만 동작합니다.

```
SHOW PARTITIONS partitioned_flights
```

10.6.6 테이블 메타데이터 갱신하기

테이블 메타데이터를 유지하는 것은 가장 최신의 데이터셋을 읽고 있다는 것을 보장할 수 있는 중요한 작업입니다. 테이블 메타데이터를 갱신할 수 있는 두 가지 명령이 있습니다. `REFRESH TABLE` 구문은 테이블과 관련된 모든 캐싱된 항목(기본적으로 파일)을 갱신합니다. 테이블이 이미 캐싱되어 있다면 다음번 스캔이 동작하는 시점에 다시 캐싱합니다.

```
REFRESH table partitioned_flights
```

또 다른 명령은 카탈로그에서 관리하는 테이블의 파티션 정보를 새로 고치는 `REPAIR TABLE`입니다. 이 명령은 새로운 파티션 정보를 수집하는 데 초점을 맞춥니다. 예를 들어 수동으로 신규 파티션을 만든다면 테이블을 수리repair해야 합니다.

```
MSCK REPAIR TABLE partitioned_flights
```

10.6.7 테이블 제거하기

테이블은 삭제delete할 수 없습니다. 오로지 제거drop만 할 수 있습니다. `DROP` 키워드를 사용해 테이블을 제거합니다. 관리형 테이블(예: `flights_csv`)을 제거하면 데이터와 테이블 정의 모두 제거됩니다.

```
DROP TABLE flights_csv;
```

CAUTION_ 테이블을 제거하면 테이블의 데이터가 모두 삭제되므로 매우 신중하게 작업해야 합니다.

존재하지 않는 테이블을 제거하려하면 오류가 발생합니다. 테이블이 존재하는 경우에만 제거하려면 `DROP TABLE IF EXISTS` 구문을 사용해야 합니다.

```
DROP TABLE IF EXISTS flights_csv;
```

CAUTION_ 다시 한번 강조하지만 테이블을 제거하면 테이블의 데이터가 모두 삭제되므로 매우 신중하게 작업해야 합니다.

외부 테이블 제거하기

외부 테이블(예: hive_flights)을 제거하면 데이터는 삭제되지 않지만, 더는 외부 테이블명을 이용해 데이터를 조회할 수 없습니다.

10.6.8 테이블 캐싱하기

DataFrame에서처럼 테이블을 캐시하거나 캐시에서 제거할 수 있습니다.

```
CACHE TABLE flights
```

캐시에서 제거하는 방법은 다음과 같습니다.

```
UNCACHE TABLE FLIGHTS
```

10.7 뷰

지금까지 테이블을 생성하는 방법을 알아보았습니다. 이제 뷰를 정의해보겠습니다. 뷰는 기존 테이블에 여러 트랜스포메이션 작업을 지정합니다. 기본적으로 뷰는 단순 쿼리 실행 계획일 뿐입니다. 뷰를 사용하면 쿼리 로직을 체계화하거나 재사용하기 편하게 만들 수 있습니다. 스파크는 뷰와 관련된 다양한 개념을 가지고 있습니다. 뷰는 데이터베이스에 설정하는 전역 뷰나 세션별 뷰가 될 수 있습니다.

10.7.1 뷰 생성하기

최종 사용자에게 뷰는 테이블처럼 보입니다. 신규 경로에 모든 데이터를 다시 저장하는 대신 단순하게 쿼리 시점에 데이터소스에 트랜스포메이션을 수행합니다. filter, select 또는 대규모 GROUP BY, ROLLUP 같은 트랜스포메이션이 이에 해당합니다. 다음은 목적지가 United States인 항공운항 데이터를 보기 위한 뷰를 생성하는 예제입니다.

```
CREATE VIEW just_usa_view AS
  SELECT * FROM flights WHERE dest_country_name = 'United States'
```

테이블처럼 데이터베이스에 등록되지 않고 현재 세션에서만 사용할 수 있는 임시 뷰를 만들 수 있습니다.

```
CREATE TEMP VIEW just_usa_view_temp AS
  SELECT * FROM flights WHERE dest_country_name = 'United States'
```

전역적 임시 뷰global temp view도 만들 수 있습니다. 전역적 임시 뷰는 데이터베이스에 상관없이 사용할 수 있으므로 전체 스파크 애플리케이션에서 볼 수 있습니다. 하지만 세션이 종료되면 뷰도 사라집니다.

```
CREATE GLOBAL TEMP VIEW just_usa_global_view_temp AS
  SELECT * FROM flights WHERE dest_country_name = 'United States'

SHOW TABLES
```

다음 예제에 나오는 키워드를 사용해 생성된 뷰를 덮어쓸 수 있습니다. 임시 뷰와 일반 뷰 모두 덮어쓸 수 있습니다.

```
CREATE OR REPLACE TEMP VIEW just_usa_view_temp AS
  SELECT * FROM flights WHERE dest_country_name = 'United States'
```

이제 다른 테이블과 동일한 방식으로 뷰를 사용할 수 있습니다.

```
SELECT * FROM just_usa_view_temp
```

뷰는 실질적으로 트랜스포메이션이며 스파크는 쿼리가 실행될 때만 뷰에 정의된 트랜스포메이션을 수행합니다. 즉, 테이블의 데이터를 실제로 조회하는 경우에만 필터를 적용합니다. 사실 뷰는 기존 DataFrame에서 새로운 DataFrame을 만드는 것과 동일합니다.

스파크 DataFrame과 스파크 SQL로 생성된 쿼리 실행 계획을 비교해 확인할 수 있습니다. DataFrame에서는 다음 코드를 사용합니다.

```
val flights = spark.read.format("json")
  .load("/data/flight-data/json/2015-summary.json")
val just_usa_df = flights.where("dest_country_name = 'United States'")
just_usa_df.selectExpr("*").explain
```

SQL 사용 시 다음과 같은 쿼리를 실행합니다.

```
EXPLAIN SELECT * FROM just_usa_view
```

다음 쿼리를 사용할 수도 있습니다.

```
EXPLAIN SELECT * FROM flights WHERE dest_country_name = 'United States'
```

따라서 DataFrame이나 SQL 중 가장 편한 방법을 선택해서 사용하면 됩니다.

10.7.2 뷰 제거하기

테이블을 제거하는 것과 동일한 방식으로 뷰를 제거할 수 있습니다. 단지 제거하려는 대상을 테이블이 아닌 **뷰**로 지정하기만 하면 됩니다. 뷰와 테이블 제거의 핵심 차이점은 뷰는 어떤 데이터도 제거되지 않으며 뷰 정의만 제거된다는 겁니다.

```
DROP VIEW IF EXISTS just_usa_view;
```

10.8 데이터베이스

데이터베이스는 여러 테이블을 조직화하기 위한 도구입니다. 앞서 언급했듯이 데이터베이스를 정의하지 않으면 스파크는 기본 데이터베이스를 사용합니다. 스파크에서 실행하는 모든 SQL 명령문은 사용 중인 데이터베이스 범위에서 실행됩니다. 즉, 데이터베이스를 변경하면 이전에 생성한 모든 사용자 테이블이 변경하기 전의 데이터베이스에 속해 있으므로 기존 테이블 데이터를 조회하려면 다르게 쿼리해야 합니다.[7]

> **CAUTION_** 특히 동료와 동일한 컨텍스트나 세션을 공유하는 경우 혼란을 일으킬 수 있으므로 사용할 데이터베이스를 반드시 설정해야 합니다.

다음 명령을 사용해 전체 데이터베이스 목록을 확인할 수 있습니다.

```
SHOW DATABASES
```

10.8.1 데이터베이스 생성하기

데이터베이스를 생성하는 방법은 다른 예제에서 사용한 방식과 동일한 패턴을 따릅니다. 다만 CREATE DATABASE 키워드를 사용해야 합니다.

```
CREATE DATABASE some_db
```

10.8.2 데이터베이스 설정하기

USE 키워드 다음에 데이터베이스명을 붙여서 쿼리 수행에 필요한 데이터베이스를 설정할 수 있습니다.

```
USE some_db
```

7 옮긴이_ 쿼리에서 테이블 이름 앞에 데이터베이스 이름을 붙이는 방식을 사용할 수 있습니다.

모든 쿼리는 테이블 이름을 찾을 때 앞서 지정한 데이터베이스를 참조합니다. 하지만 다른 데이터베이스를 지정했기 때문에 정상 동작하던 쿼리가 실패하거나 다른 결과를 반환할 수도 있습니다.

```
SHOW tables

SELECT * FROM flights -- 테이블이나 뷰를 찾을 수 없으므로 에러 발생
```

그러나 올바른 접두사를 사용해 다른 데이터베이스의 테이블에 쿼리를 수행할 수 있습니다.

```
SELECT * FROM default.flights
```

다음 명령을 사용해 현재 어떤 데이터베이스를 사용 중인지 확인할 수 있습니다.

```
SELECT current_database()
```

다음 명령을 사용해 기본 데이터베이스로 돌아갈 수 있습니다.

```
USE default;
```

10.8.3 데이터베이스 제거하기

데이터베이스를 삭제하거나 제거하는 것도 마찬가지로 쉽습니다. DROP DATABASE 키워드를 사용하기만 하면 됩니다.

```
DROP DATABASE IF EXISTS some_db;
```

10.9 select 구문

스파크 쿼리는 다음과 같이 ANSI-SQL 요건을 충족합니다. 또한 SELECT 표현식의 구조를 확인할 수 있습니다.

```
SELECT [ALL|DISTINCT] named_expression[, named_expression, ...]
    FROM relation[, relation, ...]
    [lateral_view[, lateral_view, ...]]
    [WHERE boolean_expression]
    [aggregation [HAVING boolean_expression]]
    [ORDER BY sort_expressions]
    [CLUSTER BY expressions]
    [DISTRIBUTE BY expressions]
    [SORT BY sort_expressions]
    [WINDOW named_window[, WINDOW named_window, ...]]
    [LIMIT num_rows]

named_expression:
    : expression [AS alias]

relation:
    | join_relation
    | (table_name|query|relation) [sample] [AS alias]
    : VALUES (expressions)[, (expressions), ...]
          [AS (column_name[, column_name, ...])]

expressions:
    : expression[, expression, ...]

sort_expressions:
    : expression [ASC|DESC][, expression [ASC|DESC], ...]
```

10.9.1 case...when...then 구문

SQL 쿼리의 값을 조건에 맞게 변경해야 할 수도 있습니다. case...when...then...end 구문을 사용해 조건에 맞는 처리를 할 수 있습니다. 이 구문은 프로그래밍의 if 구문과 동일한 처리를 합니다.

```
SELECT
  CASE WHEN DEST_COUNTRY_NAME = 'UNITED STATES' THEN 1
       WHEN DEST_COUNTRY_NAME = 'Egypt' THEN 0
       ELSE -1 END
FROM partitioned_flights
```

10.10 고급 주제

지금까지 데이터가 어디에 존재하는지, 어떻게 구성해야 하는지 알아보았습니다. 이제 데이터를 쿼리하는 방법을 알아보겠습니다. SQL 쿼리는 특정 명령 집합을 실행하도록 요청하는 SQL 구문입니다. SQL 구문은 조작, 정의, 제어와 관련된 명령을 정의할 수 있습니다. 이 책에서는 대부분 조작과 관련된 내용을 다룹니다.

10.10.1 복합 데이터 타입

복합 데이터 타입은 표준 SQL과는 거리가 있으며 표준 SQL에는 존재하지 않는 매우 강력한 기능입니다. 이를 SQL에서 어떻게 적절하게 처리하는지 이해할 필요가 있습니다. 스파크 SQL에는 구조체, 리스트, 맵 세 가지 핵심 복합 데이터 타입이 존재합니다.

구조체

구조체는 맵에 더 가까우며 스파크에서 중첩 데이터를 생성하거나 쿼리하는 방법을 제공합니다. 구조체를 만들기 위해서는 여러 컬럼이나 표현식을 괄호로 묶기만 하면 됩니다.

```
CREATE VIEW IF NOT EXISTS nested_data AS
  SELECT (DEST_COUNTRY_NAME, ORIGIN_COUNTRY_NAME) as country, count FROM flights
```

이제 다음과 같은 방법을 사용해 구조체 데이터를 조회할 수 있습니다.

```
SELECT * FROM nested_data
```

구조체의 개별 컬럼을 조회할 수도 있습니다. 점dot을 사용하기만 하면 됩니다.

```
SELECT country.DEST_COUNTRY_NAME, count FROM nested_data
```

구조체의 이름과 모든 하위 컬럼을 지정해 모든 값을 조회할 수 있습니다. 진짜 하위 컬럼은 아니지만 모든 것을 마치 컬럼처럼 다룰 수 있기 때문에 다음과 같이 더 간단한 방법을 사용할 수도 있습니다.

```
SELECT country.*, count FROM nested_data
```

리스트

프로그래밍 언어의 리스트에 익숙하다면 스파크 SQL의 리스트도 어색하지 않을 겁니다. 값의 배열이나 리스트는 여러 가지 방법으로 생성할 수 있습니다. 값의 리스트를 만드는 collect_list 함수나 중복 값이 없는 배열을 만드는 collect_set 함수를 사용할 수 있습니다. 두 함수 모두 집계 함수이므로 집계 연산 시에만 사용할 수 있습니다.

```
SELECT DEST_COUNTRY_NAME as new_name, collect_list(count) as flight_counts,
  collect_set(ORIGIN_COUNTRY_NAME) as origin_set
FROM flights GROUP BY DEST_COUNTRY_NAME
```

다음 예제처럼 컬럼에 직접 배열을 생성할 수 있습니다.

```
SELECT DEST_COUNTRY_NAME, ARRAY(1, 2, 3) FROM flights
```

파이썬 방식과 유사한 배열 쿼리 구문을 사용해 리스트의 특정 위치의 데이터를 쿼리할 수 있습니다.

```
SELECT DEST_COUNTRY_NAME as new_name, collect_list(count)[0]
FROM flights GROUP BY DEST_COUNTRY_NAME
```

explode 함수를 사용해 배열을 다시 여러 로우로 변환할 수 있습니다. 예제를 위해 이전 쿼리를 이용해 신규 뷰를 먼저 생성하겠습니다.

```
CREATE OR REPLACE TEMP VIEW flights_agg AS
  SELECT DEST_COUNTRY_NAME, collect_list(count) as collected_counts
  FROM flights GROUP BY DEST_COUNTRY_NAME
```

복합 데이터 타입 컬럼에 explode 함수를 사용해 저장된 배열의 모든 값을 단일 로우 형태로 분해합시다. DEST_COUNTRY_NAME은 배열의 모든 값에 중복되어 표시됩니다. explode 함수는

collect 함수와는 정확히 반대로 동작하기 때문에 collect 함수 실행 전 DataFrame과 동일한 결과를 반환합니다.

```
SELECT explode(collected_counts), DEST_COUNTRY_NAME FROM flights_agg
```

10.10.2 함수

스파크 SQL은 복합 데이터 타입 외에도 다양한 고급 함수를 제공합니다. DataFrame 함수 문서[8]에서 모든 함수를 찾아볼 수 있습니다. 그러나 SQL에서도 이러한 함수를 찾는 방법이 있습니다. 스파크 SQL이 제공하는 전체 함수 목록을 확인하려면 SHOW FUNCTIONS 구문을 사용합니다.

```
SHOW FUNCTIONS
```

스파크에 내장된 시스템 함수나 사용자 함수 중 어떤 유형의 함수 목록을 보고 싶은지 명확하게 지정할 수도 있습니다.

```
SHOW SYSTEM FUNCTIONS
```

사용자 함수는 누군가가 스파크 환경에 공개한 함수입니다. 이전에 설명한 사용자 정의 함수와 동일합니다. 사용자 정의 함수를 만드는 방법은 다음 절에서 자세히 알아보겠습니다.

```
SHOW USER FUNCTIONS
```

모든 SHOW 명령에 와일드카드 문자(*)가 포함된 문자열을 사용하여 결과를 필터링할 수 있습니다. 예를 들어 's'로 시작하는 모든 함수를 필터링하는 방법은 다음과 같습니다.

```
SHOW FUNCTIONS "s*";
```

8 http://bit.ly/2DPAycx

LIKE 키워드를 선택적으로 사용할 수도 있습니다.

```
SHOW FUNCTIONS LIKE "collect*";
```

함수 목록을 확인하는 것은 매우 유용합니다. 개별 함수에 대해 더 자세히 알고 싶다면 DESCRIBE 키워드를 사용합니다. DESCRIBE 키워드는 함수 설명과 사용법을 반환합니다.[9]

사용자 정의 함수

스파크는 사용자 정의 함수를 정의하고 분산 환경에서 사용할 수 있는 기능을 제공합니다. 특정 언어를 사용해 함수를 개발한 다음 등록하여 함수를 정의할 수 있습니다.

```
def power3(number:Double):Double = number * number * number
spark.udf.register("power3", power3(_:Double):Double)

SELECT count, power3(count) FROM flights
```

하이브의 CREATE TEMPORARY FUNCTION 구문을 사용해 함수를 등록할 수도 있습니다.

10.10.3 서브쿼리

서브쿼리subquery를 사용하면 쿼리 안에 쿼리를 지정할 수 있습니다. 이 기능을 사용하면 SQL에서 정교한 로직을 명시할 수 있습니다. 스파크에는 두 가지 기본 서브쿼리가 있습니다. **상호연관 서브쿼리**correlated subquery는 서브쿼리의 정보를 보완하기 위해 쿼리의 외부 범위에 있는 일부 정보를 사용할 수 있습니다. **비상호연관 서브쿼리**uncorrelated subquery는 외부 범위에 있는 정보를 사용하지 않습니다. 이러한 쿼리 모두 하나(스칼라 서브쿼리) 이상의 결과를 반환할 수 있습니다. 스파크는 값에 따라 필터링할 수 있는 **조건절 서브쿼리**predicate subquery도 지원합니다.

비상호연관 조건절 서브쿼리

예를 들어 조건절 서브쿼리를 살펴보겠습니다. 예제는 두 개의 **비상호연관 쿼리**로 구성되어 있습니다. 첫 번째 비상호연관 쿼리는 데이터 중 상위 5개의 목적지 국가 정보를 조회합니다.

9 옮긴이_ DESCRIBE FUNCTION <함수명> 형식으로 사용합니다.

```
SELECT dest_country_name FROM flights
GROUP BY dest_country_name ORDER BY sum(count) DESC LIMIT 5
```

쿼리 결과는 다음과 같습니다.

```
+----------------+
|dest_country_name|
+----------------+
|    United States|
|           Canada|
|           Mexico|
|   United Kingdom|
|            Japan|
+----------------+
```

이제 서브쿼리를 필터 내부에 배치하고 이전 예제의 결과에 출발지 국가 정보가 존재하는지 확인할 수 있습니다.

```
SELECT * FROM flights
WHERE origin_country_name IN (SELECT dest_country_name FROM flights
      GROUP BY dest_country_name ORDER BY sum(count) DESC LIMIT 5)
```

이 쿼리는 쿼리의 외부 범위에 있는 어떤 관련 정보도 사용하고 있지 않으므로 비상호연관 관계입니다. 이러한 쿼리는 독자적으로 실행할 수 있습니다.

상호연관 조건절 서브쿼리

상호연관 조건절 서브쿼리는 내부 쿼리에서 외부 범위에 있는 정보를 사용할 수 있습니다. 예를 들어 목적지 국가에서 되돌아올 수 있는 항공편이 있는지 알고 싶다면 목적지 국가를 출발지 국가로, 출발지 국가를 목적지 국가로 하여 항공편이 있는지 확인합니다.

```
SELECT * FROM flights f1
WHERE EXISTS (SELECT 1 FROM flights f2
            WHERE f1.dest_country_name = f2.origin_country_name)
AND EXISTS (SELECT 1 FROM flights f2
            WHERE f2.dest_country_name = f1.origin_country_name)
```

EXISTS 키워드는 서브쿼리에 값이 존재하면 true를 반환합니다. 앞에 NOT 연산자를 붙여 결과를 뒤집을 수도 있습니다. 만약 NOT 연산자를 사용했다면 돌아올 수 없는 목적지로 가는 항공편 정보를 반환합니다.

비상호연관 스칼라 쿼리

비상호연관 스칼라 쿼리uncorrelated scalar query를 사용하면 기존에 없던 일부 부가 정보를 가져올 수 있습니다. 예를 들어 데이터셋 count 컬럼의 최댓값을 결과에 포함하고 싶은 경우 다음과 같은 쿼리를 사용할 수 있습니다.

```
SELECT *, (SELECT max(count) FROM flights) AS maximum FROM flights
```

10.11 다양한 기능

스파크 SQL에는 지금까지 알아본 내용과 잘 들어맞지 않는 몇 가지 특징이 존재합니다. 특별한 순서 없이 설명하겠습니다. SQL 코드의 성능 최적화나 디버깅이 필요한 경우 이러한 내용이 관련될 수 있습니다.

10.11.1 설정

[표 10-1]에 나열한 것처럼 스파크 SQL 애플리케이션과 관련된 몇 가지 환경 설정값이 있습니다. 이러한 설정값은 셔플 파티션 수를 조정하는 것처럼 애플리케이션 초기화 시점이나 애플리케이션 실행 시점에 설정할 수 있습니다.

표 10-1 스파크 SQL 환경 설정

속성명	기본값	의미
spark.sql.inMemoryColumnarStorage.compressed	true	이 값을 true로 설정하면 스파크 SQL은 데이터 통계를 기반으로 각 컬럼에 대한 압축 코덱을 자동으로 선택합니다.
spark.sql.inMemoryColumnarStorage.batchSize	10000	컬럼 기반의 캐싱에 대한 배치 크기를 조절합니다. 배치 크기가 클수록 메모리 사용량과 압축 성능이 향상되지만, 데이터 캐싱 시 OutOfMemoryError(OOM)가 발생할 위험이 있습니다.

속성명	기본값	의미
spark.sql.files.maxPartitionBytes	134217728 (128MB)	파일을 읽을 때 단일 파티션에 할당할 수 있는 최대 바이트 수를 정의합니다.
spark.sql.files.openCostInBytes	4194304 (4MB)	동시에 스캔할 수 있는 바이트 수. 파일을 여는 데 드는 예상 비용을 측정하는 데 사용됩니다. 이 값은 다수의 파일을 파티션에 넣을 때 사용됩니다. 작은 파일을 많이 가진 파티션이 더 큰 파일(먼저 작업이 예정된 파일)을 가진 파티션보다 더 좋은 성능을 낼 수 있도록 넉넉한 값을 설정하는 편이 좋습니다.
spark.sql.broadcastTimeout	300	브로드캐스트 조인 시 전체 워커 노드로 전파할 때 기다릴 최대 시간을 초(second) 단위로 정의합니다.
spark.sql.autoBroadcastJoinThreshold	10485760 (10MB)	조인 시 전체 워커 노드로 전파될 테이블의 최대 크기를 바이트 단위로 설정합니다. 이 값을 -1로 설정하면 브로드캐스트 조인을 비활성화합니다. 현재 `ANALYZE TABLE COMPUTE STATISTICS noscan` 명령이 실행된 하이브 메타스토어에 정의된 테이블만 통계를 사용할 수 있습니다.
spark.sql.shuffle.partitions	200	조인이나 집계 수행에 필요한 데이터를 셔플링할 때 사용할 파티션 수를 설정합니다.

10.11.2 SQL에서 설정값 지정하기

SQL 설정은 15장에서 자세히 알아보겠습니다. 여기서는 맛보기로 SQL을 사용해 환경을 설정하는 방법을 알아보겠습니다. 스파크 SQL과 관련된 설정만 가능하며 셔플 파티션 수를 지정하는 방법은 다음과 같습니다.

```
SET spark.sql.shuffle.partitions=20
```

10.12 정리

스파크 SQL과 DataFrame은 매우 밀접하게 연관되어 있습니다. 약간의 문법 수정만으로도 이 책의 거의 모든 예제를 실행해볼 수 있다는 사실을 깨달았을 겁니다. 이 장에서는 스파크 SQL과 관련된 세부사항을 자세히 알아보았습니다. 다음 장에서는 Dataset을 집중적으로 알아보겠습니다.

CHAPTER 11

Dataset

Dataset은 구조적 API의 기본 데이터 타입입니다. 앞에서 이미 DataFrame을 다루었습니다. DataFrame은 `Row` 타입의 Dataset[1]입니다. 그리고 스파크가 지원하는 다양한 언어에서 사용할 수 있습니다. Dataset은 자바 가상 머신을 사용하는 언어인 스칼라와 자바에서만 사용할 수 있습니다. Dataset을 사용해 데이터셋의 각 로우를 구성하는 객체를 정의합니다. 스칼라에서는 스키마가 정의된 케이스 클래스 객체를 사용해 Dataset을 정의합니다. 자바에서는 자바 빈 객체를 사용해 Dataset을 정의합니다. 스파크 유경험자들은 '타입형 API'라고 부르기도 합니다. 자세한 내용은 4장을 참조하세요.

스파크는 `StringType`, `BigIntType`, `StructType`과 같은 다양한 데이터 타입을 제공합니다. 또한 스파크가 지원하는 다양한 언어의 `String`, `Integer` 그리고 `Double`과 같은 데이터 타입을 스파크의 특정 데이터 타입으로 매핑할 수 있습니다. DataFrame API를 사용할 때 `String`이나 `Integer` 데이터 타입의 객체를 생성하지는 않지만 스파크는 `Row` 객체를 변환해 데이터를 처리합니다. 사실 스칼라나 자바를 사용할 때 모든 DataFrame은 `Row` 타입의 Dataset을 의미합니다. 도메인별 특정 객체를 효과적으로 지원하기 위해 '인코더encoder'라 부르는 특수 개념이 필요합니다. 인코더는 도메인별 특정 객체 T를 스파크의 내부 데이터 타입으로 매핑하는 시스템을 의미합니다.

1 옮긴이_ 스파크 소스 코드 중 org/apache/spark/sql/package.scala 파일을 보면 `type DataFrame = Dataset[Row]`로 선언되어 있습니다.

예를 들어 name(string)과 age(int) 두 개의 필드를 가진 Person 클래스가 있다고 가정하겠습니다. 인코더는 런타임 환경에서 Person 객체를 바이너리 구조로 직렬화하는 코드를 생성하도록 스파크에 지시합니다. DataFrame이나 '표준' 구조적 API를 사용한다면 Row 타입을 직렬화된 바이너리 구조로 변환합니다. 도메인에 특화된 객체를 만들어 사용하려면 스칼라의 케이스 클래스(case class) 또는 자바의 자바빈(JavaBean) 형태로 사용자 정의 데이터 타입을 정의해야 합니다. 스파크에서는 Row 타입 대신 사용자가 정의한 데이터 타입을 분산 방식으로 다룰 수 있습니다.

Dataset API를 사용한다면 스파크는 데이터셋에 접근할 때마다 Row 포맷이 아닌 사용자 정의 데이터 타입으로 변환합니다. 이 변환 작업은 느리긴 하지만 사용자에게 더 많은 유연성을 제공할 수 있습니다. 사용자 정의 데이터 타입을 사용하면 성능이 나빠지게 됩니다. 파이썬으로 만든 사용자 정의 함수와 비슷한 상황으로 볼 수도 있으나 자릿수가 다를 정도로 사용자 정의 함수가 훨씬 더 느립니다. 그 이유는 프로그래밍 언어를 전환하는 것이 사용자 정의 데이터 타입을 사용하는 것보다 훨씬 더 느리기 때문입니다. 중요한 부분이므로 반드시 기억하기 바랍니다.

11.1 Dataset을 사용할 시기

'Dataset을 사용하면 성능이 떨어진다는데 사용할 필요가 있을까?'라는 생각이 들 수도 있습니다. 다음은 Dataset을 사용해야 하는 두 가지 이유입니다.

- DataFrame 기능만으로는 수행할 연산을 표현할 수 없는 경우
- 성능 저하를 감수하더라도 타입 안정성(type-safe)을 가진 데이터 타입을 사용하고 싶은 경우

Dataset을 사용해야 하는 이유를 자세히 알아보겠습니다. 구조적 API를 사용해 표현할 수 없는 몇 가지 작업이 있습니다. 흔하진 않지만, 복잡한 비즈니스 로직을 SQL이나 DataFrame 대신 단일 함수로 인코딩해야 하는 경우가 있습니다. 이런 경우 Dataset을 사용하는 것이 적합합니다. 또한 Dataset API는 타입 안정성이 있습니다. 예를 들어 두 문자열을 사용해 뺄셈 연산을 하는 것처럼 데이터 타입이 유효하지 않은 작업은 런타임이 아닌 컴파일 타임에 오류가 발생합니다. 만약 정확도와 방어적 코드를 가장 중요시한다면 성능을 조금 희생하더라도 Dataset을 사용하는 것이 좋은 선택이 될 수 있습니다. Dataset API를 사용하면 잘못된 데이

터로부터 애플리케이션을 보호할 수는 없지만 보다 우아하게 데이터를 제어하고 구조화할 수 있습니다.

단일 노드의 워크로드와 스파크 워크로드에서 전체 로우에 대한 다양한 트랜스포메이션을 재사용하려면 Dataset을 사용하는 것이 적합합니다. 스칼라를 사용해본 경험이 있다면 스파크의 API는 스칼라 Sequence 타입의 API가 일부 반영되어 있지만 분산 방식으로 동작한다는 것을 알 수 있을 겁니다. 사실 스칼라의 창시자인 마틴 오더스키Martin Odersky가 2015년에 유럽에서 열린 스파크 서밋Spark Summit에서 그렇게 말했습니다.[2] 결국 Dataset을 사용하는 장점 중 하나는 로컬과 분산 환경의 워크로드에서 재사용할 수 있다는 겁니다. 케이스 클래스로 구현된 데이터 타입을 사용해 모든 데이터와 트랜스포메이션을 정의하면 재사용할 수 있습니다. 또한 올바른 클래스와 데이터 타입이 지정된 DataFrame을 로컬 디스크에 저장하면 다음 처리 과정에서 사용할 수 있어 더 쉽게 데이터를 다룰 수 있습니다.

더 적합한 워크로드를 만들기 위해 DataFrame과 Dataset을 동시에 사용해야 할 때가 있습니다. 하지만 성능과 타입 안정성 중 하나는 반드시 희생할 수밖에 없습니다. 이러한 방식은 대량의 DataFrame 기반의 ETL 트랜스포메이션의 마지막 단계에서 사용할 수 있습니다. 예를 들어 드라이버로 데이터를 수집해 단일 노드의 라이브러리로 수집된 데이터를 처리하는 경우입니다. 반대로 트랜스포메이션의 첫 번째 단계에서 사용할 수도 있습니다. 예를 들어 스파크 SQL에서 필터링 전에 로우 단위로 데이터를 파싱하는 경우입니다.

11.2 Dataset 생성

Dataset을 생성하는 것은 수동 작업이므로 정의할 스키마를 미리 알고 있어야 합니다.

11.2.1 자바: Encoders

자바 인코더(`Encoders`)는 매우 간단합니다. 데이터 타입 클래스를 정의한 다음 DataFrame(`Dataset<Row>` 타입의)에 지정해 인코딩할 수 있습니다.

---

2 http://bit.ly/2NFqKGZ

```
import org.apache.spark.sql.Encoders;

public class Flight implements Serializable{
  String DEST_COUNTRY_NAME;
  String ORIGIN_COUNTRY_NAME;
  Long DEST_COUNTRY_NAME;
}

Dataset<Flight> flights = spark.read
  .parquet("/data/flight-data/parquet/2010-summary.parquet/")
  .as(Encoders.bean(Flight.class));
```

11.2.2 스칼라: 케이스 클래스

스칼라에서 Dataset을 생성하려면 스칼라 `case class` 구문을 사용해 데이터 타입을 정의해야 합니다. 케이스 클래스는 다음과 같은 특징을 가진 정규 클래스regular class입니다.

- 불변성
- 패턴 매칭으로 분해 가능
- 참조값 대신 클래스 구조를 기반으로 비교
- 사용하기 쉽고 다루기 편함

이러한 특징으로 케이스 클래스를 판별할 수 있으므로 데이터 분석 시 매우 유용합니다. 케이스 클래스는 불변성을 가지며 값 대신 구조로 비교할 수 있습니다.

스칼라 문서[3]는 케이스 클래스를 다음과 같이 설명합니다.

- 불변성이므로 객체들이 언제 어디서 변경되었는지 추적할 필요가 없습니다.
- 값으로 비교하면 인스턴스를 마치 원시(primitive) 데이터 타입의 값처럼 비교합니다. 그러므로 클래스 인스턴스가 값으로 비교되는지, 참조로 비교되는지 더는 불확실해하지 않아도 됩니다.
- 패턴 매칭은 로직 분기를 단순화해 버그를 줄이고 가독성을 좋게 만듭니다.

스파크에서 케이스 클래스를 사용할 때도 이러한 장점은 유지됩니다.

Dataset을 생성하기 위해 예제 데이터셋 중 하나를 `case class`로 정의합니다.

3 https://bit.ly/2xdwSfd

```
case class Flight(DEST_COUNTRY_NAME: String,
                  ORIGIN_COUNTRY_NAME: String, count: BigInt)
```

앞서 데이터셋의 레코드를 표현할 case class를 정의했습니다. 즉, Flight 데이터 타입의 Dataset을 생성했습니다. Flight 데이터 타입은 스키마만 정의되어 있을 뿐 아무런 메서드도 정의되어 있지 않습니다. 데이터를 읽으면 DataFrame이 반환됩니다. 그리고 as 메서드를 사용해 Flight 데이터 타입으로 변환합니다.

```
val flightsDF = spark.read
  .parquet("/data/flight-data/parquet/2010-summary.parquet/")
val flights = flightsDF.as[Flight]
```

11.3 액션

지금까지 Dataset의 강력한 힘을 보았습니다. 하지만 Dataset과 DataFrame에 collect, take 그리고 count 같은 액션을 적용할 수 있다는 사실이 더 중요하니 반드시 기억하기 바랍니다.

```
flights.show(2)

+-----------------+-------------------+-----+
|DEST_COUNTRY_NAME|ORIGIN_COUNTRY_NAME|count|
+-----------------+-------------------+-----+
|    United States|            Romania|    1|
|    United States|            Ireland|  264|
+-----------------+-------------------+-----+
```

또한 케이스 클래스에 실제로 접근할 때 어떠한 데이터 타입도 필요하지 않다는 사실을 알고 있어야 합니다. case class의 속성명을 지정하면 속성에 맞는 값과 데이터 타입 모두를 반환합니다.

```
flights.first.DEST_COUNTRY_NAME // United States
```

11.4 트랜스포메이션

Dataset의 트랜스포메이션은 DataFrame과 동일합니다. DataFrame의 모든 트랜스포메이션은 Dataset에서 사용할 수 있습니다.

Dataset을 사용하면 원형의 JVM 데이터 타입을 다루기 때문에 DataFrame만 사용해서 트랜스포메이션을 수행하는 것보다 좀 더 복잡하고 강력한 데이터 타입으로 트랜스포메이션을 사용할 수 있습니다. 원형 객체를 다루는 방법을 설명하기 위해 이전 예제에서 만든 Dataset에 필터를 적용해보겠습니다.

11.4.1 필터링

`Flight` 클래스를 파라미터로 사용해 불리언값을 반환하는 함수를 만들어보겠습니다. 불리언값은 출발지와 도착지가 동일한지 나타냅니다. 이 함수는 사용자 정의 함수(스파크 SQL은 예제와 같은 방식으로 사용자 정의 함수를 정의합니다)가 아닌 일반 함수입니다.

TIP 다음 예제에서는 필터가 정의된 **함수**를 생성합니다. 이 방식은 지금까지 했던 방식과는 다르므로 매우 중요합니다. 스파크는 정의된 함수를 사용해 모든 로우를 평가합니다. 따라서 매우 많은 자원을 사용합니다. 그러므로 단순 필터라면 SQL 표현식을 사용하는 것이 좋습니다. SQL 표현식을 사용하면 데이터 필터링 비용이 크게 줄어들 뿐만 아니라 다음 처리 과정에서 Dataset으로 데이터를 다룰 수 있습니다.

```
def originIsDestination(flight_row: Flight): Boolean = {
  return flight_row.ORIGIN_COUNTRY_NAME == flight_row.DEST_COUNTRY_NAME
}
```

위에서 정의한 함수를 `filter` 메서드에 적용해 각 행이 `true`를 반환하는지 평가하고 데이터셋을 필터링할 수 있습니다.

```
flights.filter(flight_row => originIsDestination(flight_row)).first()
```

결과는 다음과 같습니다.

```
Flight = Flight(United States,United States,348113)
```

이 함수는 스파크 코드에서 호출하지 않아도 됩니다. 스파크 코드에서 사용하기 전에 사용자 정의 함수처럼 로컬 머신의 데이터를 대상으로 테스트할 수 있습니다.

예를 들어 다음 예제의 데이터셋은 드라이버에 모을 수 있을 만큼 아주 작기 때문에 동일한 필터 연산을 수행할 수 있습니다.

```
flights.collect().filter(flight_row => originIsDestination(flight_row))
```

결과는 다음과 같습니다.

```
Array[Flight] = Array(Flight(United States,United States,348113))
```

함수를 사용했을 때와 동일한 결과가 반환됩니다.

11.4.2 매핑

필터링은 단순한 트랜스포메이션입니다. 때로는 특정 값을 다른 값으로 매핑mapping해야 합니다. 이전 예제에서 함수를 정의하면서 이미 매핑 작업을 해봤습니다. 정의한 함수는 Flight 데이터 타입을 입력으로 사용해 불리언값을 반환합니다. 하지만 실무에서는 값을 추출하거나 값을 비교하는 것과 같은 정교한 처리가 필요합니다.

Dataset을 다루는 가장 간단한 예제는 로우의 특정 컬럼값을 추출하는 겁니다. DataFrame에 매핑 작업을 수행하는 것은 Dataset의 select 메서드를 사용하는 것과 같습니다. 다음은 목적지 컬럼을 추출하는 예제입니다.

```
val destinations = flights.map(f => f.DEST_COUNTRY_NAME)
```

최종적으로 String 데이터 타입의 Dataset을 반환합니다. 스파크는 결과로 반환할 JVM 데이터 타입을 알고 있기 때문에 컴파일 타임에 데이터 타입의 유효성을 검사할 수 있습니다.

드라이버는 결괏값을 모아 문자열 타입의 배열로 반환합니다.

```
val localDestinations = destinations.take(5)
```

매핑 작업은 사소하고 불필요하다고 생각할 수 있습니다. DataFrame을 사용해도 대다수 매핑 작업을 수행할 수 있습니다. 사실 매핑 작업보다 더 많은 장점을 얻을 수 있으므로 DataFrame을 사용할 것을 추천합니다. DataFrame을 사용하면 코드 생성 기능과 같은 장점을 얻습니다. 하지만 매핑 작업을 사용한다면 훨씬 정교하게 로우 단위로 처리할 수 있습니다.

11.5 조인

조인은 DataFrame에서와 마찬가지로 Dataset에도 동일하게 적용됩니다. 하지만 Dataset은 `joinWith`처럼 정교한 메서드를 제공합니다. `joinWith` 메서드는 co-group(RDD 용어)과 거의 유사하며 Dataset 안쪽에 다른 두 개의 중첩된 Dataset으로 구성됩니다. 각 컬럼은 단일 Dataset이므로 Dataset 객체를 컬럼처럼 다룰 수 있습니다. 그러므로 조인 수행 시 더 많은 정보를 유지할 수 있으며 고급 맵이나 필터처럼 정교하게 데이터를 다룰 수 있습니다.

`joinWith` 메서드를 설명하기 위해 가짜 항공운항 메타데이터 Dataset을 생성합시다.

```
case class FlightMetadata(count: BigInt, randomData: BigInt)

val flightsMeta = spark.range(500).map(x => (x, scala.util.Random.nextLong))
  .withColumnRenamed("_1", "count").withColumnRenamed("_2", "randomData")
  .as[FlightMetadata]

val flights2 = flights
  .joinWith(flightsMeta, flights.col("count") === flightsMeta.col("count"))
```

최종적으로 로우는 `Flight`와 `FlightMetadata`로 이루어진 일종의 키-값 형태의 Dataset을 반환합니다. Dataset이나 복합 데이터 타입의 DataFrame으로 데이터를 조회할 수 있습니다.

```
flights2.selectExpr("_1.DEST_COUNTRY_NAME")
```

이전 예제처럼 드라이버로 데이터를 모은 다음 결과를 반환합니다.

```
flights2.take(2)

Array[(Flight, FlightMetadata)] = Array((Flight(United States,Romania,1),...
```

일반 조인 역시 아주 잘 동작합니다. 하지만 DataFrame을 반환하므로 JVM 데이터 타입 정보를 모두 잃게 됩니다.

```
val flights2 = flights.join(flightsMeta, Seq("count"))
```

이 정보를 다시 얻으려면 다른 Dataset을 정의해야 합니다. DataFrame과 Dataset을 조인하는 것은 아무런 문제가 되지 않으며 최종적으로 동일한 결과를 반환합니다.

```
val flights2 = flights.join(flightsMeta.toDF(), Seq("count"))
```

11.6 그룹화와 집계

그룹화와 집계는 이전 장에서 보았던 것과 동일한 기본 표준을 따르므로 groupBy, rollup 그리고 cube 메서드를 여전히 사용할 수 있습니다. 하지만 Dataset 대신 DataFrame을 반환하기 때문에 데이터 타입 정보를 잃게 됩니다.

```
flights.groupBy("DEST_COUNTRY_NAME").count()
```

데이터 타입 정보를 잃는 것은 그다지 큰 문제는 아니지만, 이를 유지할 수 있는 그룹화와 집계 방법이 있습니다. 한 가지 예로 groupByKey 메서드는 Dataset의 특정 키를 기준으로 그룹화하고 형식화된 Dataset을 반환합니다. 하지만 이 함수는 컬럼명 대신 함수를 파라미터로 사용해야 합니다. 따라서 다음 예제와 같이 훨씬 더 정교한 그룹화 함수를 사용할 수 있습니다.

```
flights.groupByKey(x => x.DEST_COUNTRY_NAME).count()
```

groupByKey 메서드의 파라미터로 함수를 사용함으로써 유연성을 얻을 수 있습니다. 하지만 스파크는 함수와 JVM 데이터 타입을 최적화할 수 없으므로 트레이드오프가 발생합니다. 이로 인해 성능 차이가 발생할 수 있으며 실행 계획으로 그 이유를 확인할 수 있습니다. 다음 예제는 groupByKey 메서드를 사용해 DataFrame에 새로운 컬럼을 추가한 다음 그룹화를 수행합니다.

```
flights.groupByKey(x => x.DEST_COUNTRY_NAME).count().explain

== Physical Plan ==
*HashAggregate(keys=[value#1396], functions=[count(1)])
+- Exchange hashpartitioning(value#1396, 200)
   +- *HashAggregate(keys=[value#1396], functions=[partial_count(1)])
      +- *Project [value#1396]
         +- AppendColumns <function1>, newInstance(class ...
         [staticinvoke(class org.apache.spark.unsafe.types.UTF8String, ...
            +- *FileScan parquet [D...
```

Dataset의 키를 이용해 그룹화를 수행한 다음 결과를 키-값 형태로 함수에 전달해 원시 객체 형태로 그룹화된 데이터를 다룰 수 있습니다.

```
def grpSum(countryName:String, values: Iterator[Flight]) = {
  values.dropWhile(_.count < 5).map(x => (countryName, x))
}
flights.groupByKey(x => x.DEST_COUNTRY_NAME).flatMapGroups(grpSum).show(5)

+--------+--------------------+
|      _1|                  _2|
+--------+--------------------+
|Anguilla|[Anguilla,United ...|
|Paraguay|[Paraguay,United ...|
|  Russia|[Russia,United St...|
| Senegal|[Senegal,United S...|
|  Sweden|[Sweden,United St...|
+--------+--------------------+

def grpSum2(f:Flight):Integer = {
  1
}
flights.groupByKey(x => x.DEST_COUNTRY_NAME).mapValues(grpSum2).count().take(5)
```

다음 예제처럼 새로운 처리 방법을 생성해 그룹을 축소[reduce]하는 방법을 정의할 수 있습니다.

```
def sum2(left:Flight, right:Flight) = {
  Flight(left.DEST_COUNTRY_NAME, null, left.count + right.count)
}
flights.groupByKey(x => x.DEST_COUNTRY_NAME).reduceGroups((l, r) => sum2(l, r))
  .take(5)
```

groupByKey 메서드는 동일한 결과를 반환하지만 데이터 스캔 직후에 집계를 수행하는 groupBy 메서드에 비해 더 비싼 처리라는 것을 실행 계획으로 알 수 있습니다.

```
flights.groupBy("DEST_COUNTRY_NAME").count().explain

== Physical Plan ==
*HashAggregate(keys=[DEST_COUNTRY_NAME#1308], functions=[count(1)])
+- Exchange hashpartitioning(DEST_COUNTRY_NAME#1308, 200)
   +- *HashAggregate(keys=[DEST_COUNTRY_NAME#1308], functions=[partial_count(1)])
      +- *FileScan parquet [DEST_COUNTRY_NAME#1308] Batched: tru...
```

그러므로 사용자가 정의한 인코딩으로 세밀한 처리가 필요하거나 필요한 경우에만 Dataset의 groupByKey 메서드를 사용해야 합니다. Dataset은 빅데이터 처리 파이프라인의 처음과 끝 작업에서 주로 사용하게 될 겁니다.

11.7 정리

이 장에서는 Dataset의 기초와 Dataset 사용이 적합한 경우를 예제와 함께 알아보았습니다. 다시 말해, Dataset을 사용하기 위해 기본적으로 알아야 하는 모든 내용과 Dataset 사용 방법을 알아보았습니다. Dataset은 고수준의 구조적 API와 다음 장의 주제인 저수준 RDD API가 조합된 형태라고 생각하면 쉽게 이해할 수 있습니다.

Part III

저수준 API

스파크 2.0 버전에서 구조적 API가 나오면서 사용성과 성능이 더욱 향상된 것은 분명합니다. 하지만 그 이면엔 아파치 스파크의 핵심 개념인 RDD가 자리 잡고 있습니다. 3부에서는 저수준 API인 RDD의 개념과 장점을 알아보고 어떤 상황에서 RDD로 프로그래밍해야 하는지 알아보겠습니다. 또한 3부의 마지막 장(14장)에서는 다양한 목적으로 활용할 수 있는 유용한 도구인 분산형 공유 변수를 알아보겠습니다.

Part III

저수준 API

CHAPTER 12

RDD

2부에서는 스파크의 구조적 API를 알아보았습니다. 대부분의 상황에서는 구조적 API를 사용하는 것이 좋습니다. 그러나 비즈니스나 기술적 문제를 고수준(high-level) API를 사용해 모두 처리할 수 있는 것은 아닙니다. 이런 경우 스파크의 저수준 API를 사용해야 할 수도 있습니다. 스파크의 저수준 API는 RDD, SparkContext 그리고 어큐뮬레이터accumulator와 브로드캐스트 변수broadcast variable 같은 **분산형 공유 변수**distributed shared variables 등을 의미합니다. 3부에서는 저수준 API와 사용 방법을 알아보겠습니다.

> **CAUTION_** 스파크를 처음 시작하는 사용자라면 빠른 적응을 위해 2부 '구조적 API'를 먼저 살펴보는 것이 좋습니다.

12.1 저수준 API란

스파크에는 두 종류의 저수준 API가 있습니다. 하나는 분산 데이터 처리를 위한 RDD이며, 다른 하나는 브로드캐스트 변수와 어큐뮬레이터처럼 분산형 공유 변수를 배포하고 다루기 위한 API입니다.

12.1.1 저수준 API는 언제 사용할까

다음과 같은 상황에서 저수준 API를 사용합니다.

- 고수준 API에서 제공하지 않는 기능이 필요한 경우. 예를 들어 클러스터의 물리적 데이터의 배치를 아주 세밀하게 제어해야 하는 상황에서는 저수준 API가 필요합니다.
- RDD를 사용해 개발된 기존 코드를 유지해야 하는 경우
- 사용자가 정의한 공유 변수를 다뤄야 하는 경우. 공유 변수는 14장에서 자세히 알아보겠습니다.

위와 같은 상황에서만 저수준 API 기능을 사용해야 합니다. 그러나 스파크의 모든 워크로드는 저수준 기능을 사용하는 기초적인 형태로 컴파일되므로 이를 이해하는 것은 많은 도움이 될 수 있습니다. DataFrame 트랜스포메이션을 호출하면 실제로 다수의 RDD 트랜스포메이션으로 변환됩니다. 이러한 관계를 이해하면 점점 더 복잡해지는 워크로드를 디버깅하는 작업이 더욱 쉬워질 겁니다.

스파크를 잘 알고 있는 숙련된 개발자라 하더라도 구조적 API 위주로 사용하는 것이 좋습니다. 그러나 필요한 요건을 맞추기 위해 저수준 API를 사용해야 하는 경우가 발생할 수도 있습니다. 즉, 이전 버전의 스파크에서 자체 구현한 파티셔너partitioner를 사용하거나 데이터 파이프라인이 실행되는 동안 변숫값을 갱신하고 추적하는 데 저수준 API가 필요할 수 있습니다. 저수준 API는 세밀한 제어 방법을 제공하여 개발자가 치명적인 실수를 하지 않도록 도와주기도 합니다.

12.1.2 저수준 API는 어떻게 사용할까

SparkContext는 저수준 API 기능을 사용하기 위한 진입 지점입니다. 스파크 클러스터에서 연산을 수행하는 데 필요한 도구인 SparkSession을 이용해 SparkContext에 접근할 수 있습니다. SparkContext는 15장에서 더 자세히 알아보겠습니다. 지금은 다음 명령을 사용해 SparkContext에 접근할 수 있다는 사실만 알고 있으면 됩니다.

```
spark.sparkContext
```

12.2 RDD 개요

RDD는 스파크 1.x 버전의 핵심 API입니다. 스파크 2.x 버전에서도 사용할 수 있지만 잘 사용하지 않습니다. 그러나 앞서 언급했듯이 사용자가 실행한 모든 DataFrame이나 Dataset 코드는 RDD로 컴파일됩니다. 또한 18장에서 알아볼 스파크 UI에서 RDD 단위로 잡이 수행됨을 알 수 있습니다. 그러므로 적어도 RDD가 무엇인지, 어떻게 사용하는지 기본적으로 이해하고 있어야 합니다.

간단히 말해 RDD는 불변성을 가지며 병렬로 처리할 수 있는 파티셔닝된 레코드의 모음입니다. DataFrame의 각 레코드는 스키마를 알고 있는 필드로 구성된 구조화된 로우인 반면, RDD의 레코드는 그저 프로그래머가 선택하는 자바, 스칼라, 파이썬의 객체일 뿐입니다.

RDD의 모든 레코드는 자바나 파이썬의 객체이므로 완벽하게 제어할 수 있습니다. 이러한 객체에는 사용자가 원하는 포맷을 사용해 원하는 모든 데이터를 저장할 수 있습니다. 개발자는 강력한 제어권을 가질 수 있지만, 잠재적인 문제가 발생할 수 있습니다. 모든 값을 다루거나, 값 사이의 상호작용 과정을 반드시 수동으로 정의해야 합니다. 즉, 어떤 처리를 하더라도 '바퀴를 다시 발명reinvent the wheel'해야 합니다. 또한 구조적 API와는 다르게 레코드의 내부 구조를 스파크에서 파악할 수 없으므로 최적화를 하려면 훨씬 많은 수작업이 필요합니다. 예를 들어 스파크의 구조적 API는 자동으로 데이터를 최적화하고 압축된 바이너리 포맷으로 저장합니다. 반면 저수준 API에서 동일한 공간 효율성과 성능을 얻으려면 객체에 이런 포맷 타입을 구현해 모든 저수준 연산 과정에서 사용해야 합니다. 이와 유사하게 스파크 SQL에서 자동으로 수행되는 필터 재정렬과 집계 같은 최적화 기법도 직접 구현해야 합니다. 그러므로 스파크의 구조적 API를 사용할 것을 강력하게 권고합니다.

RDD API는 11장에서 알아본 Dataset과 유사하지만 RDD는 구조화된 데이터 엔진을 사용해 데이터를 저장하거나 다루지 않습니다. 하지만 RDD와 Dataset 사이의 전환은 매우 쉬우므로 두 API를 모두 사용해 각 API의 장점을 동시에 활용할 수 있습니다.

12.2.1 RDD 유형

스파크 API 문서를 살펴보면 RDD에 수많은 하위 클래스가 존재한다는 사실을 알 수 있습니다. RDD는 DataFrame API에서 최적화된 물리적 실행 계획을 만드는 데 대부분 사용됩니다.

사용자는 두 가지 타입의 RDD를 만들 수 있습니다. 하나는 '제네릭 RDD' 타입이고 다른 하나는 키 기반의 집계가 가능한 키-값 RDD입니다. 목적에 맞게 두 RDD 중 하나를 선택할 수 있습니다. 둘 다 객체의 컬렉션을 표현하지만 키-값 RDD는 특수 연산뿐만 아니라 키를 이용한 사용자 지정 파티셔닝 개념을 가지고 있습니다.

RDD를 명확히 정의해보겠습니다. 내부적으로 각 RDD는 다음 다섯 가지 주요 속성으로 구분됩니다.

- 파티션의 목록
- 각 조각을 연산하는 함수
- 다른 RDD와의 의존성 목록
- 부가적으로 키-값 RDD를 위한 Partitioner(예: RDD는 해시 파티셔닝되어 있다고 말할 수 있습니다)
- 부가적으로 각 조각을 연산하기 위한 기본 위치 목록(예: 하둡 분산 파일 시스템 파일의 블록 위치)

> **NOTE_** Partitioner는 RDD를 사용하는 주된 이유 중 하나일 겁니다. 올바른 사용자 정의 Partitioner를 사용한다면 성능과 안정성이 크게 향상될 수 있습니다. 이와 관련된 내용은 13장에서 키-값 쌍 RDD를 소개할 때 더 자세히 알아보겠습니다.

이러한 속성은 사용자 프로그램을 스케줄링하고 실행하는 스파크의 모든 처리 방식을 결정합니다. 각 RDD 유형은 앞서 나열한 각 속성에 대한 구현체를 가지고 있습니다. 사용자는 각 속성을 구현하여 새로운 데이터소스를 정의할 수도 있습니다.

RDD는 앞서 소개한 스파크 프로그래밍 패러다임을 그대로 따릅니다. RDD 역시 분산 환경에서 데이터를 다루는 데 필요한 지연 처리 방식의 **트랜스포메이션**과 즉시 실행 방식의 **액션**을 제공합니다. 그리고 DataFrame과 Dataset의 트랜스포메이션, 액션과 동일한 방식으로 동작합니다. 하지만 RDD에는 '로우'라는 개념이 없습니다. 개별 레코드는 자바, 스칼라, 파이썬 객체일 뿐이며 구조적 API에서 제공하는 여러 함수를 사용하지 못하기 때문에 수동으로 처리해야 합니다.

RDD API는 스칼라와 자바뿐만 아니라 파이썬에서도 사용할 수 있습니다. 스칼라와 자바를 사용하는 경우에는 대부분 비슷한 성능이 나오지만, 원형 객체를 다룰 때는 큰 성능 손실이 발생할 수 있습니다. 반면 파이썬을 사용해 RDD를 다룰 때는 상당한 성능 저하가 발생할 수 있습니다. 파이썬으로 RDD를 실행하는 것은 파이썬으로 만들어진 사용자 정의 함수를 사용해 로우마다 적용하는 것과 동일하다고 볼 수 있습니다. 6장에서 본 것처럼 직렬화 과정을 거친 데이터를 파이썬 프로세스에 전달하고, 파이썬에서 처리가 끝나면 다시 직렬화하여 자바 가상 머신에 반환합니다. 그러므로 파이썬을 사용해 RDD를 다룰 때는 높은 오버헤드가 발생합니다. 과거에는 많은 사람이 이러한 파이썬 코드를 운영 환경에서 많이 사용했습니다. 그러나 꼭 필요한 경우가 아니라면 파이썬에서도 구조적 API를 사용하는 것이 좋습니다.

12.2.2 RDD는 언제 사용할까

정말 필요한 경우가 아니라면 수동으로 RDD를 생성하면 안 됩니다. RDD는 많은 강점이 있지만 구조적 API가 제공하는 여러 최적화 기법을 사용할 수 없습니다. DataFrame은 RDD보다 더 효율적이고 안정적이며 표현력이 좋습니다.

물리적으로 분산된 데이터(자체적으로 구성한 데이터 파티셔닝)에 세부적인 제어가 필요할 때 RDD를 사용하는 것이 가장 적합합니다.

12.2.3 Dataset과 RDD의 케이스 클래스

Dataset과 케이스 클래스를 사용해서 만들어진 RDD의 차이점은 무엇일까? 이 질문을 인터넷에서 봤을 때 흥미로운 주제라고 생각했습니다. Dataset은 구조적 API가 제공하는 풍부한 기능과 최적화 기법을 제공한다는 것이 가장 큰 차이점입니다. Dataset을 사용하면 JVM 데이터 타입과 스파크 데이터 타입 중 어떤 것을 쓸지 고민하지 않아도 됩니다. 어떤 것을 사용하더라도 성능은 동일하므로 가장 쉽게 사용할 수 있고 유연하게 대응할 수 있는 데이터 타입을 선택하면 됩니다.

12.3 RDD 생성하기

지금까지 RDD의 주요 속성을 알아보았습니다. 이제 RDD를 사용하는 방법을 알아보겠습니다.

12.3.1 DataFrame, Dataset으로 RDD 생성하기

RDD를 얻을 수 있는 가장 쉬운 방법은 기존에 사용하던 DataFrame이나 Dataset을 이용하는 겁니다. 기존에 사용하던 DataFrame이나 Dataset의 rdd 메서드를 호출하면 쉽게 RDD로 변환할 수 있습니다. Dataset[T]를 RDD로 변환하면 데이터 타입 T를 가진 RDD를 얻을 수 있습니다. 이러한 처리 방식은 자바와 스칼라에서만 사용할 수 있습니다.

```
// 스칼라 코드: Dataset[Long]을 RDD[Long]으로 변환
spark.range(500).rdd
```

파이썬에는 DataFrame만 존재하며 Dataset을 사용할 수 없으므로 Row 타입의 RDD를 얻게 됩니다.

```
# 파이썬 코드
spark.range(10).rdd
```

위 예제에서 만들어진 데이터를 처리하려면 다음 예제처럼 Row 객체를 올바른 데이터 타입으로 변환하거나 Row 객체에서 값을 추출해야 합니다. 처리가 끝나면 Row 타입을 가진 RDD가 반환됩니다.

```
// 스칼라 코드
spark.range(10).toDF().rdd.map(rowObject => rowObject.getLong(0))

# 파이썬 코드
spark.range(10).toDF("id").rdd.map(lambda row: row[0])
```

RDD를 사용해 DataFrame이나 Dataset을 생성할 때도 동일한 방법을 사용합니다. RDD의 toDF 메서드를 호출하기만 하면 됩니다.

```
// 스칼라 코드
spark.range(10).rdd.toDF()

# 파이썬 코드
spark.range(10).rdd.toDF()
```

`rdd` 메서드는 `Row` 타입을 가진 RDD를 생성합니다. `Row` 타입은 스파크가 구조적 API에서 데이터를 표현하는 데 사용하는 내부 카탈리스트 포맷입니다. 이 기능을 사용하면 상황에 따라 구조적 API와 저수준 API 사이를 오고가게 만들 수 있습니다.

RDD API와 11장에서 알아본 Dataset API는 구조적 API가 제공하는 여러 가지 편리한 기능과 인터페이스를 가지고 있지 않으므로 매우 유사하게 느껴질 수 있습니다(RDD를 Dataset의 하위 표현 방식으로 여길 수도 있습니다).

12.3.2 로컬 컬렉션으로 RDD 생성하기

컬렉션 객체를 RDD로 만들려면 (SparkSession 안에 있는) `sparkContext`의 `parallelize` 메서드를 호출해야 합니다. 이 메서드는 단일 노드에 있는 컬렉션을 병렬 컬렉션으로 전환합니다. 또한 파티션 수를 명시적으로 지정할 수 있습니다. 다음 예제에서는 두 개의 파티션을 가진 병렬 컬렉션 객체를 만듭니다.

```
// 스칼라 코드
val myCollection = "Spark The Definitive Guide : Big Data Processing Made Simple"
  .split(" ")
val words = spark.sparkContext.parallelize(myCollection, 2)

# 파이썬 코드
myCollection = "Spark The Definitive Guide : Big Data Processing Made Simple"\
  .split(" ")
words = spark.sparkContext.parallelize(myCollection, 2)
```

RDD에 이름을 지정하면 스파크 UI에 지정한 이름으로 RDD가 표시됩니다.

```
// 스칼라 코드
words.setName("myWords")
words.name // 값은 "myWords"

# 파이썬 코드
words.setName("myWords")
words.name() # 값은 "myWords"
```

12.3.3 데이터소스로 RDD 생성하기

데이터소스나 텍스트 파일을 이용해 RDD를 직접 생성할 수도 있지만 DataSource API를 사용하는 것이 더 바람직합니다. RDD에는 DataFrame이 제공하는 'DataSource API'라는 개념이 없습니다. RDD는 주로 RDD 간의 의존성 구조와 파티션 목록을 정의합니다. DataSource API는 데이터를 읽는 가장 좋은 방법입니다. 또한 sparkContext를 사용해 데이터를 RDD로 읽을 수 있습니다. 다음은 줄 단위로 텍스트 파일을 읽는 예제입니다.

```
spark.sparkContext.textFile("/some/path/withTextFiles")
```

코드 예제는 여러 텍스트 파일의 각 줄을 레코드로 가진 RDD를 생성합니다. 또한 텍스트 파일 하나를 레코드로 읽어야 하는 경우도 있습니다. 예를 들어 커다란 JSON 객체나 어떤 문서로 구성된 파일을 개별 레코드로 처리해야 할 수도 있습니다.

```
spark.sparkContext.wholeTextFiles("/some/path/withTextFiles")
```

생성된 RDD에서 파일명은 첫 번째 객체인 RDD의 키가 되며, 텍스트 파일의 값은 두 번째 문자열 객체인 RDD의 값이 됩니다.

12.4 RDD 다루기

RDD를 다루는 방식은 DataFrame을 다루는 방식과 매우 유사합니다. 이전에도 이미 언급했듯이 RDD는 스파크 데이터 타입 대신 자바나 스칼라의 객체를 다룬다는 사실이 가장 큰 차이점입니다. 또한 연산을 단순화하는 '헬퍼' 메서드나 함수도 DataFrame에 비해 많이 부족합니다. 그러므로 필터, 맵 함수, 집계 그리고 DataFrame의 다양한 함수를 사용자가 직접 정의해야 합니다.

RDD에서 데이터를 다루는 방법을 알아보기 전에 이전 예제에서 만들었던 RDD(words)에 다양한 기능을 정의해보겠습니다.

12.5 트랜스포메이션

대부분의 RDD 트랜스포메이션은 구조적 API에서 사용할 수 있는 기능을 가지고 있습니다. DataFrame이나 Dataset과 동일하게 RDD에 **트랜스포메이션**을 지정해 새로운 RDD를 생성할 수 있습니다. 이때 RDD에 포함된 데이터를 다루는 함수에 따라 다른 RDD에 대한 의존성도 함께 정의합니다.

12.5.1 distinct

RDD의 distinct 메서드를 호출하면 RDD에서 중복된 데이터를 제거합니다.

```
words.distinct().count()
```

결괏값은 10입니다.

12.5.2 filter

필터링은 SQL의 where 조건절을 생성하는 것과 비슷합니다. RDD의 레코드를 모두 확인하고 조건 함수를 만족하는 레코드만 반환합니다. 조건 함수는 필터 함수로 동작하므로 불리언 타입을 반환해야 합니다. 모든 로우는 어떤 경우라도 입력값을 가지고 있어야 합니다. 다음 예제는 문자 'S'로 시작하는 단어만 남도록 RDD를 필터링합니다.

```
// 스칼라 코드
def startsWithS(individual:String) = {
  individual.startsWith("S")
}

# 파이썬 코드
def startsWithS(individual):
  return individual.startswith("S")
```

조건 함수를 정의했으니 데이터를 필터링할 차례입니다. 11장을 읽어본 독자라면 RDD 레코드별로 처리하는 함수를 사용해보았으므로 매우 친숙하게 느껴질 겁니다. 이 함수 역시 RDD의 각 레코드를 개별적으로 처리합니다.

```
// 스칼라 코드
words.filter(word => startsWithS(word)).collect()

# 파이썬 코드
words.filter(lambda word: startsWithS(word)).collect()
```

이 코드는 Spark와 Simple이라는 결과를 사용한 언어의 데이터 타입으로(Dataset API처럼) 반환합니다. 그 이유는 데이터를 Row 타입으로 강제 변환하거나 데이터를 수집한 다음 변환할 필요가 없기 때문입니다.

12.5.3 map

map 메서드는 11장에서 보았던 것과 동일한 작업을 합니다. 주어진 입력을 원하는 값으로 반환하는 함수를 명시하고 레코드별로 적용합니다. 설명을 위해 이전 예제와 유사한 처리를 수행해 보겠습니다. 예제에서는 현재 단어를 '단어', '단어의 시작 문자', '첫 문자가 S인지 아닌지' 순서로 매핑합니다.

다음 예제에서는 람다 구문을 사용해 함수를 한 줄로 정의했습니다.

```
// 스칼라 코드
val words2 = words.map(word => (word, word(0), word.startsWith("S")))

# 파이썬 코드
words2 = words.map(lambda word: (word, word[0], word.startswith("S")))
```

새로 만든 함수의 세 번째 반환값인 불리언값으로 필터링할 수 있습니다.

```
// 스칼라 코드
words2.filter(record => record._3).take(5)

# 파이썬 코드
words2.filter(lambda record: record[2]).take(5)
```

'Spark', 'S', 'true'와 'Simple', 'S', 'true'가 결과로 반환됩니다.

flatMap

flatMap 메서드는 map 함수의 확장 버전입니다. 때로는 단일 로우를 여러 로우로 변환해야 하는 경우가 있습니다. 예를 들어 flatMap 메서드를 사용해 단어word를 문자character 집합으로 변환할 수 있습니다. 각 단어는 여러 문자로 구성되어 있으므로 flatMap 메서드를 사용해 다수의 로우로 변환할 수 있습니다. flatMap은 확장 가능한 map 함수의 출력을 반복 처리할 수 있는 형태로 반환합니다.

```
// 스칼라 코드
words.flatMap(word => word.toSeq).take(5)

# 파이썬 코드
words.flatMap(lambda word: list(word)).take(5)
```

결과는 S, P, A, R, K입니다.

12.5.4 sortBy

RDD를 정렬하려면 sortBy 메서드를 사용합니다. 다른 RDD 작업과 마찬가지로 함수를 지정해 RDD의 데이터 객체에서 값을 추출한 다음 값을 기준으로 정렬합니다. 예를 들어 다음 예제는 단어 길이가 가장 긴 것부터 짧은 순으로 정렬합니다.

```
// 스칼라 코드
words.sortBy(word => word.length() * -1).take(2)

# 파이썬 코드
words.sortBy(lambda word: len(word) * -1).take(2)
```

12.5.5 randomSplit

randomSplit 메서드는 RDD를 임의로 분할해 RDD 배열을 만들 때 사용하며, 가중치와 난수 시드random seed로 구성된 배열을 파라미터로 사용합니다.

```
// 스칼라 코드
val fiftyFiftySplit = words.randomSplit(Array[Double](0.5, 0.5))

# 파이썬 코드
fiftyFiftySplit = words.randomSplit([0.5, 0.5])
```

위 코드는 개별로 다룰 수 있는 RDD 배열을 결과로 반환합니다.

12.6 액션

DataFrame과 Dataset에서 했던 것처럼 지정된 트랜스포메이션 연산을 시작하려면 액션을 사용합니다. 액션은 데이터를 드라이버로 모으거나 외부 데이터소스로 내보낼 수 있습니다.

12.6.1 reduce

RDD의 모든 값을 하나의 값으로 만들려면 reduce 메서드를 사용합니다. 예를 들어 정수형 집합이 주어졌다면 두 개의 입력값을 하나로 줄이는 함수를 사용해 합계를 구할 수 있습니다. 함수형 프로그래밍에 경험이 있다면 익숙한 개념일 겁니다.

```
// 스칼라 코드
spark.sparkContext.parallelize(1 to 20).reduce(_ + _) // 값은 210

# 파이썬 코드
spark.sparkContext.parallelize(range(1, 21)).reduce(lambda x, y: x + y) # 값은 210
```

단어 집합에서 가장 긴 단어를 찾는 예제는 reduce 메서드를 사용해 처리할 수 있습니다. 올바른 함수를 정의하는 것이 다음 예제의 핵심입니다.

```
// 스칼라 코드
def wordLengthReducer(leftWord:String, rightWord:String): String = {
  if (leftWord.length > rightWord.length)
    return leftWord
  else
```

```
    return rightWord
}

words.reduce(wordLengthReducer)

# 파이썬 코드
def wordLengthReducer(leftWord, rightWord):
  if len(leftWord) > len(rightWord):
    return leftWord
  else:
    return rightWord

words.reduce(wordLengthReducer)
```

wordLengthReducer 함수는 두 개의 입력값을 하나의 결과로 만들기 때문에 reduce 메서드를 설명하는 데 적합합니다. 파티션에 대한 리듀스 연산은 비결정적not deterministic[1] 특성을 가집니다. 따라서 단어의 길이가 10인 'definitive'나 'processing' 중 하나가 leftWord 변수에 할당될 수 있습니다. 즉, reduce 메서드를 실행할 때마다 다른 결과를 반환할 수 있습니다.

12.6.2 count

count 함수를 사용하면 RDD의 전체 로우 수를 알 수 있습니다.

```
words.count()
```

countApprox

이 함수의 반환 결과는 조금 이상해보일 수 있지만 꽤 정교한 편입니다. 이 함수는 앞서 알아본 count 함수의 근사치를 제한 시간 내에 계산합니다. 제한 시간을 초과하면 불완전한 결과를 반환할 수도 있습니다.

신뢰도(confidence)는 실제로 연산한 결과와의 오차율을 의미합니다. 즉, countApprox 메서드의 신뢰도를 0.9로 설정하고 반복적으로 호출하면 실제 연산 결과와 동일한 값이 90% 이상

1 옮긴이_ 비결정적은 원인이 동일하더라도 결과는 매번 달라질 수 있음을 의미합니다.

포함될 것으로 기대할 수 있습니다. 신뢰도는 [0,1] 범위의 값이어야 하며, 범위를 벗어나면 예외가 발생합니다.

```
val confidence = 0.95
val timeoutMilliseconds = 400
words.countApprox(timeoutMilliseconds, confidence)
```

countApproxDistinct

countApproxDistinct 메서드에는 streamlib 관련 논문인 「HyperLogLog 실전 활용: 최신 카디널리티 추정 알고리즘 엔지니어링HyperLogLog in Practice: Algorithmic Engineering of a State-of-the-Art Cardinality Estimation Algorithm」을 기반으로 한 두 가지 구현체가 있습니다.

countApproxDistinct 메서드의 첫 번째 구현체에서는 상대 정확도relative accuracy를 파라미터로 사용합니다. 이 값을 작게 설정하면 더 많은 메모리 공간을 사용하는 카운터가 생성됩니다. 설정값은 반드시 0.000017보다 커야 합니다.

```
words.countApproxDistinct(0.05)
```

다른 구현체를 사용하면 동작을 세부적으로 제어할 수 있습니다. 상대 정확도를 지정할 때 두 개의 파라미터를 사용합니다. 하나는 '일반regular' 데이터를 위한 파라미터이며, 다른 하나는 희소 표현을 위한 파라미터입니다.

두 인수 p와 sp는 정밀도와 희소 정밀도를 의미합니다. 상대 정확도는 대략 1.054 / sqrt(2^P)입니다. 카디널리티가 작을 때 0이 아닌 값(sp > p)을 설정하면 메모리 소비를 줄이면서 정확도를 증가시킬 수 있습니다. 두 파라미터 모두 정수 데이터 타입을 사용합니다.

```
words.countApproxDistinct(4, 10)
```

countByValue

이 메서드는 RDD 값의 개수를 구합니다. 하지만 결과 데이터셋을 드라이버의 메모리로 읽어 들여 처리합니다. 이 메서드를 사용하면 익스큐터의 연산 결과가 드라이버 메모리에 모두 적재

됩니다. 따라서 결과가 작은 경우에만 사용해야 합니다. 그러므로 이 메서드는 전체 로우 수나 고유 아이템 수가 작은 경우에만 사용하는 것이 좋습니다.

```
words.countByValue()
```

countByValueApprox

count 함수와 동일한 연산을 수행하지만 근사치를 계산합니다. 이 함수는 반드시 지정된 제한 시간(첫 번째 파라미터) 내에 처리해야 합니다. 제한 시간을 초과하면 불완전한 결과를 반환할 수 있습니다.

신뢰도는 실제로 연산한 결과와의 오차율을 의미합니다. 즉, countByValueApprox 메서드의 신뢰도를 0.9로 설정하고 반복적으로 호출하면 실제 연산 결과와 동일한 값이 90% 이상 포함될 것으로 기대할 수 있습니다. 신뢰도는 [0,1] 범위의 값이어야 하며, 범위를 벗어나면 예외가 발생합니다.

```
words.countByValueApprox(1000, 0.95)
```

12.6.3 first

first 메서드는 데이터셋의 첫 번째 값을 반환합니다.

```
words.first()
```

12.6.4 max와 min

max와 min 메서드는 각각 최댓값과 최솟값을 반환합니다.

```
spark.sparkContext.parallelize(1 to 20).max()
spark.sparkContext.parallelize(1 to 20).min()
```

12.6.5 take

take와 이것의 파생 메서드는 RDD에서 가져올 값의 개수를 파라미터로 사용합니다. 이 메서드는 먼저 하나의 파티션을 스캔합니다. 그다음에 해당 파티션의 결과 수를 이용해 파라미터로 지정된 값을 만족하는 데 필요한 추가 파티션 수를 예측합니다.

또한 takeOrdered, takeSample 그리고 top과 같은 다양한 유사 함수가 존재합니다. RDD에서 고정 크기의 임의 표본 데이터를 얻기 위해 takeSample 함수를 사용할 수 있습니다. takeSample 함수는 withReplacement, 임의 표본 수, 난수 시드값을 파라미터로 사용합니다. top 함수는 암시적implicit 순서에 따라 최상윗값을 선택한다는 점에서 takeOrdered 함수와는 반대되는 개념으로 볼 수 있습니다.

```
words.take(5)
words.takeOrdered(5)
words.top(5)
val withReplacement = true
val numberToTake = 6
val randomSeed = 100L
words.takeSample(withReplacement, numberToTake, randomSeed)
```

12.7 파일 저장하기

파일 저장은 데이터 처리 결과를 일반 텍스트 파일로 쓰는 것을 의미합니다. RDD를 사용하면 일반적인 의미의 데이터소스에 '저장'할 수 없습니다. 각 파티션의 내용을 저장하려면 전체 파티션을 순회하면서 외부 데이터베이스에 저장해야 합니다. 이 방식은 고수준 API의 내부 처리 과정을 저수준 API로 구현하는 접근법입니다. 스파크는 각 파티션의 데이터를 파일로 저장합니다.

12.7.1 saveAsTextFile

텍스트 파일로 저장하려면 경로를 지정해야 합니다. 필요한 경우 압축 코덱을 설정할 수도 있습니다.

```
words.saveAsTextFile("file:/tmp/bookTitle")
```

압축 코덱을 설정하려면 하둡에서 사용 가능한 코덱을 임포트해야 합니다. org.apache.hadoop.io.compress 라이브러리에서 지원하는 코덱을 찾을 수 있습니다.[2]

```
// 스칼라 코드
import org.apache.hadoop.io.compress.BZip2Codec

words.saveAsTextFile("file:/tmp/bookTitleCompressed", classOf[BZip2Codec])
```

12.7.2 시퀀스 파일

스파크는 하둡 에코시스템을 기반으로 성장했으므로 다양한 하둡 기능과 잘 호환됩니다. 시퀀스 파일은 바이너리 키-값 쌍으로 구성된 플랫 파일이며, 맵리듀스의 입출력 포맷으로 널리 사용됩니다.

스파크는 saveAsObjectFile 메서드나 명시적인 키-값 쌍 데이터 저장 방식을 이용해 시퀀스 파일을 작성할 수 있습니다.

```
words.saveAsObjectFile("/tmp/my/sequenceFilePath")
```

12.7.3 하둡 파일

데이터를 저장하는 데 사용할 수 있는 여러 가지 하둡 파일 포맷이 있습니다. 하둡 파일 포맷을 사용하면 클래스, 출력 포맷, 하둡 설정 그리고 압축 방식을 지정할 수 있습니다.[3] 이러한 하둡 파일 포맷은 하둡 에코시스템이나 기존의 맵리듀스 잡을 깊이 있게 다루는 경우가 아니라면 크게 관련이 없습니다.

2 https://bit.ly/2p3dnT3

3 포맷 관련 정보는 『하둡 완벽 가이드』(한빛미디어, 2017)를 참고하세요.

12.8 캐싱

RDD 캐싱에도 DataFrame이나 Dataset의 캐싱과 동일한 원칙이 적용됩니다. RDD를 캐시하거나 저장persist할 수 있습니다. 기본적으로 캐시와 저장은 메모리에 있는 데이터만을 대상으로 합니다. setName 함수를 사용하면 캐시된 RDD에 이름을 지정할 수 있습니다.

```
words.cache()
```

저장소 수준은 싱글턴 객체인 org.apache.spark.storage.StorageLevel의 속성(메모리, 디스크 또는 둘의 조합 그리고 오프힙off-heap 등이 있습니다) 중 하나로 지정할 수 있습니다.

저장소 수준을 지정하고 나면 다음 예제와 같이 저장소 수준을 조회할 수 있습니다. 저장소 수준은 20장에서 자세히 알아보겠습니다.

```
// 스칼라 코드
words.getStorageLevel

# 파이썬 코드
words.getStorageLevel()
```

12.9 체크포인팅

DataFrame API에서 사용할 수 없는 기능 중 하나는 **체크포인팅**checkpointing 개념입니다. 체크포인팅은 RDD를 디스크에 저장하는 방식입니다. 나중에 저장된 RDD를 참조할 때는 원본 데이터소스를 다시 계산해 RDD를 생성하지 않고 디스크에 저장된 중간 결과 파티션을 참조합니다. 이런 동작은 메모리에 저장하지 않고 디스크에 저장한다는 사실만 제외하면 캐싱과 유사합니다. 이 기능은 반복적인 연산 수행 시 매우 유용합니다.

```
spark.sparkContext.setCheckpointDir("/some/path/for/checkpointing")
words.checkpoint()
```

이제 words RDD를 참조하면 데이터소스의 데이터 대신 체크포인트에 저장된 RDD를 사용합니다. 이것은 유용한 최적화 기법입니다.

12.10 RDD를 시스템 명령으로 전송하기

pipe 메서드는 스파크의 흥미로운 메서드 중 하나입니다. pipe 메서드를 사용하면 파이핑 요소로 생성된 RDD를 외부 프로세스로 전달할 수 있습니다. 이때 외부 프로세스는 파티션마다 한 번씩 처리해 결과 RDD를 생성합니다. 각 입력 파티션의 모든 요소는 개행 문자 단위로 분할되어 여러 줄의 입력 데이터로 변경된 후 프로세스의 표준 입력stdin에 전달됩니다. 결과 파티션은 프로세스의 표준 출력stdout으로 생성됩니다. 이때 표준 출력의 각 줄은 출력 파티션의 하나의 요소가 됩니다. 비어 있는 파티션을 처리할 때도 프로세스는 실행됩니다.

사용자가 정의한 두 함수를 인수로 전달하면 출력 방식을 원하는 대로 변경할 수 있습니다.[4]

다음 예제는 각 파티션을 wc 명령에 연결할 수 있습니다. 각 로우는 신규 로우로 전달되므로 로우 수를 세면 각 파티션별 로우 수를 얻을 수 있습니다.

```
words.pipe("wc -l").collect()
```

위 예제에서는 파티션당 5개의 로우를 얻게 됩니다.

12.10.1 mapPartitions

이전 예제에서 스파크는 실제 코드를 실행할 때 파티션 단위로 동작한다는 사실을 알 수 있었습니다. 또한 map 함수에서 반환하는 RDD의 진짜 형태가 MapPartitionsRDD라는 사실을 이미 알아차렸을 수도 있습니다. map은 mapPartitions의 로우 단위 처리를 위한 별칭일 뿐입니다. mapPartitions는 개별 파티션(이터레이터로 표현)에 대해 map 연산을 수행할 수 있습니다. 그 이유는 클러스터에서 물리적인 단위로 개별 파티션을 처리하기 때문입니다(로우 단위로

4 옮긴이_ https://bit.ly/2OhgRwd

처리하지 않습니다). 다음은 데이터의 모든 파티션에 '1' 값을 생성하고 표현식에 따라 파티션 수를 세어 합산합니다.

```
// 스칼라 코드
words.mapPartitions(part => Iterator[Int](1)).sum() // 합계는 2입니다.

# 파이썬 코드
words.mapPartitions(lambda part: [1]).sum() # 합계는 2입니다.
```

이 메서드는 기본적으로 파티션 단위로 작업을 수행합니다. 따라서 **전체** 파티션에 대한 연산을 수행할 수 있습니다. RDD의 전체 하위 데이터셋에 원하는 연산을 수행할 수 있으므로 아주 유용한 기능입니다. 파티션 그룹의 전체 값을 단일 파티션으로 모은 다음 임의의 함수를 적용하고 제어할 수 있습니다. 한 가지 예로 사용자가 정의한 머신러닝 알고리즘으로 파티션을 연결하고 일부 기업 데이터를 이용해 개별 모델을 학습하는 상황을 들 수 있습니다. 페이스북 엔지니어들은 2017년 스파크 서밋 이스트[5]에서 특별한 pipe 연산자를 활용하는 흥미로운 데모를 시연했습니다.

mapPartitionsWithIndex 같이 mapPartitions와 유사한 기능을 제공하는 함수가 있습니다. mapPartitionsWithIndex 함수를 사용하려면 인덱스(파티션 범위의 인덱스)와 파티션의 모든 아이템을 순회하는 이터레이터를 가진 함수를 인수로 지정해야 합니다. 파티션 인덱스는 RDD의 파티션 번호입니다. 파티션 인덱스를 사용해 각 레코드가 속한 데이터셋이 어디에 있는지 알아낼 수 있습니다. 그리고 이 정보를 디버깅에 활용할 수 있습니다. 또한 이 기능을 이용해 map 함수가 정상적으로 동작하는지 시험해볼 수 있습니다.

```
// 스칼라 코드
def indexedFunc(partitionIndex:Int, withinPartIterator: Iterator[String]) = {
  withinPartIterator.toList.map(
    value => s"Partition: $partitionIndex => $value").iterator
}

words.mapPartitionsWithIndex(indexedFunc).collect()
```

5 https://bit.ly/2NdWVOo

```
# 파이썬 코드
def indexedFunc(partitionIndex, withinPartIterator):
  return ["partition: {} => {}".format(partitionIndex,
    x) for x in withinPartIterator]

words.mapPartitionsWithIndex(indexedFunc).collect()
```

12.10.2 foreachPartition

mapPartitions 함수는 처리 결과를 반환하지만 foreachPartition 함수는 파티션의 모든 데이터를 순회할 뿐 결과는 반환하지 않습니다. 즉, 반환값의 존재 여부가 두 함수의 차이점입니다. foreachPartition은 각 파티션의 데이터를 데이터베이스에 저장하는 것과 같이 개별 파티션에서 특정 작업을 수행하는 데 매우 적합한 함수입니다. 실제로 많은 데이터소스 커넥터에서 이 함수를 사용하고 있습니다. 다음은 임의로 생성한 ID를 이용해 임시 디렉터리에 결과를 저장하는 텍스트 파일 소스를 자체 구현한 예제입니다.

```
words.foreachPartition { iter =>

  import java.io._
  import scala.util.Random

  val randomFileName = new Random().nextInt()
  val pw = new PrintWriter(new File(s"/tmp/random-file-${randomFileName}.txt"))

  while (iter.hasNext) {
      pw.write(iter.next())
  }
  pw.close()

}
```

/tmp 디렉터리를 조회하면 두 개의 파일을 찾을 수 있습니다.

12.10.3 glom

glom 함수는 데이터셋의 모든 파티션을 배열로 변환하는 흥미로운 함수입니다. 이 기능은 데이터를 드라이버로 모으고 데이터가 존재하는 파티션의 배열이 필요한 경우에 매우 유용합니다. 하지만 파티션이 크거나 파티션 수가 많다면 드라이버가 비정상적으로 종료될 수 있으므로 심각한 안정성 문제를 일으킬 수도 있습니다.

다음은 입력된 단어를 두 개의 파티션에 개별적으로 할당하는 예제입니다.

```
// 스칼라 코드
spark.sparkContext.parallelize(Seq("Hello", "World"), 2).glom().collect()
// Array(Array(Hello), Array(World))

# 파이썬 코드
spark.sparkContext.parallelize(["Hello", "World"], 2).glom().collect()
# [['Hello'], ['World']]
```

12.11 정리

이 장에서는 단일 RDD를 처리하는 방법과 RDD API의 기초를 알아보았습니다. 다음 장에서는 조인과 키-값 RDD 같은 RDD 고급 개념을 알아보겠습니다.

CHAPTER 13

RDD 고급 개념

앞 장에서는 RDD를 다루기 위한 기초적인 내용과 RDD를 어떻게 생성하는지 그리고 어떤 경우에 RDD를 사용해야 하는지 알아보았습니다. RDD 데이터를 변환하기 위한 `map`, `filter`, `reduce` 함수와 사용자 정의 함수를 만드는 방법도 함께 알아보았습니다. 이 장에서는 키-값 형태의 RDD를 중심으로 RDD 고급 연산을 알아보겠습니다. 또한 RDD의 매력을 느낄 수 있는 사용자 정의 파티션과 같은 고급 주제도 알아보겠습니다. 사용자 정의 파티션 함수를 사용하면 클러스터에 데이터가 배치되는 방식을 정확히 제어할 수 있습니다. 또한 개별 파티션을 다룰 수도 있습니다. 13장에서 다룰 핵심 주제는 다음과 같습니다.

- 집계와 키-값 형태의 RDD
- 사용자 정의 파티셔닝
- RDD 조인

NOTE_ RDD API는 스파크 초기 버전부터 존재했기 때문에 수많은 RDD API 사용 예제를 검색하여 찾아볼 수 있습니다.

12장에서 사용했던 데이터셋을 이 장에서도 계속 사용합니다.

```
// 스칼라 코드
val myCollection = "Spark The Definitive Guide : Big Data Processing Made Simple"
  .split(" ")
val words = spark.sparkContext.parallelize(myCollection, 2)
```

```
# 파이썬 코드
myCollection = "Spark The Definitive Guide : Big Data Processing Made Simple"\
  .split(" ")
words = spark.sparkContext.parallelize(myCollection, 2)
```

13.1 키-값 형태의 기초(키-값 형태의 RDD)

RDD에는 데이터를 키-값 형태로 다룰 수 있는 다양한 메서드가 있습니다. 이러한 메서드는 <연산명>ByKey 형태의 이름을 가집니다. 메서드 이름에 ByKey가 있다면 PairRDD 타입만 사용할 수 있습니다. PairRDD 타입을 만드는 가장 쉬운 방법은 RDD에 맵 연산을 수행해 키-값 구조로 만드는 겁니다. 즉, RDD 레코드에 두 개의 값이 존재합니다.

```
// 스칼라 코드
words.map(word => (word.toLowerCase, 1))

# 파이썬 코드
words.map(lambda word: (word.lower(), 1))
```

13.1.1 keyBy

이전 예제에서 키를 만드는 간단한 방법을 알아보았습니다. 현재 값으로부터 키를 생성하는 keyBy 함수를 사용해 동일한 결과를 얻을 수 있습니다. 다음 예제에서는 단어의 첫 번째 문자를 키로 만들어 RDD를 생성합니다. 이때 스파크는 원본 단어를 생성된 RDD의 값으로 유지합니다.

```
// 스칼라 코드
val keyword = words.keyBy(word => word.toLowerCase.toSeq(0).toString)

# 파이썬 코드
keyword = words.keyBy(lambda word: word.lower()[0])
```

13.1.2 값 매핑하기

생성된 키-값 셋을 사용해 데이터를 다뤄보겠습니다. 만약 튜플 형태의 데이터를 사용한다면 스파크는 튜플의 첫 번째 요소를 키로, 두 번째 요소를 값으로 추정합니다. 튜플 형태의 데이터에서 키를 제외하고 값만 추출할 수 있습니다. 직접 구현할 수도 있지만, 다음 예제와 같이 mapValues 메서드를 사용하면 값 수정 시 발생할 수 있는 오류를 미리 방지할 수 있습니다.

```
// 스칼라 코드
keyword.mapValues(word => word.toUpperCase).collect()

# 파이썬 코드
keyword.mapValues(lambda word: word.upper()).collect()
```

스칼라와 파이썬 예제는 동일한 결과를 출력합니다.

```
[('s', 'SPARK'),
 ('t', 'THE'),
 ('d', 'DEFINITIVE'),
 ('g', 'GUIDE'),
 (':', ':'),
 ('b', 'BIG'),
 ('d', 'DATA'),
 ('p', 'PROCESSING'),
 ('m', 'MADE'),
 ('s', 'SIMPLE')]
```

flatMap 함수를 사용해 반환되는 결과의 각 로우가 문자를 나타내도록 확장할 수 있습니다. 다음 예제의 출력 결과는 생략되어 있지만, 단어의 첫 글자를 키로, 단어의 각 문자를 값으로 하는 배열이 생성됩니다.

```
// 스칼라 코드
keyword.flatMapValues(word => word.toUpperCase).collect()

# 파이썬 코드
keyword.flatMapValues(lambda word: word.upper()).collect()
```

13.1.3 키와 값 추출하기

키-값 형태의 데이터를 가지고 있다면 다음 메서드를 사용해 키나 값 전체를 추출할 수 있습니다.

```
// 스칼라 코드
keyword.keys.collect()
keyword.values.collect()

# 파이썬 코드
keyword.keys().collect()
keyword.values().collect()
```

13.1.4 lookup

RDD를 사용해서 할 수 있는 흥미로운 작업 중 하나는 특정 키에 관한 결과를 찾는 겁니다. 그러나 각 입력에 대해 오직 하나의 키만 찾을 수 있도록 강제하는 메커니즘은 없습니다. 예를 들어 lookup 함수의 인수로 's'를 입력하면 키가 's'인 'Spark'와 'Simple'을 반환합니다.

```
keyword.lookup("s")
```

13.1.5 sampleByKey

근사치나 정확도를 이용해 키를 기반으로 RDD 샘플을 생성할 수 있습니다. 두 작업 모두 특정 키를 부분 샘플링할 수 있으며 선택에 따라 비복원 추출을 사용할 수도 있습니다. 다음 예제의 sampleByKey 메서드는 RDD를 한 번만 처리하면서 간단한 무작위 샘플링을 사용하기 때문에 모든 키값에 대한 math.ceil(numItems * samplingRate) 값의 총합과 거의 동일한 크기의 샘플을 생성합니다.

```
// 스칼라 코드
val distinctChars = words.flatMap(word => word.toLowerCase.toSeq).distinct
  .collect()

import scala.util.Random

val sampleMap = distinctChars.map(c => (c, new Random().nextDouble())).toMap
```

```
words.map(word => (word.toLowerCase.toSeq(0), word))
  .sampleByKey(true, sampleMap, 6L)
  .collect()

# 파이썬 코드
import random

distinctChars = words.flatMap(lambda word: list(word.lower())).distinct()\
  .collect()
sampleMap = dict(map(lambda c: (c, random.random()), distinctChars))

words.map(lambda word: (word.lower()[0], word))\
  .sampleByKey(True, sampleMap, 6).collect()
```

다음 예제의 `sampleByKeyExact` 메서드는 99.99% 신뢰도를 가진 모든 키값에 대해 RDD를 추가로 처리합니다. 그리고 `math.ceil(numItems * samplingRate)`의 합과 완전히 동일한 크기의 샘플 데이터를 생성하므로 `sampleByKey` 함수와는 다릅니다. 비복원 추출을 사용한다면 샘플 크기를 보장하기 위해 RDD를 한 번 더 통과해야 하며, 복원 추출을 사용한다면 RDD를 두 번 더 통과해야 합니다.

```
// 스칼라 코드
words.map(word => (word.toLowerCase.toSeq(0), word))
  .sampleByKeyExact(true, sampleMap, 6L).collect()
```

13.2 집계

사용하는 메서드에 따라 일반 RDD나 PairRDD를 사용해 집계를 수행할 수 있습니다. `words` 데이터셋을 이용해 자세히 알아보겠습니다.

```
// 스칼라 코드
val chars = words.flatMap(word => word.toLowerCase.toSeq)
val KVcharacters = chars.map(letter => (letter, 1))

def maxFunc(left:Int, right:Int) = math.max(left, right)
def addFunc(left:Int, right:Int) = left + right

val nums = sc.parallelize(1 to 30, 5)
```

```
# 파이썬 코드
chars = words.flatMap(lambda word: word.lower())
KVcharacters = chars.map(lambda letter: (letter, 1))

def maxFunc(left, right):
  return max(left, right)
def addFunc(left, right):
  return left + right

nums = sc.parallelize(range(1,31), 5)
```

위 코드 예제를 수행한 다음 키별 아이템 수를 구하기 위해 countByKey 메서드를 사용합니다.

13.2.1 countByKey

countByKey 메서드는 각 키의 아이템 수를 구하고 로컬 맵으로 결과를 수집합니다. 스칼라나 자바를 사용한다면 countByKey 메서드에 제한 시간[timeout]과 신뢰도를 인수로 지정해 근사치를 구할 수 있습니다.

```
// 스칼라 코드
val timeout = 1000L // 밀리세컨드 단위
val confidence = 0.95

KVcharacters.countByKey()
KVcharacters.countByKeyApprox(timeout, confidence)

# 파이썬 코드
KVcharacters.countByKey()
```

13.2.2 집계 연산 구현 방식 이해하기

키-값 형태의 PairRDD를 생성하는 몇 가지 방법이 있습니다. 이때 구현 방식은 잡의 안정성을 위해 매우 중요합니다. 이를 설명하기 위해 groupBy와 reduce 함수를 비교해보겠습니다. groupBy와 reduce 함수 모두 동일한 기본 원칙이 적용되므로 키를 기준으로 비교합니다.

groupByKey

API 문서 내용대로라면 각 키의 총 레코드 수를 구하는 경우 groupByKey의 결과로 만들어진 그룹에 map 연산을 수행하는 방식이 가장 좋아 보입니다.

```
// 스칼라 코드
KVcharacters.groupByKey().map(row => (row._1, row._2.reduce(addFunc))).collect()

# 파이썬 코드
KVcharacters.groupByKey().map(lambda row: (row[0], reduce(addFunc, row[1])))\
  .collect()
# 이 코드는 파이썬 2 기준으로 되어 있습니다.
# 파이썬 3을 사용하는 경우 functools에서 reduce를 임포트해야 합니다.[1]
```

하지만 잘못된 접근 방법인 경우가 많습니다. 여기서 가장 큰 문제는 모든 익스큐터에서 함수를 적용하기 전에 해당 키와 관련된 **모든 값**을 메모리로 읽어 들여야 한다는 겁니다. 그 이유는 심각하게 치우쳐진 키가 있다면 일부 파티션이 엄청난 양의 값을 가질 수 있으므로 OutOfMemoryError가 발생하기 때문입니다. 예제에서 사용하는 데이터셋으로는 OutOfMemoryError 에러가 발생하지 않겠지만, 대규모 분산 환경에서는 심각한 문제로 이어질 수 있습니다. 반드시 이러한 문제가 발생한다고 보장할 수는 없지만 일어날 가능성이 아예 없는 것도 아닙니다.

그러므로 각 키에 대한 값의 크기가 일정하고 익스큐터에 할당된 메모리에서 처리 가능할 정도의 크기라면 groupByKey 메서드를 사용합니다. 또한 groupByKey 메서드를 사용할 때 어떤 일이 발생하는지 정확하게 알아야 합니다. 또 다른 해결 방안인 reduceByKey 메서드를 알아보겠습니다.

reduceByKey

지금은 단순하게 개수를 구하고 있으므로 flatMap을 동일하게 수행한 다음 map 연산을 사용해 각 문자의 인스턴스를 1로 매핑합니다. 그런 다음 결괏값을 배열에 모을 수 있도록 합계 함수와 함께 reduceByKey 메서드를 수행합니다. 이러한 구현 방식은 각 파티션에서 리듀스 작업을 수행하기 때문에 훨씬 안정적이며 모든 값을 메모리에 유지하지 않아도 됩니다. 또한 최종 리듀스

1 옮긴이_ from functools import reduce 구문을 사용합니다.

과정을 제외한 모든 작업은 개별 워커에서 처리하기 때문에 연산 중에 셔플이 발생하지 않습니다. 그러므로 이러한 방식을 사용하면 안정성뿐만 아니라 연산 수행 속도가 크게 향상됩니다.

```
KVcharacters.reduceByKey(addFunc).collect()
```

연산 결과는 다음과 같습니다.

```
Array((d,4), (p,3), (t,3), (b,1), (h,1), (n,2),
...
(a,4), (i,7), (k,1), (u,1), (o,1), (g,3), (m,2), (c,1))
```

reduceByKey 메서드는 키별 그룹 RDD를 반환합니다. 그러나 RDD의 개별 요소들은 정렬되어 있지 않습니다. 따라서 이 메서드는 작업부하를 줄이려는 경우에 적합합니다. 반면 결과의 순서가 중요한 경우에는 적합하지 않습니다.

13.2.3 기타 집계 메서드

다양한 고급 집계 함수가 존재하며 사용자 워크로드에 따라 세부 구현 방법에서 차이가 날 수 있습니다. 최신 버전의 스파크를 사용하면 워크로드의 종류(또는 이와 유사한 명령을 수행하는 경우)에 따른 세부 구현의 차이를 거의 느낄 수 없을 겁니다. 즉, 구조적 API를 사용하면 훨씬 간단하게 집계를 수행할 수 있으므로 굳이 고급 집계 함수를 사용하지 않아도 됩니다. 하지만 고급 집계 함수를 사용해 클러스터 노드에서 수행하는 집계를 아주 구체적이고 매우 세밀하게 제어할 수 있습니다.

aggregate

이번에 소개할 집계 함수는 aggregate입니다. 이 함수는 null 값이나 집계의 시작값이 필요하며 두 가지 함수를 파라미터로 사용합니다. 첫 번째 함수는 파티션 내에서 수행되고 두 번째 함수는 모든 파티션에 걸쳐 수행됩니다. 두 함수 모두 시작값을 사용합니다.

```
// 스칼라 코드
nums.aggregate(0)(maxFunc, addFunc)
```

```
# 파이썬 코드
nums.aggregate(0, maxFunc, addFunc)
```

aggregate 함수는 드라이버에서 최종 집계를 수행하기 때문에 성능에 약간의 영향이 있습니다. 예를 들어 익스큐터의 결과가 너무 크면 OutOfMemoryError가 발생해 드라이버가 비정상적으로 종료됩니다. aggregate 함수와 동일한 작업을 수행하지만 다른 처리 과정을 거치는 treeAggregate 함수도 있습니다. 이 함수는 기본적으로 드라이버에서 최종 집계를 수행하기 전에 익스큐터끼리 트리를 형성해 집계 처리의 일부 하위 과정을 '푸시 다운push down' 방식으로 먼저 수행합니다. 집계 처리를 여러 단계로 구성하는 것은 드라이버의 메모리를 모두 소비하는 현상을 막는 데 도움이 됩니다. 이러한 트리 기반의 구현 방식은 작업의 안정성을 높이기 위해 사용하기도 합니다.

```
// 스칼라 코드
val depth = 3
nums.treeAggregate(0)(maxFunc, addFunc, depth)

# 파이썬 코드
depth = 3
nums.treeAggregate(0, maxFunc, addFunc, depth)
```

aggregateByKey

aggregateByKey 함수는 aggregate 함수와 동일하지만 파티션 대신 키를 기준으로 연산을 수행합니다. 시작값과 함수는 이전 예제와 동일하게 사용합니다.

```
// 스칼라 코드
KVcharacters.aggregateByKey(0)(addFunc, maxFunc).collect()

# 파이썬 코드
KVcharacters.aggregateByKey(0, addFunc, maxFunc).collect()
```

combineByKey

combineByKey 함수는 집계 함수 대신 컴바이너combiner를 사용합니다. 이 컴바이너는 키를 기준으로 연산을 수행하며 파라미터로 사용된 함수에 따라 값을 병합합니다. 그런 다음 여러 컴바이너의 결괏값을 병합해 결과를 반환합니다. 사용자 정의 파티셔너를 사용해 출력 파티션 수를 지정할 수도 있습니다.

```
// 스칼라 코드
val valToCombiner = (value:Int) => List(value)
val mergeValuesFunc = (vals:List[Int], valToAppend:Int) => valToAppend :: vals
val mergeCombinerFunc = (vals1:List[Int], vals2:List[Int]) => vals1 ::: vals2
// 함수형 변수를 정의할 수도 있습니다.
val outputPartitions = 6

KVcharacters
  .combineByKey(
    valToCombiner,
    mergeValuesFunc,
    mergeCombinerFunc,
    outputPartitions)
  .collect()

# 파이썬 코드
def valToCombiner(value):
  return [value]
def mergeValuesFunc(vals, valToAppend):
  vals.append(valToAppend)
  return vals
def mergeCombinerFunc(vals1, vals2):
  return vals1 + vals2
outputPartitions = 6

KVcharacters\
  .combineByKey(
    valToCombiner,
    mergeValuesFunc,
    mergeCombinerFunc,
    outputPartitions)\
  .collect()
```

foldByKey

foldByKey 함수는 결합 함수와 항등원neutral[2]인 '제로값'을 이용해 각 키의 값을 병합합니다. 제로값은 결과에 여러 번 사용될 수 있으나 결과를 변경할 수는 없습니다(예: 덧셈에서는 0, 곱셈에서는 1).

```
// 스칼라 코드
KVcharacters.foldByKey(0)(addFunc).collect()

# 파이썬 코드
KVcharacters.foldByKey(0, addFunc).collect()
```

13.3 cogroup

cogroup 함수는 스칼라를 사용하는 경우 최대 3개, 파이썬을 사용하는 경우 최대 2개의 키-값 형태의 RDD를 그룹화할 수 있으며 각 키를 기준으로 값을 결합합니다. 즉, RDD에 대한 그룹 기반의 조인을 수행합니다. cogroup 함수는 출력 파티션 수나 클러스터에 데이터 분산 방식을 정확하게 제어하기 위해 사용자 정의 파티션 함수를 파라미터로 사용할 수 있습니다.

```
// 스칼라 코드
import scala.util.Random

val distinctChars = words.flatMap(word => word.toLowerCase.toSeq).distinct
val charRDD = distinctChars.map(c => (c, new Random().nextDouble()))
val charRDD2 = distinctChars.map(c => (c, new Random().nextDouble()))
val charRDD3 = distinctChars.map(c => (c, new Random().nextDouble()))

charRDD.cogroup(charRDD2, charRDD3).take(5)

# 파이썬 코드
import random

distinctChars = words.flatMap(lambda word: word.lower()).distinct()
```

2 옮긴이_ 어떤 원소와 연산을 취해도 자기 자신이 되게 하는 원소를 의미합니다. neutral value 또는 identity element라고도 합니다.

```
charRDD = distinctChars.map(lambda c: (c, random.random()))
charRDD2 = distinctChars.map(lambda c: (c, random.random()))

charRDD.cogroup(charRDD2).take(5)
```

그룹화된 키를 '키'로, 키와 관련된 모든 값을 '값'으로 하는 키-값 형태의 배열을 결과로 반환합니다.

13.4 조인

RDD는 구조적 API에서 알아본 것과 거의 동일한 조인 방식을 가지고 있지만, RDD를 사용하면 사용자가 많은 부분에 관여해야 합니다. RDD나 구조적 API의 조인 방식 모두 동일한 기본 형식을 사용합니다. 조인하려는 두 개의 RDD가 기본적으로 필요합니다. 때에 따라 출력 파티션 수나 사용자 정의 파티션 함수를 파라미터로 사용합니다. 파티션 함수와 관련된 내용은 13.5.4절 '사용자 정의 파티셔닝'에서 자세히 알아보겠습니다.

13.4.1 내부 조인

이제 내부 조인을 알아보겠습니다. 출력 파티션 수를 어떻게 설정하는지 주의 깊게 살펴보기 바랍니다.

```
// 스칼라 코드
val keyedChars = distinctChars.map(c => (c, new Random().nextDouble()))
val outputPartitions = 10

KVcharacters.join(keyedChars).count()
KVcharacters.join(keyedChars, outputPartitions).count()

# 파이썬 코드
keyedChars = distinctChars.map(lambda c: (c, random.random()))
outputPartitions = 10

KVcharacters.join(keyedChars).count()
KVcharacters.join(keyedChars, outputPartitions).count()
```

다른 조인 함수의 예제는 제공하지 않지만 모두 동일한 기본 형식을 따릅니다. 8장에서 다음 조인 함수의 개념을 찾아볼 수 있습니다.

- fullOuterJoin: 외부 조인
- leftOuterJoin: 왼쪽 외부 조인
- rightOuterJoin: 오른쪽 외부 조인
- cartesian: 교차 조인(다시 말하지만 매우 위험한 조인입니다! 조인 키를 사용하지 않기 때문에 엄청나게 큰 출력 결과를 만들어낼 수 있습니다)

13.4.2 zip

마지막 조인 타입은 사실 진짜 조인은 아니지만 두 개의 RDD를 결합하므로 조인이라 볼 수 있습니다. zip 함수를 사용해 동일한 길이의 두 개의 RDD를 지퍼zipper를 잠그듯이 연결할 수 있으며 PairRDD를 생성합니다. 두 개의 RDD는 동일한 수의 요소와 동일한 수의 파티션을 가져야 합니다.

```
// 스칼라 코드
val numRange = sc.parallelize(0 to 9, 2)
words.zip(numRange).collect()

# 파이썬 코드
numRange = sc.parallelize(range(10), 2)
words.zip(numRange).collect()
```

zip 함수의 결과는 다음과 같습니다. 키 배열에 값이 지퍼처럼 연결된 형태를 가집니다.

```
[('Spark', 0),
 ('The', 1),
 ('Definitive', 2),
 ('Guide', 3),
 (':', 4),
 ('Big', 5),
 ('Data', 6),
 ('Processing', 7),
 ('Made', 8),
 ('Simple', 9)]
```

13.5 파티션 제어하기

RDD를 사용하면 데이터가 클러스터 전체에 물리적으로 정확히 분산되는 방식을 정의할 수 있습니다. 이러한 기능을 가진 메서드 중 일부는 구조적 API에서 사용했던 메서드와 기본적으로 동일합니다. 구조적 API와 가장 큰 차이점은 파티션 함수를 파라미터로 사용할 수 있다는 사실입니다. 파티션 함수는 보통 사용자 지정 `Partitioner`를 의미하며 기본 메서드를 살펴볼 때 자세히 알아보겠습니다.

13.5.1 coalesce

`coalesce`는 파티션을 재분배할 때 발생하는 데이터 셔플을 방지하기 위해 동일한 워커에 존재하는 파티션을 합치는 메서드입니다. 예를 들어 예제의 `words` RDD는 현재 두 개의 파티션으로 구성되어 있습니다. `coalesce` 메서드를 사용해 데이터 셔플링 없이 하나의 파티션으로 합칠 수 있습니다.

```
// 스칼라 코드
words.coalesce(1).getNumPartitions // 값은 1

# 파이썬 코드
words.coalesce(1).getNumPartitions() # 값은 1
```

13.5.2 repartition

`repartition` 메서드를 사용해 파티션 수를 늘리거나 줄일 수 있지만, 처리 시 노드 간의 셔플이 발생할 수 있습니다. 파티션 수를 늘리면 맵 타입이나 필터 타입의 연산을 수행할 때 병렬처리 수준을 높일 수 있습니다.

```
words.repartition(10) // 10개의 파티션이 생성됩니다.
```

13.5.3 repartitionAndSortWithinPartitions

이 메서드는 파티션을 재분배할 수 있고, 재분배된 결과 파티션의 정렬 방식을 지정할 수 있습니다. 관련 문서가 잘되어 있으므로 예제는 생략합니다. 파티셔닝과 키 비교 모두 사용자가 지정할 수 있습니다.[3]

13.5.4 사용자 정의 파티셔닝

사용자 정의 파티셔닝custom partitioning은 RDD를 사용하는 가장 큰 이유 중 하나입니다. 논리적인 대응책을 가지고 있지 않으므로 구조적 API에서는 사용자 정의 파티셔너를 파라미터로 사용할 수 없습니다. 사용자 정의 파티셔너는 저수준 API의 세부적인 구현 방식입니다. 그리고 잡이 성공적으로 동작되는지 여부에 상당한 영향을 미칩니다. 사용자 정의 파티셔닝의 대표적인 예제는 페이지랭크PageRank입니다. 페이지랭크는 사용자 정의 파티셔닝을 이용해 클러스터의 데이터 배치 구조를 제어하고 셔플을 회피합니다. 예제에서는 쇼핑 데이터셋을 고객 ID별로 파티셔닝합니다. 잠시 후에 관련 예제를 살펴보겠습니다.

사용자 정의 파티셔닝의 유일한 목표는 데이터 치우침skew 같은 문제를 피하고자 클러스터 전체에 걸쳐 데이터를 균등하게 분배하는 겁니다.

사용자 정의 파티셔너를 사용하려면 구조적 API로 RDD를 얻고 사용자 정의 파티셔너를 적용한 다음 다시 DataFrame이나 Dataset으로 변환해야 합니다. 이 방법은 필요시에만 사용자 정의 파티셔닝을 사용할 수 있으므로 구조적 API와 RDD의 장점을 모두 활용할 수 있습니다.

사용자 정의 파티셔닝을 사용하려면 `Partitioner`를 확장한 클래스를 구현해야 합니다. 문제에 대한 업무 지식을 충분히 가지고 있는 경우에만 사용해야 합니다. 단일 값이나 다수 값(다수 컬럼)을 파티셔닝해야 한다면 DataFrame API를 사용하는 것이 좋습니다.

예제를 통해 자세히 알아보겠습니다.

```
// 스칼라 코드
val df = spark.read.option("header", "true").option("inferSchema", "true")
  .csv("/data/retail-data/all/")
val rdd = df.coalesce(10).rdd
```

3 옮긴이_ https://bit.ly/2NCHCOH

```
# 파이썬 코드
df = spark.read.option("header", "true").option("inferSchema", "true")\
  .csv("/data/retail-data/all/")
rdd = df.coalesce(10).rdd

df.printSchema()
```

HashPartitioner와 RangePartitioner는 RDD API에서 사용할 수 있는 내장형 파티셔너입니다. 각각 이산형과 연속형 값을 다룰 때 사용합니다. 두 파티셔너는 구조적 API와 RDD 모두 사용할 수 있습니다.

```
// 스칼라 코드
import org.apache.spark.HashPartitioner

rdd.map(r => r(6)).take(5).foreach(println)
val keyedRDD = rdd.keyBy(row => row(6).asInstanceOf[Int].toDouble)

keyedRDD.partitionBy(new HashPartitioner(10)).take(10)
```

HashPartitioner와 RangePartitioner는 유용하지만 매우 기초적인 기능을 제공합니다. 매우 큰 데이터나 심각하게 치우친 키를 다뤄야 한다면 고급 파티셔닝 기능을 사용해야 합니다. 이러한 현상을 키 치우침이라고 합니다. 키 치우침은 어떤 키가 다른 키에 비해 아주 많은 데이터를 가지는 현상을 의미합니다. 병렬성을 개선하고 실행 과정에서 OutOfMemoryError를 방지할 수 있도록 키를 최대한 분할해야 합니다.

키가 특정 형태를 띠는 경우에는 키를 분할해야 합니다. 예를 들어 데이터셋에 항상 분석 작업을 어렵게 만드는 두 명의 고객 정보가 있다면 다른 고객의 정보와 두 고객의 정보를 분리해야 합니다. 물론 다른 고객의 정보를 하나의 그룹으로 묶어서 처리할 수도 있습니다. 하지만 두 고객의 정보와 관련된 데이터가 너무 많아 치우침이 심하게 발생한다면 나누어 처리해야 합니다. 조금은 우스꽝스러운 예제일 수 있지만, 실무에서 비슷한 상황 만날지도 모릅니다.

```
// 스칼라 코드
import org.apache.spark.Partitioner

class DomainPartitioner extends Partitioner {
  def numPartitions = 3
  def getPartition(key: Any): Int = {
```

```
    val customerId = key.asInstanceOf[Double].toInt

    if (customerId == 17850.0 || customerId == 12583.0) {
      return 0
    } else {
      return new java.util.Random().nextInt(2) + 1
    }
  }
}

keyedRDD
  .partitionBy(new DomainPartitioner).map(_._1).glom().map(_.toSet.toSeq.length)
  .take(5)
```

위 코드 예제를 실행하면 각 파티션 수를 확인할 수 있습니다. 데이터를 임의로 분산하였으므로 마지막 두 숫자가 크게 다를 수 있습니다. 하지만 동일한 원칙이 적용됩니다. 파이썬도 동일하게 동작합니다.

```
# 파이썬 코드
def partitionFunc(key):
  import random

  if key == 17850 or key == 12583:
    return 0
  else:
    return random.randint(1,2)

keyedRDD = rdd.keyBy(lambda row: row[6])

keyedRDD\
  .partitionBy(3, partitionFunc)\
  .map(lambda x: x[0])\
  .glom()\
  .map(lambda x: len(set(x)))\
  .take(5)
```

사용자 정의 키 분배 로직은 RDD 수준에서만 사용할 수 있습니다. 사용자 정의 키 분배 로직은 임의의 로직을 사용해 물리적인 방식으로 클러스터에 데이터를 분배하는 강력한 방법입니다.

13.6 사용자 정의 직렬화

마지막 고급 주제는 **Kryo 직렬화** 관련 내용입니다. 병렬화 대상인 모든 객체나 함수는 직렬화할 수 있어야 합니다.

```
// 스칼라 코드
class SomeClass extends Serializable {
  var someValue = 0
  def setSomeValue(i:Int) = {
    someValue = I
    this
  }
}

sc.parallelize(1 to 10).map(num => new SomeClass().setSomeValue(num))
```

기본 직렬화 기능은 매우 느릴 수 있습니다. 스파크는 Kryo 라이브러리(버전 2)를 사용해 더 빠르게 객체를 직렬화할 수 있습니다. Kryo는 자바 직렬화보다 약 10배 이상 성능이 좋으며 더 간결합니다. 하지만 모든 직렬화 유형을 지원하지는 않습니다. 그리고 최상의 성능을 얻기 위해 프로그램에서 사용할 클래스를 사전에 등록해야 합니다.

SparkConf를 사용해 잡을 초기화하는 시점에서 `spark.serializer` 속성값을 `org.apache.spark.serializer.KryoSerializer`로 설정해 Kryo를 사용할 수 있습니다. Kryo는 4부에서 자세히 알아보겠습니다. `spark.serializer` 설정으로 워커 노드 간 데이터 셔플링과 RDD를 직렬화해 디스크에 저장하는 용도로 사용할 시리얼라이저를 지정할 수 있습니다. Kryo가 기본값이 아닌 유일한 이유는 사용자가 직접 클래스를 등록해야 하기 때문입니다. 그리고 네트워크에 민감한 애플리케이션에서 사용할 것을 권장합니다. 스파크 2.0.0 버전부터는 단순 데이터 타입, 단순 데이터 타입의 배열, 문자열 데이터 타입의 RDD를 셔플링하면 내부적으로 Kryo 시리얼라이저를 사용합니다.

스파크는 트위터 칠Twitter chill 라이브러리[4]의 AllScalaRegistrar에서 다루는 핵심 스칼라 클래스를 자동으로 Kryo 시리얼라이저에 등록합니다.

Kryo에 사용자 정의 클래스를 등록하려면 `registerKryoClasses` 메서드를 사용합니다.

4 옮긴이_ https://github.com/twitter/chill

```
// 스칼라 코드
val conf = new SparkConf().setMaster(...).setAppName(...)
conf.registerKryoClasses(Array(classOf[MyClass1], classOf[MyClass2]))
val sc = new SparkContext(conf)
```

13.7 정리

이 장에서는 RDD의 여러 고급 주제를 알아보았습니다. 특히 데이터를 배치할 수 있는 기능을 설명한 사용자 정의 파티셔닝(13.5.4절)을 주목해야 합니다. 다음 장에서는 스파크의 또 다른 저수준 API의 기능인 분산형 공유 변수를 알아보겠습니다.

CHAPTER 14

분산형 공유 변수

스파크의 저수준 API에는 RDD 인터페이스 외에도 두 번째 유형인 '분산형 공유 변수'가 있습니다. 분산형 공유 변수에는 브로드캐스트 변수와 어큐뮬레이터라는 두 개의 타입이 존재합니다. 클러스터에서 실행할 때 특별한 속성을 가진 사용자 정의 함수(예: RDD나 DataFrame을 다루는 map 함수)에서 이 변수를 사용할 수 있습니다. 특히 **어큐뮬레이터**를 사용하면 모든 태스크의 데이터를 공유 결과에 추가할 수 있습니다. 예를 들어 잡의 입력 레코드를 파싱하면서 얼마나 많은 오류가 발생했는지 확인하는 카운터를 구현할 수 있습니다. 반면 **브로드캐스트 변수**를 사용하면 모든 워커 노드에 큰 값을 저장하므로 재전송 없이 많은 스파크 액션에서 재사용할 수 있습니다. 이 장에서는 분산형 공유 변수 타입이 만들어지게 된 계기와 사용 방법을 알아보겠습니다.

14.1 브로드캐스트 변수

브로드캐스트 변수는 변하지 않는 값(불변성 값)을 클로저closure 함수의 변수로 캡슐화하지 않고 클러스터에서 효율적으로 공유하는 방법을 제공합니다. 태스크에서 드라이버 노드의 변수를 사용할 때는 클로저 함수 내부에서 단순하게 참조하는 방법을 사용합니다. 하지만 이 방법은 비효율적입니다. 특히 룩업 테이블이나 머신러닝 모델 같은 큰 변수를 사용하는 경우 더 비효율적입니다. 그 이유는 클로저 함수에서 변수를 사용할 때 워커 노드에서 여러 번(태스크당한 번) 역직렬화가 일어나기 때문입니다. 게다가 여러 스파크 액션과 잡에서 동일한 변수를 사용하면 잡을 실행할 때마다 워커로 큰 변수를 재전송합니다.

이런 상황에서는 브로드캐스트 변수를 사용해야 합니다. 브로드캐스트 변수는 모든 태스크마다 직렬화하지 않고 클러스터의 모든 머신에 캐시하는 불변성 공유 변수입니다. [그림 14-1]에 표현한 것처럼 익스큐터 메모리 크기에 맞는 조회용 테이블을 전달하고 함수에서 사용하는 것이 대표적인 예입니다.

그림 14-1 브로드캐스트 변수

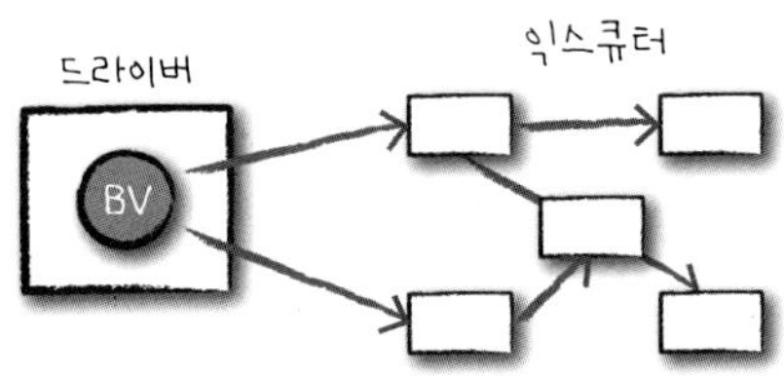

예를 들어 다음 예제처럼 단어나 값의 목록을 가지고 있다고 가정합시다.

```
// 스칼라 코드
val myCollection = "Spark The Definitive Guide : Big Data Processing Made Simple"
  .split(" ")
val words = spark.sparkContext.parallelize(myCollection, 2)

# 파이썬 코드
my_collection = "Spark The Definitive Guide : Big Data Processing Made Simple"\
  .split(" ")
words = spark.sparkContext.parallelize(my_collection, 2)
```

수 킬로바이트, 메가바이트, 기가바이트 크기를 가진 다른 정보와 함께 단어 목록을 추가해야 할 수도 있습니다. 이 처리는 SQL의 오른쪽 조인에 해당합니다.

```
// 스칼라 코드
val supplementalData = Map("Spark" -> 1000, "Definitive" -> 200,
                           "Big" -> -300, "Simple" -> 100)
```

```
# 파이썬 코드
supplementalData = {"Spark":1000, "Definitive":200,
                    "Big":-300, "Simple":100}
```

이 구조체를 스파크에 브로드캐스트할 수 있으며 suppBroadcast 변수를 이용해 참조합니다. 이 값은 불변성이며 액션을 실행할 때 클러스터의 모든 노드에 지연 처리 방식으로 복제됩니다.

```
// 스칼라 코드
val suppBroadcast = spark.sparkContext.broadcast(supplementalData)

# 파이썬 코드
suppBroadcast = spark.sparkContext.broadcast(supplementalData)
```

suppBroadcast 변수의 value 메서드를 사용해 위 예제에서 브로드캐스트된 supplementalData 값을 참조할 수 있습니다. value 메서드는 직렬화된 함수에서 브로드캐스트된 데이터를 직렬화하지 않아도 접근할 수 있습니다. 스파크는 브로드캐스트 기능을 이용해 데이터를 보다 효율적으로 전송하므로 직렬화와 역직렬화에 대한 부하를 크게 줄일 수 있습니다.

```
// 스칼라 코드
suppBroadcast.value

# 파이썬 코드
suppBroadcast.value
```

이제 브로드캐스트된 데이터를 사용해 RDD를 변환할 수 있습니다. 다음 예제에서는 맵 연산의 처리 과정에 따라 키-값 쌍 데이터를 생성합니다. 값이 비어 있는 경우 간단하게 0으로 치환합니다.

```
// 스칼라 코드
words.map(word => (word, suppBroadcast.value.getOrElse(word, 0)))
  .sortBy(wordPair => wordPair._2)
  .collect()

# 파이썬 코드
words.map(lambda word: (word, suppBroadcast.value.get(word, 0)))\
  .sortBy(lambda wordPair: wordPair[1])\
  .collect()
```

파이썬은 다음과 같은 값을 반환하며 스칼라에서도 동일한 값을 배열 타입으로 반환합니다.

```
[('Big', -300),
 ('The', 0),
...
 ('Definitive', 200),
 ('Spark', 1000)]
```

브로드캐스트 변수를 사용한 방식과 클로저에 담아 전달하는 방식의 유일한 차이점은 브로드캐스트 변수를 사용하는 것이 훨씬 더 효율적이라는 겁니다. 당연히 데이터의 총량과 익스큐터 수에 따라 다를 수 있으며 아주 작은 데이터(수 KB 정도)를 작은 클러스터에서 돌린다면 크게 차이가 나지 않을 수 있습니다. 브로드캐스트 변수에 작은 크기의 딕셔너리dictionary 타입을 사용한다면 큰 부하가 발생하지 않습니다. 하지만 훨씬 큰 크기의 데이터를 사용하는 경우라면 전체 태스크에서 데이터를 직렬화하는 데 발생하는 부하가 매우 커질 수 있습니다. 여기서 한 가지 더 주목해야 할 점은 RDD 영역에서 브로드캐스트 변수를 사용했다는 겁니다. 그리고 UDF나 Dataset에서도 사용할 수 있으며 동일한 효과를 얻을 수 있습니다.

14.2 어큐뮬레이터

어큐뮬레이터는 스파크의 두 번째 공유 변수 타입입니다. 어큐뮬레이터는 트랜스포메이션 내부의 다양한 값을 갱신하는 데 사용합니다. 그리고 내고장성을 보장하면서 효율적인 방식으로 드라이버에 값을 전달할 수 있습니다.

그림 14-2 어큐뮬레이터 변수

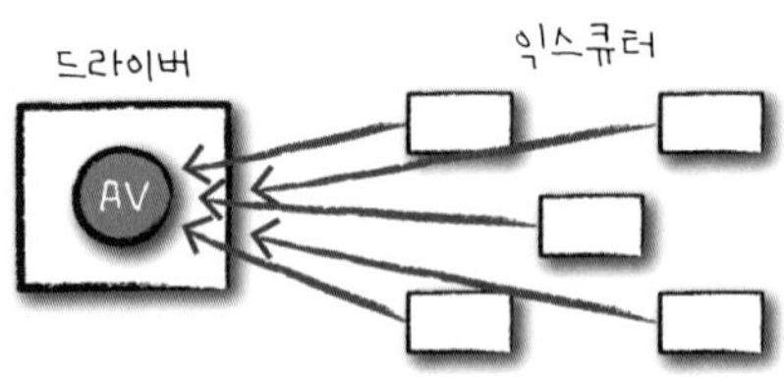

어큐뮬레이터는 스파크 클러스터에서 로우 단위로 안전하게 값을 갱신할 수 있는 변경 가능한

변수를 제공합니다. 그리고 디버깅용이나 저수준 집계 생성용으로 사용할 수 있습니다. 예를 들어 파티션별로 특정 변수의 값을 추적하는 용도로 사용할 수 있으며 시간이 흐를수록 더 유용하게 사용됩니다. 어큐뮬레이터는 결합성과 가환성을 가진 연산을 통해서만 더할 수 있는 변수이므로 병렬 처리 과정에서 효율적으로 사용할 수 있습니다. 어큐뮬레이터는 카운터(맵리듀스의 카운터와 같은)나 합계를 구하는 용도로 사용할 수 있습니다. 스파크는 기본적으로 수치형 어큐뮬레이터를 지원하며 사용자 정의 어큐뮬레이터를 만들어 사용할 수도 있습니다.

어큐뮬레이터의 값은 **액션**을 처리하는 과정에서만 갱신됩니다. 스파크는 각 태스크에서 어큐뮬레이터를 한 번만 갱신하도록 제어합니다. 따라서 재시작한 태스크는 어큐뮬레이터값을 갱신할 수 없습니다. 트랜스포메이션에서 태스크나 잡 스테이지를 재처리하는 경우 각 태스크의 갱신 작업이 두 번 이상 적용될 수 있습니다.

어큐뮬레이터는 스파크의 지연 연산 모델에 영향을 주지 않습니다. 어큐뮬레이터가 RDD 처리 중에 갱신되면 RDD 연산이 실제로 수행된 시점, 즉 특정 RDD나 그 RDD의 부모 RDD에 액션을 실행하는 시점에 딱 한 번만 값을 갱신합니다. 따라서 `map` 함수 같은 지연 처리 형태의 트랜스포메이션에서 어큐뮬레이터 갱신 작업을 수행하는 경우 실제 실행 전까지는 어큐뮬레이터가 갱신되지 않습니다.

어큐뮬레이터의 이름은 선택적으로 지정할 수 있습니다. 이름이 지정된named 어큐뮬레이터의 실행 결과는 스파크 UI에 표시되며, 이름이 지정되지 않은 어큐뮬레이터의 경우 스파크 UI에 표시되지 않습니다.

14.2.1 기본 예제

이전에 만들었던 항공운항 데이터셋에 사용자 정의 집계를 수행하면서 어큐뮬레이터를 실험해 보겠습니다. 다음 예제는 RDD API가 아닌 Dataset API를 사용합니다.

```
// 스칼라 코드
case class Flight(DEST_COUNTRY_NAME: String,
                  ORIGIN_COUNTRY_NAME: String, count: BigInt)
val flights = spark.read
  .parquet("/data/flight-data/parquet/2010-summary.parquet")
  .as[Flight]
```

```
# 파이썬 코드
flights = spark.read\
  .parquet("/data/flight-data/parquet/2010-summary.parquet")
```

이제 출발지나 도착지가 중국인 항공편의 수를 구하는 어큐뮬레이터를 생성합시다. 이런 유형의 집계는 SQL로 처리할 수 있습니다. 하지만 어큐뮬레이터를 사용해 프로그래밍 방식으로 처리해보겠습니다. 다음 예제는 이름이 지정되지 않은 어큐뮬레이터를 생성합니다.

```
// 스칼라 코드
import org.apache.spark.util.LongAccumulator

val accUnnamed = new LongAccumulator
val acc = spark.sparkContext.register(accUnnamed)

# 파이썬 코드
accChina = spark.sparkContext.accumulator(0)
```

이 예제에는 이름이 지정된 어큐뮬레이터가 적합합니다. 어큐뮬레이터를 만드는 가장 간단한 방법은 SparkContext를 사용하는 겁니다. 아니면 직접 어큐뮬레이터를 생성하고 이름을 붙여 등록할 수도 있습니다.

```
// 스칼라 코드
val accChina = new LongAccumulator
val accChina2 = spark.sparkContext.longAccumulator("China")

spark.sparkContext.register(accChina, "China")
```

함수의 파라미터로 문자열값을 전달하거나 `register` 함수의 두 번째 파라미터를 사용해 이름을 지정할 수 있습니다. 이름이 지정된 어큐뮬레이터는 실행 결과를 스파크 UI에서 확인할 수 있으며 이름이 지정되지 않았다면 스파크 UI에서 확인할 수 없습니다. 다음은 어큐뮬레이터에 값을 더하는 방법을 정의하는 단계입니다. 다음 예제의 함수는 상당히 직관적인 형태로 구성되어 있습니다.

```
// 스칼라 코드
def accChinaFunc(flight_row: Flight) = {
  val destination = flight_row.DEST_COUNTRY_NAME
```

```
  val origin = flight_row.ORIGIN_COUNTRY_NAME

  if (destination == "China") {
    accChina.add(flight_row.count.toLong)
  }
  if (origin == "China") {
    accChina.add(flight_row.count.toLong)
  }
}

# 파이썬 코드
def accChinaFunc(flight_row):
  destination = flight_row["DEST_COUNTRY_NAME"]
  origin = flight_row["ORIGIN_COUNTRY_NAME"]

  if destination == "China":
    accChina.add(flight_row["count"])
  if origin == "China":
    accChina.add(flight_row["count"])
```

이제 foreach 메서드를 사용해 항공운항 데이터셋의 전체 로우를 처리해보겠습니다. 이렇게 하는 이유는 foreach 메서드가 액션이고, 스파크는 액션에서만 어큐뮬레이터의 실행을 보장하기 때문입니다. foreach 메서드는 입력 DataFrame의 매 로우마다 함수를 한 번씩 적용해 어큐뮬레이터값을 증가시킵니다.

```
// 스칼라 코드
flights.foreach(flight_row => accChinaFunc(flight_row))

# 파이썬 코드
flights.foreach(lambda flight_row: accChinaFunc(flight_row))
```

이 연산은 상당히 빨리 종료됩니다. [그림 14-3]과 같이 스파크 UI에서 익스큐터 단위로 어큐뮬레이터값을 확인할 수 있습니다.

그림 14-3 스파크 UI에서 어큐뮬레이터값 확인하기

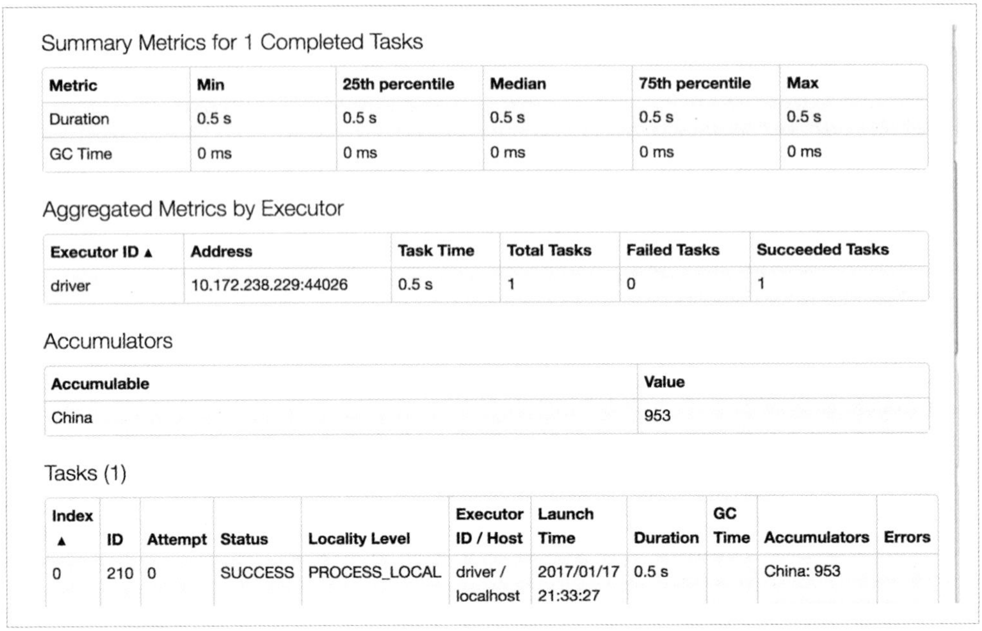

어큐뮬레이터값을 프로그래밍 방식으로 조회할 수도 있습니다. 이 경우 `value` 속성을 사용합니다.

```
// 스칼라 코드
accChina.value // 953

# 파이썬 코드
accChina.value # 953
```

14.2.2 사용자 정의 어큐뮬레이터

스파크는 몇 가지 기본 어큐뮬레이터를 제공합니다. 하지만 때에 따라 사용자 정의 어큐뮬레이터가 필요할 수도 있습니다. 어큐뮬레이터를 직접 정의하려면 `AccumulatorV2` 클래스를 상속받아야 합니다. 다음 예제와 같이 구현해야 하는 추상 메서드가 몇 가지 있습니다. 다음은 어큐뮬레이터에 짝수값만 더하는 예제입니다. 아주 간단하지만 사용자 정의 어큐뮬레이터를 구현하는 과정이 얼마나 쉬운지 알 수 있습니다.

```
// 스칼라 코드
import scala.collection.mutable.ArrayBuffer
import org.apache.spark.util.AccumulatorV2

val arr = ArrayBuffer[BigInt]()

class EvenAccumulator extends AccumulatorV2[BigInt, BigInt] {
  private var num:BigInt = 0
  def reset(): Unit = {
    this.num = 0
  }
  def add(intValue: BigInt): Unit = {
    if (intValue % 2 == 0) {
      this.num += intValue
    }
  }
  def merge(other: AccumulatorV2[BigInt,BigInt]): Unit = {
    this.num += other.value
  }
  def value():BigInt = {
    this.num
  }
  def copy(): AccumulatorV2[BigInt,BigInt] = {
    new EvenAccumulator
  }
  def isZero():Boolean = {
    this.num == 0
  }
}

val acc = new EvenAccumulator
val newAcc = sc.register(acc, "evenAcc")

// 스칼라 코드
acc.value // 0
flights.foreach(flight_row => acc.add(flight_row.count))
acc.value // 31390
```

만약 파이썬을 주로 사용하는 사용자라면 AccumulatorParam[1]을 상속받아 사용자 정의 어큐뮬레이터를 생성할 수 있으며 위 예제와 동일하게 사용할 수 있습니다.

1 https://bit.ly/2x7RnL7

14.3 정리

이 장에서는 분산형 공유 변수를 알아보았습니다. 분산형 공유 변수는 디버깅이나 최적화 작업에 아주 유용한 도구입니다. 다음 장에서는 분산형 공유 변수가 언제 도움이 되는지 이해하기 위해 클러스터 환경에서 스파크가 동작하는 방식을 알아보겠습니다.

Part IV

운영용 애플리케이션

로컬 모드나 노트북 기능을 이용해 개발한 스파크 코드는 클러스터 환경에서 동작할 때 진정한 힘을 발휘합니다. 4부에서는 물리적으로 분리된 서버들을 논리적으로 엮어 거대한 컴퓨팅 파워를 만들어주는 클러스터 매니저를 스파크에서 활용하는 방법을 알아봅니다. 그리고 가장 궁금한 내용일 수도 있는 모니터링과 성능 튜닝에 대한 실무적인 접근법을 함께 알아봅니다.

Part IV

운영용 애플리케이션

CHAPTER 15

클러스터에서 스파크 실행하기

지금까지는 프로그래밍 인터페이스 관점에서 스파크의 특성을 알아보았습니다. 구조적 API로 정의한 논리적인 연산을 논리적 실행 계획으로 분해한 다음 물리적 실행 계획으로 변환하는 과정도 함께 알아보았습니다. 물리적 실행 계획은 클러스터의 머신에서 실행되는 단위인 RDD 작업으로 구성됩니다. 이 장에서는 스파크에서 코드를 실행할 때 어떤 일이 발생하는지 알아보겠습니다. 사용하는 클러스터 매니저나 실행하는 코드에 의존적일 수 있으므로 구현 방식에 구애받지 않고 설명합니다. 결국 모든 스파크 코드는 동일한 방식으로 실행됩니다.

이 장에서 알아볼 주제는 다음과 같습니다.

- 스파크 애플리케이션의 아키텍처와 컴포넌트
- 스파크 내/외부에서 실행되는 스파크 애플리케이션의 생애주기
- 파이프라이닝과 같은 중요한 저수준 실행 속성
- 스파크 애플리케이션을 실행하는 데 필요한 사항

우선 스파크 애플리케이션의 아키텍처를 알아보겠습니다.

15.1 스파크 애플리케이션의 아키텍처

2장에서 스파크 애플리케이션과 관련된 고수준 컴포넌트를 알아보았습니다. 다시 한번 알아보겠습니다.

- **스파크 드라이버**

  스파크 드라이버는 스파크 애플리케이션의 '운전자 역할'을 하는 프로세스입니다. 드라이버는 스파크 애플리케이션의 실행을 제어하고 스파크 클러스터(익스큐터의 상태와 태스크)의 모든 상태 정보를 유지합니다. 또한 물리적 컴퓨팅 자원 확보와 익스큐터 실행을 위해 클러스터 매니저와 통신할 수 있어야 합니다. 요약하자면 스파크 드라이버는 물리적 머신의 프로세스이며 클러스터에서 실행 중인 애플리케이션의 상태를 유지합니다.

- **스파크 익스큐터**

  스파크 익스큐터는 스파크 드라이버가 할당한 태스크를 수행하는 프로세스입니다. 익스큐터는 드라이버가 할당한 태스크를 받아 실행하고 태스크의 상태와 결과(성공 또는 실패)를 드라이버에 보고합니다. 모든 스파크 애플리케이션은 개별 익스큐터 프로세스를 사용합니다.

- **클러스터 매니저**

  스파크 드라이버와 익스큐터를 허공에 띄울 수는 없으므로 클러스터 매니저가 필요합니다. 클러스터 매니저는 스파크 애플리케이션을 실행할 클러스터 머신을 유지합니다. 클러스터 매니저는 '드라이버'(마스터라 부르기도 합니다)와 '워커'라는 개념을 가지고 있으며 이 때문에 혼란스러울 수도 있습니다. 가장 큰 차이점은 프로세스가 아닌 물리적인 머신에 연결되는 개념이라는 점입니다. [그림 15-1]에 기본적인 클러스터 구성을 나타냈습니다. 그림 왼쪽에 있는 머신은 클러스터 매니저의 드라이버 노드입니다. 원은 개별 워커 노드를 실행하고 관리하는 데몬 프로세스입니다. 그림에서 스파크 애플리케이션은 아직 실행되지 않았습니다. 표시된 원들은 클러스터 매니저의 프로세스일 뿐입니다.

그림 15-1 실행 중인 스파크 애플리케이션이 없는 클러스터 드라이버와 워커

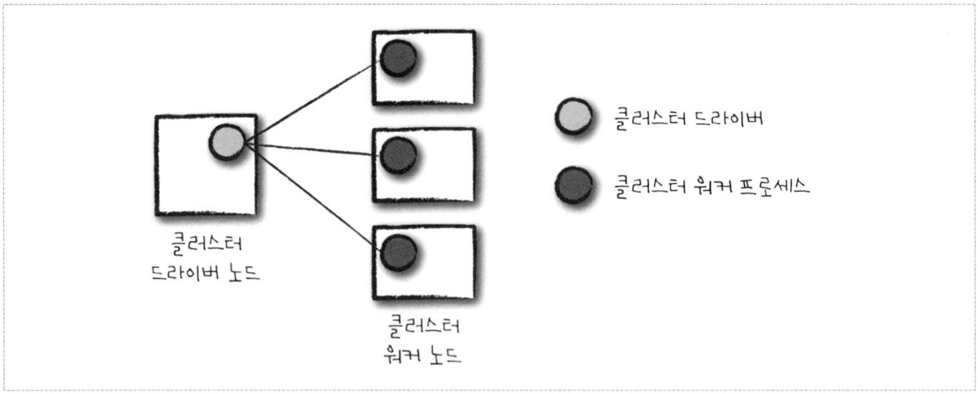

스파크 애플리케이션을 실제로 실행할 때가 되면 우리는 클러스터 매니저에 자원 할당을 요청합니다. 사용자 애플리케이션의 설정에 따라 스파크 드라이버를 실행할 자원을 포함해 요청하거나 스파크 애플리케이션 실행을 위한 익스큐터 자원을 요청할 수도 있습니다. 스파크 애플리케이션의 실행 과정에서 클러스터 매니저는 애플리케이션이 실행되는 머신을 관리합니다.

스파크가 지원하는 클러스터 매니저는 다음과 같습니다.

- 스탠드얼론 클러스터 매니저
- 아파치 메소스
- 하둡 YARN

스파크가 지원하는 클러스터 매니저가 늘어날 수도 있습니다. 따라서 스파크 공식 문서에서 선호하는 클러스터 관리자를 지원하는지 확인하기 바랍니다.

지금까지 애플리케이션의 기본 컴포넌트를 알아보았습니다. 이제 애플리케이션을 실행할 때 처음으로 선택해야 하는 '실행 모드'를 알아보겠습니다.

15.1.1 실행 모드

실행 **모드**는 애플리케이션을 실행할 때 요청한 자원의 물리적인 위치를 결정합니다. 선택할 수 있는 실행 모드는 다음과 같습니다.

- 클러스터 모드
- 클라이언트 모드
- 로컬 모드

[그림 15-1]을 기준으로 각 실행 모드를 자세히 알아보겠습니다. 이어지는 절에서 실선으로 그려진 직사각형은 스파크 **드라이버 프로세스**를 나타내며 점선으로 그려진 직사각형은 **익스큐터 프로세스**를 나타냅니다.

클러스터 모드

가장 흔하게 사용되는 스파크 애플리케이션 실행 방식은 클러스터 모드입니다. 클러스터 모드를 사용하려면 컴파일된 JAR 파일이나 파이썬 스크립트 또는 R 스크립트를 클러스터 매니저에 전달해야 합니다. 클러스터 매니저는 파일을 받은 다음 워커 노드에 드라이버와 익스큐터 프로세스를 실행합니다. 즉, 클러스터 매니저는 모든 스파크 애플리케이션과 관련된 프로세스를 유지하는 역할을 합니다. [그림 15-2]는 하나의 워커 노드에 스파크 드라이버를 할당하고 다른 워커 노드에 익스큐터를 할당하는 모습을 나타냅니다.

그림 15-2 스파크의 클러스터 모드

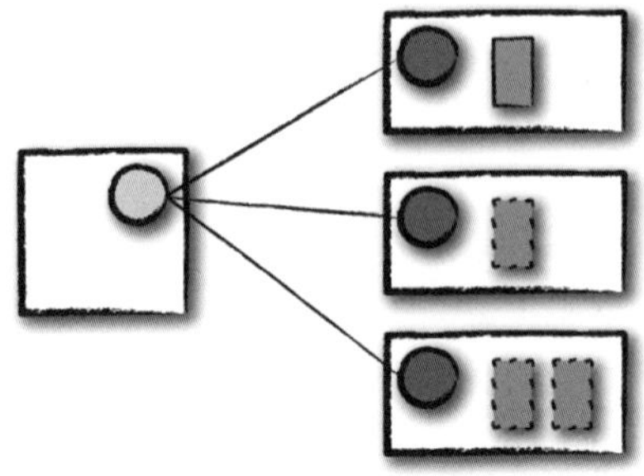

클라이언트 모드

클라이언트 모드는 애플리케이션을 제출한 클라이언트 머신에 스파크 드라이버가 위치한다는 것을 제외하면 클러스터 모드와 비슷합니다. 즉, 클라이언트 머신은 스파크 드라이버 프로세스를 유지하며 클러스터 매니저는 익스큐터 프로세스를 유지합니다. [그림 15-3]을 보면 스파크 애플리케이션이 클러스터와 무관한 머신에서 동작하는 것을 알 수 있습니다. 보통은 이런 머신을 **게이트웨이 머신**gateway machine 또는 **에지 노드**edge node라고 부릅니다. [그림 15-3]을 보면 드라이버는 클러스터 외부의 머신에서 실행되며 나머지 워커는 클러스터에 위치하는 것을 알 수 있습니다.

그림 15-3 스파크의 클라이언트 모드

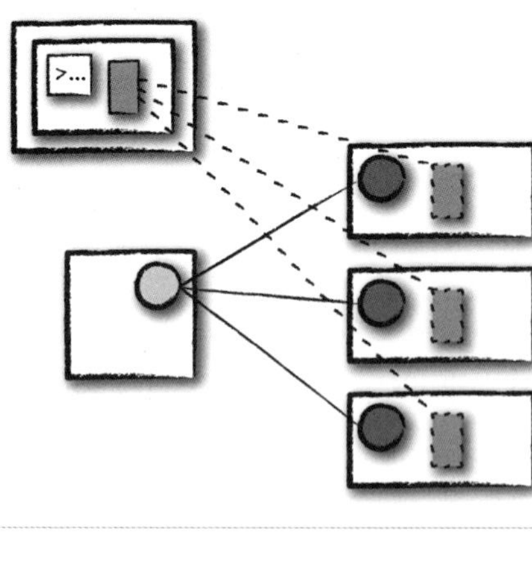

로컬 모드

로컬 모드는 앞서 알아본 두 모드와 상당히 다릅니다. 로컬 모드로 설정된 경우 모든 스파크 애플리케이션은 단일 머신에서 실행됩니다. 로컬 모드는 애플리케이션의 병렬 처리를 위해 단일 머신의 스레드를 활용합니다. 이 모드는 스파크를 학습하거나 애플리케이션 테스트 그리고 개발 중인 애플리케이션을 반복적으로 실험하는 용도로 주로 사용됩니다. 그러므로 운영용 애플리케이션을 실행할 때는 로컬 모드 사용을 권장하지 않습니다.

15.2 스파크 애플리케이션의 생애주기(스파크 외부)

지금까지 스파크 애플리케이션을 다루는 데 필요한 용어를 알아보았습니다. 이제 스파크 애플리케이션의 생애주기를 알아볼 차례입니다. 3장에서 소개한 `spark-submit` 명령을 사용해 애플리케이션을 실행하는 예제를 그림과 함께 설명할 겁니다. 하나의 드라이버 노드와 세 개의 워커 노드로 구성된 총 네 대 규모의 클러스터가 이미 실행되고 있다고 가정합니다. 이 시점에서 클러스터 매니저는 중요하지 않습니다. 앞 절에서 알아본 용어를 사용해 초기화부터 종료까지 스파크 애플리케이션의 생애주기를 단계별로 알아보겠습니다.

> **NOTE_** 이 절에서도 앞선 그림에서 사용한 표기법을 동일하게 사용합니다. 추가로 네트워크 통신을 나타내는 선이 존재합니다. 두꺼운 화살표 선은 스파크나 스파크 관련 프로세스가 수행하는 통신을 표현합니다. 점선은 클러스터 매니저와의 통신 같은 일반적인 통신을 표현합니다.

15.2.1 클라이언트 요청

첫 단계는 스파크 애플리케이션을 제출하는 겁니다. 스파크 애플리케이션은 컴파일된 JAR나 라이브러리 파일을 의미합니다. 스파크 애플리케이션을 제출하는 시점에 로컬 머신에서 코드가 실행되어 클러스터 드라이버 노드에 요청합니다(그림 15-4). 이 과정에서 **스파크 드라이버 프로세스**의 자원을 함께 요청합니다. 클러스터 매니저는 이 요청을 받아들이고 클러스터 노드 중 하나에 드라이버 프로세스를 실행합니다. 스파크 잡을 제출한 클라이언트 프로세스는 종료되고 애플리케이션은 클러스터에서 실행됩니다.

그림 15-4 드라이버 실행을 위한 자원 요청

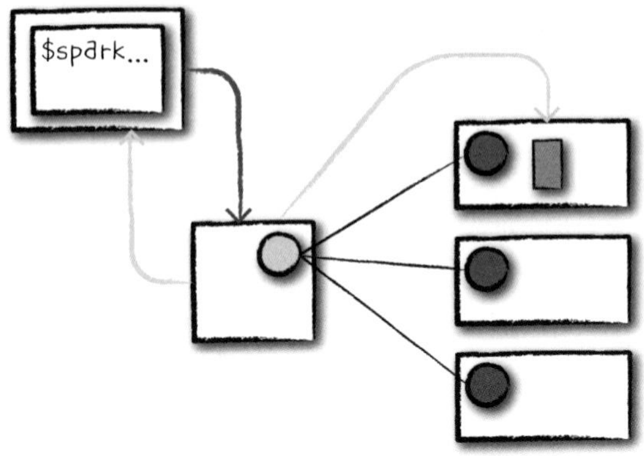

스파크 애플리케이션을 제출하기 위해 터미널에서 다음과 같은 형태의 명령을 실행합니다.

```
./bin/spark-submit \
--class <main-class> \
--master <master-url> \
--deploy-mode cluster \
--conf <key>=<value> \
... # 다른 옵션
<application-jar> \
[application-arguments]
```

15.2.2 시작

드라이버 프로세스가 클러스터에 배치되었으므로 사용자 코드를 실행할 차례입니다(그림 15-5). 사용자 코드에는 반드시 스파크 클러스터(예: 드라이버와 익스큐터)를 초기화하는 SparkSession이 포함되어야 합니다. SparkSession은 클러스터 매니저와 통신(어두운 선)해 스파크 익스큐터 프로세스의 실행을 요청(밝은 선)합니다. 사용자는 spark-submit을 실행할 때 사용하는 명령행 인수로 익스큐터 수와 설정값을 지정할 수 있습니다.

그림 15-5 스파크 애플리케이션 시작하기

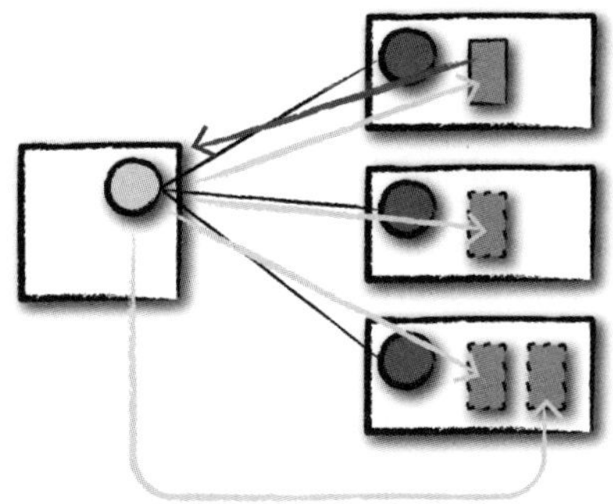

클러스터 매니저는 익스큐터 프로세스를 시작하고 결과를 응답받아 익스큐터의 위치와 관련 정보를 드라이버 프로세스로 전송합니다. 모든 작업이 정상적으로 완료되면 '스파크 클러스터'가 완성됩니다.

15.2.3 실행

'스파크 클러스터'가 생성되었으므로 [그림 15-6]과 같이 코드를 실행합니다. 드라이버와 워커는 코드를 실행하고 데이터를 이동하는 과정에서 서로 통신합니다. 드라이버는 각 워커에 태스크를 할당합니다. 태스크를 할당받은 워커는 태스크의 상태와 성공/실패 여부를 드라이버에 전송합니다. 이와 관련된 내용은 잠시 후에 자세히 알아보겠습니다.

그림 15-6 애플리케이션 실행

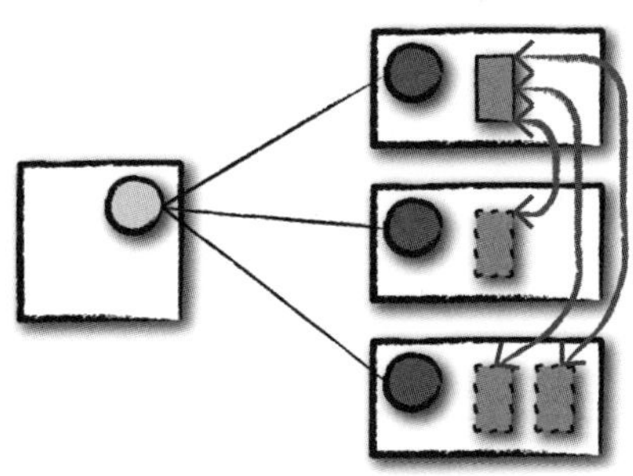

15.2.4 완료

스파크 애플리케이션의 실행이 완료되면 드라이버 프로세스가 성공이나 실패 중 하나의 상태로 종료됩니다(그림 15-7). 그런 다음 클러스터 매니저는 드라이버가 속한 스파크 클러스터의 모든 익스큐터를 종료시킵니다. 이 시점에 스파크 애플리케이션의 성공/실패 여부를 클러스터 매니저에 요청해 확인할 수 있습니다.

그림 15-7 애플리케이션 종료

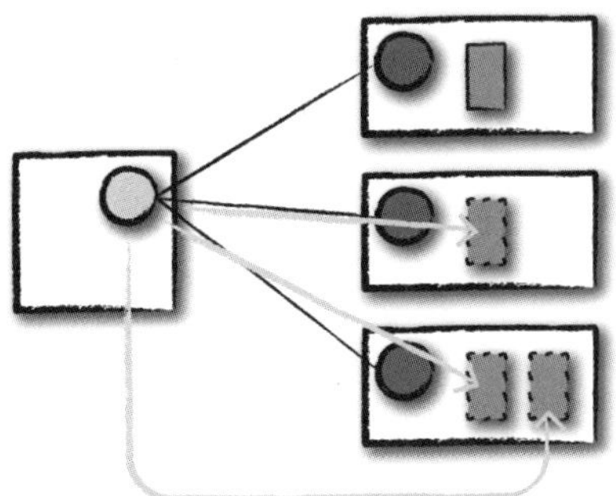

15.3 스파크 애플리케이션의 생애주기(스파크 내부)

지금까지 클러스터 관점(스파크를 지원하는 인프라 관점)에서 스파크 애플리케이션의 생애주기를 알아보았습니다. 그러나 애플리케이션을 실행하면 스파크 내부에서 어떤 일이 발생하는지 알아야 합니다. 여기서는 스파크 애플리케이션을 정의하는 실제 '사용자 코드'와 관련된 이야기를 합니다. 스파크 애플리케이션은 하나 이상의 **스파크 잡**으로 구성됩니다. 스레드를 사용해 여러 액션을 병렬로 수행하는 경우가 아니라면 애플리케이션의 스파크 잡은 차례대로 실행됩니다.

15.3.1 SparkSession

모든 스파크 애플리케이션은 가장 먼저 `SparkSession`을 생성합니다. 여러 대화형 모드에서는 자동으로 생성되지만, 애플리케이션을 만드는 경우라면 직접 생성해야 합니다.

기존 코드에서는 new SparkContext 패턴을 사용했습니다. 그러나 SparkSession의 빌더 메서드를 사용해 생성할 것을 추천합니다. 이 방식을 사용하면 스파크와 스파크 SQL 컨텍스트를 new SparkContext 패턴을 사용해서 만드는 것보다 안전하게 생성할 수 있습니다. 그리고 스파크 애플리케이션에서 다수의 라이브러리가 세션을 생성하려는 상황에서 컨텍스트 충돌을 방지할 수 있습니다.

```
// 스칼라에서 SparkSession 생성하기
import org.apache.spark.sql.SparkSession

val spark = SparkSession.builder().appName("Databricks Spark Example")
  .config("spark.sql.warehouse.dir", "/user/hive/warehouse")
  .getOrCreate()

# 파이썬에서 SparkSession 생성하기
from pyspark.sql import SparkSession

spark = SparkSession.builder.master("local").appName("Word Count")\
  .config("spark.some.config.option", "some-value")\
  .getOrCreate()
```

SparkSession을 생성하면 스파크 코드를 실행할 수 있습니다. SparkSession을 사용해 모든 저수준 API, 기존 컨텍스트 그리고 관련 설정 정보에 접근할 수 있습니다. SparkSession 클래스는 스파크 2.x 버전에서만 사용할 수 있습니다. 과거 버전의 코드에서는 구조적 API를 사용하기 위해 SparkSession 대신 SparkContext와 SQLContext를 직접 생성했습니다.

SparkContext

SparkSession의 SparkContext는 스파크 클러스터에 대한 연결을 나타냅니다. SparkContext를 이용해 RDD 같은 스파크의 저수준 API를 사용할 수 있습니다. 스파크 과거 버전의 예제나 문서를 보면 SparkContext는 일반적으로 sc 변수를 사용했습니다. SparkContext로 RDD, 어큐뮬레이터 그리고 브로드캐스트 변수를 생성하고 코드를 실행할 수 있습니다.

대부분의 경우 SparkSession으로 SparkContext에 접근할 수 있으므로 명시적으로 SparkContext를 초기화할 필요는 없습니다. 직접 초기화하는 가장 일반적인 방법은 getOrCreate 메서드를 사용하는 겁니다.

```
// 스칼라 코드
import org.apache.spark.SparkContext

val sc = SparkContext.getOrCreate()
```

SparkSession, SQLContext 그리고 HiveContext

과거 버전의 스파크에서는 SQLContext와 HiveContext를 사용해 DataFrame과 스파크 SQL을 다룰 수 있었습니다. 그리고 일반적으로 sqlContext라는 변수명을 사용했습니다. 역사적으로 보면 스파크 1.x 버전에는 SparkContext와 SQLContext라는 두 개의 컨텍스트가 존재했습니다. 이 둘은 서로 다른 임무를 수행합니다. SparkContext는 스파크의 핵심 추상화 개념을 다루는 데 중점을 두었습니다. 반면 SQLContext는 스파크 SQL과 같은 고수준 API 기능을 다루는 데 중점을 두었습니다. 스파크 커뮤니티는 스파크 2.x 버전에서 두 컨텍스트를 SparkSession으로 단일화하였습니다. 하지만 SparkContext와 SQLContext는 여전히 존재하며 SparkSession으로 접근할 수 있습니다. SQLContext는 사용할 필요가 없으며 SparkContext도 거의 사용할 필요가 없습니다.

SparkSession이 초기화되었다면 코드를 실행할 차례입니다. 모든 스파크 코드는 RDD 명령으로 컴파일됩니다. 따라서 일부 논리적 명령(DataFrame 잡)을 알아보고 어떤 일이 발생하는지 단계별로 알아보겠습니다.

15.3.2 논리적 명령

이 책의 서두에서 보았듯이 스파크 코드는 트랜스포메이션과 액션으로 구성됩니다. 사용자는 SQL, 저수준 RDD 처리, 머신러닝 알고리즘 등을 사용해 트랜스포메이션과 액션을 마음대로 구성할 수 있습니다. 그러므로 DataFrame과 같은 선언적 명령을 사용하는 방법과 논리적 명령이 물리적 실행 계획으로 어떻게 변환되는지 이해하는 것은 중요합니다. 이를 기반으로 스파크가 클러스터에서 동작하는 방식을 이해할 수 있습니다. 이 절에서는 잡, 스테이지 그리고 태스크를 차례로 따라갈 수 있도록 스파크 셸을 다시 띄워 코드를 실행합니다.

논리적 명령을 물리적 실행 계획으로 변환하기

스파크가 사용자 코드를 어떻게 받아들이고 클러스터에 어떻게 명령을 전달하는지 다시 한번 되짚어보겠습니다. 그리고 코드 예제를 한 줄씩 살펴보면서 그 안에서 일어나는 작업을 알아보겠습니다. 그러면 스파크 애플리케이션 동작 방식을 더 깊이 이해하게 될 겁니다. 모니터링 관련 내용을 다루는 다음 장에서 스파크 UI를 사용해 스파크 잡을 더 자세히 추적합니다. 하지만 지금은 간단한 방식으로 잡을 추적합니다. 그리고 간단한 DataFrame을 이용해 파티션을 재분배하는 잡, 값을 트랜스포메이션하는 잡, 집계 및 최종 결과를 얻어내는 잡 이렇게 세 단계의 잡을 수행합니다.

> **NOTE_** 아래 코드는 스파크 2.2 버전을 사용하는 파이썬 코드입니다. 스칼라를 사용해도 동일한 결과를 얻을 수 있으므로 스칼라 코드 예제는 생략하겠습니다. 잡 수가 크게 달라지지는 않겠지만, 물리적 실행 전략을 변화시키는 스파크의 최적화 과정에 따라 잡 수가 달라질 수 있습니다.

```
# 파이썬 코드
df1 = spark.range(2, 10000000, 2)
df2 = spark.range(2, 10000000, 4)
step1 = df1.repartition(5)
step12 = df2.repartition(6)
step2 = step1.selectExpr("id * 5 as id")
step3 = step2.join(step12, ["id"])
step4 = step3.selectExpr("sum(id)")

step4.collect() # 결과는 2,500,000,000,000
```

위 코드 예제를 실행하면 액션으로 하나의 스파크 잡이 완료되는 것을 확인할 수 있습니다. 물리적 실행 계획에 대한 이해를 높이기 위해 실행 계획을 살펴보겠습니다. 실행 계획 정보는 쿼리를 실제로 수행한 다음 스파크 UI의 SQL 탭에서도 확인할 수 있습니다.

```
step4.explain()

== Physical Plan ==
*HashAggregate(keys=[], functions=[sum(id#15L)])
+- Exchange SinglePartition
   +- *HashAggregate(keys=[], functions=[partial_sum(id#15L)])
      +- *Project [id#15L]
```

```
+- *SortMergeJoin [id#15L], [id#10L], Inner
   :- *Sort [id#15L ASC NULLS FIRST], false, 0
   :  +- Exchange hashpartitioning(id#15L, 200)
   :     +- *Project [(id#7L * 5) AS id#15L]
   :        +- Exchange RoundRobinPartitioning(5)
   :           +- *Range (2, 10000000, step=2, splits=8)
   +- *Sort [id#10L ASC NULLS FIRST], false, 0
      +- Exchange hashpartitioning(id#10L, 200)
         +- Exchange RoundRobinPartitioning(6)
            +- *Range (2, 10000000, step=4, splits=8)
```

collect 같은 액션을 호출하면 개별 **스테이지**와 **태스크**로 이루어진 스파크 **잡**이 실행됩니다. 로컬 머신에서 스파크 잡을 실행하면 localhost:4040에 접속해 스파크 UI를 확인할 수 있습니다. 'Jobs' 탭에서 스테이지와 태스크로 이동해 자세한 내용을 확인할 수 있습니다.

15.3.3 스파크 잡

보통 액션 하나당 하나의 스파크 잡이 생성되며 액션은 항상 결과를 반환합니다. 스파크 잡은 일련의 스테이지로 나뉘며 스테이지 수는 셔플 작업이 얼마나 많이 발생하는지에 따라 달라집니다.

이전 예제의 잡은 다음과 같이 나뉩니다.

- 스테이지 1: 태스크 8개
- 스테이지 2: 태스크 8개
- 스테이지 3: 태스크 5개
- 스테이지 4: 태스크 6개
- 스테이지 5: 태스크 200개
- 스테이지 6: 태스크 1개

'어떻게 저 숫자들이 나온 거지?'라는 의문이 들었을 겁니다. 이해를 돕기 위해 다음 절에서 자세히 알아보겠습니다.

15.3.4 스테이지

스파크의 스테이지는 다수의 머신에서 동일한 연산을 수행하는 태스크의 그룹을 나타냅니다. 스파크는 가능한 한 많은 태스크(잡의 트랜스포메이션)를 동일한 스테이지로 묶으려 노력합니다. 셔플 작업이 일어난 다음에는 반드시 새로운 스테이지를 시작합니다. 셔플은 데이터의 물리적 재분배 과정입니다. 예를 들어 DataFrame 정렬이나 키별로 적재된 파일 데이터를 그룹화하는 작업과 같습니다. 파티션을 재분배하는 과정은 데이터를 이동시키는 작업이므로 익스큐터 간의 조정이 필요합니다. 스파크는 셔플이 끝난 다음 새로운 스테이지를 시작하며 최종 결과를 계산하기 위해 스테이지 실행 순서를 계속 추적합니다.

이전 잡에서 처음 두 스테이지는 DataFrame 생성을 위해 사용한 `range` 명령을 수행하는 단계입니다. `range` 명령을 사용해 DataFrame을 생성하면 기본적으로 8개의 파티션을 생성합니다. 다음은 파티션 재분배 단계입니다. 이 단계에서는 데이터 셔플링으로 파티션 수를 변경합니다. 두 개의 DataFrame은 스테이지 3과 4의 태스크 수에 해당하는 5개, 6개의 파티션으로 재분배됩니다.

스테이지 3과 4는 개별 DataFrame에서 수행됩니다. 마지막 두 스테이지는 조인(셔플)을 수행합니다. '왜 갑자기 태스크 수가 200개로 변했을까요?' 그 이유는 스파크 SQL 설정 때문입니다. `spark.sql.shuffle.partitions` 속성의 기본값은 200입니다. 그러므로 스파크 잡이 실행되는 도중에 셔플을 수행하면 기본적으로 200개의 셔플 파티션을 생성합니다. `spark.sql.shuffle.partitions` 속성을 원하는 값으로 변경할 수 있습니다. 그러면 셔플을 수행할 때 생성되는 파티션 수가 변경됩니다.

TIP 파티션 수는 매우 중요한 파라미터이므로 19장에서 자세히 알아보겠습니다. 이 값은 효율적인 실행을 위해 클러스터의 코어 수에 맞추어 설정합니다. 설정 방법은 다음과 같습니다.

```
spark.conf.set("spark.sql.shuffle.partitions", 50)
```

여러 요인에 의해 영향을 받을 수 있지만, 경험적으로 보면 클러스터의 익스큐터 수보다 파티션 수를 더 크게 지정하는 것이 좋습니다. 로컬 머신에서 코드를 실행하는 경우 병렬로 처리할 수 있는 태스크 수가 제한적이므로 이 값을 작게 설정해야 합니다. 이 설정은 더 많은 익스큐터 코어를 사용할 수 있는 클러스터 환경을 위한 기본값입니다. 최종 스테이지에서는 드라이버로 결과를 전송하기 전에 파티션마다 개별적으로 수행된 결과를 단일 파티션으로 모으는 작업을 수행합니다. 4부에서 이러한 속성을 설정하는 과정을 여러 번 보게 될 겁니다.

15.3.5 태스크

스파크의 스테이지는 **태스크**로 구성됩니다. 각 태스크는 단일 익스큐터에서 실행할 데이터의 블록과 다수의 트랜스포메이션 조합으로 볼 수 있습니다. 만약 데이터셋이 거대한 하나의 파티션인 경우 하나의 태스크만 생성됩니다. 만약 1,000개의 작은 파티션으로 구성되어 있다면 1,000개의 태스크를 만들어 병렬로 실행할 수 있습니다. 즉, 태스크는 데이터 단위(파티션)에 적용되는 연산 단위를 의미합니다. 파티션 수를 늘리면 더 높은 병렬성을 얻을 수 있습니다. 물론 만병통치약은 아니지만 최적화를 위한 가장 간단한 방법입니다.

15.4 세부 실행 과정

스파크의 스테이지와 태스크는 알아두면 좋을 만한 중요한 특성을 가지고 있습니다. 첫째, 스파크는 map 연산 후 다른 map 연산이 이어진다면 함께 실행할 수 있도록 스테이지와 태스크를 자동으로 **연결**합니다. 둘째, 스파크는 모든 셔플을 작업할 때 데이터를 안정적인 저장소(예: 디스크)에 저장하므로 여러 잡에서 재사용할 수 있습니다. 이러한 개념들은 스파크 UI로 애플리케이션을 들여다보기 시작하면 만나게 될 내용입니다. 따라서 차례대로 알아보겠습니다.

15.4.1 파이프라이닝

스파크를 '인메모리 컴퓨팅 도구'로 만들어주는 핵심 요소 중 하나는 맵리듀스와 같은 스파크 이전 기능과 달리 스파크는 메모리나 디스크에 데이터를 쓰기 전에 최대한 많은 단계를 수행한다는 점입니다. 스파크가 수행하는 주요 최적화 기법 중 하나는 RDD나 RDD보다 더 아래에서 발생하는 파이프라이닝 기법입니다. **파이프라이닝** 기법은 노드 간의 데이터 이동 없이 각 노드가 데이터를 직접 공급할 수 있는 연산만 모아 태스크의 단일 스테이지로 만듭니다. 예를 들어 map, filter, map 순서로 수행되는 RDD 기반의 프로그램을 개발했다면 개별 입력 레코드를 읽어 첫 번째 map으로 전달한 다음 filter하고 마지막 map 함수로 전달해 처리하는 과정을 태스크의 단일 스테이지로 만듭니다. 따라서 파이프라인으로 구성된 연산 작업은 단계별로 메모리나 디스크에 중간 결과를 기록하는 방식보다 훨씬 더 처리 속도가 빠릅니다. select, filter 그리고 select를 수행하는 DataFrame이나 SQL 연산에서도 동일한 파이프라이닝 유형이 적용됩니다.

스파크 런타임에서 파이프라이닝을 자동으로 수행하기 때문에 애플리케이션을 개발할 때는 눈에 보이지 않습니다. 스파크 UI나 로그 파일로 애플리케이션을 확인해보면 다수의 RDD 또는 DataFrame 연산이 하나의 스테이지로 파이프라이닝되어 있음을 알 수 있습니다.

15.4.2 셔플 결과 저장

두 번째 특성은 셔플 결과 저장shuffle persistence입니다. 스파크가 reduce-by-key 연산 같이 노드 간 복제를 유발하는 연산을 실행하면 엔진에서 파이프라이닝을 수행하지 못하므로 네트워크 셔플이 발생합니다. 노드 간 복제를 유발하는 연산은 각 키에 대한 입력 데이터를 먼저 여러 노드로부터 복사합니다. 항상 데이터 전송이 필요한 '소스' 태스크를 먼저 수행하기 때문입니다. 그리고 소스 태스크의 스테이지가 실행되는 동안 **셔플 파일**을 로컬 디스크에 기록합니다. 그런 다음 그룹화나 리듀스를 수행하는 스테이지가 시작됩니다. 이 스테이지에서는 셔플 파일에서 레코드를 읽어 들인 다음 연산을 수행합니다. 예를 들어 특정 범위의 키와 관련된 데이터를 읽고 처리합니다. 만약 잡이 실패한 경우 셔플 파일을 디스크에 저장했기 때문에 '소스' 스테이지가 아닌 해당 스테이지부터 처리할 수 있습니다. 따라서 '소스' 태스크를 재실행할 필요 없이 실패한 리듀스 태스크부터 다시 시작할 수 있습니다.

셔플 결과를 저장할 때 발생할 수 있는 부작용은 이미 셔플된 데이터를 이용해 새로운 잡을 실행하면 '소스'와 관련된 셔플이 다시 실행되지 않는다는 겁니다. 스파크는 다음 스테이지를 실행하는 과정에서 디스크에 이미 기록되어 있는 셔플 파일을 다시 사용할 수 있다고 판단하기 때문에 이전 스테이지를 처리하지 않습니다. 스파크 UI와 로그 파일에서 'skipped'라고 표시된 사전 셔플 스테이지pre-shuffle stage를 확인할 수 있습니다. 이러한 자동 최적화 기능은 동일한 데이터를 사용해 여러 잡을 실행하는 워크로드의 시간을 절약할 수 있습니다. 물론 더 나은 성능을 얻기 위해 DataFrame이나 RDD의 cache 메서드를 사용할 수 있습니다. 그러면 사용자가 직접 캐싱을 수행할 수 있으며 정확히 어떤 데이터가 어디에 저장되는지 제어할 수 있습니다. 집계된 데이터에 스파크 액션을 수행한 다음 스파크 UI를 확인해보면 이러한 방식을 쉽게 이해할 수 있습니다.

15.5 정리

이 장에서는 스파크 애플리케이션을 클러스터에서 실행하면 어떤 일이 일어나는지 알아보았습니다. 즉, 클러스터에서 실제로 실행되는 방식과 스파크 애플리케이션 내부에서 어떤 일이 일어나는지 알 수 있었습니다. 이제 스파크 애플리케이션의 내부 및 외부에서 어떤 일이 일어나는지 충분히 이해했으리라 생각됩니다. 이 내용으로 사용자 애플리케이션의 디버깅 시작 지점을 찾을 수 있습니다. 다음 장에서는 스파크 애플리케이션을 개발하는 방법과 고려사항을 알아보겠습니다.

CHAPTER 16

스파크 애플리케이션 개발하기

앞 장에서는 스파크가 클러스터 환경에서 어떻게 스파크 코드를 실행하는지 알아보았습니다. 이제 표준 스파크 애플리케이션을 개발하고 클러스터에 배포하는 과정이 얼마나 쉬운지 알아보겠습니다. 설명을 위해 빌드 도구 설정, 단위 테스트 그리고 애플리케이션의 구성 방법을 담은 간단한 템플릿을 사용합니다. 이 템플릿은 이 책의 공식 코드 저장소[1]에서 내려받을 수 있습니다. 원한다면 직접 애플리케이션을 만들 수도 있으므로 템플릿을 꼭 사용하지 않아도 됩니다. 템플릿은 단지 도움을 줄 뿐입니다. 이제 첫 번째 스파크 애플리케이션을 만들어보겠습니다.

16.1 스파크 애플리케이션 작성하기

스파크 애플리케이션은 스파크 클러스터와 사용자 코드 두 가지 조합으로 구성됩니다. 이번 예제에서는 클러스터 모드를 로컬 모드로 설정하고 사전에 정의된 애플리케이션을 사용자 코드로 사용합니다. 스파크가 지원하는 다양한 언어로 스파크 애플리케이션을 개발해보겠습니다.

16.1.1 간단한 스칼라 기반 앱

스칼라는 스파크의 '기본' 언어이기 때문에 애플리케이션을 개발하는 가장 적합한 방법으로 볼 수 있습니다. 이는 일반 스칼라 애플리케이션을 개발하는 방법과 크게 다르지 않습니다.

1 https://bit.ly/2QKoyM6

TIP 각자 걸어온 길에 따라 스칼라에 거부감이 있을 수 있습니다. 하지만 스파크를 잘 이해하려면 배워둘 가치는 있습니다. 스칼라의 모든 내용을 배워야 한다는 것은 아닙니다. 스칼라를 기초부터 배우는 사용자라면 스칼라가 얼마나 생산적인 언어인지 금방 알아챌 수 있습니다. 또한 스칼라를 사용하면 그동안 풀기 어려웠던 수많은 문제를 해결할 수도 있습니다. 스칼라를 조금만 연습하면 스파크 코드를 쉽게 파악할 수 있습니다.

스파크 애플리케이션은 두 가지 자바 가상 머신 기반의 빌드 도구인 sbt나 아파치 메이븐을 이용해 빌드할 수 있습니다. 이러한 빌드 도구는 각각 장단점을 가지지만 sbt를 사용하는 것이 더 쉬울 겁니다. sbt는 sbt 웹사이트[2]에서 내려받을 수 있으며 설치와 사용법을 배울 수 있습니다. 메이븐 역시 메이븐 웹사이트[3]에서 내려받아 설치할 수 있습니다.

스칼라 애플리케이션에 sbt 빌드 환경을 구성하려면 패키지 정보를 관리하기 위해 build.sbt 파일을 정의해야 합니다. build.sbt 파일에 포함되어야 할 핵심 항목은 다음과 같습니다.

- 프로젝트 메타데이터(패키지명, 패키지 버전 정보 등)
- 라이브러리 의존성을 관리하는 장소
- 라이브러리에 포함된 의존성 정보

이외에도 다양한 정의 방법이 있지만 책의 범위를 벗어나기 때문에 생략하겠습니다. 필요한 경우 sbt 공식 홈페이지[4]에서 관련 정보를 찾아볼 수 있습니다. 또한『스칼라를 위한 SBT 시작하기Getting Started with SBT for Scala』(O'Reilly, 2016) 같이 무심코 지나치면 안 되는 내용을 담고 있는 sbt 관련 서적을 참고하세요. 다음 코드는 스칼라용 build.sbt 파일 내용 중 일부입니다. 전체 내용은 템플릿[5]에서 확인할 수 있습니다. 이 중 스칼라와 스파크 버전을 정의하는 방법은 반드시 기억해야 합니다.

```
name := "example"
organization := "com.databricks"
version := "0.1-SNAPSHOT"
scalaVersion := "2.11.8"

// 스파크 관련 정보
val sparkVersion = "2.2.0"
```

2 http://www.scala-sbt.org/index.html

3 https://maven.apache.org/

4 옮긴이_ http://bit.ly/2NN5M9m

5 https://bit.ly/2NcAN72

```
// 스파크 패키지 포함
resolvers += "bintray-spark-packages" at
  "https://dl.bintray.com/spark-packages/maven/"

resolvers += "Typesafe Simple Repository" at
  "http://repo.typesafe.com/typesafe/simple/maven-releases/"

resolvers += "MavenRepository" at
  "https://mvnrepository.com/"

libraryDependencies ++= Seq(
  // 스파크 코어
  "org.apache.spark" %% "spark-core" % sparkVersion,
  "org.apache.spark" %% "spark-sql" % sparkVersion,

// 나머지 부분은 생략
)
```

build.sbt 파일을 정의했으므로 프로젝트에 실제 코드를 작성해볼 차례입니다. sbt 매뉴얼[6]에서 찾아볼 수 있는 표준 스칼라 프로젝트 구조를 사용합니다(메이븐 프로젝트도 동일한 디렉터리 구조를 갖습니다).

```
src/
  main/
    resources/
       <JAR 파일에 포함할 파일들>
    scala/
       <메인 스칼라 소스 파일>
    java/
       <메인 자바 소스 파일>
  test/
    resources
       <테스트 JAR에 포함할 파일들>
    scala/
       <테스트용 스칼라 소스 파일>
    java/
       <테스트용 자바 소스 파일>
```

6 http://bit.ly/2xgerGW

스칼라와 자바 디렉터리에 소스 코드를 작성합니다. 이번 예제에서는 다음과 같은 소스 코드를 파일에 작성합니다. 다음은 SparkSession을 초기화하고 애플리케이션을 실행한 다음 종료하는 예제입니다.

```
object DataFrameExample extends Serializable {
  def main(args: Array[String]) = {

    val pathToDataFolder = args(0)

    // 명시적으로 몇 가지 설정값을 지정한 다음 SparkSession을 시작합니다.
    val spark = SparkSession.builder().appName("Spark Example")
      .config("spark.sql.warehouse.dir", "/user/hive/warehouse")
      .getOrCreate()

    // UDF를 등록합니다.
    spark.udf.register("myUDF", someUDF(_:String):String)

    val df = spark.read.json(pathToDataFolder + "data.json")
    val manipulated = df.groupBy(expr("myUDF(group)")).sum().collect()
      .foreach(x => println(x))
  }
}
```

spark-submit 명령을 사용해 위 예제 코드를 클러스터에 제출합니다. 실행 명령 중 main 클래스를 지정한 부분을 눈여겨볼 필요가 있습니다.

이제 프로젝트를 설정하고 코드를 작성했으니 빌드해야 합니다. 하나의 JAR 파일 안에 관련 라이브러리 모두를 포함하는 'uber-jar' 또는 'fat-jar'로 빌드하기 위해 sbt assemble 명령을 사용할 수 있습니다. 이 명령은 몇몇 배포 작업에서는 아주 간단할 수 있지만 때로는 복잡한 상황(라이브러리 의존성에 충돌이 발생하는 경우)이 발생할 수도 있습니다. 가장 쉬운 빌드 방법은 sbt package 명령을 실행하는 겁니다. 이 명령을 사용해 관련 라이브러리 모두를 target 폴더로 모을 수는 있지만 관련 라이브러리를 모두 가지고 있는 하나의 거대한 JAR 파일을 만들어내지는 않습니다.

애플리케이션 실행하기

target 폴더에는 spark-submit에서 인수로 사용할 jar 파일이 들어 있습니다. 스칼라 패키지를 빌드[7]하면 다음 예제와 같이 spark-submit 명령을 사용해 로컬 머신에서 실행할 수 있습니다. 다음 예제에서는 $SPARK_HOME 환경변수를 사용했습니다. $SPARK_HOME은 스파크를 설치한 디렉터리의 경로로 변경할 수도 있습니다.

```
$SPARK_HOME/bin/spark-submit \
  --class com.databricks.example.DataFrameExample \
  --master local \
  target/scala-2.11/example_2.11-0.1-SNAPSHOT.jar "hello"
```

16.1.2 파이썬 애플리케이션 작성하기

PySpark 애플리케이션을 작성하는 방법은 일반 파이썬 애플리케이션이나 패키지를 작성하는 방법과 거의 비슷합니다. 특히 명령행을 사용해 애플리케이션을 작성하는 방식과 매우 유사합니다. 스파크에는 빌드 개념이 없으며 PySpark 애플리케이션은 파이썬 스크립트에 지나지 않습니다. 그러므로 애플리케이션을 실행하려면 클러스터에서 스크립트를 실행하기만 하면 됩니다.

보통 코드 재사용을 위해 여러 파이썬 파일을 하나의 egg나 ZIP 파일 형태로 압축합니다. spark-submit의 --py-files 인수로 .py, .zip, .egg 파일을 지정하면 애플리케이션과 함께 배포할 수 있습니다.

코드를 실행하려면 '스칼라나 자바의 메인 클래스' 역할을 하는 파이썬 파일을 작성해야 합니다. 즉, SparkSession을 생성하는 실행 가능한 스크립트 파일을 만들어야 합니다. 다음은 spark-submit의 main 인수로 지정할 클래스의 코드 예제입니다.

```
# 파이썬 코드
from __future__ import print_function

if __name__ == '__main__':
    from pyspark.sql import SparkSession
    spark = SparkSession.builder \
      .master("local") \
      .appName("Word Count") \
```

7 https://bit.ly/2COgg3T

```
        .config("spark.some.config.option", "some-value") \
        .getOrCreate()

print(spark.range(5000).where("id > 500").selectExpr("sum(id)").collect())
```

위 코드가 실행되면 애플리케이션에서 활용할 수 있는 SparkSession 객체가 생성됩니다. 모든 파이썬 클래스에서 SparkSession 객체를 생성하는 것보다 런타임 환경에서 변수를 생성해 파이썬 클래스에 전달하는 방식을 사용하는 것이 더 좋습니다.

파이썬으로 스파크 애플리케이션을 개발할 때는 PySpark를 라이브러리 의존성으로 정의하기 위해 pip[8]를 사용할 수 있습니다. PySpark는 pip install pyspark 명령으로 설치하며, 설치 후에는 다른 파이썬 패키지와 같은 방식으로 의존성을 정의합니다. 이 방법을 사용하면 여러 에디터가 제공하는 코드 자동 완성 기능을 사용할 수 있습니다. 이 기능은 스파크 2.2 버전에서 처음 소개되었으므로 운영 환경에서 사용하려면 아직 한두 버전 정도 더 지켜보는 것이 좋습니다. 하지만 파이썬은 스파크 커뮤니티에서 아주 인기 있는 언어이므로 pip 지원은 중요한 전환점이 될 겁니다.

애플리케이션 실행하기

코드 작성이 끝났으면 이제 실행을 위해 코드를 클러스터에 전달해야 합니다(프로젝트 템플릿[9]에 같은 코드가 포함되어 있습니다). 다음과 같이 spark-submit 명령을 호출합니다.

```
$SPARK_HOME/bin/spark-submit --master local pyspark_template/main.py
```

16.1.3 자바 애플리케이션 작성하기

자바와 스칼라를 이용해 스파크 애플리케이션을 작성하는 방법은 거의 유사합니다. 가장 큰 차이점은 라이브러리 의존성을 지정하는 방법입니다.

다음 자바 애플리케이션 예제는 사용자가 메이븐을 사용해 라이브러리 의존성을 지정합니다. 메이븐은 다음과 같은 형식을 사용합니다. 메이븐을 사용하려면 스파크 패키지 저장소를 반드시

8 https://pypi.python.org/pypi/pip

9 https://bit.ly/2CSvmW8

추가해야 합니다. 그래야 해당 저장소에서 스파크와 관련된 라이브러리를 얻을 수 있습니다.

```
<dependencies>
    <dependency>
        <groupId>org.apache.spark</groupId>
        <artifactId>spark-core_2.11</artifactId>
        <version>2.1.0</version>
    </dependency>
    <dependency>
        <groupId>org.apache.spark</groupId>
        <artifactId>spark-sql_2.11</artifactId>
        <version>2.1.0</version>
    </dependency>
    <dependency>
        <groupId>graphframes</groupId>
        <artifactId>graphframes</artifactId>
        <version>0.4.0-spark2.1-s_2.11</version>
    </dependency>
</dependencies>
<repositories>
    <!-- 저장소 목록을 나열합니다. -->
    <repository>
        <id>SparkPackagesRepo</id>
        <url>http://dl.bintray.com/spark-packages/maven</url>
    </repository>
</repositories>
```

디렉터리 구조는 스칼라 프로젝트와 같습니다(모두 메이븐 명세를 따르고 있습니다). 이제 자바 코드 예제를 빌드하고 실행해볼 차례입니다. 자바 코드를 실행하려면 main 클래스가 필요합니다. 다음은 간단한 main 클래스 코드 예제입니다.

```
import org.apache.spark.sql.SparkSession;

public class SimpleExample {
    public static void main(String[] args) {
        SparkSession spark = SparkSession
                .builder()
                .getOrCreate();
        spark.range(1, 2000).count();
    }
}
```

이제 mvn package 명령으로 패키지를 만들 수 있습니다(먼저 개발 환경에 메이븐을 설치해야 합니다).

애플리케이션 실행하기

자바 애플리케이션은 스칼라 애플리케이션과 같은 방법으로 실행합니다.

```
$SPARK_HOME/bin/spark-submit \
  --class com.databricks.example.SimpleExample \
  --master local \
  target/spark-example-0.1-SNAPSHOT.jar "hello"
```

16.2 스파크 애플리케이션 테스트

지금까지 스파크 애플리케이션을 개발하고 실행하는 방법을 알아보았습니다. 이제부터는 약간은 지루하면서 아주 중요한 주제인 테스트 방법을 알아보겠습니다. 스파크 애플리케이션을 테스트하려면 애플리케이션을 작성할 때 몇 가지 핵심 원칙과 구성 전략을 고려해야 합니다.

16.2.1 전략적 원칙

데이터 파이프라인과 애플리케이션에 대한 테스트 코드 개발은 실제 애플리케이션 개발만큼이나 중요합니다. 테스트 코드는 미래에 발생할 수 있는 데이터, 로직 그리고 결과 변화에 유연하게 대처할 수 있게 도와줍니다. 이 절에서는 일반적인 스파크 애플리케이션에서 테스트해야 할 내용과 테스트 편리성을 높여주는 코드 구성 방법을 알아보겠습니다.

입력 데이터에 대한 유연성

데이터 파이프라인은 다양한 유형의 입력 데이터에 유연하게 대처할 수 있어야 합니다. 비즈니스 요구사항이 변하면 데이터도 변합니다. 따라서 스파크 애플리케이션과 파이프라인은 입력 데이터 중 일부가 변하더라도 유연하게 대처할 수 있어야 합니다. 아니면 오류 상황을 적절하고 유연하게 제어할 수 있어야 합니다. 따라서 입력 데이터로 인해 발생할 수 있는 다양한 예외 상황을 테스트하는 코드를 작성해야 합니다. 그러면 심각한 문제가 발생했을 때만 저녁잠을 깨우는 견고한 애플리케이션을 만들 수 있습니다.

비즈니스 로직 변경에 대한 유연성

입력 데이터뿐만 아니라 파이프라인 내부의 비즈니스 로직이 바뀔 수도 있습니다. 예상했던 원형 데이터의 형태가 실제 원형 데이터와 같은지 확인하고 싶을 겁니다. 이는 원하는 결과를 얻을 수 있도록 실제와 유사한 데이터를 사용해 비즈니스 로직을 꼼꼼하게 테스트해야 함을 의미합니다. 이 유형의 테스트에서는 스파크가 가진 기능을 테스트하는 '스파크 단위 테스트'를 작성하지 않도록 조심해야 합니다. 대신 비즈니스 로직을 테스트해 복잡한 비즈니스 파이프라인이 의도한 대로 동작하는지 반드시 확인해야 합니다.

결과의 유연성과 원자성

입력 데이터 및 비즈니스 로직의 테스트가 완료되었다면 결과를 의도한 대로 반환하는지 확인해야 합니다. 즉, 결과 데이터가 스키마에 맞는 적절한 형태로 반환될 수 있도록 제어해야 합니다. 단순히 데이터를 특정 경로에 저장해 놓고 전혀 사용하지 않는 경우는 거의 없습니다. 즉, 대부분의 스파크 파이프라인은 다른 스파크 파이프라인의 입력으로 사용됩니다. 따라서 데이터를 소비하는 다음 스파크 파이프라인에서 데이터의 '상태', 즉 데이터가 얼마나 자주 갱신되는지, 데이터가 완벽한지(예: 늦게 들어온 데이터가 없는지), 마지막 순간에 데이터가 변경되지는 않았는지 등을 이해할 수 있도록 만들고 싶을 겁니다.

앞서 언급한 모든 주제는 데이터 파이프라인을 구성할 때 고려해야 하는 원칙입니다. 사실 이 내용은 스파크에만 적용되는 것은 아닙니다. 이런 전략적 사고방식은 구성하려는 시스템의 토대를 마련할 때 중요한 요소입니다.

16.2.2 테스트 코드 작성 시 고려사항

전략적 사고도 중요하지만 애플리케이션 테스트를 쉽게 만들어주는 테스트 구성 전략에 대해 자세히 알아보겠습니다. 적절한 단위 테스트를 작성해 입력 데이터나 구조가 변경되어도 비즈니스 로직이 정상적으로 동작하는지 확인해야 합니다. 단위 테스트를 하면 스키마가 변경되는 상황에 쉽게 대응할 수 있습니다. 단위 테스트의 구성 방법은 비즈니스 도메인과 도메인 경험에 따라 다양할 수 있으므로 개발자의 역량에 달려 있습니다.

SparkSession 관리하기

스파크 로컬 모드 덕분에 JUnit이나 ScalaTest 같은 단위 테스트용 프레임워크로 비교적 쉽게 스파크 코드를 테스트할 수 있습니다. 단지 테스트 하네스test harness[10]의 일부로 로컬 모드의 SparkSession을 만들어 사용하기만 하면 됩니다. 이런 테스트 방식이 잘 동작하려면 스파크 코드에서 의존성 주입 방식으로 SparkSession을 관리하도록 만들어야 합니다. 즉, SparkSession을 한 번만 초기화하고 런타임 환경에서 함수와 클래스에 전달하는 방식을 사용하면 테스트 중에 SparkSession을 쉽게 교체할 수 있습니다. 이 방법을 사용하면 단위 테스트를 수행할 때 테스트용 SparkSession으로 개별 함수를 더욱 쉽게 테스트할 수 있습니다.

테스트 코드용 스파크 API 선정하기

스파크는 SQL, DataFrame, Dataset 등 다양한 API를 제공합니다. 각 API는 사용자 애플리케이션의 유지 보수성과 테스트 용이성 측면에서 서로 다른 영향을 미칠 수 있습니다. 정말 솔직하게 말해, 적합한 API는 사용자가 속한 팀과 팀에서 무엇을 필요로 하는지에 따라 달라질 수 있습니다. 어떤 팀이나 프로젝트에서는 개발 속도를 올리기 위해 덜 엄격한 SQL과 DataFrame API를 사용할 수 있고 다른 팀에서는 타입 안정성을 얻기 위해 Dataset과 RDD API를 사용할 수 있습니다.

API 유형에 상관없이 각 함수의 입력과 출력 타입을 문서로 만들고 테스트해야 합니다. 타입 안정성 API를 사용하면 함수가 가지고 있는 최소한의 규약(함수 시그니처)을 지켜야 하므로 다른 코드에서 재사용하기 쉽습니다. 모든 동적 데이터 타입 언어가 그렇듯 DataFrame이나 SQL을 사용할 때는 혼란을 없애기 위해 각 함수의 입력 타입과 출력 타입을 문서로 만들고 테스트하는 노력이 필요합니다. 저수준 RDD API는 정적 데이터 타입을 사용하지만 Dataset API에는 없는 파티셔닝 같은 저수준 API의 기능이 필요한 경우에만 사용합니다. Dataset API를 사

10 옮긴이_ 테스트 하네스는 시스템과 시스템 컴포넌트를 테스트하는 환경의 일부로, 테스트를 지원하기 위해 생성된 코드와 데이터를 의미합니다.

용하면 성능을 최적화할 수 있으며 앞으로도 더 많은 성능 최적화 방식을 제공할 가능성이 높습니다.

애플리케이션에 사용할 언어를 선택할 때도 비슷한 고려사항이 적용됩니다. 모든 팀에 적합한 정답은 없지만, 언어별로 서로 다른 이점을 제공하기 때문에 요구사항에 따라 언어를 선택해 사용하면 됩니다. 대규모 애플리케이션이나 저수준 API를 사용해 성능을 완전히 제어하려면 스칼라와 자바 같은 정적 데이터 타입의 언어를 사용하는 것을 추천합니다. 반면 파이썬이나 R은 각 언어가 제공하는 강력한 라이브러리를 활용하려는 경우에 사용하는 것이 좋습니다. 스파크 코드는 모든 언어의 표준 테스트 프레임워크에서 쉽게 테스트할 수 있어야 합니다.

16.2.3 단위 테스트 프레임워크에 연결하기

코드를 단위 테스트하려면 각 언어의 표준 프레임워크(예: JUnit 또는 ScalaTest)를 사용하고 테스트 하네스에서 테스트마다 `SparkSession`을 생성하고 제거하도록 설정하는 것이 좋습니다. 각 프레임워크는 `SparkSession` 생성과 제거를 수행할 수 있는 메커니즘(예: 'before'와 'after' 메서드)을 제공합니다. 이 장의 애플리케이션 템플릿에는 단위 테스트 샘플 코드가 포함되어 있습니다.

16.2.4 데이터소스 연결하기

가능하면 테스트 코드에서는 운영 환경의 데이터소스에 접속하지 말아야 합니다. 그래야 데이터소스가 변경되더라도 고립된 환경에서 개발자가 쉽게 테스트 코드를 실행할 수 있습니다. 이런 환경을 구성하는 방법의 하나로 비즈니스 로직을 가진 함수가 데이터소스에 직접 접근하지 않고 DataFrame이나 Dataset을 넘겨받게 만들 수 있습니다. 이렇게 생성된 함수를 재사용하는 코드는 데이터소스의 종류에 상관없이 같은 방식으로 동작합니다. 스파크의 구조적 API를 사용하는 경우 이름이 지정된 테이블named table을 이용해 문제를 해결할 수 있습니다. 간단히 몇 개의 더미 데이터셋(예: 작은 텍스트 파일이나 인메모리 객체로 데이터셋을 만듭니다)에 이름을 붙여 테이블로 등록하고 사용할 수 있습니다.

16.3 개발 프로세스

스파크 애플리케이션의 개발 프로세스는 기존에 사용하던 개발 흐름과 유사합니다. 먼저 대화형 노트북이나 그와 유사한 환경에 초기화된 작업 공간을 마련합니다. 그리고 핵심 컴포넌트와 알고리즘을 만든 다음 라이브러리나 패키지 같은 영구적인 영역으로 코드를 옮깁니다. 대화형 노트북은 단순하게 실험하기 좋은 환경을 제공하므로 많이 추천하는 도구 중 하나입니다. 또한 데이터브릭스Databricks[11] 같이 노트북을 운영용 애플리케이션처럼 실행할 수 있는 도구도 있습니다.

로컬 머신에서 실행한다면 `spark-shell`과 스파크가 지원하는 다른 언어용 셸을 사용해 애플리케이션 개발에 활용하는 것이 가장 적합한 방식입니다. 대부분의 셸은 대화형 애플리케이션을 개발할 때 사용하지만 `spark-submit` 명령은 스파크 클러스터에 운영용 애플리케이션을 실행하기 위해 사용합니다. 이 책의 서두에서 알아본 것처럼 스파크를 대화형으로 실행하기 위해 셸을 사용할 수 있습니다. 이런 모드로 실행할 수 있는 셸에는 PySpark, 스파크 SQL 그리고 SparkR이 있습니다. 스파크 설치 경로 하위의 bin 디렉터리에는 다양한 셸이 있습니다. 각 언어에 맞는 셸을 사용하려면 `spark-shell`(스칼라 지원), `spark-sql`, `pyspark` 그리고 `sparkR` 명령을 실행합니다.

애플리케이션을 개발하고 실행할 패키지 또는 스크립트를 만들고 나면 `spark-submit` 명령으로 클러스터에 제출할 수 있습니다.

16.4 애플리케이션 시작하기

대부분의 스파크 애플리케이션은 `spark-submit` 명령으로 실행합니다. 16.1절 '스파크 애플리케이션 작성하기'에서 본 것처럼 `spark-submit` 명령에 옵션, 애플리케이션 JAR 파일 또는 스크립트와 관련된 인수를 지정해 사용합니다.

```
./bin/spark-submit \
  --class <메인 클래스> \
```

11 옮긴이_ 데이터브릭스에서 제공하는 통합 분석 플랫폼 솔루션입니다.

```
--master <스파크 마스터 URL> \
--deploy-mode <배포 모드> \
--conf <키>=<값> \
... # 다른 옵션
<애플리케이션 JAR 또는 스크립트> \
[애플리케이션의 인수]
```

spark-submit 명령으로 스파크 잡을 제출할 때는 클라이언트 모드와 클러스터 모드 중 하나를 선택해야 합니다. 하지만 드라이버와 익스큐터 간의 지연 시간을 줄이기 위해 클러스터 모드로(또는 클러스터 장비 중 하나에서 클라이언트 모드로) 실행할 것을 추천합니다.

파이썬 애플리케이션을 제출하려면 .jar 파일의 위치에 .py 파일을 지정하고 파이썬 .zip, .egg, .py 파일을 --py-files에 추가합니다.

참고로 [표 16-1]은 특정 클러스터 매니저에서 사용할 수 있는 옵션을 포함해 spark-submit 명령에서 사용할 수 있는 모든 옵션 정보를 제공합니다. spark-submit --help 명령을 실행하면 전체 옵션을 직접 확인할 수 있습니다.

표 16-1 spark-submit 도움말 설명

파라미터	설명
--master MASTER_URL	spark://host:port, mesos://host:port, yarn 또는 local을 지정합니다.
--deploy-mode DEPLOY_MODE	드라이버 프로그램을 로컬에서 실행(클라이언트 모드)할지 워커 머신 중 하나에서 실행(클러스터 모드)할지 지정합니다. 기본값은 client입니다.
--class CLASS_NAME	사용자 애플리케이션의 메인 클래스(자바나 스칼라로 개발된 애플리케이션일 경우)를 지정합니다.
--name NAME	애플리케이션의 이름을 지정합니다.
--jars JARS	드라이버와 익스큐터의 클래스패스에 포함될 로컬 JAR 파일을 콤마로 구분된 목록으로 지정합니다.
--packages	드라이버와 익스큐터의 클래스패스에 포함될 메이븐 의존성 정보를 콤마로 구분된 목록으로 지정합니다. 로컬 저장소를 먼저 검색하고 해당 의존성 라이브러리가 없는 경우 메이븐 중앙 저장소나 --repositories에 명시된 원격 저장소를 검색합니다. groupId:artifactId:version 포맷으로 표기합니다.
--exclude-packages	--packages에 명시된 의존성 라이브러리 중에서 충돌 방지를 위해 제외해야 하는 목록을 콤마로 구분된 목록으로 지정합니다.
--repositories	--packages에 지정된 의존성 라이브러리를 검색할 때 사용할 원격 메이븐 저장소를 콤마로 구분된 목록으로 지정합니다.
--py-files PY_FILES	파이썬 애플리케이션 실행 시 PYTHONPATH에 추가할 .zip, .egg, .py 파일을 지정합니다.

파라미터	설명
--files FILES	각 익스큐터의 작업 디렉터리에 위치할 파일들을 콤마로 구분된 목록으로 지정합니다.
--conf PROP=VALUE	임의의 스파크 환경 설정 속성값을 지정합니다.
--properties-file FILE	부가적인 속성 정보를 읽어 들일 파일의 경로를 지정합니다. 지정하지 않으면 conf/spark-defaults.conf 파일을 참조합니다.
--driver-memory MEM	드라이버에서 사용할 메모리를 지정합니다(예: 1000M, 2G). 기본값은 1024M입니다.
--driver-java-options	드라이버에 지정할 부가적인 자바 옵션 정보를 지정합니다.
--driver-library-path	드라이버에 지정할 부가적인 라이브러리 경로를 지정합니다.
--driver-class-path	드라이버에 지정할 부가적인 클래스패스를 지정합니다. --jars에 지정한 JAR 파일은 자동으로 클래스패스에 추가됩니다.
--executor-memory MEM	각 익스큐터에서 사용할 메모리를 지정합니다(예: 1000M, 2G). 기본값은 1G입니다.
--proxy-user NAME	애플리케이션을 제출할 때 위장용으로 사용할 사용자 이름을 지정합니다. 이 인수는 --principal/--keytab 인수와 함께 사용할 수 없습니다.
--help, -h	도움말을 출력합니다.
--verbose, -v	추가적인 디버그 메시지를 함께 출력합니다.
--version	사용 중인 스파크 버전을 출력합니다.

특정 배포 환경에서 사용할 수 있는 설정은 [표 16-2]와 같습니다.

표 16-2 배포 환경별 설정

클러스터 매니저	지원 모드	설정	설명
스탠드얼론	Cluster	--driver-cores NUM	드라이버에서 사용할 코어 수를 지정합니다. 기본값은 1입니다.
스탠드얼론/메소스	Cluster	--supervise	이 옵션을 지정하면 드라이버 실패 시 재시작합니다.
스탠드얼론/메소스	Cluster	--kill SUBMISSION_ID	지정한 드라이버를 강제 종료합니다(kill).
스탠드얼론/메소스	Cluster	--status SUBMISSION_ID	지정한 드라이버의 상태를 조회합니다.
스탠드얼론/메소스	공통	--total-executor-cores NUM	전체 익스큐터가 사용할 총 코어 수를 지정합니다.
스탠드얼론/YARN	공통	--executor-cores NUM1	익스큐터별로 사용할 코어 수를 지정합니다. YARN 모드에서의 기본값은 1입니다. 스탠드얼론 모드에서는 사용 가능한 전체 워커의 코어 수를 기본값으로 사용합니다.
YARN	공통	--driver-cores NUM	드라이버에서 사용할 코어 수를 지정합니다. 클러스터 모드에서만 사용 가능하며 기본값은 1입니다.

클러스터 매니저	지원 모드	설정	설명
YARN	공통	queue QUEUE_NAME	잡을 제출할 YARN의 큐 이름을 지정합니다. 기본값은 'default'입니다.
YARN	공통	--num-executors NUM	실행할 익스큐터 수를 지정합니다. 기본값은 2입니다. 동적 할당 옵션이 활성화되어 있다면 초기 익스큐터 수는 NUM에 지정된 수 이상으로 생성됩니다.
YARN	공통	--archives ARCHIVES	각 익스큐터의 작업 디렉터리에 압축을 해제할 아카이브의 목록을 콤마로 구분하여 지정합니다.
YARN	공통	--principal PRINCIPAL	보안이 활성화된 HDFS를 사용하는 경우 KDC(Key Distribution Center)에 로그인할 때 사용할 보안 주체(principal)를 지정합니다.
YARN	공통	--keytab KEYTAB	보안 주체에 대한 keytab 파일이 저장된 전체 경로를 지정합니다. 이 keytab 파일은 주기적으로 로그인 티켓과 위임 토큰을 갱신해 보안통신 분산 캐시(Secure Distributed Cache)를 통해 애플리케이션 마스터를 실행하는 노드로 복사합니다.

16.4.1 애플리케이션 시작 예제

이 장 앞부분에서 몇몇 로컬 모드로 동작하는 애플리케이션 예제를 다뤄보았습니다. 이제 앞서 언급한 옵션을 어떻게 사용하는지 알아보겠습니다. 또한 내려받은 스파크의 examples 디렉터리에서 다양한 예제와 데모 애플리케이션을 찾아볼 수도 있습니다. 특정 파라미터를 어떻게 사용해야 할지 막막하다면 다음 예제와 같이 로컬 머신에서 SparkPi 클래스를 메인 클래스로 사용해 테스트해볼 수 있습니다.

```
./bin/spark-submit \
  --class org.apache.spark.examples.SparkPi \
  --master spark://207.184.161.138:7077 \
  --executor-memory 20G \
  --total-executor-cores 100 \
  replace/with/path/to/examples.jar \
  1000
```

파이썬에서는 다음 코드를 이용해 위 예제와 같은 작업을 수행합니다. 스파크 디렉터리에서 명령을 실행하면 스탠드얼론 클러스터 매니저로 파이썬 애플리케이션(단일 스크립트에 모든 코드가 포함되어 있는 경우)을 제출합니다. 또한 위 예제와 동일한 수의 익스큐터를 사용하도록 제한할 수도 있습니다.

```
./bin/spark-submit \
  --master spark://207.184.161.138:7077 \
  examples/src/main/python/pi.py \
  1000
```

master 옵션의 값을 local이나 local[*](머신의 모든 코어를 이용합니다)로 변경하면 애플리케이션을 로컬 모드로 실행할 수 있습니다. 그리고 replace/with/path/to/examples.jar 파일을 로컬에서 사용 중인 스칼라와 스파크 버전에 맞게 컴파일한 파일로 바꿔야 할 수도 있습니다.[12]

16.5 애플리케이션 환경 설정하기

스파크는 다양한 환경 설정을 제공합니다. 그중 일부는 15장에서 알아보았습니다. 목적에 따라 다양하게 환경을 설정할 수 있으며 이 절에서 자세히 알아보겠습니다. 이 정보는 참고용입니다. 특별히 무언가를 찾는 경우가 아니라면 가볍게 살펴보는 것이 좋습니다. 대부분의 설정은 다음과 같이 분류할 수 있습니다.

- 애플리케이션 속성
- 런타임 환경
- 셔플 동작 방식
- 스파크 UI
- 압축과 직렬화
- 메모리 관리
- 처리 방식
- 네트워크 설정
- 스케줄링
- 동적 할당
- 보안

12 옮긴이_ 클러스터 환경에 설치된 자바, 스칼라 버전이 로컬 환경과 다른 경우 example.jar를 다시 컴파일하고 변경해야 합니다. 버전이 같다면 그냥 사용할 수 있습니다.

- 암호화
- 스파크 SQL
- 스파크 스트리밍
- SparkR

스파크에서는 다음과 같은 방식으로 시스템을 설정할 수 있습니다.

- 스파크 속성은 대부분의 애플리케이션 파라미터를 제어하며 SparkConf 객체를 사용해 스파크 속성을 설정할 수 있습니다.
- 자바 시스템 속성
- 하드코딩된 환경 설정 파일

내려받은 스파크의 /conf 디렉터리에서 사용 가능한 여러 종류의 템플릿 파일을 찾아볼 수 있습니다. 애플리케이션을 개발할 때 템플릿의 설정값을 하드코딩할 수 있으며 템플릿에 속성값을 지정해 런타임에 사용할 수도 있습니다. IP 주소 같은 환경변수는 스파크 클러스터 노드의 conf/spark-env.sh 스크립트를 사용해 머신별로 설정할 수 있습니다. 마지막으로 log4j.properties 파일을 사용해 로그와 관련된 설정을 할 수 있습니다.

16.5.1 SparkConf

SparkConf는 애플리케이션의 모든 설정을 관리합니다. 다음 예제처럼 import 구문을 지정하고 객체를 생성할 수 있습니다. 스파크 애플리케이션에서 생성된 SparkConf 객체는 불변성입니다.

```
// 스칼라 코드
import org.apache.spark.SparkConf

val conf = new SparkConf().setMaster("local[2]").setAppName("DefinitiveGuide")
  .set("some.conf", "to.some.value")

# 파이썬 코드
from pyspark import SparkConf

conf = SparkConf().setMaster("local[2]").setAppName("DefinitiveGuide")\
  .set("some.conf", "to.some.value")
```

SparkConf 객체는 개별 스파크 애플리케이션에 대한 스파크 속성값을 구성하는 용도로 사용합니다. 스파크 속성값은 스파크 애플리케이션의 동작 방식과 클러스터 구성 방식을 제어합니다. 앞 예제에서는 로컬 클러스터에 2개의 스레드를 생성하도록 설정하고 스파크 UI에 표시할 애플리케이션의 이름을 지정합니다.

이런 설정값은 이 장의 앞에서처럼 명령행 인수를 통해 런타임에 구성할 수 있습니다. 이는 자동으로 기본 스파크 애플리케이션을 포함하는 스파크 셸을 시작할 때 도움이 됩니다. 예를 들면 다음과 같습니다.

```
./bin/spark-submit --name "DefinitiveGuide" --master local[4] ...
```

시간 주기 형태의 속성값을 정의할 때는 다음 포맷을 사용합니다.

- 25ms (밀리세컨드)
- 5s (초)
- 10m 또는 10min (분)
- 3h (시간)
- 5d (일)
- 1y (년)

16.5.2 애플리케이션 속성

애플리케이션 속성은 spark-submit 명령이나 스파크 애플리케이션을 개발할 때 설정할 수 있습니다. 애플리케이션의 속성은 기본 애플리케이션 메타데이터와 일부 실행 특성을 정의합니다. [표 16-3]에 현재 지원하는 애플리케이션 속성 목록을 나타냈습니다.

표 16-3 애플리케이션 속성

속성명	기본값	의미
spark.app.name	(none)	사용자 애플리케이션의 이름을 지정합니다. 이 이름은 스파크 UI와 로그 데이터에서 확인할 수 있습니다.
spark.driver.cores	1	드라이버 프로세스에서 사용할 코어 수를 지정합니다. 단, 클러스터 모드에서만 사용 가능합니다.

속성명	기본값	의미
spark.driver.maxResultSize	1g	스파크 액션(예: collect)에 대한 직렬화된 결과의 최대 크기. 최솟값은 1M이며 0으로 설정하는 경우 무제한입니다. 총 결과 크기가 이 제한을 넘어가는 경우에는 잡을 종료합니다. 너무 큰 값으로 지정하면 드라이버에서 OutOfMemoryError(spark.driver.memory 속성값과 JVM 객체의 메모리 오버헤드 크기에 따라 달라질 수 있습니다)가 발생할 수 있습니다. 그렇기 때문에 적절한 값을 설정해 드라이버에서 OutOfMemoryError가 발생하지 않도록 보호해야 합니다.
spark.driver.memory	1g	SparkContext가 초기화되는 드라이버 프로세스에서 사용할 총 메모리의 크기를 지정합니다(예: 1g, 2g). client 모드에서 이 설정을 적용하려면 해당 시점에 이미 드라이버 JVM이 실행되고 있기 때문에 애플리케이션 구현 시 SparkConf에 직접 설정해야 합니다. 또한 명령행의 --driver-memory 옵션이나 기본 속성 파일에서 지정할 수도 있습니다.
spark.executor.memory	1g	각 익스큐터 프로세스에서 사용할 메모리의 크기를 지정합니다(예: 2g, 8g).
spark.extraListeners	(none)	SparkListener를 상속받아 구현한 클래스를 콤마로 구분된 목록으로 지정합니다. SparkContext 초기화 시점에 이 클래스의 인스턴스가 생성되어 스파크의 리스너 버스(Listener bus)에 등록됩니다. 만약 구현된 클래스에 SparkConf를 단일 인수로 사용하는 생성자가 존재하면 그 생성자가 자동으로 호출됩니다. 그렇지 않으면 인수를 사용하지 않는 기본 생성자가 호출됩니다. 만약 유효한 생성자가 없다면 SparkContext 생성에 실패하고 오류가 발생합니다.
spark.logConf	FALSE	SparkContext가 시작될 때 SparkConf에 포함된 정보를 INFO 로그로 출력합니다.
spark.master	(none)	연결할 클러스터 매니저를 지정합니다. [표 16-1]의 --master 속성으로 사용 가능한 master URL을 확인할 수 있습니다.
spark.submit.deployMode	(none)	스파크 드라이버 프로그램의 배포 모드를 지정합니다. 'client' 또는 'cluster'를 사용할 수 있습니다. 즉, 드라이버 프로그램을 로컬에서 실행(client)할지, 클러스터의 노드 중 하나에서 원격으로 실행(cluster)할지 지정합니다.
spark.log.callerContext	(none)	Yarn/HDFS 환경에서 실행할 때 Yarn RM 로그나 HDFS 감사 로그에 기록할 애플리케이션 정보를 지정합니다. 이 설정값의 길이는 하둡 설정인 hadoop.caller.context.max.size의 설정값에 따라 달라질 수 있으며 설정값은 간결해야 하며 최대 50자까지 사용할 수 있습니다.
spark.driver.supervise	FALSE	값이 true인 경우 종료 상태가 0이 아니면 자동으로 드라이버를 재시작합니다. 스파크 스탠드얼론 모드나 메소스 클러스터 모드에서만 사용할 수 있습니다.

드라이버가 실행된 호스트의 4040 포트로 접속한 후 스파크 UI의 'Environment' 탭을 확인해 값이 올바르게 설정되었는지 확인할 수 있습니다. spark-defaults.conf, SparkConf, 명령행에서 지정한 값을 확인할 수 있습니다. 사용자가 설정하지 않은 다른 모든 속성은 기본값을 사용합니다.

16.5.3 런타임 속성

드물지만 애플리케이션의 런타임 환경을 설정해야 할 수도 있습니다. 지면 제약으로 인해 전체 설정을 여기에서 담을 수는 없습니다. 스파크 공식 문서[13]에서 런타임 환경 설정 표[14]를 참고하세요. 관련 속성을 사용해 드라이버와 익스큐터를 위한 추가 클래스패스와 파이썬패스, 파이썬 워커 설정 그리고 다양한 로그 관련 속성을 정의할 수 있습니다.

16.5.4 실행 속성

실행 속성과 관련된 설정값은 실제 처리를 더욱 세밀하게 제어할 수 있기 때문에 자주 사용하게 됩니다. 관련 설정을 여기에 모두 포함하지는 않겠습니다. 스파크 공식 문서에서 처리 방식 표[15]를 참고하세요. 자주 사용하는 속성으로는 `spark.executor.cores`(각 익스큐터의 코어 수)와 `spark.files.maxPartitionBytes`(파일 읽기 시 파티션의 최대 크기)가 있습니다.

16.5.5 메모리 관리 설정

사용자 애플리케이션을 최적화하기 위해 메모리 옵션을 수동으로 관리해야 할 때가 있습니다. 대다수의 메모리 설정은 메모리 자동 관리 기능의 추가로 인해 스파크 2.x 버전에서 제거된 예전 개념이거나 세밀한 제어를 위한 설정이므로 최종 사용자는 신경 쓰지 않아도 됩니다. 전체 설정을 여기에 포함하지는 않겠습니다. 스파크 공식 문서에서 메모리 관리 표[16]를 참고하세요.

---

13 http://bit.ly/1qnQ26w
14 http://bit.ly/2FlsX2i
15 http://bit.ly/2nggXYy
16 http://bit.ly/2DSESrk

16.5.6 셔플 동작방식 설정

앞서 과도한 네트워크 부하 때문에 스파크 잡에서 셔플이 얼마나 큰 병목 구간이 될 수 있는지 설명했습니다. 셔플 동작 방식을 제어하기 위한 고급 설정이 존재합니다. 전체 설정을 여기에 포함하지는 않겠습니다. 스파크 공식 문서[17]에서 셔플 동작 방식 표[18]를 참고하세요.

16.5.7 환경변수

스파크가 설치된 디렉터리의 conf/spark-env.sh 파일(윈도우 환경에서는 conf/spark-env.cmd 파일)에서 읽은 환경변수로 특정 스파크 설정을 구성할 수 있습니다. 스탠드얼론과 메소스 모드에서는 이 파일로 머신에 특화된 정보(호스트명과 같은)를 제공할 수도 있습니다. 또한 이 파일은 로컬 애플리케이션이나 제출용 스크립트를 실행할 때 함께 적용됩니다.

스파크를 설치한다고 해서 conf/spark-env.sh 파일이 기본적으로 존재하는 것은 아닙니다. 하지만 conf/spark-env.sh.template 파일을 복사해서 생성할 수 있습니다. 복사된 파일에 반드시 실행 권한을 부여해야 합니다.

spark-env.sh 스크립트에 다음과 같은 변수를 설정할 수 있습니다.

- **JAVA_HOME**
  자바가 설치된 경로를 지정합니다(기본 PATH에 자바 경로가 포함되지 않은 경우).
- **PYSPARK_PYTHON**
  PySpark의 드라이버와 워커 모두에서 사용할 파이썬 바이너리 실행 명령을 지정합니다(기본값은 python2.7입니다. 만약 python2.7 명령을 사용할 수 없다면 python 명령을 사용합니다). spark.pyspark.python 속성은 PYSPARK_PYTHON보다 우선권을 가집니다.
- **PYSPARK_DRIVER_PYTHON**
  드라이버에서 PySpark를 사용하기 위해 실행 가능한 파이썬 바이너리를 지정합니다. 기본값은 PYSPARK_PYTHON입니다. spark.pyspark.driver.python 속성은 PYSPARK_DRIVER_PYTHON보다 우선권을 가집니다.
- **SPARKR_DRIVER_R**
  SparkR 셸에서 사용할 R 바이너리 실행 명령을 지정합니다. 기본값은 R입니다. spark.r.shell.command 속성은 SPARKR_DRIVER_R보다 우선권을 가집니다.

17 http://bit.ly/1qnQ26w

18 http://bit.ly/1EZHL46

- **SPARK_LOCAL_IP**
  머신의 IP 주소를 지정합니다.

- **SPARK_PUBLIC_DNS**
  스파크 프로그램이 다른 머신에 알려줄 호스트명입니다.

나열된 목록 외에도 각 머신이 사용할 코어 수나 최대 메모리 크기 같은 스파크 스탠드얼론 클러스터 설정과 관련된 옵션도 있습니다. spark-env.sh 파일은 셸 스크립트이므로 프로그래밍 방식으로 일부 값을 설정할 수 있습니다. 예를 들어 특정 네트워크 인터페이스의 IP를 찾아 SPARK_LOCAL_IP 변수의 값을 설정할 수 있습니다.

> **NOTE_** 클러스터 모드로 YARN을 지정하고 스파크를 실행할 때 conf/spark-defaults.conf 파일에 `spark.yarn.appMasterEnv.[`*`EnvironmentVariableName`*`]` 속성을 이용해 환경변수를 설정해야 합니다. spark-env.sh 파일에 설정된 환경변수는 클러스터 모드로 동작하는 YARN 애플리케이션 마스터 프로세스에는 반영되지 않습니다. 자세한 내용은 YARN 관련 스파크 속성을 확인하기 바랍니다.

16.5.8 애플리케이션에서 잡 스케줄링

스파크 애플리케이션에서 별도의 스레드를 사용해 여러 잡을 동시에 실행할 수 있습니다. 이 절에서의 잡은 해당 액션을 수행하기 위해 실행되어야 할 모든 태스크와 스파크 액션을 의미합니다. 스파크의 스케줄러는 스레드 안정성을 충분히 보장합니다. 그리고 여러 요청(예: 다수의 사용자가 쿼리를 요청하는 경우)을 동시에 처리할 수 있는 애플리케이션을 만들 수 있습니다.

기본적으로 스파크의 스케줄러는 FIFO 방식으로 동작합니다. 큐의 전단head에 있는 잡이 클러스터의 전체 자원을 사용하지 않으면 이후 잡을 바로 실행할 수 있습니다. 하지만 큐의 전단에 있는 잡이 너무 크면 이후 잡은 아주 늦게 실행될 겁니다.

여러 스파크 잡이 자원을 공평하게 나눠 쓰도록 구성할 수도 있습니다. 스파크는 모든 잡이 클러스터 자원을 거의 동일하게 사용할 수 있도록 라운드 로빈round-robin 방식으로 여러 스파크 잡의 태스크를 할당합니다. 즉, 장시간 수행되는 스파크 잡이 처리되는 중에 짧게 끝난 스파크 잡이 제출된 경우 즉시 장시간 수행되는 스파크 잡의 자원을 할당받아 처리합니다. 따라서 장시간 수행되는 스파크 잡의 종료를 기다리지 않고 빠르게 응답할 수 있습니다. 이 모드는 사용자가 많은 환경에 가장 적합합니다.

페어 스케줄러fair scheduler를 사용하려면 SparkContext를 설정할 때 spark.scheduler.mode 속성을 FAIR로 지정해야 합니다.

페어 스케줄러는 여러 개의 잡을 풀pool로 그룹화하는 방식도 지원합니다. 그리고 개별 풀에 다른 스케줄링 옵션이나 가중치를 설정할 수 있습니다. 페어 스케줄러를 사용하면 더 중요한 스파크 잡을 할당할 수 있도록 우선순위가 높은 풀을 만들 수 있습니다. 또한 각 잡에 같은 양의 자원을 할당하는 대신 각 사용자의 스파크 잡을 그룹화할 수도 있습니다. 동시에 실행하는 잡 수를 고려하지 않고 모든 사용자가 같은 양의 자원을 사용하도록 설정하면 됩니다. 스파크의 페어 스케줄러는 하둡의 페어 스케줄러 모델을 본떠서 만들었습니다.

사용자가 명시적으로 풀을 지정하지 않으면 스파크는 새로운 잡을 'default' 풀에 할당합니다. 잡을 제출하는 스레드에서 SparkContext의 로컬 속성인 spark.scheduler.pool 속성을 설정해 풀을 지정할 수 있습니다. sc가 SparkContext의 변수라고 가정하면 다음과 같이 지정합니다.

```
sc.setLocalProperty("spark.scheduler.pool", "pool1")
```

이 로컬 속성을 지정하면 이 스레드에서 제출되는 모든 잡은 이 풀을 사용합니다. 이 설정은 사용자를 대신해 스레드가 여러 잡을 쉽게 실행할 수 있도록 스레드별로 지정할 수 있습니다. 스레드에 연결된 풀을 초기화하고 싶다면 spark.scheduler.pool 속성의 값을 null로 지정합니다.

16.6 정리

이 장에서는 스파크 애플리케이션과 관련된 많은 내용을 알아보았습니다. 스파크에서 사용할 수 있는 모든 언어별로 개발, 테스트, 실행 그리고 설정 방법을 알아보았습니다. 다음 장에서는 스파크 애플리케이션을 실행할 때 필요한 배포와 클러스터 관리 옵션을 알아보겠습니다.

CHAPTER 17

스파크 배포 환경

이 장에서는 스파크 애플리케이션 실행에 필요한 인프라 구조를 알아보겠습니다.

- 클러스터 배포 시 선택사항
- 스파크가 지원하는 클러스터 매니저
- 배포 시 고려사항과 배포 환경 설정

스파크가 지원하는 모든 클러스터 매니저의 동작 방식은 대부분 유사합니다. 하지만 사용자가 클러스터를 직접 설정하려면 각 클러스터 매니저의 설정을 잘 알아야 합니다. 어떤 클러스터 매니저를 사용할지 결정하는 것 또한 매우 어렵습니다. 여러 클러스터 매니저로 다양한 클러스터를 구성하는 방법을 자세히 다루면 좋겠지만 이 책에서 모든 환경에서 발생할 수 있는 다양한 상황을 아주 자세하게 다루는 것은 불가능합니다. 따라서 이 장에서는 스파크가 지원하는 클러스터 매니저를 자세히 설명하는 것보다 근본적인 차이점을 살펴보고 스파크 공식 사이트에서 제공하고 있는 관련 자료를 소개합니다. 사용자나 조직마다 활용 사례, 경험 그리고 컴퓨팅 자원은 매우 다양합니다. 그러므로 '어떤 클러스터 매니저가 사용하기 가장 쉽나요?'라는 질문에 쉽게 답하기는 어렵습니다. 스파크 공식 문서는 실행 가능한 예제를 활용해 스파크 애플리케이션을 배포하는 방식의 자세한 정보를 제공합니다.[1] 이 장에서는 요점만 간추려 알아보겠습니다.

1 https://bit.ly/2EFmgwv

2017년 12월 기준으로 스파크는 공식적으로 세 가지 클러스터 매니저를 지원합니다.

- 스탠드얼론 모드
- 하둡 YARN
- 아파치 메소스

이러한 클러스터 매니저는 스파크 애플리케이션을 배포해 실행할 수 있는 클러스터의 머신을 유지하고 관리합니다. 위 세 가지 클러스터 매니저는 스파크 애플리케이션을 같은 방식으로 실행합니다. 하지만 각 클러스터 매니저마다 추구하는 방향성이 다르기 때문에 반드시 장단점을 이해하고 상황에 맞게 사용해야 합니다. 먼저 클러스터를 구성할 수 있는 환경을 알아보겠습니다.

17.1 스파크 애플리케이션 실행을 위한 클러스터 환경

스파크 클러스터를 구성할 수 있는 환경은 크게 두 가지로 나눌 수 있습니다.

- 설치형 클러스터(on-premise cluster)
- 공개 클라우드(public cloud)

17.1.1 설치형 클러스터 배포 환경

때로는 설치형 클러스터 환경에서 스파크 애플리케이션을 실행하는 것이 합리적일 수 있습니다. 특히 자체 데이터센터를 운영하는 조직에 더욱 적합합니다. 그 밖의 모든 상황에서 설치형 클러스터 환경을 사용하면 트레이드오프가 존재합니다. 설치형 클러스터를 구축하면 사용 중인 하드웨어를 완전히 제어할 수 있으므로 특정 워크로드의 성능을 최적화할 수 있습니다. 하지만 스파크 같은 데이터 분석 워크로드에서는 몇 가지 문제가 발생할 수 있습니다. 첫째, 설치형 클러스터의 크기는 제한적입니다. 하지만 분석 워크로드에 필요한 자원은 상황에 따라 달라집니다. 예를 들어 클러스터를 너무 작게 만들면 신규 머신러닝 모델을 학습하는 잡을 실행하기 어려울 수 있습니다. 반대로 클러스터를 너무 크게 만들면 사용하지 않는 자원이 많아집니다. 둘째, 설치형 클러스터는 하둡 파일 시스템[HDFS]이나 분산 키-값 저장소 같은 자체 저장소 시스템을 선택하고 운영해야 합니다. 상황에 따라 지리적 복제[geo replication] 및 재해 복구[disaster recovery] 체계도 함께 구축해야 합니다.

설치형 클러스터를 사용한다면 자원 활용 문제를 해결할 수 있는 가장 좋은 방법은 클러스터 매니저를 사용하는 겁니다. 클러스터 매니저를 사용하면 다수의 스파크 애플리케이션을 실행할 수 있고 애플리케이션의 자원을 동적으로 재할당할 수 있습니다. 심지어 하나의 클러스터에서 스파크 애플리케이션이 아닌 다른 프로그램을 실행할 수도 있습니다. 스파크가 지원하는 클러스터 매니저는 동시에 여러 애플리케이션을 실행할 수 있습니다. 특히 YARN과 메소스는 동적 자원 공유를 스탠드얼론 모드보다 잘 지원하며 스파크 이외의 애플리케이션도 실행할 수 있습니다. 자원 공유를 제어하는 측면에서 설치형 클러스터를 사용하는 것과 클라우드 환경의 클러스터를 사용하는 것은 큰 차이가 있습니다. 공개 클라우드를 사용하면 애플리케이션에 맞는 규모의 클러스터를 얻을 수 있습니다.

설치형 클러스터를 사용하면 여러 종류의 저장소를 선택할 수 있습니다. 하지만 이 책에서는 각 저장소가 가지고 있는 세부적인 장단점을 모두 다루지 않습니다. 각 저장소의 정보를 알고 싶다면 관련 서적을 참고하세요. 스파크는 하둡의 HDFS 같은 분산 파일 시스템과 아파치 카산드라 같은 키-값 저장소 시스템을 가장 많이 사용합니다. 그리고 데이터를 수집하는 용도로 아파치 카프카 같은 스트리밍 메시지 버스 시스템streaming message bus system을 사용합니다. 이러한 모든 시스템은 관리, 백업 그리고 지리적 복제 기능이 자체적으로 구현되어 있거나 상용 서드 파티 도구를 사용해 다양한 수준으로 지원합니다. 저장소를 선택할 때는 스파크 커넥터의 성능을 시험하고 관리 도구를 사용할 수 있는지 확인해야 합니다.

17.1.2 클라우드 배포 환경

초기 빅데이터 시스템은 설치형 클러스터에 적합하게 설계되었습니다. 하지만 시간이 지날수록 클라우드 환경은 일반적인 스파크 운영 플랫폼으로 자리 잡고 있습니다. 클라우드 환경에서 빅데이터 워크로드를 실행하면 얻을 수 있는 몇 가지 장점이 있습니다. 첫째, 자원을 탄력적으로 늘이고 줄이는 것이 가능합니다. 그렇기 때문에 몇 시간 동안 수백 대의 머신을 활용해야 하는 '괴물' 같은 잡을 실행한다고 해도 사용한 만큼의 비용만 지불하면 됩니다. 일반적인 연산을 수행하는 경우에도 애플리케이션마다 다른 유형의 머신과 클러스터 규모를 선택할 수 있기 때문에 가격 대비 뛰어난 성능을 얻을 수 있습니다. 예를 들어 딥러닝 작업이 필요한 경우에만 GPUGraphics Processing Units 인스턴스를 할당받아 사용할 수 있습니다. 둘째, 공개 클라우드 환경은 비용이 저렴하고 지리적 복제 기능을 지원하는 저장소를 제공하기 때문에 대규모 데이터를 쉽게 관리할 수 있습니다.

유명한 클라우드 서비스 제공 업체들(아마존 웹 서비스Amazon Web Service, AWS, 마이크로소프트 애저Microsoft Azure, 구글 클라우드 플랫폼Google Cloud Platform, GCP)은 아파치 스파크뿐만 아니라 관리형 하둡 클러스터를 제공합니다. 클라우드 환경으로 전환하려는 많은 기업은 기존에 클러스터를 운영하던 방식 그대로 애플리케이션을 운영하려 합니다. 하지만 고정된 크기의 클러스터와 파일 시스템은 유연성의 장점을 활용하지 못합니다. 따라서 클라우드에서 기존 방식으로 스파크를 실행하는 것은 좋지 않습니다. 그러므로 아마존 S3Amazon S3, 애저 Blob 저장소Azure Blob Storage, 구글 클라우드 저장소Google Cloud Storage와 같이 클러스터에서 분리된 글로벌 저장소 시스템global storage system을 사용하고 스파크 워크로드마다 별도의 클러스터를 동적으로 할당하는 것이 좋습니다. 이렇게 연산 클러스터와 저장소 클러스터를 분리하면 연산이 필요한 경우에만 클러스터 비용을 지불하면 됩니다. 또한 동적으로 크기를 조절할 수 있으며 하드웨어 종류가 다른 클러스터를 섞어가며 사용할 수 있습니다. 클라우드 환경에서 스파크를 실행한다고 해서 설치형 클러스터 환경을 그대로 옮기지 않아도 됩니다. 클라우드 환경에서는 설치형 클러스터 환경에서처럼 연산 관련 프로그램 및 환경을 관리할 필요가 없습니다. 클라우드 저장소를 연동해 스파크를 실행하면 클라우드의 유연성과 비용 절감 효과 그리고 관리 도구 등 다양한 장점을 활용할 수 있습니다.

몇몇 회사는 클라우드 전용 스파크 서비스를 제공하며 클라우드 저장소 접속을 지원합니다. UC버클리 대학교의 스파크 팀이 설립한 데이터브릭스는 클라우드에서 스파크 서비스를 제공하는 업체 중 하나입니다. 데이터브릭스 클라우드 환경을 사용하면 복잡하게 하둡을 설치하지 않아도 스파크 워크로드를 실행할 수 있습니다. 또한 클러스터 크기 자동 조절, 클러스터 자동 종료, 클라우드 스토리지에 최적화된 커넥터, 노트북과 스탠드얼론 잡을 위한 공동 작업 환경과 같이 클라우드 환경에서 스파크를 보다 효율적으로 실행할 수 있도록 다양한 기능을 제공합니다. 그리고 스파크를 배울 때 활용할 수 있는 무료 커뮤니티 에디션[2]을 제공합니다. 데이터브릭스의 무료 커뮤니티 에디션은 작은 크기의 클러스터와 노트북 환경에서 스파크를 실행하고 다른 사람과 실시간으로 공유할 수 있습니다. 한 가지 재미있는 사실은 이 책 전체가 데이터브릭스의 무료 커뮤니티 에디션을 사용해 만들어졌다는 겁니다.[3]

클라우드 환경에서 스파크를 실행한다면 이 장의 많은 내용이 관련 없을 수 있습니다. 스파크 클러스터를 잡별로 생성하고 제거하는 경우가 빈번하기 때문입니다. 이런 경우 스탠드얼론 클

2 https://databricks.com/try-databricks

3 옮긴이_ 원서의 본문뿐만 아니라 코드 예제도 데이터브릭스 서비스를 이용해 만들어졌다는 의미로 이해하면 됩니다.

러스터 매니저를 사용하는 것이 좋습니다. 하지만 수명이 긴 단일 클러스터를 공유해 다양한 스파크 애플리케이션을 실행하거나 가상 머신에 직접 스파크를 설치한 경우라면 다음 절을 계속 읽어나가도 좋습니다.

17.2 클러스터 매니저

클라우드 환경에서 제공하는 고급 관리 서비스를 사용하는 경우가 아니라면 스파크를 사용하기 위한 클러스터 매니저를 선택해야 합니다. 스파크가 지원하는 클러스터 매니저인 스탠드얼론 클러스터, 하둡 YARN, 메소스를 차례대로 알아보겠습니다.

17.2.1 스탠드얼론 모드

스파크의 스탠드얼론 클러스터 매니저는 아파치 스파크 워크로드용으로 특별히 제작된 경량화 플랫폼입니다. 스탠드얼론 클러스터 매니저를 사용해 하나의 클러스터에서 다수의 스파크 애플리케이션을 실행할 수 있습니다. 또한 실행을 위한 간단한 인터페이스를 제공하며 대형 스파크 워크로드로 확장할 수 있습니다. 스탠드얼론 클러스터 매니저는 다른 클러스터 매니저보다 제한적인 기능을 가지고 있습니다. 그리고 스파크 애플리케이션만 실행할 수 있다는 큰 단점이 있습니다. 하지만 클러스터 환경을 빠르게 구축해 스파크 애플리케이션을 실행해야 하거나 YARN이나 메소스를 사용해본 경험이 없다면 가장 좋은 선택지입니다.

스탠드얼론 클러스터 시작하기

스파크 스탠드얼론 클러스터 환경을 구성하려면 클러스터를 구성할 머신의 준비 과정이 필요합니다. 이는 네트워크 환경에서 클러스터를 구성하는 노드끼리 통신할 수 있어야 함을 의미합니다. 따라서 실행할 버전의 스파크를 내려받아 전체 노드에 설치해야 합니다. 그런 다음 수동으로 실행하거나 스파크에 내장된 스크립트를 이용해 클러스터를 실행할 수 있습니다.

수동으로 클러스터를 실행하려면 클러스터의 노드 중 하나에 다음 명령을 사용해 마스터 프로세스로 실행합니다.

```
$SPARK_HOME/sbin/start-master.sh
```

앞 명령을 실행하면 클러스터 매니저의 마스터 프로세스가 실행됩니다. 마스터 프로세스가 실행되면 spark://HOST:PORT 형식의 URI가 출력됩니다. 마스터 프로세스의 URI는 워커노드를 실행할 때 사용됩니다. 클러스터의 애플리케이션 초기화 시 SparkSession의 --master 인수로 마스터 프로세스 URI를 사용할 수 있습니다. 또한 마스터 프로세스 UI에서 마스터 프로세스의 URI를 확인할 수 있습니다. 마스터 프로세스 UI의 기본 주소는 http://master-ip-address:8080입니다. 클러스터를 실행할 머신에 로그인한 뒤 실행시킬 스크립트와 마스터 프로세스 URI를 입력해 워커 노드를 시작합니다. 마스터 노드는 워커 노드와 네트워크 통신이 가능해야 하며 마스터 프로세스 URI의 포트 역시 열려 있어야 합니다.

```
$SPARK_HOME/sbin/start-slave.sh <마스터-스파크-프로세스-URI>
```

전체 워커 노드에서 스크립트를 실행해 스파크 클러스터를 사용할 수 있습니다. 지금까지는 이 모든 과정을 수동으로 실행했습니다. 다행히 시작 과정을 자동화해주는 스크립트가 있습니다.

스크립트를 이용한 스탠드얼론 클러스터 시작하기

시작 스크립트를 설정해 스탠드얼론 클러스터의 시작을 자동화할 수 있습니다. 이를 위해 스파크가 설치된 디렉터리 하위에 conf/slaves 파일을 생성합니다. slaves 파일에 스파크 워커로 사용할 모든 머신의 호스트명을 한 줄에 하나씩 기록합니다. 이 파일이 없으면 모든 데몬이 로컬에서 실행됩니다. 실제로 클러스터를 실행할 때 마스터 머신은 모든 워커 머신에 SSH^Secure Shell^(보안 셸)를 이용해 접근합니다. SSH는 병렬로 실행되며 개인 키^private key^를 이용해 비밀번호 없이 로그인하는 방식^password-less^을 사용합니다. 만약 이 방법을 쓸 수 없다면 SPARK_SSH_FOREGROUND 환경변수를 설정해 워커 노드에 접근할 때마다 비밀번호를 입력합니다.

slaves 파일을 설정하고 나면 하둡 배포 스크립트 기반의 다음 셸 스크립트를 사용해 클러스터를 시작하거나 중지시킬 수 있습니다. 이들 스크립트는 $SPARK_HOME/sbin 디렉터리에 들어 있습니다.

- **$SPARK_HOME/sbin/start-master.sh**
  스크립트를 실행한 머신에서 마스터 인스턴스를 시작합니다.
- **$SPARK_HOME/sbin/start-slaves.sh**
  conf/slaves 파일에 명시된 각 머신에서 슬레이브 인스턴스를 시작합니다.

- **$SPARK_HOME/sbin/start-slave.sh**
  스크립트를 실행한 머신에서 슬레이브 인스턴스를 시작합니다.
- **$SPARK_HOME/sbin/start-all.sh**
  마스터 인스턴스를 시작하고 conf/slaves 파일에 명시한 각 머신에서 슬레이브 인스턴스를 시작합니다.
- **$SPARK_HOME/sbin/stop-master.sh**
  bin/start-master.sh 스크립트로 시작한 마스터 인스턴스를 중지시킵니다.
- **$SPARK_HOME/sbin/stop-slaves.sh**
  conf/slaves 파일에 명시한 각 머신에서 슬레이브 인스턴스를 중지시킵니다.
- **$SPARK_HOME/sbin/stop-all.sh**
  마스터 인스턴스를 중지시키고 conf/slaves 파일에 명시한 각 머신에서 슬레이브 인스턴스를 중지시킵니다.

스탠드얼론 클러스터 설정

스탠드얼론 클러스터는 애플리케이션 튜닝에 필요한 여러 가지 설정을 가지고 있습니다. 이러한 설정은 종료된 애플리케이션의 워커별 작업 파일에서부터 워커의 코어와 메모리에 이르기까지 모든 것을 제어합니다. 설정은 환경변수나 애플리케이션의 속성으로 정의합니다. 자세한 내용은 스파크 공식 문서[4]의 스탠드얼론 환경변수 표[5]를 참고하세요.

애플리케이션 제출하기

클러스터를 생성하면 마스터 프로세스의 URI(spark://로 시작하는 주소)를 이용해 마스터 노드나 spark-submit 명령을 사용할 수 있는 머신에서 애플리케이션을 제출할 수 있습니다. 16.4절 '애플리케이션 시작하기'에서 스탠드얼론 모드와 관련된 특정 명령행 인수를 확인할 수 있습니다.

17.2.2 YARN에서 스파크 실행하기

하둡 YARN은 잡 스케줄링과 클러스터 자원 관리용 프레임워크입니다. 스파크를 '하둡 에코시스템'의 일부로 착각해 잘못 분류하는 경우가 많습니다. 하지만 스파크는 하둡과 거의 관련이 없습니다. 스파크는 기본적으로 하둡 YARN 클러스터 매니저를 지원하지만 하둡 자체가 필요한 것은 아닙니다.

---

4 http://bit.ly/1qnQ26w
5 http://bit.ly/2xg4FEN

spark-submit 명령의 --master 인수를 yarn으로 지정해 하둡 YARN 클러스터에서 스파크 잡을 실행할 수 있습니다. 스탠드얼론 클러스터 모드와 마찬가지로 클러스터 동작 방식을 제어할 수 있는 여러 가지 기능을 제공합니다. 하둡 YARN은 다양한 실행 프레임워크를 지원하는 통합 스케줄러입니다. 그러므로 스탠드얼론 모드에 비해 더 많은 기능을 사용할 수 있습니다.

YARN 클러스터 구성에 대한 설명은 이 책의 범위를 벗어나므로 생략합니다. 관련 설명은 『하둡 완벽 가이드 4판』(한빛미디어, 2017)[6]을 참고하세요. 관리형 서비스로 YARN 클러스터를 간단히 구성할 수도 있습니다.

애플리케이션 제출하기

YARN 클러스터와 다른 배포 환경과의 가장 큰 차이점은 --master 인수의 값을 yarn으로 지정한다는 겁니다. 스파크는 HADOOP_CONF_DIR이나 YARN_CONF_DIR 환경변수를 통해 YARN 설정 파일을 찾아냅니다. 이들 환경변수를 하둡의 환경 설정 디렉터리 경로에 설정하면 spark-submit 명령을 실행할 수 있습니다.

> **NOTE_** YARN에서는 두 가지 배포 모드로 스파크 애플리케이션을 실행할 수 있습니다. cluster 모드는 YARN 클러스터에서 스파크 드라이버 프로세스를 관리하며 클라이언트는 애플리케이션을 생성한 다음 즉시 종료됩니다. 반면 client 모드는 드라이버가 클라이언트 프로세스에서 실행됩니다. 따라서 YARN은 마스터 노드를 관리하지 않으며 애플리케이션에 익스큐터 자원을 배분하는 역할만합니다. 또한 cluster 모드에서는 스파크 애플리케이션을 실행한 노드가 아닌 다른 노드에서 스파크 잡이 실행될 수 있습니다. 그러므로 라이브러리와 외부 jar 파일을 클러스터 노드에 수동으로 배포하거나 spark-submit 명령의 --jars 인수에 명시해 배포해야 합니다.

spark-submit 명령을 사용할 때 설정할 수 있는 YARN 고유의 속성이 몇 가지 있습니다. 이 속성을 사용해 우선순위 큐와 보안에 필요한 keytab 파일을 제어할 수 있습니다. 자세한 내용은 16.4절 '애플리케이션 시작하기'를 참조하세요.

17.2.3 YARN 환경의 스파크 애플리케이션 설정하기

YARN에 스파크 애플리케이션을 배포하려면 다양한 설정과 스파크 애플리케이션에 미치는 영

---

6 http://bit.ly/2p7ASdO

향을 이해해야 합니다. 이 절에서는 기본 설정 시 참고할 만한 몇 가지 예제와 스파크 애플리케이션 실행에 필요한 주요 설정을 알아보겠습니다.

하둡 설정

스파크를 이용해 HDFS의 파일을 읽고 쓰려면 스파크 클래스패스에 두 개의 하둡 설정 파일을 포함시켜야 합니다. 하나는 HDFS 클라이언트의 동작 방식을 결정하는 hdfs-site.xml 파일이고, 다른 하나는 기본 파일 시스템의 이름을 설정하는 core-site.xml 파일입니다. 하둡 버전에 따라 위치가 가변적이지만 보통 /etc/hadoop/conf 하위에 설정 파일이 존재합니다. 일부 도구는 이러한 설정 파일을 즉석에서 만듭니다. 따라서 관리형 서비스에서 하둡 설정 파일을 어떻게 배포하는지 이해하는 것이 중요합니다.

스파크에서 하둡 설정 파일을 사용하려면 $SPARK_HOME/spark-env.sh 파일의 `HADOOP_CONF_DIR` 변숫값을 하둡 설정 파일 경로로 지정하거나 `spark-submit` 명령을 사용해 애플리케이션을 실행할 때 환경변수로 지정해야 합니다.

YARN 애플리케이션 속성

하둡 설정이나 기능 중 YARN의 실행과 보안에 관련된 설정은 스파크에 영향을 미칩니다. 관련 설정은 스파크 공식 문서[7]에서 YARN 설정 표[8]를 참고하세요.

17.2.4 메소스에서 스파크 실행하기

아파치 메소스는 스파크를 실행할 수 있는 또 다른 클러스터 매니저입니다. 메소스 프로젝트는 이 책의 저자 중 한 명과 여러 스파크 개발자가 시작했습니다. 메소스 프로젝트의 정의는 다음과 같습니다.

> 아파치 메소스는 CPU, 메모리, 저장소 그리고 다른 연산 자원을 머신에서 추상화합니다. 이를 통해 내고장성fault-tolerant 및 탄력적 분산 시스템elastic distributed system을 쉽게 구성하고 효과적으로 실행할 수 있습니다.

---

7 `http://bit.ly/1qnQ26w`

8 `https://bit.ly/2p8BwHH`

메소스는 스파크처럼 짧게 실행되는 애플리케이션을 관리할 수 있습니다. 또한 웹 애플리케이션이나 다른 자원 인터페이스 등 오래 실행되는 애플리케이션까지 관리할 수 있는 데이터센터 규모의 클러스터 매니저를 지향합니다. 메소스는 스파크에서 지원하는 클러스터 매니저 중 가장 무겁습니다. 대규모의 메소스 배포 환경이 있는 경우에만 사용하는 것이 좋습니다. 하지만 좋은 클러스터 매니저임은 분명합니다.

메소스는 거대한 인프라 구조입니다. 메소스 클러스터를 배포하고 유지하는 방법은 이 책의 범위를 벗어나므로 생략합니다. 디파 두바시Dipa Dubhashi와 아킬 다스Akhil Das의 『Mastering Mesos』(O'Reilly, 2016)에서 자세한 내용을 다루고 있으니 참고하세요. 지금은 메소스 환경에서 스파크 애플리케이션을 실행할 때 고려해야 할 사항을 알아보겠습니다.

메소스에서는 두 가지 모드로 스파크를 실행할 수 있습니다. fine-grained와 coarse-grained 모드이며 오래전부터 두 가지 모드에 대한 논쟁이 있었습니다. 과거에는 메소스가 다양한 모드(fine-grained와 coarse-grained 모드)를 지원했지만, 현재는 coarse-grained 스케줄링 모드만 지원합니다(현재 fine-grained 모드는 사라졌습니다deprecated). coarse-grained 모드는 스파크 익스큐터를 단일 메소스 태스크로 실행합니다. 스파크 익스큐터는 다음과 같은 애플리케이션 속성에 따라 크기가 조절됩니다.

- `spark.executor.memory`
- `spark.executor.cores`
- `spark.cores.max` / `spark.executor.cores`

애플리케이션 제출하기

스파크가 지원하는 다른 클러스터 매니저와 유사한 방식으로 메소스 클러스터에 스파크 애플리케이션을 제출할 수 있습니다. 메소스를 사용할 때는 cluster 모드 방식이 가장 좋습니다. client 모드를 사용하려면 클러스터 분산 자원 관리와 관련된 추가 설정이 필요합니다.

client 모드에서는 드라이버와 메소스 클러스터가 통신할 수 있도록 spark-env.sh 파일에 설정 정보를 추가해야 합니다.

spark-env.sh 파일에 다음과 같이 환경변수를 선언합니다.

```
export MESOS_NATIVE_JAVA_LIBRARY=<libmesos.so 파일의 경로>
```

libmesos.so 파일은 일반적으로 <prefix>/lib/libmesos.so 경로에 위치합니다. <prefix>는 기본적으로 /usr/local입니다. Mac OS X의 경우 libmesos.so 파일 대신 libmesos.dylib 파일을 사용합니다.

```
export SPARK_EXECUTOR_URI=<업로드한 spark-2.2.0.tar.gz 파일의 URL>
```

마지막으로 스파크 애플리케이션의 spark.executor.uri 속성에 <업로드한 spark-2.2.0.tar.gz 파일의 URL>을 지정합니다.[9] 다음으로 메소스 클러스터에서 스파크 애플리케이션을 실행하려면 spark-submit 명령의 master 속성의 값을 mesos://로 시작하는 URL로 지정해 SparkContext를 생성할 수 있습니다. 또한 SparkConf 변수나 SparkSession을 초기화하는 과정에서 master 속성의 값을 mesos://로 시작하는 URL로 설정할 수도 있습니다.

```
// 스칼라 코드
import org.apache.spark.sql.SparkSession

val spark = SparkSession.builder
  .master("mesos://HOST:5050")
  .appName("my app")
  .config("spark.executor.uri", "<업로드한 spark-2.2.0.tar.gz 파일의 URL>")
  .getOrCreate()
```

메소스 클러스터에 cluster 모드로 애플리케이션을 제출하는 것은 매우 직관적이며 앞서 살펴본 spark-submit 명령과 같은 구조를 사용합니다. 자세한 내용은 16.4절 '애플리케이션 시작하기'를 참조하세요.

메소스 설정하기

스파크 애플리케이션을 메소스에서 실행할 때 실행과 관련된 설정을 할 수 있는 다양한 방법이 있습니다. 메소스 설정과 관련된 전체 내용은 스파크 공식 문서[10]에서 메소스 설정 표[11]를 참고하세요.

9 옮긴이_ 스파크 애플리케이션을 메소스에서 실행하려면 메소스의 워커 노드에서 태스크를 실행하는 데 사용하는 spark-2.2.0.tar.gz 파일과 같은 스파크 바이너리 패키지가 필요합니다. 자세한 내용은 스파크 공식 문서(https://bit.ly/2NaaFtn)를 참고하세요.

10 http://bit.ly/1qnQ26w

11 http://bit.ly/2DPmLTf

17.2.5 보안 관련 설정

스파크는 신뢰도가 낮은 환경에서 애플리케이션을 안전하게 실행할 수 있도록 저수준 API 기능을 제공합니다. 이 설정의 대부분은 스파크 외부의 실행 환경과 관련 있습니다. 보안 관련 설정은 주로 통신 방식과 관련 있습니다. 여기에서는 인증, 네트워크 구간 암호화 그리고 TLS와 SSL을 설정할 수 있습니다. 이를 통해 안전한 환경에서 스파크를 실행할 수 있습니다. 보안과 관련된 설정의 전체 내용은 스파크 공식 문서[12]에서 보안 설정 표[13]를 참고하세요.

17.2.6 클러스터 네트워크 설정

클러스터 네트워크 설정은 더 나은 스파크 실행 환경을 위해 시도해볼 만한 튜닝 설정입니다. 이는 클러스터 노드 사이에서 프락시proxy를 사용하기 위해 스파크 클러스터에 사용자 정의 배포 설정을 적용하는 경우에 도움이 됩니다. 스파크의 성능을 높이고 싶다면 설정을 무작정 적용하지 말고 사용자가 정의한 배포 시나리오에 맞게 적용해야 합니다. 클러스터 네트워크 설정과 관련된 전체 내용은 스파크 공식 문서에서 네트워킹 설정 표[14]를 참고하세요.

17.2.7 애플리케이션 스케줄링

스파크는 여러 연산 과정에서 필요한 자원을 스케줄링할 수 있는 몇 가지 기능을 제공합니다. 첫째, 각 스파크 애플리케이션은 독립적인 익스큐터 프로세스를 실행합니다. 클러스터 매니저는 스파크 애플리케이션 전체에 대한 스케줄링 기능을 제공합니다. 둘째, 스파크 애플리케이션에서 여러 개의 잡(즉, 스파크 액션)을 다른 스레드가 제출한 경우 동시에 실행할 수 있습니다. 이 동작 방식은 네트워크를 통한 요청에 응답하는 애플리케이션에 적합합니다. 스파크는 애플리케이션에서 자원을 스케줄링할 수 있도록 **페어 스케줄러**fair scheduler 기능을 제공합니다. 페어 스케줄러와 관련된 내용은 16장을 참조하세요.

---

12 http://bit.ly/1qnQ26w
13 http://bit.ly/2DJ0BTp
14 http://bit.ly/2DGfT7v

단일 클러스터를 공유해 다수의 사용자가 스파크 애플리케이션을 실행하면 클러스터 매니저에 따라 자원 할당을 관리할 수 있는 여러 옵션이 있습니다. 모든 클러스터 매니저에서 사용할 수 있는 가장 간단한 방법은 자원을 고정된 크기로 나누는 겁니다. 이 방법을 사용하면 각 애플리케이션이 사용할 수 있는 최대 자원이 결정됩니다. 스파크 애플리케이션은 종료 전까지 해당 자원을 점유합니다. `spark-submit` 명령에는 특정 애플리케이션의 자원 할당을 제어하기 위한 여러 설정값이 있습니다. 자세한 내용은 16장을 참조하세요. 또한 아래에서 설명할 **동적 할당** 기능을 이용하면 대기 중인 태스크 수에 따라 애플리케이션을 동적으로 확장하고 축소할 수 있습니다. 만약 익스큐터의 자원과 메모리를 공유하려면 단일 스파크 애플리케이션을 실행하고 스레드 스케줄링을 이용해 병렬로 요청을 처리합니다.

동적 할당

하나의 클러스터에서 여러 스파크 애플리케이션을 실행하려면 워크로드에 따라 애플리케이션이 점유하는 자원을 동적으로 조정해야 합니다. 스파크는 이러한 메커니즘을 제공합니다. 동적 할당은 사용자 애플리케이션이 사용하지 않는 자원을 클러스터에 반환하고 필요할 때 다시 요청하는 방식을 의미합니다. 이 기능은 다수의 애플리케이션이 스파크 클러스터의 자원을 함께 사용해야 하는 상황에서 특히 유용합니다.

이 기능은 스탠드얼론 모드와 YARN 모드 그리고 메소스 coarse-grained 모드에서 사용할 수 있습니다. 기본값은 '사용하지 않음'입니다. '사용함'으로 바꾸고 싶다면 두 가지 설정을 변경해야 합니다. 첫째, 사용자 애플리케이션에서 `spark.dynamicAllocation.enabled` 속성을 `true`로 지정해야 합니다. 둘째, 클러스터를 구성하는 워커 노드에서 외부 셔플 서비스를 사용하도록 설정해야 합니다. 또한 애플리케이션에서 `spark.shuffle.service.enabled`를 `true`로 지정해야 합니다. 외부 셔플 서비스를 사용하면 익스큐터가 제거될 때 셔플 파일을 삭제하지 않아도 됩니다. 이 기능은 클러스터 매니저마다 설정이 다릅니다. 이 내용은 잡 스케줄링 설정[15]을 참고하세요. 동적 할당과 관련된 전체 내용은 스파크 공식 문서[16]에서 동적 할당 설정 표[17]를 참고하세요.

---

15 http://bit.ly/2DQ3ocB

16 http://bit.ly/1qnQ26w

17 http://bit.ly/2ne8jL3

17.3 기타 고려사항

스파크 애플리케이션을 배포할 때 고려해야 하는 몇 가지 사항이 있습니다. 앞으로 설명할 내용은 클러스터 매니저를 선택하고 설치하는 데 영향을 주기 때문에 각 배포 환경을 비교할 때 반드시 고려해야 합니다.

가장 우선으로 생각해야 할 것은 애플리케이션의 개수와 유형입니다. 예를 들어 YARN은 HDFS를 사용하는 애플리케이션을 실행할 때 가장 적합하지만 그 외의 경우에는 잘 사용하지 않습니다. YARN은 HDFS의 정보를 사용하도록 설계되었기 때문에 클라우드 환경을 제대로 지원하지 못합니다. 또한 연산용 클러스터와 저장소 클러스터가 강하게 결합해 있습니다. 즉, 클러스터를 확장할 때 연산용 클러스터와 저장소 클러스터를 동시에 확장해야 합니다. 메소스는 YARN이 가진 개념을 조금 더 개선하였으며 다양한 애플리케이션 유형을 지원합니다. 하지만 메소스는 더 큰 규모의 클러스터에 적합합니다. 그러므로 스파크 애플리케이션만 실행하려고 메소스 클러스터를 구축하는 것은 바람직하지 않습니다. 스파크 스탠드얼론 클러스터는 가장 가벼운 클러스터 매니저이며 비교적 이해와 활용이 쉽습니다. 하지만 더 많은 애플리케이션을 관리하는 인프라 구조를 구축해야 한다면 YARN이나 메소스를 사용하는 것이 훨씬 더 나을 수 있습니다.

다양한 스파크 버전을 관리하는 것 또한 상당히 힘든 문제입니다. 다양한 스파크 버전으로 된 여러 스파크 애플리케이션을 실행하려면 버전별 설정 스크립트를 관리하는 데 많은 시간을 할애해야 합니다. 아니면 다양한 버전의 스파크 애플리케이션을 실행할 수 없도록 스파크 버전에 제한을 걸어야 합니다.

클러스터 매니저에 상관없이 애플리케이션 디버깅에 필요한 로그를 기록하는 방식을 결정해야 합니다. YARN과 메소스는 로그 기록 기능을 기본으로 제공합니다. 반면 스탠드얼론 모드를 사용하는 경우라면 약간의 수정이 필요합니다.

테이블 카탈로그[table catalog] 같은 저장된 데이터셋의 메타데이터를 관리하기 위해 메타스토어[metastore] 사용을 고려해야 합니다(어쩌면 의사결정 시 영향을 미칠 수도 있습니다). 10장에서 테이블을 만들고 유지 관리하기 위해 스파크 SQL 내부적으로 어떤 일이 발생하는지 살펴보았습니다. 이 책의 범위를 벗어나는 주제이긴 하지만 아파치 하이브 메타스토어를 사용하면 같은 데이터셋을 참조하는 여러 애플리케이션의 생산성을 높일 수 있습니다.

워크로드의 특성에 맞춰 외부 셔플 서비스를 사용해야 할 수도 있습니다. 일반적으로 스파크는 셔플 블록(셔플 결과)을 특정 노드의 로컬 디스크에 저장합니다. 외부 셔플 서비스를 이용하면 모든 익스큐터가 외부 셔플 서비스에 셔플 블록을 저장합니다. 따라서 익스큐터를 임의로 제거kill해도 다른 애플리케이션에서 셔플 결과를 사용할 수 있습니다.

마지막으로 클러스터에서 실행되는 스파크 잡을 디버깅하려면 최소한 기본적인 모니터링 솔루션이 필요합니다. 모니터링 솔루션은 클러스터 매니저 옵션에 따라 달라집니다. 모니터링과 디버깅은 다음 장에서 자세히 알아보겠습니다.

17.4 정리

이 장에서는 스파크 배포 환경을 선택할 때 사용할 수 있는 옵션과 관련된 사항을 알아보았습니다. 모든 사용자가 이 장에서 설명한 전체 내용을 알아야 하는 것은 아닙니다. 하지만 더 전문적으로 스파크를 사용해야 한다면 참고할 만한 내용입니다. 잘못된 선택일 수 있지만, 저수준 동작 방식을 제어하는 데 필요한 설정 정보는 설명에서 제외하였습니다. 스파크 공식 문서나 스파크 소스 코드에서 이러한 설정 정보를 찾아볼 수 있습니다.[18] 다음 장에서는 스파크 애플리케이션 모니터링과 관련된 여러 옵션을 알아보겠습니다.

18 옮긴이_ http://bit.ly/2p6edyg

CHAPTER 18

모니터링과 디버깅

이 장에서는 스파크 애플리케이션 모니터링과 디버깅에 필요한 주요 내용을 소개합니다. 그리고 스파크 잡의 생애주기를 추적하는 방법을 이해하기 위해 예제 쿼리와 스파크 UI를 함께 살펴보겠습니다. 이 장의 예제는 디버깅 방법과 오류 발생 지점을 이해하는 데 도움이 될 겁니다.

18.1 모니터링 범위

스파크 잡의 어느 지점에서 오류가 발생했는지 파악하려면 스파크 잡을 모니터링해야 합니다. 그러므로 실제 모니터링 대상과 모니터링에 필요한 옵션을 알아야 합니다. 먼저 모니터링 대상 컴포넌트를 살펴보겠습니다(그림 18-1).

- **스파크 애플리케이션과 잡**
  클러스터에서 사용자 애플리케이션이 실행되는 상황을 파악하거나 디버깅하려면 가장 먼저 스파크 UI와 스파크 로그를 확인해야 합니다. 스파크 UI와 스파크 로그는 실행 중인 애플리케이션의 RDD와 쿼리 실행 계획 같은 개념적 수준의 정보를 제공합니다. 이 장에서는 스파크 모니터링 도구 사용 방법을 자세히 알아보겠습니다.
- **JVM**
  스파크는 모든 익스큐터를 개별 자바 가상 머신(JVM)에서 실행합니다. 따라서 코드가 실행되는 과정을 이해하기 위해 각 가상 머신을 모니터링해야 합니다. JVM 도구에는 스택 트레이스(stack trace)를 제공하는 jstack, 힙 덤프(heap dump)를 생성하는 jmap, 시계열 통계 리포트를 제공하는 jstat, 다양한 JVM 속성 변수를 시각화된 방식으로 탐색할 수 있는 jconsole 등이 있습니다. 이들 도구는 모두 JVM 내부 동작 방식을 이해하는 데 도움이 됩니다. 또한 jvisualvm을 이용해 스파크 잡의 동작 특성을 알아볼 수도 있습니다. 이 중 일부 정보는 스파크 UI에서도 확인할 수 있습니다. 하지만 저수준 디버깅이 필요하다면 JVM 도구가 더 유용합니다.

- **OS와 머신**

  JVM은 호스트 운영 시스템(Operating System, OS)에서 실행됩니다. 따라서 머신의 상태를 모니터링해 정상 작동 중인지 확인하는 것은 매우 중요합니다. CPU, 네트워크, I/O 등의 자원에 대한 모니터링도 함께 해야 합니다. 이러한 모니터링 요소들은 클러스터 수준 모니터링 솔루션에서 확인할 수 있습니다. dstat, iostat 그리고 iotop 같은 명령을 사용하면 더 세밀하게 모니터링할 수 있습니다.

- **클러스터**

  스파크 애플리케이션이 실행되는 클러스터도 모니터링해야 합니다. 여기서는 YARN, 메소스, 스탠드얼론 클러스터 매니저가 모니터링 대상입니다. 모니터링 솔루션을 활용하면 클러스터가 동작하지 않는 상황을 빠르게 알 수 있습니다. 인기 있는 클러스터 모니터링 도구로는 강글리아(Ganglia)와 프로메테우스(Prometheus)가 있습니다.

그림 18-1 모니터링 대상 스파크 애플리케이션 컴포넌트

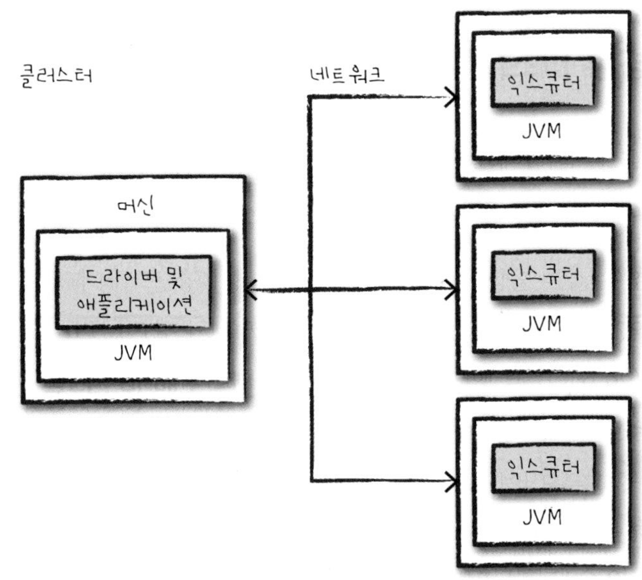

18.2 모니터링 대상

모니터링 대상을 간략하게 살펴본 다음, 스파크 애플리케이션을 모니터링하고 디버깅하는 방법을 알아보겠습니다. 모니터링 대상은 다음과 같이 크게 두 가지로 나눌 수 있습니다.

- 실행 중인 사용자 애플리케이션의 **프로세스**(CPU, 메모리 사용률 등)
- 프로세스 내부에서의 **쿼리 실행 과정**(예: 잡과 태스크)

18.2.1 드라이버와 익스큐터 프로세스

스파크 애플리케이션을 모니터링할 때는 스파크 드라이버를 유심히 관찰해야 합니다. 드라이버에는 모든 애플리케이션의 상태가 보관되어 있으며, 안정적으로 실행 중인지 확인할 수 있습니다. 만약 한 대의 머신이나 단일 JVM을 모니터링해야 한다면 당연히 드라이버를 모니터링해야 합니다. 익스큐터의 상태를 파악하는 것 또한 매우 중요한 요소 중 하나입니다. 스파크는 수월한 모니터링을 지원하기 위해 드롭위자드 메트릭 라이브러리 Dropwizard Metrics Library[1] 기반의 메트릭 시스템 metric system 을 갖추고 있습니다. 메트릭 시스템은 $SPARK_HOME/conf/metrics.properties 파일을 생성해 구성할 수 있습니다. 또한 `spark.metric.conf` 속성의 값을 지정해 메트릭 시스템 설정 파일의 경로를 변경할 수도 있습니다. 이러한 메트릭은 강글리아 같은 클러스터 모니터링 솔루션을 포함해 다양한 시스템으로 내보낼 수 있습니다.

18.2.2 쿼리, 잡, 스테이지, 태스크

드라이버와 익스큐터 프로세스에 대한 모니터링도 중요하지만 특정 쿼리에서 무슨 일이 일어나고 있는지 알아야 할 때도 있습니다. 스파크는 **쿼리**, **잡**, **스테이지** 그리고 **태스크**의 개념을 가지고 있으며 각각의 정보를 확인할 수 있습니다(15장을 참조하세요). 이러한 정보는 클러스터에서 특정 시점에 실행되는 작업을 파악할 수 있으며 성능 개선이나 디버깅 시 매우 유용합니다.

지금까지 모니터링 대상을 알아보았습니다. 다음에는 일반적으로 가장 많이 사용하는 방법인 스파크 로그와 스파크 UI를 통한 모니터링을 알아보겠습니다.

18.3 스파크 로그

스파크를 가장 상세하게 모니터링하는 방법 중 하나는 로그 파일을 살펴보는 겁니다. 스파크

1 http://metrics.dropwizard.io

애플리케이션의 로그나 스파크 자체의 로그에서 발견된 이상한 이벤트는 잡의 실패 지점이나 원인을 파악하는 데 큰 도움이 됩니다. 이 책에서 제공하는 예제 템플릿[2]을 사용하면 상관관계를 쉽게 파악할 수 있습니다. 템플릿에 설정된 로깅 프레임워크를 통해 스파크 로그와 사용자 애플리케이션 로그를 모두 확인할 수 있기 때문입니다. 하지만 파이썬은 스파크의 자바 기반 로깅 라이브러리를 사용할 수 없으므로 파이썬의 `logging` 모듈 또는 `print` 구문을 사용해 표준 오류로 결과를 출력해야 합니다.

스파크의 로그 수준을 변경하려면 다음과 같은 명령을 실행합니다.

```
spark.sparkContext.setLogLevel("INFO")
```

위 설정으로 로그 수준에 맞는 스파크 로그를 확인할 수 있습니다. 만약 로깅 프레임워크를 사용한다면 스파크 로그와 함께 사용자가 직접 필요한 정보를 로그로 기록할 수 있으므로 스파크와 스파크 애플리케이션을 모두 점검할 수 있습니다. 로컬 모드로 애플리케이션을 실행한다면 로그 자체가 표준 오류로 출력되지만, 클러스터에서 스파크를 실행한다면 클러스터 매니저로 파일에 로그를 저장할 수 있습니다. 클러스터 매니저 공식 문서에 로그 파일을 찾는 방법이 나와 있습니다. 일반적으로 클러스터 매니저의 웹 UI로 로그를 조회할 수 있습니다.

기록된 로그로 모든 답을 구할 순 없습니다. 하지만 로그를 검색하면 사용자가 직면한 문제를 정확히 파악할 수 있습니다. 그리고 사용자 애플리케이션에 다양한 로그를 기록하면 더 자세한 정보를 얻을 수 있습니다. 미래를 위해 로그를 지속해서 수집하는 것이 좋습니다. 예를 들어 애플리케이션이 비정상적으로 종료되었다면 그 이유를 파악하기 위해 디버깅해야 합니다. 하지만 원인을 찾으려는 애플리케이션은 이미 멈춘 상태라 디버깅할 수 없습니다. 그러므로 수집된 로그를 이용해 원인을 찾아야 합니다. 클라우드 환경에서 실행하는 경우 머신이 고장 나거나 전원이 내려갔다면 로그가 기록된 머신에서 기록된 로그를 내려받아 문제점을 확인할 수 있습니다.

18.4 스파크 UI

스파크 UI는 실행 중인 애플리케이션과 스파크 워크로드에 대한 평가지표를 모니터링할 수 있

2 https://bit.ly/2QKoyM6

는 화면을 제공합니다. 모든 SparkContext는 실행 시 애플리케이션과 관련된 유용한 정보를 제공하는 웹 UI를 4040 포트로 기본 실행합니다. 예를 들어 스파크를 로컬 모드로 실행할 때 로컬 머신에서 실행 중인 스파크 애플리케이션의 웹 UI는 http://localhost:4040에 접속해서 볼 수 있습니다. 다수 애플리케이션을 실행하는 경우 스파크는 순차적으로 포트 번호를 증가(4041, 4042...)시키면서 웹 UI를 실행합니다. 클러스터 매니저의 UI는 애플리케이션별 웹 UI로 이동할 수 있는 링크를 제공합니다.

[그림 18-2]는 스파크 UI에서 사용 가능한 모든 탭을 나타냅니다.

그림 18-2 스파크 UI 전체 탭

사용자는 스파크 UI의 탭에서 모니터링하려는 항목에 접근할 수 있습니다. 탭 이름만 보더라도 어떤 정보를 제공하는지 알 수 있습니다.

- Jobs: 스파크 잡에 대한 정보를 제공합니다.
- Stages: 개별 스테이지(스테이지의 태스크를 포함합니다)와 관련된 정보를 제공합니다.
- Storage: 스파크 애플리케이션에 캐싱된 정보와 데이터 정보를 제공합니다.
- Environment: 스파크 애플리케이션의 구성과 설정 관련 정보를 제공합니다.
- Executors: 애플리케이션에서 사용 중인 익스큐터의 상세 정보를 제공합니다.
- SQL: SQL과 DataFrame을 포함한 구조적 API 쿼리 정보를 제공합니다.

다음 예제에서는 쿼리 처리 과정을 세부적으로 파악하는 방법을 알아보겠습니다. 새로운 스파크 셸을 시작하고 다음 코드를 실행하면 스파크 UI로 실행 과정을 추적할 수 있습니다.

```
# 파이썬 코드
spark.read\
  .option("header", "true")\
  .csv("/data/Spark-The-Definitive-Guide/data/retail-data/all/\
    online-retail-dataset.csv")\
  .repartition(2)\
  .selectExpr("instr(Description, 'GLASS') >= 1 as is_glass")\
  .groupBy("is_glass")\
```

```
    .count()\
    .collect()
```

위 코드 예제는 여러 값을 가진 세 개의 로우를 결과로 반환합니다. 예제에서는 SQL 쿼리를 실행했으므로 SQL 탭을 확인해보면 [그림 18-3]과 유사한 화면을 볼 수 있습니다.

그림 18-3 SQL 탭

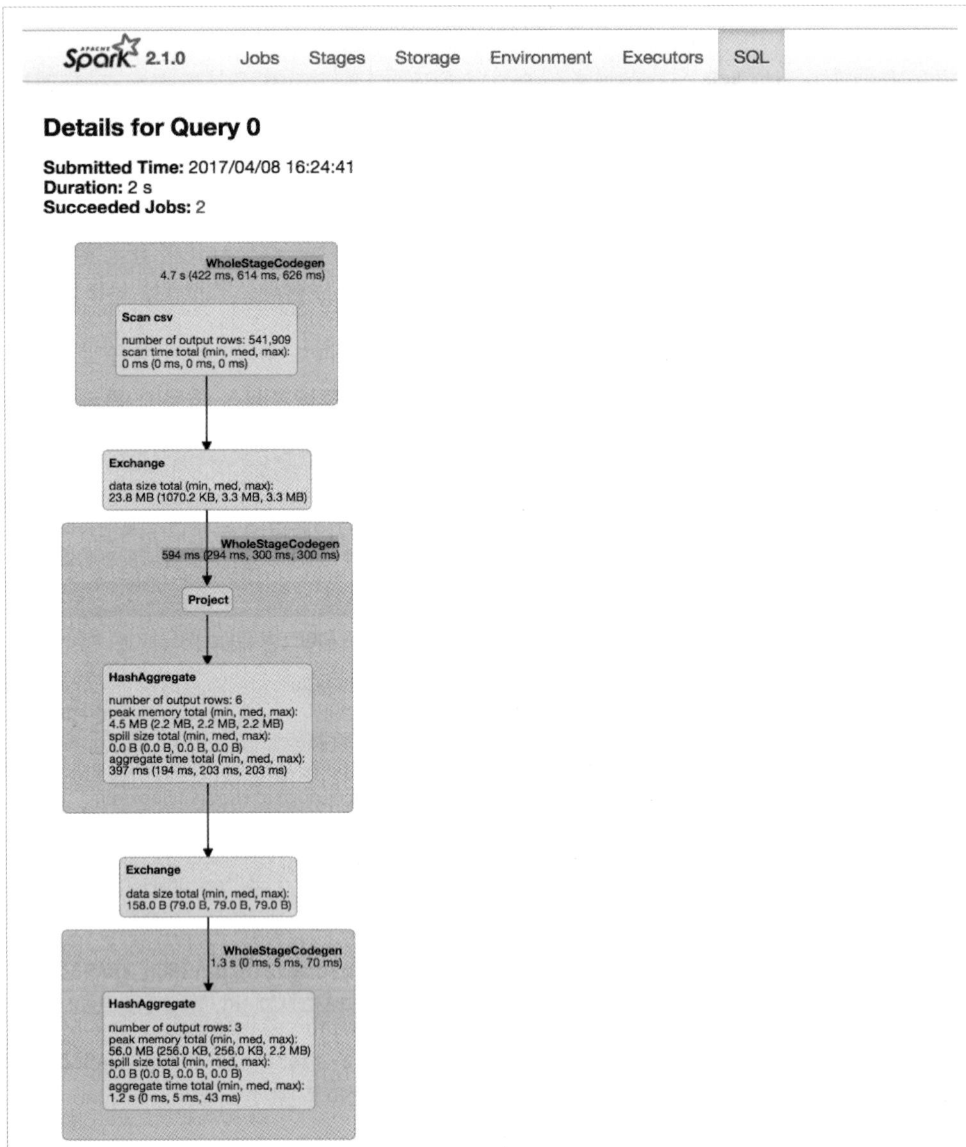

가장 먼저 보게 될 내용은 쿼리에 대한 요약 통계입니다.

```
Submitted Time: 2017/04/08 16:24:41
Duration: 2s
Succeeded Jobs: 2
```

이것은 매우 중요한 정보입니다. 하지만 스파크 스테이지의 지향성 비순환 그래프DAG를 먼저 살펴보겠습니다. SQL 탭의 파란색 상자(그림에서는 진한 회색 상자)는 스파크 태스크의 스테이지를 나타냅니다. 이러한 스테이지의 전체 그룹은 스파크 잡을 나타냅니다. 단계별로 무슨 일이 발생하는지 파악하기 위해 [그림 18-4]를 시작으로 스테이지별로 자세히 살펴보겠습니다.

그림 18-4 스테이지 1

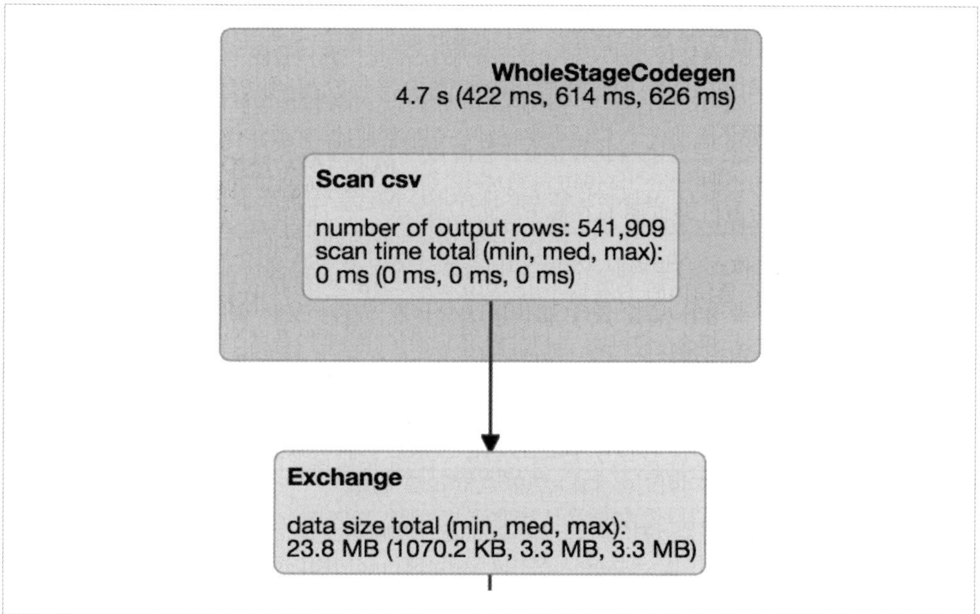

'WholeStateCodegen'으로 표시된 상단의 상자는 CSV 파일을 모두 스캔하는 스테이지를 나타냅니다. 하단의 상자는 파티션 재분배로 인해 발생하는 셔플 스테이지를 나타냅니다. 이 스테이지에서 원본 데이터셋(아직 파티션 수는 결정되지 않았습니다)이 두 개의 파티션으로 분할됩니다.

다음 단계에서는 프로젝션(컬럼 선택/추가/필터링)과 집계를 수행합니다. [그림 18-5]를 보면 6개의 로우가 반환된 것을 알 수 있습니다. 스파크는 최종 단계를 위한 준비 작업으로 데이터를 셔플하기 전에 파티션별로 집계를 수행합니다. 이번 예제에서는 해시 기반의 집계를 수행합니다. 따라서 파티션별 집계 결과 수와 파티션 수를 곱해 결과로 반환되는 로우 수를 계산할 수 있습니다.[3]

그림 18-5 스테이지 2

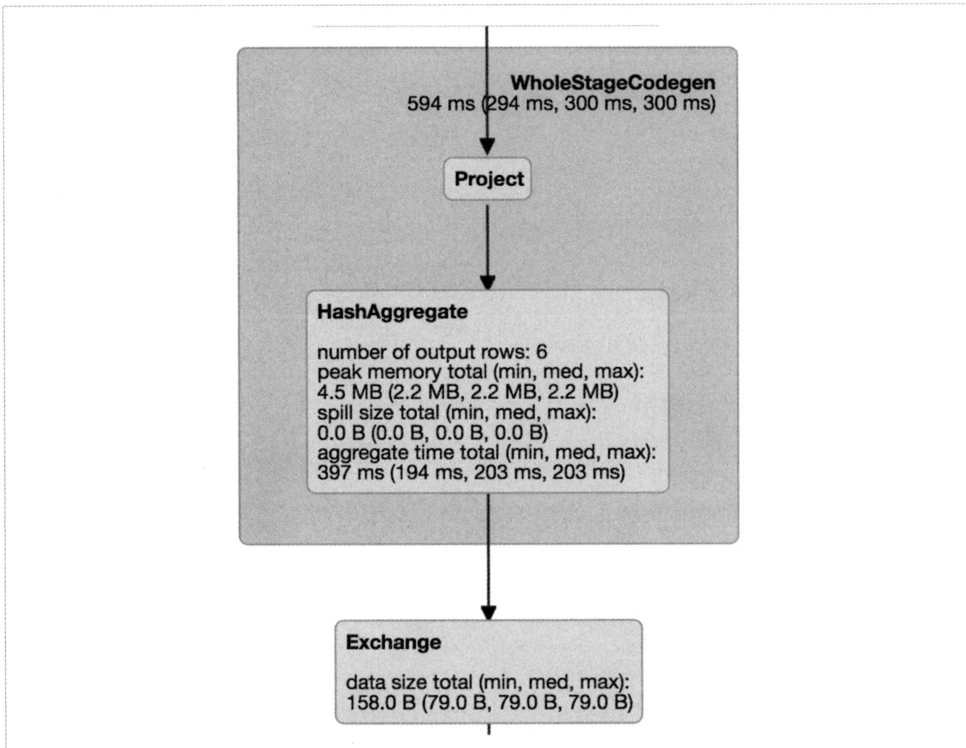

마지막 스테이지는 이전 스테이지의 결과에 대한 집계를 수행합니다. 이전 스테이지의 두 개 결과 파티션을 결합해 예제 쿼리의 결과로 세 개 로우를 반환합니다(그림 18-6).

3 **옮긴이_** 파티션별로 집계를 수행한 결과는 true, false 그리고 null 값의 통계를 반환합니다. 파티션이 2개이므로 이 둘을 곱해 6이라는 값을 얻을 수 있습니다.

그림 18-6 스테이지 3

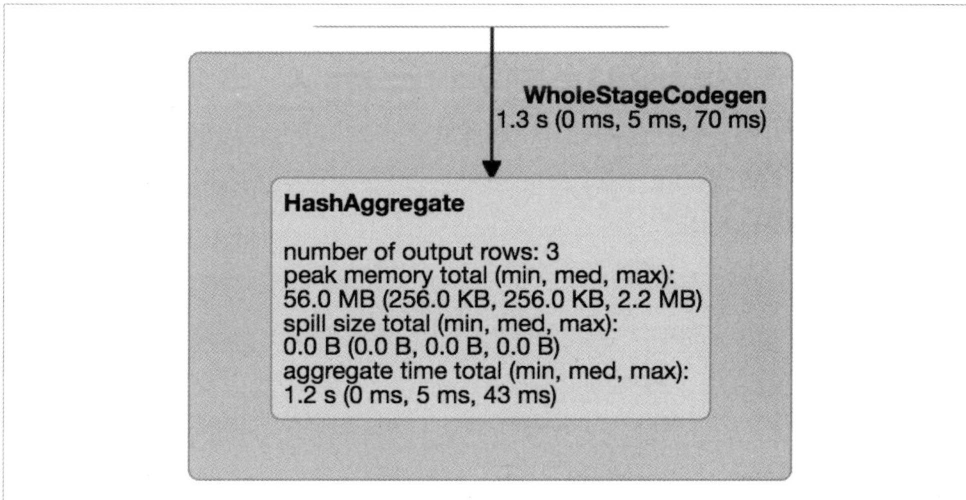

스파크 잡의 실행 과정을 알아보기 위해 Jobs 탭에서 2번 잡을 클릭합니다. [그림 18-7]에서 볼 수 있듯이 잡은 세 개의 스테이지로 나뉘어 있습니다(SQL 탭에서 본 것과 일치합니다).

그림 18-7 Jobs 탭

모든 스테이지는 [그림 18-6]에서 봤던 내용과 거의 비슷한 정보를 가지고 있습니다. Description의 링크 중 하나를 클릭하면 스테이지에 대한 자세한 내용을 확인할 수 있습니다. 이 잡은 세 개의 스테이지로 구성되어 있으며 각각 8, 2 그리고 200개의 태스크를 실행했습니다. 스테이지를 알아보기 전에 어떻게 이처럼 많은 수의 태스크가 생성되었는지 자세히 살펴보겠습니다.

첫 번째 스테이지는 8개의 태스크를 가집니다. CSV 파일은 분할 가능하기 때문에 스파크는 작업을 나눌 수 있습니다. 스파크는 작업을 머신의 여러 코어에 비교적 고르게 배분합니다. 이 동작은 클러스터 영역에서 발생하며 사용자가 데이터를 저장하는 방식인 파일 저장 방법과 관련된 중요한 최적화 요소입니다. 다음 스테이지는 데이터를 두 개의 파티션으로 나누기 위해 `repartition` 명령을 사용했으므로 두 개의 태스크를 가집니다. 셔플 파티션의 기본값은 200이므로 마지막 스테이지는 200개의 태스크를 가집니다.

8개의 태스크를 가진 첫 번째 스테이지를 클릭해 [그림 18-8]과 같이 더 상세한 정보를 확인할 수 있습니다.

그림 18-8 스파크 태스크 정보

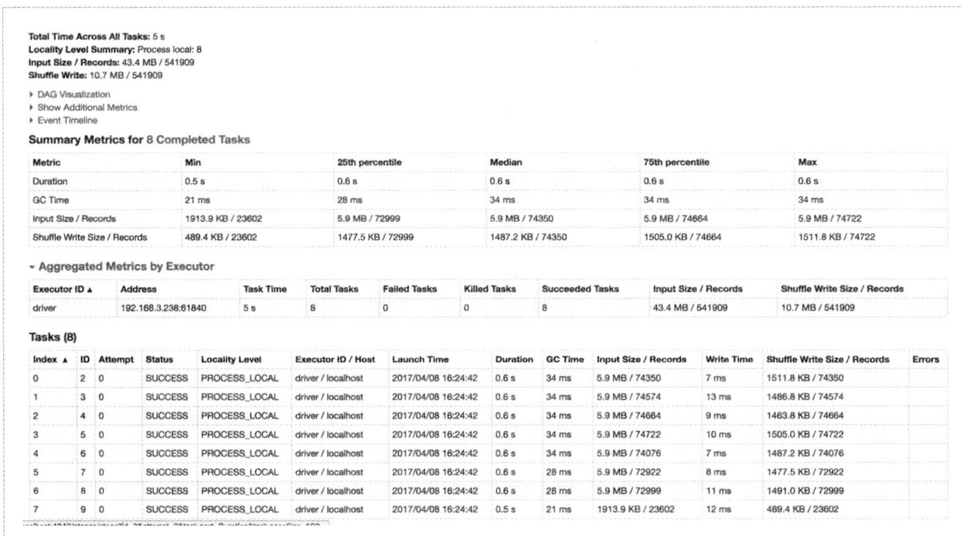

Total Time Across All Tasks: 5 s
Locality Level Summary: Process local: 8
Input Size / Records: 43.4 MB / 541909
Shuffle Write: 10.7 MB / 541909

- DAG Visualization
- Show Additional Metrics
- Event Timeline

Summary Metrics for 8 Completed Tasks

Metric	Min	25th percentile	Median	75th percentile	Max
Duration	0.5 s	0.6 s	0.6 s	0.6 s	0.6 s
GC Time	21 ms	28 ms	34 ms	34 ms	34 ms
Input Size / Records	1913.9 KB / 23602	5.9 MB / 72999	5.9 MB / 74350	5.9 MB / 74664	5.9 MB / 74722
Shuffle Write Size / Records	489.4 KB / 23602	1477.5 KB / 72999	1487.2 KB / 74350	1505.0 KB / 74664	1511.8 KB / 74722

Aggregated Metrics by Executor

Executor ID ▲	Address	Task Time	Total Tasks	Failed Tasks	Killed Tasks	Succeeded Tasks	Input Size / Records	Shuffle Write Size / Records
driver	192.168.3.238:61840	5 s	8	0	0	8	43.4 MB / 541909	10.7 MB / 541909

Tasks (8)

Index ▲	ID	Attempt	Status	Locality Level	Executor ID / Host	Launch Time	Duration	GC Time	Input Size / Records	Write Time	Shuffle Write Size / Records	Errors
0	2	0	SUCCESS	PROCESS_LOCAL	driver / localhost	2017/04/08 16:24:42	0.6 s	34 ms	5.9 MB / 74350	7 ms	1511.8 KB / 74350	
1	3	0	SUCCESS	PROCESS_LOCAL	driver / localhost	2017/04/08 16:24:42	0.6 s	34 ms	5.9 MB / 74574	13 ms	1486.8 KB / 74574	
2	4	0	SUCCESS	PROCESS_LOCAL	driver / localhost	2017/04/08 16:24:42	0.6 s	34 ms	5.9 MB / 74664	9 ms	1463.8 KB / 74664	
3	5	0	SUCCESS	PROCESS_LOCAL	driver / localhost	2017/04/08 16:24:42	0.6 s	34 ms	5.9 MB / 74722	10 ms	1505.0 KB / 74722	
4	6	0	SUCCESS	PROCESS_LOCAL	driver / localhost	2017/04/08 16:24:42	0.6 s	34 ms	5.9 MB / 74076	7 ms	1487.2 KB / 74076	
5	7	0	SUCCESS	PROCESS_LOCAL	driver / localhost	2017/04/08 16:24:42	0.6 s	28 ms	5.9 MB / 72922	8 ms	1477.5 KB / 72922	
6	8	0	SUCCESS	PROCESS_LOCAL	driver / localhost	2017/04/08 16:24:42	0.6 s	28 ms	5.9 MB / 72999	11 ms	1491.0 KB / 72999	
7	9	0	SUCCESS	PROCESS_LOCAL	driver / localhost	2017/04/08 16:24:42	0.5 s	21 ms	1913.9 KB / 23602	12 ms	489.4 KB / 23602	

스파크는 잡이 실행되었을 때 어떤 동작을 했는지 수많은 정보를 제공합니다. [그림 18-8] 상단의 'Summary Metrics' 부분에서는 다양한 메트릭에 관한 요약 통계를 제공합니다. 균일하지 않게 분산된 값을 눈여겨보아야 합니다(19장을 참조하세요). 이번 예제는 전체적으로 값이 고르게 분포되어 있습니다. 하단의 표로 익스큐터별 통계를 확인할 수 있습니다. 예제의 경우 하나의 익스큐터가 모든 코어를 사용하는 것을 확인할 수 있습니다. 익스큐터별 통계는 특정 익스큐터가 워크로드를 처리하는 데 어려움을 겪고 있는지 판단할 때 유용하게 사용됩니다.

대다수 사용자와 관련이 없을 수도 있지만 [그림 18-8]에서 볼 수 있듯이 더 상세한 메트릭 정보를 확인할 수도 있습니다. 이를 위해 'Show Additional Metrics' 링크를 클릭한 다음

'(De)select All'을 선택하거나 개별 메트릭을 선택해 자세한 내용을 확인할 수 있습니다.

지금까지 알아본 내용을 토대로 다른 스테이지도 분석할 수 있습니다. 이 과정은 독자의 몫으로 남기겠습니다.

기타 스파크 UI 탭

나머지 스파크 UI 탭은 명확한 의미의 이름을 가진 'Storage', 'Environment' 그리고 'Executors'입니다. Storage 탭은 클러스터에 캐시된 RDD나 DataFrame과 관련된 정보를 제공하며 시간이 지나 캐시된 데이터가 사라졌는지 확인할 수 있습니다. Environment 탭은 클러스터에 설정된 다양한 스파크 속성뿐만 아니라 스칼라나 자바와 관련된 정보 등 런타임 환경 관련 정보를 제공합니다.

스파크 UI 설정하기

다양한 속성을 사용해 스파크 UI를 설정할 수 있습니다. 스파크 UI 설정은 접근 제어 활성화 같은 네트워크 관련 속성이 대다수를 차지하며 스파크 UI의 동작 방식을 설정할 수도 있습니다(예: 잡, 스테이지, 태스크 정보의 저장 개수 설정). 자세한 내용은 스파크 공식 문서[4]의 스파크 UI 설정 표[5]를 참고하세요.

18.4.1 스파크 REST API

스파크 UI 외에도 REST API로 스파크의 상태와 메트릭을 확인할 수 있습니다. REST API의 주소는 http://localhost:4040/api/v1입니다. 스파크에서 제공하는 시각화 및 모니터링 도구는 REST API를 기반으로 만들어졌습니다. 대부분의 REST API는 스파크 UI와 동일한 정보를 제공하지만 SQL 관련 정보는 제공하지 않습니다. 만약 스파크 UI에서 볼 수 있는 정보를 기반으로 사용자 정의 리포트 솔루션을 구축하려면 REST API를 사용해야 합니다. 자세한 내용은 스파크 공식 문서의 스파크 REST API 관련 표[6]를 참고하세요.

---

4 http://bit.ly/1qnQ26w

5 https://bit.ly/2QtXUaW

6 https://bit.ly/2OkaUi3

18.4.2 스파크 UI 히스토리 서버

스파크 UI는 SparkContext가 실행되는 동안 사용할 수 있습니다. 정상적으로 종료되거나 비정상적으로 종료된 애플리케이션의 정보를 확인하려면 스파크 히스토리 서버Spark History Server를 이용해야 합니다. **이벤트 로그**를 저장하도록 스파크 애플리케이션을 설정하면 스파크 히스토리 서버를 이용해 스파크 UI와 REST API를 재구성할 수 있습니다. 스파크 공식 문서[7]의 스파크 히스토리 서버 사용 방법[8]에서 최신 정보를 얻을 수 있습니다.

스파크 히스토리 서버를 사용하려면 특정 경로에 이벤트 로그를 저장하도록 스파크 애플리케이션을 설정해야 합니다. 이 기능을 사용하려면 spark.eventLog.enabled 속성을 true로 설정하고 spark.eventLog.dir 속성에 이벤트 로그 저장 경로를 지정해야 합니다. 이벤트 로그가 저장되면 스파크 히스토리 서버를 스탠드얼론 애플리케이션 형태로 실행할 수 있습니다. 스파크 히스토리 서버는 저장된 이벤트 로그를 기반으로 웹 UI를 자동으로 재구성합니다. 일부 클러스터 매니저와 클라우드 서비스에서는 로깅을 자동으로 설정하고 히스토리 서버를 기본적으로 실행합니다.

다양한 속성을 사용해 스파크 히스토리 서버를 설정할 수 있습니다. 자세한 내용은 스파크 공식 문서의 스파크 히스토리 서버 설정 표[9]를 참고하세요.

18.5 디버깅 및 스파크 응급 처치

지금까지 스파크 애플리케이션의 상태를 점검하기 위해 모니터링해야 하는 사항을 알아보았습니다. 이제부터 스파크 디버깅 및 스파크 '응급 처치법'을 알아보겠습니다. 이를 위해 스파크 내부에서 발생하는 문제(예: OutOfMemoryError)와 사용자가 경험할 수 있는 증상(예: 느린 태스크)을 포함해 스파크 잡에서 발생할 수 있는 다양한 문제를 알아보겠습니다. 스파크 잡에 영향을 줄 수 있는 다양한 문제를 모두 다룰 수 없기 때문에 사용자가 자주 경험할 만한 몇몇 문제와 잠재적 대응법을 알아보겠습니다.

문제를 해결하는 데 필요한 대부분의 권장사항은 16장을 참조하세요.

---

7 http://bit.ly/1qnQ26w

8 https://bit.ly/2QqP7GR

9 https://bit.ly/2QtXUaW

18.5.1 스파크 애플리케이션이 시작되지 않는 경우

이 문제는 자주 발생할 수 있습니다. 특히 신규 클러스터 매니저나 환경을 사용하는 경우에 자주 발생합니다.

징후와 증상

- 스파크 잡이 시작되지 않습니다.
- 스파크 UI가 드라이버 노드를 제외한 클러스터의 노드 정보를 전혀 표시하지 않습니다.
- 스파크 UI가 잘못된 정보를 표시하는 것 같습니다.

잠재적 대응법

이 유형의 문제는 주로 클러스터나 사용자 애플리케이션의 실행에 필요한 자원을 적절하게 설정하지 않았을 때 발생합니다. 분산 환경에서 동작하는 스파크는 네트워크, 파일 시스템 그리고 기타 자원과 관련해 몇 가지 상황을 예측할 수 있습니다. 스파크 클러스터를 구축하는 과정에서 잘못된 설정을 했다면 드라이버와 익스큐터 간에 통신이 제대로 이루어지지 않을 수 있습니다. 이 현상은 IP를 잘못 입력했거나 포트가 열려 있지 않은 경우에 발생할 수 있으며 대부분 클러스터 영역, 머신, 설정과 관련된 문제입니다. 다른 상황으로 사용자 애플리케이션에서 익스큐터 자원을 클러스터 매니저의 유휴 자원 이상으로 요청하는 경우가 있습니다. 이런 경우 드라이버는 익스큐터가 실행될 때까지 무한정 대기합니다.

- 설정한 포트로 클러스터 머신 간에 통신할 수 있는지 확인해야 합니다. 만약 보안 요건이 엄격하지 않다면 워커 노드 간의 모든 포트를 여는 것이 좋습니다.
- 스파크 자원 설정이 올바른지, 클러스터 매니저가 스파크를 실행할 수 있도록 적합하게 설정되었는지 확인해야 합니다. 그런 다음 간단한 스파크 애플리케이션을 실행해 정상적으로 동작하는지 확인합니다. 클러스터 매니저가 제공할 수 있는 메모리 자원 이상으로 익스큐터의 메모리 자원을 요청하는 경우가 자주 발생합니다. 따라서 클러스터 매니저의 UI로 유휴 자원을 확인한 다음 `spark-submit` 명령에 할당할 메모리를 설정합니다.

18.5.2 스파크 애플리케이션 실행 전에 오류가 발생한 경우

이 문제는 새로운 애플리케이션을 개발해 클러스터에서 실행할 때 발생할 수 있습니다.

징후와 증상

- 명령이 전혀 실행되지 않으며 오류 메시지가 출력됩니다.
- 스파크 UI에서 잡, 스테이지, 태스크의 정보를 확인할 수 없습니다.

잠재적 대응법

스파크 UI의 Environment 탭에서 애플리케이션 정보가 올바른지 확인한 다음 코드를 검토합니다. 단순한 오타나 잘못된 컬럼명을 사용하는 경우가 많으며 스파크 실행 계획(DataFrame API를 사용한 경우)을 만드는 과정에서 오류가 발생합니다.

- 잘못된 입력 파일 경로나 필드명을 사용하는 것과 같이 코드상에 문제가 없는지 확인하기 위해 스파크가 반환하는 오류를 살펴봐야 합니다.
- 클러스터의 드라이버, 워커 그리고 사용하는 저장소 시스템 간의 네트워크 연결 상태를 다시 한번 확인합니다.
- 잘못된 버전의 저장소 접속용 라이브러리를 사용할 수 있으므로 라이브러리나 클래스패스를 확인합니다. 이 문제가 재현될 때까지 사용자 애플리케이션의 로직을 하나씩 제거하면서 원인을 찾아봅니다. 예를 들어 데이터셋을 하나만 읽도록 애플리케이션을 수정합니다.

18.5.3 스파크 애플리케이션 실행 중에 오류가 발생한 경우

실행 중인 스파크 애플리케이션은 다양한 상황에서 오류가 발생할 수 있습니다. 이미 클러스터를 사용 중이거나 사용자 스파크 애플리케이션을 실행하는 중에 발생합니다. 또한 특정 주기로 실행되는 예약 작업이나 일부 대화형 탐색에서 발생할 수도 있습니다.

징후와 증상

- 하나의 스파크 잡이 전체 클러스터에서 성공적으로 실행되지만 다음 잡은 실패합니다.
- 여러 단계로 처리되는 쿼리의 특정 단계가 실패합니다.
- 어제 정상 동작한 예약 작업이 오늘은 실패합니다.
- 오류 메시지를 해석하기 어렵습니다.

잠재적 대응법

- 데이터가 존재하는지 또는 데이터가 올바른 포맷인지 확인합니다. 포맷이 변경되었거나 일부 처리 과정이 변경되어 사용자 애플리케이션이 의도하지 않은 결과를 초래했을 수 있습니다.

- 만약 쿼리 실행 즉시 오류가 발생한다면(예: 태스크가 실행되기 전에 발생) 쿼리 실행 계획을 만드는 단계에서 발생한 분석 오류일 가능성이 높습니다. 즉, 쿼리에 잘못된 컬럼명을 입력하였거나 컬럼, 뷰, 테이블이 존재하지 않을 수 있습니다.
- 어떤 컴포넌트가 연관되어 있는지(예: 어떤 연산자와 스테이지가 실행 중이었는지) 알아내기 위해 스택 트레이스(stack trace)를 분석해 단서를 찾아야 합니다.
- 입력 데이터와 데이터 포맷을 한 번 더 확인해 문제의 원인을 찾아야 합니다. 또한 애플리케이션의 코드를 조금씩 줄이면서 문제의 원인을 찾아봅니다.
- 잡의 태스크가 잠시 실행되다가 비정상적으로 종료된다면 입력 데이터 자체의 문제(스키마가 올바르게 지정되지 않았거나 특정 로우가 스키마 형태와 일치하지 않는 경우)일 수 있습니다. 예를 들어 null 값을 허용하지 않도록 스키마를 정의했지만 실제 데이터에 null 값이 있다면 특정 트랜스포메이션은 오류가 발생합니다.
- 데이터를 처리하는 코드에서 오류가 발생할 수 있습니다. 오류가 발생하면 스파크 로그에 오류 내용이 출력됩니다. 그리고 스파크 UI에서 태스크의 상태가 'failed'로 표시됩니다. 로그 파일을 분석해 오류 발생 시 어떤 작업이 진행 중이었는지 확인할 수 있으며 로그를 남기도록 코드를 추가해 처리 중인 데이터 레코드를 파악해봐야 합니다.

18.5.4 느리거나 뒤처진 태스크

태스크가 느리거나 뒤처지는 현상은 애플리케이션을 최적화할 때 매우 흔하게 발생합니다. 머신 간의 작업이 균등하게 분배되지 않거나(데이터 치우침skew) 특정 머신이 다른 머신에 비해 처리 속도가 느린 경우(예: 하드웨어 문제)에도 발생합니다.

징후와 증상

다음은 태스크가 느리거나 뒤처지는 현상과 관련된 증상입니다.

- 스파크 스테이지에서 대부분의 태스크가 정상적으로 실행되었으며 소수의 태스크만 남아 있습니다. 남아 있는 태스크는 오랫동안 실행됩니다.
- 스파크 UI에서 첫 번째 증상과 같은 느린 태스크를 확인할 수 있으며 동일한 데이터셋을 다룰 때 항상 발생합니다.
- 여러 스테이지에서 번갈아 가며 두 번째 증상과 같은 현상이 발생합니다.
- 스파크 애플리케이션을 실행하는 머신 수를 늘려도 상황이 개선되지 않고 여전히 특정 태스크가 다른 태스크에 비해 훨씬 오래 실행됩니다.
- 스파크 메트릭을 보면 특정 익스큐터가 다른 익스큐터에 비해 훨씬 많은 데이터를 읽거나 쓰고 있음을 알 수 있습니다.

잠재적 대응법

느린 태스크를 '낙오자straggler'라 부르기도 합니다. 다양한 이유로 느린 태스크가 발생하지만 DataFrame이나 RDD 파티션에 데이터가 균등하게 분할되지 않은 경우에 주로 발생합니다. 이 현상이 발생하면 일부 익스큐터가 다른 익스큐터에 비해 훨씬 더 많은 양의 데이터를 처리합니다. 예를 들어 group-by-key 연산 수행 시 특정 키가 다른 키에 비해 더 많은 양의 데이터를 가진 경우에 발생합니다. 스파크 UI를 보면 일부 노드의 셔플 데이터가 다른 노드에 비해 월등히 큰 것을 확인할 수 있습니다.

- 파티션별 데이터양을 줄이기 위해 파티션 수를 증가시켜봅니다.
- 다른 컬럼을 조합해 파티션을 재분배합니다. 예를 들어 데이터 치우침이 심한 ID 컬럼을 파티셔닝하거나, 컬럼에서 많은 값이 null이라면 느린 태스크(낙오자)가 발생할 수 있습니다. 후자의 경우 null 값을 먼저 필터링하는 것이 합리적일 수 있습니다.
- 가능하면 익스큐터의 메모리를 증가시킵니다.
- 익스큐터에 문제가 있는지 모니터링하고 문제가 있다면 해당 머신의 다른 잡에서도 동일한 문제가 발생하는지 확인합니다. 또한 클러스터에 비정상적인 익스큐터나 머신이 있는지 확인해야 합니다. 예를 들어 특정 머신의 디스크가 거의 가득 찼을 수 있습니다.
- 만약 조인이나 집계 시에 이 문제가 발생한다면 18.5.5절 '느린 집계 속도'나 18.5.6절 '느린 조인 속도'의 내용을 참조합니다.
- 사용자 정의 함수를 구현할 때 객체 할당이나 비즈니스 로직에서 쓸모없는 부분이 있는지 확인하고 가능하면 DataFrame 코드로 변환합니다.
- 사용자 정의 함수(UDF)나 사용자 정의 집계 함수(UDAF)가 적당한 크기의 데이터를 사용해 실행되는지 확인합니다. 집계 연산은 공통 키와 관련된 많은 데이터를 메모리에 적재합니다. 그러므로 집계 연산을 수행하는 익스큐터는 다른 익스큐터에 비해 훨씬 많은 작업을 수행합니다.
- 18.5.7절 '느린 읽기와 쓰기 속도'에서 알아볼 투기적 실행(speculative execution)을 사용하면 매우 느린 태스크의 복제본을 실행합니다. 장애 노드로 인해 이 문제가 발생했다면 태스크가 더 빠른 노드에서 실행되므로 유용하게 사용할 수 있습니다. 그러나 투기적 실행은 추가로 더 많은 자원을 소모합니다. 또한 궁극적 일관성(eventual consistency) 방식을 사용하는 일부 저장소 시스템에 데이터를 저장할 때 멱등성을 보장하지 않으면 데이터가 중복으로 저장될 수 있습니다. 자세한 내용은 17장을 참조하세요.
- Dataset을 다룰 때 문제가 발생할 수 있습니다. Dataset은 레코드를 사용자 정의 함수의 자바 객체로 변환하기 위해 수많은 객체를 생성하므로 가비지 컬렉션이 빈번하게 발생할 수 있습니다. Dataset을 사용한다면 스파크 UI의 가비지 컬렉션 메트릭이 느린 태스크와 관련 있는지 확인합니다.

다양한 원인으로 '낙오자'가 발생하기 때문에 디버깅하기 가장 어려운 문제 중 하나입니다. 많은 경우 데이터 치우침 현상으로 인해 발생합니다. 따라서 스파크 UI를 확인해 태스크 간에 데이터가 불균형한지 가장 먼저 확인해야 합니다.

18.5.5 느린 집계 속도

집계 연산 속도가 느리다면 18.5.4절 '느리거나 뒤처진 태스크'에서 설명한 문제점을 먼저 검토해야 합니다. 그럼에도 불구하고 동일한 문제가 계속 발생할 수 있습니다.

징후와 증상

- groupBy 호출 시 느린 태스크가 발생합니다.
- 집계 처리 이후의 잡도 느립니다.

잠재적 대응법

이 문제를 해결하는 방법이 존재하지만 그렇다고 항상 해결되는 것은 아닙니다. 때로는 잡에서 사용하는 데이터가 특정 키에 치우쳐 있다면 연산 속도가 느려질 겁니다.

- 집계 연산 전에 파티션 수를 증가시키면 태스크별로 처리할 키 수를 줄일 수 있습니다.
- 익스큐터의 메모리를 증가시킨 경우 데이터가 많은 키를 처리하는 익스큐터는 다른 키를 처리하는 익스큐터에 비해 여전히 느릴 수 있습니다. 하지만 데이터를 디스크에 저장하는 빈도를 줄일 수 있어 이전보다 더 빠르게 처리할 수 있습니다.
- 집계 처리가 끝나고 이어서 실행되는 태스크가 느리다면 집계 처리된 데이터셋에 불균형 현상이 남아 있음을 의미합니다. 이 경우 파티션을 임의로 재분배할 수 있도록 repartition 명령을 추가합니다.
- 모든 필터와 SELECT 구문이 집계 연산보다 먼저 처리된다면 필요한 데이터만 이용해서 집계 연산을 수행할 수 있습니다. 구조적 API를 사용하는 경우 스파크의 쿼리 옵티마이저가 이 과정을 자동으로 수행합니다.
- null 값을 나타내기 위해(스파크의 null 개념 사용) " " 또는 "EMPTY" 같은 값을 대체 값으로 사용하는지 확인합니다. 스파크는 잡 실행 전 null 값을 건너뛰기 위한 최적화를 수행합니다. 그러나 null 대신 대체 기호를 사용하면 최적화를 수행할 수 없습니다.
- 일부 집계 함수는 다른 함수에 비해 태생적으로 느립니다. 예를 들어 집계 함수인 collect_list와 collect_set은 일치하는 모든 객체를 드라이버에 전송하기 때문에 아주 느리게 동작합니다. 따라서 성능이 중요한 경우에는 사용을 피해야 합니다.

18.5.6 느린 조인 속도

조인과 집계는 모두 셔플을 유발하기 때문에 동일한 증상과 대응법을 가집니다.

징후와 증상

- 조인 스테이지의 처리 시간이 오래 걸립니다. 하나 이상의 태스크가 여기에 해당할 수 있습니다.
- 조인 전후의 스테이지는 정상적으로 동작합니다.

잠재적 대응법

- 많은 조인 연산은 다른 조인 타입으로 변경해 최적화(자동 또는 수동 방식)할 수 있습니다. 8장에서 여러 조인 타입을 선택하는 방법을 알아보았습니다.
- 조인 순서를 변경하면서 잡의 처리 속도가 올라가는지 테스트합니다. 일부 조인은 많은 양의 데이터를 걸러낼 수 있으므로 이 작업을 먼저 시도해보는 것이 좋습니다.
- 조인을 수행하기 전에 데이터셋을 분할하면 클러스터 노드 간 데이터 이동을 줄일 수 있습니다. 특히 동일한 데이터셋이 여러 조인 연산에서 사용된다면 더욱 유용합니다. 또한 다양한 사전조인 파티셔닝(prejoin partitioning)[10] 기법을 실험해봐야 합니다. 다시 한번 강조하지만 조인 연산은 셔플 부하를 일으킵니다.
- 데이터 치우침 현상은 느린 조인을 유발할 수도 있습니다. 대응할 방법이 많지는 않지만 앞 절에서 알아본 것처럼 스파크 애플리케이션이나 익스큐터의 자원 할당량을 늘리는 것이 도움이 될 수 있습니다.
- 모든 필터와 `SELECT` 구문이 조인 연산보다 우선 처리된다면 필요한 데이터만 이용해서 조인 연산을 수행할 수 있습니다.
- 집계 연산과 마찬가지로 `null` 값을 제어하기 위해 `" "` 또는 `"EMPTY"` 같은 값을 대체 값으로 사용하는지 확인합니다.
- 스파크는 입력 DataFrame이나 테이블에 대한 통계가 없는 경우 브로드캐스트 조인을 사용하는 실행 계획을 생성하지 못합니다. 조인 대상 테이블 중 하나가 작은 경우 강제로 브로드캐스트하거나(8장을 참조하세요) 스파크의 통계 수집 명령을 사용해 테이블을 분석해야 합니다.[11]

18.5.7 느린 읽기와 쓰기 속도

느린 I/O는 진단이 어려울 수 있습니다. 특히 네트워크 기반의 파일 시스템을 사용하는 경우에는 더 어렵습니다.

징후와 증상

- 분산 파일 시스템이나 외부 시스템의 데이터를 읽는 속도가 느립니다.
- 네트워크 파일 시스템이나 blob 저장소에 데이터를 쓰는 속도가 느립니다.

---

10 옮긴이_ 조인되는 테이블을 하나로 결합해 데이터를 분할하는 방식을 의미합니다.

11 옮긴이_ `https://bit.ly/2OkW4YR`

잠재적 대응법

- 스파크의 투기적 실행(`spark.speculation` 속성을 `true`로 설정)을 사용하면 느린 읽기와 쓰기 속도를 개선하는 데 도움이 될 수 있습니다. 이 기능은 첫 번째 태스크에서 발생한 문제가 일시적인지 확인하기 위해 동일한 연산을 수행하는 태스크를 추가로 실행합니다. 투기적 실행은 강력한 기능이며 일관성을 보장하는 파일 시스템과 함께 사용하는 것이 좋습니다. 그러나 아마존 S3 같이 궁극적 일관성 방식을 사용하는 클라우드 서비스를 저장소로 사용하면 중복 데이터가 발생할 수 있습니다. 따라서 사용 중인 저장소 시스템의 커넥터가 쓰기 일관성을 지원하는지 확인해야 합니다.
- 스파크 클러스터와 저장소 시스템 간의 네트워크 대역폭이 충분하지 않을 수 있으므로 네트워크 성능에 문제가 없는지 반드시 확인합니다.
- 단일 클러스터에서 스파크와 HDFS 같은 분산 파일 시스템을 함께 구성하려면 클러스터의 노드마다 스파크와 분산 파일 시스템 모두 동일한 호스트명을 인식하는지 확인합니다. 스파크는 지역성을 고려해 스케줄링(locality-aware scheduling)하며 스파크 UI의 'locality' 컬럼에서 지역성 정보를 확인할 수 있습니다.[12] 지역성(locality)은 다음 장에서 자세히 알아보겠습니다.

18.5.8 드라이버 OutOfMemoryError 또는 응답 없음

드라이버 `OutOfMemoryError`는 스파크 애플리케이션이 비정상적으로 종료되므로 매우 심각한 문제입니다. 드라이버에 너무 많은 데이터를 전송해 메모리를 모두 소비한 경우에 자주 발생합니다.

징후와 증상

- 스파크 애플리케이션이 응답하지 않거나 비정상적으로 종료됩니다.
- 드라이버 로그에 `OutOfMemoryError` 또는 가비지 컬렉션과 관련된 메시지가 출력됩니다.
- 명령이 장시간 실행되거나 실행되지 않습니다.
- 반응이 거의 없습니다.
- 드라이버 JVM의 메모리 사용량이 많습니다.

잠재적 대응법

이 유형의 문제는 잠재적인 원인이 다양하기 때문에 진단하기 쉽지 않습니다.

12 옮긴이_ 스파크 UI의 스테이지 상세 화면에서 확인할 수 있습니다.

- 사용자 코드에서 `collect` 메서드 같은 연산을 실행해 너무 큰 데이터셋을 드라이버에 전송하려고 시도했을 수 있습니다.
- 브로드캐스트하기에 너무 큰 데이터를 브로드캐스트 조인에 사용했을 수 있습니다. 스파크의 최대 브로드캐스트 조인 설정을 이용해 브로드캐스트할 크기를 제어할 수 있습니다.
- 장시간 실행되는 애플리케이션은 드라이버에 많은 양의 객체를 생성해 해제하지 못할 수 있습니다. 자바의 jmap 도구를 사용해 힙 메모리의 히스토그램을 확인할 수 있습니다. 이 도구는 히스토그램에서 드라이버 JVM의 메모리를 가장 많이 차지하는 객체를 찾는 데 유용합니다. 그러나 jmap 실행 시 JVM이 잠시 중단될 수 있으므로 주의해야 합니다.
- 가능하면 더 많은 데이터를 다룰 수 있도록 드라이버의 가용 메모리를 증가시킵니다.
- JVM 메모리 부족 현상은 파이썬과 같은 다른 언어를 함께 사용하는 경우에 발생할 수 있습니다. 두 언어 간의 데이터 변환 과정에서 과도한 메모리를 사용하기 때문입니다. 선택한 언어로 인해 발생했는지 확인하기 위해 드라이버 노드에 더 적은 양의 데이터를 전송해봅니다. 아니면 드라이버 메모리에 모으지 않고 파일로 저장해볼 수 있습니다.
- SQL JDBC 서버와 노트북 환경을 이용해 다른 사용자와 `SparkContext`를 공유하는 상황이라면 여러 사용자가 동시에 대량의 데이터를 드라이버 메모리로 전송할 수 있는 명령(코드에서 지나치게 큰 배열을 다루거나 대규모 데이터셋을 드라이버에 전송하는 명령)을 실행하지 못하도록 막아야 합니다.

18.5.9 익스큐터 OutOfMemoryError 또는 응답 없음

문제의 근본 원인에 따라 다르겠지만 어떤 경우에는 스파크 애플리케이션이 이런 문제를 자동으로 복구할 수 있습니다.

징후와 증상

- 익스큐터 로그에 `OutOfMemoryError` 또는 가비지 컬렉션과 관련된 메시지가 출력되며 스파크 UI에서도 확인할 수 있습니다.
- 익스큐터가 비정상적으로 종료되거나 응답하지 않습니다.
- 특정 노드의 느린 태스크가 복구되지 않습니다.

잠재적 대응법

- 익스큐터의 가용 메모리와 익스큐터 수를 증가시킵니다.
- 관련 파이썬 설정을 변경해 PySpark 워커의 크기를 증가시킵니다.

- 익스큐터 로그에 가비지 컬렉션 오류 메시지가 발생했는지 확인합니다. 실행 중인 태스크의 일부가 너무 많은 객체를 생성하고 있어 가비지 컬렉션이 발생할 수 있습니다. 특히 사용자 정의 함수를 사용하는 경우에 발생할 확률이 높습니다. 데이터 파티션을 재분배하면 병렬성을 높일 수 있으며 태스크별로 처리해야 하는 레코드 양을 줄일 수 있습니다. 그리고 모든 익스큐터에 동일한 양의 작업이 할당되었는지 확인합니다.
- `null` 값을 정확하게 제어하기 위해 `" "` 또는 `"EMPTY"` 같은 값을 기본값으로 사용하는 것은 아닌지 확인합니다.
- RDD와 Dataset은 객체를 생성하기 때문에 이 문제가 발생할 가능성이 더 큽니다. 가능하면 사용자 정의 함수의 사용을 줄이고 스파크의 구조적 API를 더 많이 사용해야 합니다.
- 자바의 jmap 도구를 사용해 익스큐터 힙 메모리의 히스토그램을 볼 수 있습니다. 가장 많은 메모리를 사용하는 클래스를 확인하세요.
- 키-값 저장소 같이 다른 워크로드를 처리하는 노드에 익스큐터가 위치한다면 스파크 잡을 다른 작업과 분리해야 합니다.

18.5.10 의도하지 않은 null 값이 있는 결과 데이터

징후와 증상

- 트랜스포메이션이 실행된 결과에 의도치 않은 `null` 값이 발생합니다.
- 잘 동작하던 운영 환경의 예약 작업이 더는 동작하지 않거나 정확한 결과를 생성하지 못합니다.

잠재적 대응법

- 비즈니스 로직을 변경하지 않았다면 데이터 포맷이 변경되었을 수 있습니다. 이는 이전에 정상 동작했던 코드가 더는 동작하지 않는 상황을 의미합니다.
- 어큐뮬레이터를 사용해 레코드나 특정 데이터 타입의 수를 확인할 수 있습니다. 이 방식으로 레코드를 건너뛰는 오류도 분석할 수 있습니다. 예를 들어 특정 포맷의 데이터를 파싱하던 중 일부 데이터가 파싱되지 않았다면 이 방법이 유용할 수 있습니다. 대부분의 경우 원시 데이터를 파싱할 때 개수를 세기 위한 용도로 어큐뮬레이터가 탑재된 사용자 정의 함수를 사용합니다. 어큐뮬레이터로 정상과 비정상 레코드 수를 확인할 수 있으며 결과에 따라 상황에 맞는 명령을 수행할 수 있습니다.
- 트랜스포메이션이 실제 유효한 쿼리 실행 계획을 생성하는지 확인합니다. 스파크 SQL에서 암시적 형변환을 수행하는 경우 혼란스러운 결과가 반환될 수 있습니다. 예를 들어 `SELECT 5 * "23"`이라는 SQL 표현식은 문자열인 '23'이 정수형 23으로 변환되므로 115를 반환합니다. 하지만 `SELECT 5 * " "`는 빈 문자열을 숫자로 변환하면 `null`이 되므로 `null` 값을 반환합니다. 그러므로 중간 데이터셋이 의도한 대로 만들어졌는지 확인(`printSchema` 메서드를 사용합니다)하고 최종 쿼리 실행 계획에 있는 모든 `CAST` 연산을 찾아 확인해야 합니다.

18.5.11 디스크 공간 없음 오류

징후와 증상

- 'no space left on disk' 오류 메시지와 함께 잡이 실패합니다.

잠재적 대응법

- 더 많은 디스크 공간을 확보하면 이 문제를 쉽게 해결할 수 있습니다. 작업 노드의 디스크를 늘리거나 클라우드 환경의 외부 저장소를 추가해 디스크 공간을 확보할 수 있습니다.
- 제한된 용량의 저장소를 가진 클러스터를 사용하는 경우 데이터 치우침 현상이 발생하면 일부 노드의 저장소 공간이 모두 소진될 수 있습니다. 이런 경우 데이터 파티션을 재분배하는 것이 좋습니다.
- 몇 가지 저장소 설정을 실험해봅니다. 설정 중 일부는 스파크에서 로그를 유지하는 기간을 지정합니다. 자세한 내용은 스파크 공식 문서[13]의 실행 환경 설정 표[14]를 참고하세요.
- 문제가 되는 머신의 오래된 로그 파일과 셔플 파일을 수동으로 제거합니다. 영구적인 해결책은 아니지만 문제를 완화하는 데 도움이 될 수 있습니다.

18.5.12 직렬화 오류

징후와 증상

- 직렬화 오류와 함께 잡이 실패합니다.

잠재적 대응법

- 구조적 API를 사용하는 경우 직렬화 오류는 거의 나타나지 않습니다. 하지만 UDF나 RDD를 이용해 개발된 사용자 정의 로직을 수행하는 익스큐터에서는 발생할 수 있습니다. 또한 이러한 익스큐터로 직렬화를 시도하는 태스크나 공유하려는 데이터를 직렬화할 수 없는 경우에 발생할 수 있습니다. 이 문제는 UDF나 함수로 직렬화할 수 없는 코드 또는 데이터를 다루거나 직렬화할 수 없는 이상한 데이터 타입을 다루는 경우에 주로 발생합니다. 이러한 문제가 발생하는 경우(또는 Kryo 직렬화를 사용하거나 사용할 예정인 경우) 직렬화 대상 사용자 클래스를 실제로 등록해 직렬화 성공 여부를 확인해야 합니다.

13 http://bit.ly/1qnQ26w
14 http://bit.ly/2FlsX2i

• 자바나 스칼라 클래스에서 UDF를 생성할 때는 UDF 내에서 인클로징 객체(enclosing object)[15]의 필드를 참조하면 안 됩니다. 인클로징 객체를 참조하는 경우 스파크는 전체 인클로징 객체를 직렬화하려고 시도하지만 불가능할 수 있습니다. 그러므로 관련 필드를 클로저와 동일한 범주의 로컬 변수로 복사하고 사용해야 합니다.

18.6 정리

이 장에서는 스파크 잡과 애플리케이션 모니터링 및 디버깅에 사용할 수 있는 주요 도구를 알아보았습니다. 그리고 가장 일반적인 문제 상황과 해결 방법도 함께 알아보았습니다. 복잡한 소프트웨어를 디버깅하는 것과 마찬가지로 원칙에 따라 단계별로 접근해 문제를 해결하는 것이 좋습니다. 로그를 추가해 잡의 실패 지점과 각 스테이지에 어떤 타입의 데이터가 도착했는지 파악할 수 있습니다. 그리고 가능한 한 작은 크기의 코드로 문제 범위를 줄여 거기서부터 해결해야 나가야 합니다. 병렬 컴퓨팅 분야의 고유한 문제인 데이터 치우침 현상을 해결하려면 스파크 UI로 각 태스크의 작업 현황을 신속하게 파악하는 것이 중요합니다. 다음 장에서는 성능 튜닝과 튜닝에 사용할 수 있는 다양한 도구를 알아보겠습니다.

---

15 옮긴이_ 내부 클래스를 감싸고 있는 외부 클래스의 객체 인스턴스입니다.

CHAPTER 19

성능 튜닝

앞 장에서는 스파크 사용자 인터페이스와 스파크 애플리케이션을 위한 기본 응급처치 방법을 알아보았습니다. 앞 장에서 설명한 애플리케이션 모니터링 및 디버깅용 도구를 사용해 잡의 신뢰도를 높일 수 있습니다. 하지만 여러 가지 이유로 잡을 더 빠르고 효율적으로 실행해야 하는 경우도 있습니다. 그러므로 이 장에서는 잡의 실행 속도를 높이기 위한 성능 튜닝 방법을 알아보겠습니다.

모니터링 방식과 마찬가지로 성능을 튜닝할 수 있는 다양한 방식이 존재합니다. 예를 들어 네트워크가 엄청나게 빠른 환경이라면 가장 큰 비용이 드는 셔플 처리 시간이 줄어 더 빠르게 스파크 잡을 처리할 수 있습니다. 하지만 이러한 환경을 갖추는 것 자체가 쉽지 않습니다. 그러므로 코드나 설정 변경을 통한 성능 제어 방법을 알아야 합니다.

사용자는 스파크 잡의 모든 단계를 최적화하고 싶을 겁니다. 그중 주요 영역을 꼽아보면 다음과 같습니다.

- 코드 수준의 설계(예: RDD와 DataFrame 중 하나를 선택합니다)
- 보관용 데이터
- 조인
- 집계
- 데이터 전송
- 애플리케이션별 속성
- 익스큐터 프로세스의 JVM

- 워커 노드
- 클러스터와 배포 환경 속성

앞서 나열한 항목 외에도 다양한 성능 튜닝 영역이 있지만, 이 장에서는 앞서 나열한 항목 위주로 알아보겠습니다. 스파크 잡의 성능 튜닝 방법을 두 가지 유형으로 정의할 수 있습니다. 첫째, 속성값을 설정하거나 런타임 환경을 변경해 **간접적으로** 성능을 높일 수 있습니다. 이 방식은 전체 스파크 애플리케이션이나 스파크 잡에 영향을 미치게 됩니다. 둘째, 개별 스파크 잡, 스테이지, 태스크 성능 튜닝을 시도하거나 코드 설계를 변경해 **직접적으로** 성능을 높일 수 있습니다. 이 방식은 애플리케이션의 특정 영역에만 영향을 주므로 전체 스파크 애플리케이션이나 스파크 잡에는 영향을 미치지 않습니다. 따라서 간접적으로 영향을 미치는 요소와 직접적으로 영향을 미치는 요소로 구분해 성능 튜닝 요소를 알아보겠습니다.

잡의 성능 향상을 확인하는 데 가장 좋은 방법 중 하나는 좋은 모니터링 도구와 잡 이력 추적 환경을 구성하는 겁니다. 이력 정보가 없다면 잡의 성능이 실제로 향상되었는지 알기 어려울 수 있습니다.

19.1 간접적인 성능 향상 기법

스파크 잡을 더 빠르게 실행하기 위해 할 수 있는 간접적인 성능 향상 기법이 있습니다. '하드웨어 개선'과 같은 너무 뻔한 사항은 제외할 것이며 사용자가 제어 가능한 사항을 집중적으로 알아보겠습니다.

19.1.1 설계 방안

성능을 최적화하기 위해서는 좋은 설계 방안을 마련해야 합니다. 때로는 이 단계를 무시하고 진행하는 경우가 있습니다. 좋은 설계 방안으로 애플리케이션을 설계하는 것은 아주 중요합니다. 더 나은 스파크 애플리케이션을 개발할 수 있고 외부 환경이 변해도 계속해서 안정적이고 일관성 있게 실행할 수 있기 때문입니다. 앞선 몇몇 장에서 이미 설계 방안을 알아보았지만 다시 한번 되짚어보겠습니다.

스칼라 vs 자바 vs 파이썬 vs R

사용자의 환경에 따라 언어를 달리 선택할 수 있으므로 언어 선택에 대한 답을 구하는 것은 거의 불가능합니다. 대규모 ETL 작업을 수행한 다음 단일 머신에서 머신러닝을 수행하는 경우를 예로 들 수 있습니다. 단일 머신에서 머신러닝을 수행하려면 SparkR을 사용해 ETL(추출, 변환, 적재) 코드를 실행한 다음 R 언어의 풍부한 머신러닝 에코시스템을 이용해 단일 머신에서 머신러닝 알고리즘을 실행하는 것이 좋습니다. 이 방법은 스파크의 강점뿐만 아니라 R 언어의 강점도 활용할 수 있습니다. 이전에도 여러 번 언급했지만 스파크의 구조적 API는 속도와 안정성 측면에서 여러 언어를 일관성 있게 다룰 수 있습니다. 그러므로 가장 편안하게 사용하는 언어나 상황에 따라 가장 적합한 언어를 사용하면 됩니다.

구조적 API로 만들 수 없는 사용자 정의 트랜스포메이션을 사용해야 한다면 상황이 조금 복잡해집니다. 즉, RDD 트랜스포메이션이나 UDF를 사용하는 경우를 의미합니다. 이런 처리가 필요하다면 실제 처리되는 방식 때문에 R과 파이썬은 사용하지 않는 것이 좋습니다. 여러 언어를 넘나드는 사용자 정의 함수를 정의하면 데이터 타입과 처리 과정을 엄격하게 보장하기 어렵기 때문입니다. 그러므로 애플리케이션의 주 언어로 파이썬을 사용하고 그중 일부를 스칼라로 변경하거나 스칼라로 UDF를 정의해 사용하는 것이 좋습니다. 그러면 전반적인 사용성usability, 유지 관리성maintainability, 성능performance 간의 좋은 균형을 이룰 수 있습니다.

DataFrame vs SQL vs Dataset vs RDD

이 질문도 자주 듣게 됩니다. 답은 간단합니다. 모든 언어에서 DataFrame, Dataset 그리고 SQL의 속도는 동일합니다. 즉, DataFrame은 어떤 언어에서 사용하더라도 성능은 동일합니다. 하지만 파이썬이나 R을 사용해 UDF를 정의하면 성능 저하가 발생할 수 있으므로 자바와 스칼라를 사용해 UDF를 정의하는 것이 좋습니다. 근본적으로 성능을 개선하고 싶다면 UDF 대신 DataFrame이나 SQL을 사용해야 합니다. 모든 DataFrame, SQL 그리고 Dataset 코드는 RDD로 컴파일됩니다. 하지만 사용자가 직접 RDD 코드를 작성하는 것보다 스파크의 최적화 엔진이 더 '나은' RDD 코드를 만들어냅니다. 그리고 훨씬 더 쉽게 사용할 수 있습니다. 사용자가 직접 RDD 코드를 작성하면 스파크가 릴리스될 때마다 스파크 SQL 엔진에 추가되는 최적화 기법을 사용할 수 없습니다.

마지막으로 RDD를 사용하려면 스칼라나 자바를 사용하기 바랍니다. 만약 스칼라나 자바를 사용할 수 없다면 애플리케이션에서 RDD의 '사용 영역'을 최소한으로 제한해야 합니다. 예를 들어 파이썬에서 RDD 코드를 실행한다면 파이썬 프로세스를 오가는 많은 데이터를 직렬화해야 합니다. 매우 큰 데이터를 직렬화하면 엄청난 비용이 발생하고 안전성까지 떨어질 수 있습니다.

성능 튜닝과 크게 관련은 없지만 스파크가 지원하는 언어별 기능의 차이점을 알아두는 것이 좋습니다. 자세한 내용은 16장을 참조하세요.

19.1.2 RDD 객체 직렬화

3부에서 RDD 트랜스포메이션에 사용되는 직렬화 라이브러리를 간략히 설명했습니다. Kryo를 이용해 직접 정의한 데이터 타입을 직렬화할 수 있습니다. Kryo는 자바 직렬화보다 훨씬 간결하고 효율적입니다. 하지만 애플리케이션에서 사용할 클래스를 등록해야 하는 번거로움이 있습니다.

Kryo 직렬화를 사용하려면 스파크의 `spark.serializer` 속성값을 `org.apache.spark.serializer.KryoSerializer`로 설정합니다. 그리고 사용하려는 클래스를 `spark.kryo.classesToRegister` 속성값에 지정해 Kryo 시리얼라이저에 등록해야 합니다. 자세한 내용은 Kryo 문서[1]를 참고하세요.

클래스를 등록하려면 생성한 `SparkConf`에 클래스명을 전달해야 합니다.

```
conf.registerKryoClasses(Array(classOf[MyClass1], classOf[MyClass2]))
```

19.1.3 클러스터 설정

클러스터 설정은 잠재적으로 큰 이점을 얻을 수 있습니다. 하지만 하드웨어와 사용 환경에 따라 변화하므로 대응하기 더 어려울 수 있습니다. 일반적으로 머신 자체의 성능을 모니터링하는 것이 클러스터 설정을 최적화하는 데 가장 많은 도움이 됩니다. 특히 단일 클러스터에서 여러 애플리케이션(스파크가 아닌 애플리케이션을 실행하더라도)을 실행하는 경우라면 더 그렇습니다.

1 https://github.com/EsotericSoftware/kryo

클러스터/애플리케이션 규모 산정과 자원 공유

이 내용은 자원 공유와 스케줄링 문제로 요약할 수 있습니다. 하지만 클러스터나 애플리케이션 수준에서 자원을 공유하는 방법에 따라 다양한 선택지가 존재합니다. 16장 후반부와 17장의 일부 설정을 참조하세요.

동적 할당

스파크는 워크로드에 따라 애플리케이션이 차지할 자원을 동적으로 조절하는 메커니즘을 제공합니다. 즉, 사용자 애플리케이션은 더 이상 사용하지 않는 자원을 클러스터에 반환하고 필요할 때 다시 요청할 수 있습니다. 이 기능은 다수의 애플리케이션이 스파크 클러스터의 자원을 공유하는 환경에서 특히 유용합니다. 이 기능은 기본적으로 비활성화되어 있습니다. `spark.dynamicAllocation.enabled` 속성값을 `true`로 설정하면 모든 클러스터 매니저(스탠드얼론, YARN 그리고 메소스 coarse-grained 모드)에서 사용할 수 있습니다. 자세한 내용은 스파크 공식 문서[2]를 참고하세요.

19.1.4 스케줄링

앞 장에서 스케줄러 풀, 동적 할당 그리고 `max-executor-cores` 설정과 같이 스파크 애플리케이션의 병렬 실행에 활용할 수 있는 여러 가지 잠재적 최적화 방법을 알아보았습니다. 스케줄링 최적화는 연구와 실험이 필요한 영역입니다. 그렇기 때문에 여러 사용자가 자원을 더 효율적으로 공유하기 위해 `spark.scheduler.mode` 속성의 값을 `FAIR`로 설정하거나 애플리케이션에 필요한 익스큐터의 코어 수를 조절하기 위해 `--max-executor-cores` 인수를 사용하는 것 외에는 방법이 없습니다. `--max-executor-cores` 인수로 값을 설정해 사용자 애플리케이션이 클러스터의 자원을 모두 사용하지 못하도록 막을 수 있습니다. 그리고 클러스터 매니저에 따라 `spark.cores.max` 값을 설정해 기본값을 변경할 수 있습니다. 클러스터 매니저는 스파크 애플리케이션의 최적화에 도움이 되는 스케줄링 설정을 제공합니다. 자세한 내용은 16장과 17장을 참조하세요.

---

2 https://bit.ly/2QtcmQH

19.1.5 보관용 데이터

자주 발생하지는 않지만 조직의 동료들이 여러 가지 분석을 수행하기 위해 동일한 데이터셋을 여러 번 읽을 수도 있습니다. 빅데이터 프로젝트를 성공적으로 수행하려면 데이터를 효율적으로 읽어 들일 수 있도록 저장해야 합니다. 그러므로 적절한 저장소 시스템과 데이터 포맷을 선택해야 합니다. 그리고 데이터 파티셔닝이 가능한 데이터 포맷을 활용해야 합니다.

파일 기반 장기 데이터 저장소

파일 기반 장기 데이터 저장소에서는 CSV 파일과 바이너리 blob 파일부터 아파치 파케이처럼 보다 정교한 포맷에 이르기까지 다양한 데이터 포맷을 사용할 수 있습니다. 스파크 잡을 최적화하는 가장 쉬운 방법은 데이터를 저장할 때 모범 사례를 따르는 겁니다. 그리고 가능하면 가장 효율적인 데이터 포맷을 선택하는 겁니다.

데이터를 바이너리 형태로 저장하려면 구조적 API를 사용하는 것이 좋습니다. 저장된 데이터에 자주 접근해야 한다면 더욱 그렇습니다. CSV 같은 파일은 구조화되어 있는 것처럼 보이지만 파싱 속도가 아주 느리고 예외 상황이 자주 발생합니다. 예를 들어 부적절하게 처리된 개행 문자는 대량의 파일을 읽을 때 많은 문제를 일으킵니다. 가장 효율적으로 사용할 수 있는 파일 포맷으로 아파치 파케이가 있습니다. 파케이는 데이터를 바이너리 파일에 컬럼 지향 방식으로 저장합니다. 그리고 쿼리에서 사용하지 않는 데이터를 빠르게 건너뛸 수 있도록 몇 가지 통계를 함께 저장합니다. 스파크는 파케이 데이터소스를 내장하고 있으며 파케이 파일과 잘 호환됩니다.

분할 가능한 파일 포맷과 압축

어떤 파일 포맷을 선택하더라도 '분할 가능한' 포맷인지 확인해야 합니다. 분할 가능한 포맷을 사용하면 여러 태스크가 파일의 서로 다른 부분을 동시에 읽을 수 있습니다. 왜 이 특성이 중요한지는 18장에서 알아보았습니다. 분할 가능한 포맷의 파일은 읽기 작업 시 모든 코어를 활용할 수 있습니다. 반면 JSON 파일처럼 분할 불가능한 포맷을 사용하면 단일 머신에서 전체 파일을 읽어야 하므로 병렬성이 급격하게 떨어집니다.

압축 포맷은 분할 가능 여부를 결정하는 주요 요소 중 하나입니다. ZIP 파일이나 TAR 압축 파일은 분할할 수 없습니다. 그러므로 병렬로 읽을 수 없습니다. 예를 들어 ZIP 파일 안에 10개의 파일이 있고 10개의 코어를 사용할 수 있어도 하나의 코어만을 사용해 데이터를 읽습니다. 따라서 자원을 효율적으로 사용할 수 없습니다. 반면 하둡이나 스파크 같은 병렬 처리 프레임워크는 gzip, bzip2 또는 lz4를 이용해 압축된 파일이라면 분할할 수 있습니다. 따라서 자원을 효율적으로 사용하기 위해 입력 데이터를 분할 가능한 포맷으로 만드는 것이 가장 좋습니다. 가장 쉬운 방법은 대략 몇백 메가바이트 정도의 크기로 각 파일을 분할해 업로드하는 겁니다.

테이블 파티셔닝

9장에서 테이블 파티셔닝을 알아보았습니다. 다시 한번 되짚어보겠습니다. 테이블 파티셔닝은 데이터의 날짜 필드 같은 키를 기준으로 개별 디렉터리에 파일을 저장하는 것을 의미합니다. 아파치 하이브 같은 저장소 매니저는 테이블 파티셔닝을 지원합니다. 스파크 역시 다양한 데이터소스에서 테이블 파티셔닝 기능을 지원합니다. 그러므로 키를 기준으로 데이터가 분할되었고 특정 범위의 데이터만 필요하다면 스파크는 관련 없는 데이터 파일을 건너뛸 수 있습니다. 예를 들어 쿼리에서 'date' 컬럼이나 'customerId' 컬럼을 기준으로 자주 필터링한다면 'date' 컬럼이나 'customerId' 컬럼을 기준으로 파티션을 생성하는 것이 좋습니다. 파티셔닝을 사용하면 쿼리에서 읽어야 하는 데이터양을 크게 줄일 수 있어 쿼리를 훨씬 빠르게 처리할 수 있습니다.

파티셔닝을 할 때 너무 작은 단위로 분할하면 작은 크기의 파일이 대량으로 생성될 수 있습니다. 이런 경우 저장소 시스템에서 전체 파일의 목록을 읽을 때 오버헤드가 발생합니다.

버켓팅

버켓팅 또한 9장에서 다룬 내용입니다. 데이터를 버켓팅하면 스파크는 사용자가 조인이나 집계를 수행하는 방식에 따라 데이터를 '사전 분할pre-partition'할 수 있습니다. 버켓팅을 사용하면 데이터를 한두 개 파티션에 치우치지 않고 전체 파티션에 균등하게 분산시킬 수 있습니다. 따라서 성능과 안정성이 향상됩니다. 예를 들어 데이터를 읽은 다음 특정 컬럼으로 자주 조인한다면 버켓팅을 사용해 조인 컬럼의 값에 따라 데이터를 분할할 수 있습니다. 이렇게 하면 조인 전에 발생하는 셔플을 미리 방지할 수 있으므로 데이터 접근 속도를 높일 수 있습니다. 버켓팅은 물리적 데이터 분할 방법의 보완재로서 보통 파티셔닝과 함께 적용합니다.

파일 수

데이터를 파티션이나 버켓으로 구성하려면 파일 수와 저장하려는 파일 크기도 고려해야 합니다. 작은 파일이 많은 경우 파일 목록 조회와 파일 읽기 과정에서 부하가 발생합니다. 예를 들어 하둡 분산 파일 시스템(HDFS)에서 데이터를 읽는다면 기본적으로 데이터를 최대 128MB 크기의 블록으로 관리합니다. 5MB 크기의 파일이 30개 있다면 총 150MB가 됩니다. 2개의 HDFS 블록에 데이터를 저장한다고 생각할 수 있지만 총 30개의 블록에 데이터를 저장합니다.

데이터를 저장하는 방법에 만병통치약은 없습니다. 그러므로 트레이드오프를 감안해야 합니다. 많은 수의 크기가 작은 파일이 있다면 스케줄러는 많은 수의 데이터 파일을 찾아 모든 읽기 태스크를 실행해야 하므로 네트워크와 잡의 스케줄링 부하가 증가합니다. 반면 적은 수의 대용량 파일이 있다면 스케줄러의 부하를 줄일 수 있지만 태스크 수행 시간이 더 길어집니다. 하지만 적은 수의 대용량 파일이 존재한다면 입력 파일 수보다 더 많은 태스크 수를 스파크에 설정해 병렬성을 높일 수 있습니다. 스파크는 여러분이 분할 가능한 파일 포맷을 사용한다고 간주하고 여러 태스크에서 처리할 수 있도록 파일을 분할하기 때문입니다. 데이터를 효율적으로 저장하려면 입력 데이터 파일이 최소 수십 메가바이트의 데이터를 갖도록 파일의 크기를 조정하는 것이 좋습니다.

데이터 쓰기 작업을 할 때 스파크 2.2 버전에 추가된 옵션을 사용해 파티션을 제어할 수 있습니다. `maxRecordsPerFile` 옵션을 적용하면 `write` 메서드를 실행할 때 파일당 저장 레코드 수를 지정할 수 있습니다.

데이터 지역성

데이터 지역성data locality은 공유 클러스터 환경에서 중요한 항목입니다. 데이터 지역성은 기본적으로 네트워크를 통해 데이터 블록을 교환하지 않고 특정 데이터를 가진 노드에서 동작할 수 있도록 지정하는 것을 의미합니다. 저장소 시스템이 스파크와 동일한 노드에 있고 해당 시스템이 데이터 지역성 정보를 제공한다면 스파크는 입력 데이터 블록과 최대한 가까운 노드에 태스크를 할당하려 합니다. 예를 들어 HDFS는 데이터 지역성 힌트를 제공하는 저장소입니다. 스파크의 지역성 수준에 영향을 미치는 몇 가지 설정이 있지만, 스파크에서 로컬 저장소로부터 데이터를 읽을 수 있는 상황을 알게 되면 기본적으로 데이터 지역성을 활용해 효율적으로 처리합니다. 이 경우 스파크 웹 UI에서 데이터 읽기 태스크가 'local'로 표시되는 것을 확인할 수 있습니다.

통계 수집

스파크의 구조적 API를 사용하면 비용 기반 쿼리 옵티마이저가 내부적으로 동작합니다. 쿼리 옵티마이저는 입력 데이터의 속성을 기반으로 쿼리 실행 계획을 만듭니다. 하지만 비용 기반 옵티마이저가 작동하려면 정보가 필요합니다. 이를 얻기 위해 사용 가능한 테이블과 관련된 **통계**를 수집(그리고 유지)해야 합니다. 통계에는 테이블 수준과 컬럼 수준 두 가지 종류가 있습니다. 통계는 이름이 지정된 테이블에서만 사용할 수 있으며, 임의의 DataFrame이나 RDD에서는 사용할 수 없습니다.

테이블 수준의 통계를 수집하려면 다음 명령을 실행합니다.

```
ANALYZE TABLE table_name COMPUTE STATISTICS
```

컬럼 수준의 통계를 수집하려면 다음과 같이 컬럼을 지정해야 합니다.

```
ANALYZE TABLE table_name COMPUTE STATISTICS FOR
COLUMNS column_name1, column_name2, ...
```

컬럼 수준의 통계는 수집하는 데 오래 걸리지만 비용 기반 옵티마이저에서 사용할 수 있는 데이터 컬럼과 관련된 정보를 더 많이 제공합니다. 두 가지 종류의 통계는 조인, 집계, 필터링 그리고 기타 여러 가지 잠재적인 상황(예: 브로드캐스트 조인을 할 때 자동으로 선택)에서 도움이 됩니다. 통계는 스파크에서 빠르게 성장하는 부분이므로 통계에 기반한 다양한 최적화 기법이 계속 추가될 겁니다.

NOTE_ 비용 기반 옵티마이저의 지라(JIRA) 이슈[3]를 참고해 진행 상황을 파악할 수 있습니다. 또한 SPARK-16026[4]의 설계 문서에서 이 기능을 자세히 알 수 있습니다.[5]

---

3 https://issues.apache.org/jira/browse/SPARK-16026

4 https://issues.apache.org/jira/browse/SPARK-16026

5 옮긴이_ SPARK-16026 이슈는 완료되어 2.3.0 버전에 반영되었습니다.

19.1.6 셔플 설정

스파크의 외부 셔플 서비스(16장과 17장을 참조하세요)를 설정하면 머신에서 실행되는 익스큐터가 바쁜 상황에서도(예: 가비지 컬렉션 수행) 원격 머신에서 셔플 데이터를 읽을 수 있으므로 성능을 높일 수 있습니다. 하지만 코드가 복잡해지고 유지하기 어렵기 때문에 운영 환경에 적합하지 않을 수 있습니다. 외부 셔플 서비스 구성, 익스큐터당 동시 연결 수 등 셔플과 관련된 여러 가지 설정이 있지만 기본값만으로도 충분합니다.

직렬화 포맷은 RDD 기반 스파크 잡의 셔플 성능에 큰 영향을 미칩니다. 19.1.2절 'RDD 객체 직렬화'에서 설명한 것처럼 자바 직렬화 대신 Kryo를 사용하는 것이 좋습니다. 게다가 셔플의 파티션 수는 모든 스파크 잡에서 매우 중요합니다. 파티션 수가 너무 적으면 소수의 노드만 작업을 수행하기 때문에 데이터 치우침 현상이 발생합니다. 반대로 파티션 수가 너무 많으면 파티션을 처리하기 위한 태스크를 많이 실행해야 하므로 부하가 발생합니다. 따라서 셔플을 수행할 때는 결과 파티션당 최소 수십 메가바이트의 데이터가 포함되어야 합니다.

19.1.7 메모리 부족과 가비지 컬렉션

스파크 잡 실행 과정 중에 익스큐터나 드라이버 머신의 메모리가 부족하거나 '메모리 압박memory pressure'으로 인해 태스크를 완료하지 못할 수 있습니다. 이러한 현상이 일어나는 세 가지 원인이 있습니다. 첫째, 애플리케이션 실행 중에 메모리를 너무 많이 사용한 경우입니다. 둘째, 가비지 컬렉션이 자주 수행되는 경우입니다. 셋째, JVM 내에서 객체가 너무 많이 생성되어 더 이상 사용하지 않는 객체를 가비지 컬렉션이 정리하면서 실행 속도가 느려지는 경우입니다. 세 번째 문제는 구조적 API를 활용해 해결할 수 있습니다. 구조적 API를 사용하면 스파크 잡의 효율성이 높아지고 JVM 객체를 전혀 생성하지 않습니다. 그리고 스파크 SQL은 내부 포맷으로 연산을 수행하기 때문에 메모리 압박을 크게 줄일 수 있습니다.

스파크 공식 문서에서는 RDD와 UDF 기반의 애플리케이션을 위한 몇 가지 좋은 가비지 컬렉션 튜닝 지점을 설명하고 있습니다. 다음 절에서 이 내용을 알아보겠습니다.

가비지 컬렉션 영향도 측정

가비지 컬렉션 튜닝의 첫 번째 단계는 가비지 컬렉션의 발생 빈도와 소요 시간에 대한 통계를 모으는 겁니다. `spark.executor.extraJavaOptions` 속성에 스파크 JVM 옵션으로

-verbose:gc -XX:+PrintGCDetails -XX:+PrintGCTimeStamps 값을 추가해 통계를 모을 수 있습니다. 속성값을 설정한 다음 스파크 잡을 실행하면 가비지 컬렉션이 발생할 때마다 워커의 로그에 메시지가 출력됩니다. 로그는 드라이버가 아닌 워커 노드의 stdout 파일에 저장됩니다.

가비지 컬렉션 튜닝

가비지 컬렉션을 세밀하게 조정하려면 JVM 메모리 관리에 대한 몇 가지 기초 지식을 먼저 이해해야 합니다.

- 자바 힙 공간은 Young 영역과 Old 영역으로 나누어집니다. Young 영역은 수명이 짧은 객체를 유지합니다. 반면 Old 영역은 오래 살아 있는 객체를 대상으로 합니다.
- Young 영역은 Eden, Survivor1, Survivor2 세 영역으로 다시 나뉩니다.

다음은 가비지 컬렉션 수행 절차입니다.

1. Eden 영역이 가득 차면 Eden 영역에 대한 마이너 가비지 컬렉션(minor garbage collection)이 실행됩니다. Eden 영역에서 살아남은 객체와 Survivor1 영역의 객체는 Survivor2 영역으로 복제됩니다.
2. 두 Survivor 영역을 교체합니다.
3. 객체가 아주 오래되었거나 Survivor2 영역이 가득 차면 객체는 Old 영역으로 옮겨집니다.
4. 마지막으로 Old 영역이 거의 가득 차면 풀 가비지 컬렉션(full garbage collection)이 발생합니다. 풀 가비지 컬렉션은 힙 공간의 모든 객체를 추적해 참조 정보가 없는 객체들을 제거합니다. 그리고 나머지 객체를 빈 곳으로 옮기는 작업을 수행합니다. 풀 가비지 컬렉션은 가장 느린 가비지 컬렉션 연산입니다.

가비지 컬렉션 튜닝의 목표는 두 가지입니다. 먼저 수명이 긴 캐시 데이터셋을 Old 영역에 저장하는 겁니다. 그리고 Young 영역에서 수명이 짧은 모든 객체를 보관할 수 있도록 충분한 공간을 유지하는 겁니다. 이러한 목표를 달성함으로써 풀 가비지 컬렉션을 피할 수 있습니다. 가비지 컬렉션 튜닝에 도움이 되는 몇 가지를 살펴보겠습니다.

가비지 컬렉션 통계를 수집해 가비지 컬렉션의 발생 빈도를 확인합니다. 태스크가 완료되기 전에 풀 가비지 컬렉션이 자주 발생하면 캐싱에 사용되는 메모리양을 줄여야 합니다(spark.memory.fraction). 태스크를 처리하기 위한 메모리가 부족하기 때문입니다.

마이너 가비지 컬렉션은 매우 많이 발생하지만 메이저 가비지 컬렉션이 자주 발생하지 않는다면 Eden 영역에 메모리를 더 할당합니다. Eden 영역의 크기는 각 태스크에 필요한 메모리양을 초과하도록 설정할 수 있습니다. 예를 들어 Eden 영역의 메모리 크기가 '*E*'라면 Young 영역의 크기를 `-Xmn=4/3*E` 옵션으로 설정할 수 있습니다(Young 영역의 크기를 4/3배 늘리면 Survivor 영역의 공간도 함께 늘어납니다).

사용자 태스크가 HDFS에서 데이터를 읽는다면 태스크에서 사용할 메모리양은 HDFS에서 읽을 데이터 블록 크기로 추정할 수 있습니다. 압축이 해제된 블록의 크기는 보통 원본 블록의 2~3배가 됩니다. 따라서 3~4개의 태스크를 이용해 블록 파일 크기가 128MB인 HDFS 파일을 읽는다면 Eden 영역의 메모리 크기는 4*3*128MB(약 1.5GB)로 추정할 수 있습니다.[6]

`-XX:+UseG1GC` 옵션을 설정해 G1GC 가비지 컬렉터를 사용할 수 있습니다. G1GC 가비지 컬렉터는 가비지 컬렉션이 병목 현상을 일으키고 각 영역의 크기를 늘려도 더 이상 부하를 줄일 수 없는 상황에서 성능을 높일 수 있습니다. 익스큐터의 힙 메모리 크기를 늘리려면 `-XX:G1HeapRegionSize` 옵션을 설정해 G1 영역의 크기를 증가시켜야 합니다.

새로운 설정을 적용했다면 가비지 컬렉션의 발생 빈도와 소요 시간의 변경 추이를 모니터링해야 합니다.

경험적으로 보면 가비지 컬렉션 튜닝의 효과는 애플리케이션과 사용 가능한 메모리양에 따라 달라집니다. 이와 관련된 수많은 튜닝 옵션을 인터넷에서 찾아볼 수 있습니다. 특히 풀 가비지 컬렉션이 발생하는 빈도를 관리하면 부하를 줄이는 데 많은 도움이 됩니다. 스파크 잡의 `spark.executor.extraJavaOptions` 속성에 익스큐터에 대한 가비지 컬렉션 튜닝 옵션을 추가할 수 있습니다.

19.2 직접적인 성능 향상 기법

지금까지 모든 스파크 잡에 적용되는 일반적인 성능 향상 기법을 알아보았습니다. 이 절을 읽기 전에 반드시 이전 내용을 살펴보기 바랍니다. 지금부터 다룰 내용은 특정 스테이지나 스파크 잡이 가진 문제점에 대한 일종의 '임시방편'용 해결책이지만, 스테이지나 잡을 개별적으로 검사하고 최적화하는 과정도 함께 진행됩니다.

---

6 옮긴이_ 태스크: 4, 압축 해제 블록 배율: 3, HDFS 블록 파일 크기: 128MB

19.2.1 병렬화

특정 스테이지의 처리 속도를 높이려면 가장 먼저 병렬성을 높이는 작업부터 시작해야 합니다. spark.default.parallelism과 spark.sql.shuffle.partitions의 값을 클러스터 코어 수에 따라 설정합니다. 스테이지에서 처리해야 할 데이터양이 매우 많다면 클러스터의 CPU 코어당 최소 2~3개의 태스크를 할당합니다.

19.2.2 향상된 필터링

스파크 잡에서 데이터 필터링 과정을 가장 먼저 수행하는 방법은 자주 사용하는 성능 향상 기법입니다. 상황에 따라 데이터소스에 필터링을 위임하여 최종 결과와 무관한 데이터를 스파크에서 읽지 않고 작업을 진행할 수 있습니다. 파티셔닝과 버켓팅 기법을 활용하는 것 또한 성능 향상에 많은 도움이 됩니다. 최대한 이른 시점에 많은 양의 데이터를 필터링할 수 있다면 스파크 잡은 더 빠르게 수행됩니다.

19.2.3 파티션 재분배와 병합

파티션 재분배 과정은 셔플을 수반합니다. 하지만 클러스터 전체에 걸쳐 데이터가 균등하게 분배되므로 잡의 전체 실행 단계를 최적화할 수 있습니다. 일반적으로 가능한 한 적은 양의 데이터를 셔플하는 것이 좋습니다. 그러므로 셔플 대신 동일 노드의 파티션을 하나로 합치는 coalesce 메서드를 실행해 DataFrame이나 RDD의 전체 파티션 수를 먼저 줄여야 합니다. 이보다 느린 repartition 메서드는 부하를 분산하기 위해 네트워크로 데이터를 셔플링합니다. 파티션 재분배는 조인이나 cache 메서드 호출 시 매우 유용합니다. 파티션 재분배 과정은 부하를 유발하지만 애플리케이션의 전체적인 성능과 스파크 잡의 병렬성을 높일 수 있음을 기억해야 합니다.

사용자 정의 파티셔닝

잡이 여전히 느리게 동작하거나 불안정하다면 RDD를 이용한 사용자 정의 파티셔닝 기법을 적용합니다. 사용자 정의 파티셔닝 기법은 사용자 정의 파티션 함수를 정의해 DataFrame보다 더 정밀한 수준으로 클러스터 전반의 데이터 체계를 제어할 수 있습니다. 이 방식은 아주 드물게 사용되지만, 다양한 최적화 기법의 하나입니다. 사용자 정의 파티셔닝 기법은 3부를 참조하세요.

19.2.4 사용자 정의 함수(UDF)

UDF 사용을 최대한 피하는 것도 아주 좋은 최적화 방법입니다. UDF는 데이터를 JVM 객체로 변환하고 쿼리에서 레코드당 여러 번 수행되므로 많은 자원을 소모합니다. 따라서 사용자가 직접 UDF를 작성하는 것보다 구조적 API를 최대한 활용해 데이터를 처리하는 것이 좋습니다. 스파크는 UDF에서 대량의 데이터를 한 번에 처리하는 기능을 개발하고 있습니다. 이 기능은 파이썬 Pandas 라이브러리의 DataFrame을 사용해 다수의 레코드를 한 번에 처리할 수 있는 벡터화Vectorized UDF와 비슷합니다.[7] UDF와 UDF의 성능 부하와 관련된 자세한 내용은 18장을 참조하세요.

19.2.5 임시 데이터 저장소(캐싱)

애플리케이션에서 같은 데이터셋을 계속해서 재사용한다면 캐싱을 사용해 최적화할 수 있습니다. 캐싱은 클러스터의 익스큐터 전반에 걸쳐 만들어진 임시 저장소(메모리나 디스크)에 DataFrame, 테이블 또는 RDD를 보관해 빠르게 접근할 수 있도록 합니다. 하지만 캐싱이 항상 유용한 것은 아닙니다. 데이터를 캐싱할 때 직렬화, 역직렬화 그리고 저장소 자원을 소모하기 때문입니다. 예를 들어 데이터셋을 한 번만 처리해야 하는 상황에서는 캐싱으로 인해 성능이 저하됩니다.

캐싱이 필요한 상황은 매우 간단합니다. 스파크의 대화형 세션이나 스탠드얼론 애플리케이션에서 특정 데이터셋(예: DataFrame 또는 RDD)을 다시 사용하려 할 경우입니다. 예를 들어 대화형 데이터 과학 세션에서 데이터를 읽고 정제한 다음 다수의 통계 모델에서 동일한 데이터를 재사용할 수 있습니다. 또는 스탠드얼론 애플리케이션에서 동일한 데이터셋을 재사용하는 반복 알고리즘을 실행할 수도 있습니다. 이런 경우 DataFrame이나 RDD의 cache 메서드를 사용해 데이터셋을 캐싱합니다.

캐싱은 지연 연산입니다. 따라서 데이터에 접근해야 캐싱이 일어납니다. RDD API와 구조적 API는 캐싱 수행 방식이 다릅니다. RDD는 물리적 데이터(즉, bit 값)를 캐시에 저장합니다. 캐싱된 데이터를 다시 읽으면 스파크는 적절한 데이터를 반환합니다. 이 과정은 RDD 참조를 통해 이뤄집니다. 반면 구조적 API의 캐싱은 **물리적 실행 계획**을 기반으로 이뤄집니다. 그러

7 https://issues.apache.org/jira/browse/SPARK-21190

므로 객체 참조가 아닌 물리적 실행 계획을 키로 저장하고 처리 과정 동안 물리적 실행 계획을 참조합니다. 이런 동작 방식으로 인해 원시 데이터를 읽으려 시도했지만 누군가가 먼저 캐시해 놓은 버전의 데이터를 읽으면서 혼란이 발생할 수 있습니다. 따라서 캐싱을 사용할 때는 반드시 주의해야 합니다.

데이터를 캐싱할 때 지정해서 사용할 수 있는 다양한 저장소 레벨이 있습니다. [표 19-1]에 사용 가능한 저장소 레벨 목록을 나타냈습니다.

표 19-1 데이터 캐시 저장소 레벨

저장소 레벨	의미
MEMORY_ONLY	RDD를 직렬화되지 않은 자바 객체로 JVM에 저장합니다. RDD의 크기가 JVM에 할당된 메모리보다 크면 메모리 크기를 벗어나는 파티션은 캐싱되지 않으며 필요할 때마다 즉시 재연산됩니다. 기본값입니다.
MEMORY_AND_DISK	RDD를 직렬화되지 않은 자바 객체로 JVM에 저장합니다. RDD의 크기가 JVM에 할당된 메모리보다 크면 메모리 크기를 벗어나는 파티션을 디스크에 저장해 필요시 디스크에서 읽습니다.
MEMORY_ONLY_SER (자바와 스칼라에서 사용 가능)	RDD를 직렬화된 자바 객체로 JVM에 저장(파티션당 하나의 바이트 배열)합니다. RDD를 직렬화하기 때문에 공간 효율성이 좋으며 빠른 시리얼라이저를 사용하는 경우에 특히 유리합니다. 하지만 데이터를 읽을 때 CPU를 더 많이 사용합니다.
MEMORY_AND_DISK_SER (자바와 스칼라에서 사용 가능)	MEMORY_ONLY_SER와 유사하지만 메모리 크기를 벗어나는 파티션은 매번 재연산하지 않도록 디스크에 기록합니다.
DISK_ONLY	RDD 파티션을 디스크에만 저장합니다.
MEMORY_ONLY_2, MEMORY_AND_DISK_2, 기타	위 저장소 레벨과 동일하지만 개별 파티션을 두 개의 클러스터 노드에 복제합니다.
OFF_HEAP (실험용 기능)	MEMORY_ONLY_SER와 유사하지만 데이터를 오프힙 메모리에 저장합니다. 이 저장소 레벨을 사용하려면 오프힙 메모리 설정을 활성화해야 합니다.

저장소 레벨 옵션과 관련된 자세한 내용은 스파크 공식 문서[8]에서 메모리 관리 표[9]를 참고하세요.

[그림 19-1]에 캐싱 과정을 간단하게 나타냈습니다. 초기 DataFrame에서 CSV 파일을 읽어 들인 다음 트랜스포메이션을 사용해 여러 신규 DataFrame을 만들어냅니다. 이 과정에서 초기 DataFrame을 캐싱하는 코드를 추가해 반복적으로 재연산하는 과정(CSV 파일을 읽어 데이터를 파싱하는 과정)을 피할 수 있습니다.

8 http://bit.ly/1qnQ26w

9 http://bit.ly/2DSESrk

그림 19-1 캐시된 DataFrame

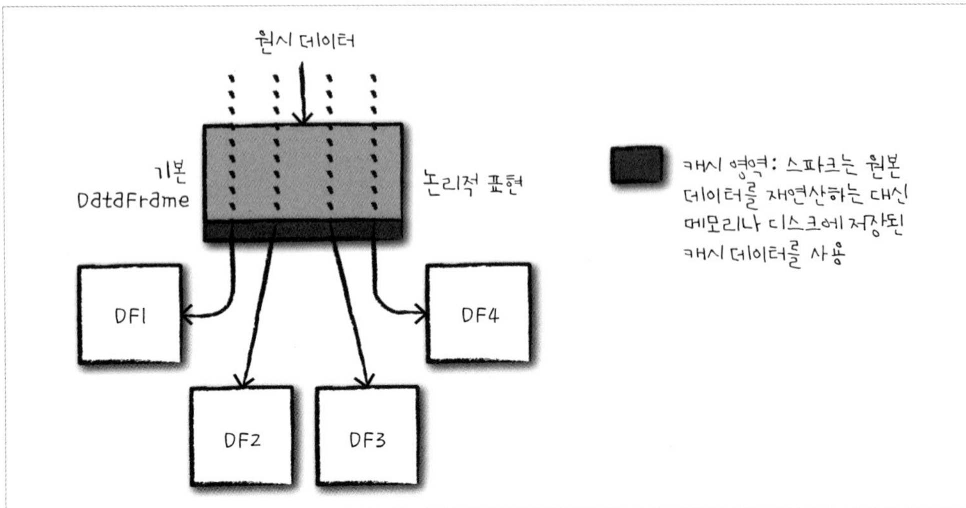

코드 예제를 살펴보겠습니다.

```
# 파이썬 코드
# DataFrame을 캐싱하지 않는 원본 코드
DF1 = spark.read.format("csv")\
  .option("inferSchema", "true")\
  .option("header", "true")\
  .load("/data/flight-data/csv/2015-summary.csv")
DF2 = DF1.groupBy("DEST_COUNTRY_NAME").count().collect()
DF3 = DF1.groupBy("ORIGIN_COUNTRY_NAME").count().collect()
DF4 = DF1.groupBy("count").count().collect()
```

위 코드 예제에서 DataFrame(DF1)은 '지연 방식'으로 생성되었습니다. 그리고 DF1의 데이터를 사용하는 3개의 DataFrame 역시 동일한 방식으로 생성되었습니다. 3개의 DataFrame은 공통 부모(DF1)를 공유하며 위 코드 예제를 수행할 때 동일한 작업을 반복합니다. 지금은 원시 CSV 데이터를 읽고 파싱하는 작업이 전부지만, 대규모의 데이터셋을 사용하는 경우라면 매우 부담스러운 작업입니다.

로컬 머신에서 이 예제의 명령을 실행하는 데 약 1~2초가 걸립니다. 다행히 캐싱을 사용해 속도를 개선할 수 있습니다. DataFrame의 cache 메서드를 호출하면 스파크는 최초 연산 시 데이터를 메모리나 디스크에 저장합니다. 그런 다음 캐싱된 DataFrame을 사용하는 쿼리를 수행하면 원본 파일을 읽는 대신 메모리에 저장된 데이터를 참조합니다.

```
DF1.cache()
DF1.count()
```

캐싱은 지연 처리입니다. 따라서 위 코드에서는 데이터를 즉시 캐싱하기 위해 count 메서드를 사용했습니다. 즉, 스파크는 DataFrame에 액션을 실행하는 시점에 데이터를 캐싱합니다. 이제 데이터를 캐싱했으니 처리 속도가 빨라질 겁니다. 다음 코드 예제를 실행해 확인할 수 있습니다.

```
# 파이썬 코드
DF2 = DF1.groupBy("DEST_COUNTRY_NAME").count().collect()
DF3 = DF1.groupBy("ORIGIN_COUNTRY_NAME").count().collect()
DF4 = DF1.groupBy("count").count().collect()
```

위 코드 예제를 실행하면 수행 시간이 절반 이상 줄어든 것을 확인할 수 있습니다. 대단해 보이지 않을 수도 있지만 거대한 데이터셋이나 많은 연산 과정을 거쳐 생성된 데이터셋을 실행해보면 엄청난 시간이 줄어든다는 사실을 알 수 있습니다. 캐싱은 동일한 데이터를 여러 번 접근하는 반복적인 머신러닝 워크로드에도 매우 적합합니다.

스파크의 cache 명령은 기본적으로 데이터를 메모리에 저장합니다. 만약 클러스터의 전체 메모리가 가득 찼다면 데이터셋의 일부 데이터만 캐싱합니다. 보다 정교한 제어를 위해 persist 메서드를 사용합니다. persist 메서드는 데이터 캐시 영역(메모리, 디스크 또는 둘 다)을 지정하는 StorageLevel 객체를 파라미터로 사용합니다.

19.2.6 조인

조인은 최적화를 위한 공통 영역입니다. 조인을 최적화하기 위해서는 조인 타입에 따른 특성과 동작 방식의 이해가 필수입니다. 동등 조인은 최적화하기 가장 쉬우므로 우선적으로 사용하는 것이 좋습니다. 그 외에도 조인 순서를 변경하는 간단한 작업만으로도 성능을 크게 높일 수 있습니다. 조인 순서 변경은 내부 조인을 사용해 필터링하는 것과 동일한 효과를 누릴 수 있습니다. 또한 8장에서 설명한 브로드캐스트 조인 힌트를 사용하면 스파크가 쿼리 실행 계획을 생성할 때 지능적으로 계획을 세울 수 있습니다. 한편 안정성과 최적화를 위해 카테시안 조인이나 전체 외부 조인의 사용을 최대한 피해야 합니다. 카테시안 조인이나 전체 외부 조인은 전체 데이터 흐름의 관점에서 바라보았을 때 다양한 필터링 형식의 조인으로 변경해 최적화할 수 있습니다. 마지막으로 테이블 통계와 버켓팅은 조인에 상당한 영향을 미칠 수 있습니다. 조인 전에 테이블 통계를 수집하면 스파크가 조인 타입을 결정하는 데 유용하게 사용됩니다. 그리고 데이터를 적절하게 버켓팅하면 조인 수행 시 거대한 양의 셔플이 발생하지 않도록 미리 방지할 수 있습니다.

19.2.7 집계

집계 전에 충분히 많은 수의 파티션을 가질 수 있도록 데이터를 필터링하는 것이 최선의 방법입니다. RDD를 사용하면 집계 수행 방식을 정확하게 제어하고 코드의 성능과 안정성을 개선할 수 있습니다(예: 가능하면 `groupByKey` 대신 `reduceByKey`를 사용합니다).

19.2.8 브로드캐스트 변수

앞 장에서 알아본 브로드캐스트 조인과 변수는 최적화에 사용할 수 있는 좋은 방법 중 하나입니다. 사용자 애플리케이션에서 사용되는 다수의 UDF에서 큰 데이터 조각을 사용한다면 이 데이터 조각을 개별 노드에 전송해 읽기 전용 복사본으로 저장합니다. 이 기능을 활용하면 잡마다 데이터 조각을 재전송하는 과정을 건너뛸 수 있습니다. 예를 들어 브로드캐스트 변수는 룩업 테이블이나 머신러닝 모델을 저장하는 데 사용할 수 있습니다. 또한 `SparkContext`를 이용해 브로드캐스트 변수를 생성하고 임의의 객체를 브로드캐스트한 다음 태스크에서 참조하게 만들 수 있습니다. 자세한 내용은 14장을 참조하세요.

19.3 정리

이 장에서는 저렴한 비용으로 더 빠르게 스파크 애플리케이션을 실행할 수 있는 다양한 최적화 방법을 살펴보았습니다. 우선순위를 살펴보면 다음과 같습니다.

1 파티셔닝과 효율적인 바이너리 포맷을 사용해 가능하면 작은 데이터를 읽습니다.

2 충분한 병렬성을 보장하고 파티셔닝을 사용해 데이터 치우침(skew) 현상을 방지합니다.

3 최적화된 코드를 제공하는 구조적 API를 최대한 활용합니다.

모든 소프트웨어 최적화 작업과 마찬가지로 스파크 잡에서 적합한 연산을 사용하고 있는지 확인해야 합니다. 앞 장에서 설명한 스파크의 모니터링 도구로 가장 오래 실행되는 스테이지를 파악해 해당 스테이지의 문제에 집중할 수 있습니다. 최적화가 가능한 지점을 찾아냈다면 이 장에서 설명한 기법을 사용해 성능 최적화를 수행할 수 있습니다.

Part V

스트리밍

많은 기업이 스트리밍 데이터를 처리하기 위해 아파치 스파크의 스트리밍 기능을 사용합니다. 구조적 API 기반의 구조적 스트리밍은 스트리밍 처리에 필요한 복잡한 요건을 자체적으로 해결해주는 아주 영리한 도구입니다. 5부에서는 스트림 처리의 개요를 알아보고 스파크가 처리 요건을 어떻게 자동화하는지 알아보겠습니다.

Part V

스트리밍

CHAPTER 20

스트림 처리의 기초

스트림 처리는 많은 빅데이터 애플리케이션에 필요한 핵심 기능입니다. 빅데이터 애플리케이션으로 고객 활동 리포트나 새로운 머신러닝 모델과 같은 가치를 얻은 경험 있는 기업들은 계속해서 더 많은 가치를 얻고 싶어 합니다. 그리하여 다양한 기업에서 스트림 처리를 도입하기 시작했으며, 새로운 애플리케이션을 아예 스트림 처리 방식으로 만드는 기업도 나타나기 시작했습니다.

아파치 스파크는 스트림 처리에 필요한 고수준 기능을 오래전부터 지원해왔습니다. 아파치 스파크는 2012년에 `map`과 `reduce` 같은 고수준의 함수형 연산자를 이용해 스트림 처리를 할 수 있는 스파크 스트리밍과 DStream API를 도입했습니다. 현재 수많은 기업에서 대규모 실시간 애플리케이션을 처리하는 데 DStream을 사용하고 있으며 시간당 테라바이트 이상의 데이터를 처리하기도 합니다. 하지만 RDD API와 마찬가지로 DStream API는 자바나 파이썬 객체에 대한 저수준 연산만 지원하기 때문에 고수준의 최적화 기법을 활용하는 데 한계가 있었습니다. 스파크 개발자들은 2016년에 풍부한 최적화 기법을 지원하고 DataFrame이나 Dataset 코드와 쉽게 통합할 수 있는 신규 스트리밍 API를 DataFrame 기반으로 구현했습니다. 그리고 구조적 스트리밍이라는 이름으로 스파크 프로젝트에 추가했습니다. 구조적 스트리밍 API는 아파치 스파크 2.2 버전에서 안정화되었으며, 사용 사례도 빠르게 늘어나고 있습니다.

이 책은 DataFrame이나 Dataset에 직접 통합할 수 있는 구조적 스트리밍 API를 집중적으로 다룹니다. 구조적 스트리밍 API는 스트리밍 애플리케이션을 개발할 때 선택할 수 있는 프레임워크입니다. DStream에 관심 있는 독자는 프랑코 가리엇Francois Garillot과 제라드 마스Gerard Maas

가 저술한 『Learning Spark Streaming』[1](O'Reilly, 2017)을 포함한 여러 스파크 스트리밍 관련 서적에서 정보를 얻을 수 있습니다. 하지만 RDD와 DataFrame 사이의 관계처럼 구조적 스트리밍은 DStream의 주요 기능에 대한 상위 기능을 제공합니다. 또한 코드 생성 기능과 카탈리스트 옵티마이저를 사용한 최적화 기법을 제공합니다.

스파크의 스트리밍 API를 알아보기 전에 스트리밍과 배치 처리의 개념을 정의해보겠습니다. 이 장에서는 5부를 읽는 데 필요한 몇 가지 핵심 개념을 알아보겠습니다. 논문 수준은 아니지만 스트림 처리 시스템을 구성하는 데 필요한 개념을 충분히 설명하겠습니다.

20.1 스트림 처리란

스트림 처리stream processing는 신규 데이터를 끊임없이 처리해 결과를 만들어내는 행위입니다. 스트림 처리의 입력 데이터는 무한[2]하며 시작과 끝을 사전에 정의하지 않습니다. 입력 데이터는 스트림 처리 시스템에 도착한 일련의 이벤트(예: 신용카드 전표 정보, 웹사이트 클릭, IoT 장비의 센서 데이터)입니다. 스트리밍 애플리케이션은 이벤트 스트림이 도착한 후 다양한 쿼리 연산을 수행합니다(예: 이벤트의 타입 별 실행 카운트를 추적하거나 시간별로 이벤트의 타입 별 실행 카운트를 집계하는 방식). 스트리밍 애플리케이션은 실행하면서 다양한 버전의 결과를 출력하거나 키-값 저장소 같은 외부 'sink' 시스템에 최신 데이터를 저장할 수도 있습니다.

스트림 처리는 고정된 입력 데이터셋을 다루는 **배치 처리**와 비교할 수 있습니다. 고정된 입력 데이터는 일반적으로 애플리케이션에서 발생한 이력성 이벤트를 모두 저장하는 데이터 웨어하우스의 대규모 데이터셋이 될 수 있습니다(예: 모든 웹사이트의 방문 기록이나 센서에서 읽어 들인 과거의 모든 데이터). 이런 데이터를 다루는 배치 처리는 스트림 처리와 유사한 연산용 쿼리를 사용하지만 결과를 한 번만 만들어냅니다.

스트림 처리와 배치 처리는 달라 보일 수 있지만 실전에서는 함께 사용하기도 합니다. 예를 들어 스트리밍 애플리케이션이 스트림 입력 데이터를 배치 작업에서 주기적으로 만들어내는 데이터셋과 **조인**해야 하는 경우가 많이 있습니다. 그리고 스트리밍 작업의 **출력**이 배치 작업용

1 옮긴이_ 『러닝 스파크 스트리밍』은 사전 공개 버전입니다. 2019년 정식 출간 예정입니다.

2 옮긴이_ 데이터가 무한히 늘어나는 테이블을 상상해보세요.

쿼리에 필요한 파일이나 테이블인 경우도 있습니다. 따라서 모든 비즈니스 로직은 스트리밍과 배치 연산에서 일관성 있게 동작해야 합니다. 예를 들어 청구 금액 계산에 사용하는 사용자 정의 코드가 스트리밍과 배치 방식에서 다른 결과를 만들어내면 큰 문제가 발생합니다. 이런 이유로 구조적 스트리밍은 처음부터 배치 애플리케이션뿐만 아니라 나머지 컴포넌트와 **쉽게 연동**할 수 있도록 설계되었습니다. 구조적 스트리밍 개발자는 '**연속형 애플리케이션**continuous application'[3]이라는 용어를 만들고 그 개념을 스파크에 추가했습니다. 연속형 애플리케이션이란 스트리밍, 배치 그리고 대화형 작업으로 구성된 통합 애플리케이션을 말합니다. 구조적 스트리밍은 레코드 단위 스트림 처리를 넘어 연속형 애플리케이션을 쉽게 구현하기 위해 설계되었습니다.

20.1.1 스트림 처리 사례

앞서 스트림 처리를 무한 데이터셋에 대한 증분 처리로 정의했지만 활용 사례를 떠올리기는 쉽지 않습니다. 스트림 처리의 장단점을 알아보기 전에 스트림 처리를 사용하는 이유를 알아보겠습니다. 이를 위해 스트림 처리 시스템의 다양한 기본 요건과 일반적인 활용 사례 6가지를 설명합니다.

통보와 알림

통보notification와 알림alerting은 가장 이해하기 쉬운 스트림 처리 사례입니다. 통보와 알림은 연속적인 이벤트에서 특정 이벤트나 이벤트의 패턴을 탐지했을 때 발생합니다. 그렇다고 해서 시스템적 대응을 위한 의사결정을 내린다는 의미는 아닙니다. 알림은 대응 담당 부서의 담당자에게 이벤트를 알리는 용도로 사용합니다. 예를 들어 고객이 물건을 주문하면 창고에서 특정 물건을 찾아 배송할 수 있도록 주문 처리 센터의 직원에게 알릴 수 있습니다. 하지만 어떤 경우[4]에도 통보는 빠르게 일어나야 합니다.

실시간 리포트

기업에서 직원을 위한 실시간 대시보드를 만들 때도 스트리밍 시스템을 사용합니다. 이 책의 저자들은 데이터브릭스와 관련된 실시간 대시보드를 만드는 데 구조적 스트리밍을 사용했습니

3 http://bit.ly/2bvec0m

4 옮긴이_ 자동 처리 방식과 담당자 통지 방식을 의미합니다.

다. 이런 대시보드는 플랫폼 전체 사용량, 시스템 부하, 실행 시간 그리고 신규 기능의 사용량을 관찰하기 위해 사용합니다.

증분형 ETL

기업들은 데이터 웨어하우스에서 정보를 얻는 시간을 줄이기 위해 일반적으로 스트리밍 애플리케이션을 사용합니다. 간단히 말해, 배치 같은 스트리밍을 활용합니다. 스파크 배치 잡은 원시 데이터를 ETL 처리해 파케이 같은 구조적 포맷으로 변환할 때 자주 사용됩니다. 구조적 스트리밍을 이용하면 신규 데이터를 수 초 내에 반영할 수 있어 다음 처리에서 데이터를 받는 시점이 더 빨라집니다. 이런 경우 반드시 내고장성을 보장하면서 데이터를 정확히 한 번[exactly-once] 처리해야 합니다. 즉, 데이터 중복 저장이나 **유실**이 일어나면 안 됩니다. 또한 스트리밍 시스템은 트랜잭션을 보장하면서 데이터 웨어하우스를 갱신해야 합니다. 그러면 부분 저장된 데이터를 쿼리할 때 발생하는 혼란을 막을 수 있습니다.

실시간 제공용 데이터 갱신

스트리밍 시스템은 종종 다른 애플리케이션의 서비스용 데이터를 만들기 위해 사용합니다. 예를 들어 구글 애널리틱스 같은 웹 분석 서비스의 경우 각 페이지의 방문자 수를 연속적으로 추적하면서 최신 방문자 수를 갱신하기 위해 스트리밍 시스템을 사용합니다. 따라서 사용자는 웹 UI로 최신 방문자 수를 조회할 수 있습니다. 이를 위해 스트리밍 시스템은 키-값 저장소나 다른 저장소 시스템에 대한 동기식 **증분** 업데이트[incremental update]와 데이터 변형 방지를 위한 트랜잭션을 지원해야 합니다.

실시간 의사결정

스트리밍 시스템 기반의 실시간 의사결정은 신규 입력을 분석하고 자동으로 비즈니스 로직에 따라 처리합니다. 신용카드 고객의 최근 이력을 기준으로 카드 트랜잭션이 부정행위에 속하는지 여부를 자동 판단해 부정행위로 의심되는 경우 카드 트랜잭션을 거부하는 상황을 예로 들 수 있습니다. 이런 결정은 각 트랜잭션을 실시간으로 처리하면서 이뤄져야 합니다. 따라서 개발자들은 이 비즈니스 로직을 스트리밍 시스템 내부에 구현하고 트랜잭션 스트림을 대상으로 실행할 수 있어야 합니다. 이러한 유형의 애플리케이션은 각 사용자의 카드 소비 패턴에 대한 대규모 '상태 정보'를 메모리에 유지해야 하며, 신규 트랜잭션을 상태 정보와 자동으로 비교해야 합니다.

온라인 머신러닝

실시간 의사결정 사례와 가장 밀접한 주제는 온라인 머신러닝입니다. 온라인 머신러닝에서는 여러 사용자의 실시간 데이터와 이력 데이터를 조합해 모델을 학습합니다. 이 예제는 앞서 말했던 신용카드 거래 예제보다 더 복잡할 수 있습니다. **단일** 고객의 고정 규칙을 적용하지 않고 **모든** 고객의 행위에 기반한 모델을 연속적으로 갱신해 각 트랜잭션에 적용해야 하는 경우를 예로 들 수 있습니다. 전체 고객에 대한 집계, 고정형 데이터셋에 대한 조인, 머신러닝 라이브러리 활용 그리고 빠른 응답 시간 제공이 필요하므로 스트리밍 시스템 분야에서 아주 도전적인 사례입니다.

20.1.2 스트림 처리의 장점

지금까지 스트림 처리와 관련된 일부 활용 사례를 알아봤습니다. 이제 스트림 처리의 몇 가지 장점을 알아보겠습니다. 대부분의 배치 애플리케이션은 직관적이며 유지 보수와 개발이 비교적 단순합니다. 게다가 배치 형태로 데이터를 처리하면 스트리밍 시스템보다 훨씬 높은 처리량을 얻을 수 있습니다. 하지만 스트림 처리는 다음과 같은 장점이 있습니다. 첫째, 스트림 처리는 **대기 시간이 짧습니다**. 사용자 애플리케이션이 분, 초, 밀리세컨드 단위로 빠르게 응답해야 한다면 요구 성능을 맞추기 위해 상태를 메모리에 저장하는 스트리밍 시스템이 필요합니다. 앞서 설명한 의사결정 지원과 알림 활용 사례가 이 부류에 속합니다. 둘째, 자동으로 연산 결과의 증분을 생성하므로 반복적인 배치 작업보다 결과를 수정하는 데 더 **효율적**입니다. 예를 들어 지난 24시간의 웹 트래픽 통계를 계산하고 싶은 경우 단순하게 구현된 배치 작업을 사용하면 실행할 때마다 전체 데이터를 읽어 들이고 매번 24시간치 데이터를 계산해야 합니다. 반면 스트림 처리 시스템은 이전 연산의 상태를 기억하고 신규 데이터만 계산할 수 있습니다. 예를 들어 매시간 스트림 시스템에서 리포트를 갱신하도록 설정하면 각 시간에 대해 1시간치 데이터(마지막 리포트 이후에 유입된 신규 데이터)만 계산합니다. 같은 성능의 증분 연산을 배치 시스템으로 구현하려면 스트리밍 시스템이 알아서 수행하는 여러 작업을 직접 구현해야 합니다.

20.1.3 스트림 처리의 과제

지금까지 스트림 처리의 사례와 장점을 알아보았습니다. 하지만 유명한 격언처럼 세상에 공짜는 없습니다. 이제부터 스트림 처리 시스템을 운영하면서 만날 수 있는 과제를 알아보겠습니다.

이해를 돕기 위해 센서(예: 차량의 센서)에서 시간마다 생성한 데이터를 수신하는 애플리케이션이 있다고 상상합시다. 우리는 이 스트림 데이터에서 특정 값이나 값의 패턴을 찾고자 합니다. 여기서 발생할 수 있는 문제점 중 하나는 입력 데이터가 지연되거나 재전송되면 시간이 뒤섞여 도착할 수 있다는 겁니다. 예를 들어 다음과 같은 순서로 갱신된 데이터를 받을 수 있습니다. 데이터의 `time` 필드는 실젯값이 측정된 시점을 나타냅니다.

```
{value: 1, time: "2017-04-07T00:00:00"}
{value: 2, time: "2017-04-07T01:00:00"}
{value: 5, time: "2017-04-07T02:00:00"}
{value: 10, time: "2017-04-07T01:30:00"}
{value: 7, time: "2017-04-07T03:00:00"}
```

어떤 데이터 처리 시스템을 사용하더라도 '5'라는 값을 받았을 때 특정 액션을 수행하는 로직을 만들 수 있습니다. 하지만 값이 2, 10, 5 **순서**로 들어오는 경우에만 어떤 액션을 수행하고 싶다면 얘기가 조금 복잡해집니다. 배치 처리를 사용하는 경우 단순하게 `time` 필드 순으로 모든 이벤트를 정렬하고, 2와 5 사이에 10이 있는지 확인하면 됩니다. 하지만 스트림 처리에서는 더 처리하기 어렵습니다. 스트리밍 시스템은 각 이벤트를 개별적으로 수신하면서 2와 5에 대한 이벤트를 기억하고 그사이에 10이 존재하는지 알아내기 위해 이벤트 간의 일부 **상태**를 유지해야 하기 때문입니다. 만약 스트림 상태를 기억해야 한다면 더 어려워집니다. 데이터 규모(예: 수백만 개의 센서 스트림)와 상태 정보 자체가 거대하다면? 시스템을 구성하는 특정 머신에 문제가 생긴다면? 부하가 비대칭적으로 발생해서 특정 머신이 느리다면 어떻게 해야 할까요? 그리고 애플리케이션에서 다음 처리 시스템에 '2-10-5 패턴이 일어나지 않았다'와 같은 '분석 완료' 이벤트를 어떻게 보낼 수 있을까요? 고정된 시간 동안 기다리거나 특정 상태를 무한정 기억해야 할까요? 지금까지 설명한 과제뿐만 아니라 스트리밍 시스템의 입력값과 출력값에 트랜잭션을 보장하는 등의 또 다른 과제가 스트림 애플리케이션을 사용할 때 발생합니다.

아래에 앞서 설명한 문제점과 다른 몇 가지 문제점을 요약했습니다.

- 애플리케이션 타임스탬프(이벤트 시간이라고도 합니다) 기준으로 순서가 뒤섞인 데이터 처리하기
- 대규모의 상태 정보 유지하기
- 높은 데이터 처리량 보장하기
- 장애 상황에서도 정확히 한 번 처리하기
- 부하 불균형과 뒤처진 서버 다루기
- 이벤트에 빠르게 응답하기
- 다른 저장소 시스템의 외부 데이터와 조인하기
- 신규 이벤트 도착 시 출력 싱크의 갱신 방법 결정하기
- 출력 시스템에 데이터 저장 시 트랜잭션 보장하기
- 런타임에 비즈니스 로직 변경하기

대규모 스트리밍 시스템 분야에서는 이런 과제에 대한 연구와 개발이 활발하게 일어나고 있습니다. 여러 스트리밍 시스템이 이런 문제점을 어떻게 해결하는지 이해하기 위해 가장 일반적인 설계 개념을 살펴보겠습니다.

20.2 스트림 처리의 핵심 설계 개념

다양한 방법으로 높은 처리량, 빠른 처리, 순서가 뒤섞인 데이터 처리 등 앞서 말한 스트림 처리의 문제점을 해결하는 스트리밍 시스템을 설계할 수 있습니다. 스파크가 사용하는 설계 개념을 알아보기 전에 일반적인 핵심 설계 개념을 알아보겠습니다.

20.2.1 레코드 단위 처리와 선언형 API

스트리밍 API를 설계하는 가장 간단한 방법은 각 이벤트를 애플리케이션에 전달하고 사용자 코드에 반응하도록 만드는 겁니다. 이 방법은 아파치 스톰Apache Storm 같은 기존의 여러 스트리밍 시스템에서 사용했습니다. 또한 애플리케이션이 데이터 처리와 관련된 완벽한 제어권을 가져야 하는 분야에서 중요한 위치를 차지하고 있습니다. **레코드 단위 처리**record-at-a-time API를 사용하는 스트리밍 시스템은 애플리케이션 내부에서 여러 처리 파이프라인을 연결하는 기능만

제공합니다. 이런 시스템은 상태 관리 같은 앞서 나열했던 복잡한 문제점을 가지고 있습니다. 예를 들어 레코드 단위 처리 API를 사용하려면 사용자가 직접 상태를 추적해야 합니다. 그리고 메모리 확보를 위한 상태 제거와 중복 처리 방지 등의 기능을 직접 구현해야 합니다.

레코드 단위 처리 API를 사용하는 시스템을 정교하게 개발하는 것은 매우 어려울 수 있습니다. 그리고 저수준 API를 개발하고 유지 보수하려면 높은 숙련도가 필요합니다.

이런 이유로 최신 스트리밍 시스템에서는 **선언형**declarative API를 제공합니다. 선언형 API를 사용하는 시스템에서는 애플리케이션을 정의할 때 '어떻게how' 신규 데이터를 처리하고 장애 상황에서 복구할지 지정하는 대신 '무엇what'을 처리할지 지정합니다. 선언형 API의 한 가지 예인 스파크의 DStream API는 **맵**, **리듀스** 그리고 **필터** 같은 연산을 기반으로 하는 함수형 API를 제공합니다. DStream API는 내부적으로 각 연산자의 데이터 처리량과 연산 관련 상태 정보를 자동으로 추적하고 관련 상태를 신뢰도 있게 저장합니다. 그리고 필요한 경우 장애 지점부터 연산을 복구합니다. 구글의 데이터플로Dataflow와 아파치 카프카 스트림즈Apache Kafka Streams 같은 시스템은 유사한 함수형 API를 제공합니다. 스파크의 구조적 스트리밍은 별도의 프로그래밍 없이 **함수형** 연산을 훨씬 효율적으로 처리할 수 있는 SQL 형태의 **관계형** 연산으로 변환해 이런 개념을 한 단계 발전시켰습니다.

20.2.2 이벤트 시간과 처리 시간

선언형 API를 사용하는 시스템을 구현하려면 자체적으로 **이벤트 시간** 처리를 지원할지 고민해야 합니다. 이벤트 시간 처리는 원천 시스템에서 각 레코드에 기록한 타임스탬프를 기반으로 데이터를 처리하는 방식을 의미합니다. 반면에 **처리 시간** 기준 처리는 스트리밍 애플리케이션에 레코드가 도착한 시간을 기반으로 처리하는 방식을 의미합니다. 스트리밍 레코드는 **순서가 뒤섞여**(다른 네트워크 경로를 타고 왔을 수 있습니다) 들어오거나 여러 원천 시스템 사이의 순서가 뒤 섞일 수(동일한 이벤트 시간을 가진 레코드가 다른 것에 비해 일부 늦게 들어올 수도 있습니다) 있습니다. 특히 모바일 기기나 IoT 장치같이 전송에 지연이 발생할 수 있는 원격 소스의 데이터를 수집하는 애플리케이션의 경우 이벤트 시간 처리가 매우 중요합니다. 이벤트 시간 처리를 하지 않으면 일부 데이터가 늦게 도착했을 때 중요한 패턴을 인식하지 못할 수 있기 때문입니다.

이벤트 시간을 사용하는 애플리케이션을 개발하는 경우 몇 가지 문제점을 고려해야 합니다. 먼저 시스템은 늦게 도착한 이벤트를 처리할 수 있도록 상태를 추적해야 합니다. 그리고 이벤트 시간이 속한 특정 시간 윈도우의 결과를 가장 적절하게 출력할 수 있는 시점을 결정해야 합니다. 즉, 시스템이 해당 시점까지의 모든 입력 데이터를 수신했을 가능성이 높은 시기가 언제인지 결정해야 합니다. 구조적 스트리밍을 포함한 많은 선언형 시스템은 API에 이벤트 시간 처리를 기본적으로 탑재하고 있으므로 앞서 설명한 문제를 자동으로 해결합니다.

20.2.3 연속형 처리와 마이크로 배치 처리

마지막 설계 개념은 연속형 처리와 마이크로 배치형 처리입니다. **연속형 처리** 기반의 시스템을 구성하는 각 노드는 다른 노드에서 전송하는 메시지를 끊임없이 수신하고 새로 갱신된 정보를 자신의 하위 노드로 전송합니다. 입력 스트림에 맵리듀스 연산을 수행하는 애플리케이션이 있다고 가정하겠습니다. 이때 연속형 처리 시스템에서 map 연산을 구현한 각 노드는 입력 소스에서 레코드를 하나씩 읽고 함수를 적용한 후 적합한 리듀서reducer로 전송합니다. 이후 리듀서는 신규 레코드를 받을 때마다 상태를 갱신합니다. 연속형 처리의 핵심 개념은 [그림 20-1]과 같이 레코드별로 데이터를 처리하는 겁니다.

그림 20-1 연속형 처리

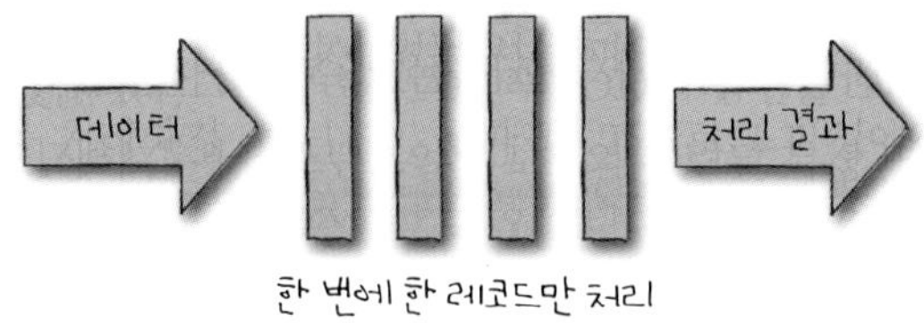

연속형 처리는 각 노드가 신규 메시지에 즉시 반응하기 때문에 전체 입력량이 비교적 적을 때 가장 빠르게 응답합니다. 그러나 연속형 처리 시스템은 레코드 단위 부하가 매우 크기 때문에 최대 **처리량**이 적습니다. 예를 들어 연속형 처리 시스템은 다음 처리 노드로 메시지 패킷을 보내기 위해 OS를 호출하는 연산 부하가 발생합니다. 게다가 연속형 처리 시스템은 고정형 연산 토폴로지를 사용하므로 전체 시스템을 중지해야 애플리케이션을 변경할 수 있습니다. 이런 단점으로 인해 부하 분산 문제가 발생할 수 있습니다.

반면 **마이크로 배치** 시스템은 입력 데이터를 작은 배치로 모으기 위해 대기(예를 들면 500ms 정도)합니다. 또한 배치 잡 실행 방식과 유사하게 다수의 분산 태스크를 이용해 각 배치를 병렬로 처리합니다. 마이크로 배치 시스템은 배치 시스템의 최적화 기법을 사용할 수 있습니다. 예를 들어 벡터화 처리 최적화 기법을 사용할 수 있습니다. 따라서 더 높은 노드당 처리량을 얻을 수 있습니다. 그리고 [그림 20-2]처럼 추가적인 레코드별 부하가 없습니다.

그림 20-2 마이크로 배치 처리

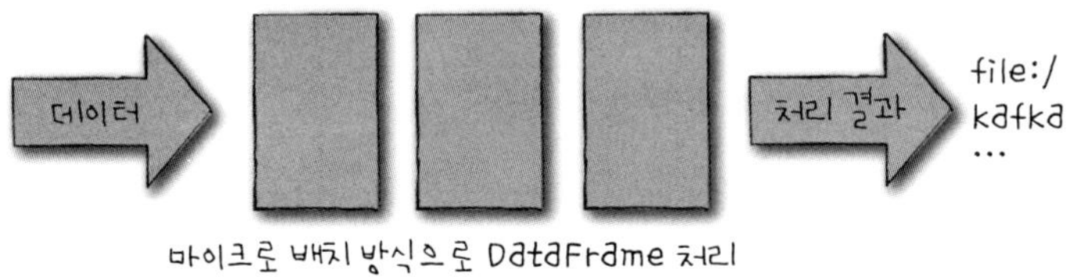

마이크로 배치 시스템은 더 적은 노드로 같은 양의 데이터를 처리할 수 있습니다. 또한 워크로드 변화에 대응할 수 있도록 태스크 수를 늘리거나 줄이는 방식인 **부하 분산** 기술을 동적으로 사용할 수 있습니다. 하지만 마이크로 배치를 모으기 위한 시간이 필요하므로 기본적인 지연 시간이 발생한다는 단점이 있습니다. 운영 환경에서 연산을 분산시켜야 할 만큼 큰 규모의 스트리밍 시스템은 처리량을 중시하는 경향이 있습니다. 그래서 스파크는 예전부터 마이크로 배치 처리를 사용했습니다. 한 가지 덧붙이자면 스파크 개발자들은 구조적 스트리밍의 API를 사용해 연속형 처리 기능을 열심히 개발하고 있습니다.

두 가지 처리 방식 중 하나를 선택할 때는 지연 시간 요건과 총 운영비용total cost of operation, TCO을 고려해야 합니다. 마이크로 배치 시스템은 애플리케이션에 따라 100ms부터 초 단위의 응답 시간을 안정적으로 제공합니다. 이 방식은 일반적으로 더 적은 노드 수로 동일한 처리량을 얻을 수 있으므로 운영비용을 낮출 수 있습니다. 또한 마이크로 배치 시스템은 노드 장애가 덜 발생하기 때문에 운영비용이 낮습니다. 더 빠른 응답 시간을 원하는 경우 연속형 처리 시스템을 사용하거나 빠른 응답성을 제공하는 고속 서빙 계층fast serving layer을 마이크로 배치 시스템과 함께 사용할 수 있습니다. 예를 들어 MySQL이나 아파치 카산드라Apache Cassandra 등에 결과 데이터를 저장해 빠른 응답 시간을 제공할 수 있습니다. 이런 컴포넌트는 밀리세컨드 수준으로 응답합니다.

20.3 스파크의 스트리밍 API

스트림 처리와 관련된 설계 방식을 개념적으로 알아봤지만 아직 스파크의 API를 자세히 다루지는 않았습니다. 이 장의 서두에서 언급했듯이 스파크는 두 가지 스트리밍 API를 제공합니다. 스파크 스트리밍의 기존 API인 DStream API는 마이크로 배치 방식으로만 동작합니다. DStream API는 선언형 API(함수형 기반 API)를 가지고 있지만 이벤트 시간 처리를 지원하지 않습니다. 반면 새롭게 소개된 구조적 스트리밍 API는 최적화 기술, 이벤트 시간 그리고 연속형 처리를 지원합니다.

20.3.1 DStream API

스파크의 DStream API는 2012년 처음 공개된 후 스트림 처리 분야에서 널리 사용되었습니다. 데이터나미Datanami의 2016년도 조사[5]에 따르면 가장 널리 사용된 스트림 처리 엔진은 DStream이었습니다. 많은 기업은 고수준 API 인터페이스와 정확히 한 번 처리하는 방식을 지원하는 스파크 스트리밍을 운영 환경에 사용하고 있습니다. 스파크 스트리밍은 기본적으로 RDD 코드를 함께 사용해 정적 데이터와 조인하는 등의 기능을 지원합니다. 스파크 스트리밍 애플리케이션의 운영 난이도는 일반적인 스파크 클러스터의 운영 난이도보다 높은 편은 아닙니다. 하지만 DStream API는 몇 가지 제약사항이 있습니다. 첫째, 많은 장점을 제공하는 구조적 테이블 개념의 DataFrame이나 Dataset과 달리 자바나 파이썬의 객체와 함수에 매우 의존적입니다. 이런 특성 때문에 스트림 처리 엔진이 제공하는 최적화 기법을 적용하지 못합니다. 둘째, DStream API는 기본적으로 처리 시간을 기준으로 동작합니다. 이벤트 시간 기준으로 처리하고 싶은 경우에는 자체적으로 구현해야 합니다. 셋째, DStream API는 마이크로 배치 형태로만 동작합니다. DStream의 일부 API는 마이크로 배치의 주기를 참조하고 있어 다른 처리 모드를 지원할 수 없습니다.

20.3.2 구조적 스트리밍

구조적 스트리밍은 스파크의 구조적 API를 기반으로 하는 고수준 스트리밍 API입니다. 스칼

---

5 http://bit.ly/2xfVJPB

라, 자바, 파이썬, R 그리고 SQL을 사용해 구조적 처리를 할 수 있는 모든 환경에서 사용할 수 있습니다. DStream처럼 고수준 연산 기반의 선언형 API를 제공하며 앞서 소개했던 구조적 데이터 모델을 기반으로 만들어졌습니다. 그리고 구조적 스트리밍은 더 많은 종류의 최적화 기술을 자동으로 수행합니다. 하지만 DStream과 다르게 이벤트 시간 데이터 처리를 지원합니다. 즉, 모든 윈도우 연산에서 자동으로 이벤트 시간 처리를 지원합니다. 아파치 스파크 2.2 버전은 마이크로 배치 모드만 지원하지만 데이터브릭스의 스파크 팀에서 연속형 처리 모드를 지원하기 위해 '연속형 처리Continuous Processing'[6] 기능을 만들겠다고 발표했습니다. 스파크 2.3 버전에서는 사용자들이 이 기능을 사용할 수 있을 겁니다.[7]

구조적 스트리밍은 단순한 스트림 처리를 넘어 스트리밍, 배치 그리고 대화형 쿼리를 하나로 통합한 연속형 애플리케이션을 쉽게 만들 수 있도록 설계되었습니다. 이를 위해 구조적 스트리밍은 DataFrame과 같은 API를 사용합니다. 따라서 DataFrame이나 SQL을 사용해 코드를 작성한 다음 스트림을 처리할 수 있습니다. 구조적 스트리밍은 데이터가 도착할 때마다 자동으로 증분 형태의 연산 결과를 만들어냅니다. 이 특성은 통합형 애플리케이션을 작성할 때 큰 도움이 됩니다. 따라서 개발자는 서로 다른 처리 시스템에 대한 배치와 스트리밍용 코드를 별도로 관리할 필요가 없습니다. 그리고 두 코드를 동기화하지 않을 때 발생할 수 있는 위험성을 제거할 수 있습니다. 구조적 스트리밍은 스파크 SQL에서 지원하는 파케이 테이블 등의 표준 싱크로 데이터를 출력할 수 있습니다. 그리고 다른 스파크 애플리케이션에서 쉽게 스트림 상태를 조회할 수 있습니다. 아파치 스파크의 향후 버전에서는 MLlib이 지원하는 온라인 학습 알고리즘뿐만 아니라 더 많은 프로젝트의 컴포넌트가 구조적 스트리밍과 통합될 것으로 기대하고 있습니다.

구조적 스트리밍은 스파크 스트리밍의 DStream API에 사용성과 성능을 더해 진화시킨 버전입니다. 따라서 이 책에서는 구조적 스트리밍 API만 다룹니다. 트랜스포메이션 그래프 외부에서 연산을 정의하는 것과 같은 다양한 개념을 DStream에도 적용할 수 있지만 이 책에서는 다루지는 않습니다.

---

6 https://issues.apache.org/jira/browse/SPARK-20928

7 옮긴이_ 스파크 2.3.0 버전에 연속형 처리 기능이 추가되었습니다. 하지만 Map, Filter, Projection 등의 연산만 지원하고 집계 연산은 지원하지 않습니다. 아직은 체험판 수준이므로 계속 관심을 두고 살펴볼 필요가 있습니다. 위 Jira 링크를 참고하세요.

20.4 정리

이 장에서는 스트림 처리를 이해하는 데 필요한 기본 개념과 설계 방법을 알아보았습니다. 그리고 지금까지 알아본 설계 방법을 바탕으로 특정 애플리케이션에 적합한 스트리밍 시스템을 평가하는 방법을 정의했습니다. 그리고 DStream과 구조적 스트리밍을 만든 개발자들이 어떤 트레이드오프를 고려했는지와 구조적 스트리밍에서 DataFrame을 직접 지원하면서 얻을 수 있는 장점(애플리케이션 로직을 중복으로 만들지 않아도 됩니다)을 쉽게 이해했을 겁니다. 다음 장에서는 구조적 스트리밍을 알아보겠습니다.

CHAPTER 21

구조적 스트리밍의 기초

지금까지 스트림 처리의 개요를 간단하게 알아봤습니다. 이제는 구조적 스트리밍을 알아볼 차례입니다. 이 장에서는 구조적 스트리밍을 구성하는 몇 가지 핵심 개념을 다시 한번 짚어봅니다. 그리고 구조적 스트리밍이 얼마나 사용하기 쉬운지 예제로 알아보겠습니다.

21.1 구조적 스트리밍의 기초

앞 장 후반부에서 알아봤던 구조적 스트리밍은 스파크 SQL 엔진 기반의 스트림 처리 프레임워크입니다. 구조적 스트리밍은 스파크의 구조적 API(DataFrame, Dataset 그리고 SQL)를 사용합니다. 이 장에서는 각각의 API를 설명하는 대신 지금까지 알아봤던 모든 연산의 의미를 알아보겠습니다. 스트리밍 연산은 배치 연산과 동일하게 표현합니다. 사용자가 스트림 처리용 코드와 목적지를 정의하면 구조적 스트리밍 엔진에서 신규 데이터에 대한 증분 및 연속형 쿼리를 실행합니다. 그리고 코드 생성, 쿼리 최적화 등의 기능을 지원하는 카탈리스트 엔진을 사용해 연산에 대한 논리적 명령을 처리합니다. 구조적 스트리밍은 핵심이 되는 구조적 처리 엔진 외에도 스트리밍에 특화된 여러 기능을 지원합니다. 예를 들어 구조적 스트리밍은 종합적이고 정확히 한 번 처리 방식뿐만 아니라 체크포인팅과 WAL[write-ahead log]을 이용한 내고장성을 제공합니다.

구조적 스트리밍의 핵심 아이디어는 스트림 데이터를 데이터가 계속해서 추가되는 테이블처럼 다루는 겁니다. 스트리밍 잡은 계속해서 신규 입력 데이터를 확인 및 처리합니다. 필요한 경우 상태 저장소state store에 있는 일부 상태를 갱신해 결과를 변경합니다. 이 API의 핵심은 배치 처리나 스트림 처리와 관련된 쿼리 구문을 변경하지 않아도 된다는 겁니다. 단지 배치나 스트리밍 중 하나를 쿼리 실행 유형으로 지정하면 됩니다. 구조적 스트리밍은 내부적으로 사용자의 쿼리를 어떻게 증분 처리할지 자동으로 파악합니다. 즉, 내고장성을 보장하면서 신규 데이터가 유입될 때마다 효율적으로 처리 결과를 갱신합니다.

그림 21-1 구조적 스트리밍 입력

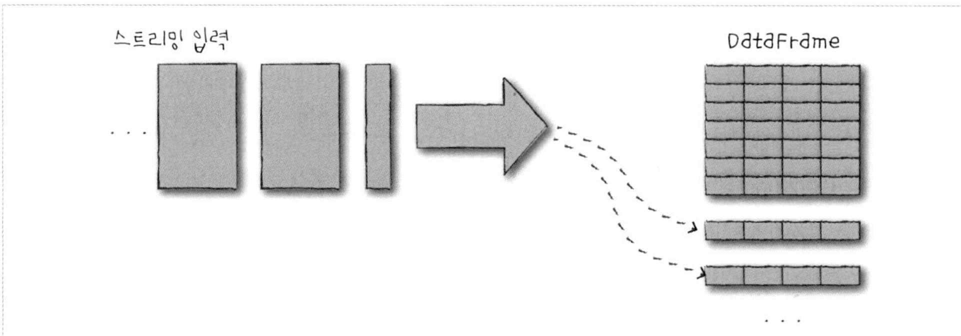

간단히 말해, 구조적 스트리밍에서는 DataFrame도 스트리밍 방식으로 동작합니다. 이 특성 때문에 아주 쉽게 스트리밍 애플리케이션을 활용할 수 있습니다. 어쩌면 이미 스트리밍에 사용할 코드를 가지고 있을 수도 있습니다. 구조적 스트리밍이 지원하는 쿼리 유형에는 일부 제약이 있습니다. 하지만 이벤트 시간 처리나 무작위 순서로 유입된 데이터 처리처럼 스트림 처리에 필요한 몇 가지 새로운 개념도 고려해야 합니다. 이 장과 이어지는 장에서 관련 내용을 알아보겠습니다.

스파크의 나머지 기능과 구조적 스트리밍을 통합해 연속형 애플리케이션[1]을 구현할 수 있습니다. 연속형 애플리케이션은 스트리밍 작업, 배치 작업, 스트리밍과 오프라인 데이터의 조인 그리고 대화형 비정형 쿼리의 실행을 조합해 데이터에 실시간으로 반응하는 **통합 빅데이터 처리** 애플리케이션을 의미합니다. 최근에는 대부분의 스트리밍 작업이 더 큰 규모의 연속형 애플리케이션 형태를 가집니다. 따라서 스파크 개발자들은 하나의 프레임워크를 이용해 전체 애플리

1 https://bit.ly/2aJaSOr

케이션을 쉽게 정의하고 여러 가지 처리 영역에서 일관된 결과를 얻을 수 있는 체계를 만들고 있습니다. 예를 들어 구조적 스트리밍은 사용자가 스파크 SQL을 통해 대화형으로 조회하는 테이블을 계속해서 갱신할 수 있습니다. 또한 MLlib을 사용해 학습한 머신러닝 모델을 적용한 결과를 제공하거나 스파크 데이터소스의 오프라인 데이터와 스트림을 조인하는 데 사용할 수 있습니다. 이때 사용하는 애플리케이션은 여러 도구를 함께 사용하므로 훨씬 복잡해질 수 있습니다.

21.2 핵심 개념

지금까지 개념 수준의 아이디어를 알아보았으니 이제부터 구조적 스트리밍 잡과 관련된 몇 가지 핵심 개념을 알아보겠습니다. 구조적 스트리밍은 **단순**하게 설계되어 있어 알아야 할 내용이 그리 많지 않습니다. 다른 빅데이터 스트리밍 책을 읽어보면 **분산 스트림 처리에서 단순하지만 정확한 비대칭 데이터 리듀서**를 구성하는 방법이나 다른 복잡하고 장황한 전문 용어를 소개합니다. 스파크는 이런 복잡한 처리를 자동으로 제어하면서 스트림에 모든 스파크 연산을 사용할 수 있는 단순한 방법을 제공하려는 목적을 가지고 있습니다.

21.2.1 트랜스포메이션과 액션

구조적 스트리밍은 앞서 설명했던 트랜스포메이션과 액션 개념을 가지고 있습니다. 구조적 스트리밍에서 사용할 수 있는 트랜스포메이션은 2부에서 알아봤던 트랜스포메이션과 거의 같습니다. 하지만 몇 가지 제약사항이 있습니다. 이런 제약사항은 대부분 엔진에서 증분 처리를 할 수 없는 일부 쿼리 유형과 연관되어 있습니다. 신규 스파크 버전에서는 제약사항을 해결하기 위해 노력하고 있습니다. 구조적 스트리밍에는 스트림 처리를 시작한 뒤 연속적으로 처리해 결과를 출력하는 한 가지 액션만 있습니다.

21.2.2 입력 소스

구조적 스트리밍은 스트리밍 방식으로 데이터를 읽을 수 있는 몇 가지 **입력 소스**를 지원합니다. 스파크 2.2 버전에서 지원하는 입력 소스는 다음과 같습니다.

- 아파치 카프카 0.10 버전
- HDFS나 S3 등 분산 파일 시스템의 파일(스파크는 디렉터리의 신규 파일을 계속해서 읽습니다)
- 테스트용 소켓 소스

입력 소스와 관련된 내용은 이 장 후반부에서 자세히 알아보겠습니다. 스파크 개발자들은 우리가 필요한 스트리밍 커넥터를 직접 생성할 수 있도록 안정적인 소스 API를 만들기 위해 열심히 노력하고 있습니다.

21.2.3 싱크

입력 소스로 데이터를 얻듯이, **싱크**sink로 스트림의 결과를 저장할 목적지를 명시합니다. 싱크와 실행 엔진은 데이터 처리의 진행 상황을 신뢰도 있고 정확하게 추적하는 역할을 합니다. 스파크 2.2 버전에서 지원하는 출력용 싱크는 다음과 같습니다.

- 아파치 카프카 0.10
- 거의 모든 파일 포맷
- 출력 레코드에 임의 연산을 실행하는 foreach 싱크
- 테스트용 콘솔 싱크
- 디버깅용 메모리 싱크

싱크와 관련된 내용은 21.4절 '스트림 트랜스포메이션'에서 더 자세히 알아보겠습니다.

21.2.4 출력 모드

구조적 스트리밍 잡의 싱크를 정의하기 위해 해야 할 작업이 더 있습니다. 아직 데이터를 출력하는 방법을 정의하지 않았기 때문입니다. 다음과 같은 상황에 어떻게 대응할 수 있는지 알아보겠습니다.

- 신규 정보만 추가하려는 경우
- 바뀐 정보로 기존 로우를 갱신하려는 경우. 예를 들어 특정 웹페이지의 클릭 수를 갱신하려는 경우
- 매번 전체 결과를 덮어쓰려는 경우. 예를 들어 모든 페이지의 전체 클릭 수를 매번 파일로 기록하려는 경우

이런 상황에 대응하기 위해 정적인static 형태의 구조적 API처럼 **출력 모드**output mode를 지정해야 합니다.

스파크가 지원하는 출력 모드는 다음과 같습니다.

- append: 싱크에 신규 레코드만 추가
- update: 변경 대상 레코드 자체를 갱신
- complete: 전체 출력 내용 재작성하기

한 가지 알아야 하는 중요 정보가 있습니다. 나중에 다시 언급하겠지만 특정 쿼리와 싱크는 일부 출력 모드만 지원합니다. 예를 들어 스트림에 map 연산만 수행하는 잡이 있다고 합시다. 신규 데이터가 계속 유입되면 출력 데이터의 크기는 무한정 커집니다. 따라서 이런 처리에는 매번 **전체** 데이터를 신규 파일로 저장하는 complete 모드가 적합하지 않습니다. 반면 한정된 수의 키를 사용해 집계한다면 시간에 따라 일부 키값을 갱신해야 합니다. 따라서 append 모드보다 complete 모드나 update 모드가 적합합니다.

21.2.5 트리거

출력 모드가 데이터 출력 방식을 정의한다면 트리거는 데이터 출력 시점을 정의합니다. 트리거는 구조적 스트리밍에서 언제 신규 데이터를 확인하고 결과를 갱신할지 정의합니다. 구조적 스트리밍은 기본적으로 마지막 입력 데이터를 처리한 직후에 신규 입력 데이터를 조회해 최단 시간 내에 새로운 처리 결과를 만들어냅니다. 하지만 이런 동작 방식 때문에 파일 싱크를 사용하는 경우 작은 크기의 파일이 여러 개 생길 수 있습니다. 따라서 스파크는 처리 시간(고정된 주기로만 신규 데이터를 탐색합니다) 기반의 트리거도 지원합니다. 그리고 트리거의 유형은 앞으로 더 늘어날 수 있습니다.

21.2.6 이벤트 시간 처리

구조적 스트리밍은 이벤트 시간 기준의 처리도 지원합니다. 이 처리 방식은 무작위로 도착한 레코드 내부에 기록된 타임스탬프를 기준으로 합니다. 여기서 두 가지 핵심 아이디어를 이해해야 합니다. 다음 장에서 관련 내용을 자세히 알아보겠습니다. 여기서 완벽하게 이해하지 못하더라도 걱정할 필요 없습니다.

이벤트 시간 데이터

이벤트 시간event-time은 데이터에 기록된 시간 필드를 의미합니다. 스파크는 데이터가 유입된 시간이 아니라 데이터 생성 시간을 기준으로 처리합니다. 따라서 데이터가 늦게 업로드되거나 네트워크 지연으로 데이터의 순서가 뒤섞인 채 시스템으로 들어와도 처리할 수 있습니다. 구조적 스트리밍에서는 아주 간단하게 이벤트 시간 처리를 표현합니다. 시스템은 입력 데이터를 테이블로 인식하므로 이벤트 시간은 테이블에 있는 하나의 컬럼일 뿐입니다. 따라서 표준 SQL 연산자를 이용해 그룹화, 집계 그리고 윈도우 처리를 할 수 있습니다. 그리고 구조적 스트리밍이 내부적으로 이벤트 시간 필드를 인식하면 쿼리 실행 최적화나 타임 윈도우에서 상태 정보의 제거 시점을 결정하는 등 특별한 작업을 수행할 수 있습니다. 이런 작업을 제어할 때 **워터마크**를 사용합니다.

워터마크

워터마크watermark는 시간 제한을 설정할 수 있는 스트리밍 시스템의 기능입니다. 늦게 들어온 이벤트를 어디까지 처리할지 시간을 제한할 수 있습니다. 한 가지 예로 모바일 장비의 로그를 처리하는 애플리케이션에서 업로드 지연 현상 때문에 30분 전 데이터까지 처리해야 하는 경우가 있습니다. 구조적 스트리밍을 포함해 이벤트 시간 처리를 지원하는 여러 시스템은 과거 데이터의 보관 주기를 제한하기 위해 워터마크를 사용합니다. 워터마크는 특정 이벤트 시간의 윈도우 결과를 출력하는 시점을 제어(예: 워터마크 시간을 초과할 때까지 대기)할 때도 사용합니다.

21.3 구조적 스트리밍 활용

구조적 스트리밍을 실전에서 어떻게 활용할 수 있는지 예제로 알아보겠습니다. 이 예제는 인간 행동 인지를 위한 이기종 데이터셋Heterogeneity Human Activity Recognition을 사용합니다. 데이터는 스마트폰과 스마트워치의 다양한 장치(특히 가속도계와 자이로스코프)에서 지원하는 최대 빈도highest possible frequency로 샘플링한 센서 데이터로 구성되어 있습니다. 이는 사용자가 자전거 타기, 앉기, 일어서기, 걷기 등의 활동을 하는 동안 기록한 센서 데이터입니다. 여러 종류의 스마트폰과 스마트워치를 사용했고 총 9명이 참여했습니다. 데이터는 공식 코드 저장소[2]의 activity-data 폴더에 있습니다.

2 https://bit.ly/2EgoWkg

TIP 예제 데이터셋이 꽤 큰 편입니다. 사용 중인 머신의 성능이 낮다면 파일을 몇 개 제거해도 됩니다. 그래도 예제는 잘 동작합니다.

정적인 방식으로 데이터셋을 읽어보겠습니다.

```
// 스칼라 코드
val static = spark.read.json("/data/activity-data/")
val dataSchema = static.schema

# 파이썬 코드
static = spark.read.json("/data/activity-data/")
dataSchema = static.schema
```

스키마는 다음과 같습니다.

```
root
 |-- Arrival_Time: long (nullable = true)
 |-- Creation_Time: long (nullable = true)
 |-- Device: string (nullable = true)
 |-- Index: long (nullable = true)
 |-- Model: string (nullable = true)
 |-- User: string (nullable = true)
 |-- _corrupt_record: string (nullable = true)
 |-- gt: string (nullable = true)
 |-- x: double (nullable = true)
 |-- y: double (nullable = true)
 |-- z: double (nullable = true)
```

DataFrame 중 일부는 다음과 같습니다.

```
+-------------+-----------------+--------+-----+------+----+--------+-----+-----
| Arrival_Time|    Creation_Time|  Device|Index| Model|User|_c...ord|.  gt|    x
|1424696634224|142469663222623685|nexus4_1|   62|nexus4|   a|    null|stand|-0...
...
|1424696660715|142469665872381726|nexus4_1| 2342|nexus4|   a|    null|stand|-0...
+-------------+-----------------+--------+-----+------+----+--------+-----+-----
```

예제 데이터는 타임스탬프와 모델, 사용자 그리고 장비 정보를 가지고 있습니다. gt 필드는 해당 시점의 사용자 행동 유형을 나타냅니다.

이제 같은 데이터셋을 스트리밍 방식으로 처리해보겠습니다. 예제에서는 스트림 방식으로 데이터를 처리하는 상황을 가정하기 위해 각 입력 파일을 하나씩 읽습니다.

스트리밍 DataFrame은 정적 DataFrame과 아주 흡사합니다. 스파크 애플리케이션에서 스트리밍 DataFrame을 생성한 후 트랜스포메이션을 수행해 적합한 포맷의 데이터를 얻습니다. 기본적으로 정적 구조적 API의 모든 트랜스포메이션은 스트리밍 DataFrame에서도 사용할 수 있습니다. 하지만 구조적 스트리밍에서 스키마 추론 기능을 사용하고 싶은 경우 명시적으로 설정해야 합니다. 스키마 추론 기능을 사용하려면 spark.sql.streaming.schemaInference 설정을 true로 설정합니다. 지금은 정적 DataFrame에서 알아낸 dataSchema 객체를 스트리밍 DataFrame에 지정합니다. 하지만 모르는 사이에 데이터가 바뀔 수도 있으니 운영 환경에서 스키마 추론 방식을 사용하면 안 됩니다.

```
// 스칼라 코드
val streaming = spark.readStream.schema(dataSchema)
  .option("maxFilesPerTrigger", 1).json("/data/activity-data")

# 파이썬 코드
streaming = spark.readStream.schema(dataSchema).option("maxFilesPerTrigger", 1)\
  .json("/data/activity-data")
```

NOTE_ 잠시 후에 설명할 maxFilesPerTrigger는 폴더 내의 전체 파일을 얼마나 빨리 읽을지 결정합니다. 이 값을 낮게 잡으면 트리거당 하나의 파일을 읽게 만들어 스트림의 흐름을 인위적으로 제한할 수 있습니다. 위 예제에서는 구조적 스트리밍의 증분 처리를 보여주기 위해 값을 1로 설정했습니다. 운영 환경에서 동일한 설정을 사용해서는 안 됩니다.

스트리밍 DataFrame의 생성과 실행은 다른 스파크 API처럼 지연 처리 방식으로 동작합니다. 스트림 처리를 시작하는 액션을 호출하기 전에 스트리밍 DataFrame에 대한 **트랜스포메이션**을 지정할 수 있습니다. 다음 예제에는 groupBy 트랜스포메이션이 있습니다. 해당 시점의 사용자 활동을 나타내는 gt 컬럼을 기준으로 그룹화하고 데이터 수를 계산합니다.

```
// 스칼라 코드
val activityCounts = streaming.groupBy("gt").count()

# 파이썬 코드
activityCounts = streaming.groupBy("gt").count()
```

앞 코드 예제는 저성능 머신에서 로컬 모드로 작성했습니다. 따라서 셔플 파티션을 너무 많이 생성하지 않도록 파티션 수를 줄여야 합니다.[3]

```
spark.conf.set("spark.sql.shuffle.partitions", 5)
```

트랜스포메이션을 정의했으니 스트림 쿼리를 시작하는 액션을 정의합니다. 앞서 언급했듯이 쿼리 결과를 내보낼 목적지나 싱크를 지정해야 합니다. 지금 설명하는 기초 예제에서는 결과를 메모리에 저장하는 **메모리 싱크**memory sink를 사용합니다.

싱크를 지정하는 과정에서 스파크가 데이터를 출력하는 방식도 함께 정의해야 합니다. 예제에서는 트리거를 실행한 후 모든 키와 데이터 수를 다시 저장하는 complete 출력 모드를 사용합니다.

```
// 스칼라 코드
val activityQuery = activityCounts.writeStream.queryName("activity_counts")
  .format("memory").outputMode("complete")
  .start()

# 파이썬 코드
activityQuery = activityCounts.writeStream.queryName("activity_counts")\
  .format("memory").outputMode("complete")\
  .start()
```

이제 스트림 처리 코드를 모두 작성했습니다! 이 예제에서는 스트림 처리에 사용하는 쿼리의 이름을 activity_counts로 설정했습니다. 그리고 싱크 포맷을 메모리 테이블로 지정했으며 출력 모드도 설정했습니다.

코드 예제를 실행하려면 다음 코드도 추가해야 합니다.

```
activityQuery.awaitTermination()
```

코드를 실행하면 백그라운드에서 스트리밍 연산이 시작됩니다. 실행 중인 스트리밍 쿼리를 제어하려면 쿼리 객체를 사용해야 합니다. 그리고 쿼리 종료 시까지 대기할 수 있도록

3 옮긴이_ spark.sql.shuffle.partitions의 기본값은 200입니다.

activityQuery.awaitTermination()을 반드시 지정해야 합니다. 그러면 쿼리 실행 중에 드라이버 프로세스가 종료되는 상황을 막을 수 있습니다. 가독성 때문에 앞으로는 이 코드를 예제에 표시하지 않겠습니다. 하지만 운영용 애플리케이션에는 반드시 있어야 합니다. 그렇지 않으면 스트림 처리를 실행할 수 없습니다.

실행 중인 스트림 목록은 SparkSession에서 얻을 수 있습니다. 다음 코드를 실행하면 실행 중인 스트림 목록을 확인할 수 있습니다.

```
spark.streams.active
```

스파크는 각 스트림에 UUID를 부여합니다. 필요한 경우 실행 중인 스트림 목록을 조회해 이전에 만들었던 스트림을 다시 선택할 수 있습니다. 여기서는 변수에 할당했으므로 그럴 필요가 없습니다.

이제 스트림을 처리하고 있으므로 스트리밍 집계 결과가 저장된 메모리 테이블을 조회해 결과를 확인할 수 있습니다. 테이블과 스트림 이름은 모두 activity_counts입니다. 출력 테이블에 쿼리만 실행하면 현재 데이터를 확인할 수 있습니다. 다음 코드에서는 스트리밍 쿼리의 결과를 1초마다 출력하는 반복문을 사용합니다.

```
// 스칼라 코드
for( i <- 1 to 5 ) {
    spark.sql("SELECT * FROM activity_counts").show()
    Thread.sleep(1000)
}

# 파이썬 코드
from time import sleep

for x in range(5):
    spark.sql("SELECT * FROM activity_counts").show()
    sleep(1)
```

쿼리를 계속 실행하면 각 사용자의 활동별 레코드 수가 계속 변합니다. 예를 들어 처음 show 메서드를 호출하면 다음과 같은 결과가 출력됩니다. 그 이유는 스트림에서 첫 번째 파일을 읽는 도중에 호출했기 때문입니다.

```
+---+-----+
| gt|count|
+---+-----+
+---+-----+
```

다시 show 메서드를 호출하면 다른 결과가 출력됩니다. 결과는 명령을 실행한 시점에 따라 달라질 수 있습니다.

```
+----------+-----+
|        gt|count|
+----------+-----+
|       sit| 8207|
...
|      null| 6966|
|      bike| 7199|
+----------+-----+
```

지금까지 구조적 스트리밍의 힘을 보여주는 간단한 예제를 살펴봤습니다. 배치에서 사용하는 연산을 이용하고 코드를 조금 변경하면 데이터 스트림을 처리할 수 있습니다('Stream'을 명시하면 됩니다. 즉, read 메서드 대신 readStream 메서드를 사용합니다). 이 장의 나머지 부분에서는 구조적 스트리밍에서 사용할 수 있는 다양한 처리, 소스 그리고 싱크를 자세히 알아보겠습니다.

21.4 스트림 트랜스포메이션

스트리밍 트랜스포메이션은 2부에서 설명한 정적 DataFrame의 트랜스포메이션을 대부분 포함하고 있습니다. 모든 유형의 선택과 필터, 그리고 트랜스포메이션뿐만 아니라 DataFrame의 모든 함수와 개별 컬럼 처리도 지원합니다. 스트리밍 데이터에 맞지 않는 트랜스포메이션에 대한 제약이 있습니다. 예를 들어 아파치 스파크 2.2 버전에서는 사용자가 집계하지 않은 스트림을 정렬할 수 없습니다. 그리고 다음 장에서 알아볼 상태 기반 처리stateful processing를 사용하지 않으면 계층적 집계가 불가능합니다. 구조적 스트리밍이 발전하면 이런 제약사항이 해결될 것이므로 공식 문서[4]에서 업데이트 내역을 확인하기 바랍니다.

4 https://bit.ly/2Ncpko2

21.4.1 선택과 필터링

구조적 스트리밍은 DataFrame의 모든 함수와 개별 컬럼을 처리하는 선택과 필터링 그리고 단순 트랜스포메이션을 지원합니다. 선택과 필터링을 사용하는 간단한 예제는 다음과 같습니다. 다음 예제에서는 키를 변경하지 않으므로 append 출력 모드를 사용합니다. 따라서 새로운 연산 결과가 출력 테이블에 추가됩니다.

```
// 스칼라 코드
import org.apache.spark.sql.functions.expr

val simpleTransform = streaming.withColumn("stairs", expr("gt like '%stairs%'"))
  .where("stairs")
  .where("gt is not null")
  .select("gt", "model", "arrival_time", "creation_time")
  .writeStream
  .queryName("simple_transform")
  .format("memory")
  .outputMode("append")
  .start()

# 파이썬 코드
from pyspark.sql.functions import expr

simpleTransform = streaming.withColumn("stairs", expr("gt like '%stairs%'"))\
  .where("stairs")\
  .where("gt is not null")\
  .select("gt", "model", "arrival_time", "creation_time")\
  .writeStream\
  .queryName("simple_transform")\
  .format("memory")\
  .outputMode("append")\
  .start()
```

21.4.2 집계

구조적 스트리밍은 매우 뛰어난 집계 기능을 지원합니다. 또한 구조적 API처럼 임의의 집계 연산을 지정할 수 있습니다. 예를 들어 스마트폰 모델과 사람의 행동 그리고 가속도 센서를 의미하는 x, y, z 평균에 대해 큐브cube 같은 독특한 집계 방식을 사용할 수 있습니다. 스트림에 적용할 수 있는 집계 함수를 확인하려면 7장을 참조하세요.

```
// 스칼라 코드
val deviceModelStats = streaming.cube("gt", "model").avg()
  .drop("avg(Arrival_time)")
  .drop("avg(Creation_Time)")
  .drop("avg(Index)")
  .writeStream.queryName("device_counts").format("memory").outputMode("complete")
  .start()

# 파이썬 코드
deviceModelStats = streaming.cube("gt", "model").avg()\
  .drop("avg(Arrival_time)")\
  .drop("avg(Creation_Time)")\
  .drop("avg(Index)")\
  .writeStream.queryName("device_counts").format("memory")\
  .outputMode("complete")\
  .start()
```

테이블을 조회해 결과를 확인할 수 있습니다.

```
SELECT * FROM device_counts
+----------+------+------------------+--------------------+--------------------+
|        gt| model|            avg(x)|              avg(y)|              avg(z)|
+----------+------+------------------+--------------------+--------------------+
|       sit|  null|-3.682775300344...|1.242033094787975...|-4.22021191297611...|
|     stand|  null|-4.415368069618...|-5.30657295890281...|2.264837548081631...|
...
|      walk|nexus4|-0.007342235359...|0.004341030525168...|-6.01620400184307...|
|stairsdown|nexus4|0.0309175199508...|-0.02869185568293...| 0.11661923308518365|
+----------+------+------------------+--------------------+--------------------+
```

구조적 스트리밍은 데이터셋의 원시 컬럼에 대한 집계뿐만 아니라 스트림 처리에 특화된 이벤트 시간 컬럼 지정, 워터마크 그리고 윈도우 처리를 지원합니다. 이 내용은 다음 장에서 자세히 알아보겠습니다.

NOTE_ 스파크 2.2 버전에서는 여러 집계 연산을 연결하는 방식의 처리를 지원하지 않습니다. 하지만 카프카나 파일 싱크에 중간 결과 데이터를 저장하는 방식으로 구현할 수는 있습니다.

21.4.3 조인

아파치 스파크 2.2 버전에서는 스트리밍 DataFrame과 정적 DataFrame의 조인join을 지원합니다. 스파크 2.3 버전에서는 여러 스트림을 함께 조인하는 기능이 추가될 예정입니다. 여러 컬럼으로 조인할 수 있고 정적 데이터소스를 이용해 스트리밍 데이터를 보완할 수 있습니다.

```
// 스칼라 코드
val historicalAgg = static.groupBy("gt", "model").avg()
val deviceModelStats = streaming.drop("Arrival_Time", "Creation_Time", "Index")
  .cube("gt", "model").avg()
  .join(historicalAgg, Seq("gt", "model"))
  .writeStream.queryName("device_counts").format("memory").outputMode("complete")
  .start()

# 파이썬 코드
historicalAgg = static.groupBy("gt", "model").avg()
deviceModelStats = streaming.drop("Arrival_Time", "Creation_Time", "Index")\
  .cube("gt", "model").avg()\
  .join(historicalAgg, ["gt", "model"])\
  .writeStream.queryName("device_counts").format("memory")\
  .outputMode("complete")\
  .start()
```

스파크 2.2 버전에서는 오른쪽 스트림 데이터를 대상으로 전체 외부 조인과 왼쪽 조인을 지원합니다. 하지만 왼쪽 스트림 데이터에 대한 오른쪽 조인은 지원하지 않습니다. 구조적 스트리밍은 여러 스트림 사이의 조인을 아직 지원하지 않습니다. 하지만 현재 활발히 개발하고 있는 기능 중 하나입니다.

21.5 입력과 출력

이 절에서는 소스, 싱크 그리고 출력 모드가 구조적 스트리밍에서 어떻게 동작하는지 자세히 알아보겠습니다. 언제, 어디서, 어떻게 데이터가 유입되고 외부로 나가는지 설명합니다. 구조적 스트리밍에서는 아파치 카프카, 파일 그리고 테스트 및 디버깅용 소스와 싱크를 지원합니다. 최근에 추가된 소스를 확인하려면 스파크 공식 문서[5]를 확인하기 바랍니다. 이 장에서는

5 https://bit.ly/2Ncpko2

특정 저장소의 소스와 싱크를 다루지만 실전에서는 여러 가지를 섞어 사용할 수 있습니다. 예를 들어 카프카 입력 소스를 파일 싱크와 함께 사용할 수 있습니다.

21.5.1 데이터를 읽고 쓰는 장소(소스와 싱크)

구조적 스트리밍은 몇 가지 실전용 소스와 싱크(파일과 아파치 카프카), 디버깅용 메모리 테이블 싱크 등을 지원합니다. 각각에 대해 자세히 알아보겠습니다.

파일 소스와 싱크

가장 간단한 소스는 파일 소스입니다. 파일 소스의 동작 방식은 쉽게 추측하고 이해할 수 있습니다. 어떤 파일 소스라도 잘 동작하겠지만 실전에서는 파케이, 텍스트, JSON 그리고 CSV 파일을 자주 사용합니다.

스트리밍에서 파일 소스/싱크와 정적 파일 소스를 사용할 때 유일한 차이점은 트리거 시 읽을 파일 수를 결정할 수 있다는 겁니다. 앞서 본 것처럼 `maxFilesPerTrigger` 옵션을 사용합니다.

모든 파일은 스트리밍 작업에서 바라보는 입력 디렉터리에 원자적으로 **추가**되어야 합니다. 그렇지 않으면 스파크에서 파일의 일부분만 처리합니다. 로컬 파일 시스템이나 HDFS에서는 부분 기록된 파일을 볼 수 있습니다. 따라서 외부 디렉터리에 파일을 완전히 기록한 후 입력 디렉터리로 옮겨야 합니다. 아마존 S3에서는 완전히 기록된 객체만 보입니다.

카프카 소스와 싱크

아파치 카프카는 데이터 스트림을 위한 발행-구독 방식의 분산형 시스템입니다. 카프카는 메시지 큐 방식처럼 레코드의 스트림을 발행하고 구독하는 방식으로 사용합니다. 발행된 메시지는 내고장성을 보장하는 저장소에 저장됩니다. 카프카는 분산형 버퍼로 생각할 수 있습니다. 레코드의 스트림은 **토픽**topic으로 불리는 카테고리에 저장합니다. 카프카의 각 **레코드**는 키, 값 그리고 타임스탬프로 구성됩니다. 토픽은 순서를 바꿀 수 없는 레코드로 구성되며 레코드의 위치를 **오프셋**offset이라고 부릅니다. 데이터를 읽는 동작은 '**구독**한다subscribe', 쓰는 동작은 '**발행**한다publish'고 표현합니다.

스파크는 카프카에 저장된 스트림을 배치와 스트리밍 방식으로 읽어 DataFrame을 생성할 수 있습니다.

스파크 2.2 버전의 구조적 스트리밍은 카프카 0.10 버전을 지원합니다. 이 기능 역시 앞으로 많이 확장될 수 있습니다. 지원하는 카프카 버전 정보를 확인하려면 공식 문서[6]를 참고하세요. 카프카에서 데이터를 읽을 때 사용하는 옵션은 그리 많지 않습니다.

21.5.2 카프카 소스에서 메시지 읽기

메시지를 읽기 위해 첫 번째로 해야 할 일은 다음 옵션 중 하나를 선택하는 겁니다.

- assign
- subscribe
- subscribePattern

카프카에서 메시지를 읽을 때는 이 옵션 중 하나만 지정해야 합니다. assign은 토픽뿐만 아니라 읽으려는 파티션까지 세밀하게 지정하는 옵션입니다. 관련 정보는 JSON 문자열({"topicA":[0,1],"topicB":[2,4]})로 표현합니다. subscribe와 subscribePattern은 각각 토픽 목록과 패턴을 지정해 여러 토픽을 구독하는 옵션입니다.

두 번째로 해야 할 일은 카프카 서비스에 접속할 수 있도록 kafka.bootstrap.servers 값을 지정하는 겁니다.

앞의 옵션 외에도 몇 가지 옵션을 더 설정해야 합니다.

- **startingOffsets 및 endingOffsets**
  쿼리를 시작할 때 읽을 지점입니다. 옵션값은 가장 작은 오프셋부터 읽는 earliest나 가장 큰 오프셋부터 읽는 latest 중 하나를 지정합니다. 또는 각 TopicPartition에 대한 시작 오프셋을 명시한 JSON 문자열을 사용해 지정합니다. 이때 JSON에 오프셋을 -2로 지정하면 earliest로, -1로 지정하면 latest로 동작합니다. 예를 들어 {"topicA":{"0":23,"1":-1},"topicB":{"0":-2}}와 같은 JSON 명세를 사용할 수 있습니다. 이 설정은 새로운 스트리밍 쿼리가 시작될 때만 적용되며, 다시 시작한 쿼리에서는 쿼리가 남긴 오프셋을 사용합니다. 쿼리 실행 중에 새롭게 발견한 파티션은 earliest 방식으로 읽습니다.
- **failOnDataLoss**
  데이터 유실(예: 토픽이 삭제되거나 오프셋이 범위를 벗어났을 때)이 일어났을 때 쿼리를 중단할 것인지 지정합니다. 잘못된 정보를 줄 수 있으므로 원하는 대로 동작하지 않는 경우 비활성화할 수 있습니다. 기본값은 true입니다.

---

6 https://bit.ly/2Ncpko2

- **maxOffsetsPerTrigger**
  특정 트리거 시점에 읽을 오프셋의 전체 개수입니다.

카프카 컨슈머의 타임아웃, 재시도 횟수 그리고 주기를 설정하는 옵션도 있습니다.

카프카에서 메시지를 읽으려면 구조적 스트리밍에서 다음 코드를 사용합니다.

```
// 스칼라 코드
// topic1 수신
val ds1 = spark.readStream.format("kafka")
  .option("kafka.bootstrap.servers", "host1:port1,host2:port2")
  .option("subscribe", "topic1")
  .load()
// 여러 개의 토픽 수신
val ds2 = spark.readStream.format("kafka")
  .option("kafka.bootstrap.servers", "host1:port1,host2:port2")
  .option("subscribe", "topic1,topic2")
  .load()
// 토픽 패턴에 맞는 토픽 수신
val ds3 = spark.readStream.format("kafka")
  .option("kafka.bootstrap.servers", "host1:port1,host2:port2")
  .option("subscribePattern", "topic.*")
  .load()
```

파이썬 버전도 아주 비슷합니다.

```
# 파이썬 코드
# topic1 수신
df1 = spark.readStream.format("kafka")\
  .option("kafka.bootstrap.servers", "host1:port1,host2:port2")\
  .option("subscribe", "topic1")\
  .load()
# 여러 개의 토픽 수신
df2 = spark.readStream.format("kafka")\
  .option("kafka.bootstrap.servers", "host1:port1,host2:port2")\
  .option("subscribe", "topic1,topic2")\
  .load()
# 패턴에 맞는 토픽 수신
df3 = spark.readStream.format("kafka")\
  .option("kafka.bootstrap.servers", "host1:port1,host2:port2")\
  .option("subscribePattern", "topic.*")\
  .load()
```

카프카 소스의 각 로우는 다음과 같은 스키마를 가집니다.

- 키: binary
- 값: binary
- 토픽: string
- 패턴: int
- 오프셋: long
- 타임스템프: long

카프카의 각 메시지는 다양한 방식으로 직렬화될 수 있습니다. 구조적 API에서 자체적으로 지원하는 스파크 함수나 사용자 정의 함수를 사용해 메시지를 분석하기 좋은 구조적인 포맷으로 변경할 수 있습니다. 카프카에서 데이터를 읽거나 쓸 때는 JSON이나 Avro를 자주 사용합니다.

21.5.3 카프카 싱크에 메시지 쓰기

카프카로 메시지를 발행하는 쿼리와 읽는 쿼리는 몇 가지 파라미터를 제외하고 매우 비슷합니다. kafka.bootstrap.servers 속성을 명시해야 하며 옵션으로 토픽 명세와 컬럼을 함께 지정해야 합니다. 예를 들어 다음 쓰기 작업은 같은 동작을 합니다.[7]

```
// 스칼라 코드
ds1.selectExpr("topic", "CAST(key AS STRING)", "CAST(value AS STRING)")
  .writeStream.format("kafka")
  .option("checkpointLocation", "/to/HDFS-compatible/dir")
  .option("kafka.bootstrap.servers", "host1:port1,host2:port2")
  .start()
ds1.selectExpr("CAST(key AS STRING)", "CAST(value AS STRING)")
  .writeStream.format("kafka")
  .option("kafka.bootstrap.servers", "host1:port1,host2:port2")
  .option("checkpointLocation", "/to/HDFS-compatible/dir")
  .option("topic", "topic1")
  .start()
```

7 옮긴이_ 두 개의 스트리밍 쿼리는 각각 다른 방식으로 카프카 토픽을 지정하고 있습니다. 메시지를 발행할 토픽을 정할 때 첫 번째 쿼리에서는 'topic'이라는 컬럼명을 selectExpr( )에 지정했고, 두 번째 쿼리에서는 option( )을 이용해 지정했습니다. 두 방식 모두 topic1이라는 카프카 토픽으로 메시지를 발행하므로 동일하게 동작합니다. 21.5.2절 '카프카 소스에서 메시지 읽기'에서 소개한 예제의 ds1 변수는 topic1이라는 토픽을 읽게 설정되어 있습니다. 따라서 selectExpr( )의 'topic'은 DataFrame의 컬럼명을 의미하며 그 값은 topic1입니다.

```
# 파이썬 코드
df1.selectExpr("topic", "CAST(key AS STRING)", "CAST(value AS STRING)")\
  .writeStream\
  .format("kafka")\
  .option("kafka.bootstrap.servers", "host1:port1,host2:port2")\
  .option("checkpointLocation", "/to/HDFS-compatible/dir")\
  .start()
df1.selectExpr("CAST(key AS STRING)", "CAST(value AS STRING)")\
  .writeStream\
  .format("kafka")\
  .option("kafka.bootstrap.servers", "host1:port1,host2:port2")\
  .option("checkpointLocation", "/to/HDFS-compatible/dir")\
  .option("topic", "topic1")\
  .start()
```

foreach 싱크

foreach 싱크는 Dataset API에 있는 foreachPartitions와 유사합니다. 이 연산은 각 파티션에서 임의의 연산을 병렬로 수행합니다. 스칼라와 자바에서는 foreach 싱크를 사용할 수 있습니다. 하지만 다른 언어는 앞으로 출시할 버전에서 사용할 수 있을 겁니다. foreach 싱크를 사용하려면 ForeachWriter 인터페이스를 구현해야 합니다. 스칼라와 자바 문서에서 ForeachWriter 인터페이스 구현 방법에 대한 정보를 얻을 수 있습니다. 이 인터페이스는 open, process 그리고 close 세 가지 메서드를 가지고 있습니다. 이 세 가지 메서드는 트리거 후 출력을 생성할 때마다 호출됩니다.

인터페이스 구현 시 반드시 알아야 하는 몇 가지 내용이 있습니다.

- writer는 UDF나 Dataset 맵 함수처럼 반드시 Serializable 인터페이스를 구현해야 합니다.
- 세 가지 메서드(open, process, close)는 각 익스큐터에서 실행됩니다.
- writer는 연결을 맺거나 트랜잭션을 시작하는 등의 모든 초기화 작업을 반드시 open 메서드에서 수행해야 합니다. 흔히 발생할 수 있는 오류는 open 메서드가 아닌 부분에서 초기화를 수행해 익스큐터가 아닌 드라이버에서 초기화되는 경우입니다.

foreach 싱크는 임의의 사용자 코드를 실행하므로 반드시 내고장성을 고려해 사용해야 합니다. 만약 구조적 스트리밍이 싱크에 데이터 쓰기를 요청했을 때 장애가 발생하면 쓰기 작업이 성공했는지 알 수 없습니다. 따라서 구조적 스트리밍 API는 정확히 한 번 처리할 수 있도록 몇 가지 파라미터를 제공합니다.

첫째, ForeachWriter의 open 메서드는 두 개의 파라미터를 사용합니다. 두 파라미터는 처리하려는 로우를 식별할 수 있는 고윳값입니다. version 파라미터는 트리거별로 단순하게 증가하는 ID 값이며, partitionId는 태스크의 출력 파티션 ID입니다. open 메서드는 해당 로우 처리 여부를 반환해야 합니다. 처리할 로우의 출력 상황은 외부에서 관리하는 싱크의 출력 정보로 확인할 수 있습니다. 이미 출력(예: 마지막 version 정보와 partitionId를 저장소에 기록했습니다)된 경우 로우를 처리하지 않도록 open 메서드에서 false를 반환합니다. 그렇지 않은 경우 true를 반환합니다. 사용자가 작성한 ForeachWriter는 데이터를 쓰기 위해 각 트리거마다 다시 열립니다.

둘째, open 메서드가 true를 반환하면 process 메서드는 데이터의 레코드마다 호출됩니다. 이 메서드는 데이터를 처리하거나 저장하는 용도로만 사용합니다.

셋째, open 메서드가 호출되면 장애가 발생하지 않는 한 close 메서드도 호출됩니다. open 메서드의 반환값과는 상관없습니다. 만약 스트림 처리 도중 오류가 발생하면 close 메서드에서 그 오류를 받게 됩니다. 사용자는 close 메서드에서 열려 있는 자원을 해제해야 합니다.

요약하면 ForeachWriter 인터페이스를 사용해 자체 싱크를 효과적으로 구현할 수 있습니다. 이에 따라 트리거의 데이터가 저장되었는지 또는 실패했을 경우 안전하게 덮어썼는지 등을 추적할 수 있습니다. ForeachWriter를 인수로 사용하는 예제는 다음과 같습니다.

```
// 스칼라 코드
import org.apache.spark.sql.ForeachWriter

// Dataset<String> 데이터 타입으로 선언된 datasetOfString 변수를 사용할 때의 예제입니다.
datasetOfString.writeStream.foreach(new ForeachWriter[String] {
  def open(partitionId: Long, version: Long): Boolean = {
    // 데이터베이스 연결 생성
  }
  def process(record: String) = {
    // 데이터베이스에 문자열 저장
  }
  def close(errorOrNull: Throwable): Unit = {
    // 데이터베이스 연결 종료
  }
})
```

테스트용 소스와 싱크

스파크는 스트리밍 쿼리의 프로토타입을 만들거나 디버깅 시 유용한 몇 가지 테스트용 소스와 싱크를 제공합니다. 이 기능은 운영 환경에서 절대 사용하면 안 됩니다. 종단 간 내고장성을 지원하지 않기 때문에 개발 시에만 사용해야 합니다.

- **소켓 소스**
  소켓 소스를 사용하면 TCP 소켓을 통해 스트림 데이터를 전송할 수 있습니다. 이 소스를 사용하려면 데이터를 읽기 위한 호스트와 포트를 지정해야 합니다. 스파크는 해당 주소에서 데이터를 읽기 위해 새로운 TCP 연결을 생성합니다. 소켓이 드라이버에 있어 종단 간 내고장성을 보장할 수 없으므로 소켓 소스를 운영 환경에서 사용하면 안 됩니다.

  localhost:9999에서 데이터를 읽는 예제는 다음과 같습니다.

```
// 스칼라 코드
val socketDF = spark.readStream.format("socket")
  .option("host", "localhost").option("port", 9999).load()

# 파이썬 코드
socketDF = spark.readStream.format("socket")\
  .option("host", "localhost").option("port", 9999).load()
```

  스파크 애플리케이션을 실행하면 9999 포트로 데이터를 전송할 수 있습니다. Unix 계열 시스템에서는 NetCat을 사용할 수 있으며 9999 포트로 텍스트를 전송할 수 있습니다. 스파크 애플리케이션을 실행하기 전에 다음 명령을 실행한 다음 텍스트를 입력합니다.

```
nc -lk 9999
```

  소켓 소스는 입력 데이터 한 줄을 하나의 텍스트 문자열 로우로 구성한 테이블을 반환합니다.

- **콘솔 싱크**
  스트리밍 쿼리의 처리 결과를 콘솔로 출력할 때는 콘솔 싱크를 사용합니다. 디버깅에는 유용하지만 내고장성은 지원하지 않습니다. 이 싱크는 스트리밍 쿼리의 일부 결과를 간단하게 콘솔로 출력하며 기본적으로 append와 complete 출력 모드를 지원합니다.

```
activityCounts.writeStream.format("console").outputMode("complete").start()
```

- **메모리 싱크**
  메모리 싱크는 스트리밍 시스템을 테스트하는 데 사용하는 소스입니다. 이 싱크는 콘솔 싱크와 유사하지만 콘솔에 출력하는 대신 드라이버에 데이터를 모은 후 대화형 쿼리가 가능한 메모리 테이블에 저장합니다. 이 싱크는 내고장성을 제공하지 않으므로 운영 환경에서 사용하면 안 됩니다. 하지만 개발 중에 스트림을 테스트하고 쿼리할 때는 아주 유용합니다. 메모리 싱크는 append와 complete 출력 모드를 지원합니다.

```
// 스칼라 코드
activityCounts.writeStream.format("memory").queryName("my_device_table")
```

운영 환경에서 대화형 SQL을 실행하기 위해 출력 데이터를 테이블에 반드시 저장해야 한다면 파케이 파일 싱크를 이용해 분산 파일 시스템(예: S3)에 저장하는 방식을 추천합니다. 이렇게 하면 모든 스파크 애플리케이션이 데이터를 조회할 수 있습니다.

21.5.4 데이터 출력 방법(출력 모드)

지금까지 여러 유형의 데이터 싱크에 대해 알아보았습니다. 이제 결과 Dataset을 구성하는 방식을 알아보겠습니다. 이 방식은 **출력 모드**라 부르며 정적 DataFrame의 저장 모드와 같은 개념입니다. 구조적 스트리밍이 지원하는 세 가지 출력모드는 다음과 같습니다.

append 모드

기본 동작 방식이며 가장 이해하기 쉽습니다. 새로운 로우가 결과 테이블에 추가되면 사용자가 명시한 트리거에 맞춰 싱크로 출력됩니다. 이 모드는 내고장성을 보장하는 싱크를 사용한다는 가정 하에 모든 로우를 한 번만 출력합니다. 다음 장에서 알아볼 이벤트 시간과 워터마크를 append 모드와 함께 사용하면 최종 결과만 싱크로 출력합니다.

complete 모드

결과 테이블의 전체 상태를 싱크로 출력합니다. 이 모드는 모든 데이터가 계속해서 변경될 수 있는 일부 상태 기반 데이터stateful data를 다룰 때 유용합니다. 또한 사용 중인 싱크가 저수준 업데이트를 지원하지 않을 때도 유용합니다. 이전 배치가 실행되었을 시점의 스트림 상태인 것처럼 생각할 수 있습니다.

update 모드

이전 출력 결과에서 변경된 로우만 싱크로 출력한다는 점을 제외하면 complete 모드와 유사합니다. 이 모드를 지원하는 싱크는 반드시 저수준 업데이트를 지원해야 합니다. 쿼리에서 집계 연산을 하지 않는다면 append 모드와 같습니다.

적절한 출력 모드 선택하기

구조적 스트리밍에서는 쿼리 유형별로 사용할 수 있는 출력 모드가 정해져 있습니다. 예를 들어 맵(map) 연산만 수행하는 쿼리에서는 complete 모드를 사용할 수 없습니다. 그 이유는 잡이 시작된 이후에 생성된 모든 레코드를 저장하고 전체 결과를 테이블에 다시 써야 하기 때문입니다. 이 제약사항은 잡을 실행할 때 엄청난 자원을 소비하는 현상을 막아줍니다. 다음 장에서 이벤트 시간 처리와 워터마크를 알아볼 때 각 모드를 사용할 수 있는 상황을 자세히 알아보겠습니다. 선택한 출력 모드를 사용하지 못하는 경우 스파크 스트리밍은 스트림을 시작할 때 예외를 발생시킵니다.

이와 관련된 내용이 모두 들어 있는 표를 공식 문서에서 가져왔습니다. 이 내용은 변경될 수 있으므로 공식 문서에서 최신 정보를 확인하기 바랍니다.

[표 21-1]에서 각 출력 모드를 사용할 수 있는 시점을 확인할 수 있습니다.

표 21-1 스파크 2.2 버전에서 지원하는 구조적 스트리밍의 출력 모드

쿼리 타입	쿼리 타입(상세)	사용 가능 출력 모드	주의사항
집계 쿼리	워터마크와 이벤트 시간을 이용하는 집계	append, update, complete	append 모드는 오래된 집계 상태를 제거하기 위해 워터마크를 사용합니다. 즉, 신규 데이터가 테이블로 유입되면 워터마크보다 작은 행들만 남깁니다. update 모드 또한 오래된 집계 상태를 제거하기 위해 워터마크를 사용합니다. 그러나 complete 모드는 전체 데이터를 결과 테이블에 저장하므로 어떤 집계 결과도 제거하지 않습니다.
-	다른 집계	complete, update	이 경우 정의된 워터마크가 없으므로 오래된 집계 상태를 제거하지 않습니다. 이 쿼리 유형은 집계 결과가 변할 수 있습니다. 따라서 append 모드는 본래 의미에 맞지 않아 사용할 수 없습니다.
mapGroupsWithState 쿼리	-	update	-

쿼리 타입	쿼리 타입 (상세)	사용 가능 출력 모드	주의사항
flatMapGroupsWithState 쿼리	append 운영 모드	append	flatMapGroupsWithState 이후 집계를 허용합니다.
–	update 운영 모드	update	flatMapGroupsWithState 이후 집계를 허용하지 않습니다.
기타 쿼리	–	append, update	결과 테이블에 집계하지 않은 전체 결과를 유지하는 것은 불가능하므로 complete 모드를 사용할 수 없습니다.

21.5.5 데이터 출력 시점(트리거)

데이터를 싱크로 출력하는 시점을 제어하려면 **트리거**trigger를 설정해야 합니다. 기본적으로 구조적 스트리밍에서는 직전 트리거가 처리를 마치자마자 즉시 데이터를 출력합니다. 너무 많은 수정이 발생한다면 데이터를 출력할 때 트리거를 사용합니다. 이 트리거는 싱크에 큰 부하가 발생하는 현상을 방지하거나 출력 파일의 크기를 제어하는 용도로 사용됩니다. 현재는 처리 시간 기반의 주기형 트리거periodic trigger와 처리 단계를 수동으로 한 번만 실행할 수 있는 일회성 트리거once trigger를 제공합니다.

처리 시간 기반 트리거

처리 시간 기반 트리거에서는 처리 주기를 문자열(스칼라의 Duration이나 자바의 TimeUnit도 사용할 수 있습니다)로 단순하게 지정합니다. 다음은 문자열 포맷 예제입니다.

```
// 스칼라 코드
import org.apache.spark.sql.streaming.Trigger

activityCounts.writeStream.trigger(Trigger.ProcessingTime("100 seconds"))
  .format("console").outputMode("complete").start()

# 파이썬 코드
activityCounts.writeStream.trigger(processingTime='5 seconds')\
  .format("console").outputMode("complete").start()
```

ProcessingTime 트리거는 결과를 출력하기 위해 특정 주기만큼 여러 번 대기합니다. 예를 들어 1분 주기의 트리거를 사용하면 12:00, 12:01, 12:02에 트리거가 동작합니다. 만약 이전 처리를 끝내지 못해 트리거 시간을 놓치는 경우 이전 처리를 종료한 후 즉시 트리거를 동작시키지 않고 다음 트리거 시점(즉, 다음 분)까지 대기합니다.

일회성 트리거

스트리밍 잡을 일회성으로 실행하는 트리거도 설정할 수 있습니다. 뭔가 이상한 동작 같지만 실제로는 개발과 운영 환경에서 엄청나게 유용합니다. 개발 중에는 트리거에서 한 번에 처리할 수 있는 수준의 데이터로 애플리케이션을 테스트할 수 있습니다. 운영 환경에서는 자주 실행되지 않는 잡(예: 요약 테이블에 신규 데이터를 반영하는 처리)을 수동으로 실행할 때 일회성 트리거를 사용할 수 있습니다. 일회성으로 실행한다고 해도 처리된 모든 입력 파일과 연산 과정의 상태 정보를 알 수 있습니다. 따라서 배치 작업에서 관련 정보를 추적하는 코드를 작성하는 방식보다 훨씬 쉬우며 24/7 형태의 연속형 처리에 필요한 자원을 크게 절약할 수 있습니다.[8]

```
// 스칼라 코드
import org.apache.spark.sql.streaming.Trigger

activityCounts.writeStream.trigger(Trigger.Once())
  .format("console").outputMode("complete").start()

# 파이썬 코드
activityCounts.writeStream.trigger(once=True)\
  .format("console").outputMode("complete").start()
```

21.6 스트리밍 Dataset API

구조적 스트리밍에서 마지막으로 알아볼 내용은 스트림 처리에 사용할 수 있는 API입니다. 구조적 스트리밍에는 DataFrame API 외에도 스트림 처리에 사용할 수 있는 API가 더 있습니다. 타입 안정성을 제공하면서 같은 연산을 수행하기 위해 Dataset을 이용해 스트림을 처리할

8 http://bit.ly/2BuQUSR

수도 있습니다. 정적 DataFrame과 같은 방식으로 스트리밍 DataFrame을 Dataset으로 변경할 수 있습니다. 물론 Dataset의 요소는 스칼라 케이스 클래스나 자바 빈 클래스를 사용해야 합니다. 그 외에도 DataFrame과 Dataset의 연산자는 정적 방식과 동일하게 동작하며 스트림에 적용하는 경우 스트리밍 실행 계획으로도 변환됩니다.

다음 예제는 11장과 동일한 데이터셋을 사용합니다.

```
// 스칼라 코드
case class Flight(DEST_COUNTRY_NAME: String, ORIGIN_COUNTRY_NAME: String,
  count: BigInt)

val dataSchema = spark.read
  .parquet("/data/flight-data/parquet/2010-summary.parquet/")
  .schema
val flightsDF = spark.readStream.schema(dataSchema)
  .parquet("/data/flight-data/parquet/2010-summary.parquet/")
val flights = flightsDF.as[Flight]

def originIsDestination(flight_row: Flight): Boolean = {
  return flight_row.ORIGIN_COUNTRY_NAME == flight_row.DEST_COUNTRY_NAME
}

flights.filter(flight_row => originIsDestination(flight_row))
  .groupByKey(x => x.DEST_COUNTRY_NAME).count()
  .writeStream.queryName("device_counts").format("memory").outputMode("complete")
  .start()
```

21.7 정리

이 장에서는 구조적 스트리밍이 스트리밍 애플리케이션을 개발할 때 제공할 수 있는 다양하고 강력한 방법을 알아보았습니다. 구조적 스트리밍은 이미 실행 중인 배치 잡의 코드를 거의 변경하지 않고 스트리밍 잡으로 변경할 수 있습니다. 이러한 강력한 기능은 이 잡을 나머지 데이터 처리 애플리케이션과 밀접하게 연동해야 하는 경우 엔지니어링 관점에서 매우 유용합니다. 다음 장에서는 스트림 처리의 두 가지 고급 개념, 즉 이벤트 시간 처리event time processing와 상태 기반 처리stateful processing를 자세히 알아보겠습니다. 그리고 23장에서는 운영 환경에서 구조적 스트리밍을 실행하는 데 필요한 내용을 알아보겠습니다.

CHAPTER 22

이벤트 시간과 상태 기반 처리

앞 장에서는 구조적 스트리밍의 핵심 개념과 기초 API를 알아보았습니다. 이 장에서는 이벤트 시간 처리와 상태 기반 처리를 상세히 알아보겠습니다. 이벤트 시간 처리는 이벤트가 생성된 시간을 기준으로 정보를 분석해 늦게 도착한 이벤트까지 처리할 수 있게 해주므로 큰 관심을 받고 있습니다. 이벤트 시간 처리와 상태 기반 처리의 핵심 아이디어는 잡의 전체 생명주기 동안 관련 상태를 유지하는 겁니다. 이 두 가지 방식을 사용해 데이터를 싱크로 출력하기 전에 정보를 갱신할 수 있습니다.

동작 방법에 대한 코드 예제를 살펴보기 전에 관련 개념을 알아보겠습니다.

22.1 이벤트 시간 처리

스파크의 DStream API는 이벤트 시간과 관련된 처리 정보를 제공하지 않습니다. 따라서 이벤트 시간에 대해 잠시 설명하고 넘어가겠습니다. 스트림 처리 시스템은 두 가지 이벤트 시간 유형을 가집니다. 하나는 이벤트가 실제로 발생한 시간(이벤트 시간[event time])이고, 다른 하나는 이벤트가 시스템에 도착한 시간 또는 처리된 시간(처리 시간[processing time])입니다.

- **이벤트 시간**
  이벤트 시간은 데이터에 기록되어 있는 시간입니다. 대부분의 경우 이벤트가 실제로 일어난 시간을 의미합니다. 이벤트 시간은 이벤트를 다른 이벤트와 비교하는 더 강력한 방법을 제공하기 때문에 사용해야 합니다. 이때 지연되거나 무작위로 도착하는 이벤트를 해결해야 한다는 문제점이 있습니다. 따라서 스트림 처리 시스템은 지연되거나 무작위로 도착한 데이터를 반드시 제어할 수 있어야 합니다.

- **처리 시간**
  처리 시간은 스트림 처리 시스템이 데이터를 실제로 수신한 시간입니다. 처리 시간은 세부 구현과 관련된 내용이므로 이벤트 시간보다 덜 중요합니다. 처리 시간은 이벤트 시간처럼 외부 시스템에서 제공하는 것이 아니라 스트리밍 시스템이 제공하는 속성이므로 순서가 뒤섞이지 않습니다.

설명이 다소 추상적이므로 구체적인 예를 들어보겠습니다. 샌프란시스코에 데이터센터가 있다고 가정합니다. 이벤트는 같은 시간에 두 장소에서 발생합니다. [그림 22-1]을 보면 하나는 에콰도르에서 그리고 다른 하나는 버지니아에서 발생합니다.

그림 22-1 거리에 따른 이벤트 시간 문제

데이터센터의 위치 때문에 버지니아에서 발생한 이벤트가 에콰도르에서 발생한 이벤트보다 먼저 데이터센터에 도착합니다. 그러므로 처리 시간 기반으로 데이터를 분석하면 버지니아 이벤트가 에콰도르 이벤트보다 먼저 발생한 것으로 나타납니다. 이 상황은 정상적이지 않습니다. 하지만 이벤트 시간 기준(처리된 시간을 무시하고)으로 데이터를 분석하면 같은 시간에 발생한 이벤트로 처리할 수 있습니다.

컴퓨터 네트워크의 신뢰도는 낮으므로 이벤트 전송은 성공하거나 실패할 수 있습니다. 원천 시스템에서 스트림 처리 시스템으로 전송되는 과정에서 어떤 상황도 벌어질 수 있습니다. 그러므로 처리 시스템의 이벤트 순서는 이벤트 시간 순으로 정렬되어 있다고 보장할 수 없습니다. 이러한 문제점을 해결하기 위해 이벤트 시간 기준의 처리가 필요합니다. 처리 시스템에 도착한 시간 대신 스트림 데이터가 가진 시간 정보를 참조해야 합니다. 즉, 이벤트가 발생한 시간을 기준으로 이벤트를 비교해야 합니다.

22.2 상태 기반 처리

이 장에서 다룰 또 하나의 주제는 상태 기반 처리입니다. 사실 이 주제는 앞 장에서 이미 여러 번 설명했습니다. 상태 기반 처리는 오랜 시간에 걸쳐 중간 처리 정보(상태)를 사용하거나 갱신하는 경우(마이크로 배치microbatch 혹은 레코드 단위 처리record-at-a-time 방식 중 어떤 방법을 사용하더라도 상관없습니다)에만 필요합니다. 상태 기반 처리는 이벤트 시간을 사용하거나 키에 대한 집계를 사용하는 상황에서 일어납니다. 이때 집계키가 반드시 이벤트 시간과 연관성을 가져야 하는 것은 아닙니다.

스파크는 상태 기반 연산에 필요한 복잡한 처리를 대신합니다. 예를 들어 그룹화grouping를 지정하면 구조적 스트리밍이 사용자를 대신해 정보를 유지하고 갱신합니다. 사용자는 단순하게 로직만 정의하면 됩니다. 스파크는 상태 기반 연산에 필요한 중간 상태 정보를 **상태 저장소**state store에 저장합니다. 현재 스파크는 상태 저장소의 구현체인 인메모리 상태 저장소를 제공합니다. 인메모리 상태 저장소는 중간 상태를 체크포인트 디렉터리에 저장해 내고장성을 보장합니다.

22.3 임의적인 상태 기반 처리

앞서 설명한 상태 기반 처리 기능으로도 다양한 스트리밍 문제를 충분히 해결할 수 있습니다. 그러나 상태의 유형, 갱신 방법 그리고 제거 시점에 따라 (명시적으로 또는 타임아웃 조건으로) 세밀한 제어가 필요할 수도 있습니다. 이런 처리를 임의적인(또는 사용자 정의) 상태 기반 처리라고 부릅니다. 사용자는 스트림 처리에 필요한 모든 정보를 스파크에 저장할 수 있습니다. 이 기능으로 뛰어난 유연성과 강력함을 얻을 수 있으며 복잡한 비즈니스 로직을 매우 쉽게 제어할 수 있습니다. 다음은 이와 관련된 몇 가지 사례입니다.

- 전자 상거래 사이트에서 사용자 세션 정보를 기록합니다. 예를 들어 다음 세션에 실시간 추천 서비스를 제공하기 위해 현재 세션에서 사용자가 어떤 페이지를 방문했는지 추적하고 싶은 경우가 있습니다. 물론 세션은 각 사용자에 대한 시작과 종료 시각을 가집니다.
- 웹 애플리케이션에서 사용자 세션별로 오류가 5번 발생했을 때 오류를 보고해야 할 수도 있습니다. 카운트 기반 윈도우를 사용하면 이런 처리가 가능합니다.
- 중복 이벤트를 계속해서 제거해야 경우가 있습니다. 이런 경우 과거의 모든 레코드를 추적해서 중복 데이터를 제거해야 합니다.

지금까지 이 장에서 필요한 핵심 개념을 알아보았습니다. 이제 몇 가지 예제와 함께 전반적인 내용과 활용 시 고려사항을 알아보겠습니다.

22.4 이벤트 시간 처리의 기본

여기서는 앞 장에서 사용했던 데이터셋을 다시 사용합니다. 이벤트 시간은 데이터셋에 있는 하나의 컬럼이고 유일하게 신경 써야 하는 부분입니다. 지금은 다음 예제처럼 단순하게 이벤트 시간 컬럼을 사용합니다.

```
// 스칼라 코드
spark.conf.set("spark.sql.shuffle.partitions", 5)

val static = spark.read.json("/data/activity-data")
val streaming = spark
  .readStream
  .schema(static.schema)
  .option("maxFilesPerTrigger", 10)
  .json("/data/activity-data")

# 파이썬 코드
spark.conf.set("spark.sql.shuffle.partitions", 5)

static = spark.read.json("/data/activity-data")
streaming = spark\
  .readStream\
  .schema(static.schema)\
  .option("maxFilesPerTrigger", 10)\
  .json("/data/activity-data")

streaming.printSchema()
```

```
root
 |-- Arrival_Time: long (nullable = true)
 |-- Creation_Time: long (nullable = true)
 |-- Device: string (nullable = true)
 |-- Index: long (nullable = true)
 |-- Model: string (nullable = true)
 |-- User: string (nullable = true)
 |-- gt: string (nullable = true)
 |-- x: double (nullable = true)
 |-- y: double (nullable = true)
 |-- z: double (nullable = true)
```

이 데이터셋에는 두 개의 시간 컬럼이 있습니다. Creation_Time 컬럼은 이벤트가 생성된 시간을 정의하는 반면 Arrival_Time은 서버에 도착한 시간을 정의합니다. 이 장에서는 Creation_Time을 사용합니다. 이 예제는 이전 장과 동일하게 파일에서 데이터를 읽습니다. 이미 사용 중인 카프카 클러스터가 있다면 입력 데이터소스를 카프카로 간단하게 변경할 수 있습니다.

22.5 이벤트 시간 윈도우

이벤트 시간 분석의 첫 단계는 타임스탬프 컬럼을 적절한 스파크 SQL 타임스템프 데이터 타입으로 변환하는 겁니다. 현재 컬럼은 나노세컨드^nanosecond^ 단위의 유닉스 시간(long 타입으로 표현됩니다)이므로 약간의 처리를 하여 적합한 포맷으로 변환합니다.

```
// 스칼라 코드
val withEventTime = streaming.selectExpr(
  "*",
  "cast(cast(Creation_Time as double)/1000000000 as timestamp) as event_time")

# 파이썬 코드
withEventTime = streaming.selectExpr(
  "*",
  "cast(cast(Creation_Time as double)/1000000000 as timestamp) as event_time")
```

이제 이벤트 시간에 임의 연산을 수행할 준비가 끝났습니다! 위 예제는 배치 연산과 아주 유사하며 스트림 처리를 위해 특별한 API나 DSL을 사용하지 않습니다. 배치에서 했던 것처럼 단순하게 컬럼과 집계 연산을 사용해 이벤트 시간 처리를 할 수 있습니다.

22.5.1 텀블링 윈도우

주어진 윈도우에서 이벤트가 발생한 횟수를 카운트하는 연산은 매우 단순합니다. [그림 22-2]에 입력 데이터와 키 기준으로 단순 합계를 구하는 과정을 나타냈습니다.[1]

그림 22-2 텀블링 윈도우

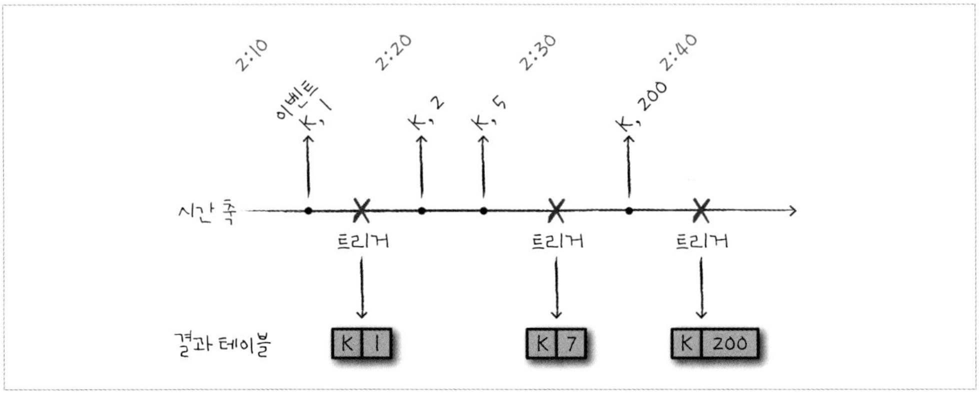

이제 시간 윈도우에 대한 키 기준 집계 연산을 수행해보겠습니다. 트리거가 실행될 때마다 마지막 트리거 이후에 수신한 데이터를 처리해 결과 테이블을 갱신(출력 모드에 따라 다르게 동작합니다)합니다.

실제 데이터셋(그리고 [그림 22-2])의 경우 이벤트가 겹치지 않도록 10분 길이의 윈도우를 사용합니다(하나의 이벤트는 하나의 윈도우에 속합니다). 물론 결과는 실시간으로 갱신되며 새로운 이벤트가 추가되는 경우 구조적 스트리밍에서 이벤트 수를 변경합니다. 그리고 complete 출력 모드를 사용하므로 전체 결과 테이블이 출력됩니다.

```
// 스칼라 코드
import org.apache.spark.sql.functions.{window, col}

withEventTime.groupBy(window(col("event_time"), "10 minutes")).count()
  .writeStream
  .queryName("events_per_window")
  .format("memory")
  .outputMode("complete")
  .start()
```

1 옮긴이_ 키 값이 K인 각 이벤트가 선상에 표시된 점에서 1개, 2개, 5개 발생한 상황을 가정합니다.

```
# 파이썬 코드
from pyspark.sql.functions import window, col

withEventTime.groupBy(window(col("event_time"), "10 minutes")).count()\
  .writeStream\
  .queryName("pyevents_per_window")\
  .format("memory")\
  .outputMode("complete")\
  .start()
```

이 예제에서는 디버깅 목적으로 결과를 메모리 싱크에 저장합니다. 따라서 스트림 처리가 시작되면 SQL로 결과를 조회할 수 있습니다.

```
spark.sql("SELECT * FROM events_per_window").show()

SELECT * FROM events_per_window
```

SQL을 실행하면 다음과 같은 결과를 볼 수 있습니다. 출력되는 로우 수는 쿼리 실행 시점의 처리량에 따라 다를 수 있습니다.

```
+---------------------------------------------+-----+
|window                                       |count|
+---------------------------------------------+-----+
|[2015-02-23 10:40:00.0,2015-02-23 10:50:00.0]|11035|
|[2015-02-24 11:50:00.0,2015-02-24 12:00:00.0]|18854|
...
|[2015-02-23 13:40:00.0,2015-02-23 13:50:00.0]|20870|
|[2015-02-23 11:20:00.0,2015-02-23 11:30:00.0]|9392 |
+---------------------------------------------+-----+
```

참고로 쿼리 결과는 다음과 같은 스키마를 가집니다.

```
root
 |-- window: struct (nullable = false)
 |    |-- start: timestamp (nullable = true)
 |    |-- end: timestamp (nullable = true)
 |-- count: long (nullable = false)
```

window 컬럼이 struct 타입(복합 데이터 타입)이라는 것에 주목하세요. 이 struct 타입을 조회해 특정 윈도우의 시작과 종료 시각을 얻을 수 있습니다.

중요한 점은 이벤트 시간 컬럼을 포함해 여러 컬럼에 대한 집계를 수행할 수 있다는 사실입니다. 따라서 앞 장에서 본 것처럼 cube 같은 메서드를 사용해 집계할 수도 있습니다. 다음 예제의 다중 키 집계 방식은 모든 윈도우 기반 집계 또는 상태 기반 연산에서 사용할 수 있습니다.

```
// 스칼라 코드
import org.apache.spark.sql.functions.{window, col}

withEventTime.groupBy(window(col("event_time"), "10 minutes"), col("User")).count()
  .writeStream
  .queryName("events_per_window")
  .format("memory")
  .outputMode("complete")
  .start()
```

```
# 파이썬 코드
from pyspark.sql.functions import window, col

withEventTime.groupBy(window(col("event_time"), "10 minutes"), "User").count()\
  .writeStream\
  .queryName("pyevents_per_window")\
  .format("memory")\
  .outputMode("complete")\
  .start()
```

슬라이딩 윈도우

이전 예제에서는 윈도우에 속한 이벤트 수를 단순하게 카운트했습니다. 하지만 윈도우를 윈도우 시작 시각에서 분리하는 방법을 사용할 수도 있습니다. [그림 22-3]에 이 방식을 나타냈습니다.

그림 22-3 슬라이딩 윈도우

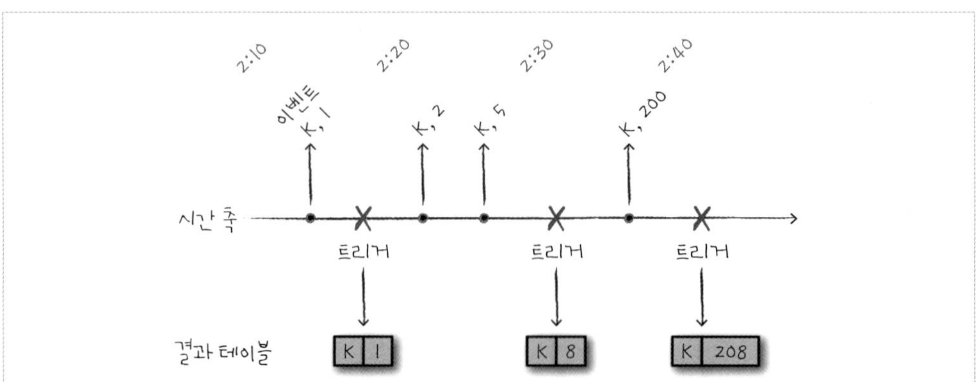

그림에서는 시간별 증분을 얻기 위해 한 시간 단위 슬라이딩 윈도우를 사용하고 10분마다 상태를 얻는 예시를 볼 수 있습니다. 이 처리 방식에서는 지난 시간에 대한 데이터를 유지하면서 연속적으로 값을 갱신합니다. 다음 예제에서는 5분마다 시작하는 10분짜리 윈도우를 사용합니다. 따라서 각 이벤트는 두 개의 서로 다른 윈도우에 할당됩니다. 물론 원하는 대로 시간 기준을 변경할 수도 있습니다.

```
// 스칼라 코드
import org.apache.spark.sql.functions.{window, col}

withEventTime.groupBy(window(col("event_time"), "10 minutes", "5 minutes"))
  .count()
  .writeStream
  .queryName("events_per_window")
  .format("memory")
  .outputMode("complete")
  .start()

# 파이썬 코드
from pyspark.sql.functions import window, col

withEventTime.groupBy(window(col("event_time"), "10 minutes", "5 minutes"))\
  .count()\
  .writeStream\
  .queryName("pyevents_per_window")\
  .format("memory")\
  .outputMode("complete")\
  .start()
```

다음과 같이 메모리 테이블을 조회할 수 있습니다.

```
SELECT * FROM events_per_window
```

조회 결과는 다음과 같습니다. 각 윈도우의 시작 시각은 이전의 텀블링 윈도우 쿼리에서 봤던 10분 간격이 아닌 5분 간격입니다.

```
+----------------------------------------+-----+
|window                                  |count|
+----------------------------------------+-----+
|[2015-02-23 14:15:00.0,2015-02-23 14:25:00.0]|40375|
|[2015-02-24 11:50:00.0,2015-02-24 12:00:00.0]|56549|
...
|[2015-02-24 11:45:00.0,2015-02-24 11:55:00.0]|51898|
|[2015-02-23 10:40:00.0,2015-02-23 10:50:00.0]|33200|
+----------------------------------------+-----+
```

22.5.2 워터마크로 지연 데이터 제어하기

이전 예제는 훌륭하지만 약간의 흠이 있습니다. 얼마나 늦게 도착한 데이터까지 받아들일지 기준을 정하지 않았기 때문입니다. 예제에서는 워터마크 또는 데이터가 필요 없어지는 시간을 지정하지 않았기 때문에 스파크는 중간 결과 데이터를 영원히 저장합니다. 이벤트 시간을 이용하는 모든 상태 기반 처리에서 이 현상이 발생합니다. 따라서 스트림(그리고 상태)에서 오래된 데이터를 제거하는 데 필요한 워터마크를 반드시 지정해야 합니다. 이 설정으로 시스템이 긴 시간 동안 부하에 노출되는 현상을 방지할 수 있습니다.

워터마크는 특정 시간 이후에 처리에서 제외할 이벤트나 이벤트 집합에 대한 시간 기준입니다. 지연 도착 현상은 네트워크 지연이나 장비의 연결 실패 또는 다른 여러 가지 원인으로 인해 발생할 수 있습니다. 하지만 DStream API는 지연 데이터를 제어하는 명확한 방법을 제공하지 않습니다. 운영 환경에서는 특정 시간에 발생한 이벤트가 시스템에 늦게 도착하는 경우가 있습니다. 이때 원래 속해야 하는 윈도우 처리용 배치가 이미 시작되었다면 다른 윈도우 처리용 배치에서 이벤트가 처리됩니다. 구조적 스트리밍에는 이런 현상에 대한 해결책이 있습니다. 이벤트 시간과 상태 기반 처리를 사용하면 특정 윈도우의 상태나 데이터셋이 처리 윈도우에서 분리됩니다. 이는 더 많은 이벤트가 유입될수록 구조적 스트리밍이 더 많은 정보를 이용해 윈도우를 계속 갱신함을 의미합니다.

이제 이 장을 시작하면서 알아본 이벤트 시간 처리 예제로 돌아갑니다. 이 장의 시작 부분에 있던 지구본 그림과 똑같은 그림이 [그림 22-4]에 있습니다.

그림 22-4 이벤트 시간 워터마킹

이 예제에서는 남미에 사는 고객이 만들어낸 이벤트에 약간의 지연이 있다고 가정하고 워터마크를 10분으로 지정합니다. 워터마크가 설정된 스파크는 이전 이벤트보다 10분 전에 일어난 모든 이벤트를 무시합니다. 달리 말하면 10분 이내의 이벤트만 받아들입니다. 스파크는 출력 모드에 맞춰 중간 상태를 제거하고 결과를 만들어냅니다. 이 장의 서두에서 언급했듯이 워터마크를 지정하지 않으면 전체 윈도우의 데이터를 영원히 유지하면서 결과를 갱신합니다. 따라서 워터마크는 반드시 지정해야 합니다. 그리고 이런 처리를 하다 보면 '얼마나 기다려야 데이터를 볼 수 있지?'라는 궁금증이 생깁니다. 이 질문에 대한 답은 데이터에 설정하는 워터마크에 따라 달라집니다.

데이터셋을 다시 한번 살펴보겠습니다. 만약 데이터를 보통 몇 분 이내에 처리해야 하는데 이벤트가 최대 5시간까지 지연(어쩌면 사용자 휴대폰의 인터넷 연결이 끊어졌을 수 있습니다)되어 도착하는 현상이 발생한다면 워터마크를 다음과 같이 명시해야 합니다.

```
// 스칼라 코드
// 5시간 지연 예제
import org.apache.spark.sql.functions.{window, col}
```

```
withEventTime
  .withWatermark("event_time", "5 hours")
  .groupBy(window(col("event_time"), "10 minutes", "5 minutes"))
  .count()
  .writeStream
  .queryName("events_per_window")
  .format("memory")
  .outputMode("complete")
  .start()

# 파이썬 코드
# 30분 지연 예제
from pyspark.sql.functions import window, col

withEventTime\
  .withWatermark("event_time", "30 minutes")\
  .groupBy(window(col("event_time"), "10 minutes", "5 minutes"))\
  .count()\
  .writeStream\
  .queryName("pyevents_per_window")\
  .format("memory")\
  .outputMode("complete")\
  .start()
```

거의 쿼리를 바꾸지 않았는데도 이런 놀라운 처리가 가능합니다. 단지 다른 설정을 추가했을 뿐입니다. 파이썬 예제를 기준으로 구조적 스트리밍은 해당 윈도우의 결과를 만들기 위해 10분 단위 롤링rolling 윈도우의 마지막 타임스탬프 이후 30분까지 대기합니다. 계속해서 결과를 만들어내는 complete 모드를 사용하므로 테이블을 쿼리해서 중간 결과를 확인할 수 있습니다. append 모드는 윈도우 종료 전까지 결과를 확인할 수 없습니다.

```
SELECT * FROM events_per_window

+---------------------------------------------+-----+
|window                                       |count|
+---------------------------------------------+-----+
|[2015-02-23 14:15:00.0,2015-02-23 14:25:00.0]|9505 |
|[2015-02-24 11:50:00.0,2015-02-24 12:00:00.0]|13159|
...
|[2015-02-24 11:45:00.0,2015-02-24 11:55:00.0]|12021|
|[2015-02-23 10:40:00.0,2015-02-23 10:50:00.0]|7685 |
+---------------------------------------------+-----+
```

지금까지 지연 데이터를 다루는 데 필요한 지식을 모두 알아보았습니다. 스파크는 지연 처리에 필요한 어려운 작업을 사용자를 대신해 처리합니다. 다시 한번 언급하자면 지연된 데이터를 어느 시점까지 보고 싶은지 지정하지 않으면 스파크는 모든 데이터를 메모리에 영원히 보관합니다. 워터마크를 지정하면 이러한 데이터를 메모리에서 제거해 스트림 처리를 오랜 시간에 걸쳐 안정적으로 수행할 수 있습니다.

22.6 스트림에서 중복 데이터 제거하기

스트림에서 중복을 제거하는 연산은 레코드 단위 처리 시스템에서 가장 처리하기 어려운 연산 중 하나입니다. 중복을 찾기 위해서는 여러 레코드를 반드시 한 번에 처리해야 합니다. 한 번에 많은 레코드를 처리해야 하므로 중복 제거는 처리 시스템에 큰 부하를 발생시킵니다. 하지만 중복 제거는 많은 애플리케이션에서 중요한 기능입니다. 특히 이전 시스템에서 메시지를 여러 번 받는 경우라면 더욱 중요합니다. 불안한 네트워크 환경에서 메시지를 생성하는 IoT 애플리케이션으로 이런 현상을 완벽하게 설명할 수 있습니다. 이 경우 스트림 시스템은 동일한 메시지를 여러 번 수신할 수 있습니다. 스트림 처리 결과를 활용하는 애플리케이션과 집계 연산에서는 각 메시지가 정확히 하나만 있다고 확신할 수 있어야 합니다.

구조적 스트리밍은 태생적으로 최소 한 번[at-least-once] 처리하는 방식을 제공하는 메시지 시스템을 쉽게 사용할 수 있습니다. 그리고 처리시에 키를 기준으로 중복을 제거해 정확히 한 번 처리 방식을 지원할 수 있습니다. 스파크는 데이터 중복을 제거하기 위해 사용자가 지정한 키를 유지하면서 중복 여부를 확인합니다.

CAUTION_ 다른 상태 기반 처리 애플리케이션처럼 상태 정보가 무한히 커지지 않도록 워터마크를 명시해야 합니다.

이제 데이터 중복 제거 과정을 시작해보겠습니다. 우리 목표는 중복 이벤트를 제거해 사용자별 이벤트 수를 줄이는 겁니다. 중복을 제거해야 하는 컬럼과 함께 이벤트 시간 컬럼을 중복 컬럼으로 명시하는 방법을 알아야 합니다. 예제에서는 중복 이벤트가 같은 식별자와 타임스탬프를 가진다고 가정합니다. 이 모델에서 두 개의 서로 다른 타임스탬프를 가진 로우는 두 개의 레코드가 됩니다.

```
// 스칼라 코드
import org.apache.spark.sql.functions.expr

withEventTime
  .withWatermark("event_time", "5 seconds")
  .dropDuplicates("User", "event_time")
  .groupBy("User")
  .count()
  .writeStream
  .queryName("deduplicated")
  .format("memory")
  .outputMode("complete")
  .start()

# 파이썬 코드
from pyspark.sql.functions import expr

withEventTime\
  .withWatermark("event_time", "5 seconds")\
  .dropDuplicates(["User", "event_time"])\
  .groupBy("User")\
  .count()\
  .writeStream\
  .queryName("pydeduplicated")\
  .format("memory")\
  .outputMode("complete")\
  .start()
```

처리 결과는 다음과 유사하며 스트림 데이터를 읽을 때마다 결과가 갱신됩니다.

```
+----+-----+
|User|count|
+----+-----+
|   a| 8085|
|   b| 9123|
|   c| 7715|
|   g| 9167|
|   h| 7733|
|   e| 9891|
|   f| 9206|
|   d| 8124|
|   i| 9255|
+----+-----+
```

22.7 임의적인 상태 기반 처리

이 장 앞부분에서 스파크가 명세에 따라 정보를 유지하고 윈도우의 결과를 갱신하는 방법을 설명했습니다. 하지만 복잡한 윈도우 처리 방식을 사용하는 경우에는 상황이 조금 달라집니다. 이러한 경우 임의적인 상태 기반 처리를 사용해야 합니다. 이 절에서는 몇몇 예제를 통해 비즈니스 로직을 지정하는 방법을 알아보겠습니다. 상태 기반 처리는 스파크 2.2 버전에서 스칼라를 이용하는 경우에만 사용할 수 있습니다. 앞으로 다른 언어 지원도 추가될 예정입니다.

상태 기반 처리를 사용하면 다음과 같은 처리를 할 수 있습니다.

- 특정 키의 개수를 기반으로 윈도우 생성하기
- 특정 시간 범위 안에 일정 개수 이상의 이벤트가 있는 경우 알림 발생시키기
- 결정되지 않은 시간 동안 사용자 세션을 유지하고 향후 분석을 위해 세션 저장하기

임의적인 상태 기반 처리를 수행하면 결과적으로 두 가지 처리 유형을 만나게 됩니다.

- 데이터의 각 그룹에 맵 연산을 수행하고 각 그룹에서 최대 한 개의 로우를 만들어냅니다. 이런 처리에는 `mapGroupsWithState` API를 이용합니다.
- 데이터의 각 그룹에 맵 연산을 수행하고 각 그룹에서 하나 이상의 로우를 만들어냅니다. 이런 처리에는 `flatMapGroupsWithState` API를 이용합니다.

데이터의 각 그룹에 '연산'을 수행하면 각 그룹을 임의로 갱신할 수 있습니다. 이는 이전에 설명한 텀블링이나 슬라이딩 윈도우가 아닌 임의의 윈도우 유형을 정의할 수 있다는 의미입니다. 이런 처리 유형은 상태에 대한 타임아웃 설정을 제어할 수 있습니다. 윈도우와 워터마크를 사용하면 윈도우 시작 시각이 워터마크보다 작아질 때 윈도우를 제거할 수 있습니다. 하지만 임의적 상태 기반 처리에서는 사용자가 정의한 개념에 따라 상태를 관리해야 하므로 적용할 수 없습니다. 따라서 상태 정보를 적절하게 제거해야 합니다.

22.7.1 타임아웃

앞 장에서 알아보았듯이 타임아웃은 중간 상태를 제거하기 전에 기다려야 하는 시간을 정의합니다. 각 키별로 그룹이 존재한다고 했을 때 타임아웃은 전체 그룹에 대한 전역 파라미터로 동작합니다. 타임아웃은 처리 시간(`GroupStateTimeout.ProcessingTimeTimeout`)이나 이벤트

시간(`GroupStateTimeout.EventTimeTimeout`) 중 하나가 될 수 있습니다. 값을 처리하기 전에 항상 타임아웃을 먼저 확인해야 합니다. `state.hasTimedOut` 값이나 values 이터레이터가 비어 있는지 확인하는 방식으로 타임아웃 정보를 얻을 수 있습니다. 타임아웃을 설정하려면 반드시 상태를 정의해야 합니다.

처리 시간 기반의 타임아웃을 사용할 때는 `GroupState.setTimeoutDuration`으로 주기를 설정할 수 있습니다. 시간이 설정한 주기만큼 흐르면 타임아웃이 발생합니다. D 밀리세컨드 간격의 타임아웃은 다음 사항을 보장합니다.

- D 밀리세컨드가 지나지 않으면 절대 타임아웃이 일어나지 않습니다.
- 타임아웃은 쿼리에 트리거가 있는 경우(즉, D 밀리세컨드 이후)에만 일어납니다. 따라서 타임아웃이 일어나는 엄격한 상한선은 없습니다. 예를 들어 쿼리의 트리거 주기는 타임아웃이 실제로 일어나는 시점에 영향을 미칩니다. 일정 시간 동안 스트림에 데이터가 없는 경우 트리거를 실행하지 않으며 데이터가 유입되기 전에는 타임아웃 함수를 호출하지 않습니다.

처리 시간 기반의 타임아웃은 시스템 시간의 변화에 영향을 받습니다. 따라서 시간대 변경과 시간 지연을 잘 고려해야 합니다.

이벤트 시간 기준의 타임아웃을 사용할 때도 쿼리에 이벤트 시간 워터마크를 반드시 지정해야 합니다. 타임아웃 설정을 하여 워터마크보다 오래된 데이터를 필터링할 수 있습니다. 개발자는 `GroupState.setTimeoutTimestamp(...)` API를 이용해 워터마크에서 참조할 타임아웃 타임스탬프를 설정할 수 있습니다. 타임아웃은 워터마크가 타임스탬프를 초과했을 때 발생합니다. 워터마크를 더 길게 지정하거나 스트림을 처리할 때 타임아웃 시간을 변경해 타임아웃 지연 시간을 조절할 수 있습니다. 또한 직접 작성한 코드를 사용할 수 있으므로 그룹별로 처리가 가능합니다. 이 타임아웃 유형에서는 워터마크가 설정한 타임아웃 시간이 되기 전까지 절대로 타임아웃이 일어나지 않습니다.

처리 시간 기반의 타임아웃과 유사하게 타임아웃이 실제 일어날 때 지연에 대한 엄격한 상한선은 없습니다. 워터마크는 스트림에 데이터가 있고 데이터의 이벤트 시간이 실제로 경과했을 경우에만 함께 변경됩니다.

> **NOTE_** 바로 전에 설명한 내용에 약간의 부연 설명이 필요합니다. 타임아웃이 중요하긴 하지만 언제나 원하는 대로 동작하지는 않습니다. 2017년 12월 기준으로 구조적 스트리밍은 비동기 방식의 잡 처리를 지원하지 않습니다. 따라서 하나의 주기를 실행하는 단위가 끝나고 그다음 단위가 실행되면 그 사이에는 데이터 출력이나 제거(time-out)가 일어나지 않습니다. 또한 처리해야 할 배치에 데이터가 없는 경우(지금은 각 키에 대한 그룹이 아닌 배치 단위를 의미합니다) 갱신과 이벤트 시간 기준 타임아웃이 일어나지 않습니다. 이런 동작 방식은 스파크 향후 버전에서 변경될 수 있습니다.

22.7.2 출력 모드

사용자 정의 상태 기반 처리에서는 앞 장에서 살펴본 출력 모드를 모두 지원하지 않습니다. 스파크 버전이 올라가면 달라질 수 있지만, 현재는 `mapGroupsWithState`의 경우 update 모드만 사용할 수 있습니다. 반면 `flatMapGroupsWithState`의 경우 append와 update 모드를 사용할 수 있습니다. append 모드는 타임아웃 이후에 결과 셋에서 데이터를 볼 수 있습니다. 즉, 워터마크를 지나야 합니다. 이런 처리는 자동으로 일어나지 않으므로 사용자가 적합한 로우를 출력해야 합니다.

[표 21-1]에서 각 출력 모드를 사용할 수 있는 시점을 확인할 수 있습니다.

22.7.3 mapGroupsWithState

상태 기반 처리의 첫 번째 예제에서는 `mapGroupsWithState` 기능을 사용합니다. 이 기능은 갱신된 데이터셋을 입력으로 받고 값을 특정 키로 분배하는 사용자 정의 집계 함수와 유사합니다. 이 처리를 위해 다음과 같은 사항을 정의해야 합니다.

- 세 가지 클래스 정의: 입력 클래스, 상태 클래스, 출력 클래스(선택적으로 정의합니다)
- 키, 이벤트 이터레이터 그리고 이전 상태를 기반으로 상태를 갱신하는 함수
- 22.7.1절 '타임아웃'에서 설명한 타임아웃 파라미터

`mapGroupsWithState` 기능을 정의함으로써 임의 상태를 생성하고 연속적으로 수정한 후 제거할 수 있습니다. 상태의 양에 따라 키를 수정하는 예제를 먼저 알아보고 이어서 세션화 같이 조금 더 복잡한 예제를 알아보겠습니다.

지금은 센서 데이터를 처리하고 있으므로 특정 사용자가 수행한 행동 중 한 가지를 선택해 처음과 마지막 타임스탬프를 찾아보겠습니다. 그룹화와 매핑에 사용할 키는 사용자와 행동의 조합으로 이루어집니다.

> **NOTE_** `mapGroupsWithState`를 사용하는 경우 스트림의 출력 결과에는 키나 그룹별로 한 개의 로우만 존재합니다. 만약 각 그룹에서 여러 로우를 출력하게 만들고 싶다면 앞서 언급했던 `flatMapGroupsWithState`를 사용해야 합니다.

입력, 상태 그리고 출력용 케이스 클래스는 다음과 같이 정의합니다.

```
case class InputRow(user:String, timestamp:java.sql.Timestamp, activity:String)
case class UserState(user:String,
  var activity:String,
  var start:java.sql.Timestamp,
  var end:java.sql.Timestamp)
```

가독성을 높이기 위해 특정 로우의 상태를 갱신하는 방법을 정의한 함수를 작성합니다.

```
def updateUserStateWithEvent(state:UserState, input:InputRow):UserState = {
  if (Option(input.timestamp).isEmpty) {
    return state
  }
  if (state.activity == input.activity) {

    if (input.timestamp.after(state.end)) {
      state.end = input.timestamp
    }
    if (input.timestamp.before(state.start)) {
      state.start = input.timestamp
    }
  } else {
    if (input.timestamp.after(state.end)) {
      state.start = input.timestamp
      state.end = input.timestamp
      state.activity = input.activity
    }
  }

  state
}
```

그리고 각 로우의 에포크epoch를 기준으로 상태를 갱신하는 방법을 담은 함수도 작성합니다.

```
import org.apache.spark.sql.streaming.{GroupStateTimeout, OutputMode, GroupState}

def updateAcrossEvents(user:String,
  inputs: Iterator[InputRow],
  oldState: GroupState[UserState]):UserState = {
  var state:UserState = if (oldState.exists) oldState.get else UserState(user, "",
      new java.sql.Timestamp(6284160000000L),
      new java.sql.Timestamp(6284160L)
  )
  // 시간 비교를 위해 이전 날짜를 간단하게 지정하고 데이터의 값을 기준으로 즉시 변경합니다.
  for (input <- inputs) {
    state = updateUserStateWithEvent(state, input)
    oldState.update(state)
  }
  state
}
```

기본 준비를 마쳤으니 관련 정보를 전달해서 쿼리를 시작할 차례입니다. mapGroupsWithState를 사용할 때는 특정 그룹의 상태 제거 여부를 추가로 지정해야 합니다. 이 설정은 특정 시간 이후에 데이터를 받지 못하는 경우 상태 정보에 어떤 처리를 해야 하는지 제어할 수 있는 메커니즘을 제공합니다. 예제에서는 상태를 계속해서 저장하므로 스파크에서 타임아웃이 발생하지 않도록 지정합니다.

예제에서는 update 출력 모드를 사용하기 때문에 사용자 활동에 대한 최신 정보를 출력합니다.

```
import org.apache.spark.sql.streaming.GroupStateTimeout

withEventTime
  .selectExpr("User as user",
    "cast(Creation_Time/1000000000 as timestamp) as timestamp", "gt as activity")
  .as[InputRow]
  .groupByKey(_.user)
  .mapGroupsWithState(GroupStateTimeout.NoTimeout)(updateAcrossEvents)
  .writeStream
  .queryName("events_per_window")
  .format("memory")
  .outputMode("update")
  .start()

SELECT * FROM events_per_window order by user, start
```

결과 데이터셋 중 일부는 다음과 같습니다.

```
+----+--------+-------------------+-------------------+
|user|activity|              start|                end|
+----+--------+-------------------+-------------------+
|   a|    bike|2015-02-23 13:30:...|2015-02-23 14:06:...|
|   a|    bike|2015-02-23 13:30:...|2015-02-23 14:06:...|
...
|   d|    bike|2015-02-24 13:07:...|2015-02-24 13:42:...|
+----+--------+-------------------+-------------------+
```

지금 사용하는 데이터에서 흥미로운 부분은 사용자의 마지막 활동이 전부 자전거 타기[bike]라는 겁니다. 이러한 결과가 나온 이유는 참가자 모두 순서대로 똑같은 활동을 수행하게 했기 때문입니다.

예제: 카운트 기반 윈도우

일반적인 윈도우 연산은 시작과 종료 시각으로 만들어집니다. 모든 이벤트는 두 지점 사이에 위치하며 사용자가 수행하는 카운팅이나 합계에 사용됩니다. 하지만 시간이 아닌 발생하는 이벤트 수(상태나 이벤트 시간에 무관합니다)를 기반으로 윈도우를 만들고 해당 데이터 윈도우에 특정 집계 연산을 수행하고 싶은 경우가 있습니다. 예를 들어 시간과 관계없이 500개의 이벤트를 수신한 순간에 값을 계산하고 싶을 수 있습니다.

다음 예제는 활동 데이터셋을 분석해 각 장비가 주기적으로 읽은 값의 평균을 출력합니다. 이때 이벤트 수 기준으로 윈도우를 만들고 해당 장비의 이벤트가 500개씩 누적될 때마다 결과를 출력합니다. 이 작업을 위해 세 개의 케이스 클래스를 구현합니다.

- device와 timestamp 필드가 있는 입력용 케이스 클래스
- 수집된 레코드의 현재 수, 장비 ID, 그리고 윈도우에서 읽은 이벤트의 배열을 가진 상태 케이스 클래스
- 출력용 케이스 클래스

각 케이스 클래스는 다음과 같이 정의합니다.

```
case class InputRow(device: String, timestamp: java.sql.Timestamp, x: Double)
case class DeviceState(device: String, var values: Array[Double],
  var count: Int)
case class OutputRow(device: String, previousAverage: Double)
```

이제 하나의 입력 로우를 기반으로 개별 상태를 갱신하는 함수를 정의할 수 있습니다. 인라인 inline 방식이나 다른 여러 방식으로 이 함수를 개발할 수 있습니다. 다음 예제는 특정 로우를 이용해 상태를 갱신할 때 정확히 어떤 방식을 이용하면 좋은지 명확하게 나타냅니다.

```
def updateWithEvent(state:DeviceState, input:InputRow):DeviceState = {
  state.count += 1
  // x축 값의 배열을 유지합니다.
  state.values = state.values ++ Array(input.x)
  state
}
```

이제 여러 입력 로우를 갱신하는 함수를 정의할 차례입니다. 다음 예제는 특정 키, 입력 이터레이터 그리고 과거 상태를 가지며 새로운 이벤트를 수신할 때마다 과거 상태를 갱신합니다. 마지막에는 출현한 이벤트 수를 기준으로 각 장비에 대한 갱신 정보를 반환합니다. 이 사례는 특정 개수의 이벤트를 수신해 상태를 수정한 후 초기화하므로 매우 직관적입니다. 그다음에는 출력 로우를 생성합니다. 출력 테이블에서 이 로우를 확인할 수 있습니다.

```
import org.apache.spark.sql.streaming.{GroupStateTimeout, OutputMode,
  GroupState}

def updateAcrossEvents(device:String, inputs: Iterator[InputRow],
  oldState: GroupState[DeviceState]):Iterator[OutputRow] = {
  inputs.toSeq.sortBy(_.timestamp.getTime).toIterator.flatMap { input =>
    val state = if (oldState.exists) oldState.get
      else DeviceState(device, Array(), 0)

    val newState = updateWithEvent(state, input)
    if (newState.count >= 500) {
      // 윈도우 중 하나가 완료되면 비어 있는 DeviceState로 교체하고
      // 과거 상탯값에서 지난 500개 아이템의 평균을 구한 후 출력합니다.
      oldState.update(DeviceState(device, Array(), 0))
      Iterator(OutputRow(device,
        newState.values.sum / newState.values.length.toDouble))
    }
    else {
      // 현재 DeviceState 객체로 업데이트하며 레코드를 출력하지 않습니다.
      oldState.update(newState)
      Iterator()
    }
  }
}
```

이제 스트림을 실행할 차례입니다. 출력 모드를 명시적으로 지정하기 위해 append 모드를 사용하고 GroupStateTimeout도 설정합니다. 원하는 숫자에 도달하지 못하는 경우 결과를 출력하기 위해 타임아웃 설정으로 기다려야 하는 시간을 지정합니다. 여기서는 이 값을 무제한으로 설정합니다. 이 설정은 장비의 이벤트 수가 500개를 넘지 못하는 경우 상태 정보가 영원히 '미완료'로 남고 결과 테이블에 데이터가 저장되지 않습니다.

flatMapGroupsWithState 메서드에 두 속성값을 지정하면 updateAcrossEvents 함수로 전달되며 스트림 처리가 시작됩니다.

```
import org.apache.spark.sql.streaming.GroupStateTimeout

withEventTime
  .selectExpr("Device as device",
    "cast(Creation_Time/1000000000 as timestamp) as timestamp", "x")
  .as[InputRow]
  .groupByKey(_.device)
  .flatMapGroupsWithState(OutputMode.Append,
    GroupStateTimeout.NoTimeout)(updateAcrossEvents)
  .writeStream
  .queryName("count_based_device")
  .format("memory")
  .outputMode("append")
  .start()
```

이제 데이터를 조회할 수 있습니다. 결과는 다음과 같습니다.

```
SELECT * FROM count_based_device

+--------+-------------------+
|  device|    previousAverage|
+--------+-------------------+
|nexus4_1|      4.660034012E-4|
|nexus4_1|0.001436279298199...|
...
|nexus4_1|1.049804683999999...|
|nexus4_1|-0.01837188737960...|
+--------+-------------------+
```

결과 데이터셋에 신규 데이터를 추가할 때마다 각 윈도우의 값이 계속해서 변하는 것을 확인할 수 있습니다.

22.7.4 flatMapGroupsWithState

상태 기반 처리의 두 번째 예제는 flatMapGroupsWithState 기능을 사용합니다. 이 기능은 단일 키의 출력 결과가 여러 개 만들어지는 것을 제외하면 mapGroupsWithState와 매우 유사합니다. 이 기능은 mapGroupsWithState에 적용된 기본 구조를 가지며 더 나은 유연성을 제공합니다. 우리가 정의해야 할 것은 다음과 같습니다.

- 세 가지 클래스 정의: 입력 클래스, 상태 클래스, 출력 클래스(선택적으로 정의합니다)
- 키, 이벤트 이터레이터 그리고 이전 상태를 기반으로 상태를 갱신하는 함수
- 22.7.1절 '타임아웃'에서 설명한 타임아웃 파라미터

이러한 객체와 정의를 이용해 임의 상태를 생성하고 연속적으로 수정하고 제거할 수 있습니다. 이제 세션화 예제를 알아보겠습니다.

예제: 세션화

세션은 발생한 일련의 이벤트를 가진 지정되지 않은 시간 윈도우unspecified time windows를 말합니다. 보통 나중에 여러 세션을 비교하기 위해 배열에 각각의 이벤트를 저장합니다. 세션은 계속해서 상태를 유지하고 수정하는 로직을 가지고 있습니다. 또한 상태가 언제 끝나는지 정의하는 특정 액션이나 단순한 타임아웃 로직을 가집니다. 이전 예제를 바탕으로 좀 더 정확하게 세션을 정의해보겠습니다.

때로는 함수에서 사용할 수 있는 세션 ID를 명확하게 가진 경우도 있습니다. 이런 경우에는 상태 기반 처리 로직을 직접 구현하지 않고 단순 집계를 하여 문제를 쉽게 해결할 수 있습니다. 이번 예제에서는 사용자 ID와 일부 시간 정보를 이용해 실행 시점에서 세션을 생성합니다. 그리고 5초 안에 해당 사용자가 새로운 이벤트를 만들지 않으면 세션을 종료합니다. 그리고 지금까지 사용한 것과 다른 유형의 타임아웃을 사용합니다.

먼저 mapGroupsWithState 예제처럼 케이스 클래스를 생성하고 단일 이벤트 갱신 함수를 정의합니다. 이어서 다중 이벤트 갱신 함수를 정의합니다.

```
case class InputRow(uid:String, timestamp:java.sql.Timestamp, x:Double,
  activity:String)
case class UserSession(val uid:String, var timestamp:java.sql.Timestamp,
  var activities: Array[String], var values: Array[Double])
case class UserSessionOutput(val uid:String, var activities: Array[String],
  var xAvg:Double)
```

```scala
def updateWithEvent(state:UserSession, input:InputRow):UserSession = {
  // 비정상적인 날짜를 제어합니다.
  if (Option(input.timestamp).isEmpty) {
    return state
  }

  state.timestamp = input.timestamp
  state.values = state.values ++ Array(input.x)
  if (!state.activities.contains(input.activity)) {
    state.activities = state.activities ++ Array(input.activity)
  }
  state
}

import org.apache.spark.sql.streaming.{GroupStateTimeout, OutputMode,
  GroupState}

def updateAcrossEvents(uid:String,
  inputs: Iterator[InputRow],
  oldState: GroupState[UserSession]):Iterator[UserSessionOutput] = {

  inputs.toSeq.sortBy(_.timestamp.getTime).toIterator.flatMap { input =>
    val state = if (oldState.exists) oldState.get else UserSession(
    uid,
    new java.sql.Timestamp(6284160000000L),
    Array(),
    Array())
    val newState = updateWithEvent(state, input)

    if (oldState.hasTimedOut) {
      val state = oldState.get
      oldState.remove()
      Iterator(UserSessionOutput(uid,
      state.activities,
      newState.values.sum / newState.values.length.toDouble))
    } else if (state.values.length > 1000) {
      val state = oldState.get
      oldState.remove()
      Iterator(UserSessionOutput(uid,
      state.activities,
      newState.values.sum / newState.values.length.toDouble))
    } else {
      oldState.update(newState)
```

```
      oldState.setTimeoutTimestamp(newState.timestamp.getTime(), "5 seconds")
      Iterator()
    }
  }
}
```

위 코드에서는 5초 늦게 도착한 이벤트까지만 처리하도록 정의했습니다. 그러므로 범위를 벗어나는 이벤트는 무시합니다. 그리고 이벤트 시간 기준의 타임아웃을 수행하기 위해 EventTimeTimeout을 사용합니다.

```
import org.apache.spark.sql.streaming.GroupStateTimeout

withEventTime.where("x is not null")
  .selectExpr("user as uid",
    "cast(Creation_Time/1000000000 as timestamp) as timestamp",
    "x", "gt as activity")
  .as[InputRow]
  .withWatermark("timestamp", "5 seconds")
  .groupByKey(_.uid)
  .flatMapGroupsWithState(OutputMode.Append,
    GroupStateTimeout.EventTimeTimeout)(updateAcrossEvents)
  .writeStream
  .queryName("count_based_device")
  .format("memory")
  .start()
```

테이블을 조회하면 유효 시간 내에 있는 사용자별 결과 로우를 확인할 수 있습니다.

```
SELECT * FROM count_based_device

+---+--------------------+--------------------+
|uid|          activities|                xAvg|
+---+--------------------+--------------------+
|  a|  [stand, null, sit]|-9.10908533566433...|
|  a|   [sit, null, walk]|-0.00654280428601...|
...
|  c|[null, stairsdown...|-0.03286657789999995|
+---+--------------------+--------------------+
```

예상한 대로 활동이 다양한 세션의 자이로스코프 x축 값이 활동이 적은 세션의 x축 값보다 더 높습니다. 이 예제는 사용자 도메인 문제를 해결하는 데 쉽게 활용될 수 있습니다.

22.8 정리

이 장에서는 이벤트 시간과 상태 기반 처리라는 구조적 스트리밍의 고급 주제를 알아보았습니다. 지금까지 알아본 내용은 실제 애플리케이션 로직을 구현하는 데 도움이 되는 실전 사용자 가이드입니다. 다음 장에서는 운영 환경에서 스트리밍 애플리케이션을 적용하고 관리하는 데 필요한 내용을 알아보겠습니다.

CHAPTER 23

운영 환경에서의 구조적 스트리밍

앞 장에서는 사용자 관점에서 구조적 스트리밍을 알아보았습니다. 구조적 스트리밍은 사용자 애플리케이션의 핵심입니다. 이 장에서는 구조적 스트리밍 방식으로 구현된 애플리케이션을 안정적으로 운영하는 데 필요한 기능을 알아보겠습니다.

스파크 2.2.0은 운영 환경에 적합한 버전입니다. 이 릴리스에는 운영 환경에서 구조적 스트리밍을 사용하는 데 필요한 모든 기능과 안정화된 스트리밍 API가 포함되어 있습니다. 사실 구조적 스트리밍은 다른 운영 환경용 스파크 애플리케이션을 실행하는 방식과 크게 다르지 않아 이미 많은 기업에서 사용하고 있습니다. 실제로 구조적 스트리밍 설계자들은 트랜잭션을 보장하는 소스와 싱크 그리고 정확히 한 번 처리하는 기능을 추가하여 최대한 운영하기 쉽게 만들려고 노력했습니다. 이 장에서는 구조적 스트리밍과 관련된 주요 운영 작업을 알아보겠습니다. 이 내용은 2부에서 다뤘던 스파크 운영 방법의 부족한 부분을 채워줄 겁니다.

23.1 내고장성과 체크포인팅

장애 복구는 스트리밍 애플리케이션을 운영할 때 매우 신경 써야 하는 부분입니다. 장애의 원인은 아주 다양합니다. 클러스터 머신에 문제가 생길 수도 있고 마이그레이션 실수로 스키마가 변경될 수도 있습니다. 어쩌면 계획적으로 클러스터나 애플리케이션을 재시작해야 할 수도 있습니다. 구조적 스트리밍 애플리케이션은 단순한 재시작만으로 이런 장애 상황을 극복합니다.

이를 위해 스파크 엔진이 자동으로 관리하는 체크포인트와 WAL을 사용하도록 설정해야 합니다. 구체적으로 설명하자면 체크포인팅과 WAL 정보를 저장하는 신뢰도 높은 파일 시스템(예: HDFS, S3 또는 모든 호환 가능한 파일 시스템)의 **체크포인트 경로**를 쿼리에 설정해야 합니다. 구조적 스트리밍은 설정에 따라 관련된 모든 진행 상황 정보(예: 현재 트리거에서 처리한 오프셋 범위 정보)와 중간 상탯값을 체크포인트 경로에 저장합니다. 장애 상황이 발생하면 단순히 애플리케이션을 다시 시작하여 중간 상탯값을 저장한 체크 포인트 경로를 참조하도록 설정합니다. 그러면 애플리케이션은 자동으로 이전 상태를 복구하고 중단된 데이터를 처리합니다. 구조적 스트리밍은 자동으로 상태를 관리합니다. 사용자는 애플리케이션의 상태를 수동으로 관리하지 않아도 됩니다.

체크포인트를 사용하려면 애플리케이션을 시작하기 전에 `writeStream`의 `checkpointLocation` 옵션에 체크포인트 경로를 지정합니다.

```
// 스칼라 코드
val static = spark.read.json("/data/activity-data")
val streaming = spark
  .readStream.schema(static.schema)
  .option("maxFilesPerTrigger", 10)
  .json("/data/activity-data")
  .groupBy("gt")
  .count()
val query = streaming
  .writeStream
  .outputMode("complete")
  .option("checkpointLocation", "/some/location/")
  .queryName("test_stream")
  .format("memory")
  .start()

# 파이썬 코드
static = spark.read.json("/data/activity-data")
streaming = spark\
  .readStream\
  .schema(static.schema)\
  .option("maxFilesPerTrigger", 10)\
  .json("/data/activity-data")\
  .groupBy("gt")\
  .count()
query = streaming\
```

```
.writeStream\
.outputMode("complete")\
.option("checkpointLocation", "/some/python/location/")\
.queryName("test_python_stream")\
.format("memory")\
.start()
```

체크포인트 디렉터리나 디렉터리의 파일이 제거된 경우 장애 상황에서 애플리케이션을 정상적으로 복구할 수 없습니다. 이 상황에서는 스트림 처리를 처음부터 다시 시작해야 합니다.

23.2 애플리케이션 변경하기

체크포인팅은 현재까지 처리한 스트림과 모든 중간 상태를 저장합니다. 따라서 운영 환경에서 애플리케이션을 실행하는 데 가장 중요한 기능입니다. 체크포인팅을 사용할 때 주의해야 할 점이 있습니다. 바로 스트리밍 애플리케이션을 업데이트할 때 이전 체크포인트 데이터를 고려해야 한다는 겁니다. 예를 들어 애플리케이션을 업데이트한다면 업데이트 내용에 중대한 변화 breaking change가 있는지 확인해야 합니다. 이와 관련된 두 가지 유형의 업데이트(스트리밍 애플리케이션 코드 업데이트와 스파크 버전 업데이트)를 자세히 알아봅시다.

23.2.1 스트리밍 애플리케이션 코드 업데이트하기

구조적 스트리밍은 애플리케이션을 다시 시작하기 전에 특정 유형의 애플리케이션 코드를 변경할 수 있도록 설계되어 있습니다. 가장 중요한 점은 사용자 정의 함수는 시그니처가 같은 경우에만 코드를 변경할 수 있다는 겁니다. 버그를 수정해야 하는 상황에서는 이 기능이 매우 유용합니다. 예를 들어 사용자 애플리케이션에 새로운 유형의 데이터가 유입되어 데이터 파싱 함수에서 오류가 발생했다고 합시다. 이때 구조적 스트리밍을 사용 중이라면 새로운 버전의 파싱 함수를 만들어 애플리케이션을 다시 컴파일할 수 있습니다. 그런 다음 장애가 발생한 스트림 지점부터 다시 처리할 수 있습니다.

새로운 컬럼을 추가하거나 사용자 정의 함수를 변경하는 등의 작은 수정은 '중대한 변화'가 아닙니다. 그러므로 새로운 체크포인트 디렉터리를 사용하지 않아도 됩니다. 하지만 완전히 새로운 체크포인트 디렉터리를 사용해야 하는 '중대한 변화'가 일어나는 경우가 있습니다. 예를 들어 스트리밍 애플리케이션에 새로운 집계 키를 추가하거나 쿼리를 완전히 변경하는 등의 업데이트가 발생한다면 스파크는 이전 체크포인트 디렉터리에 저장된 정보에서 새로운 쿼리에 필요한 상태 정보를 만들어내지 못합니다. 이런 경우 구조적 스트리밍에서 '체크포인트 디렉터리 정보를 사용할 수 없다'는 예외가 발생합니다. 따라서 사용자는 반드시 비어 있는 신규 체크포인트 디렉터리를 지정하고 처음부터 다시 처리해야 합니다.

23.2.2 스파크 버전 업데이트하기

구조적 스트리밍 애플리케이션은 스파크의 패치 버전 업데이트(예: 스파크 2.2.0 버전에서 2.2.1 또는 2.2.2 버전으로 업데이트)에 상관없이 이전 체크포인트 디렉터리를 사용해 재시작할 수 있습니다. 체크포인트 포맷은 상위 버전과 호환되도록 설계되어 있습니다. 그러므로 치명적인 버그를 수정한 경우를 제외하면 기존의 체크포인트 정보를 계속 사용할 수 있습니다. 새로운 스파크 버전이 이전 체크포인트 정보를 사용하지 못한다면 릴리스 노트에 명시됩니다. 구조적 스트리밍 개발자들은 마이너 버전을 업데이트(예: Spark 2.2.x 버전에서 2.3.x 버전으로 업데이트)할 때 포맷 호환성을 유지하려 노력합니다. 그렇지만 릴리스 노트를 확인해 스파크 버전을 업그레이드할 때 호환성이 보장되는지 확인하는 것이 좋습니다. 두 경우 모두 저장된 체크포인트부터 시작하지 못한다면 새로운 체크포인트 디렉터리를 지정해 애플리케이션을 다시 시작해야 합니다.

23.2.3 애플리케이션의 초기 규모 산정과 재조정하기

클러스터는 평균 데이터 발생량 이상으로 데이터가 급증하는 상황에서도 안정적으로 처리할 수 있는 크기를 가져야 합니다. 관찰해야 하는 애플리케이션과 클러스터의 주요 메트릭은 다음 절에서 알아보겠습니다. 전반적으로 유입률이 처리율보다 훨씬 크다면 클러스터나 애플리케이션의 크기를 늘려야 합니다. 리소스 매니저와 배포 방식에 따라 애플리케이션의 익스큐터를 동적으로 추가할 수 있습니다. 또한 익스큐터를 제거하거나 애플리케이션에 설정된 자원을 줄인 다음 재시작하는 방식으로 애플리케이션의 크기를 줄일 수도 있습니다. 하지만 이런 변경 작업은 처리가 지연되는 상황을 초래합니다. 예를 들어 데이터를 재연산하거나 익스큐터를 제거하면 셔플이 발생해 처리가 지연됩니다. 결국 더욱 정교한 자원 관리 기능을 갖춘 시스템을 구축할지 여부는 비즈니스 결정에 따라 달라집니다.

클러스터나 애플리케이션이 사용하는 기본 인프라 구조를 변경해야 하는 경우도 있습니다. 하지만 종종 애플리케이션이나 스트림에 새로운 설정을 적용해 다시 시작해야 할 때도 있습니다. 예를 들어 스트림을 실행 중이라면 `spark.sql.shuffle.partitions`의 값을 변경하더라도 반영되지 않습니다(셔플 파티션 수는 변경되지 않습니다). 변경된 설정을 적용하려면 애플리케이션을 다시 시작하는 대신 해당 스트림만 다시 시작하면 됩니다. 그러나 임의의 스파크 애플리케이션 설정값 변경처럼 중대한 변경이 일어난다면 애플리케이션을 다시 시작해야 합니다.

23.3 메트릭과 모니터링

스트리밍 애플리케이션의 메트릭과 모니터링은 일반 스파크 애플리케이션과 거의 같습니다(18장을 참조하세요). 하지만 스트리밍 애플리케이션의 상태를 자세히 파악할 수 있는 특별한 추가 기능을 제공합니다. 스파크에서는 스트리밍 쿼리의 상태와 최근에 실행된 진행 상황을 조회할 수 있는 두 가지 API를 제공합니다. 두 가지 API를 사용해 스트림 처리가 예상한 대로 동작하는지 확인할 수 있습니다.

23.3.1 쿼리 상태

가장 기본적인 모니터링 API인 `query.status`를 먼저 알아보겠습니다. 이 기능을 사용해 '지금 스트림에서 어떤 처리를 하고 있지?'에 대한 답을 얻을 수 있습니다. 이 정보는 `startStream` 메서드에서 반환한 쿼리 객체의 `status` 속성으로 확인할 수 있습니다.

```
query.status
```

특정 쿼리의 상태를 얻으려면 스트림의 현재 상태를 반환하는 `query.status` 명령을 실행합니다. 이 명령은 해당 시점에 스트림에서 일어나고 있는 상황의 상세 정보를 반환합니다. 다음은 현재 상태를 조회한 결과의 한 예입니다.

```
{
  "message" : "Getting offsets from ...",
  "isDataAvailable" : true,
  "isTriggerActive" : true
}
```

조회 결과에는 '...에서 오프셋을 얻는다.'는 메시지와 스트림의 상태를 나타내는 다양한 메시지가 있습니다.

> **NOTE_** 앞선 예제에서는 스파크 셸에서 실행하는 방법 그대로 `status` 명령을 사용했습니다. 하지만 스탠드얼론 애플리케이션의 경우 프로세스에 임의 코드를 실행할 수 있는 셸이 존재하지 않습니다. 이런 경우 특정 포트로 요청이 들어오면 `query.status` 호출 결과를 반환하는 가벼운 HTTP 서버 기반의 모니터링 시스템을 구축해 상태를 확인할 수 있습니다. 그리고 잠시 후에 설명할 `StreamingQueryListener` API를 사용해 더 많은 이벤트를 수신할 수 있습니다.

23.3.2 최근 진행 상황

현재 쿼리 상태를 확인하는 것도 유용하지만 쿼리 진행 상황을 확인하는 것 역시 중요합니다. 진행 상황 API[progress API]를 이용해 '튜플을 얼마나 처리하고 있지?', '소스에서 이벤트가 얼마나 빠르게 들어오지?'와 같은 질문에 대한 답을 얻을 수 있습니다. `query.recentProgress` 명령으로 처리율과 배치 주기 등 시간 기반의 정보를 확인할 수 있습니다. 스트리밍 쿼리의 진행 상황은 스트림이 사용하는 입력 소스와 출력 싱크의 정보도 함께 제공합니다.

```
query.recentProgress
```

스칼라를 사용해 이전 코드를 실행한 결과는 다음과 같습니다. 파이썬으로 실행해도 유사한 결과를 얻을 수 있습니다.

```
Array({
  "id" : "d9b5eac5-2b27-4655-8dd3-4be626b1b59b",
  "runId" : "f8da8bc7-5d0a-4554-880d-d21fe43b983d",
  "name" : "test_stream",
  "timestamp" : "2017-08-06T21:11:21.141Z",
  "numInputRows" : 780119,
```

```
    "processedRowsPerSecond" : 19779.89350912779,
    "durationMs" : {
      "addBatch" : 38179,
      "getBatch" : 235,
      "getOffset" : 518,
      "queryPlanning" : 138,
      "triggerExecution" : 39440,
      "walCommit" : 312
    },
    "stateOperators" : [ {
      "numRowsTotal" : 7,
      "numRowsUpdated" : 7
    } ],
    "sources" : [ {
      "description" : "FileStreamSource[/some/stream/source/]",
      "startOffset" : null,
      "endOffset" : {
        "logOffset" : 0
      },
      "numInputRows" : 780119,
      "processedRowsPerSecond" : 19779.89350912779
    } ],
    "sink" : {
      "description" : "MemorySink"
    }
  })
```

출력 결과에는 스트림의 상태와 관련된 상세 정보가 포함되어 있습니다. 출력된 정보는 특정 시점(쿼리 진행 상황을 요청한 시점)의 스냅샷이라는 것을 반드시 기억하기 바랍니다. 스트림의 상태를 연속적으로 얻으려면 이 API를 사용해 반복적으로 요청해야 합니다. 출력된 필드 대부분은 이름만으로도 그 의미를 알 수 있습니다. 여기서는 중요한 몇 가지 필드를 자세히 알아보겠습니다.

유입률과 처리율

유입률^input rate^은 입력 소스에서 구조적 스트리밍 내부로 데이터가 유입되는 양을 나타냅니다. 처리율^processing rate^은 유입된 데이터를 처리하는 속도를 나타냅니다. 이상적인 상황이라면 유입률과 처리율이 서로 달라야 합니다. 간혹 유입률이 처리율보다 훨씬 큰 경우가 있습니다. 이런 상황에서는 스트림이 뒤처지므로 클러스터의 규모를 늘려 더 많은 데이터를 처리해야 합니다.

배치 주기

대부분의 스트리밍 시스템은 적정한 처리량을 얻기 위해 배치 방식으로 처리합니다. 일부 스트리밍 시스템은 처리량을 줄이는 대신 느리게 응답하는 옵션을 제공합니다. 구조적 스트리밍을 사용하면 두 장점을 모두 얻을 수 있습니다. 구조적 스트리밍은 데이터를 연산할 때 다양한 양의 이벤트를 처리합니다. 따라서 배치 주기가 변하는 것을 볼 수 있습니다. 하지만 연속형 처리 엔진continuous processing engine을 사용하는 경우에는 이 기준이 무의미합니다.

TIP 일반적으로 배치 주기, 유입률 그리고 처리율에 대한 시간별 변화를 시각화하는 방식이 단순한 리포팅 방식보다 훨씬 유용합니다.

23.3.3 스파크 UI

18장에서 알아본 스파크 UI에서 구조적 스트리밍과 관련된 잡, 태스크 그리고 처리 메트릭을 확인할 수 있습니다. 각각의 스트리밍 애플리케이션은 스파크 UI에서 트리거마다 생성된 짧은 잡이 누적된 형태로 나타납니다. 스파크 UI는 애플리케이션의 메트릭, 쿼리 실행 계획, 태스크 주기 그리고 로그 정보도 제공합니다. 구조적 스트리밍은 DStream API와 다르게 'Streaming' 탭을 사용하지 않습니다.

23.4 알림

구조적 스트리밍 쿼리의 메트릭을 이해하고 관찰하는 것은 중요한 단계입니다. 이때 사용자가 대시보드의 메트릭을 계속 확인해 잠재적인 문제를 발견하는 과정이 필요합니다. 따라서 잡이 실패하거나 유입률보다 처리율이 떨어지는 경우 자동으로 알려주는 기능이 필요합니다. 이런 기능을 구현할 수 있도록 스파크는 기존에 보유한 알림 시스템alert system을 스파크와 통합할 수 있는 여러 방법을 제공합니다. 일반적으로는 앞서 살펴본 최근 '진행 상황 API'를 기반으로 구축합니다. 예를 들어 오픈소스인 Coda Hale 메트릭 라이브러리나 프로메테우스 같은 모니터링 시스템에 메트릭을 직접 전송하거나 단순히 로그를 기록한 다음 스플렁크Splunk 같은 로그 집계 시스템을 사용해 분석할 수 있습니다. 이때 쿼리 모니터링과 알림 외에도 클러스터와 전체 애플리케이션의 상태를 모니터링하고 알림을 발생시켜야 합니다.

23.5 스트리밍 리스너를 사용한 고급 모니터링

지금까지 구조적 스트리밍의 모니터링 도구를 알아보았습니다. 상태 및 쿼리 진행 API를 사용해 로그 집계 시스템이나 프로메테우스 대시보드 같이 기업에 구축된 모니터링 시스템으로 모니터링 이벤트를 전송할 수 있습니다. 이외에도 더 강력하게 애플리케이션을 관찰할 수 있는 방법(StreamingQueryListener 클래스)이 있습니다.

StreamingQueryListener 클래스를 이용해 비동기 방식으로 스트리밍 쿼리 정보를 수신한 후 다른 시스템에 자동으로 해당 정보를 전송할 수 있으며 견고한 모니터링 및 알림 메커니즘을 구현할 수 있습니다. 먼저 StreamingQueryListener 클래스를 상속해 자체 로직을 구현해야 합니다. 그다음에 실행 중인 SparkSession에 등록합니다. sparkSession.streams.addListener() 메서드로 사용자 정의 리스너를 추가할 수 있으며 동작 중인 쿼리가 시작, 종료 또는 진행될 때 관련 정보를 수신할 수 있습니다. 구조적 스트리밍 문서[1]의 리스너 예제는 다음과 같습니다.

```
val spark: SparkSession = ...

spark.streams.addListener(new StreamingQueryListener() {
    override def onQueryStarted(queryStarted: QueryStartedEvent): Unit = {
        println("Query started: " + queryStarted.id)
    }
    override def onQueryTerminated(queryTerminated: QueryTerminatedEvent): Unit = {
        println("Query terminated: " + queryTerminated.id)
    }
    override def onQueryProgress(queryProgress: QueryProgressEvent): Unit = {
        println("Query made progress: " + queryProgress.progress)
    }
})
```

스트리밍 리스너는 사용자 정의 코드에 따라 진행 상황을 갱신하거나 상태를 변경하고 이를 외부 시스템에 전달할 수 있습니다. 예를 들어 StreamingQueryListener 클래스를 사용하는 다음 코드는 모든 쿼리 진행 상황을 카프카에 전송합니다. 실제 메트릭을 얻으려면 카프카에서 JSON 문자열 데이터를 읽어 파싱해야 합니다.

1 옮긴이_ https://bit.ly/2NevfZC

```
class KafkaMetrics(servers: String) extends StreamingQueryListener {
  val kafkaProperties = new Properties()
  kafkaProperties.put(
    "bootstrap.servers",
    servers)
  kafkaProperties.put(
    "key.serializer",
    "kafkashaded.org.apache.kafka.common.serialization.StringSerializer")
  kafkaProperties.put(
    "value.serializer",
    "kafkashaded.org.apache.kafka.common.serialization.StringSerializer")

  val producer = new KafkaProducer[String, String](kafkaProperties)

  import org.apache.spark.sql.streaming.StreamingQueryListener
  import org.apache.kafka.clients.producer.KafkaProducer

  override def onQueryProgress(event:
    StreamingQueryListener.QueryProgressEvent): Unit = {
    producer.send(new ProducerRecord("streaming-metrics",
      event.progress.json))
  }
  override def onQueryStarted(event:
    StreamingQueryListener.QueryStartedEvent): Unit = {}
  override def onQueryTerminated(event:
    StreamingQueryListener.QueryTerminatedEvent): Unit = {}
}
```

StreamingQueryListener 인터페이스를 이용해 만든 구조적 스트리밍 애플리케이션은 같은 클러스터나 다른 클러스터에서 실행 중인 구조적 스트리밍 애플리케이션을 모니터링할 수 있습니다. 이 방식으로 여러 스트림을 동시에 관리할 수 있습니다.

23.6 정리

지금까지 운영 환경에서 구조적 스트리밍을 실행할 때 필요한 주요 기능을 알아보았습니다. 주요 기능으로는 내고장성을 위한 체크포인트와 애플리케이션의 실행 상태를 관찰할 수 있는 다양한 모니터링 API 등이 있습니다. 이미 운영 환경에서 스파크를 사용하고 있다면 다행히 여러 개념과 기능이 유사하기 때문에 기존 지식을 바탕으로 쉽게 적응할 수 있습니다. 스파크 애플리케이션을 모니터링할 때 유용한 여러 도구를 알고 싶다면 4부를 다시 한번 살펴보기 바랍니다.

Part VI

고급 분석과 머신러닝

아파치 스파크는 데이터 처리뿐만 아니라 데이터 과학을 위한 최적의 환경을 제공합니다. 6부에서는 스파크에서 제공하는 머신러닝과 딥러닝 라이브러리를 알아보고 이를 파이프라인으로 구현하는 방법을 코드 레벨에서 다양한 실습 예제와 함께 살펴볼 겁니다.

Part VI

고급 분석과 머신러닝

CHAPTER 24

고급 분석과 머신러닝 개요

지금까지는 다소 일반적인 데이터 흐름을 처리하는 API를 다루었습니다. 6부에서는 스파크에서 제공하는 고급 분석 및 머신러닝을 위한 다양한 API를 좀 더 자세히 설명할 겁니다. 스파크는 대용량 데이터에 대한 SQL 분석과 스트림 처리 외에도 통계 분석, 머신러닝 그리고 그래프 분석을 지원하며 이러한 고급 분석을 수행하는 데 필요한 일련의 작업 과정도 제공합니다. 6부에서 다룰 스파크 고급 분석 도구는 다음과 같습니다.

- 데이터 전처리 : 데이터 정제 및 피처 엔지니어링
- 지도 학습(supervised learning)
- 비지도 학습(unsupervised learning)
- 추천 엔진(recommendation learning)
- 그래프 분석(graph analytics)
- 딥러닝(deep learning)

이 장에서는 고급 분석의 기본 개념, 활용 사례 및 관련 워크플로를 설명하고 위 6가지 분석 도구(또는 주제)를 스파크에서 적용하는 방법을 다룹니다.

CAUTION_ 이 책은 머신러닝의 기초부터 고급까지 모든 이론을 다루지는 않습니다. 중요하지 않아서가 아니라 각 알고리즘의 수학적 정의나 공식을 제대로 다루기에는 내용이 너무 많기 때문입니다. 6부는 알고리즘의 수학적 토대나 세부 구현 전략을 알려주기 위한 알고리즘 가이드가 아니라 스파크가 제공하는 고급 분석 API를 사용하기 위해 기본적으로 알아야 할 내용을 설명하는 사용자 가이드입니다.

24.1 고급 분석에 대한 짧은 입문서

고급 분석이란 데이터 기반의 인사이트를 도출하여 핵심 문제를 해결하거나 예측 또는 추천을 하기 위한 기술을 의미합니다. 최적의 머신러닝 방법론은 분석가가 수행하는 작업을 기반으로 구성됩니다. 다음은 머신러닝에서 가장 일반적으로 활용되는 작업입니다.

- 다양한 특징(feature)[1]을 기반으로 각 샘플에 부여된 레이블(label)을 예측하는 분류/회귀 문제를 포함한 지도 학습
- 사용자의 과거 행동에 기반하여 제품을 제안하는 추천 엔진
- 군집 분석, 이상징후 탐지, 토픽 모델링(topic modeling)과 같이 데이터 구조를 파악하기 위한 비지도 학습
- 소셜 네트워크상에서 유의미한 패턴을 찾는 그래프 분석

스파크의 API에 대해 자세히 논의하기 전에 각 API가 어떤 일을 하는지 몇 가지 일반적인 머신러닝 및 고급 분석 사례와 함께 살펴보겠습니다. 개요를 최대한 이해하기 쉽게 설명했지만 때로는 명확한 이해를 위해 다른 서적을 참고해야 할 수도 있습니다. 그리고 내용마다 참고가 필요한 항목은 별도로 링크 또는 주석을 달아놓았습니다. 추가로 앞으로 이어질 몇몇 장에서 인용한 참고서적은 다음과 같습니다. 아래 나열한 자료들은 개별 분석 방법론을 자세히 살펴볼 수 있는 좋은 자료이며, 웹에서 무료로 찾아볼 수 있습니다.

- 『An Introduction to Statistical Learning With Applications in R』(Springer, 2013, Gareth James, Daniela Witten, Trevor Hastie, Robert Tibshirani).[2] 본문에서 이 책을 인용할 때는 'ISL'로 표기했습니다.
- 『The Elements of Statistical Learning, 2nd ed.』(Springer Verlag, 2009, Trevor Hastie, Robert Tibshirani, Jerome Friedman).[3] 본문에서 이 책을 인용할 때는 'ESL'로 표기했습니다.
- 『Deep Learning』(MIT Press, 2016, Ian Goodfellow, Yoshua Bengio, Aaron Courville).[4] 본문에서 이 책을 인용할 때는 'DLB'로 표기했습니다.

24.1.1 지도 학습

지도 학습supervised learning은 가장 일반적인 유형의 머신러닝 기법입니다. 지도 학습의 목표는

---

1 옮긴이_ 머신러닝에서 특징이란 관찰되는 현상을 측정한 특성, 즉 입력변수를 의미합니다. 통계학에서는 이를 독립변수 또는 설명변수라고 합니다. https://en.wikipedia.org/wiki/Feature_(machine_learning)

2 http://www-bcf.usc.edu/~gareth/ISL/ 옮긴이_『가볍게 시작하는 통계학습』(루비페이퍼, 2016)

3 https://web.stanford.edu/~hastie/ElemStatLearn/

4 http://www.deeplearningbook.org/

레이블(또는 종속변수)을 포함하는 과거 데이터를 사용하여 모델을 학습시킨 후 데이터 포인트(또는 데이터)의 다양한 특징을 기반으로 해당 레이블값을 예측하는 겁니다. 연령(특징)을 기반으로 개인의 소득(종속변수)을 예측하는 것을 예로 들 수 있습니다. 이러한 학습은 일반적으로 경사 하강법gradient descent과 같은 반복적 최적화 알고리즘으로 진행됩니다. 학습 알고리즘은 기본 모델로 시작하여 반복적으로 진행되는 학습 과정에서 다양한 내부 파라미터(계수)를 조정하면서 단계적으로 모델을 개선합니다. 이러한 과정을 거쳐 최종 학습 모델이 선정되고, 이 모델을 사용하여 새로운 데이터가 주어졌을 때 예측을 할 수 있게 됩니다.

지도 학습은 예측하고자 하는 변수의 타입에 따라 분류와 회귀로 구분할 수 있습니다.

분류

지도 학습의 가장 일반적인 유형은 바로 분류입니다. 분류란 **범주형**(불연속적이고 유한한 값의 집합) 종속변수를 예측하는 알고리즘을 학습시키는 행위입니다. 가장 일반적인 분류는 주어진 항목을 예측할 때 반드시 두 그룹 중 하나에 속한다고 예측하는 **이진 분류**binary classification이며, 대표적인 사례는 바로 스팸메일 분류입니다. 이진 분류로 스팸메일인지 아닌지 여부를 예측하기 위해서는 우선 스팸인지 아닌지 여부가 식별된 과거 이메일 이력 데이터를 수집하고 해당 이메일이 포함하고 있는 단어와 다양한 속성을 분석하여 궁극적으로 스팸인지 아닌지 여부를 예측하는 알고리즘을 학습시킵니다. 이렇게 학습된 모델이 완성되면 다음부터 전송되는 새로운 이메일에 대해 스팸메일 여부를 판단할 수 있습니다.

항목을 세 가지 이상의 범주로 분류하는 경우를 **다중 클래스 분류**multiclass classification라고 합니다. 예를 들어 앞서 언급한 스팸메일 식별 사례에서는 이메일을 4가지 범주(스팸, 개인, 업무, 기타)로도 구분할 수 있습니다. 이는 이진 분류에서 스팸메일과 스팸이 아닌 메일을 구분하는 것과는 다른 문제입니다. 이러한 분류 사례는 다음과 같이 매우 다양합니다.

- **질병 예측**
  일반적으로 의사나 병원은 과거 환자의 행동이나 생리학적 특성에 대한 데이터셋을 보유하고 있습니다. 그들은 이러한 과거 이력 데이터를 학습하여 모델을 만들고(이를 적용하기 전에 적절성과 윤리적 함의를 평가해야 합니다), 이것을 활용하여 환자가 심장 질환을 앓고 있는지 아닌지 예측할 수 있습니다. 이는 앞서 언급한 이진 분류(건강한 심장, 건강하지 않은 심장) 또는 다중 클래스 분류(건강한 심장 또는 그 외 여러 가지 심장 질병)의 예입니다.

- **이미지 분류**
  이미 애플, 구글 또는 페이스북 같은 인터넷 기업들은 과거 사진첩에 담긴 사람들의 이미지를 학습한 분류 모델을 실행하여 주어진 사진에 있는 인물이 누구인지 맞추는 다양한 애플리케이션을 보유하고 있습니다. 이외에도 이미지를 분류하거나 이미지에 레이블을 부여하는 사례가 있습니다.

- **고객 이탈 예측**
  비즈니스 관점에서는 고객 이탈, 즉 서비스 탈퇴를 예측하는 사례를 들 수 있습니다. 과거 이탈했거나 유지했던 이력이 담긴 고객 데이터를 학습한 이진 분류기를 사용하여 현재 고객이 미래에 이탈할지 여부를 예측할 수 있습니다.

- **구매 여부 예측**
  기업은 보통 자신의 웹사이트 방문자가 특정 제품을 구매할 것인지 여부를 예측하고 싶어 합니다. 사용자의 인터넷 검색 패턴 또는 위치와 같은 속성 정보를 활용함으로써 이러한 예측을 수행합니다.

스파크에서 제공하는 분류 API와 다양한 분류 관련 사례는 26장에서 자세히 설명합니다.

회귀

앞서 설명한 분류 사례에서 종속변수는 불연속 값들의 집합입니다. 반면 회귀 분석에서는 연속형 변수(실수)를 예측합니다. 간략히 정의하면, 범주가 아닌 숫자값을 예측하는 겁니다. 둘 다 지도 학습의 형태이기 때문에 나머지 과정은 대체로 유사합니다. 다음은 회귀를 사용해서 과거 데이터를 학습하고 미래 현상을 예측하는 사례입니다.

- **판매량 예측**
  제품을 판매하는 상점은 과거의 판매 데이터를 분석하여 총 제품 판매량을 예측하기 원합니다. 이와 관련한 다양한 잠재적인 입력변수가 있겠지만, 간단한 예로 지난주의 판매 데이터를 이용하여 다음날 판매량을 예측하는 사례가 있습니다.

- **신장(키) 예측**
  부모의 신장을 활용하여 미래 자녀의 신장을 예측할 수 있습니다.

- **관객 수 예측**
  넷플릭스 같은 미디어 기업은 얼마나 많은 가입자가 특정 콘텐츠를 볼 것인지 예측하려고 할 겁니다.

스파크에서 제공하는 회귀 방법 및 관련 사례는 27장에서 자세히 설명합니다.

24.1.2 추천

추천은 고급 분석에서 가장 직관적인 응용 영역 중 하나입니다. 다양한 제품이나 아이템에 대한 사람들의 명시적인 선호도(등급을 이용해)나 암시적인 선호도(관찰된 행동을 이용해)를 연구함으로써 알고리즘은 사용자 또는 아이템 간의 유사성을 도출하여 사용자가 선호할 만한 추천 아이템을 도출해냅니다. 추천 알고리즘은 이러한 유사성을 기반으로 특정 사용자와 유사한 사용자가 선호하는 상품이나 특정 사용자가 이미 구매한 상품과 비슷한 상품을 추천하게 됩니다. 추천은 스파크의 대표적인 활용 사례이자 빅데이터에 최적화된 주제입니다. 다음은 이와 관련한 몇 가지 사례입니다.

- **영화 추천**
  넷플릭스는 스파크를 사용한(비록 내장 라이브러리는 사용하지 않더라도) 대규모 영화 추천 서비스를 제공합니다.[5] 이를 위해 넷플릭스에서 서비스하는 콘텐츠 중에서 사용자가 어떤 영화를 보았는지, 반대로 어떤 영화를 보지 않았는지 연구하고, 해당 영화에 대한 사용자의 평점이 다른 사용자와 얼마나 유사한지 반영합니다.
- **상품 추천**
  아마존에서 상품 추천은 매출 증대를 위한 핵심 도구입니다. 아마존은 고객에게 상품을 추천하기 위해 고객의 장바구니를 구성하는 아이템을 기반으로 과거 장바구니 이력을 탐색하고, 가장 유사한 아이템을 보유한 장바구니에 포함된 다른 아이템을 추천합니다. 또한 각 상품 페이지마다 다른 고객이 구매한 유사한 상품을 보여줍니다.

추천과 관련한 좀 더 다양한 사례 및 스파크를 사용하여 추천 엔진을 구현하는 방법은 28장에서 자세히 설명합니다.

24.1.3 비지도 학습

비지도 학습은 주어진 데이터셋에서 특정 패턴을 찾거나 숨겨진 구조적 특징을 발견하는 행위입니다. 예측 대상이 되는 종속변수(레이블)가 필요 없다는 것이 지도 학습과 큰 차이점입니다.

다음은 비지도 학습을 활용한 몇 가지 사례입니다.

- **이상징후 탐지**
  시간의 흐름에 따라 주기적으로 발생하는 표준 이벤트가 있는 곳에서는 예외적으로 비표준 이벤트가 발생하는 경우 이를 보고해야 할 겁니다. 예를 들어 특정 구역의 보안 관리자는 사람만 다닐 수 있는 통로에 갑자기 이상 물체(자동차, 스케이트, 자전거 등)가 나타났을 때 알림을 받고 싶어 할 겁니다.

---

5 http://bit.ly/2Fkx4Mm

- **사용자 세분화**
다양한 사용자의 행동이 데이터로 주어진다면 특정 사용자가 다른 사용자와 어떤 속성이 유사한지 더 잘 이해할 수 있습니다. 예를 들어 게임 회사는 특정 게임에서 게임 이용 시간이라는 속성을 기반으로 사용자들을 군집화할 수 있습니다. 이러한 알고리즘으로 대충 게임하는 캐주얼한 플레이어는 하드코어 플레이어와 매우 다른 행동을 한다는 것을 파악하여 각 플레이어에게 서로 다른 추천 또는 보상을 제공할 수 있습니다.

- **토픽 모델링(문서 주제 추출)**
문서가 데이터로 주어졌을 때 문서에 나타난 다양한 단어를 분석하여 단어 간에 내재된 연관성이 있는지 살펴볼 수 있습니다. 예를 들어 데이터 분석에 관한 내용이 담긴 다양한 웹페이지가 주어졌을 때 토픽 모델링 알고리즘으로 머신러닝, SQL, 스트리밍 등에 관한 페이지로 묶을 수 있는데, 이는 특정 주제에서 주로 많이 나타나는 단어 그룹을 기반으로 군집화한 겁니다.

고객을 세분화하면 각 사용자 집단별 특성에 맞게 플랫폼 서비스를 개선하는 데 도움이 된다는 것은 직관적으로 쉽게 알 수 있습니다. 그러나 이렇게 세분화된 사용자 집단이 '올바른지' 여부, 즉 올바르게 세분화되었는지 여부는 판단하기 어려울 겁니다. 이러한 이유로 비지도 학습에서는 특정 모델에 대해 좋고 나쁨을 결정하기가 어려울 수 있습니다. 비지도 학습은 29장에서 자세히 다룰 겁니다.

24.1.4 그래프 분석

그래프 분석은 분류/회귀 분석처럼 대중적이지는 않지만, 매우 강력한 분석 도구입니다. 기본적으로 그래프 분석은 객체를 가리키는 **정점**vertex과 해당 객체 간의 관계를 나타내는 **에지**edge를 지정하는 구조에 대한 연구입니다. 예를 들어 정점은 사람과 상품을 나타내며, 에지는 구매를 나타냅니다. 정점과 에지의 속성을 살펴보면 사람과 상품 간의 관계와 그래프의 전체적인 구조를 잘 이해할 수 있습니다. 그래프는 관계에 관한 모든 것을 의미하므로 관계를 지정하는 모든 것이 그래프 분석의 사례가 될 수 있습니다. 다음은 이와 관련한 몇 가지 사례입니다.

- **사기거래 예측**
미국의 금융지주회사인 캐피탈원(Capital One)은 스파크의 그래프 분석 기능을 사기 네트워크를 감지하는 데 사용합니다.[6] 과거에 사기 이력이 있는 정보(전화번호, 주소, 이름 등)를 활용하여 의심스러운 여신 요청이나 거래를 탐지합니다. 예를 들어 네트워크상의 인접성 정보를 활용하여 사기성 전화번호의 두 홉(hop)[7] 이내에 존재하는 모든 사용자 계정은 의심스러운 것으로 간주할 수 있습니다.

6 https://youtu.be/q5HFMVoN_rc

7 옮긴이_ 한 번에 통신할 수 있는 거리를 뜻하는 통신 용어. https://en.wikipedia.org/wiki/Hop_(telecommunications)

- **이상징후 탐지**
  각 개체의 네트워크가 서로 어떻게 연결되어 있는지 살펴봄으로써 담당자가 추가로 조사할 특잇값 및 이상값을 식별할 수 있습니다. 예를 들어 우리가 보유한 데이터상의 대부분의 각 정점이 연관된 10개의 에지와 연결되어 있는데, 특정 정점이 1개의 에지와 연결되어 있는 경우 이를 이상징후로 간주하여 조사할 가치가 있습니다.

- **네트워크 특성 분류**
  네트워크 내의 특정 정점에 관한 몇 가지 특성[8]이 주어지면, 이미 존재하는 노드와의 연결 구조에 따라 다른 정점을 분류할 수 있습니다. 예를 들어 어떤 사람이 소셜 네트워크 내에서 영향력자(influencer)로 식별되었을 때 그 사람과 유사한 네트워크 구조를 보이는 다른 사람 역시 영향력자로 분류할 수 있습니다.

- **웹 페이지 추천**
  구글의 독창적인 웹 추천 알고리즘인 페이지랭크는 특정 웹 페이지의 중요성을 평가하기 위해 웹사이트의 관계를 분석하는 그래프 알고리즘입니다. 예를 들어 링크가 많은 웹 페이지는 링크가 없는 웹 페이지보다 더 중요도가 높은 것으로 평가됩니다.

30장에서 더 많은 그래프 분석 사례를 살펴보겠습니다.

24.1.5 고급 분석 프로세스

머신러닝 및 고급 분석을 명확히 이해하려면 몇 가지 근본적인 활용 사례를 자세히 파악해야 합니다. 하지만 활용 사례를 파악하는 것은 실제 고급 분석 프로세스의 일부분에 지나지 않습니다. 그 외에도 분석을 위한 데이터 준비, 다양한 방법론을 통한 모델 학습, 그리고 모델 평가 등 훨씬 더 많은 작업이 존재합니다. 이 절에서는 이러한 전반적인 분석 프로세스의 구조와 수행해야 할 단계를 다룹니다. 또한 학습시킨 모델을 실무에 적용할 것인지 여부를 객관적으로 판단할 수 있도록 모델 성능 평가 방법을 제시합니다(그림 24-1).

8 옮긴이_ 네트워크 이론에 따르면 네트워크 내에서 연결성이 강하고 타 정점에 영향을 줄 수 있는 정점을 영향력자라고 하며, 영향력자가 실제로 타 정점(개인)의 특성에 영향을 주는 현상을 사회적 영향력(social influence)이라고 합니다. 또한 한 정점이 다른 정점과 직접적인 관계는 없지만 동일한 네트워크 연결 형상을 나타내는 경우를 구조적 등위성(structural equivalence)이라고 하며, 구조적 등위성을 가지는 두 정점은 동일한 역할을 할 수 있고 서로 대체될 수 있는 관계입니다.

그림 24-1 머신러닝 워크플로

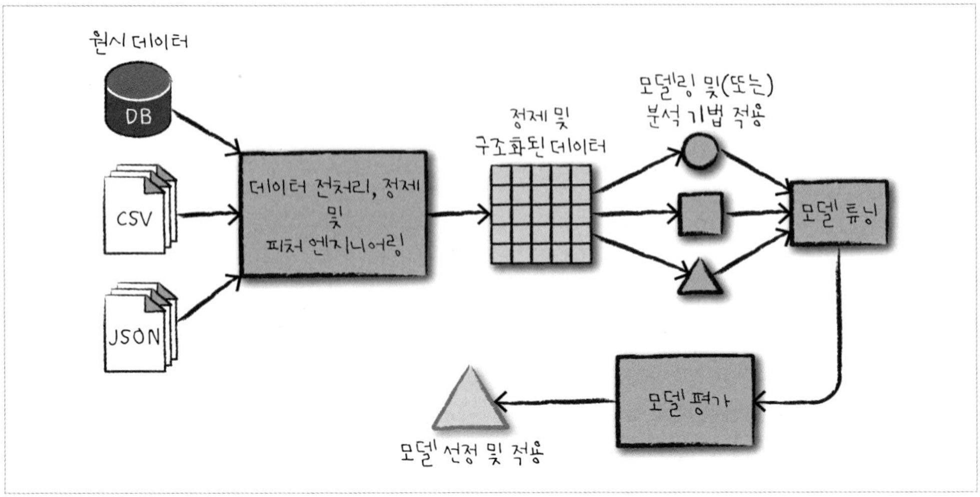

일반적으로 머신러닝은 다음과 같은 단계로 수행됩니다(약간의 차이는 존재할 수 있습니다).

1 분석 주제와 관련된 데이터를 수집합니다.

2 데이터 파악을 위해 데이터를 정제하고 검토합니다.

3 알고리즘이 데이터를 잘 인식하고 활용할 수 있도록 피처 엔지니어링(feature engineering)[9]을 수행합니다(예: 데이터를 수치형 벡터로 변환).

4 후보 모델을 생성하는 하나 이상의 알고리즘을 학습시키기 위해 전체 데이터의 일부를 학습 데이터셋으로 사용합니다.

5 생성된 모델을 동일한 데이터에서 학습에 사용되지 않은 부분[10]에 적용해 그 결과를 객관적으로 측정하고 분석 수행 시 정해 놓은 성공 기준과 비교하여 해당 모델을 최종 평가합니다. 이를 통해 도출한 모델이 실세계에서 어느 정도의 성과를 낼지 더 잘 이해할 수 있습니다.

6 앞의 과정을 거치면서 확보한 통찰력 및(또는) 모델을 사용하여 예측을 수행하거나 이상 현상을 감지하고, 더 일반적인 비즈니스 문제를 해결할 수 있습니다.

모든 고급 분석이 위 단계와 동일하게 진행되지 않을 수도 있습니다. 그러나 이러한 단계는 성공적인 분석을 위해 필요한 기본적인 프레임워크 역할을 합니다. 서론 부문에서 고급 분석 작업을

9 옮긴이_ 피처 엔지니어링이란 머신러닝 알고리즘을 최적화하기 위해 원시 데이터셋으로부터 유용한 입력변수 또는 특징을 가공하고 생성하는 과정을 의미합니다. 일반적으로 머신러닝 모델의 성공을 결정하는 중요한 단계로, 분석가의 경험과 노력이 많이 소요됩니다. 특징 선택이나 특징 추출 등은 피처 엔지니어링 과정에 포함되는 하위 개념입니다. https://en.wikipedia.org/wiki/Feature_engineering

10 옮긴이_ 테스트셋을 의미합니다.

수행 작업 단위로 구분하여 설명했던 것처럼 수행 프로세스도 각 단계별 목적을 더 잘 이해할 수 있도록 단계를 세분화하여 설명하겠습니다.

데이터 수집

당연한 말이지만, 데이터를 수집하지 않고 모델을 학습시킬 수는 없습니다. 일반적으로 데이터 수집의 목적은 알고리즘을 학습시키는 데 활용하고자 하는 데이터셋을 모으는 겁니다. 스파크는 다양한 데이터소스를 불러들일 수 있고 크고 작은 데이터를 처리할 수 있기 때문에 데이터 수집을 위한 훌륭한 도구가 될 수 있습니다.

데이터 정제

데이터를 제대로 수집했다면 그다음에는 데이터를 정제하고 검토해야 합니다. 이러한 과정을 일반적으로 탐색적 데이터 분석exploratory data analysis, EDA이라고 합니다. EDA는 일반적으로 대화형 쿼리 및 시각화 방법 등을 사용하여 데이터의 분포, 상관관계 및 기타 세부 현황을 파악하는 과정을 의미합니다. 이 과정에서 수집 서버에 잘못 기록되어 삭제해야 하는 값이나 누락된 값이 무엇인지 파악할 수 있습니다. 어떤 경우이든 간에 오류를 방지하기 위해서는 분석하고자 하는 데이터를 사전에 명확히 파악해야 합니다. 구조적 API 형태로 제공되는 다양한 스파크 함수는 손쉽게 데이터를 정제하고 파악하는 방법을 제공합니다.

피처 엔지니어링

데이터셋 수집 및 정제가 완료되면 머신러닝 알고리즘에 적용 가능한 형식으로 데이터를 변환해야 합니다. 피처 엔지니어링의 결과는 종종 머신러닝 애플리케이션의 성과에 큰 영향을 미치기 때문에 신중하게 수행해야 합니다. 피처 엔지니어링 프로세스는 데이터 정규화, 다른 변수들과의 상호작용을 나타내는 새로운 변수 추가, 범주형 변수 조작 및 머신러닝 모델에서 인식할 수 있도록 적절한 형식으로의 변환 등 다양한 작업을 포함합니다. 스파크에서 제공하는 머신러닝 라이브러리인 MLlib에서는 일반적으로 실젯값의 형태와 관계없이 모든 변수가 실수double형 벡터로 입력되어야 합니다. 스파크는 다양한 머신러닝 통계 기법을 사용하여 데이터를 다루는 데 필요한 주요 기능을 제공합니다. 피처 엔지니어링 프로세스에 대해서는 25장에서 매우 심도 있게 다룹니다.

> **NOTE_** 이어서 설명할 모델 학습과 모델 튜닝, 모델 평가 등의 프로세스는 달성하고자 하는 최종 목표에 따라 매우 가변적일 수 있는 일반적인 워크플로입니다. 따라서 활용 사례별로 특정 프로세스가 포함될 수도 있고, 그렇지 않을 수도 있다는 점을 기억하세요.

모델 학습

모델 학습 단계에서는 과거 정보 데이터셋(예: 스팸메일 또는 스팸메일 아님)과 분석 목적(예: 스팸메일 분류)이 주어지고, 입력을 받았을 때 그에 적합한 출력을 예측하는 모델을 학습시킵니다. 또한 모델 학습 과정에서 입력 데이터에 대해 모델이 얼마나 잘 동작하는지에 따라 모델 내부 파라미터가 달라질 수 있습니다. 예를 들어 스팸메일을 분류한다고 했을 때 알고리즘은 특정 단어가 다른 단어보다 스팸메일을 더 잘 예측하는 것을 발견하고, 해당 단어와 연관된 파라미터에 더 높은 가중치를 부여하게 됩니다. 결국 학습이 잘된 모델일수록 특정 단어에 대해 다른 단어보다 스팸메일과의 연관성이 높다고 판단하고 차별화된 가중치를 부여하게 됩니다. 이러한 학습 과정의 결과를 '모델model'이라고 하며, 통찰력을 얻거나 미래를 예측하는 데 활용합니다. 예측을 하기 위해서는 모델에 입력변수를 제공해야 하고 모델은 입력받은 변수에 수학적 연산을 적용하여 출력을 생성합니다. 앞서 설명한 분류 사례를 보면 과거 이메일의 속성을 기반으로 특정 이메일을 모델 학습에 사용된 과거의 스팸메일 및 정상메일의 패턴과 비교하여 해당 이메일이 스팸인지 아닌지 예측하게 됩니다.

하지만 우리의 최종 목적은 단순히 모델을 학습시키는 것이 아니라 그것을 활용해서 통찰력을 얻는 겁니다. 따라서 모델이 본래 목적에 적합한 성능을 내는지 사전에 파악하는 것이 중요하며, 이는 모델 튜닝과 평가로 수행할 수 있습니다.

모델 튜닝 및 평가

앞서 머신러닝 단계를 설명하면서 데이터를 여러 개로 나누어 그중 하나의 데이터셋을 모델 학습용으로 사용해야 한다고 언급했습니다. 이는 머신러닝 프로세스에서 매우 중요한 단계인데, 고급 분석 모델을 개발할 때 새로운 데이터에 대해서도 일반화 가능한 모델을 생성해야 하기 때문입니다. 데이터를 여러 개로 나누는 것은 새로운 데이터에 대해 학습 모델의 효과성을 객관적으로 테스트할 수 있게 합니다. 이를 통해 모델이 주어진 데이터셋의 기본적인 특성을 제대로 반영하고 있는지 또는 학습 데이터셋에만 특화되는 현상, 즉 새로운 데이터에 일반화되지 않는 **과적합**[11] 현상이 발생하는지 여부를 확인할 수 있습니다. 이러한 테스트를 위해 사용하는 데이터셋을 보통 **테스트셋**test set(시험셋)이라고 합니다. 모델 학습 과정에서도 사전에 분할된 새로운 데이터셋을 사용합니다. 이 데이터셋을 활용하여 학습에 영향을 주는 다양한 **하이퍼파라미터**를 시험해보고 변형된 모델의 적합성을 테스트해야 합니다. 이것을 **검증셋**validation set이라고 하며, 이는 또 다른 형태의 테스트셋입니다.

> **CAUTION_** 머신러닝을 성공적으로 수행하기 위해서는 적절한 학습, 검증 및 테스트셋의 모범 사례를 따라야 합니다. 데이터셋을 적절히 나누어 사용하지 않으면 모델이 과적합(새로운 데이터에 잘 일반화되지 않는 모델을 학습시키는 것)되기 쉽습니다.

앞서 설명한 분류 사례로 되돌아가서, 모델을 생성하기 위해서는 세 가지 데이터셋이 필요합니다. 학습셋은 모델을 학습시키기 위해 사용하며, 검증셋은 모델을 다양하게 변형시켜 적합성을 테스트하기 위해 사용합니다. 테스트셋은 다양하게 변형된 모델을 최종 평가하여 그중 어떤 모델이 가장 적합한지 확인하기 위해 사용합니다.

모델 및(또는) 통찰력 활용하기

모델 학습 및 테스트 과정을 통해 성능이 좋은 모델이 만들어지면 비로소 모델을 사용할 수 있게 됩니다. 모델을 운영 환경으로 가져가는 것은 그 자체만으로도 중요한 도전이 될 수 있습니다. 이 장 뒷부분에서 이와 관련한 몇 가지 전술을 논의할 겁니다.

24.2 스파크의 고급 분석 툴킷

지금까지의 내용은 단순히 워크플로에 대한 설명일 뿐 모든 활용 사례 또는 가능한 워크플로는 포함하지 않았습니다. 또한 스파크에 대해서도 거의 논의하지 않았습니다. 이 절에서는 본격적으로 스파크의 고급 분석 기능을 다룰 겁니다. 스파크에는 고급 분석을 수행하기 위한 몇

11 옮긴이_ 머신러닝에서 모델 성능이 좋지 않은 경우 보통 모델의 과대적합(over-fitting) 또는 과소적합(under-fitting)을 의심할 수 있습니다. 과대적합(또는 과적합)이란 모델이 주어진 학습셋을 지나치게 학습(모델이 너무 복잡해져서)하여 다른 데이터셋(예: 테스트셋 등)에 대해서는 예측이 잘되지 않는 현상을 말합니다. 반대로 과소적합이란 학습 모델이 너무 단순하여 테스트셋에서 뿐만 아니라 학습셋에서도 정확도가 낮은 경우입니다. 일반적으로 과소적합 현상에 대해서는 좀 더 다양한 학습 케이스를 확보하거나 정규화 수준을 낮추어 모델의 유연성을 개선해야 하며, 과대적합 현상에 대해서는 거꾸로 모델의 유연성을 줄이는 조치(예: 정규화 수준 증가, 피처 수 감소, 드롭아웃 방법 적용 등)를 취해야 합니다.

가지 핵심 패키지와 다양한 외부 패키지가 포함되어 있습니다. 그중에서 기본이 되는 패키지는 MLlib이며, 이는 머신러닝 파이프라인을 구축하기 위한 인터페이스를 제공합니다.

24.2.1 MLlib이란

MLlib은 스파크에 내장된 패키지로서 데이터 수집과 정제, 특징 추출과 선택, 대규모 데이터를 대상으로 한 지도 및 비지도 학습 머신러닝 모델의 학습과 튜닝, 그리고 이러한 모델을 운영 환경에서 사용할 수 있도록 도와주는 인터페이스를 제공합니다.

> **CAUTION_** MLlib은 서로 다른 핵심 데이터 구조를 활용하는 두 개의 패키지로 구성되어 있습니다. `org.apache.spark.ml` 패키지에는 DataFrame을 사용할 수 있는 인터페이스가 포함되어 있습니다. 이 패키지는 선행 단계 수행 과정을 표준화하는 데 도움이 되는 머신러닝 파이프라인 구축을 위한 고급 인터페이스를 제공합니다. 이보다 하위 레벨의 패키지인 `org.apache.spark.mllib`은 스파크의 저수준 RDD API를 위한 인터페이스를 제공합니다. 참고로 이 책에서는 DataFrame API만 설명할 겁니다. RDD API는 기존의 스파크 관련 다양한 서적에서 상당히 광범위하게 다루었으며, 현재 아파치 스파크 내에서 유지 보수 모드(즉, 새로운 기능이 아닌 버그 수정만 받음)에 있는 하위 인터페이스이기 때문에 여기서는 생략합니다.

MLlib은 언제 그리고 왜 사용해야 할까

MLlib을 사이킷런, 텐서플로 그리고 다양한 R 패키지와 비교하는 경우가 많습니다. 넓은 관점에서 MLlib은 파이썬에서 제공하는 사이킷런이나 유사한 작업을 수행하는 다양한 R 패키지와 같이 한 번쯤 들어본 적 있는 다른 많은 머신러닝 패키지처럼 느낄 수 있습니다. 그렇다면 왜 MLlib에 주목해야 할까요? 단일 머신을 기반으로 머신러닝을 수행할 수 있는 도구는 매우 다양하고 사용자가 선택할 수 있는 좋은 옵션이 많이 들어 있습니다. 하지만 이러한 도구들은 학습할 수 있는 데이터 크기나 처리 시간 면에서 분명한 한계가 있습니다. 결국 단일 머신 기반의 도구와 MLlib은 **상호보완적**이라 할 수 있으며, 이와 같은 확장성 문제에 마주하게 되는 경우 스파크로 해결할 수 있습니다.

스파크의 확장 기능이 적용되는 두 가지 주요 활용 사례가 있습니다. 첫째, 스파크로 데이터를 전처리하고 특징을 생성하여 대량의 데이터로부터 학습 및 테스트를 위한 데이터셋 생성에 걸리는 시간을 줄인 후 단일 머신 기반의 학습 라이브러리를 활용하여 주어진 데이터셋을 학습할 수 있습니다. 둘째, 입력 데이터나 모델 크기가 단일 머신에 올려놓기 너무 어렵거나 불편할 경우 스파크를 사용하여 분산 처리 기반의 머신러닝을 간단히 수행할 수 있습니다.

이 모든 과정에서 반드시 유의해야 할 사항은 바로 학습 및 데이터 처리가 간단해지는 반면 학습이 완료된 모델을 배포할 때는 어느 정도의 복잡성이 존재한다는 겁니다. 예를 들어 스파크는 모델 자체적으로 대기 시간이 짧은(실시간성의) 예측을 제공하는 기능을 지원하지 않으므로 타 서비스 시스템이나 자체 제작한 애플리케이션으로 모델을 보내 이를 수행해야 합니다. MLlib은 일반적으로 모델을 검사하고 가능하면 다른 도구로 내보낼 수 있도록 설계되어 있습니다.

24.3 고수준 MLlib의 개념

MLlib에는 변환자, 추정자, 평가기evaluator 그리고 파이프라인pipeline과 같은 몇 가지 기본적인 '구조적' 유형이 있습니다. 앞으로 머신러닝 파이프라인을 정의할 때 이러한 유형의 관점에서 바라봐야 할 겁니다. 이러한 구조적 유형들은 파이프라인의 어느 부분에 무엇이 속하는지 정의하기 위한 공통 언어를 제공합니다. [그림 24-2]는 스파크에서 머신러닝 모델을 개발하기 위해 따라야 할 전체적인 워크플로를 나타내고 있습니다.

그림 24-2 스파크에서의 머신러닝 워크플로

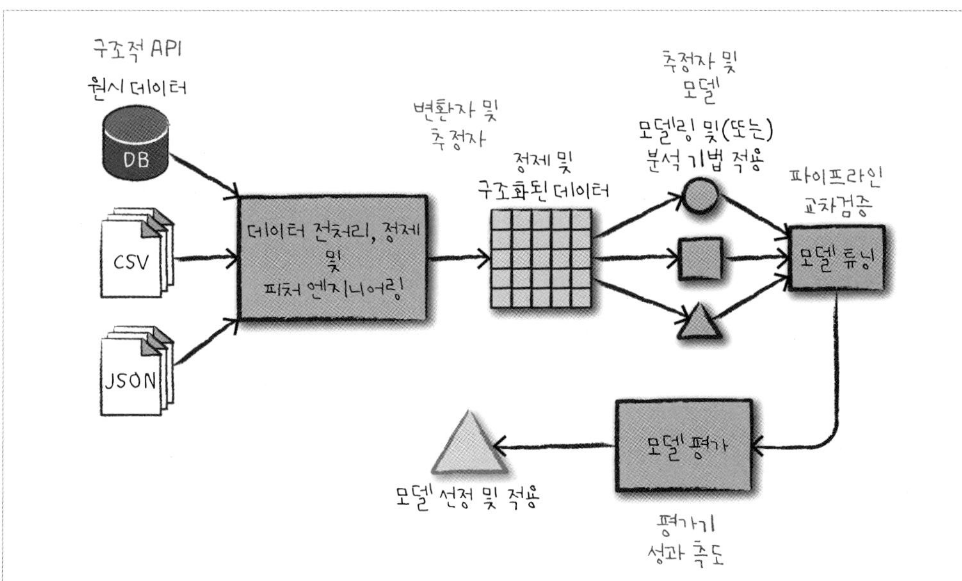

변환자는 원시 데이터를 다양한 방식으로 변환하는 함수입니다. 이는 새로운 상호작용 변수를 생성하거나, 컬럼을 정규화하거나, `Integer`를 모델에 입력하기 위해서 `Double` 타입으로 변경하는 것 등이 될 수 있습니다. 예를 들어 문자열로 입력된 범주형 변수를 MLlib에서 인식할 수 있는 수치형 변숫값으로 변환하는 작업이 변환자의 역할에 해당하며, 주로 데이터 전처리 및 피처 엔지니어링 과정에 사용됩니다. 변환자는 [그림 24-3]과 같이 DataFrame을 입력으로 사용하고 새로운 DataFrame을 출력으로 생성합니다.

그림 24-3 표준 변환자

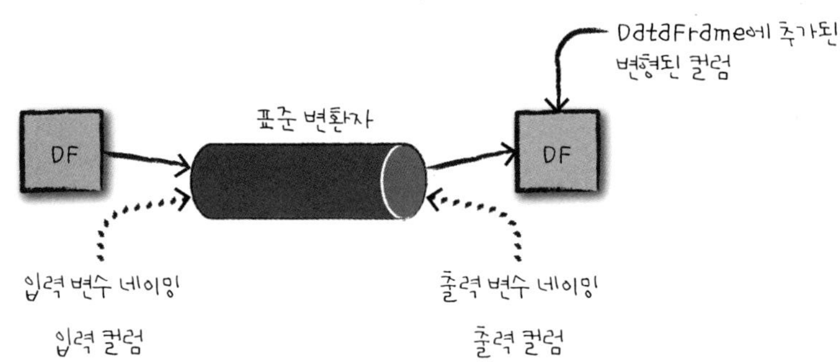

추정자는 두 가지 의미를 가지고 있습니다. 첫째, 데이터를 초기화하는 일종의 변환자[12]를 의미합니다. 예를 들어 수치형 데이터를 정규화하려면 정규화하려는 컬럼의 현잿값 정보를 사용하여 변환을 초기화해야 합니다. 이 과정에서는 데이터를 두 번 통과시켜야 합니다. 첫 번째 과정에서 초깃값을 생성하고, 두 번째 과정에서 생성된 함수를 데이터에 실제로 적용하게 됩니다. 둘째, 스파크에서는 사용자가 데이터로부터 모델을 학습시키기 위해 사용하는 알고리즘 역시 추정자[13]라고 합니다.

평가기는 주어진 모델의 성능이 수신자 조작 특성receiver operating characteristic, ROC 곡선[14]처럼 지정

---

12 옮긴이_ 통계학에서의 확률변수와 같은 개념인 추정량(estimator)을 의미합니다.

13 옮긴이_ 알고리즘별로 머신러닝 개발 단계(모델 학습, 모델 평가, 예측, 모델 전개 등)를 추상화해놓은 객체로, 사용자가 복잡한 수식을 사용해서 알고리즘을 직접 개발하지 않아도 이미 구현된 모델을 쉽게 가져다 사용할 수 있는 방식(고수준 API)입니다. 기존의 R, 파이썬 등에서는 라이브러리 형태로 제공됩니다.

14 옮긴이_ ROC(수신자 조작 특성 또는 반응자 작용 특성) 곡선은 일반적으로 이진 분류기에 대한 성능을 평가하는 기법입니다. 참양성비율(true positive rate, Y축, 민감성) 대 거짓양성비율(false positive rate, X축, 1-특이성)을 그래프로 나타냅니다. 신호탐지 이론에서 가져온 개념으로 세계전쟁 당시 통신에서 사용한 용어(예: 리시버)가 사용됩니다. https://en.wikipedia.org/wiki/Receiver_operating_characteristic

한 기준에 따라 어떻게 작동하는지 볼 수 있게 해줍니다. 평가기를 사용하여 테스트한 모델 중에서 가장 우수한 모델을 선택한 후 그 모델을 사용하여 최종 예측을 할 수 있습니다.

고수준에서 차례로 변환, 추정 및 평가를 하나씩 지정할 수도 있지만, **파이프라인**의 **단계**로 지정하는 것이 더 간편할 수 있습니다. 스파크의 파이프라인 개념은 사이킷런의 파이프라인 개념과 유사합니다.

저수준 데이터 타입

파이프라인 구축을 위한 구조적 유형 외에도 MLlib에서 작업해야 할 수도 있는 몇 가지 저수준 데이터 타입이 있습니다. 그중 Vector가 가장 일반적인 타입입니다. 머신러닝 모델에 전달되는 일련의 특징은 Double 타입으로 구성된 벡터 형태로 전달되어야 합니다. 이 벡터는 희소하거나(대부분의 요소가 0인 경우) 밀도가 높을 수 있습니다(고윳값이 많은 경우). 벡터는 다양한 방식으로 만들어집니다. 밀도가 높은 벡터를 만드는 경우 모든 값의 배열을 지정할 수 있으며, 희소한 벡터를 만들기 위해 벡터의 총 크기와 0이 아닌 요소의 인덱스 및 값을 지정할 수 있습니다. 희소한 벡터는 여러분도 짐작할 수 있듯이 좀 더 압축된 표현 방식이므로 대부분의 값이 0일 때 가장 적합한 형식입니다. 다음은 수동으로 벡터를 생성하는 예제입니다.

```
// 스칼라 코드
import org.apache.spark.ml.linalg.Vectors

val denseVec = Vectors.dense(1.0, 2.0, 3.0)
val size = 3
val idx = Array(1,2) // 벡터 내 0이 아닌 원소의 위치
val values = Array(2.0,3.0)
val sparseVec = Vectors.sparse(size, idx, values)

sparseVec.toDense
denseVec.toSparse


// 파이썬 코드
from pyspark.ml.linalg import Vectors

denseVec = Vectors.dense(1.0, 2.0, 3.0)
size = 3
idx = [1, 2] # 벡터 내 0이 아닌 원소의 위치
values = [2.0, 3.0]
sparseVec = Vectors.sparse(size, idx, values)
```

CAUTION_ 헷갈리게도 스파크에는 유사한 데이터 타입이 존재하는데, 어떤 데이터 타입은 DataFrame에서 활용이 가능한 반면 또 다른 데이터 타입은 오직 RDD에서만 활용할 수 있습니다. 참고로 RDD는 `mllib` 패키지에 속하며, DataFrame은 `ml` 패키지에 해당합니다.

24.4 MLlib 실제로 사용하기

지금까지 앞으로 배울 몇 가지 중요한 요소를 설명했습니다. 이제부터 각 구성 요소를 실행하는 간단한 파이프라인을 만들어보겠습니다. 예제에서는 효과적인 설명을 위해 가상의 작은 데이터셋을 사용할 겁니다. 데이터를 로딩하여 샘플을 확인한 후 더 자세히 살펴봅시다.[15]

```
// 스칼라 코드
var df = spark.read.json("/data/simple-ml")
df.orderBy("value2").show()

// 파이썬 코드
df = spark.read.json("/data/simple-ml")
df.orderBy("value2").show()
```

다음은 출력 결과입니다.

```
+-----+----+------+------------------+
|color| lab|value1|            value2|
+-----+----+------+------------------+
|green|good|     1|14.386294994851129|
...
|  red| bad|    16|14.386294994851129|
|green|good|    12|14.386294994851129|
+-----+----+------+------------------+
```

15 옮긴이_ 예제를 데이터브릭스의 커뮤니티 에디션(아파치 스파크 클라우드 클러스터 서비스)에서 실행하는 경우 코드 예제에서 데이터 경로의 '/data' 부분을 '/databricks-datasets/definitive-guide/data'로 수정해야 합니다. 자세한 내용은 부록 A '스파크 설치 및 실행'을 참조하세요.

예제에서 사용한 데이터셋은 두 개의 값(good, bad)으로 구성된 범주형 레이블(lab) 한 개와 범주형 변수(color) 한 개, 그리고 두 개의 수치형 변수(value1, value2)로 구성되어 있습니다. 가상 데이터이긴 하지만 특정 기업이 보유하고 있는 고객 건강 데이터셋이라고 가정합시다. color 컬럼은 고객 서비스 담당자가 작성한 몇 가지 범주로 구성된 건강 등급을 나타냅니다. lab 컬럼은 실제 고객의 건강 상태를 나타냅니다. 다른 두 개의 컬럼은 해당 웹 서비스 내에서의 여러 활동을 숫자로 표현한 척도(예: 사이트 체류 시간 및 구매 소요 시간)입니다. 우리는 이제 다른 값으로부터 이진변수(레이블)를 예측하는 분류 모델을 학습시키고자 합니다.

TIP JSON 외에도 LIBSVM과 같이 지도 학습에 일반적으로 사용되는 몇 가지 특정한 데이터 형식이 있습니다. 이런 데이터 형식은 보통 비어 있는 영역이 많고(즉, 밀도가 희소하고) 실제로 값이 있는 레이블이 제공됩니다. 스파크는 데이터소스 API를 사용하여 이러한 형식을 읽고 쓸 수 있습니다. 다음은 데이터소스 API를 사용하여 libsvm 파일로부터 데이터를 읽어 들이는 예제입니다.

```
spark.read.format("libsvm").load(
  "/data/sample_libsvm_data.txt")
```

LIBSVM의 자세한 내용은 LIBSVM 웹 페이지[16]를 참고하세요.

24.4.1 변환자를 사용해서 피처 엔지니어링 수행하기

이미 언급한 바와 같이 변환자는 여러 방식으로 현재 컬럼을 조작하는 데 사용됩니다. 이렇게 컬럼을 조작하는 작업은 주로 모델의 입력변수로 사용할 특징을 개발하는 데 초점을 맞춥니다. 변환자는 특징 수를 줄이거나, 더 많은 특징을 추가하거나, 현재 도출된 특징을 조작하거나, 단순히 데이터를 적절히 구성하는 데 사용됩니다. 변환자로 새로운 컬럼을 DataFrame에 추가할 수도 있습니다.

MLlib을 사용할 때 스파크에서 제공하는 머신러닝 알고리즘의 모든 입력변수는 Double 타입(레이블용)이나 Vector[Double] 타입(특징용)으로 구성되어야 합니다(이후 장에서 설명하는 몇 가지 예외는 제외). 우리 예제의 데이터셋은 해당 요구사항을 충족하지 않으므로 적절한 형식으로 변환해야 합니다.

16 http://www.csie.ntu.edu.tw/~cjlin/libsvm

예제의 데이터셋을 변환하기 위해 RFormula를 사용할 겁니다. RFormula는 머신러닝에서 데이터 변환을 지정하기 위한 선언적 언어며 구문을 이해하면 사용하기 쉽습니다. RFormula는 간단한 모델 및 데이터 조작을 위해 실무에서 상당히 잘 작동되는 R 연산자의 한정된 부분 집합을 지원합니다(이 문제에 대한 접근 방법은 25장에서 설명합니다). 기본적인 RFormula 연산자는 다음과 같습니다.

- **~**
  함수에서 타깃(target)과 항(term)을 분리
- **+**
  연결 기호. '+ 0'은 절편 제거를 의미(우리가 맞추고자 하는 선의 y 절편이 0이 됨을 의미합니다)
- **-**
  삭제 기호. '- 1'은 절편 제거를 의미(우리가 맞추고자 하는 선의 y 절편이 0이 됨을 의미합니다. '+ 0'과 결과가 같습니다)
- **:**
  상호작용(수치형 값이나 이진화된 범주 값에 대한 곱셈)
- **.**
  타깃/종속변수를 제외한 모든 컬럼

이 구문으로 변환을 지정하려면 관련 클래스를 가져와야 합니다. 그런 다음 수식을 정의하는 과정을 거칩니다. 예제에서는 다음과 같이 모든 변수를 사용(.)하고, value1과 color, value2와 color 간의 상호작용을 추가하여 새로운 특징으로 처리할 겁니다.

```
// 스칼라 코드
import org.apache.spark.ml.feature.RFormula

val supervised = new RFormula()
  .setFormula("lab ~ . + color:value1 + color:value2")

// 파이썬 코드
from pyspark.ml.feature3 import RFormula

supervised = RFormula(formula="lab ~ . + color:value1 + color:value2")
```

지금까지는 학습시키고자 하는 모델에 적용하기 위한 데이터 변경 방법을 으로 지정했습니다. 다음 단계에서는 각 컬럼에 대한 가능한 값들을 찾아내기 위해 RFormula 변환자를 데이터에 적합시킵니다. 모든 변환자가 이러한 요구사항을 가지고 있는 것은 아니지만, RFormula가 자동으로 범주형 변수를 처리하기 때문에 어떤 컬럼이 범주형인지, 그리고 범주형 컬럼의 고윳값이 무엇인지 결정해야 합니다. 이를 위해 fit 메서드를 호출해야 합니다. 일단 fit 메서드를 호출하면 실제로 데이터를 변형시키는 데 사용할 수 있는 '학습된' 버전의 변환자를 반환합니다.

> **NOTE_** RFormula 변환자를 사용하면 일부 변환 작업을 매우 손쉽게 수행할 수 있습니다. 25장에서는 MLlib의 특정 변환자를 다룰 때 이와 유사한 변환을 수행하는 또 다른 방법과 **RFormula** 구성요소에 관해 설명하겠습니다.

지금까지 변환자의 세부 내용을 살펴봤습니다. 이제 다시 예제로 돌아가서 DataFrame을 준비합시다!

```
// 스칼라 코드
val fittedRF = supervised.fit(df)
val preparedDF = fittedRF.transform(df)
preparedDF.show()

// 파이썬 코드
fittedRF = supervised.fit(df)
preparedDF = fittedRF.transform(df)
preparedDF.show()
```

다음은 출력 결과입니다.

```
+-----+----+------+------------------+--------------------+-----+
|color| lab|value1|            value2|            features|label|
+-----+----+------+------------------+--------------------+-----+
|green|good|     1|14.386294994851129|(10,[1,2,3,5,8],[...|  1.0|
...
|  red| bad|     2|14.386294994851129|(10,[0,2,3,4,7],[...|  0.0|
+-----+----+------+------------------+--------------------+-----+
```

위 출력 결과에서 변환을 수행한 결과(features 컬럼에 원시 데이터가 포함됨)를 살펴볼 수 있습니다. 백그라운드에서 일어나는 일은 매우 간단합니다. RFormula는 fit 함수가 호출되는 과정에서 데이터를 검사하고 RformulaModel이라는 지정된 수식에 따라 데이터를 변환할 객체를 출력합니다. 이 '학습된' 변환자는 항상 Model이라는 단어와 함께 쓰입니다. 이 변환자를 사용하면 스파크는 자동으로 범주형 변수를 Double 타입으로 변환합니다. 이를 아직 특정화되지 않은 머신러닝 모델의 입력값으로 활용할 수 있습니다. 예제에서는 color 컬럼의 각 범주에 숫자값을 할당하고, color 컬럼과 value1 컬럼, 그리고 value2 컬럼 간의 상호작용이 반영된 새로운 특징을 만들고 이것들을 모두 단일 벡터에 넣은 후 입력 데이터를 출력 데이터로 변환하기 위해 해당 객체에 대한 transform을 호출합니다.

지금까지 데이터를 (전)처리하고 몇 가지 특징을 추가했습니다. 이제부터는 전처리된 데이터셋을 기반으로 모델(또는 모델셋)을 실제 학습시킬 겁니다. 이를 위해서는 우선 모델 평가를 위한 테스트셋을 준비해야 합니다.

TIP 좋은 테스트셋을 확보하는 것은 실무에서 활용할 수 있는 좋은 모델을 학습시키기 위한 가장 중요한 절차입니다. 하이퍼파라미터 튜닝을 위해 테스트셋을 사용하지 않거나, 대표성 있는 테스트셋을 생성하지 못하면 실무에 적용 가능한 좋은 모델을 만들 수 없습니다.

이제 데이터를 임의 분할하여 간단한 테스트셋을 생성해보겠습니다(이 장 뒷부분에서 이 테스트셋을 사용할 겁니다).

```
// 스칼라 코드
val Array(train, test) = preparedDF.randomSplit(Array(0.7, 0.3))

// 파이썬 코드
train, test = preparedDF.randomSplit([0.7, 0.3])
```

24.4.2 추정자

지금까지 데이터를 올바른 형식으로 변환하고 몇 가지 유용한 특징을 생성했습니다. 이제는 모델을 적합시킬 차례입니다. 예제에서는 분류 알고리즘에 해당하는 로지스틱 회귀Logistic regression를 사용할 겁니다. 분류기를 생성하기 위해 기본 설정값 또는 하이퍼파라미터를 사용하여 로지스틱회귀 알고리즘을 객체화[17]합니다. 그런 다음 레이블 컬럼과 특징 컬럼을 설정합니다. 예제에서는 레이블 컬럼의 이름은 'label'이고, 특징 컬럼은 'features'입니다. label과 features는

17 옮긴이_ 원문에서는 instance라고 표현했는데, 이는 R이나 Python 등에서 특정 라이브러리를 불러오고 사용하고자 하는 알고리즘의 다양한 파라미터를 조정하여 모델을 만드는 과정을 의미합니다.

실제로 스파크 MLlib의 모든 추정자에 대한 기본 명칭이며 이후 내용에서 별도의 설명은 생략합니다.

```
// 스칼라 코드
import org.apache.spark.ml.classification.LogisticRegression
val lr = new LogisticRegression().setLabelCol("label").setFeaturesCol("features")

// 파이썬 코드
from pyspark.ml.classification import LogisticRegression
lr = LogisticRegression(labelCol="label",featuresCol="features")
```

이 모델을 학습시키기 전에 파라미터를 살펴봅시다. 이는 각 특정 모델에서 사용할 수 있는 옵션을 한 번 더 검토할 수 있는 좋은 방법입니다.

```
// 스칼라 코드
println(lr.explainParams())

// 파이썬 코드
print lr.explainParams()
```

출력 내용이 너무 길어서 여기에 수록하지는 않았지만 스파크를 이용하여 로지스틱 회귀를 구현했을 때 설정된 모든 파라미터의 설명이 출력됩니다. explainParams 메서드는 MLlib에서 제공하는 모든 알고리즘에서 사용할 수 있습니다.

학습시키기 전의 알고리즘을 객체화한 다음에는 데이터에 적합시켜야 합니다. 예제에서는 데이터 적합의 결과로 LogisticRegressionModel을 반환합니다.

```
// 스칼라 코드
val fittedLR = lr.fit(train)

// 파이썬 코드
fittedLR = lr.fit(train)
```

이 코드를 실행하면 스파크는 모델을 학습시키기 위한 작업을 수행합니다. 지금까지 이 책에서 살펴본 변환자와 달리 머신러닝 모델을 적합시키는 것은 사전학습[18] 개념이며 즉시 수행될 수 있습니다.

이 단계까지 완료되면 이제 모델을 사용할 수 있습니다. 이것은 논리적인 관점에서 특징을 레이블로 변환하는 것을 의미합니다. 예측은 transform 메서드로 하게 됩니다. 예를 들어 학습셋을 변환하여 모델을 통해 학습셋에 할당된 레이블이 무엇인지, 그리고 그것들이 실제 출력과 비교하여 어떤지 확인할 수 있습니다. 결과 테이블 역시 우리가 조작할 수 있는 또 다른 DataFrame입니다. 다음 코드 스니펫으로 예측을 수행해보겠습니다.

```
fittedLR.transform(train).select("label", "prediction").show()
```

결과는 다음과 같습니다.

```
+-----+----------+
|label|prediction|
+-----+----------+
|  0.0|       0.0|
...
|  0.0|       0.0|
+-----+----------+
```

다음 단계는 모델을 수작업으로 평가하고 참양성비율, 거짓음성비율 등과 같은 성능평가표[19]를 계산하는 겁니다. 그리고 다른 파라미터를 사용하여 성능 향상 여부를 테스트할 수 있습니다. 이 과정은 유용하지만 상당히 지루할 수 있습니다. 스파크는 이러한 작업부하를 모든 데이터 변환 및 하이퍼파라미터 튜닝을 포함하는 선언적 파이프라인으로 지정함으로써 수동으로 다른 모델을 생성하거나 평가하지 않도록 도와줍니다.

---

18 옮긴이_ 일반적으로 학습 데이터가 주어지면 새로운 데이터를 분류하기 전에 학습 모델을 미리 생성하는 방법을 사전학습(eager learning)이라고 합니다. 사전학습 알고리즘은 인공 신경망이나 의사결정트리 기법과 같이 질의가 입력되기 전에 관련 데이터 분석을 통한 학습을 모두 마쳐 놓고 질의가 입력되면 곧바로 응답하는 구조를 가지고 있습니다. 반면 사후학습 알고리즘은 질의가 입력된 후 이를 해결하기 위한 관련 데이터를 모으고 그것들을 분석하여 해를 도출해내는 구조를 가지고 있습니다. 사례기반 추론(case-based reasoning, CBR)은 질의가 입력되는 시점에 비로소 사례 베이스로부터 유사한 사례를 검색하여 해를 도출하기 시작하는 전형적인 사후학습 알고리즘입니다.

19 옮긴이_ 일반적으로 이진 분류에서 나타날 수 있는 예측 결과는 4가지입니다. 타깃 범주 값을 T라고 가정했을 때 예측 결과는 참양성(T를 T라고 정확하게 예측), 거짓음성(F를 F라고 정확하게 예측), 거짓양성(T를 F라고 잘못 예측), 거짓음성(F를 T라고 잘못 예측)으로 구분됩니다.

하이퍼파라미터 살펴보기

지금까지 언급했던 하이퍼파라미터[20]를 공식적으로 정의해보겠습니다. 하이퍼파라미터란 모델 아키텍처 및 일반화regularization와 같은 학습 프로세스에 영향을 주는 설정 매개변수입니다. 따라서 학습을 시작하기 전에 설정됩니다. 예를 들어 로지스틱 회귀에는 학습 단계에서 데이터 일반화가 수행되어야 할 범위를 결정하는 하이퍼파라미터가 있습니다(머신러닝에서 일반화는 모델이 현재 데이터에 과적합되지 않도록 적용하는 기법입니다). 다음 절에서는 동일한 모델의 다양한 변형을 서로 비교하기 위해 서로 다른 하이퍼파라미터값(예: 다양한 일반화 값)을 시도하는 파이프라인을 어떻게 설정하는지 알아보겠습니다.

표준화, 정규화, 일반화

6부에서 자주 나오는 용어인 표준화standardization, 정규화normalization, 일반화regularization는 다음과 같이 정의할 수 있습니다. 표준화는 평균을 기준으로 관측값들이 얼마나 떨어져 있는지 재표현하는 방법으로 특징의 단위가 보통 2개 이상 다를 때 같은 기준으로 만들어 비교하거나 함께 다룰 수 있게 도와줍니다. 일반적으로 수치 데이터 표준화(예: z-transformation), 카테고리 데이터 표준화(예: 원-핫 인코딩), 서수 데이터 표준화(예: value − 0.5 / max value)가 있습니다. 정규화는 데이터의 범위를 바꾸는 방법입니다. 일반적으로 정규화는 데이터 분포의 중심을 0으로 맞추고, 값의 분포가 특정 범위 안에 들어가도록 조정하고, 표준화를 취하고, 모든 값을 0에서 1 사이의 값으로 재표현min-max scale하는 과정으로 진행됩니다. 일반화는 모델 과적합을 방지하기 위한 기법으로 모델의 표현식에 추가적인 제약 조건을 걸어 모델이 필요 이상으로 복잡해지지 않도록 조정해주는 방법입니다. 쉽게 말해, 복잡한 커브를 많이 가지고 있는 가설함수를 가능한 한 부드럽고 단순하게 만들어주는 기법입니다. 리지 회귀, 라쏘, 엘라스틱넷, 최소각 회귀Least-Angle regression, LAR 등이 대표적인 일반화 알고리즘입니다. 머신러닝에서 표준화 및 정규화는 일종의 스케일링 방법으로 주로 데이터 전처리 과정에서 사용되고, 일반화는 모델의 일반화 오류를 줄여서 과적합을 방지하기 위해 사용됩니다.

_옮긴이

---

20 옮긴이_ 하이퍼파라미터란 머신러닝 알고리즘을 적용하기 위해 분석가가 설정해야 하는 매개변수를 의미합니다. 일반적으로는 이러한 매개변수를 파라미터라고도 부르지만, 통계모델에서의 모수를 의미하는 용어 역시 파라미터이므로 서로를 구별하기 위해서 전자를 보통 하이퍼파라미터로 지칭합니다.

24.4.3 워크플로를 파이프라인으로 만들기

분석 과정에서 많은 변환을 실행하면 모든 단계를 개발하고 DataFrame을 추적하는 일이 매우 지루해집니다. 바로 이것이 스파크가 Pipeline 개념을 도입한 이유입니다. 파이프라인을 사용하면 마지막 단계인 추정자는 조건에 따라 자동으로 조정되며, 그에 따른 데이터 변환 과정을 설정할 수 있기 때문에 튜닝된 모델을 바로 사용할 수 있습니다. [그림 24-4]는 이러한 프로세스를 나타냅니다.

그림 24-4 머신러닝 워크플로를 파이프라인으로 만들기

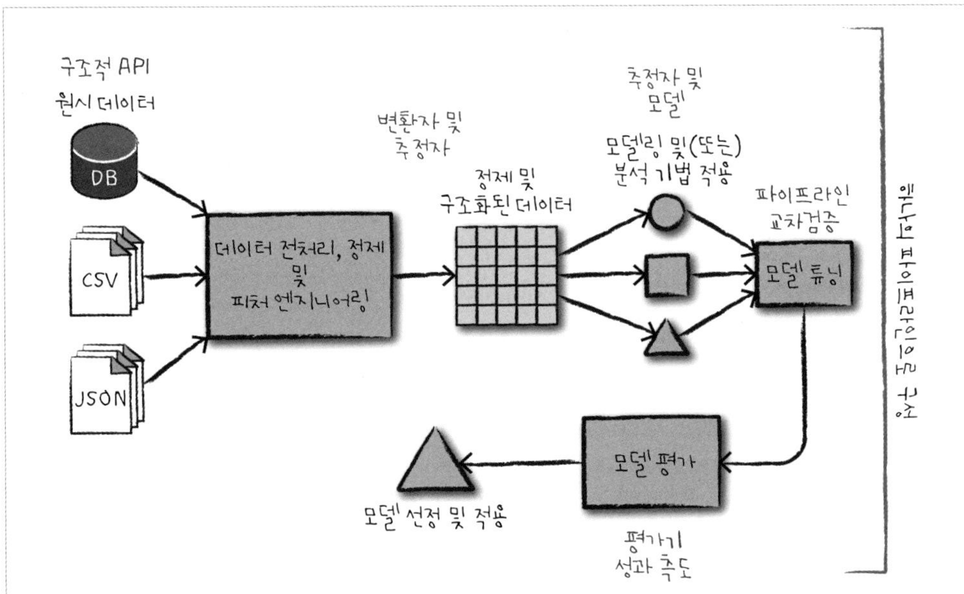

변환자 객체나 모델 객체가 다른 파이프라인에서 재사용되지 않는 것이 중요합니다. 다른 파이프라인을 생성하기 전에 항상 새로운 모델 객체를 만들어야 합니다.

모델의 과적합을 방지하기 위해 홀드아웃 테스트셋[21]을 생성하고 검증셋을 기반으로 하이퍼파라미터를 조정해야 합니다(검증셋을 생성할 때는 이전 단계에서 사용된 preparedDF가 아닌 원시 데이터셋을 기반으로 해야 합니다).

21 옮긴이_ 테스트셋과 같은 용어입니다. 보통 분석 대상 데이터가 충분한 경우에는 학습셋(training set, 알고리즘 학습에 입력하는 학습 데이터셋), 검증셋(validation set, 파라미터 튜닝, 피처 선택 등에 이용하는 검증 데이터셋), 테스트셋(test set, 알고리즘의 최종 성능 평가에 사용하는 테스트 데이터셋)의 3단계로 나누어 사용하고, 데이터가 충분히 확보되지 않은 경우에는 학습셋과 테스트셋(또는 홀드아웃 테스트셋) 두 가지로 나누어 사용합니다.

```
// 스칼라 코드
val Array(train, test) = df.randomSplit(Array(0.7, 0.3))

// 파이썬 코드
train, test = df.randomSplit([0.7, 0.3])
```

이제 홀드아웃 테스트셋을 확보했으니 파이프라인의 기본 단계를 생성합시다. 여기서 단계란 간단히 변환자 또는 추정자를 의미합니다. 예제에는 두 개의 추정자가 있습니다. 첫 번째 추정자인 RFomula는 입력 특징의 타입을 이해하기 위해 데이터를 분석하고 새로운 특징을 생성하기 위해 형상을 변형합니다. 두 번째 추정자인 LogisticRegression은 그 이후에 모델 생성을 위해 학습을 하는 알고리즘입니다.

```
// 스칼라 코드
val rForm = new RFormula()
val lr = new LogisticRegression().setLabelCol("label").setFeaturesCol("features")

// 파이썬 코드
rForm = RFormula()
lr = LogisticRegression().setLabelCol("label").setFeaturesCol("features")
```

다음 절에서는 RFormula에 대한 다양한 값을 설정할 겁니다. 지금부터는 변환과 모델 튜닝을 수작업으로 하지 않고 다음 코드 스니펫에서와 같이 전체 파이프라인에서 단계로 만들겠습니다.

```
// 스칼라 코드
import org.apache.spark.ml.Pipeline

val stages = Array(rForm, lr)
val pipeline = new Pipeline().setStages(stages)

// 파이썬 코드
from pyspark.ml import Pipeline

stages = [rForm, lr]
pipeline = Pipeline().setStages(stages)
```

24.4.4 모델 학습 및 평가

앞서 논리적 파이프라인을 배치했습니다. 그다음에 수행해야 할 단계는 모델 학습입니다. 지금부터는 하나의 모델이 아니라 여러 개의 모델을 학습시킬 겁니다. 스파크에서 테스트할 다양한 하이퍼파라미터의 조합을 지정해 다양한 모델을 학습시킵니다. 다음에는 평가기를 사용하여 검증셋으로 각 모델의 예측 결과를 비교한 후 최적의 모델을 선택할 겁니다. 또한 원시 데이터를 조작하는 데 사용한 RFormula에서도 전체 파이프라인에 다양한 하이퍼파라미터를 테스트할 수 있습니다. 다음 코드를 살펴봅시다.

```
// 스칼라 코드
import org.apache.spark.ml.tuning.ParamGridBuilder

val params = new ParamGridBuilder()
  .addGrid(rForm.formula, Array(
    "lab ~ . + color:value1",
    "lab ~ . + color:value1 + color:value2"))
  .addGrid(lr.elasticNetParam, Array(0.0, 0.5, 1.0))
  .addGrid(lr.regParam, Array(0.1, 2.0))
  .build()

// 파이썬 코드
from pyspark.ml.tuning import ParamGridBuilder

params = ParamGridBuilder()\
  .addGrid(rForm.formula, [
    "lab ~ . + color:value1",
    "lab ~ . + color:value1 + color:value2"])\
  .addGrid(lr.elasticNetParam, [0.0, 0.5, 1.0])\
  .addGrid(lr.regParam, [0.1, 2.0])\
  .build()
```

위 코드에서는 기본값을 변형한 다음 세 가지 하이퍼파라미터를 사용했습니다.

- 두 개의 서로 다른 버전의 RFormula
- 세 개의 서로 다른 옵션의 ElasticNet 파라미터
- 두 개의 서로 다른 옵션의 일반화 파라미터

따라서 우리는 총 12개의 서로 다른 파라미터 조합을 사용할 수 있습니다. 이 말은 곧 12가지 버전의 로지스틱 회귀를 학습시키게 된다는 겁니다. 앞에서 나열한 ElasticNet 파라미터와 일반화 옵션은 26장에서 설명합니다.

그리드가 완성되었으므로 이제 평가 프로세스를 지정해야 합니다. 평가기는 자동으로 여러 모델을 동일한 평가지표를 적용하여 객관적으로 비교할 수 있습니다. 분류와 회귀에 사용되는 평가기는 여러 종류가 있지만 뒷부분에서 다룰 예정이며, 예제에서는 26장에서 다룰 여러 가지 잠재적인 평가지표가 있는 BinaryClassificationEvaluator를 사용할 겁니다. 예제에서는 그중에서도 분류 성능을 측정하는 일반적인 척도인 수신자 조작 특성receiver operating characteristic의 아래쪽 면적을 의미하는 areaUnderROC을 사용할 겁니다.

```
// 스칼라 코드
import org.apache.spark.ml.evaluation.BinaryClassificationEvaluator

val evaluator = new BinaryClassificationEvaluator()
  .setMetricName("areaUnderROC")
  .setRawPredictionCol("prediction")
  .setLabelCol("label")

// 파이썬 코드
from pyspark.ml.evaluation import BinaryClassificationEvaluator

evaluator = BinaryClassificationEvaluator()\
  .setMetricName("areaUnderROC")\
  .setRawPredictionCol("prediction")\
  .setLabelCol("label")
```

이제 데이터 변환 방법을 지정하는 파이프라인이 있으므로 위 예제와 같이 로지스틱 회귀 모델의 다양한 하이퍼파라미터를 시험하고 areaUnderROC 지표로 성능 비교를 하여 모델 적합도를 측정하고 모델을 선택할 겁니다.

지금까지 논의한 바와 같이 머신러닝에서 모델의 과적합을 방지하기 위해서는 테스트셋 대신 검증셋으로 하이퍼파라미터를 적합시키는 것이 좋습니다. 따라서 파라미터 조정을 위해서는 이전에 생성한 홀드아웃 테스트셋을 사용할 수 없습니다. 그렇지만 걱정할 필요는 없습니다. 다행히도 스파크는 하이퍼파라미터 튜닝을 자동으로 수행하는 두 가지 옵션을 제공합니다. TrainValidationSplit은 데이터를 두 개의 서로 다른 그룹으로 무작위로 임의 분할할 때 사용하고, CrossValidator는 데이터 집합을 겹치지 않게 임의로 구분된 *k*개의 폴드로 분할하여 *K*-겹 교차검증*K*-fold cross-validation을 수행합니다.

```
// 스칼라 코드
import org.apache.spark.ml.tuning.TrainValidationSplit

val tvs = new TrainValidationSplit()
  .setTrainRatio(0.75) // 기본값
  .setEstimatorParamMaps(params)
  .setEstimator(pipeline)
  .setEvaluator(evaluator)

// 파이썬 코드
from pyspark.ml.tuning import TrainValidationSplit

tvs = TrainValidationSplit()\
  .setTrainRatio(0.75)\
  .setEstimatorParamMaps(params)\
  .setEstimator(pipeline)\
  .setEvaluator(evaluator)
```

이제 지금까지 구축한 파이프라인을 구동해봅시다. 이 파이프라인을 실행하면 검증셋에 대해 모든 버전의 모델이 테스트됩니다.[22] 여기서 tvsFitted는 TrainValidationSplitModel을 의미합니다. 이것은 주어진 모델을 적합시킬 때마다 '모델' 유형을 출력합니다.

```
// 스칼라 코드
val tvsFitted = tvs.fit(train)

// 파이썬 코드
tvsFitted = tvs.fit(train)
```

다음 코드 예제와 같이 모델이 테스트셋에서 어떤 성능을 보이는지 반드시 평가[23]하세요!

```
evaluator.evaluate(tvsFitted.transform(test)) // 0.9166666666666667
```

또한 일부 모델 학습 결과를 요약해서 볼 수도 있습니다. 이를 위해 파이프라인에서 학습 결과를 추출하고 적절한 유형으로 전달하여 결과를 출력합니다. 각 모델에서 사용할 수 있는 평가지표는 나중에 다룰 겁니다. 결과를 보는 방법은 다음과 같습니다.

22 옮긴이_ 이 단계에서는 앞서 설정한 버전들이 모두 테스트되기 때문에 실행 환경에 따라서 오래 걸릴 수 있습니다.

23 옮긴이_ 코드 예제에 주석으로 입력한 수치는 예측 정확도를 나타냅니다. 다만 무작위 분할을 사용했기 때문에 각 사용자마다 수치값이 조금씩 다를 수 있습니다.

```
// 스칼라 코드
import org.apache.spark.ml.PipelineModel
import org.apache.spark.ml.classification.LogisticRegressionModel

val trainedPipeline = tvsFitted.bestModel.asInstanceOf[PipelineModel]
val TrainedLR = trainedPipeline.stages(1).asInstanceOf[LogisticRegressionModel]
val summaryLR = TrainedLR.summary
summaryLR.objectiveHistory // 0.6751425885789243, 0.5543659647777687, 0.473776...
```

여기에 표시된 히스토리는 각 반복 학습에서 해당 알고리즘이 어떻게 수행되었는지에 대한 세부 정보를 제공합니다. 알고리즘이 최적의 모델을 도출하기 위해 진행하고 있는 과정을 확인할 수 있기 때문에 도움이 될 수 있습니다. 초기에는 값이 급격히 줄어들지만, 시간이 지남에 따라 아주 조금씩 줄어듭니다.

24.4.5 모델 저장 및 적용

모델 학습이 완료되면 다음에 수행할 예측 작업을 위해 이 모델을 디스크에 저장할 수 있습니다.

```
tvsFitted.write.overwrite().save("/tmp/modelLocation")
```

모델 생성이 완료되면 실제 예측을 수행하기 위해 다른 스파크 프로그램에 모델을 적재할 수 있습니다. 이를 위해서는 특정 알고리즘에 대한 '모델' 버전을 사용하여 디스크에 저장된 모델을 불러와야 합니다. 예를 들어 CrossValidator를 사용하려면 CrossValidatorModel이 저장된 버전을 읽어야 하며, LogisticRegression을 수동으로 사용하려면 LogisticRegressionModel을 읽어야 합니다. 이 경우 TrainValidationSplitModel을 불러오는 TrainValidationSplit을 사용합니다.

```
// 스칼라 코드
import org.apache.spark.ml.tuning.TrainValidationSplitModel

val model = TrainValidationSplitModel.load("/tmp/modelLocation")
model.transform(test)
```

24.5 모델 배포 방식

스파크에는 머신러닝 모델을 운영 환경에 적용하기 위한 다양한 배포 방식이 있습니다. [그림 24-5]는 이에 대한 일반적인 워크플로를 나타내고 있습니다.

그림 24-5 모델 배포 프로세스

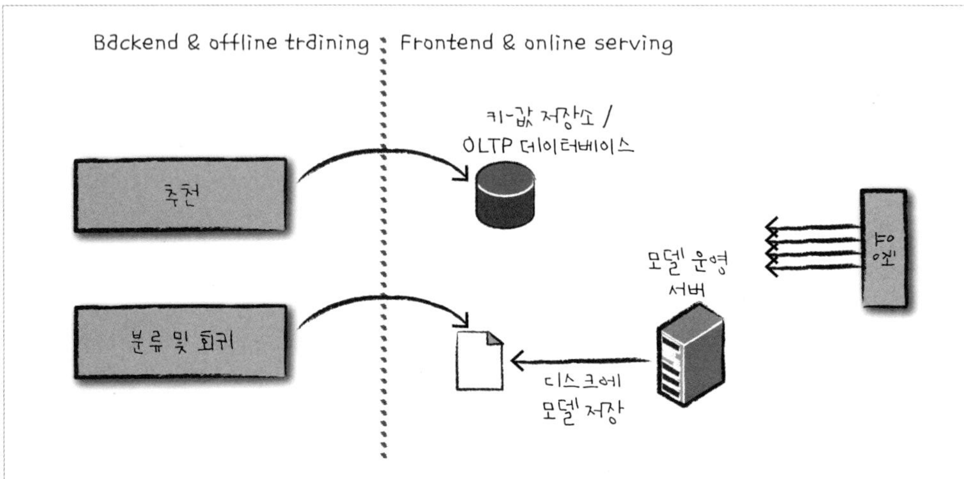

다음은 스파크 모델 배포 방법에 대한 다양한 옵션입니다. 이들은 [그림 24-5]에 설명된 프로세스에 연결 지을 수 있는 일반적인 옵션입니다.

- 머신러닝 모델을 오프라인으로 학습시킨 다음 오프라인 데이터에 적용하세요. 여기서 말하는 오프라인 데이터는 신속하게 응답해야 하는 데이터가 아니라 분석을 위해 저장된 데이터를 의미합니다. 스파크는 이런 종류의 배포에 아주 적합합니다.
- 오프라인에서 모델을 학습시킨 다음 데이터베이스(일반적인 키-값 저장소)에 결과를 저장하세요. 이것은 추천 분야에는 적합하지만 주어진 사용자에 대한 값을 바로 검색할 수 없고, 입력을 기반으로 값을 계산해야 하는 분류 또는 회귀에는 적합하지 않습니다.
- 머신러닝 알고리즘을 오프라인으로 학습시키고, 모델을 디스크에 저장한 다음 이를 사용하여 서비스하세요. 만일 스파크를 서비스 부문에 사용한다면 스파크 잡을 시작하는 오버헤드가 클러스터에서 실행하지 않더라도 높을 수 있기 때문에 대기 시간이 길어질 수 있습니다. 또한 이러한 배포 방법은 병렬 처리가 어렵기 때문에 여러 개의 모델 복제본 앞에 로드 밸런서를 배치하고 직접 REST API를 구현하여 추가하는 것까지 고려할 필요가 있습니다. 물론 이 문제에 대한 몇 가지 흥미로운 잠재적 해결책이 있긴 하지만 이와 같은 모델 서비스에 대한 표준은 현재 존재하지 않습니다.

- 단일 시스템상에서 사용자의 분산 모델을 훨씬 더 빠르게 수행할 수 있도록 수동 변환하세요. 이 방법은 원시 데이터의 조작이 너무 많이 필요하지 않은 경우에는 잘 작동하나 시간이 지남에 따라 유지 보수가 매우 어려울 수 있습니다. 이에 대해서는 현재 진행 중인 여러 가지 해결책이 있습니다. 예를 들어 MLlib은 일부 모델을 공통 모델 상호 교환 형식인 PMML로 내보낼 수 있습니다.
- 머신러닝 알고리즘을 온라인으로 학습시키고 온라인에서 사용하세요. 이것은 구조적 스트리밍과 함께 사용할 때는 가능하지만 일부 모델에서는 복잡해질 수 있습니다.

앞서 나열한 방법이 전부는 아닙니다. 그 외 모델 배포 및 관리를 수행하기 위한 다른 많은 방법이 존재합니다. 이는 많은 개발이 이루어지고 있는 영역이며 많은 잠재적인 혁신이 현재 진행 중입니다.

24.6 정리

이 장에서는 고급 분석 및 MLlib의 핵심 개념을 설명했습니다. 또한 그들을 사용하는 방법을 살펴보았습니다. 다음 장에서는 피처 엔지니어링 및 데이터 정제를 위한 스파크 도구를 포함하여 전처리를 자세히 설명합니다. 그런 다음 그래프 분석과 딥러닝을 위한 몇 가지 도구와 함께 MLlib에서 사용할 수 있는 각 알고리즘을 자세히 설명합니다.

CHAPTER 25

데이터 전처리 및 피처 엔지니어링

유능한 데이터 과학자라면 고급 분석을 수행하는 데 있어 가장 큰 과제이자 시간 소모가 큰 작업 중 하나가 바로 데이터 전처리임을 알고 있을 겁니다. 전처리 작업은 특별히 복잡한 프로그래밍보다는 작업 대상 데이터에 대한 깊은 지식과 그러한 데이터를 성공적으로 활용하기 위한 모델의 이해가 필요합니다. 이 장에서는 스파크를 사용하여 데이터 전처리와 피처 엔지니어링을 수행하는 방법을 자세히 설명합니다. 또한 데이터가 어떻게 구조화되어 있는가 하는 관점에서 MLlib 모델을 학습시키는 데 필요한 핵심 요구사항을 살펴보겠습니다. 그런 다음 이러한 작업을 수행하기 위해 스파크가 제공하는 다양한 도구를 설명하겠습니다.

25.1 사용 목적에 따라 모델 서식 지정하기

스파크의 다양한 고급 분석 도구를 사용하여 데이터를 전처리하기 위해서는 우선 최종 목표를 검토해야 합니다. 다음은 MLlib의 각 고급 분석 작업을 위한 입력 데이터 구조 관련 요구사항입니다.

- 대부분의 분류 및 회귀 알고리즘의 경우 데이터를 `Double` 타입의 컬럼으로 가져와서 레이블을 표시하고, `Vector` 타입(밀도가 높거나 희소한)의 컬럼을 사용하여 특징을 나타내야 합니다.
- 추천 알고리즘의 경우 데이터를 사용자 컬럼, 영화 또는 서적 등을 나타내는 아이템 컬럼, 그리고 사용자 평점 등을 나타내는 등급 컬럼으로 표현해야 합니다.

- 비지도 학습 알고리즘의 경우 입력 데이터로 사용할 특징을 `Vector` 타입(밀도가 높거나 희소한)의 컬럼으로 표현해야 합니다.
- 그래프 분석의 경우 정점과 에지가 각각 DataFrame으로 구성되어야 합니다.

이러한 다양한 형태의 데이터를 확보하는 가장 좋은 방법은 변환자를 사용하는 겁니다. 변환자는 인수로 DataFrame을 받고, 새로운 DataFrame을 반환하는 함수입니다. 이 장에서는 모든 변환자를 열거하지 않고, 특정 활용 사례에서 사용되는 변환자만 설명합니다.

> **NOTE_** 스파크는 다양한 변환자를 제공하며 이는 `org.apache.spark.ml.feature` 패키지의 일부분입니다. 파이썬에서 이와 대응되는 패키지는 `pyspark.ml.feature`입니다. 스파크 MLlib에는 새로운 형태의 변환자가 끊임없이 만들어지기 때문에 이 책에 모든 것을 수록할 수는 없습니다. 이와 관련한 최신 정보를 스파크 문서 사이트에서 확인할 수 있습니다.

본격적으로 시작하기에 전에 몇 가지 샘플 데이터셋을 가져오겠습니다. 이 장에서 다루는 샘플 데이터셋에는 다양한 속성이 포함되어 있습니다.

```
// 스칼라 코드
val sales = spark.read.format("csv")
  .option("header", "true")
  .option("inferSchema", "true")
  .load("/data/retail-data/by-day/*.csv")
  .coalesce(5)
  .where("Description IS NOT NULL")
val fakeIntDF = spark.read.parquet("/data/simple-ml-integers")
var simpleDF = spark.read.json("/data/simple-ml")
val scaleDF = spark.read.parquet("/data/simple-ml-scaling")

// 파이썬 코드
sales = spark.read.format("csv")\
  .option("header", "true")\
  .option("inferSchema", "true")\
  .load("/data/retail-data/by-day/*.csv")\
  .coalesce(5)\
  .where("Description IS NOT NULL")
fakeIntDF = spark.read.parquet("/data/simple-ml-integers")
simpleDF = spark.read.json("/data/simple-ml")
scaleDF = spark.read.parquet("/data/simple-ml-scaling")
```

예제에서 사용하는 세일즈sales 데이터셋은 매우 현실적인 데이터입니다. 이외에도 몇 가지 간단한 가공된 데이터셋도 사용할 겁니다. FakeIntDF, simpleDF, scaleDF 모두 작은 데이터셋(레코드 수가 적음)입니다. 이렇게 작은 데이터셋을 사용하면 데이터셋의 정합성 문제보다는 데이터 처리 작업에 집중할 수 있는 장점이 있습니다. 세일즈 데이터셋은 여러 번 액세스할 것이므로 필요할 때마다 디스크에서 읽어 들이는 방식보다는 메모리에서 효율적으로 읽을 수 있도록 캐시를 할 겁니다. 데이터셋의 내용을 파악하기 위해 앞에서 몇 개의 로우만 출력하여 확인해봅시다.

```
sales.cache()
sales.show()

+---------+---------+--------------------+--------+-------------------+---------
|InvoiceNo|StockCode|         Description|Quantity|        InvoiceDate|UnitPr...
+---------+---------+--------------------+--------+-------------------+---------
|   580538|    23084| RABBIT NIGHT LIGHT|       48|2011-12-05 08:38:00|     1...
...
|   580539|    22375|AIRLINE BAG VINTA...|        4|2011-12-05 08:39:00|     4...
+---------+---------+--------------------+--------+-------------------+---------
```

NOTE_ 여기서 널 값을 걸러냈다는 사실을 주목해야 합니다. MLlib은 아직 널 값이 존재하는 경우 동작하지 않는 경우가 많습니다. 널 값 때문에 다양한 문제와 오류가 빈번하게 발생하기 때문에 디버깅할 때 가장 먼저 살펴봐야 합니다. 스파크는 신규 버전을 출시할 때마다 이러한 널 값 처리 알고리즘을 개선하고 있습니다.

25.2 변환자

변환자는 앞 장에서 한 차례 설명했지만 다시 검토해볼 필요가 있습니다. 변환자는 다양한 방식으로 원시 데이터를 변환시키는 함수입니다. 새로운 상호작용 변수를 생성(두 개의 다른 변수로)하거나 컬럼을 정규화하거나 모델에 입력하기 위해 변수를 Double 타입으로 변환시키는 기능을 하며, 주로 데이터 전처리 또는 특징 생성을 위해 사용됩니다.

스파크의 변환자는 변환 메서드만 포함합니다. 데이터 변환 기능은 입력 데이터에 따라 변경되지 않기 때문입니다. [그림 25-1]에 변환자를 간단히 나타냈습니다. 왼쪽은 조작하려는 컬럼을 포함하는 DataFrame이고, 오른쪽은 변환 결과 새롭게 생성된 컬럼이 추가된 DataFrame입니다.

그림 25-1 스파크 변환자

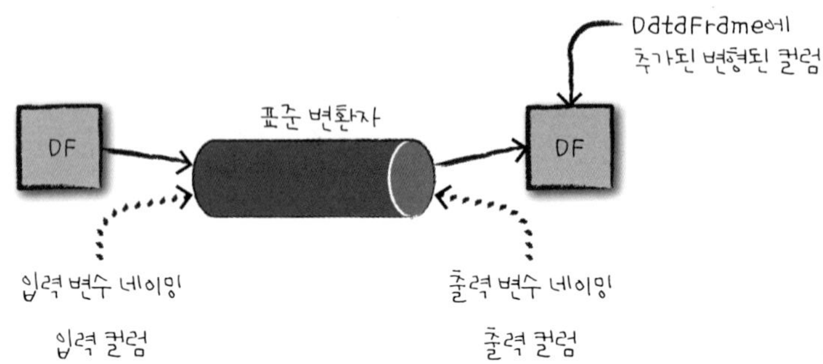

이러한 변환자의 특성을 설명하는 예로 Tokenizer가 있습니다. Tokenizer는 함수를 적용하여 주어진 문자열을 토큰화tokenization[1]하고, 주어진 문자로 분할합니다. 이 과정에서 데이터를 학습하지는 않습니다. 이 장 뒷부분에서 Tokenizer를 더 자세히 설명하겠지만, 다음의 간단한 코드 스니펫은 입력 컬럼을 받아서 Tokenizer가 어떻게 구축되고 어떻게 데이터를 변환하여 결과를 출력하는지 보여줍니다.

```
// 스칼라 코드
import org.apache.spark.ml.feature.Tokenizer

val tkn = new Tokenizer().setInputCol("Description")
tkn.transform(sales.select("Description")).show(false)

+-----------------------------------+------------------------------------------+
|Description                        |tok_7de4dfc81ab7__output                  |
+-----------------------------------+------------------------------------------+
|RABBIT NIGHT LIGHT                 |[rabbit, night, light]                    |
|DOUGHNUT LIP GLOSS                 |[doughnut, lip, gloss]                    |
...
|AIRLINE BAG VINTAGE WORLD CHAMPION |[airline, bag, vintage, world, champion]  |
|AIRLINE BAG VINTAGE JET SET BROWN  |[airline, bag, vintage, jet, set, brown]  |
+-----------------------------------+------------------------------------------+
```

1 옮긴이_ 토큰화란 문자열을 여러 개의 조각, 즉 여러 개의 token(토큰)으로 쪼개는 것을 말합니다. 토큰은 문자열의 한 조각으로 하나의 단어가 하나의 토큰이라 할 수 있습니다.

25.3 전처리 추정자

전처리를 위한 또 다른 도구는 바로 추정자입니다. **추정자**는 수행하려는 변환이 입력 컬럼에 대한 데이터 또는 정보로 초기화되어야 할 때 필요합니다(종종 입력 라인 자체를 전달하여 파생됩니다). 예를 들어 특정 컬럼의 값들의 분포를 평균이 0이고 분산이 1이 되도록 스케일링하려는 경우 전체 데이터를 읽어 들여 해당 데이터를 평균이 0이고 분산이 1이 되도록 정규화하는 데 사용할 값을 계산해야 합니다. 따라서 추정자는 특정 입력 데이터에 따라 구성되는 변환자라고 할 수 있습니다. 요약하면, 추정자는 단순 변환을 위해 맹목적으로 적용하는 일반 변환자 유형과 데이터에 따라 변환을 수행하는 추정자 유형이 있습니다. [그림 25-2]에 특정 입력 데이터셋에 적합시키는 추정자를 나타냈습니다. 이후 변환자를 생성하고 입력 데이터셋에 적용하여 새로운 컬럼(변환된 데이터)을 추가합니다.

그림 25-2 스파크 추정자

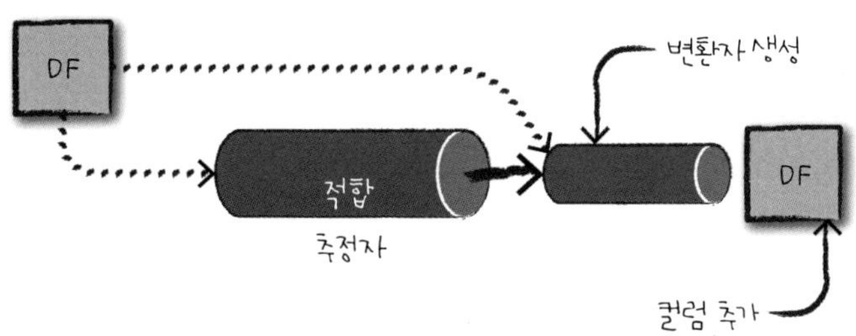

[그림 25-2]와 같은 유형의 추정자로 `StandardScaler`가 있습니다. `StandardScaler`는 입력 컬럼에 적재된 모든 값의 범위를 고려하여 크기를 조정함으로써 각 차원에서 평균이 0이고 분산이 1이 되도록 스케일링[2]을 수행합니다. 따라서 우선 전체 데이터를 통과시켜서 변환자를 생성해야 합니다. 다음은 이에 대한 전체 프로세스와 출력을 보여주는 코드 스니펫입니다.

---

2 옮긴이_ 특징 스케일링(feature scaling)이라고도 합니다. 스케일링은 데이터 전처리 과정에서 사용되는 기법으로 입력변수에 선형 변환을 적용하여 변숫값의 분포를 평균은 0, 분산은 1이 되도록 변환합니다. 머신러닝 수행 시 스케일링을 적용하면 데이터 오버플로(overflow)나 언더플로(underflow)가 방지되고 독립변수의 공분산 행렬 조건 수(condition number)가 감소되어 최적화 과정에서 안정성 및 수렴 속도 향상에 기여합니다. 이 말은 곧 특정 입력변수가 분산이 매우 큰 경우 스케일링을 적용하지 않으면 머신러닝 수행 시 최적화 함수가 이 변수에 휘둘려 알고리즘이 올바로 학습하지 못할 수도 있다는 의미입니다.

```
// 스칼라 코드
import org.apache.spark.ml.feature.StandardScaler

val ss = new StandardScaler().setInputCol("features")
ss.fit(scaleDF).transform(scaleDF).show(false)

+---+--------------+------------------------------------------------------------+
|id |features      |stdScal_d66fbeac10ea__output                                |
+---+--------------+------------------------------------------------------------+
|0  |[1.0,0.1,-1.0]|[1.1952286093343936,0.02337622911060922,-0.5976143046671968]|
...
|1  |[3.0,10.1,3.0]|[3.5856858280031805,2.3609991401715313,1.7928429140015902]  |
+---+--------------+------------------------------------------------------------+
```

이 장에서는 추정자와 변환자의 활용 사례를 모두 다룰 겁니다. 또한 이 장 뒷부분에서 파이썬 예제와 함께 좀 더 자세히 설명하겠습니다.

25.3.1 변환자 속성 정의하기

모든 변환자는 적어도 입력과 출력의 컬럼 이름을 나타내는 inputCol과 outputCol을 지정해야 합니다. 이는 setInputCol과 setOutputCol을 사용하여 설정할 수 있습니다. 여기에는 몇 가지 기본값이 정해져 있습니다(스파크 문서에서 이 기본값을 확인할 수 있습니다). 하지만 수동으로 직접 지정하는 것이 더 좋습니다. 입력 및 출력 컬럼 외에도 모든 변환자에는 조정할 수 있는 다양한 파라미터가 존재합니다(이 장에서 언급하는 파라미터는 모두 set() 메서드를 사용하여 설정해야 합니다). 파이썬에는 객체 생성자에 키워드 인수를 사용하여 이러한 값을 설정하는 또 다른 방법이 있지만, 내용의 일관성을 위해 다음 장의 예제에 포함시키지 않았습니다. 또한 추정자는 특정 데이터셋에 변환자를 적합시키고 결과 객체에 대한 transform 메서드를 호출합니다.

NOTE_ MLlib은 각 DataFrame에서 사용하는 컬럼에 대한 메타데이터를 컬럼 자체의 속성으로 저장합니다. 이를 통해 Double 타입의 컬럼이 실제로는 연속형 값이 아니라 일련의 범주형 변수를 나타내는 경우에도 적절히 저장(그리고 주석 처리)할 수 있습니다. 그러나 메타데이터는 스키마나 DataFrame을 출력할 때 표시되지 않습니다.

25.4 고수준 변환자

앞 장에서 살펴본 RFormula 같은 고수준 변환자를 사용하면 하나의 변환에서 여러 가지 변환을 간결하게 지정할 수 있습니다. 이들은 '상위 수준'에서 동작하며, 데이터 조작 및 변환을 하나하나 수행하지 않도록 해줍니다. 일반적으로 오류 위험을 최소화하고 구현 과정의 세세한 부분보다 비즈니스 문제에 집중하기 위해서는 가능한 한 최상위 수준의 변환자를 사용해야 합니다. 물론 항상 그럴 수는 없겠지만 되도록 최상위 수준의 변환자 사용을 지향해야 합니다.

25.4.1 RFormula

RFormula는 일반적인 형태의 데이터에 사용할 수 있는 가장 간편한 변환자입니다. RFormula는 R 언어에서 빌려온 변환자로서 데이터에 대한 변환을 선언적으로 간단히 지정할 수 있게 해줍니다. 이 변환자를 적용하면 데이터값은 숫자형 또는 범주형이 되고, 문자열에서 값을 추출하는 등의 조작을 할 필요가 없습니다. RFormula는 **원-핫 인코딩** one-hot encoding[3]을 수행해 문자열로 지정된 범주화된 입력변수를 자동으로 처리합니다. 간단히 말해, 원-핫 인코딩은 데이터값 집합을 데이터 포인트가 개별 특정 값을 갖는지 여부를 지정하는 이진형의 컬럼 집합으로 변환합니다(이 장 뒷부분에서 원-핫 인코딩을 자세히 설명합니다). RFormula를 사용하면 숫자 컬럼은 Double 타입으로 변환되지만 원-핫 인코딩되지는 않습니다. 또한 레이블 컬럼이 String 타입인 경우 먼저 StringIndexer를 사용해서 Double 타입으로 변환됩니다.

> **CAUTION_** 원-핫 인코딩 없이 숫자 컬럼을 Double 타입으로 자동 변환하는 것은 몇 가지 중요한 의미가 있습니다. 수치상으로 의미가 있는 범주형 변수는 암묵적으로 순서를 지정하여 Double 타입으로 변환합니다. 또한 입력변수의 타입이 예상한 형태로 변환되었는지 확인하는 것이 중요합니다. 순서의 의미가 없는 범주형 변수의 경우에는 String으로 형변환을 해야 합니다. 컬럼을 수동으로 인덱싱할 수도 있습니다. 좀 더 자세한 내용은 25.6절 '범주형 특징 처리하기'를 참조하세요.

RFormula를 사용하면 선언적 구문으로 변환을 지정할 수 있습니다. 이는 문법만 이해하면 매우 쉽게 사용할 수 있습니다. 현재 RFormula는 단순 변환 작업에 상당히 유용하게 활용되고 있는 R 연산자 기능을 제한적으로 지원하고 있습니다. 다음은 RFormula 기본 연산자입니다.

---

3 옮긴이_ 원-핫 인코딩은 N개의 고유한 값을 가지는 범주형 변수를 각 고윳값마다 0과 1로 변환하여 N개의 숫자형 변수로 다시 표현하는 방법으로 통계분야에서는 이를 더미변수(dummy variable)화 또는 가변수화한다고 표현합니다.

- **~**
  함수에서 타깃과 항을 분리
- **+**
  연결 기호. '+ 0'은 절편 제거를 의미(우리가 맞추고자 하는 선의 y 절편이 0이 됨을 의미합니다)
- **-**
  삭제 기호. '- 1'은 절편 제거를 의미(우리가 맞추고자 하는 선의 y 절편이 0이 됨을 의미합니다. '+ 0'과 결과가 같습니다)
- **:**
  상호작용(수치형 값이나 이진화된 범주 값에 대한 곱셈)
- **.**
  타깃/종속변수를 제외한 모든 컬럼

또한 RFormula는 기본 설정된 레이블과 특징 컬럼을 사용하여 레이블을 지정하고 레이블 및 출력되는 특징들을 추정합니다(지도 학습용). 이 장 뒷부분에서 다루는 모델에는 이러한 컬럼 이름이 기본적으로 필요하므로 결과로 변환된 DataFrame을 학습용 모델에 쉽게 전달할 수 있습니다. 이 내용이 아직 이해가 되지 않더라도 걱정하지 마세요. 차후에 다룰 내용에서 실제로 모델을 사용하기 시작하면 쉽게 이해할 수 있을 겁니다.

이제 RFormula를 실제로 사용해봅시다. 예제에서는 모든 변수를 사용(.)하고, value1과 color, value2와 color 간의 상호작용을 지정하여 새로운 특징을 생성할 겁니다.

```
// 스칼라 코드
import org.apache.spark.ml.feature.RFormula

val supervised = new RFormula()
  .setFormula("lab ~ . + color:value1 + color:value2")
supervised.fit(simpleDF).transform(simpleDF).show()

// 파이썬 코드
from pyspark.ml.feature import RFormula

supervised = RFormula(formula="lab ~ . + color:value1 + color:value2")
supervised.fit(simpleDF).transform(simpleDF).show()

+-----+----+------+------------------+--------------------+-----+
|color| lab|value1|            value2|            features|label|
+-----+----+------+------------------+--------------------+-----+
|green|good|     1|14.386294994851129|(10,[1,2,3,5,8],[...|  1.0|
```

```
| blue| bad|      8|14.386294994851129|(10,[2,3,6,9],[8....|  0.0|
...
|  red| bad|      1| 38.97187133755819|(10,[0,2,3,4,7],[...|  0.0|
|  red| bad|      2|14.386294994851129|(10,[0,2,3,4,7],[...|  0.0|
+-----+----+------+------------------+--------------------+-----+
```

25.4.2 SQL 변환자

SQLTransformer를 사용하면 MLlib 변환 기능을 사용할 때처럼 스파크의 방대한 SQL 데이터 처리 라이브러리를 활용할 수 있습니다. SQL에서 사용하는 모든 SELECT 문은 유효한 변환 방법입니다. 유일하게 다른 점은 테이블 이름 대신 THIS 키워드를 사용한다는 겁니다. 일부 DataFrame 조작을 전처리 단계로 공식적으로 코딩하거나 하이퍼파라미터 튜닝 시 특징에 서로 다른 SQL 식을 적용하고자 할 때 SQLTransformer를 사용하는 것이 좋습니다. SQLTransformer를 사용해서 변환하는 경우 출력 DataFrame에 새로운 컬럼으로 추가됩니다.

사용자는 초기 수집 상태의 원시 데이터로부터 현재 상태에 이르기까지의 모든 조작을 SQLTransformer를 사용하여 적용할 수 있습니다. 이를 위해 사용자는 각각의 조작을 변환자로 버전화하여 식별할 수 있습니다. 따라서 변환자만 교체하면 다양한 파이프라인을 구축하고 테스트할 수 있는 이점이 있습니다. 다음은 SQLTransformer의 기본적인 사용 예제입니다.

```
// 스칼라 코드
import org.apache.spark.ml.feature.SQLTransformer

val basicTransformation = new SQLTransformer()
  .setStatement("""
    SELECT sum(Quantity), count(*), CustomerID
    FROM __THIS__
    GROUP BY CustomerID
    """)

basicTransformation.transform(sales).show()

// 파이썬 코드
from pyspark.ml.feature import SQLTransformer

basicTransformation = SQLTransformer()\
```

```
  .setStatement("""
    SELECT sum(Quantity), count(*), CustomerID
    FROM __THIS__
    GROUP BY CustomerID
    """)
basicTransformation.transform(sales).show()
```

다음은 코드 수행 결과입니다.

```
+-------------+--------+----------+
|sum(Quantity)|count(1)|CustomerID|
+-------------+--------+----------+
|          119|      62|   14452.0|
...
|          138|      18|   15776.0|
+-------------+--------+----------+
```

이러한 변환의 좀 더 다양한 예제를 보려면 2부를 참조하세요.

25.4.3 벡터 조합기

VectorAssembler는 사용자가 생성하는 거의 모든 단일 파이프라인에서 사용하게 될 도구입니다. 또한 모든 특징을 하나의 큰 벡터로 연결하여 추정자에 전달하는 기능을 제공합니다. 일반적으로 머신러닝 파이프라인의 마지막 단계에서 사용되며 Boolean, Double 또는 Vector와 같은 다양한 컬럼을 입력으로 사용합니다. 이는 다양한 변환자를 사용하여 여러 가지 조작을 수행하고 그에 대한 모든 결과를 모아야 하는 경우에 특히 유용합니다.

다음 코드 스니펫 실행 결과를 보면 작동 방식을 명확히 이해할 수 있을 겁니다.

```
// 스칼라 코드
import org.apache.spark.ml.feature.VectorAssembler

val va = new VectorAssembler().setInputCols(Array("int1", "int2", "int3"))
va.transform(fakeIntDF).show()

// 파이썬 코드
from pyspark.ml.feature import VectorAssembler
```

```
va = VectorAssembler().setInputCols(["int1", "int2", "int3"])
va.transform(fakeIntDF).show()

+----+----+----+--------------------------------------+
|int1|int2|int3|VectorAssembler_403ab93eacd5585ddd2d__output|
+----+----+----+--------------------------------------+
|   1|   2|   3|                         [1.0,2.0,3.0]|
|   4|   5|   6|                         [4.0,5.0,6.0]|
|   7|   8|   9|                         [7.0,8.0,9.0]|
+----+----+----+--------------------------------------+
```

25.5 연속형 특징 처리하기

연속형 특징은 양의 무한대에서 음의 무한대까지의 숫자값을 의미합니다. 연속형 특징을 처리하는 데 일반적으로 사용되는 두 개의 변환자가 있습니다. 첫째, 버켓팅이라는 프로세스를 통해 연속형 특징을 범주형 특징으로 변환할 수 있습니다. 둘째, 여러 요구사항에 따라 특징을 스케일링하거나 정규화할 수 있습니다. 이러한 변환자는 Double 타입에서만 작동하므로 다른 형식의 숫자값이 있다면 Double 타입으로 변경해야 합니다.

```
// 스칼라 코드
val contDF = spark.range(20).selectExpr("cast(id as double)")

// 파이썬 코드
contDF = spark.range(20).selectExpr("cast(id as double)")
```

25.5.1 버켓팅

버켓팅 또는 구간화binning에 대한 가장 직접적인 접근법은 Bucketizer를 사용하는 겁니다. Bucketizer를 사용하면 주어진 연속형 특징을 지정한 버켓으로 분할합니다. 이때 버켓이 어떤 형태로 생성되어야 하는지 Double 타입 값으로 된 배열이나 리스트로 지정할 수 있습니다. 이는 나중에 데이터셋의 특징을 단순화하거나 차후의 해석을 위해 표현을 단순화하려는 경우에 유용합니다. 예를 들어 사람의 체중을 나타내는 컬럼이 있고, 이 정보를 기반으로 어떤 값을 예측하고 싶다고 가정했을 때 어떤 경우에는 '과체중', '평균', '저체중'의 세 가지 버킷으로 나누어 활용하는 것이 더 간단한 접근 방법일 수 있습니다.

버킷을 지정하려면 경계를 설정해야 합니다. 버킷팅에서는 가능한 모든 입력 범위를 수용하지 못하기 때문에 예를 들어 contDF에서 5.0, 10.0, 250.0으로 분할을 설정하면 실행되지 않습니다. 버킷 포인트를 지정할 때 분할값은 다음 세 가지 요구사항을 충족해야 합니다.

- 분할 배열의 최솟값은 DataFrame의 최솟값보다 작아야 합니다.
- 분할 배열의 최댓값은 DataFrame의 최댓값보다 커야 합니다.
- 분할 배열은 최소 세 개 이상의 값을 지정해서 두 개 이상의 버킷을 만들도록 해야 합니다.

CAUTION_ Bucketizer는 splits 메서드를 활용하여 버킷의 경계를 지정합니다. 그러나 실제 분할을 수행하는 것은 아니라는 점에 유의하세요.

가능한 모든 범위를 포함하기 위해 scala.Double.NegativeInfinity는 또 다른 분할 옵션이 될 수 있으며, scala.Double.PositiveInfinity를 함께 사용하면 모든 가능한 범위를 포함합니다. 파이썬에서는 float("inf"), float("-inf")와 같이 지정합니다.

null 또는 NaN 값을 처리하려면 handleInvalid 파라미터를 특정 값으로 지정해야 합니다. 우리는 그러한 값들을 유지(keep)하거나, error 또는 null 값으로 처리하거나, 해당 로우를 아예 건너뛸(skip) 수 있습니다. 다음은 버킷팅을 사용하는 예제입니다.

```
// 스칼라 코드
import org.apache.spark.ml.feature.Bucketizer

val bucketBorders = Array(-1.0, 5.0, 10.0, 250.0, 600.0)
val bucketer = new Bucketizer().setSplits(bucketBorders).setInputCol("id")
bucketer.transform(contDF).show()

// 파이썬 코드
from pyspark.ml.feature import Bucketizer

bucketBorders = [-1.0, 5.0, 10.0, 250.0, 600.0]
bucketer = Bucketizer().setSplits(bucketBorders).setInputCol("id")
bucketer.transform(contDF).show()
```

```
+----+------------------------------------+
|  id|Bucketizer_4cb1be19f4179cc2545d__output|
+----+------------------------------------+
| 0.0|                                 0.0|
...
|10.0|                                 2.0|
|11.0|                                 2.0|
...
+----+------------------------------------+
```

하드코딩된 값을 기반으로 분할하는 방법 외에도 백분위수를 기준으로 분할하는 방법도 있습니다. 이러한 방법은 QuantileDiscretizer로 수행할 수 있습니다. QuantileDiscretizer는 근사화된 백분위수로 나누어진 사용자 지정 값으로 버켓팅합니다. 예를 들어 90번째 백분위수는 데이터의 90%가 그 값보다 작은 데이터의 한 지점을 의미합니다. 또한 setRelativeError를 사용하여 근사치 계산에 대한 상대적 오류를 설정해서 버켓을 분할하는 방법을 제어할 수 있습니다. 스파크는 다음 예제와 같이 원하는 버켓 수를 지정하는 것을 허용하므로 데이터가 그에 따라 적절하게 분할될 수 있습니다.

```
// 스칼라 코드
import org.apache.spark.ml.feature.QuantileDiscretizer

val bucketer = new QuantileDiscretizer().setNumBuckets(5).setInputCol("id")
val fittedBucketer = bucketer.fit(contDF)
fittedBucketer.transform(contDF).show()

// 파이썬 코드
from pyspark.ml.feature import QuantileDiscretizer

bucketer = QuantileDiscretizer().setNumBuckets(5).setInputCol("id")\
  .setOutputCol("result")
fittedBucketer = bucketer.fit(contDF)
fittedBucketer.transform(contDF).show()

+----+----------------------------------------+
|  id|quantileDiscretizer_cd87d1a1fb8e__output|
+----+----------------------------------------+
| 0.0|                                     0.0|
...
| 6.0|                                     1.0|
| 7.0|                                     2.0|
...
```

```
|14.0|                                    3.0|
|15.0|                                    4.0|
...
+----+------------------------------------+
```

고급 버케팅 기술

여기에 설명된 기술은 데이터를 버켓팅하는 가장 일반적인 방법이지만, 오늘날 스파크에는 여러 가지 다양한 방법이 존재합니다. 이러한 모든 프로세스는 데이터 흐름 관점에서 동일합니다. 연속형 데이터를 버켓에 배치하여 범주화시키도록 하세요. 그 결과는 버켓을 계산하는 데 사용되는 알고리즘에 따라 차이가 발생할 수 있습니다. MLlib은 앞에서 살펴본 간단한 예제처럼 결과 해석과 활용이 쉬운 기능뿐 아니라, 지역성 기반 해싱locality sensitivityhashing, LSH과 같은 고급 기법도 제공합니다.

25.5.2 스케일링과 정규화

지금까지 버켓을 사용하여 연속형 변수를 그룹화하는 방법을 살펴봤습니다. 이와 함께 일반적으로 사용되는 또 다른 작업은 바로 연속형 데이터의 범위를 스케일링scaling(조정)하고 정규화하는 겁니다. 이 방법은 서로 다른 단위의 여러 컬럼이 있을 때 적용합니다. 예를 들어 무게(온스)와 높이(피트)라는 두 개의 컬럼이 있는 DataFrame이 있다고 합시다. 범위를 스케일링하거나 정규화하지 않으면 피트의 높이 값이 온스의 무게 값보다 훨씬 작기 때문에 알고리즘은 높이의 변화에 덜 민감하게 됩니다. 이것이 바로 데이터를 스케일링해야 하는 이유입니다.

정규화의 예로 각 데이터 포인트의 값이 해당 컬럼의 평균값과의 거리를 나타낼 수 있도록 데이터를 변환하는 것을 들 수 있습니다. 직전에 언급했던 예를 사용하면 주어진 개체의 높이가 전체 평균 높이와 얼마나 떨어져 있는지 확인할 수 있습니다. 많은 알고리즘은 입력 데이터가 정규화되어 있다고 가정합니다.

이미 알고 있겠지만 데이터를 스케일링하거나 정규화하기 위해 사용하는 알고리즘은 매우 다양합니다. 수많은 문서와 머신러닝 라이브러리에서 이들에 대한 자세한 설명을 다루고 있기 때문에 여기서는 생략하겠습니다. 이론적 배경이나 개념을 잘 모르는 경우 앞 장에서 언급한 서적을 살펴보세요. 우리는 데이터가 동일한 척도로 구성되어서 서로 합리적인 비교를 할 수 있길 바랍니다. MLlib에서는 항상 Vector 타입의 컬럼에서 이 작업이 수행됩니다. MLlib은 주어진 컬럼(Vector 타입)의 모든 로우를 조사한 다음 해당 벡터의 모든 차원을 고유한 특정 컬럼으로 처리합니다. 그런 다음 각 차원에 대해 별도로 스케일링 또는 정규화 기능을 적용합니다.

이에 대한 간단한 예제로 다음과 같은 특정 컬럼의 벡터가 있다고 가정합시다.

```
1,2
3,4
```

여기에 스케일링(정규화가 아닌) 함수를 적용하면 '2'와 '4'가 서로 조정되는 동안 '3'과 '1'이 이 두 값에 따라 조정됩니다. 이를 일반적으로 구성 요소별 비교라고 합니다.

25.5.3 StandardScaler

StandardScaler는 특징들이 평균이 0이고 표준편차가 1인 분포를 갖도록 데이터를 표준화합니다. withStd 플래그는 데이터를 표준편차가 1이 되도록 스케일링하는 것을 의미합니다. withMean 플래그(기본값은 false)는 스케일링을 하기 전에 데이터를 센터링centering[4]합니다.

> **CAUTION_** 일반적으로 밀도가 낮은 벡터에서 센터링을 수행하면 밀도가 높은 벡터로 바뀌기 때문에 계산이 오래 걸릴 수 있습니다. 이 점을 주의하세요.

다음은 StandardScaler 사용 예제입니다.

```
// 스칼라 코드
import org.apache.spark.ml.feature.StandardScaler

val sScaler = new StandardScaler().setInputCol("features")
sScaler.fit(scaleDF).transform(scaleDF).show()

// 파이썬 코드
from pyspark.ml.feature import StandardScaler

sScaler = StandardScaler().setInputCol("features")
sScaler.fit(scaleDF).transform(scaleDF).show()
```

4 옮긴이_ 센터링은 데이터를 중앙에 배치하여 평균을 0으로 만드는 것을 의미합니다.

결과는 다음과 같습니다.

```
+---+-------------+-------------------------------------------------------+
|id |features     |StandardScaler_41aaa6044e7c3467adc3__output            |
+---+-------------+-------------------------------------------------------+
|0  |[1.0,0.1,-1.0]|[1.1952286093343936,0.02337622911060922,-0.5976143046671968]|
...
|1  |[3.0,10.1,3.0]|[3.5856858280031805,2.3609991401715313,1.7928429140015902]  |
+---+-------------+-------------------------------------------------------+
```

MinMaxScaler

MinMaxScaler는 벡터(구성 요소별)의 값을 주어진 최솟값에서 최댓값까지의 비례 값으로 스케일링합니다. 최솟값을 0으로 지정하고 최댓값을 1로 지정하면 모든 값이 0에서 1 사이가 됩니다.

```
// 스칼라 코드
import org.apache.spark.ml.feature.MinMaxScaler

val minMax = new MinMaxScaler().setMin(5).setMax(10).setInputCol("features")
val fittedminMax = minMax.fit(scaleDF)
fittedminMax.transform(scaleDF).show()

// 파이썬 코드
from pyspark.ml.feature import MinMaxScaler

minMax = MinMaxScaler().setMin(5).setMax(10).setInputCol("features")
fittedminMax = minMax.fit(scaleDF)
fittedminMax.transform(scaleDF).show()

+---+-------------+--------------------------------------+
| id|     features|MinMaxScaler_460cbafafbe6b9ab7c62__output|
+---+-------------+--------------------------------------+
|  0|[1.0,0.1,-1.0]|                         [5.0,5.0,5.0]|
...
|  1|[3.0,10.1,3.0]|                      [10.0,10.0,10.0]|
+---+-------------+--------------------------------------+
```

MaxAbsScaler

최대 절댓값 스케일러(MaxAbsScaler)는 각 값을 해당 컬럼의 최대 절댓값(최댓값을 절댓값으로 취한 값)으로 나눠서 데이터의 범위를 조정합니다. 따라서 모든 값은 −1과 1 사이에서 끝납니다. 이 변환자는 실행 과정에서 데이터를 이동시키거나 중앙에 위치시키지 않습니다.

```
// 스칼라 코드
import org.apache.spark.ml.feature.MaxAbsScaler

val maScaler = new MaxAbsScaler().setInputCol("features")
val fittedmaScaler = maScaler.fit(scaleDF)
fittedmaScaler.transform(scaleDF).show()

// 파이썬 코드
from pyspark.ml.feature import MaxAbsScaler

maScaler = MaxAbsScaler().setInputCol("features")
fittedmaScaler = maScaler.fit(scaleDF)
fittedmaScaler.transform(scaleDF).show()
```

```
+---+-------------+----------------------------------------------------------+
|id |features     |MaxAbsScaler_402587e1d9b6f268b927__output                 |
+---+-------------+----------------------------------------------------------+
|0  |[1.0,0.1,-1.0]|[0.3333333333333333,0.009900990099009901,-0.3333333333333]|
...
|1  |[3.0,10.1,3.0]|[1.0,1.0,1.0]                                            |
+---+-------------+----------------------------------------------------------+
```

ElementwiseProduct

ElementwiseProduct를 사용하면 벡터의 각 값을 임의의 값으로 조정할 수 있습니다. 예를 들어 다음 벡터에서 '1, 0.1, −1'이 주어지면 출력은 '10, 1.5, −20'이 됩니다. 당연히 스케일링이 적용된 벡터의 차원은 관련 컬럼 내부의 벡터 차원과 일치해야 합니다.

```
// 스칼라 코드
import org.apache.spark.ml.feature.ElementwiseProduct
import org.apache.spark.ml.linalg.Vectors

val scaleUpVec = Vectors.dense(10.0, 15.0, 20.0)
val scalingUp = new ElementwiseProduct()
```

```
  .setScalingVec(scaleUpVec)
  .setInputCol("features")
scalingUp.transform(scaleDF).show()

// 파이썬 코드
from pyspark.ml.feature import ElementwiseProduct
from pyspark.ml.linalg import Vectors

scaleUpVec = Vectors.dense(10.0, 15.0, 20.0)
scalingUp = ElementwiseProduct()\
  .setScalingVec(scaleUpVec)\
  .setInputCol("features")
scalingUp.transform(scaleDF).show()

+---+--------------+-------------------------------------------+
| id|      features|ElementwiseProduct_42b29ea5a55903e9fea6__output|
+---+--------------+-------------------------------------------+
|  0|[1.0,0.1,-1.0]|                            [10.0,1.5,-20.0]|
...
|  1|[3.0,10.1,3.0]|                           [30.0,151.5,60.0]|
+---+--------------+-------------------------------------------+
```

Normalizer

노멀라이저를 사용하면 여러 가지 표준 중 하나를 사용하여(파라미터 'p'로 지정) 다차원 벡터를 스케일링할 수 있습니다. 예를 들어 맨해튼 표준(또는 맨해튼 거리)은 p = 1로 지정하고, 유클리드 표준은 p = 2로 지정합니다. 맨해튼 거리는 축의 직선을 따라 점과 점 사이만 이동할 수 있다고 가정(실제 맨해튼 거리에서 착안함)했을 때 측정할 수 있는 거리 척도입니다.

다음은 Normalizer 사용 예제입니다.

```
// 스칼라 코드
import org.apache.spark.ml.feature.Normalizer

val manhattanDistance = new Normalizer().setP(1).setInputCol("features")
manhattanDistance.transform(scaleDF).show()

// 파이썬 코드
from pyspark.ml.feature import Normalizer

manhattanDistance = Normalizer().setP(1).setInputCol("features")
manhattanDistance.transform(scaleDF).show()
```

```
+---+--------------+----------------------------+
| id|      features|normalizer_1bf2cd17ed33__output|
+---+--------------+----------------------------+
|  0|[1.0,0.1,-1.0]|        [0.47619047619047...|
|  1| [2.0,1.1,1.0]|        [0.48780487804878...|
|  0|[1.0,0.1,-1.0]|        [0.47619047619047...|
|  1| [2.0,1.1,1.0]|        [0.48780487804878...|
|  1|[3.0,10.1,3.0]|        [0.18633540372670...|
+---+--------------+----------------------------+
```

25.6 범주형 특징 처리하기

범주형 특징에 대한 가장 일반적인 작업은 바로 인덱싱입니다. 인덱싱은 범주형 변수를 머신러닝 알고리즘에 적용할 수 있는 숫자형 변수로 변환합니다. 개념은 단순하지만 스파크가 안정적이고 반복적인 방식으로 이를 수행할 수 있도록 사용자가 고려해야 할 몇 가지 중요한 점이 있습니다.

일반적으로 데이터 전처리를 할 때는 일관성을 위해 모든 범주형 변수의 색인을 다시 생성하는 것이 좋습니다. 이는 시간이 지남에 따라 작업자의 인코딩 방식이 변경될 수 있으므로 장기적으로 모델을 유지 관리하는 데 도움이 될 수 있습니다.

25.6.1 StringIndexer

색인을 생성하는 가장 간단한 방법은 문자열을 다른 숫자 ID에 매핑하는 StringIndexer를 사용하는 겁니다. 스파크의 StringIndexer는 DataFrame에 첨부된 메타데이터를 생성하여 어떤 입력이 어떤 출력에 해당하는지 지정합니다. 이렇게 하면 나중에 각 색인값에서 입력값을 다시 가져올 수 있습니다.

```
// 스칼라 코드
import org.apache.spark.ml.feature.StringIndexer

val lblIndxr = new StringIndexer().setInputCol("lab").setOutputCol("labelInd")
val idxRes = lblIndxr.fit(simpleDF).transform(simpleDF)
idxRes.show()
```

```
// 파이썬 코드
from pyspark.ml.feature import StringIndexer

lblIndxr = StringIndexer().setInputCol("lab").setOutputCol("labelInd")
idxRes = lblIndxr.fit(simpleDF).transform(simpleDF)
idxRes.show()

+-----+----+------+------------------+--------+
|color| lab|value1|            value2|labelInd|
+-----+----+------+------------------+--------+
|green|good|     1|14.386294994851129|     1.0|
...
|  red| bad|     2|14.386294994851129|     0.0|
+-----+----+------+------------------+--------+
```

또한 문자열이 아닌 컬럼에도 StringIndexer를 적용할 수 있습니다. 이 경우 색인을 생성하기 전에 문자열로 변환됩니다.

```
// 스칼라 코드
val valIndexer = new StringIndexer()
  .setInputCol("value1")
  .setOutputCol("valueInd")
valIndexer.fit(simpleDF).transform(simpleDF).show()

// 파이썬 코드
valIndexer = StringIndexer().setInputCol("value1").setOutputCol("valueInd")
valIndexer.fit(simpleDF).transform(simpleDF).show()

+-----+----+------+------------------+--------+
|color| lab|value1|            value2|valueInd|
+-----+----+------+------------------+--------+
|green|good|     1|14.386294994851129|     1.0|
...
|  red| bad|     2|14.386294994851129|     0.0|
+-----+----+------+------------------+--------+
```

StringIndexer는 입력 데이터에 적합시켜야 하는 추정자입니다. 즉, 숫자 ID에 매핑되는 입력을 선택하려면 모든 입력을 확인해야 합니다. 만약 'a', 'b', 'c' 입력에서 StringIndexer를 학습시킨 다음 이를 입력 'd'에 사용하면 기본적으로 오류가 발생합니다. 다른 옵션은 만약 특정 입력값이 학습 과정에서 관측되지 않았던 값인 경우 해당 로우 전체를 아예 건너뛰는 겁니다.

위 예제에서는 입력값 'd'가 포함된 로우가 완전히 무시됩니다. 이 옵션은 인덱서나 파이프라인을 학습시키기 전 또는 후에 설정할 수 있습니다. 추후 이 기능에 더 많은 옵션이 추가될 수 있지만 스파크 2.2에서는 유효하지 않은 입력에 대해 오류를 출력하거나 로우를 건너뛰고 처리하는 옵션만 선택할 수 있습니다.

```
valIndexer.setHandleInvalid("skip")
valIndexer.fit(simpleDF).setHandleInvalid("skip")
```

25.6.2 색인된 값을 텍스트로 변환하기

일반적으로 머신러닝 수행 결과를 검사할 때는 다양하게 변환된 결괏값을 기존 값으로 다시 매핑하여 진행합니다. MLlib 분류 모델은 색인된 값을 사용하여 예측을 수행하며, 이러한 변환은 모델의 예측 결과(색인)를 원래 범주로 다시 변환하는 데 유용합니다. IndexToString을 사용하여 이 작업을 수행할 수 있습니다. 다음 예제를 살펴보면 String 키에 값을 입력할 필요가 없다는 것을 알 수 있습니다. 또한 MLlib은 메타데이터를 유지 관리하므로 필요할 때마다 선택적으로 출력을 지정할 수 있습니다.

```
// 스칼라 코드
import org.apache.spark.ml.feature.IndexToString

val labelReverse = new IndexToString().setInputCol("labelInd")
labelReverse.transform(idxRes).show()

// 파이썬 코드
from pyspark.ml.feature import IndexToString

labelReverse = IndexToString().setInputCol("labelInd")
labelReverse.transform(idxRes).show()

+-----+----+------+------------------+--------+------------------------------+
|color| lab|value1|            value2|labelInd|IndexToString_415...2a0d__output|
+-----+----+------+------------------+--------+------------------------------+
|green|good|     1|14.386294994851129|     1.0|                          good|
...
|  red| bad|     2|14.386294994851129|     0.0|                           bad|
+-----+----+------+------------------+--------+------------------------------+
```

25.6.3 벡터 인덱싱하기

VectorIndexer는 벡터 내에 존재하는 범주형 변수를 대상으로 하는 유용한 도구입니다. 이 도구는 입력 벡터 내에 존재하는 범주형 데이터를 자동으로 찾아서 0부터 시작하는 카테고리 색인을 사용하여 범주형 특징으로 변환합니다. 예를 들어 다음 DataFrame에서 Vector의 첫 번째 컬럼은 두 개의 다른 범주가 있는 범주형 변수이며 나머지 변수는 연속형입니다. VectorIndexer에서 maxCategories 값을 2로 설정하면 스파크에서 두 개 이하의 고유한 값을 가진 벡터의 모든 컬럼을 가져와서 범주형 변수로 변환하도록 지시합니다. maxCategories는 사용자가 특정 값을 지정하면 스파크가 그에 따라 자동으로 대상 값을 색인화하는 방식이므로 사용자가 사전에 데이터 내 가장 큰 카테고리가 무엇인지, 그리고 해당 카테고리 내 고유한 값이 몇 개인지 알고 있는 경우 유용하게 사용할 수 있습니다. 반대로 스파크는 이 파라미터를 기반으로 데이터를 변경하므로 특히 연속형 변수이지만 반복된 값이 많아서 연속적으로 나타나지 않는 경우 고유한 값이 너무 적으면 의도하지 않게 범주형 변수로 잘못 변환될 수 있습니다.

```
// 스칼라 코드
import org.apache.spark.ml.feature.VectorIndexer
import org.apache.spark.ml.linalg.Vectors

val idxIn = spark.createDataFrame(Seq(
  (Vectors.dense(1, 2, 3),1),
  (Vectors.dense(2, 5, 6),2),
  (Vectors.dense(1, 8, 9),3)
)).toDF("features", "label")

val indxr = new VectorIndexer()
  .setInputCol("features")
  .setOutputCol("idxed")
  .setMaxCategories(2)

indxr.fit(idxIn).transform(idxIn).show

// 파이썬 코드
from pyspark.ml.feature import VectorIndexer
from pyspark.ml.linalg import Vectors

idxIn = spark.createDataFrame([
  (Vectors.dense(1, 2, 3),1),
  (Vectors.dense(2, 5, 6),2),
  (Vectors.dense(1, 8, 9),3)
]).toDF("features", "label")
```

```
indxr = VectorIndexer()\
  .setInputCol("features")\
  .setOutputCol("idxed")\
  .setMaxCategories(2)
indxr.fit(idxIn).transform(idxIn).show()

+-------------+-----+-------------+
|     features|label|        idxed|
+-------------+-----+-------------+
|[1.0,2.0,3.0]|    1|[0.0,2.0,3.0]|
|[2.0,5.0,6.0]|    2|[1.0,5.0,6.0]|
|[1.0,8.0,9.0]|    3|[0.0,8.0,9.0]|
+-------------+-----+-------------+
```

25.6.4 원-핫 인코딩

범주형 변수를 인덱싱하는 것 외에도 할 일이 많습니다. 그중에서도 원-핫 인코딩은 범주형 변수를 인덱싱한 후 추가로 수행하는 매우 보편적인 데이터 변환 기법입니다. 인덱싱이 언제나 범주형 변수를 모델에 필요한 올바른 형식으로 처리하는 것은 아니기 때문입니다. 예를 들어 '색상' 컬럼을 색인할 때 일부 색상값은 다른 색상값보다 더 큰 값(또는 색인 번호)을 가집니다(예제에서는 파란색은 1, 녹색은 2).

이는 데이터의 속성 관점에서는 실제 의미가 없지만 머신러닝 알고리즘에서 사용할 입력 데이터에서는 '녹색 > 파랑'인 것처럼 보이는 수학적 모양을 제공하기 때문에 올바르지 않습니다. 이러한 현상을 방지하기 위해 OneHotEncoder를 사용합니다. OneHotEncoder는 각각의 고유한 값을 불리언 플래그boolean flag 타입(1 또는 0)의 벡터 구성 요소로 변환합니다. 색상값을 인코딩하면 이들이 더는 정렬되지 않으므로 다운스트림 모델(예: 선형 모델)이 처리하기 쉽습니다.

```
// 스칼라 코드
import org.apache.spark.ml.feature.{StringIndexer, OneHotEncoder}

val lblIndxr = new StringIndexer().setInputCol("color").setOutputCol("colorInd")
val colorLab = lblIndxr.fit(simpleDF).transform(simpleDF.select("color"))
val ohe = new OneHotEncoder().setInputCol("colorInd")
ohe.transform(colorLab).show()
```

```
// 파이썬 코드
from pyspark.ml.feature import OneHotEncoder, StringIndexer

lblIndxr = StringIndexer().setInputCol("color").setOutputCol("colorInd")
colorLab = lblIndxr.fit(simpleDF).transform(simpleDF.select("color"))
ohe = OneHotEncoder().setInputCol("colorInd")
ohe.transform(colorLab).show()

+-----+--------+--------------------------------------+
|color|colorInd|OneHotEncoder_46b5ad1ef147bb355612__output|
+-----+--------+--------------------------------------+
|green|     1.0|                         (2,[1],[1.0])|
| blue|     2.0|                             (2,[],[])|
...
|  red|     0.0|                         (2,[0],[1.0])|
|  red|     0.0|                         (2,[0],[1.0])|
+-----+--------+--------------------------------------+
```

25.7 텍스트 데이터 변환자

텍스트는 처리하기가 매우 까다로운 데이터입니다. 머신러닝 모델이 효과적으로 작동하기 위해서는 텍스트 데이터를 올바른 형식으로 매핑해야 하는데, 이는 많은 조작이 필요하기 때문입니다. 우리가 일반적으로 접하는 텍스트 데이터는 보통 자유형 텍스트와 문자열로 된 범주형 변수가 있습니다. 앞에서 이미 범주형 변수를 논의했기 때문에 여기서는 자유형 텍스트 데이터를 중점적으로 설명하겠습니다.

25.7.1 텍스트 토큰화하기

토큰화는 자유형 텍스트를 '토큰' 또는 개별 단어 목록으로 변환하는 프로세스입니다. 가장 쉬운 방법은 Tokenizer 클래스를 사용하는 겁니다. 이 변환기는 단어 컬럼을 공백으로 구분하여 단어 배열로 변환합니다. 예를 들어 데이터셋에서 설명 필드를 토큰 리스트로 변환할 수 있습니다.

```
// 스칼라 코드
import org.apache.spark.ml.feature.Tokenizer

val tkn = new Tokenizer().setInputCol("Description").setOutputCol("DescOut")
val tokenized = tkn.transform(sales.select("Description"))
tokenized.show(false)

// 파이썬 코드
from pyspark.ml.feature import Tokenizer

tkn = Tokenizer().setInputCol("Description").setOutputCol("DescOut")
tokenized = tkn.transform(sales.select("Description"))
tokenized.show(20, False)

+-----------------------------------+------------------------------------------+
|Description                        |DescOut                                   |
+-----------------------------------+------------------------------------------+
|RABBIT NIGHT LIGHT                 |[rabbit, night, light]                    |
|DOUGHNUT LIP GLOSS                 |[doughnut, lip, gloss]                    |
...
|AIRLINE BAG VINTAGE WORLD CHAMPION |[airline, bag, vintage, world, champion]  |
|AIRLINE BAG VINTAGE JET SET BROWN  |[airline, bag, vintage, jet, set, brown]  |
+-----------------------------------+------------------------------------------+
```

RegexTokenizer를 이용하면 공백뿐만 아니라 정규 표현식을 이용한 Tokenizer를 만들 수 있습니다. 이때 정규 표현식은 Java의 정규 표현식[RegEx] 구문을 준수해야 합니다.

```
// 스칼라 코드
import org.apache.spark.ml.feature.RegexTokenizer

val rt = new RegexTokenizer()
  .setInputCol("Description")
  .setOutputCol("DescOut")
  .setPattern(" ") // 가장 단순한 표현
  .setToLowercase(true)
rt.transform(sales.select("Description")).show(false)

// 파이썬 코드
from pyspark.ml.feature import RegexTokenizer

rt = RegexTokenizer()\
  .setInputCol("Description")\
  .setOutputCol("DescOut")\
```

```
  .setPattern(" ")\
  .setToLowercase(True)
rt.transform(sales.select("Description")).show(20, False)
```

```
+-----------------------------------+-----------------------------------------+
|Description                        |DescOut                                  |
+-----------------------------------+-----------------------------------------+
|RABBIT NIGHT LIGHT                 |[rabbit, night, light]                   |
|DOUGHNUT LIP GLOSS                 |[doughnut, lip, gloss]                   |
...
|AIRLINE BAG VINTAGE WORLD CHAMPION |[airline, bag, vintage, world, champion] |
|AIRLINE BAG VINTAGE JET SET BROWN  |[airline, bag, vintage, jet, set, brown] |
+-----------------------------------+-----------------------------------------+
```

RegexTokenizer를 사용하는 또 다른 방법은 공백을 사용하는 것이 아니라 사전에 제시된 패턴에 매칭하는 값을 출력하도록 하는 겁니다. gaps 파라미터를 false로 설정하여 이 작업을 수행합니다. 공백을 패턴으로 사용하면 모든 공백이 반환되어 아주 유용하지는 않지만, 패턴으로 개별 단어를 포착하도록 하면 다음과 같이 반환할 수 있습니다.

```
// 스칼라 코드
import org.apache.spark.ml.feature.RegexTokenizer

val rt = new RegexTokenizer()
  .setInputCol("Description")
  .setOutputCol("DescOut")
  .setPattern(" ")
  .setGaps(false)
  .setToLowercase(true)
rt.transform(sales.select("Description")).show(false)

// 파이썬 코드
from pyspark.ml.feature import RegexTokenizer

rt = RegexTokenizer()\
  .setInputCol("Description")\
  .setOutputCol("DescOut")\
  .setPattern(" ")\
  .setGaps(False)\
  .setToLowercase(True)
rt.transform(sales.select("Description")).show(20, False)
```

```
+--------------------------------+----------------+
|Description                     |DescOut         |
+--------------------------------+----------------+
|RABBIT NIGHT LIGHT              |[ , ]           |
|DOUGHNUT LIP GLOSS              |[ , , ]         |
...
|AIRLINE BAG VINTAGE WORLD CHAMPION |[ , , , , ]  |
|AIRLINE BAG VINTAGE JET SET BROWN  |[ , , , , ]  |
+--------------------------------+----------------+
```

25.7.2 일반적인 단어 제거하기

텍스트를 토큰화한 다음에는 일반적으로 불용어나 분석과 관련 없는 무의미한 용어를 필터링합니다. 영어에서 빈번히 발견되는 불용어로는 'the', 'and' 그리고 'but'이 있습니다. 스파크에서는 다음 메서드를 호출하여 기본적으로 정의된 불용어 목록을 살펴볼 수 있습니다. 대소문자는 구분하지 않습니다. 필요하다면 대소문자를 구분할 수도 있습니다(스파크 2.2 버전을 기준으로 지원하는 불용어는 다음과 같습니다. 'danish', 'dutch', 'english', 'finnish', 'french', 'german', 'hungarian', 'italian', 'norwegian', 'portuguese', 'russian', 'spanish', 'swedish', 'turkish').

```
// 스칼라 코드
import org.apache.spark.ml.feature.StopWordsRemover

val englishStopWords = StopWordsRemover.loadDefaultStopWords("english")
val stops = new StopWordsRemover()
  .setStopWords(englishStopWords)
  .setInputCol("DescOut")
stops.transform(tokenized).show()

// 파이썬 코드
from pyspark.ml.feature import StopWordsRemover

englishStopWords = StopWordsRemover.loadDefaultStopWords("english")
stops = StopWordsRemover()\
  .setStopWords(englishStopWords)\
  .setInputCol("DescOut")
stops.transform(tokenized).show()
```

다음 출력 결과를 살펴보면 작동 방식을 알 수 있습니다.

```
+--------------------+------------------+----------------------------------+
|         Description|           DescOut|StopWordsRemover_4ab18...6ed__output|
+--------------------+------------------+----------------------------------+
...
|SET OF 4 KNICK KN...|[set, of, 4, knic...|              [set, 4, knick, k...|
...
+--------------------+------------------+----------------------------------+
```

출력 컬럼에서 어떻게 단어가 제거되었는지 확인하세요. 이는 후속 데이터 처리와는 관련이 없고, 단순히 데이터셋에 노이즈를 추가하는 일반적인 단어들입니다.

25.7.3 단어 조합 만들기

문자열을 토큰화하고 불용어를 제거하면 깔끔한 단어 집합을 특징으로 사용할 수 있습니다. 이 과정에서 보통 함께 배치된 단어들을 보면서 단어 조합을 살펴보는 것이 중요합니다. 여기서 단어 조합이란 기술적으로 길이가 *n*인 단어의 시퀀스, 즉 *n*-gram으로 간주됩니다. 길이가 1인 *n*-gram을 unigram이라고 부릅니다. 길이가 2인 것은 bigram이고, 길이가 3인 것은 trigram[5]입니다. *n*-gram을 생성할 때는 순서가 중요합니다. 왜냐하면 3개의 단어로 구성된 문장을 bigram으로 표현하면 두 개의 bigram이 생성되기 때문입니다. *n*-gram을 생성하는 목적은 문장의 구조와 정보를 기존의 모든 단어를 개별적으로 살펴보는 것보다 더 잘 포착하기 위해서입니다. 이 개념을 설명하기 위해 몇 가지 *n*-gram을 만들어보겠습니다.

'Big Data Processing Made Simple'을 bigram로 생성하면 다음과 같습니다.

- 'Big Data'
- 'Data Processing'
- 'Processing Made'
- 'Made Simple'

Trigram은 다음과 같습니다.

5 그 이상의 길이는 4-gram, 5-gram 등으로 부릅니다.

- 'Big Data Processing'
- 'Data Processing Made'
- 'Processing Made Simple'

n-gram을 사용하면 공통으로 발생하는 단어 시퀀스를 파악할 수 있고 그것을 다시 머신러닝 알고리즘의 입력으로 사용할 수 있습니다. 이렇게 하면 단순히 모든 단어를 개별적으로 보는 것(즉, 공백 문자로 토큰화된 결과)보다 더 나은 특징을 생성할 수 있습니다.

```
// 스칼라 코드
import org.apache.spark.ml.feature.NGram

val unigram = new NGram().setInputCol("DescOut").setN(1)
val bigram = new NGram().setInputCol("DescOut").setN(2)
unigram.transform(tokenized.select("DescOut")).show(false)
bigram.transform(tokenized.select("DescOut")).show(false)

// 파이썬 코드
from pyspark.ml.feature import NGram

unigram = NGram().setInputCol("DescOut").setN(1)
bigram = NGram().setInputCol("DescOut").setN(2)
unigram.transform(tokenized.select("DescOut")).show(10, False)
bigram.transform(tokenized.select("DescOut")).show(10, False)

+-----------------------------------------+----------------------------------
DescOut                                   |ngram_104c4da6a01b__output      ...
+-----------------------------------------+----------------------------------
|[rabbit, night, light]                   |[rabbit, night, light]          ...
|[doughnut, lip, gloss]                   |[doughnut, lip, gloss]          ...
...
|[airline, bag, vintage, world, champion] |[airline, bag, vintage, world, cha...
|[airline, bag, vintage, jet, set, brown] |[airline, bag, vintage, jet, set, ...
+-----------------------------------------+----------------------------------
```

다음은 bigram의 결과입니다.

```
+-----------------------------------------+----------------------------------
DescOut                                   |ngram_6e68fb3a642a__output      ...
+-----------------------------------------+----------------------------------
|[rabbit, night, light]                   |[rabbit night, night light]     ...
```

```
|[doughnut, lip, gloss]              |[doughnut lip, lip gloss]      ...
...
|[airline, bag, vintage, world, champion] |[airline bag, bag vintage, vintag...
|[airline, bag, vintage, jet, set, brown] |[airline bag, bag vintage, vintag...
+-----------------------------------+-------------------------------
```

25.7.4 단어를 숫자로 변환하기

일단 단어 특징을 생성하면 모델에서 사용하기 위해 단어와 단어 조합 수를 세어야 합니다. 가장 간단한 방법은 주어진 문서(예제에서는 로우)에 단어 포함 여부를 바이너리 형식으로 세어서 포함하는 겁니다. 기본적으로 각 로우에 주어진 단어가 포함되어 있는지 측정합니다. 이렇게 함으로써 문서의 크기와 발생 횟수 정보를 정규화하고 콘텐츠 기반으로 문서를 분류할 수 있는 수치형 특징을 확보할 수 있습니다. 또한 CountVectorizer를 사용하여 단어를 셀 수 있으며, 뒤에서 설명할 TF-IDF 변환을 사용하여 모든 문서에서 주어진 단어의 발생 빈도에 따라 단어의 가중치를 재측정할 수 있습니다.

CountVectorizer는 토큰화된 데이터에서 작동하며, 다음 두 가지 작업을 수행합니다.

1 모델을 적합하는 프로세스 동안 모든 문서에서 단어 집합을 찾은 다음 문서별로 해당 단어의 출현 빈도를 계산합니다.

2 그런 다음 변환 과정에서 DataFrame 컬럼의 각 로우에서 주어진 단어의 발생 빈도를 계산하고 해당 로우에 포함된 용어를 벡터 형태로 출력합니다.

개념적으로 설명하면, 이 변환자는 모든 로우를 **문서**document로 취급하고 모든 단어를 **용어**term로 취급하며, 모든 용어의 집합을 **어휘집**vocabulary으로 취급합니다. 이는 모두 조정 가능한 파라미터입니다. 이 말은 어휘집에 포함될 용어에 대한 최소 용어 빈도(minTF, 희귀 단어를 어휘집으로부터 제거하는 방법)와 어휘집에 포함되기 전에 용어가 나타나야 하는 최소 문서 빈도(minDF, 희귀 단어를 어휘집으로부터 제거하는 또 다른 방법) 그리고 전체 최대 어휘집 크기(vocabSize)를 각각 설정할 수 있다는 의미입니다. 또한 CountVectorizer는 기본적으로 문서에 있는 용어 수를 출력합니다. 문서에 단어가 존재하는지 여부를 반환하기 위해서는 setBinary(true)를 사용할 수 있습니다. 다음은 CountVectorizer 사용 예제입니다.

```
// 스칼라 코드
import org.apache.spark.ml.feature.CountVectorizer

val cv = new CountVectorizer()
  .setInputCol("DescOut")
  .setOutputCol("countVec")
  .setVocabSize(500)
  .setMinTF(1)
  .setMinDF(2)
val fittedCV = cv.fit(tokenized)
fittedCV.transform(tokenized).show(false)

// 파이썬 코드
from pyspark.ml.feature import CountVectorizer

cv = CountVectorizer()\
  .setInputCol("DescOut")\
  .setOutputCol("countVec")\
  .setVocabSize(500)\
  .setMinTF(1)\
  .setMinDF(2)
fittedCV = cv.fit(tokenized)
fittedCV.transform(tokenized).show(10, False)
```

출력이 조금 복잡해 보이지만 이는 밀도가 낮은 벡터로서, 총 어휘 크기, 어휘에 포함된 단어 색인, 그리고 특정 단어의 출현 빈도를 나타내고 있습니다.

```
+-------------------------------+---------------------------------------+
|DescOut                        |countVec                               |
+-------------------------------+---------------------------------------+
|[rabbit, night, light]         |(500,[150,185,212],[1.0,1.0,1.0])      |
|[doughnut, lip, gloss]         |(500,[462,463,492],[1.0,1.0,1.0])      |
...
|[airline, bag, vintage, world,...|(500,[2,6,328],[1.0,1.0,1.0])        |
|[airline, bag, vintage, jet, s...|(500,[0,2,6,328,405],[1.0,1.0,1.0,1.0,1.0]) |
+-------------------------------+---------------------------------------+
```

TF-IDF

텍스트를 숫자로 변환하기 위한 또 다른 방법은 바로 TF-IDF term frequency-inverse document frequency

를 사용하는 겁니다. 간단히 설명하면, TF-IDF는 얼마나 많은 문서가 그 용어를 포함하고 있는지에 따라 가중치를 부여하면서 특정 용어가 각 문서에서 얼마나 자주 출현하는지 측정합니다. 따라서 여러 문서에서 발생하는 용어보다 적은 문서에서 출현하는 용어에 더 많은 가중치가 부여됩니다. 실제로 'the'와 같은 단어는 일반적으로 많이 표현되는 단어이기 때문에 가중치가 매우 낮게 부여되지만, 'streaming'과 같이 전문 용어의 경우 상대적으로 더 적은 수의 문서에서 발생하므로 더 높은 가중치를 부여받게 됩니다. TF-IDF는 비슷한 주제를 가진 문서를 찾는 데도 사용할 수 있습니다. 예제를 살펴보겠습니다. 우선 데이터에서 'red'라는 단어가 포함된 일부 문서를 살펴보겠습니다.

```
// 스칼라 코드
val tfIdfIn = tokenized
  .where("array_contains(DescOut, 'red')")
  .select("DescOut")
  .limit(10)
tfIdfIn.show(false)

// 파이썬 코드
tfIdfIn = tokenized\
  .where("array_contains(DescOut, 'red')")\
  .select("DescOut")\
  .limit(10)
tfIdfIn.show(10, False)

+-------------------------------------+
|DescOut                              |
+-------------------------------------+
|[gingham, heart, , doorstop, red]    |
...
|[red, retrospot, oven, glove]        |
|[red, retrospot, plate]              |
+-------------------------------------+
```

출력 결과를 살펴보면 문서에서 겹쳐진 단어 몇 개를 볼 수 있지만, 이 단어들을 살펴보면 대략 주제와 관련 있는 표현을 나타낸다고 볼 수 있습니다. 이제 이것을 TF-IDF에 입력해봅시다. TF-IDF에 입력하기 위해서는 각 단어를 해싱[6]하여 이를 수치형으로 변환한 다음 역문서 빈도

6 옮긴이_ 단어를 해싱한다는 것은 해시 함수를 사용하여 임의의 길이를 가진 데이터를 고정된 길이의 데이터로 매핑한다는 의미입니다. 일반적으로 데이터베이스의 검색 성능을 개선하기 위해 사용됩니다. https://en.wikipedia.org/wiki/Hash_function

에 따라 어휘에 포함된 각 단어에 가중치를 부여합니다. 해싱은 CountVectorizer와 비슷한 과정이지만 결과를 되돌릴 수 없습니다. 즉, 단어에 대한 출력 색인으로부터 입력 단어를 얻을 수 없습니다(여러 단어가 동일한 출력 색인에 매핑될 수 있습니다).

```
// 스칼라 코드
import org.apache.spark.ml.feature.{HashingTF, IDF}

val tf = new HashingTF()
  .setInputCol("DescOut")
  .setOutputCol("TFOut")
  .setNumFeatures(10000)
val idf = new IDF()
  .setInputCol("TFOut")
  .setOutputCol("IDFOut")
  .setMinDocFreq(2)

// 파이썬 코드
from pyspark.ml.feature import HashingTF, IDF

tf = HashingTF()\
  .setInputCol("DescOut")\
  .setOutputCol("TFOut")\
  .setNumFeatures(10000)
idf = IDF()\
  .setInputCol("TFOut")\
  .setOutputCol("IDFOut")\
  .setMinDocFreq(2)

// 스칼라 코드
idf.fit(tf.transform(tfIdfIn)).transform(tf.transform(tfIdfIn)).show(false)

// 파이썬 코드
idf.fit(tf.transform(tfIdfIn)).transform(tf.transform(tfIdfIn)).show(10, False)
```

출력 내용이 너무 길어서 수록하지 않았지만 'red'에 특정 값이 할당되고 이 값이 모든 문서에 나타납니다. 또한 이 용어는 모든 문서에서 나타나기 때문에 매우 낮은 가중치가 적용됩니다. 출력 형식은 머신러닝 모델에 다음과 같은 형태로 입력할 수 있는 밀도가 낮은 벡터입니다.

```
(10000,[2591,4291,4456],[1.0116009116784799,0.0,0.0])
```

이 벡터는 총 어휘 크기, 문서에 나타나는 모든 단어의 해시, 각 용어의 가중치 등 세 가지 다른 값을 사용하여 표현됩니다. 이는 CountVectorizer 출력과 유사합니다.

25.7.5 Word2Vec

Word2Vec은 단어 집합의 벡터 표현을 계산하기 위한 딥러닝 기반 도구입니다. 목표는 비슷한 단어를 벡터 공간에서 서로 가깝게 배치하여 단어를 일반화할 수 있도록 하는 겁니다. 이 모델은 학습 및 사용이 쉽고, 엔티티 인식, 모호성 제거, 구문 분석, 태그 지정 및 기계 번역을 포함한 여러 가지 자연어 처리 애플리케이션에서 유용하게 활용할 수 있습니다.

Word2Vec은 의미에 따라 단어 간의 관계를 파악하는 데 특히 유용합니다. 예를 들어 v~king, v~queen, v~man 및 v~women이 네 단어의 벡터를 나타낼 경우 우리는 종종 v~king − v~man + v~woman ~= v~queen과 같은 표현을 얻을 겁니다. 이를 위해 Word2Vec은 '단어 건너뛰기[skip grams]'라는 기술을 사용하여 단어의 문장을 벡터 표현(선택적으로 특정 크기를 지정하기도 함)으로 변환합니다. 그다음에는 어휘를 작성하고 모든 문장에 대해 토큰을 제거하고 모델을 학습시켜 '*n*-gram' 표현에서 누락된 토큰을 예측합니다. Word2Vec은 토큰 형태이면서 연속적이고 자유형의 텍스트에서 가장 잘 작동합니다.

다음은 이에 대한 간단한 예제입니다.

```
// 스칼라 코드
import org.apache.spark.ml.feature.Word2Vec
import org.apache.spark.ml.linalg.Vector
import org.apache.spark.sql.Row

// 입력 데이터: 각 로우는 문장 또는 문서의 단어주머니(bag of words)입니다.
val documentDF = spark.createDataFrame(Seq(
  "Hi I heard about Spark".split(" "),
  "I wish Java could use case classes".split(" "),
  "Logistic regression models are neat".split(" ")
).map(Tuple1.apply)).toDF("text")

// 단어를 벡터에 매핑합니다.
val word2Vec = new Word2Vec()
  .setInputCol("text")
  .setOutputCol("result")
  .setVectorSize(3)
```

```
    .setMinCount(0)
val model = word2Vec.fit(documentDF)
val result = model.transform(documentDF)
result.collect().foreach { case Row(text: Seq[_], features: Vector) =>
  println(s"Text: [${text.mkString(", ")}] => \nVector: $features\n")
}

// 파이썬 코드
from pyspark.ml.feature import Word2Vec

# 입력 데이터: 각 로우는 문장 또는 문서의 단어주머니입니다.
documentDF = spark.createDataFrame([
    ("Hi I heard about Spark".split(" "), ),
    ("I wish Java could use case classes".split(" "), ),
    ("Logistic regression models are neat".split(" "), )
], ["text"])

# 단어를 벡터에 매핑합니다.
word2Vec = Word2Vec(vectorSize=3, minCount=0, inputCol="text",
  outputCol="result")
model = word2Vec.fit(documentDF)
result = model.transform(documentDF)
for row in result.collect():
    text, vector = row
    print("Text: [%s] => \nVector: %s\n" % (", ".join(text), str(vector)))

Text: [Hi, I, heard, about, Spark] =>
Vector: [-0.008142343163490296,0.02051363289356232,0.03255096450448036]

Text: [I, wish, Java, could, use, case, classes] =>
Vector: [0.043090314205203734,0.035048123182994974,0.023512658663094044]

Text: [Logistic, regression, models, are, neat] =>
Vector: [0.038572299480438235,-0.03250147425569594,-0.01552378609776497]
```

스파크가 제공하는 Word2Vec은 다양한 튜닝 파라미터를 포함합니다. 구체적인 내용은 스파크 문서[7]를 확인하세요.

7 http://bit.ly/2DRnljk

25.8 특징 조작하기

머신러닝에서 사용되는 대부분의 변환자는 다양한 방식으로 특징 공간feature space[8]을 조작합니다. 이제부터 소개할 알고리즘 및 도구는 입력 특징 벡터를 확장하거나 더 작은 수의 차원으로 축소하는 자동화된 방법들입니다.

25.8.1 주성분 분석

주성분 분석Principal Components Analysis, PCA은 데이터의 가장 중요한 측면(주요 구성 요소)을 찾는 수학적 기법입니다. PCA는 새로운 특징 집합('aspect')을 작성하여 데이터의 특징 표현을 변경합니다. 각각의 새로운 특징은 기존 특징들의 조합입니다. PCA는 데이터의 주요 정보를 포함하는 더 작은 특징 집합을 생성할 수 있다는 강점을 지니고 있습니다. 이는 사용자가 모델링을 수행할 때 입력값으로 활용됩니다. 다만 이에 따른 잠재적인 해석의 어려움이 존재한다는 점을 주의해야 합니다.

일반적으로 PCA는 대규모 입력 데이터셋에서 총 특징 수를 줄이기 위해 사용합니다. 이러한 상황은 보통 전체 특징 공간이 방대하고 많은 특징이 큰 관련성이 없는 텍스트 분석에서 발생합니다. PCA를 사용하면 수많은 특징 중에서 가장 중요한 특징 조합을 찾을 수 있으며, 머신러닝 모델에 이렇게 선별된 특징들만 입력할 수 있습니다. PCA는 파라미터 *k*를 사용해서 새롭게 생성할 특징 수를 지정하며, 이는 일반적으로 입력 벡터의 크기보다 훨씬 작아야 합니다.

> **NOTE_** PCA에서 적절한 *k*를 선택하는 것은 매우 중요하며, 이에 대한 공식적인 가이드라인은 없습니다. 더 자세한 내용은 ESL[9]과 ISL[10]에서 관련 장을 확인하세요.

k 값을 2로 지정하여 PCA를 수행해봅시다.

---

8 옮긴이_ 특징 공간이란 머신러닝 수행 시 최적화시키고자 하는 함수가 활동하는(적용되는) 공간을 의미합니다. 즉, 두 데이터의 특징 공간이 같다면 그들은 같은 모집단에서 추출된 같은 종류의 데이터라고 할 수 있습니다.

9 http://statweb.stanford.edu/~tibs/ElemStatLearn/

10 http://www-bcf.usc.edu/~gareth/ISL/

```
// 스칼라 코드
import org.apache.spark.ml.feature.PCA

val pca = new PCA().setInputCol("features").setK(2)
pca.fit(scaleDF).transform(scaleDF).show(false)

// 파이썬 코드
from pyspark.ml.feature import PCA

pca = PCA().setInputCol("features").setK(2)
pca.fit(scaleDF).transform(scaleDF).show(20, False)

+---+--------------+-----------------------------------------+
|id |features      |pca_7c5c4aa7674e__output                 |
+---+--------------+-----------------------------------------+
|0  |[1.0,0.1,-1.0]|[0.0713719499248418,-0.4526654888147822] |
...
|1  |[3.0,10.1,3.0]|[-10.872398139848944,0.030962697060150646]|
+---+--------------+-----------------------------------------+
```

25.8.2 상호작용

때에 따라 사용자가 데이터 집합의 특정 변수에 대한 도메인 지식을 가지고 있을 수 있습니다. 예를 들어 두 변수 간의 특정 상호작용이 다운스트림 추정자에 포함되는 중요한 변수라는 것을 사전에 알 수도 있을 겁니다. 특징 변환자인 Interaction을 사용하면 두 변수 사이의 상호작용을 수동으로 만들 수 있습니다. 이 기능은 두 가지 특징을 서로 곱합니다(일반적인 선형 모델은 입력 데이터상에서 가능한 모든 특징 조합을 고려하여 수행하지 않습니다). 이 변환자는 현재 스칼라에서만 직접 사용할 수 있으나 RFormula를 사용하여 모든 언어에서 호출할 수 있습니다. 하지만 수동으로 상호작용을 생성하는 것보다는 RFormula를 사용하여 생성하는 것을 추천합니다.

25.8.3 다항식 전개

다항식 전개는 모든 입력 컬럼의 상호작용 변수를 생성하는 데 사용됩니다. 다항식 전개로 보고자 하는 다양한 상호작용의 범위를 지정할 수 있습니다. 예를 들어 2차 다항식의 경우 스파크는 특징 벡터의 모든 값을 가져와서 특징 벡터의 다른 모든 값으로 곱한 다음 결과를 특징으로 저장합니다. 예를 들어 2개의 입력 특징이 있는 경우 2차 다항식(2x2)을 사용하면 총 4개의 출력 특징이 생성됩니다. 만약 3개의 입력 특징이 있다면 총 9개의 출력 특징(3x3)이 생성됩니다. 여기에 3차 다항식을 사용하면 총 27개의 출력 특징(3x3x3)을 얻게 됩니다. 이 변환은 특정 특징 간의 상호작용을 검토해보고는 싶지만 정확히 무엇을 사용해야 할지 확신하지 못할 때 유용하게 사용할 수 있습니다.

CAUTION_ 다항식 전개는 특징 공간을 상당히 크게 확장시킬 수 있어서 계산 비용이 많이 들고 자칫하면 모델 과적합을 초래할 수 있습니다. 특히 높은 차수의 다항식을 사용할 때는 좀 더 주의해서 사용하세요.

다음은 2차 다항식을 전개하는 예제입니다.

```
// 스칼라 코드
import org.apache.spark.ml.feature.PolynomialExpansion

val pe = new PolynomialExpansion().setInputCol("features").setDegree(2)
pe.transform(scaleDF).show(false)

// 파이썬 코드
from pyspark.ml.feature import PolynomialExpansion

pe = PolynomialExpansion().setInputCol("features").setDegree(2)
pe.transform(scaleDF).show()

+---+--------------+-------------------------------------------------------+
|id |features      |poly_9b2e603812cb__output                              |
+---+--------------+-------------------------------------------------------+
|0  |[1.0,0.1,-1.0]|[1.0,1.0,0.1,0.1,0.010000000000000002,-1.0,-1.0,-0.1,1.0]  |
...
|1  |[3.0,10.1,3.0]|[3.0,9.0,10.1,30.299999999999997,102.00999999999999,3.0... |
+---+--------------+-------------------------------------------------------+
```

25.9 특징 선택

모델을 학습시킬 때 종종 우리가 가지고 있는 매우 다양한 후보 특징 중 일부만 선택하여 적용하고 싶을 때가 있습니다. 예를 들어 다양한 특징이 강한 상관관계를 나타내거나 너무 많은 특징을 모델 학습에 사용하면 모델 과적합을 초래할 수 있습니다. 이러한 프로세스를 특징 선택 feature selection이라고 합니다. 물론 모델 학습 과정에서는 특징의 중요성을 평가할 수 있는 여러 가지 방법이 있지만 사전에 대략적인 필터링을 수행하는 것이 좋습니다. 스파크는 이를 위해 ChiSqSelector와 같은 간단한 옵션을 제공합니다.

25.9.1 ChiSqSelector

ChiSqSelector는 통계적 검정을 활용하여 예측하려는 레이블과 독립적이지 않은 특징을 식별하고 관련 없는 특징을 삭제합니다. 모델에 입력으로 사용되는 특징 수를 줄이거나 텍스트 데이터의 차원(빈도나 개수 형태)을 줄이기 위해 주로 범주 데이터와 함께 사용됩니다. 이 방법은 카이제곱 검정 Chi-Square test을 기반으로 하며 '최상'의 특징을 선택할 수 있는 여러 가지 방법이 있습니다. numTopFeatures 메서드는 p 값으로 정렬됩니다. percentile 메서드는 (단지 상위 N개 특징만 사용하지 않고) 입력 특징의 비율 크기를 나타냅니다. fpr 메서드는 p 값을 어느 수준에서 판단해야 하는지 정합니다.

이 장 앞부분에서 작성한 CountVectorizer의 출력을 살펴봅시다.

```
// 스칼라 코드
import org.apache.spark.ml.feature.{ChiSqSelector, Tokenizer}

val tkn = new Tokenizer().setInputCol("Description").setOutputCol("DescOut")
val tokenized = tkn
  .transform(sales.select("Description", "CustomerId"))
  .where("CustomerId IS NOT NULL")
val prechi = fittedCV.transform(tokenized)
val chisq = new ChiSqSelector()
  .setFeaturesCol("countVec")
  .setLabelCol("CustomerId")
  .setNumTopFeatures(2)
chisq.fit(prechi).transform(prechi)
  .drop("customerId", "Description", "DescOut").show()

// 파이썬 코드
from pyspark.ml.feature import ChiSqSelector, Tokenizer

tkn = Tokenizer().setInputCol("Description").setOutputCol("DescOut")
```

```
tokenized = tkn\
  .transform(sales.select("Description", "CustomerId"))\
  .where("CustomerId IS NOT NULL")
prechi = fittedCV.transform(tokenized)\
  .where("CustomerId IS NOT NULL")
chisq = ChiSqSelector()\
  .setFeaturesCol("countVec")\
  .setLabelCol("CustomerId")\
  .setNumTopFeatures(2)
chisq.fit(prechi).transform(prechi)\
  .drop("customerId", "Description", "DescOut").show()
```

25.10 고급 주제

변환자 및 추정자와 관련한 몇 가지 고급 주제가 있습니다. 그중 가장 보편적이고 지속해서 사용되는 두 가지 주제는 변환자 저장하기와 사용자 정의 변환자 작성하기입니다.

25.10.1 변환자 저장하기

일단 추정자를 사용하여 변환자를 구성하면 필요할 때마다(예: 다른 스파크 세션에서 사용하기 위해) 간단히 불러오기 위해 디스크에 기록하는 것이 유용합니다. 앞 장에서 전체 파이프라인을 저장할 때 이를 살펴봤습니다. 변환자를 개별적으로 유지하려면 장착된 변환자(또는 표준 변환자)에 `write` 메서드를 사용하고 위치를 지정합니다.

```
// 스칼라 코드
val fittedPCA = pca.fit(scaleDF)
fittedPCA.write.overwrite().save("/tmp/fittedPCA")

// 파이썬 코드
fittedPCA = pca.fit(scaleDF)
fittedPCA.write().overwrite().save("/tmp/fittedPCA")
```

이제 다음 코드로 다시 불러들일 수 있습니다.

```
// 스칼라 코드
import org.apache.spark.ml.feature.PCAModel

val loadedPCA = PCAModel.load("/tmp/fittedPCA")
loadedPCA.transform(scaleDF).show()

// 파이썬 코드
from pyspark.ml.feature import PCAModel

loadedPCA = PCAModel.load("/tmp/fittedPCA")
loadedPCA.transform(scaleDF).show()
```

25.10.2 사용자 정의 변환자 작성하기

사용자 정의 변환자를 작성하는 것은 ML 파이프라인에 적합시키고, 하이퍼파라미터 검색에 전달할 수 있는 형식으로 자신의 비즈니스 논리 중 일부를 인코딩하려는 경우 유용할 수 있습니다. 일반적으로 내장 모듈(예: SQLTransformer)은 효율적으로 실행되도록 최적화되어 있으므로 가능한 한 많이 사용하세요. 그러나 때때로 그렇게 하지 못할 때도 있습니다. 간단한 tokenizer를 만들어보겠습니다.

```
import org.apache.spark.ml.UnaryTransformer
import org.apache.spark.ml.util.{DefaultParamsReadable, DefaultParamsWritable,
  Identifiable}
import org.apache.spark.sql.types.{ArrayType, StringType, DataType}
import org.apache.spark.ml.param.{IntParam, ParamValidators}

class MyTokenizer(override val uid: String)
  extends UnaryTransformer[String, Seq[String],
    MyTokenizer] with DefaultParamsWritable {

  def this() = this(Identifiable.randomUID("myTokenizer"))

  val maxWords: IntParam = new IntParam(this, "maxWords",
    "The max number of words to return.",

  ParamValidators.gtEq(0))

  def setMaxWords(value: Int): this.type = set(maxWords, value)

  def getMaxWords: Integer = $(maxWords)
```

```
  override protected def createTransformFunc: String => Seq[String] = (
    inputString: String) => {
      inputString.split("\\s").take($(maxWords))
  }

  override protected def validateInputType(inputType: DataType): Unit = {
    require(
      inputType == StringType, s"Bad input type: $inputType. Requires String.")
  }

  override protected def outputDataType: DataType = new ArrayType(StringType,
    true)
}

// 이 객체를 사용해 추후에 다시 읽어올 수 있습니다.
object MyTokenizer extends DefaultParamsReadable[MyTokenizer]

val myT = new MyTokenizer().setInputCol("someCol").setMaxWords(2)
myT.transform(Seq("hello world. This text won't show.").toDF("someCol")).show()
```

실제 입력 데이터를 기반으로 변환자를 변형시켜야 하는 경우에도 사용자 정의 변환자를 작성할 수 있습니다. 그러나 이는 스탠드얼론 변환자를 작성하는 것만큼 일반적인 것은 아니므로 이 책에는 포함하지 않았습니다. 이를 좀 더 간단하게 하기 위해서는 이전에 살펴본 간단한 추정자 도구 중 하나를 사용 사례에 맞게 코드를 수정하는 겁니다. StandardScaler[11]로 시험해 볼 수 있습니다.

25.11 정리

이 장에서는 스파크에서 사용할 수 있는 가장 일반적인 데이터 전처리 변환에 대한 많은 정보를 제공했습니다. 우리가 다루기 어려운 몇 가지 도메인 특화된 영역(예: 이산 코사인 변환 discrete cosine transform, DCT)도 있지만 관련 문서[12]에서 자세한 정보를 찾을 수 있습니다. 이 영역은 스파크 커뮤니티가 새로운 영역을 개발함에 따라 지속해서 성장하고 있습니다.

11 http://bit.ly/2FkPIn4

12 http://bit.ly/2pE51jZ

피처 엔지니어링 툴킷과 관련한 또 다른 중요한 점은 일관성입니다. 앞 장에서는 end-to-end ML 워크플로를 패키징하고 학습시키는 데 필수적인 파이프라인 개념을 설명했습니다. 다음 장에서는 다양한 머신러닝 작업을 알아보고 어떤 알고리즘이 사용되는지 알아보겠습니다.

CHAPTER 26

분류

분류는 주어진 입력 특징을 사용하여 레이블, 카테고리, 클래스 또는 이산형 변수를 예측하는 작업입니다. 회귀와 같은 다른 ML 작업과의 주요 차이점은 출력 레이블이 유한한 값의 집합이라는 겁니다(예: 세 개의 클래스로 구성된 종속변수).

26.1 활용 사례

분류는 24장에서 이미 언급한 것처럼 다양한 분야에서 많이 사용하고 있는 분석 기법입니다. 다음은 다양한 분야에서 실제로 활용되고 있는 몇 가지 추가적인 분류 기법 응용 사례입니다.

- **신용리스크 예측**
  금융회사는 회사나 개인에게 대출을 제공하기 전에 여러 가지 변수(사용자 정보)를 고려할 겁니다. 대출을 제공할지 여부는 이진 분류 문제입니다.
- **뉴스기사 분류**
  알고리즘을 학습시켜 뉴스기사의 주제(스포츠, 정치, 비즈니스 등)를 예측할 수 있습니다.
- **사용자 행위 분류**
  휴대전화의 가속도계 또는 스마트시계와 같은 센서에서 데이터를 수집하여 사용자의 활동을 예측할 수 있습니다. 예측 결과는 유한한 수의 클래스(예: 걷기, 자기, 서있기, 달리기) 중 하나일 겁니다.

26.2 분류 유형

일반적으로 분류 문제는 예측 대상인 레이블 수에 따라 구분할 수 있습니다. 다양한 유형의 분류 기법을 좀 더 구체적으로 살펴보겠습니다.

26.2.1 이진 분류

가장 간단한 분류의 예는 **이진 분류**입니다. 이진 분류에서 예측할 수 있는 레이블 수는 오직 두 개입니다. 대표적인 사례로 부정행위 분석fraud analytics이 있습니다. 부정행위 분석에서는 특정 거래 건을 사기거래인지 아닌지 여부로 분류하거나, 특정 이메일을 스팸메일인지 아닌지 여부로 분류할 수 있습니다.

26.2.2 다중 클래스 분류

이진 분류 외에도 3개 이상의 레이블 중에서 하나의 레이블이 선택되는 **다중 클래스 분류** multiclass classification[1]가 있습니다. 전형적인 예로는 페이스북에서 주어진 사진의 사람을 맞히는 서비스나, 기상청에서 날씨(비, 햇살, 흐림 등)를 예측하는 것이 있습니다. 예측 대상은 무한한 클래스가 아니라 항상 유한한 클래스 집합입니다. 분야에 따라서 이것을 다범주 분류라고도 합니다.

26.2.3 다중 레이블 분류

마지막으로 주어진 입력에 대해 여러 레이블을 생성할 수 있는 **다중 레이블 분류**multilabel classification가 있습니다. 예를 들어 책의 내용(텍스트)을 기반으로 그 책의 장르가 무엇인지 예측하는 경우가 이에 해당합니다. 이 주제는 다중 클래스 분류가 될 수도 있지만, 일반적으로 책은 하나의 장르보다는 여러 장르로 분류될 수 있기 때문에 다중 레이블로 분류하는 것이 더 적절합니다. 다중 레이블 분류의 또 다른 예는 바로 이미지에 나타나는 물체를 식별하는 겁니다. 여기서 출력 예측 수는 고정되어 있지 않으며, 이미지마다 다를 수 있습니다.

---

1 옮긴이_ 멀티 클래스 분류, 다중 분류, 다항 분류라고도 합니다.

다중 클래스 분류와 다중 레이블 분류

다중 클래스 분류와 다중 레이블 분류의 차이를 명확히 이해하는 것은 중요합니다. 앞서 다중 클래스 분류 사례로 언급한 페이스북에서 사진에 담긴 사람을 예측하는 경우는 두 가지 문제로 구분할 수 있습니다. 얼굴 인식 분류기가 한 사람의 얼굴에 대해 누구인지 예측해야 하는 경우는 다중 클래스 분류 문제이고, 사진에 여러 사람이 등장하고 인식된 사람마다 각각 레이블을 할당(사진에 등장하는 모든 얼굴을 예측)해야 하는 경우는 다중 레이블 분류 문제입니다. 책의 경우에도 하나의 책을 하나의 장르로 구분할 수 있지만 '액션-판타지 소설'처럼 복합장르로 구분하는 게 더 적합할 수도 있습니다.

_옮긴이

26.3 MLlib의 분류 모델

스파크에는 이진 분류나 다중 클래스 분류를 수행하는 데 사용할 수 있는 몇 가지 모델이 있습니다. 다음은 스파크에서 제공하는 분류 모델입니다.

- 로지스틱 회귀
- 의사결정트리
- 랜덤 포레스트
- 그래디언트 부스티드 트리

스파크는 기본적으로 다중 레이블 예측을 지원하지 않습니다.[2] 다중 레이블 모델을 학습시키려면 레이블당 하나의 모델을 학습시켜서 수동으로 조합해야 합니다. 수동으로 생성한 후에는 이러한 종류의 모델 측정을 지원하는 내장 도구를 사용할 수 있습니다(이 장의 마지막 부분에서 설명함).

이 장에서는 각 모델에 대해 다음 내용을 다룹니다.

- 모델의 기본 설명 및 배경
- 모델 설정을 위한 하이퍼파라미터(모델을 초기화할 수 있는 다양한 방법)

2 옮긴이_ 다중 레이블 예측을 지원하는 알고리즘(의사결정트리, 랜덤 포레스트, 신경망 등)은 매우 다양하지만 해당 알고리즘을 구현한 프레임워크에서 지원하는지 여부를 확인할 필요는 있습니다. https://en.wikipedia.org/wiki/Multi-label_classification

- 학습 파라미터(모델 학습에 영향을 미치는 파라미터)
- 예측 파라미터(예측에 영향을 미치는 파라미터)

24장에서 살펴본 것처럼 ParamGrid를 사용해서 하이퍼파라미터와 학습 파라미터를 설정할 수 있습니다.

26.3.1 모델 확장성

모델 확장성은 모델을 선택하는 데 있어서 중요한 고려사항입니다. 일반적으로 스파크는 대용량의 머신러닝 모델을 학습시키는 데 많은 지원을 합니다(대용량에 적합합니다. 단일 노드 기반 분석에 적절한 도구는 매우 많습니다.). [표 26-1]은 특정 작업에 어떤 모델이 가장 적합한지 검토하는 데 사용하는 간단한 모델 확장성 평가표입니다(확장성이 핵심 고려사항인 경우). 실제 확장성은 모델의 환경 설정, 시스템 규모, 기타 세부사항에 따라 다를 수 있지만 아래 표를 참조하여 어느 정도 추론이 가능합니다.

표 26-1 모델별 확장성 참조

모델	최대 특징 수	최대 학습 데이터 수	최대 타깃 범주 수
로지스틱 회귀	1 ~ 1천만 개	제한 없음	특징 수 x 클래스 수 < 1천만 개
의사결정트리	1,000개	제한 없음	특징 수 x 클래스 수 < 10,000개
랜덤 포레스트	10,000개	제한 없음	특징 수 x 클래스 수 < 100,000개
그래디언트 부스티드 트리	1,000개	제한 없음	특징 수 x 클래스 수 < 10,000개

위 표를 보면 대부분의 모델이 많은 양의 입력 데이터를 사용할 수 있음을 알 수 있으며, 현재도 수용 가능한 데이터 규모를 확장하기 위한 노력이 계속 진행되고 있습니다. 학습에 사용되는 데이터 크기에 **제한이 없는** 이유는 확률적 경사 하강법stochastic gradient descent[3]이나 L-BFGSLimited memory-BFGS[4]와 같은 방법을 사용하여 학습하기 때문입니다. 이러한 방법들은 방대한 데이터셋 작업을 위해 특별히 최적화되었으며, 학습시키고자 하는 학습셋에 존재할 수 있는 제약 조건을 제거합니다.

데이터를 불러들여서 분류 모델을 살펴보겠습니다.

---

3 옮긴이_ 확률적 경사 하강법은 확률적으로 무작위로 골라낸 데이터에 수행하는 경사 하강법입니다.

4 옮긴이_ L-BFGS는 BFGS(Broyden-Fletcher-Goldfarb-Shanno) 알고리즘을 제한된 메모리 공간에서 구현하는 방법입니다.

```
// 스칼라 코드
val bInput = spark.read.format("parquet").load("/data/binary-classification")
  .selectExpr("features", "cast(label as double) as label")

// 파이썬 코드
bInput = spark.read.format("parquet").load("/data/binary-classification")\
  .selectExpr("features", "cast(label as double) as label")
```

NOTE_ 다른 고급 분석 장과 마찬가지로 이 장에서 언급하는 모든 모델의 수학적 토대를 설명할 수는 없습니다. 분류 알고리즘과 관련된 상세한 내용은 ISL과 ESL의 4장을 참고하세요.

26.4 로지스틱 회귀

로지스틱 회귀는 가장 널리 사용되는 분류 기법의 하나로 개별 입력(또는 특징)과 특정 가중치(이러한 가중치는 학습 과정에서 생성됨)를 결합하여 특정 클래스에 속할 확률을 얻는 선형 방법론입니다. 로지스틱 회귀에서 가중치는 특징의 중요성을 잘 나타내기 때문에 유용하게 사용됩니다. 예를 들어 어떤 특징에 높은 가중치가 부여되었을 때 해당 특징 내 값 간의 분산이 결과에 유의미한 영향을 미친다고 가정할 수 있습니다(정규화를 수행했다고 가정). 반대로 가중치가 낮은 특징은 상대적으로 덜 중요하다고 판단할 수 있습니다.

이와 관련한 자세한 내용은 ISL[5] 4.3절과 ESL[6] 4.4절을 참고하세요.

26.4.1 모델 하이퍼파라미터

모델 하이퍼파라미터는 모델 자체의 기본 구조를 결정하는 환경 설정 항목입니다. 로지스틱 회귀에 사용할 수 있는 하이퍼파라미터는 다음과 같습니다.

5 http://www-bcf.usc.edu/~gareth/ISL/

6 http://statweb.stanford.edu/~tibs/ElemStatLearn/

- **family**
  해당 모델의 클래스가 다항(세 개 이상의 별개 레이블, 다중 클래스 분류)인지 이항(두 개의 서로 다른 레이블만 존재, 이진 분류)인지 지정합니다.

- **elasticNetParam**
  0에서 1 사이의 부동소수점수를 지정합니다. 이 하이퍼파라미터는 엘라스틱넷 일반화에 따라 L1 일반화와 L2 일반화의 조합(L1과 L2의 선형 조합)을 지정합니다. L1 또는 L2의 선택은 활용 사례에 따라 크게 다르지만 기본 개념은 다음과 같습니다. L1 일반화(값 1)는 특정한 특징의 가중치가 0(출력에 거의 영향을 주지 않음)이 되기 때문에 모델에서 희소성을 만듭니다. 이러한 이유로 간단한 특징 선택 방법으로 사용될 수도 있습니다. 반대로 L2 일반화(값 0)는 특정한 특징의 가중치가 반드시 0으로 이동되기는 하지만 값이 완전히 0이 되지는 않으므로 희소성을 생성하지 않습니다. 엘라스틱넷으로 L1과 L2 일반화의 혼합을 지정하기 위해 0과 1 사이의 값을 선택할 수 있으며, 값 설정은 대부분 다양한 값을 테스트하여 결정해야 합니다.

- **fitIntercept**
  true나 false 값을 지정합니다. 이 하이퍼파라미터는 모델의 입력 및 가중치의 선형 조합에 추가된 절편이나 임의의 수를 적합시킬지 결정합니다. 일반적으로 학습 데이터를 정규화하지 않았다면 절편에 적합시키기 원할 겁니다.

- **regParam**
  0보다 크거나 같은 값(값 ≥ 0)을 지정합니다. 목적 함수에서 일반화 항에 얼마만큼의 가중치를 주는지 결정합니다. 여기에서 값을 선택하는 것은 데이터 집합의 노이즈 함수와 차원 함수가 될 겁니다. 파이프라인에서 다양한 값(예: 0, 0.01, 0.1, 1)을 시도해보세요.

- **standardization**
  입력을 모델로 전달하기 전에 입력을 표준화할지 여부를 결정하기 위한 true 또는 false 값을 지정합니다. 자세한 내용은 25장을 참조하세요.

26.4.2 학습 파라미터

학습 파라미터는 모델 학습을 수행하는 방법을 지정하는 데 사용됩니다. 로지스틱 회귀에 대한 학습 파라미터는 다음과 같습니다.

- **maxIter**
  총 학습 반복 횟수입니다. 이 파라미터값을 변경해도 결과가 크게 달라지지는 않으므로 가장 먼저 조정할 파라미터로 고려하지 마세요. 기본값은 100입니다.

- **tol**
  이 값은 파라미터의 변경으로 인해 가중치가 충분히 최적화되었음을 나타내는 임곗값을 지정하고 반복을 중지시킬 수 있습니다. `maxIter`의 기본값은 1.0E-6이며, `maxIter` 값 직전까지만 알고리즘이 학습을 반복합니다. 이것 역시 튜닝할 때 가장 먼저 조정할 파라미터로 고려하지 마세요.

* **weightCol**
  특정 로우에 가중치를 부여하는 데 사용하는 가중치 컬럼의 이름입니다. 이 파라미터는 특정 학습 예제가 얼마나 중요한지 나타내는 척도가 있고 그와 관련한 가중치를 가지고 있는 경우에 유용하게 사용할 수 있습니다. 예를 들어 10,000개의 학습 예제에 대해 사용자가 사전에 일부 레이블이 다른 레이블보다 정확하다는 것을 알고 있는 경우 해당 레이블에 가중치를 부여할 수 있습니다.

26.4.3 예측 파라미터

예측 파라미터는 모델이 예측할 때 예측을 수행하는 방법을 결정하는 데는 영향을 주지만 학습에는 영향을 주지 않습니다. 로지스틱 회귀에 대한 예측 파라미터는 다음과 같습니다.

* **threshold**
  0에서 1 범위의 Double 타입의 값을 가집니다. 이 파라미터는 주어진 클래스를 예측하는 확률 임곗값입니다. 요구사항에 따라 이 파라미터를 조절하여 거짓양성과 거짓음성의 균형을 맞출 수 있습니다. 예를 들어 잘못 예측하는 데 비용이 많이 드는 경우 예측 임곗값을 매우 높게 설정할 수 있습니다.

* **thresholds**
  다중 분류를 할 때 각 클래스에 대한 임곗값 배열을 지정할 수 있습니다. 단일 threshold 파라미터와 유사하게 작동합니다.

26.4.4 실습 예제

다음은 로지스틱 회귀 모델을 사용하는 간단한 예제입니다. 예제 데이터가 적절한 컬럼 이름을 따르고 파라미터들은 기본값을 활용할 예정이므로 파라미터를 별도로 지정하지 않았다는 사실을 고려해야 합니다. 실전에서도 많은 파라미터를 변경할 필요는 없을 겁니다.

```
// 스칼라 코드
import org.apache.spark.ml.classification.LogisticRegression

val lr = new LogisticRegression()
println(lr.explainParams()) // 모든 파라미터에 대한 설명을 살펴볼 수 있습니다.
val lrModel = lr.fit(bInput)

// 파이썬 코드
from pyspark.ml.classification import LogisticRegression

lr = LogisticRegression()
print lr.explainParams() # 모든 파라미터에 대한 설명을 살펴볼 수 있습니다.
lrModel = lr.fit(bInput)
```

모델 학습이 완료되면 계수와 절편을 살펴봄으로써 모델에 대한 정보를 얻을 수 있습니다. 계수는 개별 특징 가중치에 대응(각 특징 가중치는 예측값을 계산하기 위해 각각의 특징과 곱해집니다)하고, 절편은 이탤릭체 절편의 값입니다(모델을 지정할 때 하나를 선택하면). 계수를 살펴보면 생성한 모델을 검토하고 각 특징이 예측 결과에 어떻게 영향을 미치는지 비교하는 데 도움이 됩니다.

```
// 스칼라 코드
println(lrModel.coefficients)
println(lrModel.intercept)

// 파이썬 코드
print lrModel.coefficients
print lrModel.intercept
```

다항 모델(현재는 이진)의 경우 `lrModel.coefficientMatrix`와 `lrModel.interceptVector`를 사용하여 계수와 절편을 얻습니다. 그러면 주어진 클래스의 값 또는 각각을 나타내는 `Matrix`와 `Vector` 타입이 반환됩니다.

26.4.5 모델 요약

로지스틱 회귀는 최종 학습 모델에 대한 정보를 모델 요약으로 제공합니다. 이것은 많은 R 언어 머신러닝 패키지에서 볼 수 있는 동일한 유형의 요약과 유사합니다. 스파크에서는 현재 이진 로지스틱 회귀 문제에서만 모델 요약을 사용할 수 있지만 향후 다중 클래스에 대한 요약 기능도 추가될 예정입니다. 이진 로지스틱 회귀의 모델 요약에서는 ROC 곡선 아래의 영역, 임곗값을 기준으로 한 f 계수, 정밀도precision, 리콜recall, 임곗값에 의한 호출, ROC 곡선 등 모델 자체에 대한 정보를 포함한 모든 종류의 정보를 얻을 수 있습니다. 곡선 아래 영역에는 객체의 가중치가 고려되지 않으므로 가중치가 반영된 결과를 검토하고자 한다면 수동으로 조작해야 합니다. 이는 아마도 다음 버전의 스파크에서 변경될 겁니다. 다음 API를 사용하여 모델 요약을 볼 수 있습니다.

```
// 스칼라 코드
import org.apache.spark.ml.classification.BinaryLogisticRegressionSummary

val summary = lrModel.summary
```

```
val bSummary = summary.asInstanceOf[BinaryLogisticRegressionSummary]
println(bSummary.areaUnderROC)
bSummary.roc.show()
bSummary.pr.show()

// 파이썬 코드
summary = lrModel.summary
print summary.areaUnderROC
summary.roc.show()
summary.pr.show()
```

모델이 최종 결과를 도출하기까지의 속도가 객체 히스토리에 표시됩니다. 이는 모델 요약의 객체 히스토리를 통해 살펴볼 수 있습니다.

```
summary.objectiveHistory
```

이것은 각 트레이닝 반복에 대해 우리가 기대한 목적 함수가 어떻게 수행되었는지 보여주는 실수형(Double) 배열입니다. 이 정보로 반복 횟수가 충분했는지 아니면 다른 파라미터를 조정할 필요가 있는지 확인할 수 있습니다.

26.5 의사결정트리

의사결정트리는 분류 문제를 해결하는 데 가장 친근하고 해석 가능한 모델 중 하나입니다. 이는 인간이 자주 활용하는 단순한 의사결정 모형과 매우 유사하기 때문입니다. 예를 들어 아이스크림을 프로모션하는 상황에서 어떤 사람이 구매할 것인지 여부를 예측해야 한다고 했을 때 활용할 수 있는 유의미한 특징은 바로 개인별 아이스크림 선호 여부일 겁니다. 따라서 의사코드 관점에서 person.likes("ice_cream")이면 아이스크림을 구매할 것이고, 그렇지 않다면 구매하지 않을 겁니다. 의사결정트리는 모든 입력을 사용하여 이러한 유형의 구조를 만들어놓고, 예측할 시점에 해당 가지치기branch를 따릅니다. 이는 추론이나 검토하기 쉽고, 데이터 구조에 대한 가정을 거의 하지 않기 때문에 매우 유용한 초기 모델이 될 수 있습니다. 간단히 말해, 함수를 모델링하기 위해 계수를 학습시키려 하기보다는 예측 시점이 되었을 때 의사결정을 할 수 있는 커다란 트리를 만듭니다. 이 모델은 또한 다중 클래스 분류를 지원하고 최종 결과에서 두 개의 컬럼을 생성하여 예측 결과 및 확률값을 제공합니다.

의사결정트리 모델은 보통 초기 모델링을 위한 좋은 방법이기는 하나 계산 시간이 많이 소요된다는 단점이 있습니다. 또한 데이터에 대해 **극단적으로** 과적합될 수 있습니다. 이 말은 의사결정트리를 제어하지 않으면 모든 개별 학습 예제를 기반으로 초기부터 의사결정 경로를 만들어낸다는 것을 의미합니다. 즉, 학습셋에 있는 모든 정보를 인코딩합니다. 이 경우 해당 모델이 새로운 데이터에 대해 일반화되어 적합되지 않을 수 있기 때문에 활용하기 어려울 수 있습니다(테스트셋의 예측 성능이 좋지 않을 수 있어서). 그러나 좋은 예측력을 확보할 수 있도록 가지치기 구조를 제한하여(예: 의사결정트리 높이 제한) 모델을 시험해보고 개선할 수 있는 다양한 방법이 있습니다.

이와 관련한 자세한 정보는 ISL[7] 8.1절과 ESL[8] 9.2절을 참고하세요.

26.5.1 모델 하이퍼파라미터

의사결정트리를 구성하고 학습시키기 위한 여러 가지 방법이 있습니다. 다음은 스파크에서 이와 관련하여 제공하는 하이퍼파라미터입니다.

- `maxDepth`
  의사결정트리는 말 그대로 트리를 학습시키는 것이므로 앞서 언급한 바와 같이 데이터셋에 과적합되는 것(극단적인 상황에서는 데이터셋의 각 로우가 말단 노드로 끝날 수 있음)을 방지하기 위해 최대 깊이를 지정하는 것이 좋습니다. 기본값은 5입니다.

- `maxBins`
  의사결정트리는 연속형 특징을 범주형 특징으로 변환합니다. 연속형 특징을 범주형 특징으로 변환하는 경우 일반적으로 구간화(binning)를 수행하는데, `maxBins`는 연속형 특징을 대상으로 구간화를 할 때 생성해야 하는 구간 수를 결정합니다. 생성되는 구간이 많을수록 좀 더 세분화된 분석을 할 수 있습니다. 이 값은 2보다 크거나 같아야 하며 데이터셋의 범주형 특징들이 가지고 있는 범주의 수보다 크거나 같아야 합니다. 기본값은 32입니다.

- `impurity`
  '트리'를 구성하려면 모델이 가지치기를 해야 하는 조건을 정의해야 합니다. 불순도(impurity)는 모델이 특정 말단 노드에서 분할되어야 하는지 여부를 결정하기 위한 지표(정보 획득 수준)를 의미합니다. 이 파라미터에서는 일반적으로 사용되는 두 가지 불순도 측정 기준인 '엔트로피(entropy)'와 '지니(gini)(기본값)' 중 하나를 설정할 수 있습니다.

7 http://www-bcf.usc.edu/~gareth/ISL/

8 http://statweb.stanford.edu/~tibs/ElemStatLearn/

- **`minInfoGain`**
  의사결정트리의 분할에 사용할 수 있는 최소 정보 획득을 결정합니다. 값이 클수록 과적합을 방지할 수 있습니다. 이 값은 일반적으로 다양한 값을 시뮬레이션하면서 생성되는 의사결정트리 모델을 검토하여 결정합니다. 기본값은 0입니다.

- **`minInstancePerNode`**
  모델이 학습해야 할 최소 인스턴스 수를 지정하여 특정 노드에서 의사결정트리의 생성을 종료하도록 합니다. 앞서 언급한 `maxDepth`와 같이 의사결정트리의 최대 깊이를 제어하는 또 다른 방법입니다. 이 파라미터를 이용하여 의사결정트리의 깊이를 제한하거나 어떤 말단 노드에서 멈춰야 하는지 결정하는 최소 학습 인스턴스 수를 지정하여 모델의 과적합을 방지할 수 있습니다. 만약 결과가 만족스럽지 않다면 요구사항이 충족될 때까지 '가지치기'를 할 수 있습니다. 기본값은 1이며, 값이 클수록 과적합을 방지할 수 있습니다.

26.5.2 학습 파라미터

학습 파라미터는 모델 학습을 수행하는 방법을 정의하기 위한 파라미터입니다. 의사결정트리에서 제공하는 학습 파라미터는 다음과 같습니다.

- **`checkpointInterval`**
  체크포인팅은 학습 과정 동안 진행되는 모델의 작업 내용을 저장하는 방법으로 `checkpointInterval` 파라미터를 지정하면 클러스터 내 특정 노드가 다양한 이유로 충돌할 경우에도 이전까지 진행된 작업 내용을 복구할 수 있습니다. 예를 들어 이 파라미터의 값을 10으로 지정하면 모델이 10번씩 반복될 때마다 검사점(checkpoint)이 생깁니다. 검사점을 끄려면 -1로 설정합니다. 이 파라미터는 `checkpointDir`(체크포인트할 디렉터리) 및 `useNodeIdCache=true`와 함께 설정해야 합니다. 체크포인트에 대한 자세한 내용은 스파크 문서를 참고하세요.

26.5.3 예측 파라미터

의사결정트리에는 하나의 예측 파라미터(임곗값)만 존재합니다. 임곗값에 대한 자세한 설명은 이 장 앞부분을 참조하세요.

다음은 의사결정트리 분류기를 사용하는 간단하지만 완전한 예제입니다.

```
// 스칼라 코드
import org.apache.spark.ml.classification.DecisionTreeClassifier

val dt = new DecisionTreeClassifier()
println(dt.explainParams())
val dtModel = dt.fit(bInput)
```

```
// 파이썬 코드
from pyspark.ml.classification import DecisionTreeClassifier

dt = DecisionTreeClassifier()
print dt.explainParams()
dtModel = dt.fit(bInput)
```

26.6 랜덤 포레스트와 그래디언트 부스티드 트리

랜덤 포레스트와 그래디언트 부스티드 트리는 의사결정트리의 확장된 알고리즘입니다. 일반적인 의사결정트리 알고리즘처럼 전체 데이터셋으로 하나의 트리를 생성하는 것이 아니라 다양한 서브 데이터셋으로 여러 개의 트리를 생성합니다. 이는 각 트리가 특정 도메인 데이터를 학습할수록 '전문가(의사결정트리 모델)'가 되는 특성을 응용한 것으로 일부 의사결정트리의 특정 영역을 학습하는 동안 다른 의사결정트리는 다른 영역을 분담하여 학습하는 개념입니다. 즉, 다양한 도메인(데이터)을 학습한 전문가를 결합하여 그룹의 성과가 어떤 개인보다도 높은 '집단지성' 효과를 얻는 원리이며, 이러한 방법론을 사용하면 의사결정트리 알고리즘의 과적합 이슈를 방지하는 데도 도움이 될 수 있습니다.

랜덤 포레스트와 그래디언트 부스티드 트리는 의사결정트리를 결합시켜 사용하는 관점에서는 동일하지만 다음과 같은 차이점이 있습니다. 랜덤 포레스트에서는 단순히 많은 트리를 학습시킨 다음 각 트리의 응답을 평균화하여 최종 예측을 합니다. 그래디언트 부스티드 트리에서도 마찬가지로 많은 트리를 학습시키지만 랜덤 포레스트와는 다르게 개별 트리를 학습할 때 별도의 가중치가 부여됩니다(따라서 어떤 트리는 특정 클래스에 대해 다른 트리보다 예측력이 더 높을 수 있습니다). 또한 각 트리는 대체로 동일한 파라미터를 가지고 있습니다. 그래디언트 부스티드 트리의 한 가지 제한점은 스파크에서는 현재 이진 레이블만 지원한다는 겁니다.

> **NOTE_** 트리 기반 모델을 학습하기 위한 몇 가지 인기 있는 도구가 있습니다. 예를 들어 XGBoost 라이브러리[9]는 스파크에서 사용할 수 있는 통합 패키지를 제공합니다.

트리 앙상블 모델에 대한 자세한 정보는 ISL[10] 8.2절과 ESL[11] 10.1절을 참고하세요.

---

9 https://xgboost.readthedocs.io/en/latest/

10 http://www-bcf.usc.edu/~gareth/ISL/

11 http://statweb.stanford.edu/~tibs/ElemStatLearn/

26.6.1 모델 하이퍼파라미터

랜덤 포레스트와 그래디언트 부스티드 트리는 의사결정트리가 지원하는 것과 동일한 모델 하이퍼파라미터를 모두 제공하며, 다음 몇 가지 하이퍼파라미터를 추가로 제공합니다.

랜덤 포레스트에서만 사용되는 하이퍼파라미터

- **`numTrees`**
  학습시킬 트리 수

- **`featureSubsetStrategy`**
  이 파라미터는 분할을 할 때 고려해야 할 특징 수를 결정합니다. 이것은 'auto', 'all', 'sqrt', 'log2' 또는 숫자 'n'을 포함하여 다양한 값[12]이 될 수 있습니다. 'n'이 0에서 1 사이의 값일 때 모델은 학습을 위해 특징 수에 n을 곱하여 사용하고 1에서 총 특징 수 사이의 값인 경우 n개의 특징을 사용합니다. 어떤 값이 적정한지에 대한 정해진 기준은 없으므로 모델 파이프라인에서 다양한 값을 실험해볼 필요가 있습니다.

그래디언트 부스티드 트리에서만 사용되는 하이퍼파라미터

- **`lossType`**
  그래디언트 부스티드 트리가 학습하는 과정에서 손실을 최소화하기 위한 손실 함수를 지정하는 하이퍼파라미터입니다. 현재는 logistic loss만 지원됩니다.

- **`maxIter`**
  총 학습 반복 횟수입니다. 이 파라미터값을 변경해도 결과가 크게 달라지지는 않으므로 가장 먼저 조정할 파라미터로 고려하지 마세요. 기본값은 100입니다.

- **`stepSize`**
  알고리즘의 학습률[13]입니다. `stepSize`의 값이 클수록 반복 학습 사이의 변화 크기가 더 커집니다. `stepSize`는 최적화 과정에 도움을 주는 파라미터이며, 최적의 값을 결정하기 위해서는 학습 과정에서 다양하게 테스트해야 합니다. 기본값은 0.1이며, 0에서 1 사이의 값으로 설정할 수 있습니다.

---

12 옮긴이_ 여러 개의 트리로 분할 시 고려할 특징 수를 지정하는 옵션이며, 일반값으로는 'auto(기본값)', 'all', 'sqrt', 'log2', 'onethird'를 지원하고, 숫자값으로는 '(0.0–1.0]', '[1–n]'을 지원합니다. 'auto'를 지정하면 분류 문제에서는 'sqrt'(특징 수의 제곱근만큼 무작위로 골라서 사용)를, 회귀 문제에서는 'onethird'(특징 수의 1/3을 무작위로 골라서 사용)를 자동으로 사용합니다. 그 외 'all'을 지정하면 모든 특징을 사용하고, 'log2'를 지정하면 특징 수에 log2를 취한 값만큼 무작위로 골라서 사용합니다.

13 옮긴이_ 경사 하강 알고리즘의 안정성을 높일 수 있는 이동 거리 또는 경사 하강을 위한 단계의 크기를 의미합니다. 일반적으로 `stepSize`가 너무 작으면 반복이 많아져서 전체 성능이 저하될 수 있으며, 너무 크면 최저점에 수렴하지 못할 수 있습니다. https://en.wikipedia.org/wiki/Gradient_descent

26.6.2 학습 파라미터

랜덤 포레스트와 그래디언트 부스티드 트리 모델에서는 학습 파라미터로 checkpointInterval 하나만 제공합니다. 체크포인트에 대한 자세한 내용은 26.5.2절 '학습 파라미터'를 참조하세요.

26.6.3 예측 파라미터

의사결정트리와 동일한 예측 파라미터를 가집니다. 자세한 내용은 의사결정트리의 예측 파라미터 관련 내용을 참조하세요.

다음은 각 분류기를 사용하는 간단한 예제입니다.

```
// 스칼라 코드
import org.apache.spark.ml.classification.RandomForestClassifier

val rfClassifier = new RandomForestClassifier()
println(rfClassifier.explainParams())
val trainedModel = rfClassifier.fit(bInput)

// 스칼라 코드
import org.apache.spark.ml.classification.GBTClassifier

val gbtClassifier = new GBTClassifier()
println(gbtClassifier.explainParams())
val trainedModel = gbtClassifier.fit(bInput)

// 파이썬 코드
from pyspark.ml.classification import RandomForestClassifier

rfClassifier = RandomForestClassifier()
print rfClassifier.explainParams()
trainedModel = rfClassifier.fit(bInput)

// 파이썬 코드
from pyspark.ml.classification import GBTClassifier

gbtClassifier = GBTClassifier()
print gbtClassifier.explainParams()
trainedModel = gbtClassifier.fit(bInput)
```

26.7 나이브 베이즈

나이브 베이즈Naive Bayes 분류기는 베이즈의 정리에 기반한 분류기의 모음입니다. 이 모델의 핵심 가정은 데이터의 모든 특징이 서로 독립적이라는 겁니다. 물론 이론적으로 완벽한 독립이 아닐지라도 충분히 유용한 모델을 생성할 수 있습니다. 나이브 베이즈 분류기는 일반적으로 텍스트나 문서를 분류하는 문제에서 주로 사용되지만 좀 더 범용적인 분류기로도 사용될 수 있습니다. 나이브 베이즈 분류기는 두 가지 모델 유형이 있습니다. 하나는 문서 내 용어의 존재를 지시변수indicator variable[14]를 활용하여 나타내는 **다변량 베르누이 모델**multivariate Bernoulli model이고, 다른 하나는 용어의 총 수를 변수로 활용하는 **다항 모델**multinomial model입니다.

나이브 베이즈와 관련하여 한 가지 중요한 점은 모든 입력 특징이 음수가 아니어야 한다는 겁니다.

이 모델들에 대한 더 자세한 정보는 ISL[15] 4.4절과 ESL[16] 6.6절을 참고하세요.

26.7.1 모델 하이퍼파라미터

다음은 모델의 기본 구조를 결정하기 위해 정의하는 환경 설정 항목입니다.

- **`modelType`**
  'bernoulli'와 'multinomial'이 있습니다. 이와 관련한 자세한 내용은 26.7절을 참조하세요.

- **`weightCol`**
  각 데이터값에 대해 서로 다른 가중치를 줄 수 있습니다. 이 하이퍼파라미터에 대한 설명은 26.4.2절 '학습 파라미터'를 참조하세요.

26.7.2 학습 파라미터

다음은 학습 수행 방식을 지정하는 환경 설정 항목입니다.

---

14 옮긴이_ 통계학에서는 더미변수(dummy variable)라고도 하며, 그 외 디자인 변수(design variable), 불린 지시자(Boolean indicator), 이진변수(binary variable) 등으로도 부릅니다.

15 http://www-bcf.usc.edu/~gareth/ISL/

16 http://statweb.stanford.edu/~tibs/ElemStatLearn/

- `smoothing`
  가산적 평활화(additive smoothing)[17]를 사용하여 일반화 작업의 범위를 결정합니다. 이렇게 하면 범주 데이터를 평활화하고 특정 클래스의 예상 확률을 변경함으로써 학습 데이터에 대한 과적합을 피할 수 있습니다. 기본값은 1입니다.

26.7.3 예측 파라미터

나이브 베이즈의 예측 파라미터는 다른 모든 모델과 동일한 thresholds입니다. 사용 방법은 26.4.3절 '예측 파라미터'를 참조하세요.

다음은 나이브 베이즈 분류기를 사용하는 예제입니다.

```
// 스칼라 코드
import org.apache.spark.ml.classification.NaiveBayes

val nb = new NaiveBayes()
println(nb.explainParams())
val trainedModel = nb.fit(bInput.where("label != 0"))

// 파이썬 코드
from pyspark.ml.classification import NaiveBayes

nb = NaiveBayes()
print nb.explainParams()
trainedModel = nb.fit(bInput.where("label != 0"))
```

CAUTION_ 이 예제 데이터셋에는 음숫값을 가진 특징이 있습니다. 이 경우 음숫값 특징이 있는 로우는 레이블이 '0'인 로우에 해당합니다. 예제에서는 나이브 베이즈 API를 활용하는 방법에 초점을 맞추기 위해 음숫값을 따로 처리하지 않고 단순히 제거(레이블을 통해)할 겁니다.

17 옮긴이_ 라플라스 평활화(Laplace smoothing)라고도 하며, 어떤 사건을 예측할 때 과거에 관측되지 않은 카테고리에도 작은 수(라플라스값)를 부여하여 0이라는 확률을 주지 않음으로써 범주형 데이터의 확률적 분포를 부드럽게 만들어주는 기법입니다. https://en.wikipedia.org/wiki/Additive_smoothing

26.8 분류와 자동 모델 튜닝을 위한 평가기

24장에서 살펴본 것처럼 평가기는 모델에 대한 성공의 척도를 지정할 수 있습니다. 평가기는 독립적으로 사용할 때는 큰 도움이 되지 않지만, 파이프라인에서 사용하면 모델 및 변환자의 다양한 파라미터에 대한 그리드 서치grid search[18]를 자동화할 수 있습니다. 즉, 파라미터 간 모든 조합을 시도하여 어떤 파라미터 조합이 가장 우수한 성능을 보이는지 확인할 수 있습니다. 평가기는 이 파이프라인과 그리드 컨텍스트 파라미터에서 가장 유용합니다. 분류 문제에는 두 개의 평가기가 있으며 두 개 컬럼(모델로부터 예측된 레이블과 실제 레이블)으로 존재합니다. 이진 분류의 경우 `BinaryClassificationEvaluator`를 사용합니다. 이것은 'areaUnderROC'과 'areaUnderPR' 두 가지 평가지표의 최적화를 지원합니다. 다중 클래스 분류의 경우 'f1', 'weightedPrecision', 'weightedRecall' 및 'accuracy'에 대한 최적화를 지원하는 `MulticlassClassificationEvaluator`를 사용해야 합니다.

평가기를 사용하기 위해서는 파이프라인을 구축하고, 테스트하려는 파라미터를 지정한 다음 이를 실행하고 결과를 살펴봐야 합니다. 관련 코드 예제는 24장을 참조하세요.

26.9 세부 평가지표

MLlib에는 여러 가지 분류 평가지표를 한 번에 평가할 수 있는 도구가 포함되어 있습니다. 불행하게도 이러한 평가지표 클래스는 아직 스파크의 기본 RDD 프레임워크에서 DataFrame 기반 ML 패키지로 이식되지 않았습니다. 따라서 이 책을 쓰는 2018년 3월 기준 이것을 사용하기 위해서는 여전히 RDD를 생성해야 합니다. 앞으로는 이 기능이 DataFrame에 이식될 것이므로 이런 방식은 더 이상 평가지표를 살펴볼 수 있는 최선의 방법은 아닐 겁니다(하지만 여전히 이러한 API를 사용할 수는 있습니다).

세부 평가를 위해 다음 세 가지 분류 평가지표를 사용할 수 있습니다.

---

18 옮긴이_ 그리드 서치는 하이퍼파라미터를 최적화하는 방법입니다. 선험적인 지식을 활용하여 문제를 분석하고 하이퍼파라미터의 범위를 정해 해당 범위를 세분화(다시 일정한 간격으로 점을 정해)하여 그 점들에 대해 순차적으로 시뮬레이션을 해보면서 최적값을 찾은 후 그 값을 기준으로 다시 세분화를 반복하여 최적의 값을 찾습니다. `https://en.wikipedia.org/wiki/Hyperparameter_optimization`

- 이진 분류 평가지표
- 다중 클래스 분류 평가지표
- 다중 레이블 분류 평가지표

위 세 가지 평가지표는 유사한 방식으로 도출됩니다. 우리는 생성된 결과를 실젯값과 비교하고, 모델은 관련 평가지표를 모두 계산합니다. 그런 다음 각 측정 항목의 값을 쿼리하여 불러옵니다.

```
// 스칼라 코드
import org.apache.spark.mllib.evaluation.BinaryClassificationMetrics

val out = model.transform(bInput)
  .select("prediction", "label")
  .rdd.map(x => (x(0).asInstanceOf[Double], x(1).asInstanceOf[Double]))
val metrics = new BinaryClassificationMetrics(out)

// 파이썬 코드
from pyspark.mllib.evaluation import BinaryClassificationMetrics

out = trainedMode.transform(bInput)\
  .select("prediction", "label")\
  .rdd.map(lambda x: (float(x[0]), float(x[1])))
metrics = BinaryClassificationMetrics(out)
```

이 작업이 완료되면 로지스틱 회귀 분석에서 사용한 API와 유사한 API를 사용하여 전형적인 분류 성과 평가지표를 확인할 수 있습니다.

```
// 스칼라 코드
metrics.areaUnderPR
metrics.areaUnderROC
println("Receiver Operating Characteristic")
metrics.roc.toDF().show()

// 파이썬 코드
print metrics.areaUnderPR
print metrics.areaUnderROC
```

26.10 일대다 분류기

다중 클래스 분류를 지원하지 않는 MLlib 모델이 있습니다. 이러한 경우 이진 분류기만 주어진 상황에서 다중 클래스 분류를 수행하기 위해 일대다one-vs-rest 분류기를 활용할 수 있습니다. 기본적인 원리는 다음과 같습니다. 일대다 분류기는 예측하고자 하는 모든 클래스를 대상으로 우선 하나의 클래스를 타깃 클래스로 분리하고, 나머지 클래스를 또 다른 하나의 클래스로 그룹화함으로써 다중 클래스 분류 문제를 이진 분류 문제로 변경합니다. 따라서 최종 예측 클래스는 두 개가 됩니다(타깃 클래스에 해당하는지 그렇지 않은지 판단하는 문제).

일대다 분류기는 추정자로 구현됩니다. 기본 분류기의 경우 분류기의 인스턴스를 취해 k개의 각 클래스에 대해 이진 분류 문제를 생성합니다. 클래스 i에 대한 분류기는 클래스 i를 다른 모든 클래스와 구별하여 특정 레이블이 i인지 여부를 예측하도록 학습됩니다.

예측은 각 이진 분류기의 평가를 통해 이루어지며, 가장 신뢰도 높은 분류기의 인덱스가 최종 레이블로 출력됩니다.

일대다 분류기 사용에 대한 좀 더 다양한 예제를 살펴보려면 스파크 문서[19]를 참고하세요.

26.11 다층 퍼셉트론

다층 퍼셉트론multilayer perceptron, MLP은 구성 가능한 수의 계층(그리고 계층의 크기)을 갖는 신경망에 기초한 분류기입니다. 이는 31장에서 논의할 겁니다.

26.12 정리

이 장에서는 스파크가 제공하는 대부분의 분류(각 데이터 포인트에 정해진 레이블 중 하나를 다양한 특징을 기반으로 예측합니다) 관련 도구를 다루었습니다. 다음 장에서는 범주형이 아닌 연속형을 대상으로 하는 회귀를 살펴보겠습니다.

---

19 http://bit.ly/2BxBwVI

CHAPTER 27

회귀

회귀는 분류의 논리적 확장 개념입니다. 단순히 일련의 값에서 단일 값을 예측하는 것이 아니라 숫자로 표현된 일련의 특징으로부터 실수(또는 연속형 변수)를 예측하는 행위입니다.

회귀는 수학적 관점에서 가능한 출력값의 수가 무한하기 때문에 분류보다 더 어려울 수 있습니다. 또한 분류 문제에서 사용한 정확도 개념과는 달리 예측값과 실젯값 사이의 오차를 최적화하는 것을 목표로 합니다. 그 외에 회귀와 분류는 상당히 유사합니다. 따라서 분류에서 다루었던 개념과 동일한 많은 기본 개념을 회귀에서도 다룹니다.

27.1 활용 사례

다음은 다양한 도메인별로 잠재적 회귀 문제를 고민해볼 수 있는 몇 가지 회귀 관련 사례입니다.

- **영화 관객 수 예측**
  얼마나 많은 사람이 예고편을 보았는지 또는 소셜 미디어에서 공유했는지와 같은 영화 및 관객과 관련한 정보를 기반으로 영화가 출시되면 얼마나 많은 사람이 영화를 볼 것인지 예측하길 원할 겁니다.
- **회사 수익 예측**
  회사의 현재 성장 궤도, 시장 및 계절성을 고려하여 앞으로 회사가 얼마나 많은 이익을 얻을지 예측하길 원할 겁니다.
- **농작물 수확량 예측**
  농작물이 재배되는 특정 지역에 대한 정보와 1년 동안의 날씨 정보를 토대로 특정 토지 구획에서의 농작물 수확량을 예측하길 원할 겁니다.

27.2 MLlib에서 제공하는 회귀 모델

MLlib에는 몇 가지 기본 회귀 모델이 있습니다. 이 모델들 중 일부는 26장 '분류'에서 이미 다루었습니다. 그 외에는 회귀 문제 영역에서만 사용됩니다. 아래 목록은 스파크 2.2 버전 기준이며 지속해서 업데이트될 예정입니다.

- 선형 회귀
- 일반화 선형 회귀(generalized linear regression)
- 등위 회귀(isotonic regression)
- 의사결정트리
- 랜덤 포레스트
- 그래디언트 부스티드 트리
- 생존 회귀(survival regression)

이 장에서는 다음과 같은 각 모델의 기본사항을 다룹니다.

- 모델과 알고리즘에 대한 기본 설명
- 모델 설정을 위한 하이퍼파라미터(모델을 초기화할 수 있는 다양한 방법)
- 학습 파라미터(모델 학습에 영향을 미치는 파라미터)
- 예측 파라미터(예측에 영향을 미치는 파라미터)

24장에서 보았듯이 `ParamGrid`를 사용하여 하이퍼파라미터와 학습 파라미터를 검색할 수 있습니다.

27.2.1 모델 확장성

MLlib에서 제공하는 회귀 모델은 모두 큰 규모의 데이터셋으로 확장 가능합니다. [표 27-1]은 특정 작업에 어떤 모델이 가장 적합한지 검토하는 데 사용되는 간단한 모델 확장성 평가표입니다(확장성이 핵심 고려사항인 경우). 실제 확장성은 모델의 구성, 시스템 규모 그리고 기타 요소에 따라 다를 수 있습니다.

표 27-1 회귀 모델별 확장성 참조

모델	최대 특징 수	최대 학습 데이터 수
선형 회귀	1 ~ 1천만 개	제한 없음
일반화 선형 회귀	4,096개	제한 없음

모델	최대 특징 수	최대 학습 데이터 수
등위 회귀	N/A	수백만 건
의사결정트리	1,000개	제한 없음
랜덤 포레스트	10,000개	제한 없음
그래디언트 부스티드 트리	1,000개	제한 없음
생존 회귀	1 ~ 천만 개	제한 없음

> **NOTE_** 다른 고급 분석 장과 마찬가지로 이 장에서 언급하는 모든 모델의 수학적 토대를 다 담을 수는 없습니다. 회귀 알고리즘의 상세한 내용은 ISL 3장과 ESL 3장을 참고하세요.

이 장에서 사용할 샘플 데이터를 불러들이겠습니다.

```
// 스칼라 코드
val df = spark.read.load("/data/regression")

// 파이썬 코드
df = spark.read.load("/data/regression")
```

27.3 선형 회귀

선형 회귀 분석은 입력 특징들의 선형 조합(가중치가 곱해진 각 특징을 합한 값)이 가우시안 오차Gaussian error[1]와 함께 최종 결과로 산출된다고 가정[2]합니다. 이 선형 가정(가우시안 오차와 함께)이 항상 유효하지는 않지만 단순하고 해석할 수 있으며 과적합되기 힘든 모델로 만들어줍니다. 로지스틱 회귀에서처럼 ElasticNet 일반화를 통해 L1 및 L2 일반화를 혼합할 수 있습니다.

자세한 정보는 ISL[3] 3.2절과 ESL[4] 3.2절을 참고하세요.

---

1 옮긴이_ 여기서는 선형 회귀 추정 모델에 포함되는 오차(오차항)라고 보면 됩니다.

2 옮긴이_ 선형 회귀의 가정 중 선형성을 의미하며, 종속변수가 독립변수와 선형 회귀 계수의 선형 조합으로 표현 가능함을 의미합니다. 선형 회귀의 가정은 이외에도 약한 외생성, 상수 분산, 오차의 독립성 등이 있습니다.

3 http://www-bcf.usc.edu/~gareth/ISL/

4 http://statweb.stanford.edu/~tibs/ElemStatLearn/

27.3.1 모델 하이퍼파라미터

선형 회귀는 로지스틱 회귀와 동일한 모델 하이퍼파라미터를 사용합니다. 자세한 내용은 26장을 참조하세요.

27.3.2 학습 하이퍼파라미터

모델 학습을 위한 파라미터 역시 로지스틱 회귀와 동일합니다. 자세한 내용은 26장을 참조하세요.

27.3.3 실습 예제

다음은 샘플 데이터셋을 활용하여 선형 회귀를 수행하는 간단한 예제입니다.

```
// 스칼라 코드
import org.apache.spark.ml.regression.LinearRegression

val lr = new LinearRegression().setMaxIter(10).setRegParam(0.3)
  .setElasticNetParam(0.8)
println(lr.explainParams())
val lrModel = lr.fit(df)

// 파이썬 코드
from pyspark.ml.regression import LinearRegression

lr = LinearRegression().setMaxIter(10).setRegParam(0.3).setElasticNetParam(0.8)
print lr.explainParams()
lrModel = lr.fit(df)
```

27.3.4 학습 내용 요약

로지스틱 회귀에서와 마찬가지로 모델 학습의 자세한 정보를 얻을 수 있습니다. 다음 코드의 메서드는 이러한 지표에 액세스하기 위한 간단한 약어입니다. 이를 통해 회귀 모델의 성공 여부를 측정하기 위한 몇 가지 기본적인 평가지표를 도출하여 모델이 실제로 얼마나 잘 맞는지 확인할 수 있습니다.

summary 메서드는 여러 개의 필드로 구성된 요약 객체를 반환합니다. 차례대로 살펴보겠습니다. 잔차residual는 선형 회귀 모델로부터 구한 예측값과 실젯값과의 차이입니다. 객체 히스토리objective history는 반복 학습 과정마다 모델 학습이 어떻게 진행되는지 나타냅니다. 평균제곱근오차root mean squared error는 각 예측값과 실젯값 사이의 거리를 계산하여 모델의 성능을 측정하는 척도입니다. R-제곱 변수(r2)는 모델에 의해 설명되는 예측변수의 분산 비율[5]입니다.

실제 분석을 수행하다 보면 선형 회귀와 관련한 매우 다양한 평가지표 및 요약 정보를 접할 수 있을 겁니다. 여기에서는 스파크 API를 어떻게 사용하는지에 초점을 맞추었기 때문에 모든 평가지표를 포괄적으로 다루지는 않습니다(자세한 내용은 API 문서를 참고하세요).

다음은 선형 회귀에서 모델 요약의 일부 속성입니다.

```
// 스칼라 코드
val summary = lrModel.summary

summary.residuals.show()
println(summary.objectiveHistory.toSeq.toDF.show())
println(summary.rootMeanSquaredError)
println(summary.r2)

// 파이썬 코드
summary = lrModel.summary

summary.residuals.show()
print summary.totalIterations
print summary.objectiveHistory
print summary.rootMeanSquaredError
print summary.r2
```

5 옮긴이_ R^2 값 또는 결정계수(coefficient of determination)라고도 합니다. 결정계수는 R^2 = SSR / SST 식으로 정의됩니다. SST는 총제곱합(Total Sum of Squares), SSR은 회귀제곱합(Sum of Squares due to Regression)입니다. SST는 실제 관측된 종속변숫값이 종속변숫값들의 평균으로부터 얼마나 떨어져 있는지 의미하며, SSR은 모델이 예측한 값(추정치)이 관측된 종속변숫값들의 평균으로부터 얼마나 떨어져 있는지 의미합니다. 따라서 이 둘의 비율인 R^2은 관측된 종속변숫값들의 총 변동에 대비해 회귀 모델이 얼마나 그 변동을 설명하는지 알려줍니다. R^2의 범위는 $0 \le R^2 \le 1$을 만족하며, 1에 가까울수록 회귀 모델이 데이터를 더 잘 설명한다고 할 수 있습니다.

27.4 일반화 선형 회귀

앞서 다뤘던 표준 선형 회귀는 **일반화 선형 회귀**라고 불리는 알고리즘 계열의 일부입니다. 스파크에는 이 알고리즘이 두 가지로 구현되어 있습니다. 하나는 앞에서 다뤘던 단순 선형 회귀 모델로 다수의 입력 특징을 대상으로 작업하도록 최적화되어 있습니다. 반면에 다른 하나는 좀 더 일반적이며, 더 많은 알고리즘을 지원하고, 다수의 입력 특징으로 확장하기 어렵습니다.

일반화 선형 모델은 다른 회귀 모델에 비해 더 세밀하게 제어할 수 있습니다. 예를 들어 가우스(선형 회귀), 이항(로지스틱 회귀), 푸아송(푸아송 회귀) 그리고 감마(감마 회귀) 등 다양한 분포 집합으로부터 예상되는 노이즈[6] 분포를 선택할 수 있습니다. 일반화 모델은 또한 선형 함수와 분포 함수의 평균 사이의 관계를 지정하는 링크 함수 설정을 지원합니다. [표 27-2]는 각 family(분포 집단)에 대해 사용 가능한 링크 기능을 보여줍니다.

표 27-2 회귀 분포 집단, 응답 유형, 링크 함수

family	응답 유형	지원 링크
가우스	연속형	Identity*, Log, Inverse
이항	이진형	Logit*, Probit, CloglLog
푸아송	카운트	Log*, Identity, Sqrt
감마	연속형	Iverse*, Identity, Log
트위디	영과잉 연속형[7]	파워 링크 함수

별표(*)는 family에 대한 표준 링크 함수를 나타냅니다.

일반화 선형 모델에 대한 자세한 내용은 ISL[8] 3.2절과 ESL[9] 3.2절을 참고하세요.

CAUTION_ Spark 2.2의 근본적인 한계는 일반화된 선형 회귀의 경우 입력에 대해 최대 4,096개의 특징만 허용한다는 겁니다. 이는 이후 버전의 스파크에서 변경될 수 있으므로 관련 문서를 참고하세요.

---

6 옮긴이_ 노이즈(noise, 잡음)란 데이터에 무작위 오차(random error)나 분산(variance)이 존재하는 현상을 말합니다.

7 옮긴이_ 영과잉 연속형(zero-inflated continuous)이란 매우 많은 영값(zero)과 소수의 영이 아닌 값(nonzero)으로 구성된 연속형 변수 타입을 말합니다.

8 http://www-bcf.usc.edu/~gareth/ISL/

9 http://statweb.stanford.edu/~tibs/ElemStatLearn/

27.4.1 모델 하이퍼파라미터

다음은 모델의 기본 구조를 결정하기 위해 정의하는 환경 설정 항목입니다. fitIntercept와 regParam(24.1.1절 '지도 학습'의 '회귀'에서 언급) 외에도 일반화 선형 회귀는 몇 가지 다른 하이퍼파라미터를 포함합니다.

- **family**
  모델에서 사용할 오차 분포에 대한 설명입니다. 지원되는 옵션은 가우스, 이항, 푸아송, 감마 그리고 트위디입니다.

- **link**
  선형 함수와 분포 함수의 평균 사이의 관계를 지정하는 링크 함수의 이름입니다. 지원되는 옵션은 cloglog, probit, logit, inverse, sqrt, identity 그리고 log입니다(기본값은 identity).

- **solver**
  최적화에 사용되는 해찾기 알고리즘입니다. 현재 지원되는 유일한 solver는 irls(iteratively reweighted least squares, 반복재가중최소제곱)입니다.

- **variancePower**
  분포의 분산과 평균 사이의 관계를 특징짓는 트위디 분포의 분산 함수에서의 검증력입니다. 트위디 family에만 적용됩니다. 지원되는 값은 0과 [1, ∞)입니다. 기본값은 0입니다.

- **linkPower**
  트위디 family의 파워 링크 함수 색인입니다.

27.4.2 학습 파라미터

일반화 선형 회귀의 학습 파라미터는 로지스틱 회귀와 동일합니다. 자세한 내용은 26장을 참조하세요.

27.4.3 예측 파라미터

이 모델은 하나의 예측 파라미터를 제공합니다.

- **linkPredictionCol**
  예측에 적용할 각 링크 함수를 정의하는 컬럼명입니다.

27.4.4 실습 예제

다음은 GeneralizedLinearRegression을 사용하는 예제입니다.

```
// 스칼라 코드
import org.apache.spark.ml.regression.GeneralizedLinearRegression

val glr = new GeneralizedLinearRegression()
  .setFamily("gaussian")
  .setLink("identity")
  .setMaxIter(10)
  .setRegParam(0.3)
  .setLinkPredictionCol("linkOut")
println(glr.explainParams())
val glrModel = glr.fit(df)
```

```
// 파이썬 코드
from pyspark.ml.regression import GeneralizedLinearRegression

glr = GeneralizedLinearRegression()\
  .setFamily("gaussian")\
  .setLink("identity")\
  .setMaxIter(10)\
  .setRegParam(0.3)\
  .setLinkPredictionCol("linkOut")
print glr.explainParams()
glrModel = glr.fit(df)
```

27.4.5 학습 내용 요약

앞서 다뤘던 단순 선형 회귀 모델과 같이 일반화 선형 모델에서 제공하는 학습 내용 요약을 통해 사용자가 생성한 모델이 학습셋에 적합하게 생성되었는지 확인할 수 있습니다. 이 정보에는 보편적인 성능 평가지표를 비롯하여 알고리즘의 적합성 분석을 위한 다양한 잠재적 평가지표가 포함되어 있습니다. 이를 통해 다양한 정보를 파악할 수는 있지만, 이는 테스트셋에 대한 알고리즘 수행 결과와는 다를 수 있다는 점을 유의해야 합니다.

- **R squared**
  결정계수. 적합의 척도입니다.

- **The residuals**
  관측 레이블과 예측값의 차이입니다.

모델 요약 개체를 살펴보면서 사용 가능한 모든 방법을 확인하세요.

27.5 의사결정트리

회귀에 적용된 의사결정트리는 분류에 적용된 의사결정트리와 상당히 유사하게 작동합니다. 주요 차이점은 회귀의 의사결정트리는 분류에서 보았던 레이블 대신 말단 노드마다 하나의 숫자를 출력한다는 겁니다. 모델 구조와 해석은 동일하게 적용됩니다. 간단히 말해, 함수를 모델링하기 위해 계수를 학습하는 대신 의사결정트리는 단순히 수치를 예측하는 트리를 만듭니다. 이것은 일반화 선형 회귀와 달리 입력 데이터의 비선형 패턴을 예측할 수 있기 때문에 유의미한 모델입니다. 다만 데이터에 과적합될 수 있는 위험이 높기 때문에 모델 튜닝 및 평가 시 주의해야 합니다.

의사결정트리에 대해서는 26.5절 '의사결정트리'에서 이미 다루었습니다. 이 주제에 관한 더 자세한 정보는 ISL[10] 8.1절과 ESL[11] 9.2절을 참고하세요.

27.5.1 모델 하이퍼파라미터

회귀에 적용된 의사결정트리의 모델 하이퍼파라미터는 `impurity` 파라미터의 경미한 변경을 제외하고는 분류에서와 동일합니다. 그 외 하이퍼파라미터에 대한 자세한 내용은 26장을 참조하세요.

- **`impurity`**
  모델이 특정 값을 갖는 특정 말단 노드에서 분할되어야 하는지 아니면 그대로 유지되어야 하는지 여부에 대한 평가지표(정보 획득)를 의미합니다. 현재 회귀 트리에 지원되는 유일한 평가지표는 '분산'입니다.

---

10 http://www-bcf.usc.edu/~gareth/ISL

11 http://statweb.stanford.edu/~tibs/ElemStatLearn/

27.5.2 학습 파라미터

하이퍼파라미터 외에도 분류 및 회귀 트리는 동일한 학습 파라미터를 공유합니다. 파라미터에 대해서는 26.4.2절 '학습 파라미터'를 참조하세요.

27.5.3 실습 예제

다음은 의사결정트리 회귀자regressor를 사용하는 간단한 예제입니다.

```
// 스칼라 코드
import org.apache.spark.ml.regression.DecisionTreeRegressor

val dtr = new DecisionTreeRegressor()
println(dtr.explainParams())
val dtrModel = dtr.fit(df)

// 파이썬 코드
from pyspark.ml.regression import DecisionTreeRegressor

dtr = DecisionTreeRegressor()
print dtr.explainParams()
dtrModel = dtr.fit(df)
```

27.6 랜덤 포레스트와 그래디언트 부스티드 트리

랜덤 포레스트와 그래디언트 부스티드 트리 모델은 분류 및 회귀 문제에 모두 적용할 수 있습니다. 이전 내용에서 살펴본 바와 같이 이 두 가지 모델은 기본적으로 의사결정트리와 동일한 개념입니다. 다만 의사결정트리가 하나의 트리를 학습한다면 이 두 가지 모델은 회귀를 수행하는 여러 개의 트리를 학습합니다. 랜덤 포레스트 모델에서는 상관관계가 없는 다양한 의사결정트리가 학습되고 평균화됩니다. 그래디언트 부스티드 트리 모델에서는 개별 트리가 학습될 때 별도의 가중치가 부여됩니다. 따라서 어떤 트리는 특정 클래스에 다른 트리보다 예측력이 더 높을 수 있습니다. 랜덤 포레스트와 그래디언트 부스티드 트리 회귀는 DecisionTreeRegressor의 경우와 같이 순도purity 척도를 제외하면 일반 분류 모델과 동일한 모델 하이퍼파라미터와 학습 파라미터를 가지고 있습니다.

트리 앙상블에 관한 더 자세한 정보는 ISL[12] 8.2절과 ESL[13] 10.1절을 참고하세요.

27.6.1 모델 하이퍼파라미터

두 모델은 26장에서 살펴본 하이퍼파라미터와 동일한 파라미터를 제공합니다. 관련 파라미터에 대한 설명은 26.5.1절 '모델 하이퍼파라미터'를 참조하세요. 그러나 단일 회귀 트리의 경우 현재 유일하게 지원하는 `impurity` 평가지표는 `variance`입니다.

27.6.2 학습 파라미터

두 모델은 26장에서 설명한 것과 동일한 `checkpointInterval` 파라미터를 지원합니다. 26.5.2절 '학습 파라미터'를 참조하세요.

27.6.3 실습 예제

다음은 두 모델을 사용하여 회귀를 수행하는 간단한 예제입니다.

```
// 스칼라 코드
import org.apache.spark.ml.regression.RandomForestRegressor
import org.apache.spark.ml.regression.GBTRegressor

val rf = new RandomForestRegressor()
println(rf.explainParams())
val rfModel = rf.fit(df)
val gbt = new GBTRegressor()
println(gbt.explainParams())
val gbtModel = gbt.fit(df)

// 파이썬 코드
from pyspark.ml.regression import RandomForestRegressor
from pyspark.ml.regression import GBTRegressor

rf = RandomForestRegressor()
```

12 http://www-bcf.usc.edu/~gareth/ISL/

13 http://statweb.stanford.edu/~tibs/ElemStatLearn/

```
print rf.explainParams()
rfModel = rf.fit(df)
gbt = GBTRegressor()
print gbt.explainParams()
gbtModel = gbt.fit(df)
```

27.7 고급 방법론

앞서 소개한 방법들은 회귀를 수행하는 매우 일반적인 방법입니다. 모델은 완벽하지 않지만 많은 사람이 사용하는 필수적인 회귀 유형을 제공합니다. 다음 절에서는 스파크에서 제공하는 보다 특수한 목적의 회귀 모델 중 일부를 설명합니다. 코드 예제는 다른 알고리즘과 동일한 패턴을 따르기 때문에 생략합니다.

27.7.1 생존 회귀(가속 수명 시간 모델)

통계학자들은 일반적으로 통제된 실험 환경에서 생존 분석으로 개인의 생존율을 이해합니다. 스파크는 실제 생존 시간을 설명하는 모델보다는 생존 시간의 로그를 모델화하는 가속 수명 시간accelerated failure time, AFT 모델을 구현합니다. 이는 생존 회귀 방법론을 기반으로 변형된 알고리즘입니다. 스파크에서는 잘 알려진 콕스 비례 위험 모델Cox Proportional Hazard model이 아닌 생존 회귀 모델을 사용합니다. 콕스 비례 위험 모델은 준모수적semi-parametric[14]이며 대용량 데이터셋으로 확장하기 어렵기 때문입니다. 반면 가속 수명 시간 모델은 각 인스턴스(로우)가 결과 모델에 독립적으로 기여하기 때문에 확장이 용이합니다. 가속 수명 시간 모델은 콕스 생존 모델Cox survival model과는 다른 가설에 기반하므로 반드시 다른 하나를 대신할 수 있는 것은 아닙니다. 이처럼 상이한 가설을 다루는 것은 이 책의 범위를 벗어납니다. 더 자세한 정보는 가속 수명 시간 모델 관련 L. J. Wei의 논문[15]을 참고하세요.

14 옮긴이_ 모수는 존재하지만 확률 분포 가정을 사용하지 않는 모델을 준모수적 모델이라고 합니다. 모수적 모델(예: 로지스틱 회귀, 판별 모델 등)이나 비모수적 모델(예: 의사결정트리, K-NN 등)에 포함시키기 애매한 모델(예: 인공 신경망, SVM 등)이라고 생각할 수도 있습니다.

15 http://bit.ly/2rKxqcW

생존 회귀에서의 입력변수 요건은 다른 회귀 분석의 요건과 매우 유사합니다. 따라서 특징값에 따라 계수를 조정할 겁니다. 그러나 수행 전에 한 가지 해야 할 일이 있습니다. 바로 **중도절단** 변수[16]를 도입하는 겁니다. 피험자가 과학적 연구 중에 실험을 그만두는 경우 실험이 끝날 때 그들의 상태가 알려지지 않아 피험자 정보가 중도절단되기 때문입니다. 이는 연구 중간 단계에서 절단된(즉, 연구자에게 상태가 전달되지 않은) 피험자는 최종 상태를 추정할 수 없기 때문에 매우 중요합니다.

생존 회귀와 가속 수명 시간AFT 모델의 자세한 내용은 관련 문서[17]를 참고하세요.

27.7.2 등위 회귀

등위 회귀[18]는 몇 가지 특별한 요구사항이 존재하는 또 다른 특수한 회귀 모델입니다. **등위 회귀**는 항상 단조롭게 증가하는 구간적 선형piecewise linear 함수를 지정합니다(즉, 감소할 수 없습니다). 그러므로 데이터가 우상향하는 추이를 보이면 모델이 적절하다는 의미입니다. 반대로 입력값이 변화함에 따라 우상향 추이를 보이지 않는다면 올바른 모델이라 할 수 없습니다.

[그림 27-1]을 보면 등위 회귀 함수의 원리를 쉽게 이해할 수 있습니다.

그림 27-1 등위 회귀선

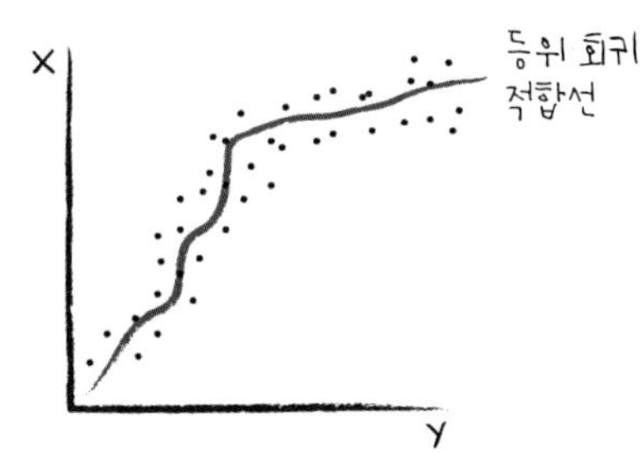

16 옮긴이_ 일반적으로 중도절단(censoring)은 생존 분석에서 손실된 데이터를 처리하는 방법입니다. 이상적으로는 표본의 생일과 사망일로 생존 기간을 파악하는 것이 좋지만, 그렇지 못한 경우 중도절단을 사용합니다. 만약 사망일이 특정 시기(연구가 끝난 시기) 이후라면 오른쪽 중도절단(right censoring)이라 하고, 표본의 생존기간이 연구자가 설정한 특정 기간(연구 기간)에 미치지 못할 경우 왼쪽 중도절단(left censoring)이라고 합니다.

17 `http://bit.ly/2nht2wD`

18 옮긴이_ 등위 회귀는 오차를 작게 하면서 우상향하는(오른쪽으로 갈수록 적어도 작아지지 않는) 함수를 찾습니다. 비모수 방식이라 가정이 없으며, 모델의 예측값을 보정하는 데도 많이 사용합니다. `https://en.wikipedia.org/wiki/Isotonic_regression`

등위 회귀가 단순 선형 회귀보다 모델을 더 잘 적합시키는 방법임을 주목하세요. 이 모델을 사용하는 방법은 스파크 문서[19]를 참고하세요.

27.8 평가기와 모델 튜닝 자동화

회귀 분석은 분류 문제에서 살펴본 코어 모델 튜닝 기능을 동일하게 제공합니다. 평가기를 지정하고 최적화할 수 있는 지표를 선택한 다음 파이프라인을 학습시켜 파라미터를 튜닝합니다. 회귀 분석을 위한 평가기는 당연히 RegressionEvaluator라고 부르며, 일반적인 회귀성과측정 평가지표를 최적화시킵니다. 또한 분류에서의 평가기와 마찬가지로 예측값과 실젯값을 나타내는 두 개의 컬럼을 제공합니다. 최적화를 위해 지원되는 평가지표는 평균제곱근오차(rmse), 평균제곱오차(mse), 결정계수(r2) 그리고 평균절대오차(mae)입니다.

RegressionEvaluator를 사용하기 위해 파이프라인을 구축하고, 테스트하고자 하는 파라미터를 지정한 다음 실행합니다. 스파크가 가장 적합한 모델을 자동으로 선택해줄 겁니다.

```
// 스칼라 코드
import org.apache.spark.ml.evaluation.RegressionEvaluator
import org.apache.spark.ml.regression.GeneralizedLinearRegression
import org.apache.spark.ml.Pipeline
import org.apache.spark.ml.tuning.{CrossValidator, ParamGridBuilder}

val glr = new GeneralizedLinearRegression()
  .setFamily("gaussian")
  .setLink("identity")
val pipeline = new Pipeline().setStages(Array(glr))
val params = new ParamGridBuilder().addGrid(glr.regParam, Array(0.0, 0.5, 1.0))
  .build()
val evaluator = new RegressionEvaluator()
  .setMetricName("rmse")
  .setPredictionCol("prediction")
  .setLabelCol("label")
val cv = new CrossValidator()
  .setEstimator(pipeline)
  .setEvaluator(evaluator)
```

19 http://spark.apache.org/docs/latest/ml-classification-regression.html#isotonic-regression

```
  .setEstimatorParamMaps(params)
  .setNumFolds(2) // 예제 데이터셋이 작기 때문에 2로 설정했으나, 보통은 최소 3 이상은 되어야 합니다.
val model = cv.fit(df)

// 파이썬 코드
from pyspark.ml.evaluation import RegressionEvaluator
from pyspark.ml.regression import GeneralizedLinearRegression
from pyspark.ml import Pipeline
from pyspark.ml.tuning import CrossValidator, ParamGridBuilder

glr = GeneralizedLinearRegression().setFamily("gaussian").setLink("identity")
pipeline = Pipeline().setStages([glr])
params = ParamGridBuilder().addGrid(glr.regParam, [0.0, 0.5, 1.0]).build()
evaluator = RegressionEvaluator()\
  .setMetricName("rmse")\
  .setPredictionCol("prediction")\
  .setLabelCol("label")
cv = CrossValidator()\
  .setEstimator(pipeline)\
  .setEvaluator(evaluator)\
  .setEstimatorParamMaps(params)\
  .setNumFolds(2) # 예제 데이터셋이 작기 때문에 2로 설정했으나, 보통은 최소 3 이상은 되어야 합니다.
model = cv.fit(df)
```

27.9 평가지표

평가기를 사용하면 하나의 특정한 평가지표에 따라 모델을 평가하고 적합시킬 수 있습니다. 또한 RegressionMetrics 객체를 통해 추가로 다양한 회귀 평가지표를 검토할 수 있습니다. RegressionMetrics는 앞 장에서 살펴본 분류 평가지표에 대해 (예측, 레이블) 쌍의 RDD를 기반으로 동작합니다. 예를 들어 이전 예제에서 학습시킨 모델의 결과를 검사하는 방법을 살펴보겠습니다.

```
// 스칼라 코드
import org.apache.spark.mllib.evaluation.RegressionMetrics

val out = model.transform(df)
  .select("prediction", "label")
  .rdd.map(x => (x(0).asInstanceOf[Double], x(1).asInstanceOf[Double]))
```

```
val metrics = new RegressionMetrics(out)
println(s"MSE = ${metrics.meanSquaredError}")
println(s"RMSE = ${metrics.rootMeanSquaredError}")
println(s"R-squared = ${metrics.r2}")
println(s"MAE = ${metrics.meanAbsoluteError}")
println(s"Explained variance = ${metrics.explainedVariance}")

// 파이썬 코드
from pyspark.mllib.evaluation import RegressionMetrics

out = model.transform(df)\
  .select("prediction", "label").rdd.map(lambda x: (float(x[0]), float(x[1])))
metrics = RegressionMetrics(out)
print "MSE: " + str(metrics.meanSquaredError)
print "RMSE: " + str(metrics.rootMeanSquaredError)
print "R-squared: " + str(metrics.r2)
print "MAE: " + str(metrics.meanAbsoluteError)
print "Explained variance: " + str(metrics.explainedVariance)
```

회귀 평가지표에 대한 최신 방법은 스파크 문서[20]를 참고하세요.

27.10 정리

이 장에서는 회귀 모델을 학습시키는 방법과 성과를 측정하는 방법을 포함하여 스파크에서 제공하는 회귀 모델의 기본사항을 알아봤습니다. 다음 장에서는 MLlib에서 가장 널리 사용되는 애플리케이션 중 하나인 추천 엔진을 살펴보겠습니다.

20 http://bit.ly/2rFTbef

CHAPTER 28

추천

추천은 매우 직관적인 작업입니다. 사람들의 평점을 통한 명시적 선호 또는 관찰된 행동을 통한 암시적 선호도[1]를 연구함으로써 특정 사용자와 다른 사용자 사이의 유사성이나 사용자가 선호하는 특정 제품과 다른 제품 간의 유사성을 도출하여 사용자가 좋아할 만한 것을 추천할 수 있습니다. 추천 엔진은 이러한 유사성을 기반으로 사용자에게 새로운 추천을 할 수 있습니다.

28.1 활용 사례

추천 엔진은 가장 성공적인 빅데이터 활용 사례 중 하나입니다. 그리고 사용자의 과거 선호도에 대한 대량의 학습용 데이터를 수집하는 것은 그리 어렵지 않습니다. 이 데이터는 다양한 도메인에서 사용자와 새로운 콘텐츠를 연결하는 데 사용될 수 있습니다. 스파크는 대규모 추천을 위해 다양한 회사에서 사용하고 있는 오픈소스 도구입니다.

- **영화 추천**
  아마존, 넷플릭스 그리고 HBO 같은 회사는 그들의 고객에게 관련성 높은 영화와 TV 콘텐츠를 제공하고 싶어 합니다. 넷플릭스는 회원들을 대상으로 대규모 영화 추천 서비스를 제공하기 위해 스파크를 사용하고 있습니다.

---

1 옮긴이_ 영화 추천의 예에서 명시적 선호도란 사용자가 감상한 영화가 얼마나 마음에 들었는지 평가한 평점을 말합니다. 암시적 선호도란 사용자와 영화 간의 관계가 평점 등으로 직접적으로 주어지지 않고 다른 행위(예: 영화를 보았다)로부터 은연중에 드러나는 종류의 정보를 말하며, 이를 암묵적 피드백이라 부르기도 합니다. 일반적으로 평점 등의 명시적 선호도는 희소하기 때문에 최근 추천 엔진들은 조회 여부, 체류 시간 등의 암시적 선호도를 함께 사용합니다

- **과목 추천**

  학교에서는 비슷한 성향의 학생들이 공통으로 선호하거나 수강했던 수업이 무엇인지 연구해서 학생들에게 수업을 추천하고 싶어 할 수 있습니다. 과거 학생들의 수강 신청 이력 데이터를 통해 필요한 학습 데이터셋을 손쉽게 수집할 수 있습니다.

스파크에서는 추천을 위한 알고리즘으로 교차최소제곱Alternating Least Square, ALS을 제공합니다. 이는 현재 스파크에서 주력하고 있는 추천 알고리즘입니다. 이 알고리즘은 **협업 필터링**collaborative filtering 기술을 활용하여 사용자가 과거에 상호작용한, 즉 구매하거나 관심 있어 했던 아이템을 기반으로 추천을 합니다. 즉, 사용자 또는 아이템에 대한 추가적인 특징이 필요하지 않습니다. 또한 명시적인 데이터 및 암묵적인 데이터에 유연하게 적용할 수 있도록 교차최소제곱의 변형(예: 명시적explicit 또는 암묵적implicit 피드백)도 지원합니다. 교차최소제곱 외에도 장바구니 분석을 위해 연관 규칙을 찾아내는 빈발 패턴 마이닝Frequent Pattern Mining을 제공합니다. 마지막으로 스파크의 RDD API[2]에는 이 책에서는 다루지 않는 저수준의 행렬 인수분해 방법도 포함되어 있습니다.

28.2 교차최소제곱 알고리즘을 사용하여 협업 필터링 구현하기

교차최소제곱은 각 아이템의 특징 벡터와 각 사용자의 특징 벡터의 내적이 해당 아이템에 대한 사용자의 평점과 근사하도록 각 사용자 및 아이템에 대해 k차원의 특징 벡터를 찾습니다. 따라서 세 개의 컬럼(사용자 아이디, 아이템 아이디, 평점)을 가진, 사용자와 아이템 간에 존재하는 평점으로 구성된 입력 데이터셋만 있으면 됩니다. 평점은 아이템에 대한 사용자 선호의 신뢰수준을 나타내는 척도로, 우리가 직접 예측하고자 하는 수치형 평점 정보와 같이 **명시적**일 수도 있고, 사용자와 아이템 간(예: 특정 페이지 방문 횟수)에 관찰되는 상호작용의 강도와 같이 **암시적**일 수도 있습니다. 이러한 입력 DataFrame이 주어지면 교차최소제곱 알고리즘은 사용자가 아직 평가하지 않은 아이템의 평점을 예측하는 데 사용할 수 있는 특징 벡터를 생성합니다.

실전에서 활용하기 위해 한 가지 주목해야 할 이슈는 바로 이 알고리즘은 아주 일반적이거나 많은 정보를 가지고 있는 서비스에 더 적합하다는 겁니다. 만약 신제품이 출시되었는데 어떤 사용자도 해당 제품의 선호도를 피드백하지 않았다면 이 알고리즘은 많은 사람에게 그 제품을 추천

2 http://spark.apache.org/docs/latest/mllib-collaborative-filtering.html

하지 못할 겁니다. 또한 신규 사용자의 경우에는 학습셋에 평점이 없을 수도 있습니다.[3] 이런 경우에는 알고리즘이 무엇을 추천해야 하는지 알 수 없습니다. 이 장 뒷부분에서 이러한 콜드 스타트cold start 문제의 예를 살펴보겠습니다.

스파크는 확장성 측면에서 교차최소제곱을 매우 선호합니다. 왜냐하면 MLlib을 통해 교차최소제곱 기반의 추천을 구현하는 경우 수백만 명의 사용자 및 아이템, 그리고 수십억 개의 평점까지도 반영할 수 있기 때문입니다.

28.2.1 모델 하이퍼파라미터

교차최소제곱의 모델 하이퍼파라미터는 우리가 해결하고자 하는 특정 협업 필터링 문제뿐만 아니라 모델의 구조를 결정하기 위해 정의하는 환경 설정 항목입니다.

- **`rank`**
  사용자와 아이템을 학습하기 위한 특징 벡터의 차원을 결정합니다. 일반적으로는 반복 실험을 통해 값을 결정합니다. 다만 너무 큰 값을 지정하면 학습셋을 과적합할 수 있고 너무 작은 값을 지정하면 최적의 예측을 할 수 없습니다. 기본값은 10입니다.
- **`alpha`**
  암시적 피드백 데이터(관찰된 행동 정보)를 학습할 때 사용하며, 사용자 선호에 대한 기본 신뢰도를 설정합니다. 기본값은 1이며, 역시 반복 실험을 통해 유도해야 합니다.
- **`regParam`**
  모델 과적합을 방지하기 위해 일반화를 제어합니다. 다양한 일반화 파라미터값을 검토하여 최적의 값을 찾아야 합니다. 기본값은 0.1입니다.
- **`implicitPrefs`**
  분석하려는 데이터가 암시적(`true`)인지 명시적(`false`)인지 지정하는 불리언값입니다(명시적과 암시적의 차이점에 대한 설명은 이 장의 서론 부문을 참조하세요). 이 값은 모델의 입력 데이터로 사용하려는 데이터를 기반으로 설정해야 합니다. 만약 데이터가 사용자의 간접적인 제품에 대한 관심(예: 클릭 또는 페이지 방문)을 기반으로 하는 경우 implicit를 설정해야 합니다. 이와 반대로 데이터가 명시적 평점(예: 사용자가 식당에 별 4개를 준 경우)을 기반으로 하는 경우 explicit를 설정해야 합니다. 기본값은 explicit입니다.

---

3 옮긴이_ 이는 협업 필터링이 가지고 있는 일반적인 문제점인 초기 평가자 문제(first-rater problem)와 콜드 스타트 문제입니다. 초기 평가자 문제는 과거 한 번도 사용자에게 평가받지 못한 신규 아이템에 대한 문제이며 이 경우에는 추천 알고리즘에서도 해당 아이템에 대한 의미 상호작용(semantic interconnection)을 생성할 수 없기 때문에 추천이 이루어지지 않습니다. 콜드 스타트 문제는 반대로 과거 한 번도 평가를 하지 않은 사용자에 대한 문제이며 이 경우에도 추천 알고리즘 입장에서는 해당 사용자에 대한 정보가 없기 때문에 사용자의 기호를 예측하거나 추천할 수 없습니다. `https://en.wikipedia.org/wiki/Cold_start_(computing)`

- **nonnegative**
  이 값을 true로 설정하면 이 파라미터는 알고리즘이 연산하는 최소제곱 문제에 비음수 제약 조건을 설정하여 음수가 아닌 특징 벡터만 반환하도록 모델을 구성합니다. 이렇게 하면 일부 애플리케이션의 성능이 향상될 수 있습니다. 기본값은 `false`입니다.

28.2.2 학습 파라미터

교차최소제곱에 대한 학습 파라미터는 다른 모델에서 본 것과 조금 다릅니다. 그 이유는 클러스터에 데이터가 분산되는 방식을 보다 저수준까지 제어할 것이기 때문입니다. 클러스터 상에 분산된 데이터 그룹을 **블록**이라고 합니다. 각 블록에 배치할 데이터양을 결정하는 것은 알고리즘을 학습시키는 데 걸리는 시간에 큰 영향을 미칠 수 있습니다(그러나 최종 결과는 아닙니다). 경험상 블록당 약 100~500만 정도로 설정하는 것이 좋습니다. 각 블록의 데이터양보다 더 적은 데이터를 사용한다고 해도 더 많은 블록이 알고리즘의 성능을 향상시키지는 않습니다.

- **numUserBlocks**
  사용자를 분할할 블록 수를 결정합니다. 기본값은 10입니다.

- **numItemBlocks**
  아이템을 분할할 블록 수를 결정합니다. 기본값은 10입니다.

- **maxIter**
  총 학습 반복 횟수입니다. 이 파라미터값을 변경해도 결과가 크게 달라지지 않으므로 가장 먼저 조정할 파라미터로 고려하지 마세요. 기본값은 10입니다. 객체 히스토리(objective history)를 검토했을 때 특정 횟수의 반복 학습을 거친 후에도 학습 결과가 크게 변하지 않았다면 이 파라미터값을 높일 필요가 있습니다.

- **checkpointInterval**
  체크포인팅은 학습 과정 동안 진행되는 모델의 작업 내용을 저장하여 노드 오류를 보다 신속하게 복구할 수 있습니다. `SparkContext.setCheckpointDir`를 사용하여 체크포인트 디렉터리를 설정할 수 있습니다.

- **seed**
  임의 시드(random seed)를 지정하면 결과를 재연하는 데 도움이 됩니다.

28.2.3 예측 파라미터

예측 파라미터는 학습을 완료한 모델이 실제 예측을 수행하는 방법을 결정합니다. 교차최소제곱은 콜드 스타트 전략(`coldStartStrategy`로 설정) 예측 파라미터 하나만 제공합니다. 이 설정으로 학습 데이터셋에는 없었던 사용자 또는 아이템에 대해 모델이 무엇을 예측해야 하는지 결정합니다.

콜드 스타트 문제는 일반적으로 운영 환경에서 모델을 운영할 때 발생하며, 새로운 사용자나 아이템에는 평점 이력이 없기 때문에 모델이 적절한 추천을 생성할 수 없습니다. 또한 CrossValidator나 TrainValidationSplit과 같이 단순 무작위 분할을 사용할 때도 학습 데이터셋에는 없었던 사용자나 아이템이 평가셋에 흔히 발생하기 때문에 콜드 스타트 문제가 발생할 수 있습니다.

기본적으로 스파크는 최종 운영되는 모델에 없는 사용자나 아이템이 발생했을 때 NaN을 예측값으로 반환합니다. 이는 시스템에 새로운 사용자나 아이템이 들어왔을 때 사전 정의된 기본 추천을 하도록 설계할 수 있기 때문에 유용할 수 있습니다. 그러나 이는 평가기가 학습 과정에서 모델의 성과를 적절히 평가하지 못하도록 하므로 바람직하지 않습니다. 이로 인해 최종 모델을 선택하지 못할 수 있습니다. 따라서 스파크는 사용자가 coldStartStrategy 파라미터를 drop하여 NaN 값이 포함된 예측 DataFrame의 로우를 제거하도록 설정할 수 있게 했습니다. 그런 다음 평가지표는 NaN 이외의 데이터를 대상으로 유효한 계산을 수행합니다. drop과 NaN(기본값)은 현재 지원되는 유일한 콜드 스타트 전략입니다.

28.2.4 실습 예제

예제에서는 지금까지 이 책에서 사용하지 않은 데이터셋인 MovieLens 영화 평점 데이터셋을 사용합니다. 이 데이터셋은 영화 추천 관련 정보가 담겨 있습니다. 우선 이 데이터셋을 사용하여 모델을 학습하겠습니다.

```
// 스칼라 코드
import org.apache.spark.ml.recommendation.ALS

val ratings = spark.read.textFile("/data/sample_movielens_ratings.txt")
  .selectExpr("split(value , '::') as col")
  .selectExpr(
    "cast(col[0] as int) as userId",
    "cast(col[1] as int) as movieId",
    "cast(col[2] as float) as rating",
    "cast(col[3] as long) as timestamp")
```

```
val Array(training, test) = ratings.randomSplit(Array(0.8, 0.2))
val als = new ALS()
  .setMaxIter(5)
  .setRegParam(0.01)
  .setUserCol("userId")
  .setItemCol("movieId")
  .setRatingCol("rating")
println(als.explainParams())
val alsModel = als.fit(training)
val predictions = alsModel.transform(test)

// 파이썬 코드
from pyspark.ml.recommendation import ALS
from pyspark.sql import Row

ratings = spark.read.text("/data/sample_movielens_ratings.txt")\
  .rdd.toDF()\
  .selectExpr("split(value , '::') as col")\
  .selectExpr(
    "cast(col[0] as int) as userId",
    "cast(col[1] as int) as movieId",
    "cast(col[2] as float) as rating",
    "cast(col[3] as long) as timestamp")
training, test = ratings.randomSplit([0.8, 0.2])
als = ALS()\
  .setMaxIter(5)\
  .setRegParam(0.01)\
  .setUserCol("userId")\
  .setItemCol("movieId")\
  .setRatingCol("rating")
print als.explainParams()
alsModel = als.fit(training)
predictions = alsModel.transform(test)
```

이제 각 사용자 또는 영화에 대한 상위 *k* 추천 결과를 출력할 수 있습니다. recommendForAllUsers 메서드는 DataFrame 형태의 userId와 배열 형태의 추천 결과 및 각 영화에 대한 평점을 반환합니다. recommendForAllItems 메서드는 movieId와 영화별 상위 사용자를 DataFrame 형태로 반환합니다.

```
// 스칼라 코드
alsModel.recommendForAllUsers(10)
  .selectExpr("userId", "explode(recommendations)").show()
```

```
alsModel.recommendForAllItems(10)
  .selectExpr("movieId", "explode(recommendations)").show()

// 파이썬 코드
alsModel.recommendForAllUsers(10)\
  .selectExpr("userId", "explode(recommendations)").show()
alsModel.recommendForAllItems(10)\
  .selectExpr("movieId", "explode(recommendations)").show()
```

28.3 추천을 위한 평가기

교차최소제곱을 사용하면서 콜드 스타트 전략을 다루는 경우 자동 모델 평가기를 설정할 수 있습니다. 지금 당장 명확한 근거를 제시할 수는 없지만 콜드 스타트와 같은 문제는 일종의 회귀 문제입니다. 따라서 우리는 특정 사용자가 주어졌을 때 값(평점)을 예측하므로 사용자의 평점 예측값과 실젯값의 차이를 줄이는 최적화를 수행하고자 합니다. 앞 장에서 살펴본 RegressionEvaluator를 사용하여 이 작업을 수행할 수 있습니다. 이러한 모델 학습 과정을 파이프라인에 배치하여 자동화할 수도 있습니다. 이 경우 우선 콜드 스타트 전략을 NaN 대신 drop으로 설정한 후 운영 시스템에서 실제로 예측할 시점이 되면 NaN으로 다시 전환해야 합니다.

```
// 스칼라 코드
import org.apache.spark.ml.evaluation.RegressionEvaluator

val evaluator = new RegressionEvaluator()
  .setMetricName("rmse")
  .setLabelCol("rating")
  .setPredictionCol("prediction")
val rmse = evaluator.evaluate(predictions)
println(s"Root-mean-square error = $rmse")

// 파이썬 코드
from pyspark.ml.evaluation import RegressionEvaluator

evaluator = RegressionEvaluator()\
  .setMetricName("rmse")\
  .setLabelCol("rating")\
  .setPredictionCol("prediction")
rmse = evaluator.evaluate(predictions)
print("Root-mean-square error = %f" % rmse)
```

28.4 성과 평가지표

추천 결과는 표준회귀 평가지표뿐만 아니라 몇몇 추천에 특화된 평가지표를 활용하여 평가할 수 있습니다. 추천 결과를 평가하는 데 있어 회귀에서 사용되는 표준 회귀 평가지표보다 더 정교한 평가지표가 있다는 것은 놀라운 일이 아닙니다. 이러한 평가지표는 최종 추천 모델을 평가하는 데 특히 유용합니다.

28.4.1 회귀 평가지표

추천 결과를 평가하기 위해 회귀에서 사용한 평가지표를 재활용할 수 있습니다. 이렇게 하면 각 예측값이 해당 사용자 및 아이템의 실제 평가 결과와 얼마나 가까운지 간단히 볼 수 있기 때문입니다.

```
// 스칼라 코드
import org.apache.spark.mllib.evaluation.{
  RankingMetrics,
  RegressionMetrics}

val regComparison = predictions.select("rating", "prediction")
  .rdd.map(x => (x.getFloat(0).toDouble,x.getFloat(1).toDouble))
val metrics = new RegressionMetrics(regComparison)

// 파이썬 코드
from pyspark.mllib.evaluation import RegressionMetrics

regComparison = predictions.select("rating", "prediction")\
  .rdd.map(lambda x: (x(0), x(1)))
metrics = RegressionMetrics(regComparison)
```

28.4.2 순위 평가지표

흥미롭게도 우리는 순위 평가지표와 같은 도구를 활용할 수 있습니다. RankingMetric을 사용하면 추천 결과를 사용자가 표현한 실제 평점(또는 선호도) 정보와 비교할 수 있습니다. RankingMetric은 순위 자체보다는 알고리즘이 이미 순위가 매겨진 아이템을 사용자에게 다시 추천하는지 여부에 초점을 맞춥니다. 이것을 실습해보려면 우선 데이터를 준비해야 합니다(이에 대한 방법을 다시 살펴보려면 2부를 참조하세요). 첫째, 사용자가 순위를 높게 매긴 영화를 수집해야 합니다. 예제에서는 다소 낮은 임곗값을 사용하려고 합니다(25위를 기록한 영화). 이 값을 조정하면 비즈니스 의사결정에 큰 영향을 미칠 수 있습니다.

```
// 스칼라 코드
import org.apache.spark.mllib.evaluation.{RankingMetrics, RegressionMetrics}
import org.apache.spark.sql.functions.{col, expr}

val perUserActual = predictions
  .where("rating > 2.5")
  .groupBy("userId")
  .agg(expr("collect_set(movieId) as movies"))

// 파이썬 코드
from pyspark.mllib.evaluation import RankingMetrics, RegressionMetrics
from pyspark.sql.functions import col, expr

perUserActual = predictions\
  .where("rating > 2.5")\
  .groupBy("userId")\
  .agg(expr("collect_set(movieId) as movies"))
```

각 사용자가 이전에 순위를 매긴 영화의 실젯값 목록과 그에 대한 사용자 그룹을 생성했습니다. 이제 알고리즘으로 개인별 상위 10개 추천 목록을 확보할 겁니다. 그런 다음 상위 10개 추천 결과가 실젯값 목록에 나타나는지 확인합니다. 잘 학습된 모델이라면 사용자가 이미 좋아하고 있는 영화를 올바르게 추천할 겁니다. 그렇지 않다면 모델이 개별 사용자의 데이터를 충분히 학습하지 못해서 그들의 선호도를 성공적으로 반영하지 못한 겁니다.

```
// 스칼라 코드
val perUserPredictions = predictions
  .orderBy(col("userId"), col("prediction").desc)
  .groupBy("userId")
  .agg(expr("collect_list(movieId) as movies"))

// 파이썬 코드
perUserPredictions = predictions\
  .orderBy(col("userId"), expr("prediction DESC"))\
  .groupBy("userId")\
  .agg(expr("collect_list(movieId) as movies"))
```

이제 우리는 두 개의 DataFrame을 가지고 있습니다. 하나는 예측 결과이고, 다른 하나는 특정 사용자가 선호하는 상위 아이템 목록입니다. 이것을 RankingMetrics 객체에 전달할 수 있습니다. 다음의 병합 및 RDD 변환 예제에서 볼 수 있듯이 이 객체는 두 DataFrame의 조합으로 구성된 RDD를 받아들입니다.

```
// 스칼라 코드
val perUserActualvPred = perUserActual.join(perUserPredictions, Seq("userId"))
  .map(row => (
    row(1).asInstanceOf[Seq[Integer]].toArray,
    row(2).asInstanceOf[Seq[Integer]].toArray.take(15)
  ))
val ranks = new RankingMetrics(perUserActualvPred.rdd)

// 파이썬 코드
perUserActualvPred = perUserActual.join(perUserPredictions, ["userId"]).rdd\
  .map(lambda row: (row[1], row[2][:15]))
ranks = RankingMetrics(perUserActualvPred)
```

이제 순위로부터 평가지표를 검토할 수 있습니다. 예를 들어 평균정밀도의 평균Mean Average Precision으로 알고리즘이 얼마나 정확한지 확인할 수 있습니다. 또한 특정 순위 구간의 정확도를 도출하여 주로 어느 구간에서 추천이 실패하는지 파악할 수 있습니다.

```
// 스칼라 코드
ranks.meanAveragePrecision
ranks.precisionAt(5)

// 파이썬 코드
ranks.meanAveragePrecision
ranks.precisionAt(5)
```

28.5 빈발 패턴 마이닝

교차최소제곱 외에도 MLlib에서 추천을 위해 제공하는 또 다른 도구로 **빈발 패턴 마이닝**frequent pattern mining이 있습니다. 빈발 패턴 마이닝은 원시 데이터를 기반으로 연관 규칙을 찾아내는 알고리즘으로 종종 **장바구니 분석**이라고도 합니다. 예를 들어 대량의 거래 정보를 살펴보면 핫도그를 구매한 고객은 대부분 핫도그 빵도 구매한다는 것을 알 수 있습니다. 이 기술은 특히 고객이 장바구니를 채우는(온라인 또는 오프라인) 추천 환경에 적용할 수 있습니다. 스파크에는 빈발 패턴 마이닝을 위해 FP-성장 알고리즘이 구현되어 있습니다. 이 알고리즘에 대한 더 자세한 정보는 스파크 문서[4]와 ESL[5] 14.2절을 참고하세요.

28.6 정리

이 장에서는 스파크에서 가장 인기 있는 머신러닝 알고리즘 중 하나인 추천을 위한 교차최소제곱ALS 알고리즘을 살펴봤습니다. 또한 이 모델을 스파크에서 어떻게 학습시키고, 파라미터를 조정하고, 평가할 수 있는지 살펴보았습니다. 다음 장에서는 비지도 학습 기법인 군집화를 알아보겠습니다.

4 https://spark.apache.org/docs/latest/ml-frequent-pattern-mining.html#fpgrowth

5 http://statweb.stanford.edu/~tibs/ElemStatLearn/

CHAPTER 29

비지도 학습

이 장에서는 스파크 내의 비지도 학습 지원 도구 중 특히 군집화를 자세히 설명합니다. 일반적으로 비지도 학습은 지도 학습보다 자주 사용되지 않습니다. 왜냐하면 그 결과를 적용하거나 성과를 측정하기 어렵기 때문입니다(최종 결과 관점에서). 이런 문제는 데이터 규모가 커질수록 더 심각해질 수 있습니다. 예를 들어 고차원 공간에서의 군집화는 고차원 공간의 특성, 즉 **차원의 저주**라고 불리는 것 때문에 엉뚱한 군집화 결과를 생성할 수 있습니다. 차원의 저주는 특징 공간의 차원이 증가하면 밀도가 점점 희소해지는 현상[1]을 말합니다. 즉, 통계적으로 의미 있는 결과를 얻기 위해 이 공간을 채우는 데 필요한 데이터양은 차원이 증가할수록 급격히 증가하게 됩니다. 또한 차원이 높을수록 데이터에 더 많은 노이즈가 발생합니다. 이로 인해 모델에 필요한 실제 요인 대신 노이즈에 전념하여 그룹화나 특정 분석 결과 도출에 방해가 될 수 있습니다. 따라서 모델 확장성 테이블에는 통계적 권장사항뿐만 아니라 연산을 위한 제약사항도 포함됩니다. 이는 어디까지나 경험적 방법이므로 요구사항이라기보다는 유용한 가이드 정도로 생각하세요.

비지도 학습의 핵심은 패턴을 발견하기 위해 노력하거나 주어진 데이터셋의 근본적인 구조적 특징을 간결하게 표현하는 겁니다.

1 옮긴이_ 여기서 차원(dimensionality)이란 기하학적 관점일 수도 있고, 어떤 현상을 설명하는 특징 수로 생각할 수도 있습니다. 일반적으로 어떤 현상을 표현하는 공간의 크기가 증가할수록(어떤 현상을 설명하는 변수가 많아질수록) 해당 공간의 밀도가 급격히 희소해지기 때문에 적합한 모델 추정을 위해서는 이렇게 희소해진 공간을 채워주도록 더 많은 양(건수)의 학습 데이터가 필요합니다. https://en.wikipedia.org/wiki/Curse_of_dimensionality

29.1 활용 사례

다음은 비지도 학습 방법을 활용한 몇 가지 관련 사례입니다. 이러한 비지도 학습 사례들의 공통적인 핵심은 바로 이전에는 명확하지 않았던 데이터의 주제를 도출하거나 이상치를 탐지하거나 유사한 객체들을 그룹화하는 겁니다.

- **데이터 이상치 탐지**
  데이터셋 내 다수의 값이 하나의 큰 그룹으로 군집화되고 나머지 값은 몇몇 소그룹으로 군집화되는 경우 해당 소그룹을 추가 조사하여 이상치를 탐지할 수 있습니다.
- **토픽 모델링**
  많은 양의 텍스트 문서를 사전에 학습하여 서로 다른 텍스트 문서 사이의 공통적인 주제를 도출할 수 있습니다.

29.2 모델 확장성

다른 모델과 마찬가지로 통계적 권장사항과 함께 기본적인 모델 확장성에 대한 요구사항을 파악하는 것이 중요합니다.

표 29-1 클러스터링 모델 확장성 참조

모델	통계적 권장	최대 연산 한계	최대 학습 데이터 수
k-평균	최대 50 ~ 100	특징 수 x 군집 수 < 1천만 건	제한 없음
이분법 k-평균	최대 50 ~ 100	특징 수 x 군집 수 < 1천만 건	제한 없음
GMM	최대 50 ~ 100	특징 수 x 군집 수 < 1천만 건	제한 없음
LDA	사람이 해석 가능한 수준	최대 1,000개 토픽	제한 없음

몇 가지 수치형 데이터 샘플을 활용하여 실습을 해보겠습니다.

```
// 스칼라 코드
import org.apache.spark.ml.feature.VectorAssembler

val va = new VectorAssembler()
  .setInputCols(Array("Quantity", "UnitPrice"))
  .setOutputCol("features")
val sales = va.transform(spark.read.format("csv")
  .option("header", "true")
  .option("inferSchema", "true")
```

```
  .load("/data/retail-data/by-day/*.csv")
  .limit(50)
  .coalesce(1)
  .where("Description IS NOT NULL"))
sales.cache()

// 파이썬 코드
from pyspark.ml.feature import VectorAssembler

va = VectorAssembler()\
  .setInputCols(["Quantity", "UnitPrice"])\
  .setOutputCol("features")
sales = va.transform(spark.read.format("csv")
  .option("header", "true")
  .option("inferSchema", "true")
  .load("/data/retail-data/by-day/*.csv")
  .limit(50)
  .coalesce(1)
  .where("Description IS NOT NULL"))
sales.cache()
```

29.3 k-평균

k-평균은 가장 많이 사용하는 군집화 알고리즘 중 하나입니다. 이 알고리즘에서는 우선 사용자가 지정한 군집 수인 k가 데이터셋 내 서로 다른 포인트[2]에 무작위로 할당됩니다. 이후 할당되지 않은 포인트들은 직전에 할당된 포인트와의 거리, 즉 유클리드 거리를 계산하여 가장 가까이에 위치한 군집으로 '할당'됩니다. 이렇게 각 포인트를 사전에 정의된 군집(k개의 군집)으로 모두 할당하는 작업이 끝나면 **센트로이드**라는 각 군집의 중심이 계산되고, 프로세스가 반복됩니다. 모든 포인트가 특정 중심에 할당되면 다시 새로운 중심값이 계산됩니다. 이 과정은 사전에 지정한 횟수만큼 반복되거나 수렴convergence할 때까지 반복됩니다. 즉, 중심값이 변경되지 않을 때까지 반복됩니다. 그러나 항상 적절한 군집 결과가 도출되는 것은 아닙니다. 예를 들어 두 개의 서로 다른 군집 시작점으로 인해 사실상 논리적으로는 하나인 군집이 둘로 분리될 수 있습니다. 그러므로 서로 다른 초깃값으로 여러 번 수행해보는 것이 좋습니다.

2 옮긴이_ 여기서 포인트는 주어진 데이터셋에 들어 있는 특정 데이터 오브젝트(값)를 의미합니다. https://en.wikipedia.org/wiki/k-means_clustering

적절한 k 값을 선택하는 것은 이 알고리즘을 사용하는 데 있어 매우 중요한 부분이며 동시에 어려운 작업이기도 합니다. 몇 개의 군집이 적절한지 정해진 기준은 없기 때문에 실전에서는 다양한 값으로 여러 번 실험하여 어떤 결과가 더 적절한지 결정해야 합니다.

k-평균에 대한 더 자세한 정보는 ISL[3] 10.3절과 ESL[4] 14.3절을 참고하세요.

29.3.1 모델 하이퍼파라미터

다음은 모델의 기본 구조를 결정하기 위해 정의하는 환경 설정 항목입니다.

- ***k***
  최종 생성하고자 하는 군집 수입니다.

29.3.2 학습 파라미터

- **`initMode`**
  초기화 모드는 군집 중심의 시작 위치를 결정하는 알고리즘입니다. 지원되는 옵션은 random과 k-means||(기본값)입니다. 후자는 k-means++[5]를 분산 처리가 가능하도록 변형한 알고리즘입니다. 이와 관련한 상세한 내용은 이 책의 범위를 벗어나기 때문에 생략하지만 이 알고리즘의 핵심 개념은 단순히 무작위로 초기화 위치를 선택하는 것이 아니라 좀 더 나은 군집을 생성시킬 수 있도록 이미 잘 퍼져 있는 군집의 중심을 선택하는 겁니다.

- **`initSteps`**
  k-means|| 초기화 모드의 단계 수입니다. 기본값은 2이며, 0보다 커야 합니다.

- **`maxIter`**
  군집화를 수행할 총 반복 횟수입니다. 이 파라미터값을 변경해도 결과가 크게 달라지지는 않으므로 가장 먼저 조정할 파라미터로 고려하지 마세요. 기본값은 20입니다.

- **`tol`**
  중심값의 변화가 모델이 충분히 최적화되었다는 것을 알려주는 임곗값[6]을 지정하여 maxIter 값만큼 반복 수행을 하기 전에 조기 중지시킬 수 있습니다. 기본값은 0.0001입니다.

---

3 http://www-bcf.usc.edu/~gareth/ISL/

4 http://statweb.stanford.edu/~tibs/ElemStatLearn/

5 옮긴이_ k-means||는 기존의 k-means++ 알고리즘을 대용량 데이터 처리에 적합하도록 성능 관점에서 개선한 k-평균 초기화 알고리즘의 병렬 처리 버전입니다. http://theory.stanford.edu/~sergei/papers/vldb12-kmpar.pdf

6 옮긴이_ k-평균에서는 이를 중심점과 해당 군집내 데이터 포인트 사이의 거리제곱합(Sum of Squared Distance, SSD)으로 사용하며, 일반적으로 중심점의 개수가 늘어날수록 SSD 값은 작아집니다. https://www.analyticsvidhya.com/blog/2017/09/common-machine-learning-algorithms/

k-평균 알고리즘은 일반적으로 이러한 파라미터에 크게 민감하지 않습니다. 또한 초기화 단계와 반복 수행 횟수가 많아질수록 군집화 결과가 더 좋아질 수는 있지만 그만큼 학습에 시간이 오래 걸릴 수 있습니다.

29.3.3 실습 예제

```
// 스칼라 코드
import org.apache.spark.ml.clustering.KMeans

val km = new KMeans().setK(5)
println(km.explainParams())
val kmModel = km.fit(sales)

// 파이썬 코드
from pyspark.ml.clustering import KMeans

km = KMeans().setK(5)
print km.explainParams()
kmModel = km.fit(sales)
```

29.3.4 k-평균 평가지표 요약 정보

k-평균에는 모델을 평가하는 데 사용할 수 있는 summary 클래스가 있습니다. 이 클래스는 k-평균의 성공을 판단하는 공통적인 척도를 제공합니다. 물론 이것이 현재 분석 데이터에 적용될 수 있는지는 또 다른 문제입니다. k-평균의 summary에는 생성된 군집에 대한 정보와 상대적 크기(해당 군집에 포함된 예제 수)가 포함됩니다.

또한 computeCost를 사용하여 **군집내 오차제곱합**Sum of Squared Error을 계산할 수 있습니다. 이는 각 군집의 중심으로부터 값이 얼마나 가까운지 측정하는 데 도움이 됩니다. k-평균의 암묵적인 목표는 사용자가 지정한 군집 수 k에 따라 군집내 오차제곱합을 최소화하는 겁니다.

```
// 스칼라 코드
val summary = kmModel.summary

summary.clusterSizes // 데이터 포인트 개수
kmModel.computeCost(sales)
println("Cluster Centers: ")
kmModel.clusterCenters.foreach(println)

// 파이썬 코드
summary = kmModel.summary

print summary.clusterSizes # 데이터 포인트 개수
kmModel.computeCost(sales)
centers = kmModel.clusterCenters()
print("Cluster Centers: ")
for center in centers:
  print(center)
```

29.4 이분법 k-평균

이분법[Bisecting] k-평균은 k-평균에서 변형된 알고리즘입니다. 둘 간의 핵심적인 차이는 다음과 같습니다. k-평균은 초기 데이터에 여러 그룹을 할당함으로써 데이터 포인트들을 군집화하는 상향식[bottom-up] 군집화 방법인 반면 이분법 k-평균은 이와는 반대 개념인 하향식[top-down] 군집화 방법입니다. 즉, 최초에 단일 그룹을 생성한 다음 해당 그룹을 더 작은 그룹으로 나누고 마지막에는 사용자가 지정한 수의 군집으로 끝나게 됩니다. 이 방식은 일반적으로 k-평균보다 더 빠르며 군집 결과도 차이가 있습니다.

29.4.1 모델 하이퍼파라미터

다음은 모델의 기본 구조를 결정하기 위해 정의하는 환경 설정 항목입니다.

- ***k***
  최종 생성하고자 하는 군집 수입니다.

29.4.2 학습 파라미터

- **minDivisibleClusterSize**
  군집으로 분류하기 위해 포함되어야 할 최소 데이터 수(1.0보다 크거나 같아야 함) 또는 최소 데이터 비율(1.0보다 작아야 합니다). 기본값은 1.0이며, 이는 각 군집에 적어도 하나 이상의 데이터가 있어야 한다는 것을 의미합니다.

- **maxIter**
  군집화를 수행할 총 반복 횟수입니다. 이 파라미터값을 변경해도 결과가 크게 달라지지 않으므로 가장 먼저 조정할 파라미터로 고려하지 마세요. 기본값은 20입니다.

이 알고리즘을 사용하여 최상의 결과를 얻기 위해서는 대부분의 파라미터를 조정해야 합니다. 모든 데이터셋에 적용 가능한 절대적인 규칙은 없습니다.

29.4.3 실습 예제

```
// 스칼라 코드
import org.apache.spark.ml.clustering.BisectingKMeans

val bkm = new BisectingKMeans().setK(5).setMaxIter(5)
println(bkm.explainParams())
val bkmModel = bkm.fit(sales)

// 파이썬 코드
from pyspark.ml.clustering import BisectingKMeans

bkm = BisectingKMeans().setK(5).setMaxIter(5)
bkmModel = bkm.fit(sales)
```

29.4.4 이분법 k-평균 요약 정보

이분법 k-평균은 모델을 평가하는 데 사용할 수 있는 summary 클래스를 포함하는데, 이는 k-평균의 summary 내용과 거의 동일합니다. 이 클래스에는 생성된 군집에 대한 정보는 물론 상대적 크기(해당 군집에 포함된 예제 수)가 포함됩니다.

```
// 스칼라 코드
val summary = bkmModel.summary
summary.clusterSizes // 데이터 포인트 개수
kmModel.computeCost(sales)
println("Cluster Centers: ")
kmModel.clusterCenters.foreach(println)

// 파이썬 코드
summary = bkmModel.summary
print summary.clusterSizes # 데이터 포인트 개수
kmModel.computeCost(sales)
centers = kmModel.clusterCenters()
print("Cluster Centers: ")
for center in centers:
  print(center)
```

29.5 가우시안 혼합 모델

가우시안 혼합 모델 Gaussian mixture model, GMM은 이분법 k-평균이나 k-평균과는 다른 가정을 기반으로 하는 또 다른 인기 있는 군집화 알고리즘입니다. 앞서 언급한 두 가지 k-평균 알고리즘은 군집의 중심으로부터의 거리제곱합을 줄임으로써 데이터를 그룹화하는 반면 가우시안 혼합 모델은 각 군집이 가우시안 분포Gaussian distribution로부터 무작위 추출을 하여 데이터를 생성한다고 가정합니다. 즉, 생성된 군집 가장자리에는 데이터가 포함될 확률이 낮아야 하며(가우시안 분포에 반영됨) 군집 중앙에는 데이터가 포함될 확률이 훨씬 높아야 합니다. 각 가우시안 군집은 자체적인 평균 및 표준편차를 보유한 임의의 크기일 수 있습니다(따라서 서로 다른 타원체 모양일 수 있음). 또한 여전히 사용자가 군집 수(k)를 지정할 수 있습니다.

단순히 생각하면 가우시안 혼합 모델은 k-평균을 좀 더 유연하게 변형한 알고리즘[7]입니다. k-평균은 고정된 군집을 생성합니다. 즉, 각 데이터 포인트는 오직 하나의 군집에 속해 있습니다.

---

7 옮긴이_ 원문에서는 이를 'k-평균의 소프트 버전(soft version of k-means)'이라고 표현했습니다. 이는 군집화 알고리즘에서 대상을 하나의 군집에 명시적으로 표현하지 않고, 확률 등으로 다양한 군집에 속할 가능성을 표현해주는 알고리즘 군을 의미합니다. 일반적으로 군집화 기법은 크게 하드 군집화(hard clustering)와 소프트 군집화(soft clustering)로 구분할 수 있습니다. 하드 군집화는 분석 대상 객체가 어느 군집에 속하는지 명시적으로 할당하는 방식(예: k-평균, 코호넨 등)이며, 소프트 군집화는 분석 대상 객체가 어느 군집에 속하는지 확률 또는 가중치로 표현하는 방식(예: 혼합분포, 퍼지 등)입니다.

반면 가우시안 혼합 모델은 군집의 경계를 엄격히 제한시키는 대신 확률과 연관된 미묘한 군집 생성을 허용합니다.

자세한 내용은 ESL[8] 14.3절을 참고하세요.

29.5.1 모델 하이퍼파라미터

다음은 모델의 기본 구조를 결정하기 위해 정의하는 환경 설정 항목입니다.

- *k*
  최종 생성하고자 하는 군집 수입니다.

29.5.2 학습 파라미터

- **maxIter**
  군집화를 수행할 총 반복 횟수입니다. 이 파라미터값을 변경해도 결과가 크게 달라지지는 않으므로 가장 먼저 조정할 파라미터로 고려하지 마세요. 기본값은 100입니다.

- **tol**
  tol은 파라미터값의 변화가 모델이 충분히 최적화되었다는 것을 알려주는 임곗값입니다. 값이 작을수록 더 높은 정확도를 끌어낼 수 있지만, 더 많은 반복 수행(maxIter를 초과할 수 없음)을 하게 됩니다. 기본값은 0.01입니다.

k-평균 모델과 마찬가지로 이러한 학습 파라미터는 사용자가 지정하는 군집 수(k)에 비해 영향력이 크지 않습니다.

29.5.3 실습 예제

```
// 스칼라 코드
import org.apache.spark.ml.clustering.GaussianMixture

val gmm = new GaussianMixture().setK(5)
println(gmm.explainParams())
val model = gmm.fit(sales)
```

8 http://statweb.stanford.edu/~tibs/ElemStatLearn/

```
// 파이썬 코드
from pyspark.ml.clustering import GaussianMixture

gmm = GaussianMixture().setK(5)
print gmm.explainParams()
model = gmm.fit(sales)
```

29.5.4 가우시안 혼합 모델 요약 정보

다른 군집화 알고리즘과 마찬가지로 가우시안 혼합 모델에는 모델 평가에 도움이 되는 요약 클래스가 포함되어 있습니다. 여기에는 생성된 클러스터의 정보(예: 가중치, 평균 및 가우스 혼합의 공분산)가 포함되어 있어서 데이터 내부의 기본 구조에 대해 더 많은 정보를 확인하고 학습할 수 있습니다.

```
// 스칼라 코드
val summary = model.summary

model.weights
model.gaussiansDF.show()
summary.cluster.show()
summary.clusterSizes
summary.probability.show()

// 파이썬 코드
summary = model.summary

print model.weights
model.gaussiansDF.show()
summary.cluster.show()
summary.clusterSizes
summary.probability.show()
```

29.6 잠재 디리클레 할당

잠재 디리클레 할당 Latent Dirichlet Allocation, LDA은 일반적으로 텍스트 문서에 대한 토픽 모델링을 수행하는 데 사용되는 계층적 군집화 모델입니다. LDA는 이러한 주제와 관련된 일련의 문서와 키워드로부터 주제를 추출합니다. 그런 다음 각 문서가 입력된 여러 주제에 얼마나 기여했는지 횟수를 계산합니다. 스파크에서 LDA 모델을 구현하는 방법은 두 가지(온라인online LDA와 기댓값 최대화expectation maximization)입니다. 일반적으로 온라인 LDA는 샘플 데이터가 많은 경우에 적합하며, 기댓값 최대화는 어휘 수가 많은 경우에 적합합니다. 확장성 관점에서는 수백에서 수천 개의 주제까지 가능합니다.

텍스트 데이터를 LDA에 입력하려면 먼저 수치형으로 변환해야 합니다. `CountVectorizer`를 사용하여 이를 수행할 수 있습니다.

29.6.1 모델 하이퍼파라미터

다음은 모델의 기본 구조를 결정하기 위해 정의하는 환경 설정 항목입니다.

- ***k***
  입력된 데이터로부터 최종적으로 추론할 총 주제 수입니다. 기본값은 10이며 양의 정수여야 합니다.

- **`docConcentration`**
  `docConcentration` 파라미터('alpha')는 문서가 가지는 주제 분포('theta'[9])의 사전(prior) 추정치입니다. 이는 디리클레 분포 파라미터[10]이며, 이 값이 클수록 편평화(smoothing, 좀 더 일반화 됨)된다는 의미입니다.

  `docConcentration`은 사용자가 따로 설정하지 않으면 자동으로 설정됩니다. 사용자가 singleton vector [alpha]로 설정하면 alpha는 모델 적합 시 길이가 k인 벡터로 복제됩니다. 그렇지 않은 경우 `docConcentration` 벡터는 길이가 k여야 합니다.

- **`topicConcentration`**
  `topicConcentration` 파라미터('beta'[11] 또는 'eta')는 주제가 가지는 단어 분포[12]의 사전 추정치입니다. 이는 대칭 디리클레 분포 파라미터이며, 사용자가 `topicConcentration`의 값을 따로 설정하지 않으면 이 값은 자동으로 설정됩니다.

---

9 옮긴이_ θ는 k차원 벡터이며, θ^i는 문서가 i번째 주제에 속할 확률분포를 나타냅니다. https://en.wikipedia.org/wiki/Latent_Dirichlet_allocation

10 옮긴이_ LDA에서 문헌별 주제 분포를 결정(얼마나 밀집한지 또는 희소한지)하는 하이퍼파라미터입니다.

11 옮긴이_ β는 $k \times V$ 크기의 행렬 파라미터로, β_{ij}는 i번째 주제가 단어집의 j번째 단어를 생성할 확률을 나타냅니다. https://en.wikipedia.org/wiki/Latent_Dirichlet_allocation

12 옮긴이_ z_n은 k차원 벡터이며, z_n^1은 단어 w_n이 i번째 주제에 속할 확률분포를 나타냅니다. https://en.wikipedia.org/wiki/Latent_Dirichlet_allocation

29.6.2 학습 파라미터

학습 파라미터는 모델 학습을 수행하는 방법을 지정하는 환경 설정 항목입니다.

- `maxIter`
  LDA를 수행할 총 반복 횟수입니다. 이 파라미터값을 변경해도 결과가 크게 달라지지는 않으므로 가장 먼저 조정할 파라미터로 고려하지 마세요. 기본값은 20입니다.
- `optimizer`
  LDA 모델을 학습시킬 알고리즘을 선택합니다. EM[13] 또는 온라인 학습 최적화 중에서 선택할 수 있으며, 기본값은 온라인입니다.
- `learningDecay`
  지수적 감쇠[14]율로 설정된 학습 속도입니다. 이때 점근적으로 수렴하기 위해 (0.5, 1.0] 사이로 설정해야 합니다. 기본값은 `0.51`이며 온라인 최적화 방식에만 적용됩니다.
- `learningOffset`
  초기 반복 수행 횟수를 줄이는 (긍정적) 학습 파라미터입니다. 값이 클수록 초기 반복 횟수가 줄어듭니다. 기본값은 `1,024.0`이며 온라인 최적화 방식에만 적용됩니다.
- `optimizeDocConcentration`
  학습 과정에서 문서-주제 분포를 나타내는 디리클레 파라미터인 `docConcentration`이 최적화될지 여부[15]를 나타냅니다. 기본값은 `true`이며, 온라인 최적화 방식에만 적용됩니다.
- `subsamplingRate`
  미니배치 경사 하강법(mini-batch gradient descent)의 각 반복 수행에서 샘플링 및 적용되는 말뭉치(corpus)의 비율입니다. 범위는 (0, 1]이며, 기본값은 `0.5`입니다. 역시 온라인 최적화 방식에만 적용됩니다.
- `seed`
  LDA 모델의 재현성을 위해 임의의 시드를 지정할 수 있습니다.
- `checkpointInterval`
  26장에서 살펴본 내용과 동일한 체크포인트 기능입니다.

---

13 옮긴이_ 기댓값 최대화(Expectation Maximization) 알고리즘을 말합니다. https://en.wikipedia.org/wiki/Expectation%E2%80%93maximization_algorithm

14 옮긴이_ 지수적 감쇠(exponential decay)란 어떤 양이 그 양에 비례하는 속도로 감소하는 현상을 말합니다. https://en.wikipedia.org/wiki/Exponential_decay

15 옮긴이_ 이 값을 `true`로 설정하면 각 미니배치 후 `docConcentration`의 최대 우도(maximum-likelihood) 추정을 수행하여 `docConcentration`과 반환된 값 중에서 최적화된 값을 설정합니다. https://spark.apache.org/docs/2.2.0/mllib-clustering.html

29.6.3 예측 파라미터

- **topicDistributionCol**
  각 문서의 주제 혼합 분포의 결과를 출력하는 컬럼입니다.

29.6.4 실습 예제

```
// 스칼라 코드
import org.apache.spark.ml.feature.{Tokenizer, CountVectorizer}

val tkn = new Tokenizer().setInputCol("Description").setOutputCol("DescOut")
val tokenized = tkn.transform(sales.drop("features"))
val cv = new CountVectorizer()
  .setInputCol("DescOut")
  .setOutputCol("features")
  .setVocabSize(500)
  .setMinTF(0)
  .setMinDF(0)
  .setBinary(true)
val cvFitted = cv.fit(tokenized)
val prepped = cvFitted.transform(tokenized)

// 파이썬 코드
from pyspark.ml.feature import Tokenizer, CountVectorizer

tkn = Tokenizer().setInputCol("Description").setOutputCol("DescOut")
tokenized = tkn.transform(sales.drop("features"))
cv = CountVectorizer()\
  .setInputCol("DescOut")\
  .setOutputCol("features")\
  .setVocabSize(500)\
  .setMinTF(0)\
  .setMinDF(0)\
  .setBinary(True)
cvFitted = cv.fit(tokenized)
prepped = cvFitted.transform(tokenized)

// 스칼라 코드
import org.apache.spark.ml.clustering.LDA

val lda = new LDA().setK(10).setMaxIter(5)
println(lda.explainParams())
val model = lda.fit(prepped)
```

```
// 파이썬 코드
from pyspark.ml.clustering import LDA

lda = LDA().setK(10).setMaxIter(5)
print lda.explainParams()
model = lda.fit(prepped)
```

모델을 학습시키고 나면 몇 가지 주요 주제를 살펴볼 수 있습니다. 이와 함께 용어 색인 결과가 반환되는데, 우리가 학습시킨 CountVectorizerModel을 사용하여 최종 선정된 단어들을 찾아볼 수 있습니다. 이는 우리가 예제에서 했던 것처럼 데이터를 학습했을 때 어휘집에서 결과를 살펴본 후 hot, home 그리고 brown을 상위 3개 주제로 선택한 과정과 같습니다.

```
// 스칼라 코드
model.describeTopics(3).show()
cvFitted.vocabulary

// 파이썬 코드
model.describeTopics(3).show()
cvFitted.vocabulary
```

이 결과는 문서 내 특정 용어에 대한 강조뿐만 아니라 사용된 어휘집에 대한 자세한 정보를 포함하고 있습니다. 이는 문서의 근본적인 주제를 더 잘 이해하는 데 도움이 될 수 있습니다. 지면 관계상 출력 내용은 생략했습니다. 유사한 API를 사용하여 로그 우도log-likelihood 및 복잡도perplexity와 같은 몇 가지 기술적인 평가지표를 도출할 수 있습니다. 이 도구들의 핵심 목표는 데이터를 기반으로 도출되는 주제 수를 최적화하는 겁니다. 복잡도[16]를 성과 평가지표로 사용하는 경우 모델의 전반적인 복잡도를 줄이기 위해 이 척도를 홀드아웃셋에 적용해야 합니다. 또한 홀드아웃셋의 로그 우도 값을 증가시키기 위한 최적화를 수행해야 합니다. 로그 우도와 복잡도를 계산하는 함수는 model.logLikelihood와 model.logPerplexity입니다.

---

16 옮긴이_ 복잡도는 정보 이론에서 특정 확률 모델(probability model)이 관측값을 얼마나 잘 예측하는지 측정하는 지표입니다. 이 값이 작을수록 확률 모델이 실제 문헌 결과를 잘 반영한다고 평가할 수 있습니다. LDA에서는 보통 적절한 주제 수를 정하기 어려울 때 주제 수에 따라 복잡도 값이 최소가 되는 값을 확인하기도 합니다. 다만 이 값이 낮다는 것은 학습이 잘되었다는 의미일 뿐 그 결과가 사람이 해석하고 활용하기에 최적이라고 생각하기는 어렵습니다. 보통 해석 관점의 적합성 판단은 Topic Coherence 척도를 활용합니다. https://en.wikipedia.org/wiki/Perplexity

29.7 정리

이 장에서는 비지도 학습을 위해 스파크에서 제공하는 핵심 알고리즘을 알아보았습니다. 다음 장에서는 스파크 외부에서 발전되어온 좀 더 전문적인 영역의 도구인 그래프 처리를 살펴보겠습니다.

CHAPTER 30

그래프 분석

앞 장에서는 전통적인 비지도 학습 기법을 설명했습니다. 이 장에서는 좀 더 전문적인 영역의 도구를 다룹니다(그래프 처리 기법). 그래프는 임의의 객체인 **노드**(또는 **정점**)와 이들 간의 관계를 정의하는 **에지**로 구성된 데이터 구조[1]입니다. **그래프 분석**은 이러한 데이터 구조를 분석하는 프로세스입니다. 친구 관계를 표현하는 그래프를 예를 들 수 있습니다. 그래프 분석의 관점에서 각 정점 또는 노드는 특정 사람을 표현하고, 각 에지는 그들 간의 관계를 나타냅니다. [그림 30-1]은 이러한 샘플 그래프를 보여줍니다.

그림 30-1 7개의 노드와 7개의 에지로 구성된 그래프의 예

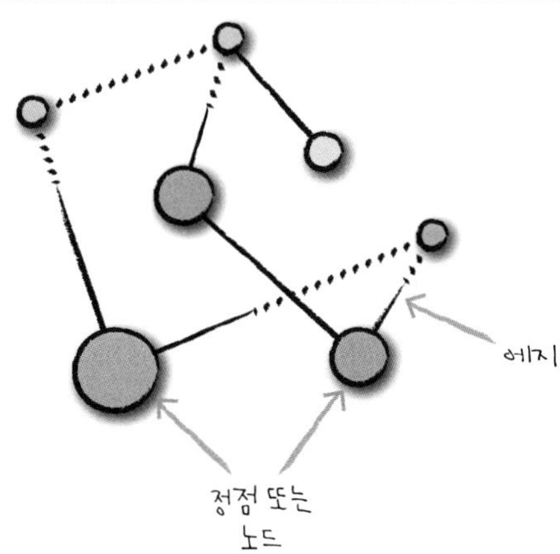

1 옮긴이_ 그래프 이론에서 발전한 개념으로 분야에 따라서 명칭이 다를 수 있습니다. 일반적으로 객체는 node, vertex, point, agent, actor 등으로 표현하고, 관계는 edge, link, line, arc, tie 등으로 표현합니다. https://en.wikipedia.org/wiki/Graph_theory, https://en.wikipedia.org/wiki/Social_network_analysis

앞의 예제 그래프는 방향성이 없습니다(**비방향성 그래프**undirected graph). 즉, 에지가 어떤 정점에서 '시작'되고 어떤 정점에서 '끝'나는지 나타나 있지 않습니다. 반면 시작과 끝을 지정한 방향성이 있는 그래프(**방향성 그래프**directed graph)도 있습니다. [그림 30-2]는 에지에 방향성이 있는 그래프를 보여줍니다.

그림 30-2 방향성이 있는 그래프

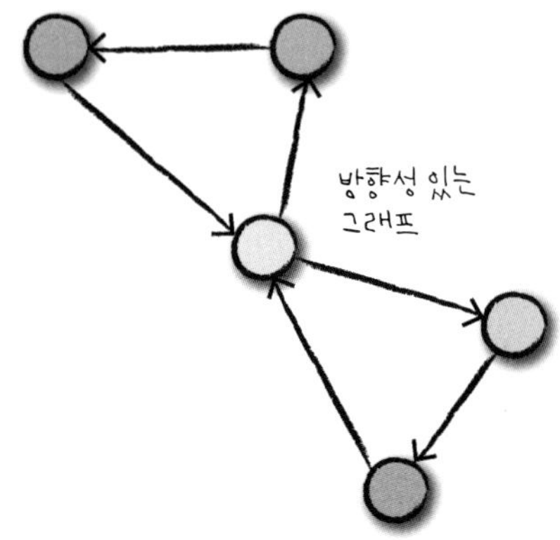

그래프의 에지와 정점은 각각 속성attribute을 나타내는 데이터를 가질 수 있습니다. 친구 관계를 표현하는 그래프에서 에지의 가중치는 사람들 간의 친밀함을 나타낼 수 있습니다. 단순한 지인들과의 관계는 낮은 가중치의 에지로 표현되고, 부부 사이에는 높은 가중치의 에지로 표현됩니다. 이러한 가중치는 정점과 정점 간의 커뮤니케이션 빈도에 따라 해당 에지에 값을 부여함으로써 설정됩니다. 각 정점(사람)은 이름name과 같은 데이터를 가질 수도 있습니다.

그래프는 관계 및 그 외 다양한 현실 세계의 문제를 자연스럽게 설명하는 방법이며, 스파크는 이러한 그래프 분석 패러다임을 기반으로 한 다양한 작업 방법을 제공합니다. 이러한 방법을 이용한 활용 사례로는 신용카드 사기 적발, 모티프[2] 발견, 서지네트워크에서 특정 논문의 중요도 결정(즉, 가장 많이 언급된 논문), 구글의 유명한 페이지랭크 알고리즘을 활용한 웹페이지 순위 결정 등이 있습니다.

스파크는 예전부터 그래프 처리를 지원하는 RDD 기반의 라이브러리인 GraphX를 제공하

---

2 옮긴이_ 네트워크 이론에서 네트워크 모티프(network motif)는 반복적이고 통계적으로 중요한 서브그래프 또는 패턴을 의미합니다. https://en.wikipedia.org/wiki/Network_motif

고 있습니다. 다만 GraphX에서 제공하는 인터페이스는 매우 저수준이라 기능은 매우 강력했지만 기존의 RDD와 마찬가지로 손쉽게 사용하거나 최적화하기 어려웠습니다. 그럼에도 GraphX는 여전히 스파크의 핵심 영역입니다. 스파크는 지속해서 GraphX의 운영 애플리케이션 개발 및 기타 기능 고도화를 진행하고 있으며, 특히 GraphX API는 큰 변화가 없었기 때문에 관련 내용에 대한 문서화가 매우 잘되어 있습니다. 또한 최근 스파크에서는 GraphX 개발자를 포함하여 다양한 개발자들이 주축이 되어 차세대 그래프 분석 라이브러리인 GraphFrame을 개발했습니다. GraphFrame은 기존의 GraphX를 확장한 개념으로 DataFrame API를 제공하고 스파크에서 지원하는 다양한 언어를 사용할 수 있기 때문에 파이썬 사용자의 경우 도구를 확장하여 활용할 수 있는 장점이 있습니다. 이 책에서는 GraphFrame에 초점을 맞추어 설명할 겁니다.

현재 GraphFrame[3]은 스파크 애플리케이션을 시작할 때 별도로 로드해야 하는 외부 패키지 개념의 스파크 패키지[4]이지만, 앞으로는 스파크의 핵심 엔진으로 통합될 겁니다. GraphFrame의 사용자 경험이 상당히 개선되었다는 점을 제외하면 대부분의 경우 GraphFrame과 GraphX 간에는 성능 관점에서 약간의 차이가 있습니다. GraphFrame을 사용할 때 약간의 오버헤드가 있지만, 이 경우 대부분 저수준의 GraphX를 호출하여 적절히 대처할 수 있습니다. 또한 대부분의 경우 이러한 오버헤드 이슈보다 사용자 경험에 대한 이득이 훨씬 중요합니다.

GraphFrame과 그래프 데이터베이스는 어떤 차이가 있을까?

간단히 말해, 스파크는 데이터베이스가 아닙니다. 스파크는 분산 컴퓨팅 엔진이지만 장기간 데이터를 저장하거나 트랜잭션을 수행하지 않습니다. 스파크 상에서 그래프 계산을 할 수는 있지만, 근본적으로 데이터베이스와는 차이가 있습니다. GraphFrame은 그 어떤 그래프 데이터베이스Graph Database[5]보다 훨씬 더 큰 규모의 작업으로 확장할 수 있으며, 분석 작업은 잘 수행하지만 그 외 트랜잭션 처리 및 검색은 지원하지 않습니다.

---

3 http://graphframes.github.io/index.html

4 http://spark-packages.org/package/graphframes/graphframes

5 옮긴이_ 그래프 데이터베이스는 효율적인 쿼리를 위해 노드, 에지, 프로퍼티 등의 구조를 사용하여 데이터를 표현하고 저장하는 개념의 데이터베이스입니다. GDB는 기존 RDB에서 사용하던 관계를 데이터와 함께 저장합니다. 즉, GDB는 RDB처럼 관계를 계산하지 않고 단순히 스토리지에서 관계를 읽기만 하기 때문에 성능 관점에서 매우 큰 이점이 있습니다. 대표적인 활용 사례로는 소셜 네트워크 서비스에서 활동 피드와 같은 데이터 뷰를 구성하거나, 네트워크상의 관계를 파악하는 것 등이 있습니다. https://en.wikipedia.org/wiki/Graph_database

이 장의 목적은 GraphFrame을 사용하여 스파크에서 그래프 분석을 수행하는 방법을 설명하는 겁니다. 이를 위해 Bay Area Bike Share 포털[6]에서 무료로 공개한 자전거 여행 데이터^bike data^를 활용할 겁니다.

TIP 이 책을 집필하는 동안 예제에서 사용한 맵과 데이터가 크게 변경되었습니다(심지어 명칭까지도). 이 책의 깃허브 리포지토리 내 데이터 폴더[7]에 예제에서 사용한 데이터셋 복사본을 올려두었습니다. 아래 예제와 동일한 결과를 얻으려면 리포지토리 내 데이터셋을 사용하세요.

코드 예제를 실행하려면 사용하려는 패키지를 미리 로드해야 합니다. 명령행에서 다음 명령어를 실행[8]하세요.

```
./bin/spark-shell --packages graphframes:graphframes:0.5.0-spark2.2-s_2.11

// 스칼라 코드
val bikeStations = spark.read.option("header","true")
  .csv("/data/bike-data/201508_station_data.csv")
val tripData = spark.read.option("header","true")
  .csv("/data/bike-data/201508_trip_data.csv")

// 파이썬 코드
bikeStations = spark.read.option("header","true")\
  .csv("/data/bike-data/201508_station_data.csv")
tripData = spark.read.option("header","true")\
  .csv("/data/bike-data/201508_trip_data.csv")
```

30.1 그래프 작성하기

첫 번째 단계는 그래프를 작성하는 겁니다. 이를 위해 정점과 에지를 정의해야 합니다. 정점과 에지는 별도 명명된 컬럼으로 표현되는 DataFrame입니다. 예제에서는 **방향성 그래프**를 생성할 겁니다. 방향성이 있는 그래프는 출발지에서 도착지를 가리킵니다.

6 http://www.bayareabikeshare.com/open-data

7 http://bit.ly/2EgoWkg

8 옮긴이_ 데이터브릭스의 커뮤니티 에디션(아파치 스파크 클라우드 클러스터 서비스)에서 라이브러리를 생성하는 방법은 세 가지(UI, CLI, 라이브러리 API)입니다. CLI를 이용하기 위해서는 클러스터 버전에 적합한 별도의 CLI 설치 과정을 거쳐야 합니다. 좀 더 간편하게 하기 위해서는 다음 매뉴얼을 참고하여 UI로 진행할 것을 추천합니다. https://docs.databricks.com/user-guide/libraries.html

예제에서 사용한 자전거 여행 데이터에서 이는 여행의 출발 지점과 종료 지점을 나타냅니다. 그래프를 정의하기 위해서는 GraphFrame 라이브러리에서 제시하는 컬럼에 대한 명명규칙을 사용해야 합니다. 정점 테이블에서는 식별자를 id로 정의하고(문자열 타입), 에지 테이블에서는 각 에지의 시작 정점 ID를 src로, 도착 정점 ID를 dst로 표시합니다.

```
// 스칼라 코드
val stationVertices = bikeStations.withColumnRenamed("name", "id").distinct()
val tripEdges = tripData
  .withColumnRenamed("Start Station", "src")
  .withColumnRenamed("End Station", "dst")

// 파이썬 코드
stationVertices = bikeStations.withColumnRenamed("name", "id").distinct()
tripEdges = tripData\
  .withColumnRenamed("Start Station", "src")\
  .withColumnRenamed("End Station", "dst")
```

이제 우리는 지금까지 정의한 정점/에지 DataFrame으로 그래프를 표현하는 GraphFrame 객체를 구성할 수 있습니다. 또한 나중에 쿼리하여 데이터에 빈번하게 액세스할 것이므로 다음과 같이 캐싱 기능을 적용합니다.

```
// 스칼라 코드
// graphframes(https://spark-packages.org/package/graphframes/graphframes)
// 라이브러리가 필요합니다.
import org.graphframes.GraphFrame

val stationGraph = GraphFrame(stationVertices, tripEdges)
stationGraph.cache()

// 파이썬 코드
# graphframes(https://spark-packages.org/package/graphframes/graphframes)
# 라이브러리가 필요합니다.
from graphframes import GraphFrame

stationGraph = GraphFrame(stationVertices, tripEdges)
stationGraph.cache()
```

이제 그래프에 대한 기본적인 통계를 살펴볼 수 있게 되었습니다. 기존의 DataFrame을 질의하여 예상된 결과를 확인할 수 있습니다.

```
// 스칼라 코드
println(s"Total Number of Stations: ${stationGraph.vertices.count()}")
println(s"Total Number of Trips in Graph: ${stationGraph.edges.count()}")
println(s"Total Number of Trips in Original Data: ${tripData.count()}")

// 파이썬 코드
print "Total Number of Stations: " + str(stationGraph.vertices.count())
print "Total Number of Trips in Graph: " + str(stationGraph.edges.count())
print "Total Number of Trips in Original Data: " + str(tripData.count())
```

그러면 다음과 같은 결과가 반환됩니다.

```
Total Number of Stations: 70
Total Number of Trips in Graph: 354152
Total Number of Trips in Original Data: 354152
```

30.2 그래프 쿼리하기

그래프를 활용하는 가장 간단한 방법은 그래프를 대상으로 쿼리하는 겁니다. 예를 들어 쿼리로 여행 횟수를 계산하거나 종료 지점을 선택하여 필터링할 수 있습니다. 또한 GraphFrame은 정점과 에지 모두에 DataFrame으로 손쉬운 액세스를 할 수 있습니다. 참고로 그래프는 기존의 ID, source, destination 외에도 기타 추가되는 컬럼이 계속 유지되므로 필요할 때 언제든 쿼리할 수 있습니다.

```
// 스칼라 코드
import org.apache.spark.sql.functions.desc

stationGraph.edges.groupBy("src", "dst").count().orderBy(desc("count")).show(10)

// 파이썬 코드
from pyspark.sql.functions import desc

stationGraph.edges.groupBy("src", "dst").count().orderBy(desc("count")).show(10)

+--------------------+--------------------+-----+
|                 src|                 dst|count|
+--------------------+--------------------+-----+
```

```
|San Francisco Cal...|     Townsend at 7th| 3748|
|Harry Bridges Pla...|Embarcadero at Sa...| 3145|
...
|     Townsend at 7th|San Francisco Cal...| 2192|
|Temporary Transba...|San Francisco Cal...| 2184|
+--------------------+--------------------+-----+
```

또한 다양한 DataFrame 관련 표현식을 활용하여 필터링할 수도 있습니다. 다음은 특정 도착지를 기준으로 해당 지점에서의 출발과 도착 횟수를 계산하는 예제입니다.

```
// 스칼라 코드
stationGraph.edges
  .where("src = 'Townsend at 7th' OR dst = 'Townsend at 7th'")
  .groupBy("src", "dst").count()
  .orderBy(desc("count"))
  .show(10)

// 파이썬 코드
stationGraph.edges\
  .where("src = 'Townsend at 7th' OR dst = 'Townsend at 7th'")\
  .groupBy("src", "dst").count()\
  .orderBy(desc("count"))\
  .show(10)

+--------------------+--------------------+-----+
|                 src|                 dst|count|
+--------------------+--------------------+-----+
|San Francisco Cal...|     Townsend at 7th| 3748|
|     Townsend at 7th|San Francisco Cal...| 2734|
...
|   Steuart at Market|     Townsend at 7th|  746|
|     Townsend at 7th|Temporary Transba...|  740|
+--------------------+--------------------+-----+
```

30.2.1 서브그래프

서브그래프 subgraph 는 규모가 큰 그래프 안에서 형성되는 작은 규모의 그래프입니다. 앞선 예제에서는 주어진 에지와 정점 집합을 쿼리하는 방법을 살펴보았습니다. 이 쿼리 기능을 사용하여 서브그래프를 만들 수 있습니다.

```
// 스칼라 코드
val townAnd7thEdges = stationGraph.edges
  .where("src = 'Townsend at 7th' OR dst = 'Townsend at 7th'")
val subgraph = GraphFrame(stationGraph.vertices, townAnd7thEdges)

// 파이썬 코드
townAnd7thEdges = stationGraph.edges\
  .where("src = 'Townsend at 7th' OR dst = 'Townsend at 7th'")
subgraph = GraphFrame(stationGraph.vertices, townAnd7thEdges)
```

이 작업이 완료되면 이어지는 알고리즘들을 원본 그래프 또는 서브그래프에 적용할 수 있습니다.

30.3 모티프 찾기

모티프는 구조적 패턴을 그래프로 표현하는 방법입니다. 모티프를 지정하면 실제 데이터 대신 데이터의 패턴을 쿼리합니다. DataFrame에서는 Neo4J의 Cypher 언어와 유사한 도메인에 특화된 언어로 쿼리를 지정합니다. 이 언어를 사용하면 정점과 에지의 조합을 지정하고 그에 대한 이름을 할당할 수 있습니다. 예를 들어 주어진 정점 a가 에지 ab를 통해 다른 정점 b에 연결되도록 지정하려면 (a)-[ab]->(b)라고 작성하면 됩니다. 괄호 또는 대괄호 안의 이름은 값을 나타내는 것이 아니라 결과로 나오는 DataFrame에 존재하는 이름과 일치하는 정점 및 가장자리의 컬럼 이름입니다. 쿼리로 결괏값을 반환할 목적이 아니라면 이름을 생략(예: (a) -[] -> ())할 수도 있습니다.

예제에서 사용한 자전거 여행 데이터를 대상으로 쿼리를 연습해봅시다. 간단히 설명하면, 세 도착지 간에 '삼각형' 패턴을 형성하는 모든 자전거를 찾아보는 겁니다. 아래 예제의 모티프와 같이 `find` 메서드를 사용하여 DataFrame에 해당 패턴을 쿼리하는 방식으로 표현할 수 있습니다. (a)는 출발 지점을 의미하고 [ab]는 (a)에서 다음 도착지인 (b)까지의 에지를 나타냅니다. 이런 방식으로 지점 (b)에서 (c)까지, 그리고 (c)에서 (a)까지 반복합니다.

```
// 스칼라 코드
val motifs = stationGraph.find("(a)-[ab]->(b); (b)-[bc]->(c); (c)-[ca]->(a)")

// 파이썬 코드
motifs = stationGraph.find("(a)-[ab]->(b); (b)-[bc]->(c); (c)-[ca]->(a)")
```

[그림 30-3]은 이 쿼리를 시각적으로 표현하고 있습니다.

그림 30-3 삼각형 쿼리를 통한 삼각형 모티프

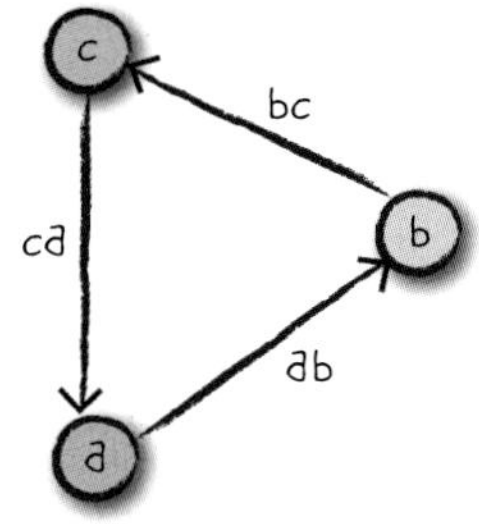

이 쿼리를 실행하면 정점 a, b, c와 각 에지의 중첩 필드가 포함된 DataFrame이 생성됩니다. 이제 DataFrame에서 사용되는 쿼리를 작성할 수 있습니다. 예를 들어보겠습니다. 특정 자전거를 대상으로 지점 a에서 지점 b, 지점 c, 그리고 다시 지점 a로 이동했던 가장 짧은 경로는 무엇일까요? 아래 로직은 기존의 타임스탬프를 스파크의 타임스탬프로 구문 분석parsing[9]한 다음 특정 지점에서 다른 지점으로 이동한 자전거가 동일한 것인지, 각 이동을 시작하는 시점이 올바른지 확인하기 위해 비교를 수행합니다.

```
// 스칼라 코드
import org.apache.spark.sql.functions.expr

motifs.selectExpr("*",
    "to_timestamp(ab.`Start Date`, 'MM/dd/yyyy HH:mm') as abStart",
    "to_timestamp(bc.`Start Date`, 'MM/dd/yyyy HH:mm') as bcStart",
    "to_timestamp(ca.`Start Date`, 'MM/dd/yyyy HH:mm') as caStart")
  .where("ca.`Bike #` = bc.`Bike #`").where("ab.`Bike #` = bc.`Bike #`")
  .where("a.id != b.id").where("b.id != c.id")
  .where("abStart < bcStart").where("bcStart < caStart")
  .orderBy(expr("cast(caStart as long) - cast(abStart as long)"))
  .selectExpr("a.id", "b.id", "c.id", "ab.`Start Date`", "ca.`End Date`")
  .limit(1).show(false)

// 파이썬 코드
from pyspark.sql.functions import expr

motifs.selectExpr("*",
```

9 옮긴이_ 데이터 처리 분야에서 구문 분석은 인터프리터나 컴파일러의 구성 요소 중 하나로 자료 구조를 빌드하고 문법을 검사하는 작업입니다. https://en.wikipedia.org/wiki/Parsing

```
    "to_timestamp(ab.`Start Date`, 'MM/dd/yyyy HH:mm') as abStart",
    "to_timestamp(bc.`Start Date`, 'MM/dd/yyyy HH:mm') as bcStart",
    "to_timestamp(ca.`Start Date`, 'MM/dd/yyyy HH:mm') as caStart")\
  .where("ca.`Bike #` = bc.`Bike #`").where("ab.`Bike #` = bc.`Bike #`")\
  .where("a.id != b.id").where("b.id != c.id")\
  .where("abStart < bcStart").where("bcStart < caStart")\
  .orderBy(expr("cast(caStart as long) - cast(abStart as long)"))\
  .selectExpr("a.id", "b.id", "c.id", "ab.`Start Date`", "ca.`End Date`")
  .limit(1).show(1, False)
```

쿼리 결과를 보면 가장 빠른 경로는 약 20분이 걸린다는 것을 알 수 있습니다. 같은 자전거를 타고 있는 3명의 다른 사람(추정임)과 비하면 상당히 빠른 편입니다!

예제에서 모티프 쿼리가 반환한 삼각형(결괏값)을 필터링해야 한다는 점을 유의하세요. 보통 이러한 쿼리에 동일한 정점 ID가 여러 개 있는 경우 하나의 정점 ID로 통합시키지 않으므로 하나의 정점으로 통합해서 반환하기 원하면 필터링을 수행해야 합니다. 스파크 GraphFrame의 가장 강력한 기능 중 하나는 모티프 찾기를 결과 테이블을 통해 DataFrame 쿼리와 결합하여 발견된 패턴을 더욱 간결히 하거나 정렬하거나 집계할 수 있다는 점입니다.

30.4 그래프 알고리즘

그래프는 데이터의 논리적 표현에 불과합니다. 그래프 이론은 이러한 그래프 형식을 통해 데이터를 분석하기 위한 수많은 알고리즘을 제공합니다. 스파크의 GraphFrame은 이러한 알고리즘을 손쉽게 활용할 수 있도록 지원합니다. 지금도 GraphFrame에는 새로운 알고리즘이 추가되고 있으며, 앞으로도 지속해서 성장할 겁니다.

30.4.1 페이지랭크

페이지랭크는 가장 많이 사용되는 그래프 알고리즘 중 하나입니다. 페이지랭크는 최초 구글의 공동 설립자인 래리 페이지Larry Page에 의해 웹 페이지의 순위를 정하는 방법에 대한 연구 프로젝트[10]로 시작되었습니다. 아쉽지만 페이지랭크에 대한 상세 설명은 이 책의 범위를 벗어납니다. 다음은 위키피디아에서 가져온 간단한 개념 설명입니다.

10 옮긴이_ 1996년 당시 스탠퍼드 대학교에 재학 중이던 래리 페이지와 세르게이 브린의 새로운 검색 엔진에 대한 공동 연구로부터 시작되었으며, 이 연구 성과를 기반으로 1998년 구글의 모태가 되는 검색 서비스가 시작되었습니다. https://en.wikipedia.org/wiki/PageRank

> 페이지랭크는 웹사이트의 중요성을 대략 판단하기 위해 특정 웹 페이지가 다른 웹 페이지로부터 받는 링크 수와 품질을 계산합니다. 페이지랭크는 중요한 웹사이트일수록 더 많은 링크를 받을 것이라고 가정합니다.

페이지랭크는 웹 도메인 외에도 매우 유용하게 일반화하여 활용할 수 있습니다. 페이지랭크의 원리를 자전거 여행 데이터셋에 적용하여 어떤 지점이 더 중요한지 파악할 수 있습니다(특히 자전거가 많이 왕래하는 도착 지점에 대해). 따라서 중요한 자전거 도착 지점에는 높은 페이지랭크 값이 할당됩니다.

```
// 스칼라 코드
import org.apache.spark.sql.functions.desc

val ranks = stationGraph.pageRank.resetProbability(0.15).maxIter(10).run()
ranks.vertices.orderBy(desc("pagerank")).select("id", "pagerank").show(10)

// 파이썬 코드
from pyspark.sql.functions import desc

ranks = stationGraph.pageRank(resetProbability=0.15, maxIter=10)
ranks.vertices.orderBy(desc("pagerank")).select("id", "pagerank").show(10)

+--------------------+------------------+
|                  id|          pagerank|
+--------------------+------------------+
|San Jose Diridon ...| 4.051504835989922|
|San Francisco Cal...|3.3511832964279518|
...
|     Townsend at 7th| 1.568456580534273|
|Embarcadero at Sa...|1.5414242087749768|
+--------------------+--------------------+
```

그래프 알고리즘 API: 파라미터와 반환값

GraphFrame에 포함된 대부분 알고리즘은 파라미터를 취하는 메서드로 구성됩니다(예: 앞의 페이지랭크를 사용한 예제에서 사용된 resetProbability 등). 대부분의 알고리즘은 새로운 GraphFrame이나 단일 DataFrame을 반환합니다. 알고리즘의 결과는 GraphFrame의 정점 및/또는 에지 또는 DataFrame의 하나 이상의 컬럼으로 저장됩니다. 페이지랭크 알고리즘은 GraphFrame을 반환하며, 신규 생성되는 pagerank 컬럼으로부터 각 정점에 대한 추정된 페이지랭크 값을 추출할 수 있습니다.

> **CAUTION_** 컴퓨터에서 사용할 수 있는 리소스에 따라 이 알고리즘을 수행하는 데 어느 정도의 시간이 소요될 수 있습니다. 가능하면 이 작업을 실행하기 전에 항상 작은 데이터셋을 먼저 시도해보세요. 데이터브릭스의 커뮤니티 에디션에서는 해당 작업에 약 20초가 소요되지만, 자신의 컴퓨터에서 수행한 일부 리뷰어의 경우 그보다 훨씬 오래 걸리는 것으로 나타났습니다.

흥미롭게도 칼트레인 역이 꽤 높은 순위에 있다는 것을 알 수 있습니다. 이는 실제로 칼트레인 역이 대부분의 자전거 여행이 끝나는 지리적 연결 지점이면서 많은 직장인이 출근을 위해서 집에서 칼트레인 역으로 이동하거나 칼트레인 역에서 집으로 이동하는 경우가 많기 때문입니다.

30.4.2 In-Degree와 Out-Degree 지표

예제에서 사용한 그래프는 방향성이 있는 그래프입니다. 이는 자전거 여행이 특정 위치에서 시작하여 다른 위치에서 끝나는 것과 같이 방향성을 가지기 때문입니다. 이러한 그래프를 대상으로 공통으로 하는 작업은 바로 주어진 지점을 기준으로 도착하는 여행자 수와 출발하는 여행자 수를 계산하는 겁니다. 각 지점의 출입을 측정하기 위해 [그림 30-4]와 같이 각각의 in-degree와 out-degree 지표[11]를 사용합니다.

그림 30-4 in-degree와 out-degree

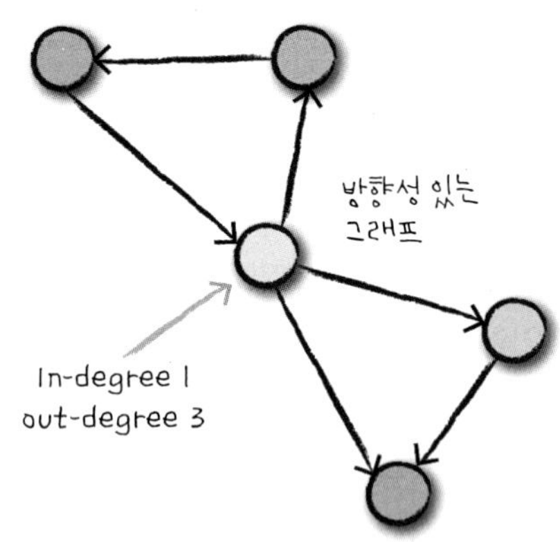

이러한 지표는 소셜 네트워크에서 관계를 분석하는 데 자주 활용됩니다. 일반적으로 소셜 네트

11 옮긴이_ 일반적으로 in-degree는 진입차수라고 표현하고, out-degree는 진출차수라고 표현합니다. 분야마다 한글 표현이 다르기 때문에 이 책에서는 영문을 그대로 사용합니다.

워크에서 특정 사용자는 아웃 바운드 연결(예: 그 사용자가 팔로우하는 다른 사람)보다 인바운드 연결(예: 팔로워)가 더 많기 때문입니다. 다음 쿼리를 사용하면 소셜 네트워크에서 다른 사람들보다 더 영향력 있는 사람이 누구인지 찾을 수 있습니다. GraphFrame은 그래프상에서 이러한 정보를 쿼리로 간단히 구현할 수 있도록 지원합니다.

```
// 스칼라 코드
val inDeg = stationGraph.inDegrees
inDeg.orderBy(desc("inDegree")).show(5, false)

// 파이썬 코드
inDeg = stationGraph.inDegrees
inDeg.orderBy(desc("inDegree")).show(5, False)
```

다음은 in-degree가 가장 높은 지점 순으로 정렬된 쿼리 결과입니다.

```
+----------------------------------------+--------+
|id                                      |inDegree|
+----------------------------------------+--------+
|San Francisco Caltrain (Townsend at 4th)|34810   |
|San Francisco Caltrain 2 (330 Townsend) |22523   |
|Harry Bridges Plaza (Ferry Building)    |17810   |
|2nd at Townsend                         |15463   |
|Townsend at 7th                         |15422   |
+----------------------------------------+--------+
```

out-degree도 같은 방식으로 쿼리할 수 있습니다.

```
// 스칼라 코드
val outDeg = stationGraph.outDegrees
outDeg.orderBy(desc("outDegree")).show(5, false)

// 파이썬 코드
outDeg = stationGraph.outDegrees
outDeg.orderBy(desc("outDegree")).show(5, False)

+---------------------------------------------+---------+
|id                                           |outDegree|
+---------------------------------------------+---------+
|San Francisco Caltrain (Townsend at 4th)     |26304    |
|San Francisco Caltrain 2 (330 Townsend)      |21758    |
```

```
|Harry Bridges Plaza (Ferry Building)         |17255    |
|Temporary Transbay Terminal (Howard at Beale)|14436    |
|Embarcadero at Sansome                       |14158    |
+---------------------------------------------+---------+
```

이 두 값의 비율은 상당히 흥미롭습니다. 비율이 높을 곳은 주로 여행이 끝나는 지점(그러나 이 지점에서는 거의 출발하지 않음)이고, 비율이 낮은 곳은 여행이 자주 시작되는 지점입니다(드물게 이 지점에서 여행이 끝나기도 함).

```
// 스칼라 코드
val degreeRatio = inDeg.join(outDeg, Seq("id"))
  .selectExpr("id", "double(inDegree)/double(outDegree) as degreeRatio")
degreeRatio.orderBy(desc("degreeRatio")).show(10, false)
degreeRatio.orderBy("degreeRatio").show(10, false)

// 파이썬 코드
degreeRatio = inDeg.join(outDeg, "id")\
  .selectExpr("id", "double(inDegree)/double(outDegree) as degreeRatio")
degreeRatio.orderBy(desc("degreeRatio")).show(10, False)
degreeRatio.orderBy("degreeRatio").show(10, False)
```

다음은 위 쿼리의 결과입니다.

```
+----------------------------------------+------------------+
|id                                      |degreeRatio       |
+----------------------------------------+------------------+
|Redwood City Medical Center             |1.5333333333333334|
|San Mateo County Center                 |1.4724409448818898|
...
|Embarcadero at Vallejo                  |1.2201707365495336|
|Market at Sansome                       |1.2173913043478262|
+----------------------------------------+------------------+
+-------------------------------+------------------+
|id                             |degreeRatio       |
+-------------------------------+------------------+
|Grant Avenue at Columbus Avenue|0.5180520570948782|
|2nd at Folsom                  |0.5909488686085761|
...
|San Francisco City Hall        |0.7928849902534113|
|Palo Alto Caltrain Station     |0.8064516129032258|
+-------------------------------+------------------+
```

30.4.3 너비 우선 탐색

너비 우선 탐색은 그래프상의 연결 관계edge를 기준으로 두 개의 노드를 연결하는 방법을 탐색하는 알고리즘입니다. 예제에서는 이 알고리즘을 서로 다른 지점 간 최단 경로를 찾기 위해 사용하지만 SQL 표현식으로 지정된 노드 집합에도 적용할 수 있습니다. `maxPathLength`로 최대 에지 수를 지정할 수 있으며, `edgeFilter`로 조건에 맞지 않는 에지를 필터링(예: 업무 외 시간에 왕래한 여행 기록)할 수도 있습니다.

예제에서는 두 개의 비교적 가까운 역을 선택하여 실행이 너무 오래 걸리지 않도록 할 겁니다. 그러나 멀리 떨어진 연결점(역)들을 포함하는 희소 그래프의 경우 재미있는 그래프 횡단을 수행할 수도 있습니다. 멀리 떨어져 있는 역을 서로 연결할 수 있는지 확인하기 위해 다양한 역(특히 다른 도시의 역)을 선택하여 시도해보시기 바랍니다.

```
// 스칼라 코드
stationGraph.bfs.fromExpr("id = 'Townsend at 7th'")
  .toExpr("id = 'Spear at Folsom'").maxPathLength(2).run().show(10)

// 파이썬 코드
stationGraph.bfs(fromExpr="id = 'Townsend at 7th'",
  toExpr="id = 'Spear at Folsom'", maxPathLength=2).show(10)

+--------------------+--------------------+--------------------+
|                from|                  e0|                  to|
+--------------------+--------------------+--------------------+
|[65,Townsend at 7...|[913371,663,8/31/...|[49,Spear at Fols...|
|[65,Townsend at 7...|[913265,658,8/31/...|[49,Spear at Fols...|
...
|[65,Townsend at 7...|[903375,850,8/24/...|[49,Spear at Fols...|
|[65,Townsend at 7...|[899944,910,8/21/...|[49,Spear at Fols...|
+--------------------+--------------------+--------------------+
```

30.4.4 연결 요소

연결 요소connected component는 [그림 30-5]와 같이 자체적인 연결을 가지고 있지만 큰 그래프에는 연결되지 않은(방향성이 없는) 서브그래프입니다.

그림 30-5 연결 요소

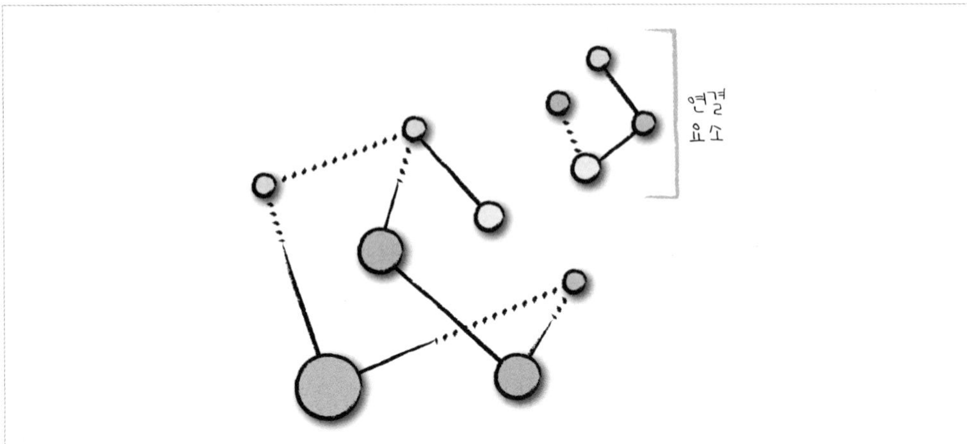

연결 요소 알고리즘은 방향성이 없는 그래프를 가정하기 때문에 예제와는 직접적인 관련이 없습니다. 그러나 알고리즘을 실행해볼 수는 있습니다(이때 알고리즘은 에지들에 대해 방향성이 없다고 가정합니다). 실제로 자전거 공유 맵을 살펴보면 두 개의 연결 요소로 구성되어 있다고 생각할 수 있습니다(그림 30-6).

그림 30-6 베이 지역의 자전거 공유 위치 지도

> **CAUTION_** 이 알고리즘을 실행하려면 반복 수행마다 작업 상태를 저장하는 체크포인트 디렉터리를 설정해야 합니다. 이는 충돌이 발생하면 작업을 마쳤던 곳에서 다시 작업을 진행할 수 있도록 합니다. 이 알고리즘은 현재 GraphFrame에서 가장 연산량이 많은 알고리즘 중 하나이므로 예제에서도 어느 정도의 지연이 발생할 수 있습니다.

로컬 시스템에서 이 알고리즘을 실행하기 위해 해야 할 일은 먼저 다음 코드 예제에서와 같이 데이터를 샘플링하는 겁니다. 샘플을 사용하면 가비지 컬렉션[12] 이슈와 같은 스파크 애플리케이션 충돌을 발생시키지 않고 결과를 얻을 수 있습니다.

```
// 스칼라 코드
spark.sparkContext.setCheckpointDir("/tmp/checkpoints")

// 파이썬 코드
spark.sparkContext.setCheckpointDir("/tmp/checkpoints")

// 스칼라 코드
val minGraph = GraphFrame(stationVertices, tripEdges.sample(false, 0.1))
val cc = minGraph.connectedComponents.run()

// 파이썬 코드
minGraph = GraphFrame(stationVertices, tripEdges.sample(False, 0.1))
cc = minGraph.connectedComponents()
```

예제의 쿼리에서 두 개의 연결 요소가 도출되지만, 우리가 기대했던 결과가 아닐 수도 있습니다. 사용된 샘플 데이터에는 모든 정보가 포함되어 있지 않을 수 있기 때문에 추가적인 분석을 위해 더 많은 컴퓨팅 리소스가 필요할 수 있습니다.

```
// 스칼라 코드
cc.where("component != 0").show()

// 파이썬 코드
cc.where("component != 0").show()
```

12 옮긴이_ 가비지 컬렉션은 메모리 관리 기법의 하나로, 프로그램이 동적으로 할당했던 메모리 영역 중 필요 없게 된 영역을 해제하는 기능입니다. https://databricks.com/blog/2015/05/28/tuning-java-garbage-collection-for-spark-applications.html

```
+----------+-----------------+---------+-----------+---------+-----------+-----
|station_id|               id|      lat|       long|dockcount|   landmark|in...
+----------+-----------------+---------+-----------+---------+-----------+-----
|        47|   Post at Kearney|37.788975|-122.403452|       19|San Franc...| ...
|        46|Washington at K...|37.795425|-122.404767|       15|San Franc...| ...
+----------+-----------------+---------+-----------+---------+-----------+-----
```

30.4.5 강한 연결 요소

GraphFrame에서 제공하는 방향성이 있는 그래프와 관련한 또 다른 알고리즘은 **강한 연결 요소**strongly connected component입니다. 강한 연결 요소란 방향성이 고려된 상태로 강하게 연결된 구성 요소, 즉 내부의 모든 정점 쌍 사이에 경로가 존재하는 서브그래프입니다.

```
// 스칼라 코드
val scc = minGraph.stronglyConnectedComponents.maxIter(3).run()

// 파이썬 코드
scc = minGraph.stronglyConnectedComponents(maxIter=3)
scc.groupBy("component").count().show()
```

30.4.6 고급 작업

여기서 말하는 고급 작업은 GraphFrame의 기능 중 일부를 선택하는 겁니다. GraphFrame 라이브러리에는 메시지 전달 인터페이스, 삼각형 계산 그리고 GraphX와의 변환을 통해 나만의 알고리즘을 작성하는 기능도 포함되어 있습니다. 좀 더 자세한 내용은 스파크 GraphFrame 문서를 살펴보세요.

30.5 정리

이 장에서는 그래프 분석을 위해 스파크에서 제공하는 GraphFrame 라이브러리를 살펴보았습니다. 이러한 기법은 고급 분석 관점에서 주로 사용되는 도구가 아니기 때문에 쉽게 이해할 수 있도록 이전 장들보다 좀 더 튜토리얼 형식으로 설명했습니다. 하지만 특정 도메인에서 특히 서로 다른 객체 간의 관계를 분석해야 할 때는 그래프 분석이 매우 강력한 도구가 될 수 있습니다. 다음 장에서는 최근 주목받고 있는 분석 기법인 딥러닝을 다루겠습니다.

CHAPTER 31

딥러닝

딥러닝은 특히 이미지, 음성, 텍스트와 같은 머신러닝 분야에서 처리하기 어려운 문제에 탁월한 능력을 보여주는 영역으로 최근 스파크에서 가장 관심을 가지고 있는 분야 중 하나입니다. 이 장에서는 스파크가 딥러닝과 연계하여 어떻게 동작하는지와 스파크에서 딥러닝을 사용할 수 있는 다양한 접근 방법을 살펴볼 겁니다.

딥러닝은 아직은 새로운 분야이기 때문에 스파크에서 제공하는 관련 도구 대부분이 외부 라이브러리입니다. 이 장에서는 스파크에 내장된 패키지보다는 스파크에서 활용할 수 있는 딥러닝 관련 외부 라이브러리의 엄청난 혁신에 중점을 두어 살펴볼 겁니다. 우선 스파크에서 딥러닝을 사용하기 위한 몇 가지 고차원적인 방법을 설명한 후 언제 사용해야 하는지 그리고 어떤 라이브러리를 사용할 수 있는지 살펴보겠습니다.

> **NOTE_** 이 장의 내용을 충실히 이해하려면 기본적으로 스파크 및 딥러닝의 기초 지식이 필요합니다. 이에 도움을 주고자 이 장에서는 딥러닝 분야의 최고 전문가들이 집필한 '딥러닝북(Deep Learning Book)'[1]의 일부 내용을 발췌해서 수록했습니다.

1 http://www.deeplearningbook.org/

31.1 딥러닝이란

딥러닝을 정의하기 위해서는 먼저 신경망을 정의해야 합니다. 신경망이란 가중치weight와 활성화 함수activation function를 가진 노드로 구성된 그래프입니다. 노드는 하나씩 위로 쌓아올려져서 하나의 **계층**layer으로 구성됩니다. 네트워크상에서 각 계층은 부분적으로 또는 완전히 이전 계층과 연결됩니다. 이러한 간단한 함수는 계층이 하나씩 추가될수록 점점 더 복잡한 입력 신호를 잘 인식할 수 있도록 학습할 수 있습니다. 이미지 인식을 예로 들면 신경망에서의 학습은 하나의 계층에서는 단순한 선을, 다음 계층에서는 원과 사각형을, 또 다른 계층에서는 복잡한 질감을, 그리고 마지막으로 최종 식별하려는 완전한 객체 또는 출력을 진행합니다. 이러한 학습의 최종 목표는 네트워크상의 각 노드 사이의 연결과 그에 대한 가중치 및 각 노드의 값을 적절히 조정하여 어떤 값이 입력되었을 때 특정한 출력값과 연관시킬 수 있도록 네트워크를 학습시키는 겁니다. [그림 31-1]은 간단한 신경망을 보여줍니다.

그림 31-1 신경망

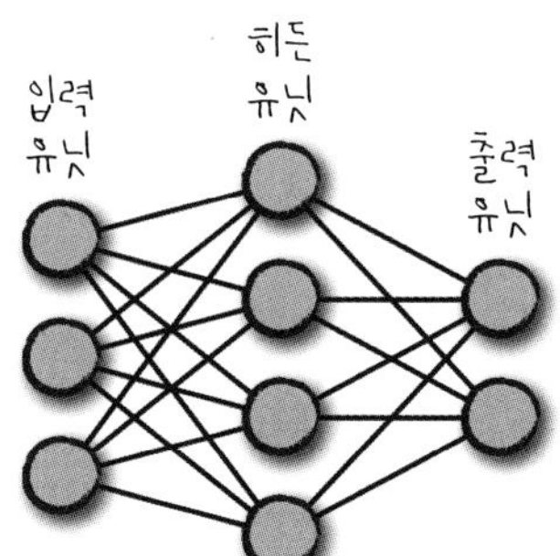

딥러닝 또는 **심층 신경망**Deep Neural Network, DNN은 다양한 아키텍처를 형성하며 이러한 계층을 무수히 쌓아 올립니다. 신경망 자체는 이미 수십 년 전에 만들어진 알고리즘입니다. 다만 그동안 다양한 머신러닝 알고리즘에 관심이 집중되어 쇠퇴했었습니다. 그러나 최근 대규모 데이터셋(예: 객체 인식을 위한 이미지넷ImageNet[2] 코퍼스Corpus)의 활용, 강력한 하드웨어(클러스터와 GPUs) 성능의 발전, 그리고 새로운 학습 알고리즘의 등장으로 인해 기존의 수많은 머신러

2 옮긴이_ 인력에 의한 라벨링(labeling)에 의존하지 않고 이미지를 검색할 수 있는 세계 최대의 데이터베이스로 스탠퍼드 대학교의 컴퓨터 과학자 Fei-Fei Li가 개발했습니다. http://www.image-net.org/

닝 방법론의 성능을 훨씬 뛰어넘는 대규모의 신경망을 학습할 수 있게 되었습니다. 전형적인 머신러닝 기법의 경우 데이터가 커지면 좋은 성능[3]을 유지할 수 없었습니다. 즉, 기존 기법의 경우 성능 측면의 한계에 직면했습니다. 하지만 딥러닝은 데이터 및 정보가 커질수록 유리하며, 오히려 기존의 머신러닝 알고리즘보다 훨씬 더 큰 양의 데이터셋이 요구됩니다. 심층 신경망은 기존 사용자가 수동으로 파라미터를 조정하여 학습시킨 모델에 비해 더 나은 학습 성능을 제공하여 이제는 컴퓨터 비전, 음성 처리 그리고 일부 자연어 처리 작업의 표준이 되었으며, 그 외 머신러닝의 다른 분야에도 적극적으로 도입되고 있습니다. 아파치 스파크는 빅데이터와 병렬 컴퓨팅 시스템으로서의 강점을 가지고 있기 때문에 딥러닝을 사용하기에 적합한 프레임워크입니다.

그간 많은 연구자와 엔지니어는 신경망 부류의 알고리즘 연산 능력을 개선하기 위해 큰 노력을 기울였습니다. 이로 인해 최근에는 연구 기관이나 회사에서 구현한 다양한 프레임워크에서 신경망이나 딥러닝을 보편적으로 사용하고 있습니다. 이 책을 쓰는 2018년 3월 기준으로 가장 인기 있는 프레임워크는 텐서플로TensorFlow, 맥스넷MXNet, 케라스Keras 그리고 파이토치PyTorch입니다. 이 영역은 매우 빠르게 발전하고 있으므로 지속해서 관련 기술 동향을 파악해야 합니다.

31.2 스파크에서 딥러닝을 사용하는 방법

어떤 애플리케이션을 개발하는지에 상관없이 스파크에서 딥러닝을 사용하는 세 가지 주요 방법은 추론, 특징 생성과 전이 학습, 모델 학습입니다. 각각에 대해 알아봅시다.

추론

딥러닝을 사용하는 가장 간단한 방법은 이미 학습된 모델을 스파크로 가져와서 대용량 데이터셋에 병렬로 적용하는 겁니다. 예를 들어 이미지 분류 모델(이미지넷과 같이 표준 데이터셋을 사용하여 학습한)을 불러와서 이를 사용자가 보유하고 있는 특정 이미지 데이터에 적용하면 판다, 꽃, 자동차 등을 구분하는 것이 가능해집니다. 최근 다양한 기관에서 대규모 공공 데이터

3 옮긴이_ 수행 속도 또는 연산 성능을 말합니다.

셋으로 미리 학습한 모델(예: 객체 감지를 위한 Fast R-CNN[4]과 YOLO[5])을 공유하고 있으므로 사용자가 선호하는 딥러닝 프레임워크에서 해당 모델을 가져와서[6] 스파크 함수를 사용해 병렬로 적용할 수 있습니다. 파이스파크PySpark를 사용하면 맵 함수를 사용해서 텐서플로나 파이토치와 같은 프레임워크를 호출하여 분산 처리를 통한 추론을 할 수 있습니다. 그러나 이 장에서 논의할 일부 라이브러리는 맵 함수를 사용해서 호출하는 것을 넘어서 추가적인 최적화를 지원합니다.

특징 생성과 전이 학습

두 번째 방법은 기존 모델을 결과 도출이 아니라 **특징을 생성**하는 데 사용하는 겁니다. 대부분의 딥러닝 모델은 하위 계층에서 철저한 학습을 통해 유용한 특징 표현 학습feature representation learning[7]을 합니다. 예를 들어 이미지넷 데이터셋을 학습한 분류기는 가장자리 및 질감과 같은 모든 자연 이미지의 원초적인 특징 표현을 학습합니다. 그런 다음 이러한 특징들을 원래의 학습 데이터가 다루지 않았던 새로운 문제를 해결할 수 있는 새로운 모델을 학습하는 데 활용할 수 있습니다. 이러한 방법을 **전이 학습**transfer learning[8]이라고 하며, 일반적으로 사전학습된 모델의 마지막 몇 개 계층만으로 또 다른 데이터셋을 대상으로 학습시킵니다. 전이 학습은 본래 분석하고자 하는 학습 데이터가 충분하지 않은 경우에 사용하면 특히 유용합니다. 실제 비즈니스에서는 과적합 현상이 발생하는 모델은 사용할 수 없습니다. 하지만 이런 과적합 현상을 제거한 완벽한 네트워크를 처음부터 학습시키려면 이미지넷과 같이 수십만 개의 이미지 데이터셋이 필

4 옮긴이_ Fast R-CNN은 regional proposal(물체가 있을 것으로 추정되는 범위)을 만드는 데 너무 오래 걸린다는 단점이 있었습니다. 최근에는 이를 개선한 Faster R-CNN이 나왔습니다. http://papers.nips.cc/paper/5638-faster-r-cnn-towards-real-time-object-detection-with-region-proposal-networks.pdf

5 옮긴이_ YOLO(You Only Live Once)는 Joseph Redmon이 다크넷(darknet)이라는 신경망 프레임워크에서 개발한 실시간 객체 인식 알고리즘입니다. https://arxiv.org/pdf/1506.02640.pdf

6 옮긴이_ Faster R-CNN의 경우 카페(https://github.com/rbgirshick/py-faster-rcnn), 파이토치(https://github.com/longcw/faster_rcnn_pytorch) 등 다양한 프레임워크에서 제공하고 있습니다.

7 옮긴이_ 특징 학습(feature learning) 또는 표현 학습(representation learning)이라고도 합니다. 일반적으로 머신러닝에서는 최적의 특징을 정의하고 생성하는 것이 가장 중요하며, 이는 보통 분석가의 경험이나 역량에 의존합니다. 반면 딥러닝은 원시 데이터로부터 최적의 성능을 발휘하는 데 필요한 특징 표현 방법을 스스로 학습하고, 이를 기반으로 최적의 성능을 발휘하는 가중치를 효과적으로 찾아냅니다. https://en.wikipedia.org/wiki/Feature_learning#cite_note-pami-1

8 옮긴이_ 전이 학습이란 특정 환경에서 만들어진 알고리즘을 다른 비슷한 분야에 적용하는 방법론입니다. 특히 딥러닝 분야에서 많이 사용되는 이미지를 모델을 제대로 학습시킬 만큼 충분히 확보하기는 보통 어렵기 때문에 기존의(비록 분야가 조금 다를지라도) 성능이 좋은 네트워크와 가중치를 일부 또는 모두 가져와서 상위 계층을 튜닝하는 방식으로 현재 문제를 풀 수 있도록 모델을 재활용하는 방법입니다. 전이 학습은 최근 이미지 관련 분류 모델에서는 거의 필수 기법이라고 할 수 있습니다. https://en.wikipedia.org/wiki/Transfer_learning, https://www.cse.ust.hk/~qyang/Docs/2009/tkde_transfer_learning.pdf

요합니다. 이에 반해 전이 학습은 작은 규모의 파라미터만 업데이트해도 되기 때문에 수천 개의 이미지만으로도 작동할 수 있습니다.

모델 학습

스파크는 신규 딥러닝 모델 개발을 처음부터 시작할 때도 사용할 수 있습니다. 여기에는 두 가지 방법이 있습니다. 하나는 스파크 클러스터를 사용하여 **단일** 모델에 대한 학습을 여러 서버에서 병렬 처리하고 각 서버 간의 통신을 통해 최종 결과를 업데이트하는 겁니다. 다른 하나는 특정 라이브러리를 사용하여 **다양한** 모델 객체를 병렬로 학습[9]시키고 다양한 모델 아키텍처와 하이퍼파라미터를 검토하여 최종 모델 선택과 최적화 과정을 효율적으로 수행하는 겁니다. 두 방법 모두 스파크의 딥러닝 라이브러리를 통해 RDD 및 DataFrame으로부터 딥러닝 알고리즘에 데이터를 손쉽게 전달할 수 있습니다. 또한 모델 학습 시 병렬 처리를 원치 않는 경우에도 이러한 라이브러리들을 사용하여 클러스터로부터 데이터를 추출하고, 텐서플로 같은 딥러닝 프레임워크에서 지원하는 데이터 포맷을 사용하여 단일 머신 기반의 모델 학습 스크립트로 내보낼 수 있습니다.

위 세 가지 경우를 포함한 일반적인 딥러닝 코드는 보통 입력 데이터, 다양한 소스 I/O 그리고 배치 또는 스트리밍 추론 등을 구문 분석하기 위해 데이터 추출Extract, 변형Transform, 적재Load 단계를 포함하는 더 큰 애플리케이션의 일부로 실행됩니다. 이러한 애플리케이션의 다른 영역에서는 이 책 앞부분에서 설명한 DataFrame, RDD 그리고 MLlib API를 사용할 수도 있습니다. 스파크의 강점 중 하나는 이러한 단계를 단일 병렬 워크플로로 결합하기 쉽다는 겁니다.

31.3 딥러닝 라이브러리

이제 스파크에서 가장 인기 있는 몇 가지 딥러닝 라이브러리를 살펴보겠습니다. 여기서는 라이브러리의 주요 활용 사례를 설명하고 필요한 경우 참조를 링크하거나 예제를 살펴보겠습니다. 이 분야는 매우 빠르게 진화하고 있기 때문에 이 책에 실린 내용이 전부는 아닙니다. 웹이나 스파크 문서 등으로 최신 내용을 확인하기 바랍니다.

---

9 옮긴이_ 동일한 데이터셋을 대상으로 분류 문제를 해결한다고 했을 때 분류를 위한 다양한 알고리즘을 동시에 학습시켜서 최적의 모델(또는 알고리즘)을 선정하는 과정을 말합니다.

31.3.1 MLlib에서 지원하는 신경망

스파크의 MLlib은 현재 기본적으로 ml.classification.MultilayerPerceptronClassifier 클래스의 다층 퍼셉트론 분류기multilayer perceptron classifier와 같은 단일 심층 학습single deep learning 알고리즘을 지원합니다. 이 클래스는 시그모이드 활성화 함수를 사용하는 완전 연결 계층fully connected layer[10]과 소프트맥스 활성화 함수를 사용하는 출력 계층을 포함하며, 상대적으로 얕은 네트워크shallow network[11]를 학습하도록 제한됩니다. 이 클래스는 기존의 딥러닝 기반 특징 추출기를 사용하여 전이 학습을 할 때 분류 모델의 마지막 몇 개 계층을 학습하는 데 가장 유용합니다. 예를 들어 이 장 뒷부분에서 설명할 딥러닝 파이프라인 라이브러리에 이 클래스를 추가하면 케라스 및 텐서플로 모델을 통한 전이 학습을 신속하게 수행할 수 있습니다.

31.3.2 텐서프레임

텐서프레임TensorFrames[12]은 스파크 DataFrame과 텐서플로 간에 데이터 송수신을 쉽게 하도록 도와주는 추론 및 전이 학습 지향 라이브러리입니다. 파이썬과 스칼라 인터페이스를 지원하며, 텐서플로에서 스파크로 데이터를 전달하기 위해 단순하지만 최적화된 인터페이스를 제공하는 데 중점을 둡니다. 특히 텐서프레임을 사용하여 스파크 DataFrame에 모델을 적용하면 빠른 데이터 전송 및 초기 구동 비용에 대한 비용 상쇄 효과로 인해 텐서플로 모델을 직접 불러오는 파이썬 맵 함수를 호출하는 것보다 일반적으로 더 효율적입니다. 텐서프레임은 추론, 스트리밍, 배치 설정 및 전이 학습 용도로 가장 유용합니다. 전이 학습 시에는 기존 모델을 원시 데이터에 적용하여 특징 추출을 한 다음 MultilayerPerceptronClassifier 또는 더 단순한 로지스틱 회귀나 랜덤 포레스트 분류기를 사용하여 마지막 계층을 학습시킬 수 있습니다.

31.3.3 BigDL

BigDL[13]은 인텔에서 개발한 아파치 스파크의 분산 딥러닝 프레임워크로 추론을 사용하여 딥러닝 모델의 빠른 적용과 대용량 모델의 분산 학습distributed training을 지원합니다. 타 라이브러리

---

10 옮긴이_ FC 계층 또는 Dense(고밀도) 계층라고도 하며, 신경망에서 이전 계층의 모든 뉴런과 결합된 형태의 계층을 말합니다.

11 옮긴이_ 1~2개의 계층으로 이루어진 모델(입력 계층과 출력 계층은 제외)을 말합니다. 얕은 아키텍처(shallow architecture)라고 부르기도 합니다. 반대로 깊은 아키텍처(deep architecture)는 수많은 계층으로 중첩된 구조를 이루는 모델을 말합니다.

12 https://github.com/databricks/tensorframes

13 https://github.com/intel-analytics/BigDL

와 비교하여 BigDL의 특장점으로는 GPU가 아니라 주로 CPU 활용에 최적화되어 있다는 점을 꼽을 수 있습니다. 이는 아파치 하둡과 같은 기존의 CPU 기반 클러스터에서도 효율적으로 딥러닝을 구현할 수 있게 합니다. BigDL은 신규로 신경망을 구축할 수 있는 고급 API를 제공하며, 기본적으로 모든 작업을 자동으로 분산 처리합니다. 또한 Keras DL 라이브러리로 작성된 모델도 학습할 수 있습니다.

31.3.4 TensorFlowOnSpark

TensorFlowOnSpark[14]는 스파크 클러스터에서 텐서플로 모델을 병렬로 학습시키는 데 사용하는 대중적인 라이브러리입니다. 텐서플로에는 분산 학습을 수행하는 데 필요한 기본적인 기술이 포함되어 있지만, 하드웨어 및 데이터 통신을 관리하기 위해서는 클러스터 매니저에 의존해야 합니다. 클러스터 매니저나 분산 I/O 계층은 기본적으로 제공되지 않습니다. TensorFlowOnSpark는 스파크 잡 내에서 텐서플로의 분산 모드를 실행시키고, 스파크 RDD 또는 DataFrame 데이터를 텐서플로 잡에 자동으로 공급합니다. 따라서 텐서플로의 분산 모드 사용법을 이미 알고 있다면, TensorFlowOnSpark를 사용하여 스파크 클러스터 내에서 잡을 쉽게 시작할 수 있고, 스파크가 지원하는 모든 입력 소스로부터 가져온 데이터를 클러스터에 전달할 수 있습니다. 이러한 데이터에는 DataFrame 변환과 같은 다른 스파크 라이브러리로 처리한 데이터도 포함됩니다. TensorFlowOnSpark는 최초 야후!에서 개발했으며, 최근 다양한 대규모 조직에서도 TensorFlowOnSpark를 운영 환경에서 사용하고 있습니다. 이 프로젝트는 현재 스파크의 ML 파이프라인 API와 통합되었습니다.

31.3.5 DeepLearning4J

Deeplearning4j[15]는 단일 노드 및 분산 학습 옵션을 모두 제공하는 Java 및 Scala의 오픈소스이자 분산 딥러닝 프로젝트입니다. 이 프로젝트가 파이썬 기반의 딥러닝 프레임워크를 능가하는 장점 중 하나는 JVM용으로 설계되어 파이썬을 개발 프로세스에 추가하지 않으려는 사용자 그룹에 더 높은 편의성을 제공하는 겁니다. 또한 GPU는 물론 CPU에 대한 다양한 학습 알고리즘과 기술 지원을 제공합니다.

---

14 https://github.com/yahoo/TensorFlowOnSpark

15 https://deeplearning4j.org/spark

31.3.6 딥러닝 파이프라인

딥러닝 파이프라인[16]은 딥러닝 기능을 스파크의 ML 파이프라인 API에 통합시킨 데이터브릭스의 오픈소스 패키지입니다. 이 패키지는 기존의 딥러닝 프레임워크(이 책을 집필한 시점을 기준으로 텐서플로와 케라스)를 포함[17]하고 있으며, 두 가지 목표에 중점을 둡니다.

- 딥러닝 프레임워크를 표준 스파크 API(ML 파이프라인이나 스파크 SQL 같은)에 통합하여 사용하기 쉽게 만듭니다.
- 모든 연산을 기본적으로 분산 처리합니다.

예를 들어 딥러닝 파이프라인은 스파크 ML 파이프라인 API 상에서 변환자 역할을 하는 `DeepImageFeaturizer` 클래스를 제공하여 사용자가 몇 줄의 코드만으로 학습 파이프라인을 구축할 수 있도록 합니다(예: 퍼셉트론 또는 로지스틱 회귀 분류기를 앞단에 추가하여). 마찬가지로 라이브러리는 MLlib의 그리드 서치 및 교차 검증 API를 사용하여 여러 모델 파라미터에 대한 병렬 그리드 서치를 지원합니다. 마지막으로 ML 모델을 스파크 SQL 사용자 정의 함수로 내보내 분석가들이 SQL 또는 스트리밍 애플리케이션을 사용할 수 있도록 할 수 있습니다. 이 책을 쓰는 2018년 3월 기준에도 딥러닝 파이프라인이 지속해서 개발되고 있으므로 웹에서 관련 최신 업데이트를 확인하기 바랍니다.

[표 31-1]에 다양한 딥러닝 라이브러리와 이들이 지원하는 주요 활용 사례를 요약했습니다.

표 31-1 딥러닝 라이브러리

라이브러리	DL 기반 프레임워크	활용 사례
BigDL	BigDL	분산 학습, 추론, ML 파이프라인 통합
DeepLearning4J	DeepLearning4J	추론, 전이 학습, 분산 학습
딥러닝 파이프라인	텐서플로, 케라스	추론, 전이 학습, 다중 모델 학습, ML 파이프라인 및 스파크 SQL 통합
MLlib 퍼셉트론	스파크	분산 학습, ML 파이프라인 통합
TensorFlowOnSpark	텐서플로	분산 학습, ML 파이프라인 통합
텐서프레임	텐서플로	추론, 전이 학습, DataFrame 통합

여러 기업이 스파크와 딥러닝 라이브러리를 통합하려는 다양한 시도를 했지만, 현재 MLlib과

16 https://github.com/databricks/spark-deep-learning

17 옮긴이_ 아직까지 텐서플로와 케라스 외 다른 프레임워크는 추가되지 않았습니다. 다만 지원하는 모델의 종류는 지속적으로 업데이트되고 있습니다.

DataFrame을 밀접하게 연결하기 위해 가장 우선시하는 목표는 딥러닝 파이프라인입니다. 이 라이브러리는 스파크의 이미지와 텐서 데이터tensor data[18](스파크 2.3의 핵심 스파크 코드베이스에 통합될 것임)에 대한 지원을 개선하고, ML 파이프라인 API에서 모든 딥러닝 기능을 사용할 수 있도록 하는 것을 목표로 합니다. 또한 친숙한 API 덕분에 스파크에서 간편하게 딥러닝을 실행할 수 있습니다. 이 장 뒷부분에서 자세히 설명합니다.

31.4 딥러닝 파이프라인을 사용한 간단한 예제

앞서 설명한 것처럼 딥러닝 파이프라인은 널리 사용되는 딥러닝 프레임워크를 ML 파이프라인 및 스파크 SQL과 통합하여 확장 가능한 딥러닝 모델을 만들기 위한 고급 API를 제공합니다.

딥러닝 파이프라인은 모델 학습을 위한 스파크의 ML 파이프라인과, 모델 배포를 위한 스파크 DataFrame과 SQL 상에서 구현됩니다. 딥러닝 파이프라인에는 딥러닝의 일반적인 내용이 담긴 고급 API가 포함되어 있으므로 몇 줄의 코드만으로도 효율적으로 수행할 수 있습니다.

- 스파크 DataFrame에서 이미지 처리 가능
- 개인이 개발한 모델이건 프레임워크에서 제공하는 표준 모델이건 상관없이 대규모 딥러닝 모델을 이미지나 텐서 데이터에 적용 가능
- 사전학습된 딥러닝 모델을 사용하여 전이 학습 가능
- 모델을 스파크 SQL 함수로 내보내 모든 사용자가 딥러닝을 쉽게 이용 가능
- ML 파이프라인을 통해 분산 딥러닝 하이퍼파라미터 튜닝 가능

딥러닝 파이프라인은 현재 텐서플로나 케라스 같은 기존 파이썬 기반 딥러닝 패키지와 긴밀하게 작업하도록 설계된 파이썬 API만 제공합니다.

31.4.1 설정하기

딥러닝 파이프라인[19]은 스파크 패키지이므로 기존의 GraphFrame을 로드했던 방식과 동일하

18 옮긴이_ 텐서플로에서 사용하는 데이터 구조를 말합니다. 텐서는 n차원의 배열 또는 리스트 구조와 유사하며, 하나의 텐서는 정적 타입과 동적 차원을 갖고 있습니다. 계산 그래프의 노드들은 오직 텐서만 전달할 수 있습니다.

19 https://github.com/databricks/spark-deep-learning

게 진행하면 됩니다. 딥러닝 파이프라인은 스파크 2.x 버전에서 작동하며 관련 패키지는 깃허브[20]에서 찾을 수 있습니다. 또한 텐서프레임[21], 텐서플로[22], 케라스[23] 그리고 h5py[24]를 비롯한 몇 가지 파이썬 종속 라이브러리를 설치해야 합니다. 사용자 컴퓨터와 드라이버에 설치되어 있는지 사전에 확인하세요.

예제에서는 텐서플로의 Image Retraining 튜토리얼에 있는 플라워[flowers] 데이터셋을 사용합니다.[25] 이를 클러스터에서 실행하기 위해서는 파일을 내려받은 후 분산 파일 시스템에 저장해야 합니다. 저장 방법에 대해서는 이 책의 GitHub 리포지토리[26]에 설명해 놓았으니 참고하세요.

31.4.2 이미지와 DataFrame

스파크에서 이미지 작업을 할 때 발생하는 고질적인 문제점 중 하나는 이미지를 DataFrame으로 가져오는 과정이 어렵고 지루하다는 겁니다. 딥러닝 파이프라인에는 분산 처리 방식으로 이미지에 대한 로드와 디코딩을 쉽게 해주는 유틸리티 함수가 포함되어 있습니다. 이는 현재 딥러닝 파이프라인의 분야이며, 기본 이미지 로딩과 표현은 스파크 2.3에 정식으로 포함될 예정입니다. 아직 배포되지는 않았지만 이 장의 모든 예제는 이후 버전의 스파크와 호환되어야 합니다.

```
from pyspark.ml.image import ImageSchema

img_dir = '/data/deep-learning-images/'
image_df = ImageSchema.readImages(sample_img_dir)
```

결과 DataFrame에는 경로가 보이며, 이미지와 관련 메타데이터가 포함되어 있습니다.

---

20 https://spark-packages.org/package/databricks/spark-deep-learning
21 https://spark-packages.org/package/databricks/tensorframes
22 https://www.tensorflow.org/
23 https://keras.io/
24 http://www.h5py.org/
25 https://www.tensorflow.org/tutorials/image_retraining
26 http://bit.ly/2QKoyM6

```
image_df.printSchema()
root
 |-- filePath: string (nullable = false)
 |-- image: struct (nullable = true)
 |    |-- mode: string (nullable = false)
 |    |-- height: integer (nullable = false)
 |    |-- width: integer (nullable = false)
 |    |-- nChannels: integer (nullable = false)
 |    |-- data: binary (nullable = false)
```

31.4.3 전이 학습

이제 데이터가 확보되었으므로 간단한 전이 학습을 시작할 수 있습니다. 전이 학습은 다른 사람이 만든 모델을 활용하여 자신의 목적에 더 잘 맞도록 수정한다는 것을 기억하세요. 먼저 유형별 꽃에 대한 데이터를 로드하고 학습셋과 테스트셋을 생성합니다.

```
from pyspark.ml.image import ImageSchema
from pyspark.sql.functions import lit
from sparkdl.image import imageIO

tulips_df = ImageSchema.readImages(img_dir + "/tulips")
  .withColumn("label", lit(1))
daisy_df = imageIO.readImagesWithCustomFn(img_dir + "/daisy", decode_f=imageIO
  .PIL_decode).withColumn("label", lit(0))
tulips_train, tulips_test = tulips_df.randomSplit([0.6, 0.4])
daisy_train, daisy_test = daisy_df.randomSplit([0.6, 0.4])
train_df = tulips_train.unionAll(daisy_train)
test_df = tulips_test.unionAll(daisy_test)
```

이제 DeepImageFeaturizer라는 변환자를 활용할 겁니다. 이를 통해 이미지 패턴을 식별하는 데 사용되는 강력한 신경망인 인셉션[Inception]이라는 사전학습된 모델을 활용할 수 있습니다. 우리가 사용하는 버전은 다양하고 보편적인 사물 및 동물의 이미지를 인식하는 데 적합하도록 사전학습되어 있습니다. 이는 케라스 라이브러리와 함께 제공되는 표준 사전학습 모델 중 하나입니다. 그러나 이 특정 신경망은 데이지와 장미를 인식하도록 학습되지는 않았습니다. 따라서 전이 학습을 사용하여 우리 목적(다양한 꽃 구별하기)에 맞게 수정할 겁니다.

딥러닝 파이프라인에서도 앞서 설명한 내용과 동일한 ML 파이프라인 개념을 활용할 수 있습니다(DeepImageFeaturizer는 ML 변환자에 불과합니다). 참고로 지금까지 우리가 이 모델을 확장하기 위해 수행한 모든 작업은 결국 로지스틱 회귀 모델을 추가하여 최종 모델의 학습을 쉽게 하기 위한 겁니다. 로직스틱 회귀 대신 다른 분류기를 사용할 수도 있습니다. 다음 코드 스니펫은 모델을 추가하는 방법을 보여줍니다(컴퓨팅 리소스가 많이 소요되는 프로세스이므로 완료하는 데 시간이 걸릴 수 있습니다).

```
from pyspark.ml.classification import LogisticRegression
from pyspark.ml import Pipeline
from sparkdl import DeepImageFeaturizer

featurizer = DeepImageFeaturizer(inputCol="image", outputCol="features",
  modelName="InceptionV3")
lr = LogisticRegression(maxIter=1, regParam=0.05, elasticNetParam=0.3,
  labelCol="label")
p = Pipeline(stages=[featurizer, lr])
p_model = p.fit(train_df)
```

모델 학습이 완료되면 25장에서 사용했던 분류 평가기를 사용할 수 있습니다. 테스트하고자 하는 평가지표를 지정한 다음 평가를 수행하세요.

```
from pyspark.ml.evaluation import MulticlassClassificationEvaluator

tested_df = p_model.transform(test_df)
evaluator = MulticlassClassificationEvaluator(metricName="accuracy")
print("Test set accuracy = " + str(evaluator.evaluate(tested_df.select(
  "prediction", "label"))))
```

예제의 DataFrame을 사용하여 이전 학습에서 예측이 잘못된 로우와 이미지를 검사할 수 있습니다.

```
from pyspark.sql.types import DoubleType
from pyspark.sql.functions import expr

# 값을 double 데이터 타입으로 변환하는 간단한 UDF
def _p1(v):
  return float(v.array[1])
```

```
p1 = udf(_p1, DoubleType())
df = tested_df.withColumn("p_1", p1(tested_df.probability))
wrong_df = df.orderBy(expr("abs(p_1 - label)"), ascending=False)
wrong_df.select("image.origin", "p_1", "label").limit(10)
```

대규모 데이터에 딥러닝 모델 적용하기

스파크의 DataFrame은 딥러닝 모델을 대용량 데이터셋에 적용하기 위한 최적의 플랫폼입니다. 딥러닝 파이프라인은 텐서플로 그래프와 텐서플로 기반 케라스 모델을 대용량 데이터셋에 적용할 수 있도록 변환자를 제공합니다. 또한 잘 알려진 이미지 모델 객체를 텐서플로 또는 케라스 코드 없이도 즉시 사용할 수 있습니다. 텐서프레임 라이브러리가 지원되는 변환자는 스파크에 모델 및 데이터 배포를 효율적으로 처리합니다.

31.4.4 인기 있는 표준 모델 사용하기

이미지 인식과 관련한 표준 딥러닝 모델은 매우 다양합니다. 만약 사용자가 수행 중인 작업이 외부 표준 모델이 제공하는 것과 매우 유사하다면(예: 이미지넷 클래스를 활용한 객체 인식) 단순히 모델 이름만 지정하여 DeepImagePredictor 변환자를 사용할 수 있습니다(단순 테스트 목적으로도 사용할 수 있습니다). 딥러닝 파이프라인은 케라스에 포함된 다양한 표준 모델을 지원합니다(케라스 웹사이트[27] 참조). 다음은 DeepImagePredictor를 사용하는 예제입니다.

```
from pyspark.ml.image import ImageSchema
from sparkdl import DeepImagePredictor

image_df = ImageSchema.readImages(img_dir)
predictor = DeepImagePredictor(
  inputCol="image",
  outputCol="predicted_labels",
  modelName="InceptionV3",
  decodePredictions=True,
  topK=10)
predictions_df = predictor.transform(image_df)
```

27 옮긴이_ https://keras.io/

우리가 적용한 기본 모델(InceptionV3)을 사용하면 'daisy'가 모든 샘플에 대해 높은 확률값을 갖는 클래스라는 것을 predicted_labels 컬럼을 통해 알 수 있습니다. 그러나 확률값의 차이에서 알 수 있듯이 신경망은 두 가지 유형의 꽃을 식별하기 위한 정보를 가지고 있습니다. 보다시피 우리 전이 학습 예제는 기본 모델을 기반으로 데이지와 튤립의 차이점을 적절히 학습할 수 있었습니다.

```
df = p_model.transform(image_df)
df.select("image.origin", (1-p1(df.probability)).alias("p_daisy")).show()
```

사용자 정의 케라스 모델 적용하기

딥러닝 파이프라인은 스파크를 사용하여 분산 처리 방식으로 케라스 모델을 적용하도록 지원합니다. 적용 방법에 대해서는 깃허브의 사용자 가이드[28]에서 KerasImageFileTransformer의 내용을 확인하세요. 가이드 내용대로 수행하면 케라스 모델을 불러오며 DataFrame 컬럼에 적용됩니다.

텐서플로 모델 사용하기

딥러닝 파이프라인은 또한 텐서플로와의 통합을 통해 텐서플로 기반 이미지를 조작하는 사용자 정의 변환자를 만드는 데도 사용할 수 있습니다. 예를 들어 TFImageTransformer 클래스를 사용하여 이미지의 크기를 변경하거나 색상 스펙트럼을 수정하기 위해 변환자를 생성할 수 있습니다.

SQL 함수를 사용하여 모델 전개하기

또 다른 옵션은 모델을 SQL 함수로 전개하여 SQL을 아는 모든 사용자가 딥러닝 모델을 사용할 수 있도록 하는 겁니다. 이 함수를 사용하면 결과 사용자 정의 함수는 새로운 컬럼을 생성하여 해당 모델의 결과를 출력합니다. 예를 들어 registerKeraImageUDF 클래스를 사용하여 인셉션 v3 모델을 다양한 이미지에 적용할 수 있습니다.

---

28 http://bit.ly/2Edb6eQ

```
from keras.applications import InceptionV3
from sparkdl.udf.keras_image_model import registerKerasImageUDF
from keras.applications import InceptionV3

registerKerasImageUDF("my_keras_inception_udf", InceptionV3(weights="imagenet"))
```

이 방법을 사용하면 전문 분석가뿐만 아니라 모든 스파크 사용자가 딥러닝 모델을 사용할 수 있습니다.

31.5 정리

이 장에서는 스파크에서 딥러닝을 사용하는 몇 가지 일반적인 접근 방법을 설명했습니다. 또한 딥러닝 관련 다양한 라이브러리와 몇 가지 기본적인 예제를 다루었습니다. 스파크에서 딥러닝 영역은 현재 매우 활발히 개발되고 있습니다. 이 영역은 앞으로도 시간이 지날수록 더 많은 발전이 이루어질 것이기 때문에 웹 등을 통해 지속적인 관심을 두고 살펴봐야 할 겁니다! 따라서 저자는 이 장에 수록된 내용이 앞으로도 최신 내용을 반영할 수 있도록 계속 관심을 가질 겁니다.

Part VII

에코시스템

개발자와 데이터 과학자는 자신에게 익숙한 언어 중 하나를 선택해서 스파크를 빠르게 배울 수 있습니다. 7부에서는 많은 스파크 사용자가 선택하는 파이썬과 R의 언어적 특성을 상세히 살펴봅니다. 그리고 스파크가 가지고 있는 비기술적 장점에 대해서도 가볍게 알아보면서 이 책을 마무리합니다.

Part VII

에코시스템

CHAPTER 32

언어별 특성: 파이썬(PySpark)과 R(SparkR, sparklyr)

우리는 지금까지 수많은 PySpark 예제를 접해보았습니다. 특히 1장에서는 여러 언어로 스파크를 실행하는 방법을 알아보았습니다. 이 장에서는 아파치 스파크가 지원하는 프로그래밍 언어별 특징을 알아보겠습니다. 여기서는 다음 언어에 특화된 내용을 알아봅니다.

- PySpark
- SparkR
- `sparklyr`

[그림 32-1]에 앞서 나열한 프로그래밍 언어를 지원하는 스파크의 기본 아키텍처를 나타냈습니다.

그림 32-1 스파크 드라이버

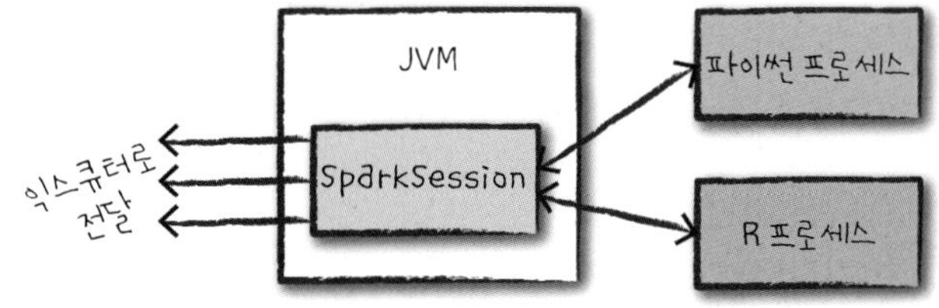

이제 PySpark, SparkR, `sparklyr`를 자세히 알아보겠습니다.

32.1 PySpark

지금까지 많은 PySpark 코드를 소개했습니다. PySpark 코드는 스칼라, SQL 코드와 함께 거의 모든 장의 예제에 포함되어 있습니다. 따라서 이 절에서는 스파크와 관련된 세부적인 사항만 다룹니다. 1장에서 이야기한 바와 같이 스파크 2.2 버전에는 `pip` 명령을 사용해 PySpark를 설치하는 방법이 추가되었습니다. 간단히 말해, `pip install pyspark` 명령을 사용해 로컬 컴퓨터에 PySpark 패키지를 설치할 수 있습니다. 새로운 기능이기 때문에 몇 가지 버그가 있을 수 있지만, 예제를 실행하는 데 큰 문제는 없습니다.

32.1.1 PySpark의 근본적인 차이점

구조적 API를 이용해(사용자 정의 함수를 사용하지 않고) 파이썬으로 코드를 개발했다면 스칼라를 이용해 개발한 것처럼 빠르게 동작해야 합니다. 만약 사용자 정의 함수를 사용하는 경우라면 성능에 영향을 미칠 수 있습니다. 이와 관련된 내용은 6장을 참조하세요.

저수준 API(특히 RDD)를 사용하는 경우 유연성을 얻는 대신 성능 저하를 감수해야 합니다. 이미 12장에서 성능 저하의 원인을 알아보았습니다. 성능 저하가 일어나는 이유는 파이썬 데이터를 스파크와 JVM에서 이해할 수 있도록 변환하고 그 반대로 변환하는 과정에서 큰 비용이 발생하기 때문입니다. 이 과정에는 데이터 직렬화 처리 과정과 함수 처리 과정이 포함됩니다. 물론 이런 처리 방식이 결코 나쁘다는 뜻은 아닙니다. 그러나 저수준 API를 사용할 때는 성능 저하가 일어날 수 있다는 사실을 반드시 기억해야 합니다.

32.1.2 Pandas 통합하기

PySpark는 여러 프로그래밍 모델을 함께 사용할 수 있다는 장점이 있습니다. 예를 들어 스파크를 이용해 매우 큰 규모의 ETL 작업을 수행합니다. 그런 다음 (한 대의 머신에서 수집 가능한 크기의) 결과를 드라이버로 수집합니다. 그리고 Pandas 라이브러리를 활용해 해당 결과에 대한 추가 처리 작업을 진행합니다. 즉, 스파크로 빅데이터를 처리하고 Pandas 라이브러리로 작은 데이터를 처리하는 동급 최강의 기능을 사용할 수 있습니다.

```
import pandas as pd

df = pd.DataFrame({"first":range(200), "second":range(50,250)})
sparkDF = spark.createDataFrame(df)
newPDF = sparkDF.toPandas()
newPDF.head()
```

이런 특성을 활용하면 스파크에서 크고 작은 데이터를 쉽게 처리할 수 있습니다. 스파크 커뮤니티는 여러 프로젝트와 상호운용성을 높이기 위해 열심히 노력하고 있습니다. 그러므로 스파크와 파이썬 간의 통합은 앞으로도 개선될 겁니다. 이 순간에도 커뮤니티는 벡터화 UDF와 관련된 이슈(SPARK-21190[1])를 열심히 해결하고 있습니다. 이 이슈는 개별 로우를 파이썬 객체로 변환하는 대신 파이썬을 이용해 스파크 DataFrame을 Pandas 라이브러리의 DataFrame 시리즈로 처리할 수 있는 mapBatches API를 추가하는 내용이며 2.3 버전에 포함될 예정입니다.[2]

32.2 R로 스파크 사용하기

지금부터는 스파크의 최신 공식 지원 언어인 R을 소개합니다. R은 통계 계산과 그래픽을 위한 언어이자 개발 환경으로, 존 챔버스John Chambers가 벨연구소에서 동료들과 함께 개발한 S 언어 및 개발 환경과 유사합니다. R은 수십 년 동안 사용되어 왔으며 통계 전문가와 수치형 컴퓨팅numerical computing 연구자에게 꾸준한 인기를 얻고 있는 언어입니다. R은 스파크의 주요 언어로 자리매김하고 있습니다. 스파크는 R 프로그래밍 언어에 가장 간단한 분산 컴퓨팅 인터페이스를 제공합니다.

R은 단일 머신 환경에서 수행하는 데이터 분석과 고급 분석에 많이 사용하므로 스파크의 단점을 보완할 수 있습니다. 스파크는 R을 지원하기 위해 두 가지 핵심 컴포넌트인 SparkR과 sparklyr를 제공합니다. 각각의 패키지는 접근 방식이 다르지만 제공하는 기능은 비슷합니다. SparkR은 R의 data.frame과 유사한 DataFrame API를 제공합니다. 반면 sparklyr는 구조

1 https://issues.apache.org/jira/browse/SPARK-21190

2 옮긴이_ SPARK-21190 이슈는 이미 완료되어 스파크 2.3.0 버전에 포함되었습니다.

적 데이터에 접근하기 위해 `dplyr` 패키지를 사용합니다. 두 컴포넌트 모두 스파크에서 사용할 수 있지만, 추후 하나의 패키지로 통합될 것으로 예상합니다.

이 절에서는 사용자가 원하는 API를 선택할 수 있도록 두 패키지 모두 알아보겠습니다. 서로 다른 커뮤니티에서 개발되고 있지만 두 커뮤니티 모두 활성화되어 있으며 지원도 잘 이루어집니다. 두 패키지 모두 스파크의 구조적 API를 지원하며 머신러닝에서도 사용할 수 있습니다. 이 둘의 차이점을 자세히 알아봅시다.

32.2.1 SparkR

SparkR은 R API 기반으로 아파치 스파크를 사용할 수 있는 프런트엔드front-end를 제공합니다. UC버클리 대학교, 데이터브릭스, MIT CSAIL 간의 공동 연구 프로젝트로 시작되었습니다. SparkR은 지연 연산 등의 API 개념을 제외하면 R에 내장된 `data.frame` API와 **매우** 유사합니다. SparkR은 여러 개의 공식 스파크 프로젝트 중 하나입니다. SparkR과 관련된 자세한 내용은 관련 문서[3]를 참고하세요.

SparkR의 장단점

다음과 같은 경우 PySpark 대신 SparkR을 사용하는 것이 좋습니다.

- R 언어에 익숙하고 스파크의 기능을 조금씩 활용하고 싶은 경우
- R 고유의 기능이나 `ggplot2`와 같이 훌륭한 라이브러리를 활용해 프로세스 과정 중에 빅데이터를 처리하고 싶은 경우

R 언어는 특정 작업에서 다른 프로그래밍 언어보다 더 많은 이점을 제공하는 강력한 프로그래밍 언어입니다. 그러나 분산 데이터 처리를 할 수 없다는 단점을 가지고 있습니다. SparkR은 이런 단점을 보완하기 위해 태어났으며 Pyspark, Pandas와 유사한 개념을 가지고 있습니다. 따라서 SparkR 사용자는 데이터 크기에 상관없이 데이터를 분석할 수 있습니다.

설치

SparkR 사용법을 알아보겠습니다. 이 장의 예제를 따라 하려면 반드시 R을 개발 환경에 설

3 https://bit.ly/2OmVw4J

치해야 합니다. SparkR을 실행하는 방식으로 셸을 사용하려면 스파크가 설치된 경로에서 **./bin/sparkR**을 실행합니다. 셸이 실행되고 나면 자동으로 SparkSession이 생성됩니다. RStudio에서 SparkR을 실행하려면 다음 코드를 실행합니다.

```
library(SparkR)
spark <- sparkR.session()
```

셸이 실행되면 스파크 명령어를 실행할 수 있습니다. 예를 들어 9장에서 알아본 방법으로 CSV 파일을 읽을 수 있습니다.

```
retail.data <- read.df(
  "/data/retail-data/all/",
  "csv",
  header="true",
  inferSchema="true")
print(str(retail.data))
```

CSV 파일을 읽은 SparkDataFrame의 일부 데이터를 표준 R `data.frame` 타입으로 변환할 수 있습니다.

```
local.retail.data <- take(retail.data, 5)
print(str(local.retail.data))
```

핵심 개념

아주 기초적인 코드를 확인했으니 핵심 개념을 다시 살펴보겠습니다. SparkR은 스파크를 실행하는 도구일 뿐이므로 지금까지 살펴본 모든 스파크 도구를 그대로 활용할 수 있습니다. 그리고 PySpark와 SparkR에는 같은 원칙이 적용됩니다. 따라서 PySpark에서 사용한 기능을 SparkR에서 사용할 수 있습니다.

[그림 32-1]에서 본 것처럼 SparkSession이 있는 JVM에 R 프로세스를 연결하는 게이트웨이가 있습니다. 또한 SparkR은 사용자 코드를 스파크의 구조적 연산으로 변환합니다. 구조적 API를 사용하면 파이썬이나 스칼라로 작성한 코드와 동일한 성능을 발휘합니다. 단, SparkR은 RDD 등의 저수준 API를 지원하지 않습니다.

SparkR은 PySpark나 스칼라보다 많이 사용되지 않지만 꾸준한 인기를 얻고 있으며 빠르게 성장하고 있습니다. SparkR을 효과적으로 사용하기 위해 스파크를 더 알고 싶다면 1부와 2부의 내용을 충분히 학습해야 합니다. 그리고 1부와 2부를 읽으면서 파이썬이나 스칼라로 작성된 예제를 SparkR로 변환해보기 바랍니다. 하나의 프로그래밍 언어에 익숙해지면 다른 언어로 손쉽게 변환할 수 있습니다.

이 장의 나머지 부분에서는 SparkR과 '표준' R 사이의 가장 중요한 차이점을 알아보겠습니다. 둘 사이의 차이점을 이해하면 SparkR을 빠르게 적용해 생산성을 쉽게 높일 수 있습니다.

우선 R 데이터 타입(local type)과 스파크 타입의 차이점을 알아보겠습니다. R의 data.frame 타입과 스파크 타입의 가장 큰 차이점은 data.frame 타입은 로컬 메모리상에 데이터가 존재하고 특정 로컬 프로세스에서 직접 사용할 수 있다는 점입니다. 우리는 data.frame 타입으로 처리한 결과를 즉시 볼 수 있습니다. SparkDataFrame은 일련의 처리 과정을 논리적으로 표현한 것에 불과합니다. 이전 예제에서 만들어놓은 SparkDataFrame에 지금까지 알아봤던 **트랜스포메이션**과 **액션** 개념을 적용해 논리적으로 데이터를 처리해보겠습니다.

SparkDataFrame이 생성되었다면 스파크에서 데이터를 읽어 들이는 방식과 유사하게 로컬 환경의 data.frame에 데이터를 모을 수 있습니다. 예제는 다음과 같습니다. 이번 예제에서는 앞의 '설치'에서 생성한 SparkDataFrame을 사용합니다.

```
# 스파크에서 로컬 개발 환경으로 데이터를 수집합니다.
collect(count(groupBy(retail.data, "country")))
# createDataFrame은 로컬 환경의 data.frame을
# 스파크에서 사용 가능한 형태로 변환합니다.
```

이런 차이는 최종 사용자에게 큰 영향을 줍니다. 로컬 data.frame에 적용할 수 있는 특정 기능이나 가정을 스파크에서는 적용하지 못하기 때문입니다. 예를 들어 특정 로우를 기준으로 SparkDataFrame을 인덱싱할 수 없습니다. 그리고 SparkDataFrame에서는 특정 값을 변경할 수 없지만, 로컬 data.frame에서는 변경할 수 있습니다.

함수 마스킹

스파크에서 특정 함수를 마스킹masking하는 현상 때문에 SparkR을 처음 접하는 사용자들은 자주 놀라곤 합니다. SparkR을 임포트하면 다음과 같은 메시지를 만날 수 있습니다.

```
The following objects are masked from 'package:stats':
  cov, filter, lag, na.omit, predict, sd, var, window
The following objects are masked from 'package:base':
  as.data.frame, colnames, ...
```

출력된 메시지는 '마스킹된 함수를 호출하려면 해당 함수를 호출하는 패키지를 명시적으로 선언하거나 최소한 어떤 함수가 어떤 함수를 마스킹하는지 파악해야 한다'는 의미입니다. ?는 충돌 해결에 도움이 됩니다.

```
?na.omit # 패키지 로딩 순서로 인해 SparkR을 참조합니다.
?stats::na.omit # stats를 명시적으로 참조합니다.
?SparkR::na.omit # sparkR의 null 값 필터링을 명시적으로 참조합니다.
```

SparkDataFrames의 고유 함수

SparkR 패키지를 사용하면 함수 마스킹의 영향으로 로컬 객체를 사용하던 함수가 동작하지 않을 수 있습니다. SparkR 함수는 스파크 객체에만 적용할 수 있습니다. 한 가지 예로 스파크가 sample이라는 함수명을 가지고 있기 때문에 표준 data.frame의 sample 함수를 사용할 수 없습니다.

```
sample(mtcars) # 오류가 발생합니다.
```

data.frame의 sample 함수를 사용하기 위해서는 기본 sample 함수를 명시적으로 사용해야 합니다. 또한 두 함수의 시그니처가 다르기 때문에 특정 라이브러리 함수의 구문과 파라미터의 순서가 SparkR의 함수와 반드시 일치한다고 보장할 수 없습니다.

```
base::sample(some.r.data.frame) # some.r.data.frame = R data.frame type
```

데이터 처리

SparkR의 데이터 처리 방식은 다른 프로그래밍 언어에서 스파크의 DataFrame API를 사용하는 방식과 비슷합니다. 가장 큰 차이점은 구문입니다. 그 이유는 R 코드를 실행하기 때문입니다.

이전 예제에서 사용한 집계, 필터링 그리고 다양한 함수를 R에서도 사용할 수 있습니다. 또한 이 책에서 소개한 함수나 데이터 처리 명령의 이름을 찾아볼 수 있고, ?<함수명> 구문을 실행해 SparkR에서 사용할 수 있는지 확인할 수 있습니다. 구조적 SQL이 지원하는 범위가 넓기 때문에 대부분의 경우 사용 가능합니다.

```
?to_date # DataFrame 컬럼 처리용 함수
```

SQL 사용 방법도 매우 유사합니다. SQL 명령을 정의한 다음 DataFrame처럼 다룰 수 있습니다. 예를 들어 다음과 같이 하면 'production'이 포함된 전체 테이블 목록을 찾을 수 있습니다.

```
tbls <- sql("SHOW TABLES")

collect(
  select(
    filter(tbls, like(tbls$tableName, "%production%")),
    "tableName",
    "isTemporary"))
```

인기 패키지 중 하나인 magrittr를 사용하면 위 코드 예제의 가독성을 높일 수 있습니다. 다음 예제처럼 연결 연산자piping operator를 활용해 더 실용적이고 읽기 쉬운 구문으로 트랜스포메이션을 연결할 수 있습니다.

```
library(magrittr)

tbls %>%
  filter(like(tbls$tableName, "%production%")) %>%
  select("tableName", "isTemporary") %>%
  collect()
```

데이터소스

SparkR은 스파크와 서드파티 패키지의 모든 데이터소스를 지원하며 다음 예제처럼 옵션을 지정할 때 살짝 다른 구문을 사용합니다.

```
retail.data <- read.df(
  "/data/retail-data/all/",
  "csv",
  header="true",
  inferSchema="true")
flight.data <- read.df(
  "/data/flight-data/parquet/2010-summary.parquet",
  "parquet")
```

데이터소스에 대해 자세히 알고 싶다면 9장을 다시 한번 살펴보세요.

머신러닝

머신러닝은 스파크뿐만 아니라 R 언어에서도 핵심적인 부분입니다. SparkR을 사용하면 스파크 MLlib에서 제공하는 머신러닝 알고리즘을 사용할 수 있습니다. 스파크 MLlib 알고리즘은 보통 스칼라나 파이썬용으로 먼저 소개되고 한두 버전이 지나서야 R 언어에 포함됩니다. 스파크 2.1 버전의 SparkR은 다음과 같은 알고리즘을 지원합니다.

- `spark.glm` 또는 `glm` : 일반화 선형 모델
- `spark.survreg` : 가속 수명 시간(AFT) 생존 회귀 모델
- `spark.naiveBayes` : 나이브 베이즈 모델
- `spark.kmeans` : *k*-평균 모델
- `spark.logit` : 로지스틱 회귀 모델
- `spark.isoreg` : 아이소토닉 회귀 모델
- `spark.gaussianMixture` : 가우시안 혼합 모델
- `spark.lda` : 잠재 디리클레 할당 모델
- `spark.mlp` : 다층 퍼셉트론 분류 모델
- `spark.gbt` : 회귀 및 분류를 위한 그래디언트 부스티드 트리 모델
- `spark.randomForest` : 회귀 및 분류를 위한 랜덤 포레스트 모델
- `spark.als` : 교차최소제곱 매트릭스 행렬 분해 모델
- `spark.kstest` : 콜모고로프-스미르노프(Kolmogorov-Smirnov) 테스트

SparkR은 모델을 학습할 때 내부적으로 MLlib을 사용합니다. 따라서 6부에서 다룬 거의 모든 내용은 SparkR 사용자와 관련이 있습니다. 사용자는 `summary` 함수를 호출해 적합된 모델

의 요약 정보를 출력합니다. 또한 새로운 데이터에 대한 예측을 위해 predict 함수를 호출할 수 있으며 write.ml/read.ml 함수를 호출해 적합된 모델을 저장하거나 불러올 수 있습니다. SparkR은 '~', '.', ':', '+' 및 '-' 연산자를 포함해 모델 적합에 사용되는 R 수식 연산자의 부분집합을 지원합니다. 다음은 소매 데이터셋을 이용한 간단한 회귀 모델을 실행하는 예제입니다.

```
model <- spark.glm(retail.data, Quantity ~ UnitPrice + Country,
  family='gaussian')
summary(model)
predict(model, retail.data)

write.ml(model, "/tmp/myModelOutput", overwrite=T)
newModel <- read.ml("/tmp/myModelOutput")
```

비록 모든 모델이 glm처럼 자세한 요약 정보를 출력하지는 않지만 API는 모델 사이에 일관성을 유지하고 있습니다. 특정 모델이나 전처리 기술과 관련된 자세한 내용은 6부를 참조하세요.

스파크가 제공하는 머신러닝 알고리즘은 R의 방대한 통계 알고리즘과 분석 라이브러리보다 빈약합니다. 그렇기 때문에 많은 사용자는 실제 모델 학습이나 머신러닝 알고리즘을 활용해야 하는 경우 스파크를 잘 사용하지 않습니다. 대신 큰 규모의 데이터에서 학습셋을 추출하기 위해 스파크를 사용하곤 합니다. 이 방식을 사용하면 사용자는 학습셋을 로컬 환경으로 옮겨와 data.frame으로 학습할 수 있습니다.

사용자 정의 함수

SparkR에서는 다양한 방법으로 사용자 정의 함수를 실행할 수 있습니다. **사용자 정의 함수**는 개별 프로그래밍 언어로 만들고 서버에서 해당 언어로 실행할 수 있습니다. SparkR의 사용자 정의 함수는 JVM 내외부에서 함수를 직렬화하는 파이썬 사용자 정의 함수와 같은 방식으로 동작합니다.

사용자 정의 함수의 종류는 다음과 같습니다.

첫째, 스파크의 spark.lapply 함수는 R 컬렉션에 정의한 여러 파라미터값별로 함수 인스턴스를 실행하는 기능을 제공합니다. 이 함수는 그리드 서치나 결과 비교 시 매우 유용합니다.

```
families <- c("gaussian", "poisson")
train <- function(family) {
  model <- glm(Sepal.Length ~ Sepal.Width + Species, iris, family = family)
  summary(model)
}

# 전체 모델의 요약 정보 목록을 반환합니다.
model.summaries <- spark.lapply(families, train)

# 개별 모델의 요약 정보를 출력합니다.
print(model.summaries)
```

둘째, dapply와 dapplyCollect는 SparkDataFrame의 데이터를 사용자가 작성한 코드로 처리하는 기능을 제공합니다. 특히 두 함수는 SparkDataFrame의 각 파티션 데이터를 익스큐터 내부에서 R의 data.frame으로 변환합니다. 그리고 R의 data.frame으로 변환된 데이터에 R 코드를 실행한 후 결과를 반환합니다(dapply는 SparkDataFrame을, daplyCollect는 로컬 data.frame을 반환합니다).

SparkDataFrame을 반환하는 dapply 함수를 사용하려면 스파크에서 반환할 데이터의 종류를 인지할 수 있도록 트랜스포메이션의 결과 스키마를 정의해야 합니다. 다음 예제는 올바른 키를 사용해 데이터를 파티셔닝할 수 있다는 전제하에 SparkDataFrame의 각 파티션별로 로컬 R 모델을 학습하는 코드입니다.

```
df <- withColumnRenamed(createDataFrame(as.data.frame(1:100)), "1:100", "col")
outputSchema <- structType(
  structField("col", "integer"),
  structField("newColumn", "double"))

udfFunc <- function (remote.data.frame) {
  remote.data.frame['newColumn'] = remote.data.frame$col * 2
  remote.data.frame
}
# SparkDataFrame이 생성되므로 스키마 정보가 필요합니다.
take(dapply(df, udfFunc, outputSchema), 5)
# 모든 결과를 모으기 때문에 스키마는 필요 없습니다.
# 그러나 결과가 매우 크다면 메모리 부족으로 실패할 수 있습니다.
dapplyCollect(df, udfFunc)
```

마지막으로 gapply와 gapplyCollect 함수는 dapply와 유사한 방식으로 데이터 그룹에 사용자 정의 함수를 적용합니다. dapply와 gapply 함수는 매우 유사하지만 dapply 함수는 일반적인 SparkDataFrame에서 동작하며 gapply 함수는 그룹화된 DataFrame에서 동작합니다. gapply 함수는 DataFrame 그룹별로 함수를 적용하게 되며 사용자 정의 함수의 첫 번째 파라미터로 키를 전달합니다. 이 방식으로 DataFrame 그룹의 특성에 따라 서로 다른 함수를 적용할 수 있습니다.

```
local <- as.data.frame(1:100)
local['groups'] <- c("a", "b")

df <- withColumnRenamed(createDataFrame(local), "1:100", "col")

outputSchema <- structType(
  structField("col", "integer"),
  structField("groups", "string"),
  structField("newColumn", "double"))

  udfFunc <- function (key, remote.data.frame) {
  if (key == "a") {
    remote.data.frame['newColumn'] = remote.data.frame$col * 2
  } else if (key == "b") {
    remote.data.frame['newColumn'] = remote.data.frame$col * 3
  } else if (key == "c") {
    remote.data.frame['newColumn'] = remote.data.frame$col * 4
  }

  remote.data.frame
}
# SparkDataFrame의 결과를 생성하려면 스키마 정보가 필요합니다.
take(gapply(df,
            "groups",
            udfFunc,
            outputSchema), 50)

gapplyCollect(df,
              "groups",
              udfFunc)
```

SparkR은 스파크 프로젝트의 일환으로 계속 성장할 겁니다. R 언어에 익숙한 사용자가 스파크에 대한 약간의 지식만 가진다면 SparkR을 매우 강력한 기능으로 사용할 수 있습니다.

32.2.2 sparklyr

sparklyr는 구조적 데이터를 다루는 유명한 패키지인 dplyr를 기반으로 RStudio 팀에서 만든 최신 패키지입니다. sparklyr는 SparkR과 본질적으로 다릅니다. SparkR과 sparklyr는 서로 다른 접근 방식으로 스파크와 R을 통합합니다. sparklyr는 이 책에서 전반적으로 다룬 SparkSession 같은 스파크 개념 대신 자체적인 아이디어를 사용합니다. SparkR이 파이썬 및 스칼라 API와 매우 유사한 방식으로 동작한다면 sparklyr는 R 중심의 접근 방식을 취하고 있습니다. 이렇게 접근 방식이 차이 나는 이유는 sparklyr는 R 언어를 지원하는 유명한 IDE인 RStudio를 만든 팀의 주도하에 R 커뮤니티에서 만들어졌기 때문입니다. 사용자는 sparklyr와 SparkR 중 더 마음에 드는 것을 사용하면 됩니다.

sparklyr는 SparkR보다 기능적으로 약간 부족(시간이 지나면 개선될 겁니다)합니다. 하지만 dplyr에 익숙한 R 사용자는 좀 더 사용하기 편할 겁니다. 특히 sparklyr는 스파크에 완벽한 dplyr 백엔드를 제공하기 때문에 dplyr를 사용해 작성된 코드를 로컬과 분산 환경에서 편하게 사용할 수 있습니다. dplyr 백엔드 아키텍처는 로컬 data.frame 객체에서 사용하는 함수를 분산 환경의 스파크 DataFrame에 적용할 수 있도록 구현되었습니다. 따라서 성능 향상scale up을 위한 코드 변경이 필요 없습니다. dplyr 백엔드 아키텍처는 함수를 단일 노드와 분산 DataFrame 모두에 적용할 수 있습니다. 따라서 SparkR에서 함수 마스킹으로 인해 발생하는 이상한 디버깅 상황을 피할 수 있습니다. 그리고 SparkR을 사용하다가 sparklyr로 손쉽게 전환할 수 있습니다. 이에 따라 기존 R 사용자는 SparkR 대신 더 쉽게 sparklyr를 사용할 수 있습니다. SparkR과 마찬가지로 sparklyr도 성장하고 있는 프로젝트입니다. 이 책이 출판되는 시점에도 sparklyr 프로젝트는 계속 발전하고 있을 겁니다. sparklyr와 관련된 최신 정보는 sparklyr 홈페이지[4]를 참고하세요. 다음 절에서는 sparklyr 프로젝트에 대한 상세 설명 대신 두 프로젝트를 가볍게 비교합니다. 먼저 패키지를 설치합니다.

```
install.packages("sparklyr")
library(sparklyr)
```

4 http://spark.rstudio.com/index.html

핵심 개념

sparklyr는 이 책에서 설명한 스파크의 기본 개념 중 일부를 무시합니다. 무시되는 개념은 일반적인 R 사용자에게는 익숙하지 않거나 사용하는 데 관련이 없는 부분입니다. 예를 들어 SparkSession을 사용하는 대신 스파크 클러스터에 접속할 수 있는 spark_connect를 사용합니다.

```
sc <- spark_connect(master = "local")
```

반환된 변수는 원격지 dplyr 데이터소스입니다. 이 커넥션은 SparkContext와 유사해보이지만, 이전에 언급한 SparkContext와 같지 않습니다. 이는 스파크 클러스터에 대한 연결을 표현하는 sparklyr만의 개념입니다. 이 함수는 스파크 환경을 사용하는 데 필요한 환경 설정값을 정의하는 전체 인터페이스를 제공합니다. 이 인터페이스에 맞춰 스파크 클러스터의 초기 환경 설정값을 명시할 수 있습니다.

```
spark_connect(master = "local", config = spark_config())
```

스파크 클러스터에 대한 환경 설정값을 정의할 때는 R의 config 패키지를 사용합니다. 자세한 내용은 sparklyr 배포 관련 문서[5]를 참고하세요.

spark_connect 함수의 결과가 담긴 변수는 로컬 R 프로세스에서 원격지의 스파크 데이터를 처리하는 데 사용합니다. 따라서 spark_connect 함수는 SparkContext와 거의 유사한 관리 기능을 수행합니다.

DataFrame 사용 불가

sparklyr는 SparkDataFrame 개념을 무시합니다. 대신 다른 dplyr 데이터소스와 유사한 테이블(스파크 내부의 DataFrame에 매핑됩니다)을 데이터 처리에 활용할 수 있습니다. 이런 사용 방식은 소스 테이블에 트랜스포메이션을 기능적으로 정의할 때 dplyr와 magrittr을 사용하는 전형적인 R 워크플로에 가깝습니다. 하지만 스파크에 내장된 함수나 API를 dplyr에서 지원하지 않으면 사용할 수 없다는 사실을 의미하기도 합니다.

5 http://spark.rstudio.com/deployment.html

데이터 처리

스파크 클러스터에 연결되면 dplyr의 로컬 data.frame를 다룰 때처럼 지원하는 모든 dplyr 함수와 기능을 사용할 수 있습니다. 이런 아키텍처 방식 덕분에 R에 익숙한 사용자는 기존과 같은 코드로 동일한 트랜스포메이션을 분산 처리할 수 있습니다. 따라서 R 사용자는 스파크를 사용하기 위해 새로운 문법이나 개념을 배우지 않아도 됩니다.

sparklyr는 R 사용자가 쉽게 적응할 수 있습니다. 하지만 스파크가 가진 개념 대신 R이 추구하는 개념을 차용하였으므로 스파크가 제공하는 모든 기능을 사용할 수 없습니다. 예를 들어 SparkR에서는 dapply, gapply, lapply를 사용해 사용자 정의 함수를 만들고 적용할 수 있지만 sparklyr는 사용자 정의 함수를 지원하지 않습니다. sparklyr가 계속해서 발전하고 있기 때문에 사용자 정의 함수 기능이 추가될 수도 있으나 2018년을 기준으로 아직 사용할 수 없습니다. sparklyr는 꾸준히 개발되어 더 많은 기능이 추가되고 있습니다. 자세한 내용은 sparklyr 홈페이지[6]를 참고하세요.

SQL 실행

DBI 라이브러리를 사용하면 SQL 코드를 클러스터에서 실행할 수 있습니다. 스파크와 완벽하게 통합된 것은 아니지만 이전 여러 장에서 설명한 SQL 인터페이스와 거의 같은 기능을 사용할 수 있습니다.

```
library(DBI)
allTables <- dbGetQuery(sc, "SHOW TABLES")
```

이 SQL 인터페이스는 SparkSession에서 변환 가능한 저수준 인터페이스를 제공합니다. 예를 들어 사용자는 DBI의 인터페이스를 사용해 스파크 SQL과 관련된 전용 속성값을 스파크 클러스터에 지정할 수 있습니다.

```
setShufflePartitions <- dbGetQuery(sc, "SET spark.sql.shuffle.partitions=10")
```

이런 인터페이스는 클러스터 접속에 필요한 스파크 전용 속성을 설정하는 기능을 제공해야 합니다. 하지만 아쉽게도 DBI나 spark_connect에서는 이 기능을 지원하지 않습니다.

6 https://spark.rstudio.com/index.html

데이터소스

사용자는 sparklyr에서 스파크가 지원하는 다양한 데이터소스를 활용할 수 있습니다. 예를 들어 사용자가 임의의 데이터소스를 사용하는 테이블 생성문을 사용할 수 있습니다. 하지만 CSV, JSON, 파케이 포맷만 지원합니다.[7]

```
# https://spark.rstudio.com/reference/spark_write_csv/
# https://spark.rstudio.com/reference/spark_write_json/
# https://spark.rstudio.com/reference/spark_write_parquet/

spark_write_csv(tbl_name, location)
spark_write_json(tbl_name, location)
spark_write_parquet(tbl_name, location)
```

머신러닝

sparklyr 역시 이전 장에서 보았던 핵심 머신러닝 알고리즘 중 일부만 지원합니다. 지원하는 알고리즘 목록 중 일부는 다음과 같습니다.

- ml_kmeans : k-평균 군집화
- ml_linear_regression : 선형 회귀
- ml_logistic_regression : 로지스틱 회귀
- ml_survival_regression : 생존 회귀
- ml_generalized_linear_regression : 일반화 선형 회귀
- ml_decision_tree : 의사결정트리
- ml_random_forest : 랜덤 포레스트
- ml_gradient_boosted_trees : 그라디언트 부스티드 트리
- ml_pca : 주성분 분석
- ml_naive_bayes : 나이브 베이즈
- ml_multilayer_perceptron : 다층 퍼셉트론
- ml_lda : 잠재 디리클레 할당

7 옮긴이_ 스파크 SQL에서는 create table 문의 using 절 부분에 여러 가지 데이터소스를 지정할 수 있습니다. 하지만 sparklyr에서는 연산 결과를 파일 포맷으로 저장할 때 CSV, JSON, 파케이만 지원합니다. 그러므로 using 절에 지정할 수 있는 데이터소스가 제한적입니다.

- `ml_one_vs_rest`: OvR(one versus rest, 일대다). 이진 분류계를 다중 분류계로 만들 수 있도록 허용합니다.

sparklyr가 지원하는 머신러닝 알고리즘은 계속 늘어나고 있습니다. 좀 더 자세한 정보는 MLlib 웹페이지[8]를 참고하세요.

32.3 정리

SparkR과 sparklyr는 스파크 프로젝트에서도 급성장하고 있는 분야입니다. 그러므로 SparkR과 sparklyr 공식 홈페이지에서 최신 업데이트를 참고하세요. 현재 전체 스파크 프로젝트는 새로운 참여자, 기능, 기능 간의 통합 그리고 새로운 패키지가 커뮤니티에 합류하면서 꾸준히 성장하고 있습니다. 다음 장에서는 스파크 커뮤니티를 소개하고 일부 유용한 정보를 알아보겠습니다.

---

8 http://spark.rstudio.com/mlib.html

CHAPTER 33

에코시스템과 커뮤니티

스파크의 장점은 자료, 기능 그리고 기여자가 많다는 겁니다. 글을 쓰는 시점을 기준으로 스파크 코드에 기여한 사람이 1,000명을 넘어섰습니다. 이 정도의 기여자 수는 다른 프로젝트가 목표하는 수준을 넘어서는 매우 큰 규모입니다. 스파크 프로젝트의 인기는 식을 줄 모르며, 크고 작은 기업들이 스파크 커뮤니티에 합류하고 있습니다. 이러한 생태계를 기반으로 스파크의 기능(공식 스파크 패키지 및 비공식 확장 기능을 포함합니다)을 보완하고 확장할 수 있는 다양한 프로젝트들이 생겨났습니다.

33.1 스파크 패키지

스파크 패키지 사이트[1]에 접속하면 스파크 전용 패키지 정보를 확인할 수 있습니다. 9장과 24장에서 스파크 패키지를 알아보았습니다. 스파크 패키지는 스파크 애플리케이션용 라이브러리이며 커뮤니티에서 쉽게 공유할 수 있습니다. 적당한 예로 그래프프레임GraphFrame[2]을 꼽을 수 있습니다. 이 패키지는 스파크의 저수준 그래프 API(GraphX)를 사용하는 것보다 더 쉬운 방식으로 스파크의 구조적 API를 사용해 그래프 분석을 할 수 있습니다. 그래프프레임 외에도 머신러닝과 딥러닝 관련 라이브러리를 비롯해 스파크의 기능을 확장한 수많은 패키지가 존재합니다.

1 https://spark-packages.org/

2 https://bit.ly/2x84JXE

또한 특정 도메인 문제를 해결하기 위한 패키지도 있습니다. 헬스케어healthcare와 유전체학(게놈학genomics) 분야에서는 빅데이터 애플리케이션의 수요가 급증하고 있습니다. 예를 들어 ADAM 프로젝트[3]는 스파크 카탈리스트 엔진의 내부를 최적화해 확장 가능한 유전체(게놈genome) 처리용 API와 CLI를 제공합니다. 또 다른 패키지인 Hail[4]은 유전체 데이터 탐색 및 분석에 활용되는 확장 가능한 오픈소스 프레임워크입니다. Hail은 VCFVariant Call Format[5]와 기타 포맷 형태의 유전체 시퀀싱sequencing[6] 데이터나 마이크로어레이micro-array[7] 데이터를 기반으로 노트북에서는 기가바이트gigabyte, 클러스터에서는 테라바이트terabyte 규모의 통계적 분석statistical analysis을 할 수 있도록 확장 가능한 알고리즘을 제공합니다.

이 책을 쓰는 시점 기준으로 스파크 패키지 사이트에는 400여 개의 패키지가 있습니다. 사용자는 빌드 파일의 의존성 부분에 스파크 패키지를 정의해 사용할 수 있습니다.[8] 또한 스파크 패키지 사이트에서 jar 파일을 내려받아 클래스패스에 추가하거나 `spark-shell` 또는 `spark-submit` 명령의 인수로 지정해 사용할 수 있습니다.

33.1.1 인기 패키지 요약

앞서 이야기했듯이 다양한 패키지를 검색할 수 있는 스파크 패키지 사이트에는 400여 개의 패키지가 있습니다. 그중 인기 있는 패키지를 몇 가지 소개합니다.

- **스파크 카산드라 커넥터(Spark Cassandra Connector)[9]**
  카산드라 데이터베이스에 데이터를 저장하고 조회할 수 있습니다.
- **스파크 레드시프트 커넥터(Spark Redshift Connector)[10]**
  레드시프트 데이터베이스에 데이터를 저장하고 조회할 수 있습니다.
- **스파크 빅쿼리(Spark bigquery)[11]**
  구글 빅쿼리에 데이터를 저장하고 조회할 수 있습니다.

---

3 http://bdgenomics.org/
4 https://hail.is/
5 옮긴이_ https://en.wikipedia.org/wiki/Variant_Call_Format
6 옮긴이_ https://en.wikipedia.org/wiki/Whole_genome_sequencing
7 옮긴이_ https://en.wikipedia.org/wiki/DNA_microarray
8 옮긴이_ https://bit.ly/2Ofve41
9 https://github.com/datastax/spark-cassandra-connector/
10 https://github.com/databricks/spark-redshift
11 https://github.com/spotify/spark-bigquery

- **스파크 에이브로(Spark Avro)**[12]
  에이브로 파일을 읽고 쓸 수 있습니다.
- **엘라스틱서치(Elasticsearch)**[13]
  엘라스틱서치에 데이터를 저장하고 조회할 수 있습니다.
- **마젤란(Magellan)**[14]
  스파크를 기반으로 지형 공간(geo-spatial) 데이터 분석을 할 수 있습니다.
- **그래프프레임(GraphFrames)**[15]
  DataFrame 기반의 그래프 분석을 할 수 있습니다.
- **스파크 딥러닝(Spark Deep Learning)**[16]
  딥러닝과 스파크를 함께 활용할 수 있습니다.

33.1.2 스파크 패키지 사용하기

사용자는 두 가지 방법으로 사용자 프로젝트에 스파크 패키지를 포함시킬 수 있습니다. 첫째, 스칼라나 자바를 사용하는 경우 빌드 파일의 의존성 부분에 포함시킵니다. 둘째, 파이썬이나 R을 사용하는 경우 사용자 애플리케이션 런타임에 명시합니다.

스칼라

build.sbt 파일에 다음 예제처럼 resolver 정보를 추가하면 스파크 패키지 저장소에 대한 의존성을 정의할 수 있습니다.

```
// 스파크 패키지 저장소를 추가합니다.
resolvers += "bintray-spark-packages" at
  "https://dl.bintray.com/spark-packages/maven/"
```

다음으로 스파크 패키지의 라이브러리 의존성을 추가합니다.

12 https://github.com/databricks/spark-avro
13 https://github.com/elastic/elasticsearch-hadoop
14 https://github.com/harsha2010/magellan
15 http://graphframes.github.io/
16 https://github.com/databricks/spark-deep-learning

```
libraryDependencies ++= Seq(
...
  // 스파크 패키지 라이브러리를 정의합니다.
  "graphframes" % "graphframes" % "0.4.0-spark2.1-s_2.11",
)
```

위 코드는 그래프프레임 라이브러리를 추가하는 예제입니다. 패키지별로 약간의 버전 차이가 있으므로 스파크 패키지 사이트에서 관련 라이브러리 정보를 참고하세요.

파이썬

이 책을 쓰는 시점 기준으로 파이썬 패키지에서 스파크 패키지를 의존성으로 추가할 방법은 없습니다. 따라서 런타임에 의존성 정보를 설정해야 합니다.

런타임

지금까지는 스칼라 패키지에서 스파크 패키지를 명시하는 방법을 알아보았습니다. 하지만 spark-shell 또는 spark-submit 명령에 인수를 지정해 런타임에 패키지를 추가하는 방법도 사용할 수 있습니다.

예를 들어 다음 예제는 마젤란 라이브러리를 런타임에 추가하고 실행합니다.

```
$SPARK_HOME/bin/spark-shell --packages harsha2010:magellan:1.0.4-s_2.11
```

33.1.3 외부 패키지

스파크 패키지 사이트에서 제공하는 공식 패키지 외에도 스파크의 기능을 활용하거나 스파크를 기반으로 만들어진 여러 비공식 패키지가 있습니다. 대표적인 예로 그래디언트 부스티드, 의사결정트리 프레임워크인 XGBoost[17]가 있습니다. 이 패키지는 개별 파티션 기반의 분산 학습을 스케줄링하는 목적으로 스파크를 사용합니다. 대부분의 비공식 패키지는 깃허브에 공개되어 있으며 라이선스 걱정 없이 사용할 수 있습니다. 따라서 특정 기능이 필요하다면 직접 구현하기보다 이미 존재하는 프로젝트를 먼저 찾아보는 것이 좋습니다.

17 https://github.com/dmlc/xgboost

33.2 커뮤니티

스파크는 크고 활발한 커뮤니티를 가지고 있습니다. 스파크를 자신의 제품에 활용하고 관련 튜토리얼을 작성하는 사용자가 점점 늘어나고 있습니다. 2017년 12월 기준으로 깃허브 저장소의 스파크 프로젝트에는 1,000명 이상의 기여자가 있습니다.

스파크 공식 웹사이트[18]는 이메일 목록, 개선점 제안 그리고 프로젝트 커미터committer 등의 최신 커뮤니티 정보[19]와 신규 스파크 버전, 문서 그리고 릴리스 노트 등 다양한 자료를 제공합니다.

33.2.1 스파크 서밋

스파크 서밋은 매년 전 세계 곳곳에서 열리는 이벤트입니다. 수천 명의 사용자와 개발자가 스파크의 최신 기술을 배우고 활용 사례를 듣기 위해 참석하는 공식 행사입니다. 스파크 서밋 이벤트에서는 며칠간 수백 개의 트랙track과 스파크 학습 과정이 진행됩니다. 2016년에는 뉴욕(스파크 서밋 이스트), 샌프란시스코(스파크 서밋 웨스트) 그리고 암스테르담(스파크 서밋 유럽)에서 세 번의 이벤트가 열렸습니다. 2017년에는 보스턴, 샌프란시스코 그리고 더블린에서 이벤트가 열렸습니다. 앞으로도 더 많은 이벤트가 있을 예정입니다. 스파크 서밋 공식 웹사이트[20]를 방문하면 더 많은 정보를 얻을 수 있습니다.

또한 스파크 서밋에 참석하지 못하는 사람들을 위해 무료로 시청할 수 있는 수백 개의 스파크 서밋 비디오[21]가 있습니다. 이 영상에서는 사용 사례, 스파크 개발 그리고 스파크를 활용할 수 있는 전략과 전술을 배울 수 있습니다. 지나간 스파크 서밋의 대화와 영상은 스파크 서밋 공식 웹사이트에서 확인할 수 있습니다.

33.2.2 지역별 밋업

밋업닷컴[22]에는 스파크와 관련된 여러 밋업 그룹이 있습니다. [그림 33-1]처럼 meetup.com 사이트에서 스파크 관련 밋업 현황을 지도로 볼 수 있습니다.

---

18 http://spark.apache.org

19 http://spark.apache.org/community.html

20 https://spark-summit.org/

21 https://www.youtube.com/user/TheApacheSpark

22 https://www.meetup.com

그림 33-1 스파크 밋업 현황

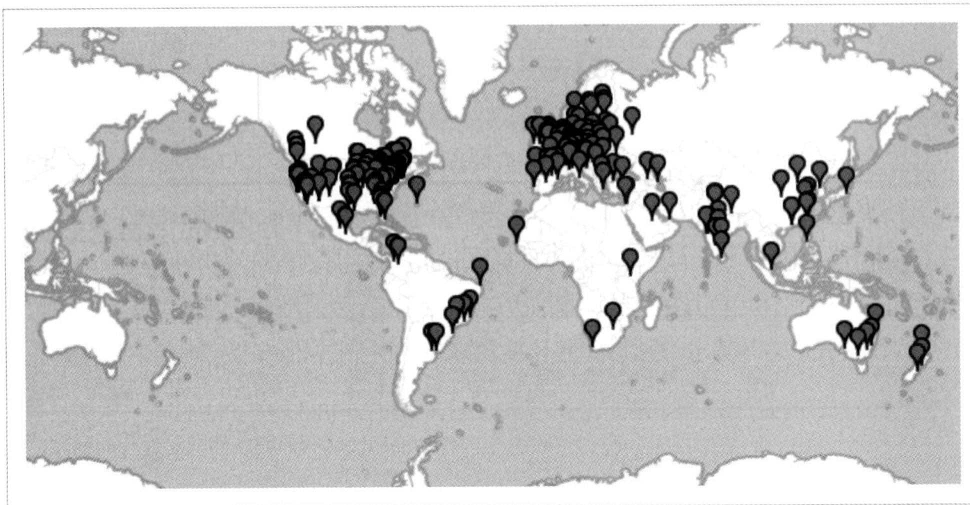

이 책의 저자 중 한 명이 시작한 스파크의 공식 밋업 그룹인 'Bay Area'[23]도 있습니다. 전 세계적으로 600개 이상의 스파크 관련 밋업이 있으며 대략 350,000명의 회원이 있습니다. 이런 밋업은 계속해서 생겨나고 성장하므로 가까운 곳에서 열리는 밋업을 찾아보기 바랍니다.

33.3 정리

이 장에서는 스파크의 비기술적 측면을 알아보았습니다. 스파크가 가진 최고의 자산은 스파크 커뮤니티입니다. 우리는 스파크 커뮤니티의 기여로 스파크 기술이 발전하는 것을 자랑스럽게 생각합니다. 이렇게 커뮤니티에서 만들어낸 스파크를 여러 회사와 교육 기관 그리고 개인 사용자가 사용했으면 합니다.

이 책과 함께한 시간이 즐거웠길 진심으로 바랍니다. 스파크 서밋에서 만나요!

23 https://www.meetup.com/spark-users/

APPENDIX A

스파크 설치 및 실행

이 책의 예제를 실행하려면 스파크를 설치해야 합니다. 스파크 실행 환경, 스파크를 내려받는 방법 그리고 스파크 실행 방법을 알아보겠습니다.

A.1 스파크 실행 환경 구성하기

여기서는 스파크 실행 환경 정보를 간략히 제공합니다. 자세한 정보는 아파치 스파크 문서[1]를 참고하세요.

- **OS**
  스파크는 윈도우, 리눅스, Mac OS 환경을 지원합니다.
- **자바**
  최신 버전의 스파크를 실행하려면 자바 8 이상이 설치되어 있어야 합니다. 자바 설치 방법은 자바 홈페이지[2]를 참고하세요. 자바를 설치한 다음 시스템 PATH나 JAVA_HOME 환경변수에 자바가 설치된 경로가 설정되어 있는지 확인해야 합니다.

---

1 옮긴이_ http://spark.apache.org/docs/latest/

2 옮긴이_ https://java.com/ko/download/

- **스칼라**

  스파크 2.3 버전부터는 스칼라 2.11 버전 이상을 지원합니다. 스칼라 설치 방법은 스칼라 홈페이지[3]를 참고하세요. 이 책은 스파크 2.2 버전을 기준으로 작성했기 때문에 스칼라 2.10 버전도 사용할 수 있습니다. 하지만 스파크 버전에 따른 문제가 발생하지 않도록 스칼라 2.11 버전을 설치하는 것이 좋습니다.

- **파이썬**

  PySpark를 실행하려면 파이썬이 설치되어 있어야 합니다. 파이썬은 2.7 이상의 버전이나 3.4 이상의 버전을 사용해야 합니다. 파이썬 설치 방법은 파이썬 홈페이지[4]를 참고하세요.

- **R**

  SparkR 또는 `sparklyr`를 실행하기 위해서는 R 언어가 설치되어 있어야 합니다. 스파크는 R 3.1 버전 이상을 지원합니다. R 설치 방법은 R-project 공식 웹사이트[5]를 참고하세요.

A.2 스파크 내려받기

스파크는 아파치 라이선스 규약[6]을 따르는 오픈소스이므로 자유롭게 내려받고 설치할 수 있습니다.

스파크를 내려받으려면 스파크 공식 홈페이지[7]에 접속해야 합니다. 스파크를 내려받는 절차는 다음과 같습니다.

1. 스파크 공식 홈페이지에 접속합니다.

2. 스파크 공식 홈페이지의 메뉴 중 Download 링크를 클릭합니다.

---

3 옮긴이_ `https://www.scala-lang.org/download/`

4 옮긴이_ `https://www.python.org/downloads/`

5 옮긴이_ `https://cran.r-project.org/`

6 옮긴이_ `https://github.com/apache/spark/blob/master/LICENSE`

7 옮긴이_ `http://spark.apache.org`

그림 A-1 스파크 Download 링크

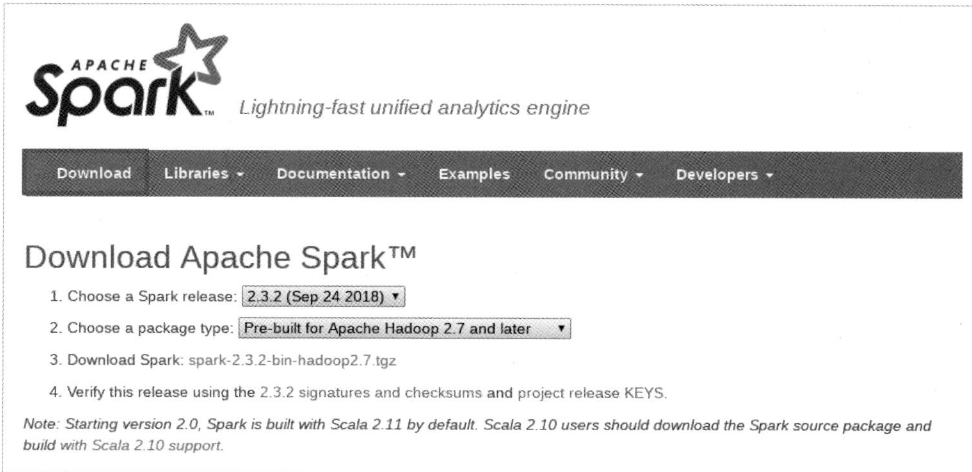

3. 스파크 Download 링크의 절차에 따라 실행 환경을 설정합니다.

a. 스파크 버전을 선택합니다. 이 책은 스파크 2.2 버전을 기준으로 작성되어 있습니다. 하지만 일부 예제의 경우 스파크 2.3 버전에서만 실행되는 경우가 있으니 참고하기 바랍니다.

b. 패키지 타입을 선택합니다. 패키지 타입은 아파치 하둡과 관련된 라이브러리의 포함 여부를 결정합니다.

그림 A-2 스파크 패키지 타입 선택

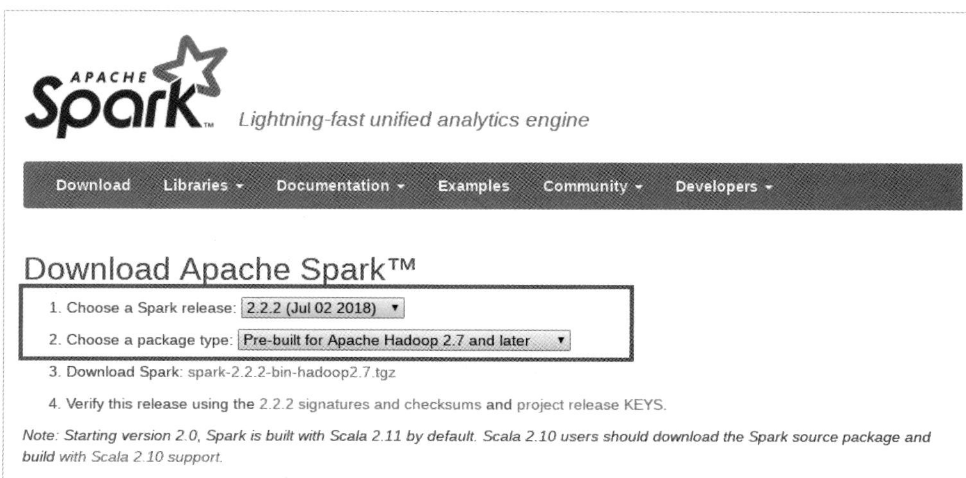

4. 다음 그림과 같이 Download Spark 링크를 클릭하여 스파크를 내려받습니다.

그림 A-3 스파크 내려받기

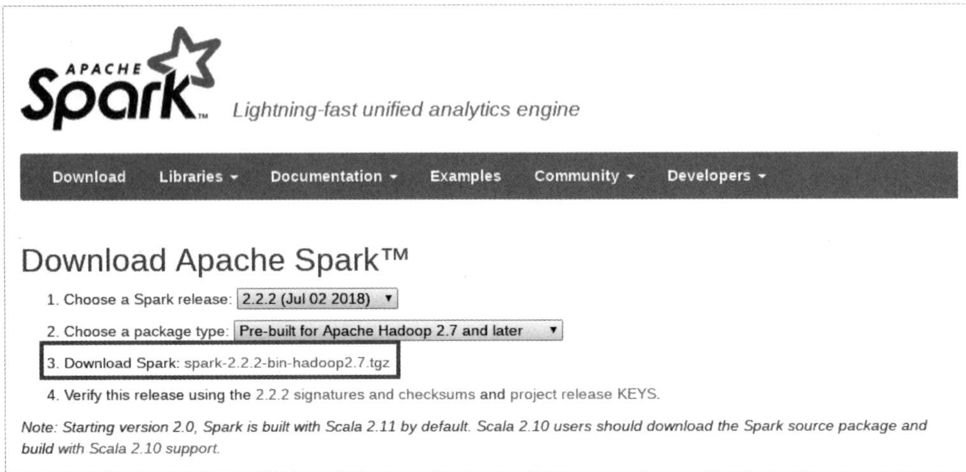

5. 내려받은 스파크 바이너리 파일을 원하는 경로에 압축을 풉니다.

A.3 스파크 실행하기

스파크 실행 환경을 구축하는 방법은 다양하지만 여기서는 세 가지 방법을 소개합니다.

- 로컬 환경에서 스파크 직접 실행하기
- 클라우드 환경에서 스파크 실행하기
- 도커 기반의 환경에서 스파크 실행하기

A.3.1 스파크 셸 이용하기

내려받은 스파크 디렉터리는 다음과 같은 구조를 가집니다.

그림 A-4 스파크 디렉터리

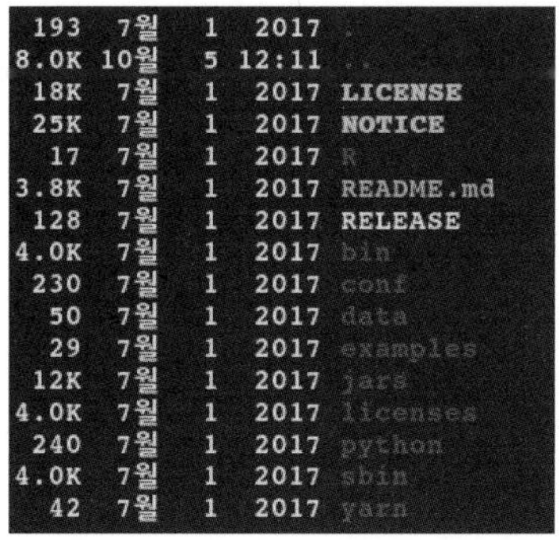

스파크 셸을 실행하기 위해 bin 디렉터리로 이동합니다. 다음 그림에서 볼 수 있듯이 bin 디렉터리에는 다양한 언어와 방식으로 스파크를 실행하는 데 필요한 각종 셸 파일이 존재합니다.

그림 A-5 스파크 bin 디렉터리

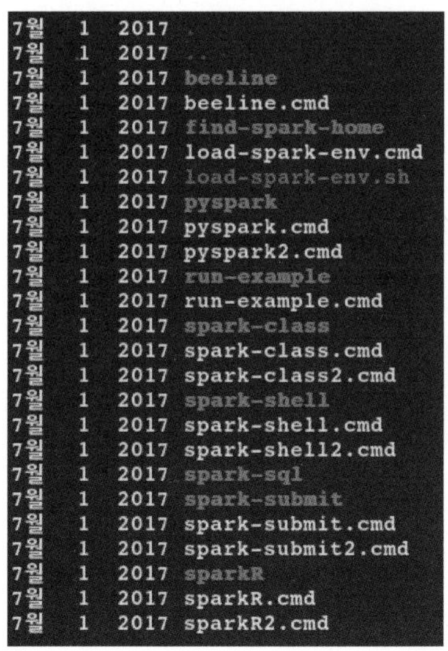

cmd 파일은 윈도우용이며, 확장자가 없는 파일은 리눅스나 Mac OS를 위한 스파크 실행 파일입니다.

스파크 실행에 필요한 각각의 파일은 다음과 같은 역할을 합니다.

스파크 실행 형식	설명	리눅스/Mac OS	윈도우
기본	스파크에서 스칼라를 사용할 때 실행합니다.	spark-shell	spark-shell.cmd spark-shell2.cmd
PySpark	스파크에서 파이썬을 사용할 때 실행합니다.	pyspark	pyspark.cmd pyspark2.cmd
SparkR	스파크에서 R을 사용할 때 실행합니다.	sparkR	sparkR.cmd, sparkR2.cmd
SparkSQL	스파크에서 SQL을 사용할 때 실행합니다.	spark-sql	-
스파크 애플리케이션	스파크 애플리케이션을 클러스터 환경에서 구동할 때 사용합니다.	spark-submit	spark-submit.cmd spark-submit2.cmd

스파크 기본 실행 방식인 `spark-shell` 명령을 실행하면 다음과 같이 출력됩니다.

그림 A-6 spark-shell 명령 실행하기

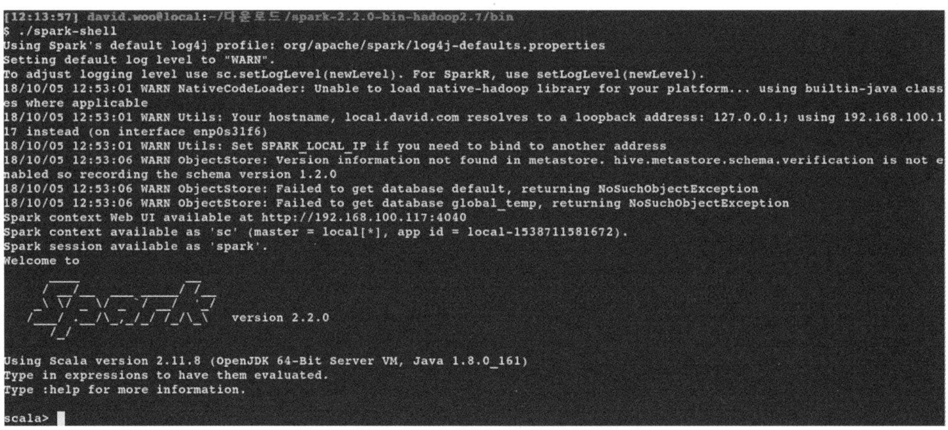

아스키 아트ASCII Art로 만들어진 SPARK 로고가 아름답게 펼쳐지는 것을 확인할 수 있습니다. 이제 스파크 셸 환경에서 이 책의 코드 예제를 실행할 수 있습니다. 혹시 이 과정을 따라 하는데 어려움을 겪고 있다면 클라우드 환경을 사용해볼 수도 있습니다.

이 책의 예제 데이터셋을 셸 환경에서 사용하려면 예제 데이터셋 경로의 /data 부분을 이 책의 공식 코드 저장소[8]에서 내려받아 설치한 위치의 data 디렉터리 경로로 변경해야 합니다.

8 옮긴이_ https://bit.ly/2QKoyM6

예를 들어 2장의 스칼라 코드 예제는 다음과 같이 변경하여 실행합니다.

```
// 변경 전
val flightData2015 = spark
  .read
  .option("inferSchema", "true")
  .option("header", "true")
  .csv("/data/flight-data/csv/2015-summary.csv")

// 변경 후
// 이 책의 공식 저장소에서 내려받아 설치한 경로: /home/david.woo/spark-definitive-guide
val flightData2015 = spark
  .read
  .option("inferSchema", "true")
  .option("header", "true")
  .csv("/home/david.woo/spark-definitive-guide/data/flight-data/csv/2015-summary.csv")
```

A.3.2 데이터브릭스 이용하기

데이터브릭스는 회사 이름이자 스파크 런타임 솔루션 이름입니다. 데이터브릭스는 클라우드 환경을 기반으로 스파크 실행 환경을 제공합니다. 회사명과 제품명이 같기 때문에 헷갈릴 수 있습니다. 이 책의 여러 장에서 제품명과 회사명이 구분 없이 언급되므로 유의하시기 바랍니다.

데이터브릭스는 관리형 클라우드이므로 다음 기능을 지원합니다.

- 관리형 스파크 클러스터 환경
- 대화형 데이터 탐색 및 시각화 기능
- 운영용 파이프라인 스케줄러
- 선호하는 스파크 기반 애플리케이션을 위한 플랫폼

데이터브릭스 환경 구성 절차는 다음과 같습니다.

1. 데이터브릭스 공식 홈페이지[9]에 접속합니다.

2. 메인 화면에서 TRY DATABRICKS FREE 링크를 클릭합니다.

9 옮긴이_ https://databricks.com/

그림 A-7 데이터브릭스 실행하기

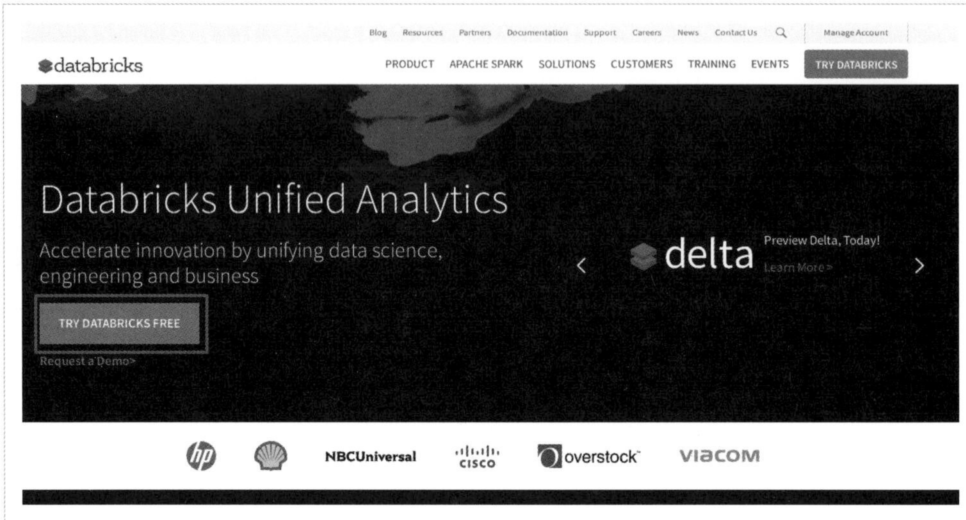

3. 두 가지 데이터브릭스 환경을 선택할 수 있습니다. 하나는 단일 클러스터 환경 및 제한된 기능을 제공하는 COMMUNITY EDITION 버전이고, 다른 하나는 고급 환경 및 모든 기능을 제공하는 DATABRICKS PLATFORM 버전입니다. DATABRICKS PLATFORM 버전은 14일 동안 무료로 사용할 수 있습니다. 상용 버전의 가격은 데이터브릭스 pricing 페이지[10]에서 확인할 수 있습니다. COMMUNITY EDITION 버전만으로도 이 책의 예제를 수행할 수 있습니다.

4. 데이터브릭스 환경을 사용하려면 데이터브릭스 사이트에 회원 가입을 해야 합니다.

5. 회원 가입 절차를 완료한 다음 데이터브릭스[11]에 접속하여 로그인하면 다음과 같은 화면을 만날 수 있습니다.

---

10 옮긴이_ https://databricks.com/product/pricing

11 옮긴이_ https://community.cloud.databricks.com

그림 A-8 데이터브릭스 대시보드

6. 화면 왼쪽 하단에서 Clusters 메뉴를 선택하여 스파크 실행을 위한 클러스터를 생성해야 합니다.

7. 왼쪽 상단의 Create Cluster 버튼을 클릭합니다.

그림 A-9 Create Cluster 버튼 클릭

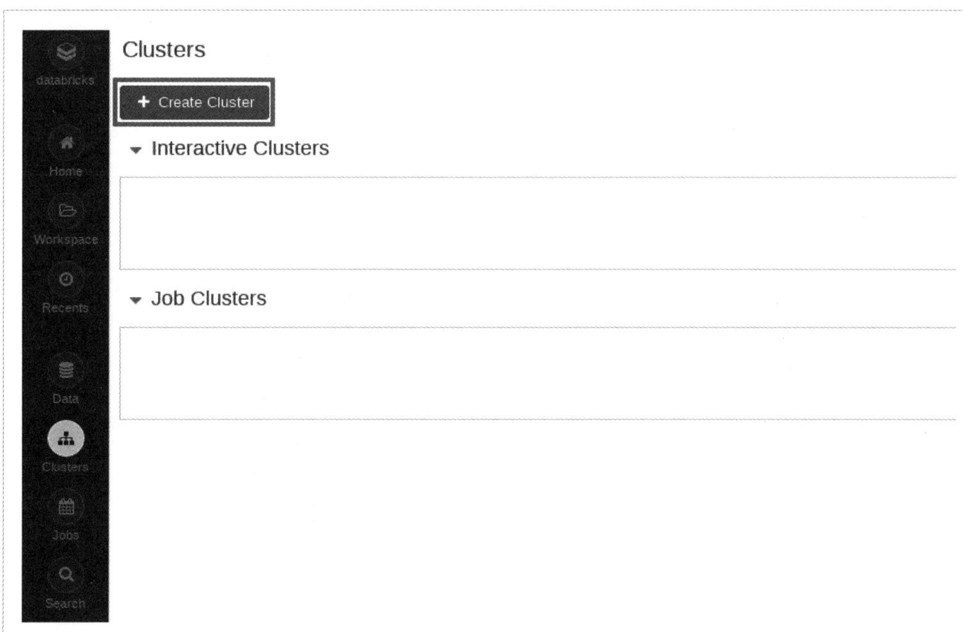

8. 클러스터 이름, 데이터브릭스 런타임 버전, 파이썬 버전 등을 선택하고 Create Cluster 버튼을 클릭합니다.

그림 A-10 데이터브릭스 클러스터 생성하기

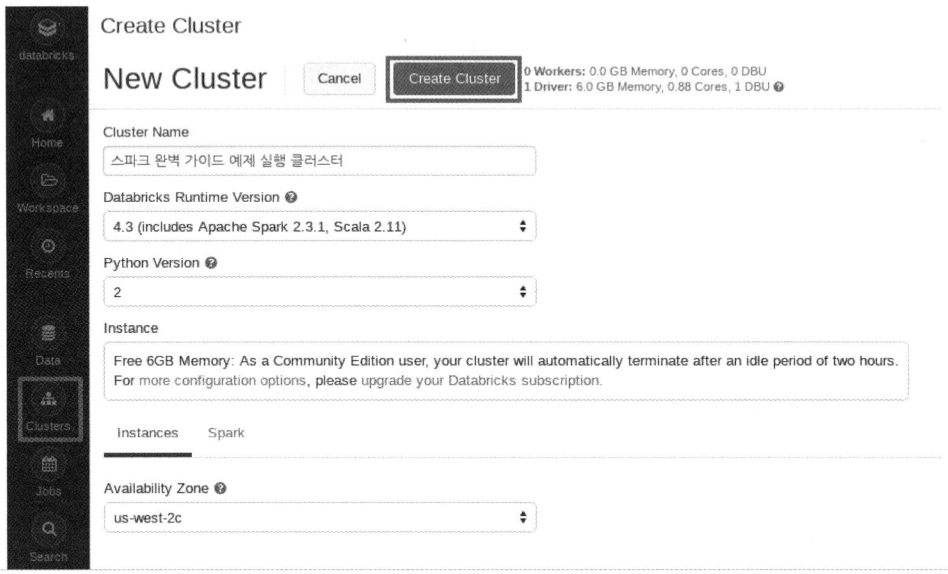

9. 클러스터 생성에는 약간의 시간이 필요합니다. 클러스터 생성이 완료되면 State의 상태가 Pending에서 Running으로 바뀝니다.

데이터브릭스 환경은 스파크를 배우는 데 도움이 되는 다양한 기능을 제공합니다. 기본 튜토리얼을 포함해 스파크 코드를 실행할 수 있는 노트북 환경도 제공합니다. 그러므로 인터넷이 가능한 환경이라면 언제 어디서나 스파크를 실행할 수 있습니다.

이 책의 예제를 실행하려면 우선 New Notebook 링크를 클릭합니다. 그리고 신규 노트북의 이름과 사용할 언어를 선택하여 노트북을 생성합니다.

그림 A-11 데이터브릭스 노트북 생성하기

노트북을 생성하면 다음과 같은 화면을 만날 수 있습니다.

그림 A-12 데이터브릭스 노트북 화면

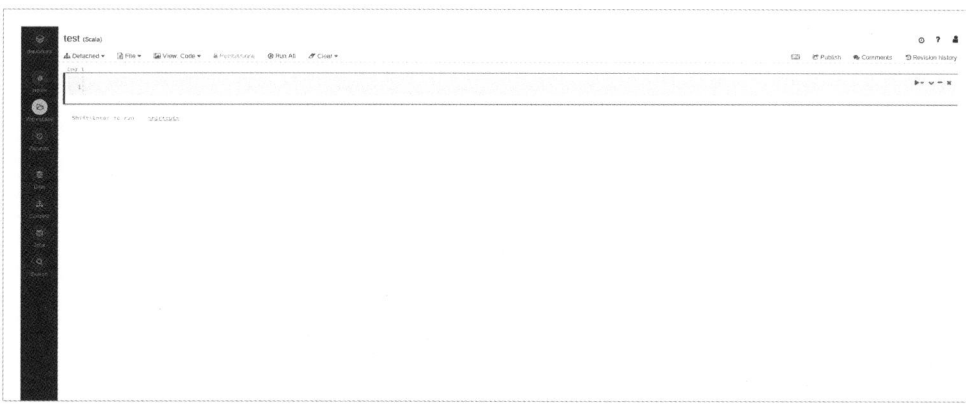

이 책의 예제 데이터셋을 데이터브릭스 환경에서 사용하려면 예제 데이터셋 경로의 /data 부분을 /databricks-datasets/definitive-guide/data로 변경합니다. 그러면 별도의 데이터셋 업로드 없이 바로 사용할 수 있습니다.

예를 들어 2장의 스칼라 코드 예제는 다음과 같이 변경하여 실행합니다.

```
// 변경 전
val flightData2015 = spark
  .read
  .option("inferSchema", "true")
  .option("header", "true")
  .csv("/data/flight-data/csv/2015-summary.csv")

// 변경 후
val flightData2015 = spark
  .read
  .option("inferSchema", "true")
  .option("header", "true")
  .csv("/databricks-datasets/definitive-guide/data/flight-data/csv/2015-summary.csv")
```

실행 결과는 다음과 같습니다.

그림 A-13 데이터셋 로드

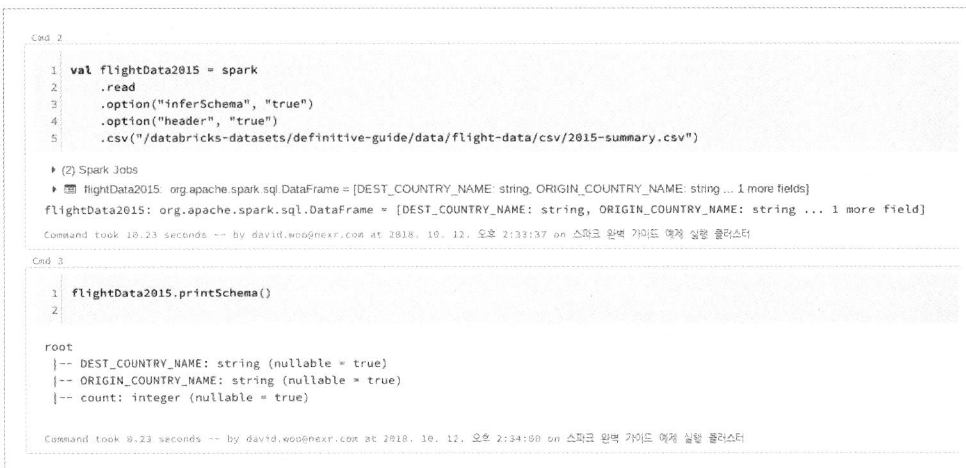

A.3.3 도커 이용하기

도커는 컨테이너 기반의 오픈소스 가상화 플랫폼입니다. 컨테이너는 Host OS 위에 구성된 고립 환경을 의미합니다. 즉, Host OS 환경과 다른 컨테이너의 환경에 영향을 받지 않는 OS 공간입니다. 이 책에서는 도커와 관련된 내용은 제공하지 않습니다. 자체 제작된 도커 환경은 로컬 환경에 구애받지 않고 스파크를 실행할 수 있습니다. 도커와 관련된 자세한 사항은 도커 홈페이지[12]를 참고하세요.

자체 제작된 도커 이미지에는 스파크 실행 환경, 노트북 기능을 제공하는 제플린[13] 그리고 이 책의 실행 예제가 포함되어 있습니다. 자체 제작된 도커 이미지는 도커 허브 사이트[14]에 업로드되어 있으므로 도커가 설치된 환경에서 손쉽게 내려받아 실행할 수 있습니다. 도커 이미지를 제작해준 kt NexR의 이승범 님께 감사의 말씀을 드립니다.

도커 설치하기

도커 이미지를 실행하려면 도커가 설치되어 있어야 합니다. 도커는 윈도우, 리눅스, Mac OS 환경을 지원합니다. 도커 설치와 관련된 내용은 도커 문서[15]를 참고하세요.

도커 이미지 실행하기

도커를 실행하는 방법은 다음과 같습니다.

1. 도커 이미지를 내려받습니다.

```
docker pull docker.io/rheor108/spark_the_definitive_guide_practice
```

2. 도커 이미지를 실행합니다.

```
docker run -p 8080:8080 -p 4040:4040 rheor108/spark_the_definitive_
guide_practice
```

3. 웹 브라우저를 통해 제플린 UI에 접속합니다.

```
http://localhost:8080
```

12 옮긴이_ https://www.docker.com/

13 옮긴이_ http://zeppelin.apache.org/

14 옮긴이_ https://hub.docker.com/

15 옮긴이_ https://docs.docker.com/install/#supported-platforms

그림 A-14 제플린 노트북 화면

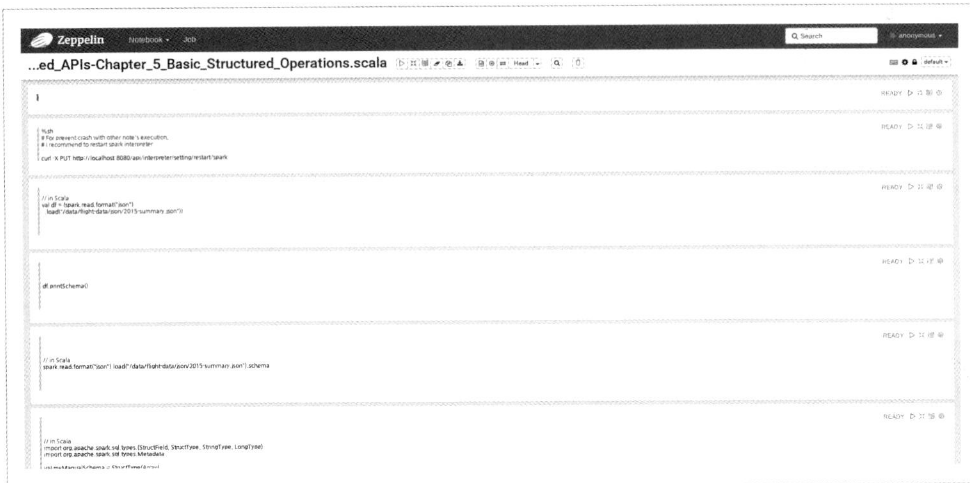

제플린에는 이 책을 구성하는 모든 장의 코드 예제가 노트별로 수록되어 있습니다. 해당 장의 노트를 선택하여 코드 예제를 실행할 수 있습니다.

주의사항

도커 이미지는 원문 코드 예제에 오류가 있거나 제플린 버전의 업데이트가 발생하는 경우 수시로 업데이트됩니다. 그렇기 때문에 주기적으로 도커 웹사이트[16]에 방문해 업데이트 명세를 확인해야 합니다.

도커 환경과 관련된 질문이나 오류사항은 이메일[17]로 문의하기 바랍니다.

A.4 코드 예제 내려받기

『스파크 완벽 가이드』의 코드 예제는 원서의 공식 코드 저장소[18]가 아닌 별도의 코드 저장소[19]에서 내려받을 수 있습니다.

16 옮긴이_ https://hub.docker.com/r/rheor108/spark_the_definitive_guide_practice
17 옮긴이_ developerbum@gmail.com
18 옮긴이_ https://github.com/databricks/Spark-The-Definitive-Guide
19 옮긴이_ https://github.com/FVBros/Spark-The-Definitive-Guide, 단축 URL: https://bit.ly/2QKoyM6

원서의 코드 예제를 실행하면서 정상 동작하지 않는 부분이나, 내용상 변화가 필요한 코드 예제는 원서와 일부 다를 수 있습니다. 하지만 본질적인 내용은 변경되지 않았습니다.

이 책의 모든 코드 예제는 /code 디렉터리 하위에 장별로 저장되어 있으며, 예제 데이터셋은 /data 디렉터리 하위에 존재합니다.

『스파크 완벽 가이드』와 관련한 질문이나 오류사항은 코드 예제 저장소의 이슈 게시판[20]에 문의하기 바랍니다.

20 옮긴이_ https://github.com/FVBros/Spark-The-Definitive-Guide/issues

APPENDIX B

더블린 원정대: 스파크 서밋 2017 더블린 참관기

"Sure, why not?"

한참의 망설임 끝에 '사진을 함께 찍어도 될까요?'라는 질문에 마테이 자하리아가 대답했다. 원정에 함께한 가넷(garnett.yun)은 연신 카메라 셔터를 눌러댄다. 그렇게 스파크 서밋 더블린의 마지막 날이 저물었다.

B.1 품다

2016년 10월 도쿄에서 열린 하둡 서밋에 참여하던 중 가넷과 나는 스파크 서밋 벨기에 개최 소식을 늦게 접했다. 회사에서 스파크 애플리케이션을 만들고 있었기에 큰 아쉬움으로 남았다. 아쉬움이 유난히도 깊었는지 스파크 서밋에 함께 가자는 이야기를 입에 달고 살았었다. 『스파크 완벽 가이드』의 사전 공개 버전이 사파리 북스 온라인 사이트[1]에 올라온 후에는 한국어로 번역해서 저자들의 사인을 받아오자는 원대한 꿈도 꾸고 있었다. '정말 멋진 일이 될 것 같아요'라고 가넷은 이야기했다. 한참 날씨가 더워지던 2017년 7월 꿈이 현실로 바뀌기 시작했다. 그렇게 우리는 스파크 서밋 참가에 대한 꿈을 품었다.

1 옮긴이_ https://www.safaribooksonline.com/

B.2 준비하다

늘 지내던 환경을 벗어나 이역만리 유럽에 간다는 것은 누구에게나 흥분되고 기분 좋은 일이다. 하지만 스파크 서밋을 더 가까이에서 느끼기 위해 열심히 준비했다. 가장 먼저 스파크 서밋의 일정을 확인했다. 고가의 참가비를 받는 만큼 '스트리밍', '딥러닝', '연구', '엔터프라이즈'로 나뉜 여러 세션이 열리는 행사였다. 당시에는 구조적 스트리밍과 딥러닝을 중심으로 100개 이상의 세션이 열렸다. 스파크 서밋 2017 유럽은 약 1,200명이 참가해 11개의 트랙이 열리는 큰 행사였다. 실무에서 프로젝트용 스트리밍 처리 애플리케이션을 개발하는 일과 스트리밍 솔루션을 만드는 업무를 수행하던 때라 자연스레 스트리밍 관련 세션에 눈이 갔다. 하지만 튜닝과 모니터링, 딥러닝 등 너무나도 들어보고 싶은 세션이 넘쳐났다. 선택 장애에 빠지지 않기 위해 각 세션의 설명을 하나하나 읽으며 사전설명을 정리하고 내가 얻을 경험을 간략하게 정리해나갔다.

그림 B-1 스파크 서밋 세션 참여 계획 세우기

DAY 1

- 이날은 더블린 원정대(Garnett도 같이가서 원정대라...칭하였....습니다...)가 Dublin에 도착하는 날입니다.
- 1일차는 Spark 관련 특강이 이뤄지는 날입니다. training day라고 되어 있으며 유료 참가자에게만 해당 세션이 허락됩니다.
  딥러닝, 데이터 과학, spark 튜닝 세가지 세션이 있습니다.
- 유료 신청을 하지 않았으므로 해당 세션에는 참여하지 못하며, 행사장 사전 파악 및 18시에 있을 Pre-Summit Apache Spark Meetup에
  참가해볼 예정입니다.
- 밋업은 스파크 컨트리뷰터, 커미터, 사용자들이 함께 모여서 Spark에 대해 이야기를 나누는 자리이며 Databricks가 후원합니다.

DAY 2

- 본격적인 Spark Summit 이 시작되는 날입니다.
- 8시정도에 행사장에 도착하여 등록하고 각종 Goods를 수령한 후 Keynote 발표장으로 이동할 예정입니다. 이후 일정은 다음과 같이 잡았습니다.

[09:00] Deep Learning and Streaming in Apache Spark 2.2
- 자하리아가 진행하는 spark 2.2 이야기입니다. 올해 공개된 2.2버전의 주요 기능인 Structured Stream Processing과 Deep Learning에 대한
  이야기를 들려준답니다. TensorFlowOnSpark에 대한 이야기가 기대됩니다. 물론 Structured Stream Processing 두요..

[09:35] Hotels.com's Journey to Becoming an Algorithmic Business...Exponential Growth in Data Science Whilst Migrating to
Apache Spark+Cloud All at the Same Time
- 호텔스닷컴이 지난 몇년간 SAS/SQL에서 Spark로 핵심 아키텍처를 변경한 이야기를 들려준다고 합니다. 그리고 자체 서버에서 클라우드로 인프라를 옮긴 이야기두요.
  데이터브릭스와 협업을 통해 얼마나 잘 구현했는지 이야기 한답니다.

[09:55] Keynote (Acceleration Innovation with Unified Analytics)
- Databricks의 고디시라는 분께서 통합 분석환경을 통한 혁신 가속화하기라는 주제로 이야기를 펼친답니다. 많이 원하지만 실제 잘 구현하기는 어려운그런 환경에 대한 이야기군요..

[10:30] Mid-AM Break
- 30분정도 잠시 쉬어가구요.. 요때 전시장을 좀 둘러봐야겠습니다.

[11:00] FROM PIPELINES TO REFINERIES: BUILDING COMPLEX DATA APPLICATIONS WITH APACHE SPARK
- 다양한 워크로드가 엮이는 환경의 데이터 관리 이슈나 빅데이터 어플리케이션에 대한 이야기를 나눈답니다. 그리고 이와 관련된 실험적 프레임워크도 보여준다는군요. :)

[11:40] Apache Spark Performance Troubleshooting at Scale, Challenges, Tools, and Methodologies
- 언제나 문제가 되는 "성능"이라는 측면의 문제점과 관련된 세션입니다. 좀더 실용적이 내용이 많이 나오기를 기대해야겠네요.

전체 일정을 그림에 담기에는 너무 길어 나머지는 생략했지만 개인적인 호기심을 높이기 위해 기대하는 바도 함께 기록했다. 오랜 시간 동안 책과 인터넷으로만 만나던 스파크 창시자와 기여자, 그리고 스파크를 사용하는 사람들을 만나게 된다는 사실은 30대 후반의 개발자를 흥분시키기에 충분했다. 더블린 원정대는 이렇게 마음의 준비를 마쳤다.

B.3 함께하다

"Welcome to Dublin!"

영국 하면 떠오르는 연회색 하늘이 온 세상을 뒤덮은 10월, 여권에 아일랜드 도장이 찍혔다. 더블린까지 오랜 시간이 걸렸지만 피곤함을 느낄 여유는 없었다. 몇 시간 후면 마테이 자하리아가 키노트 발표를 하게 될 더블린 컨벤션 센터로 발길을 옮기면서 우리 여정이 시작됐다. 키노트 발표가 시작되고 마테이 자하리아가 연단에 올라올 때 사람들이 치던 박수의 느낌은 왠지 감사의 박수 같았다. 자신의 창조물에 열광하는 수많은 사람 앞에 서는 기분은 어떨까? 짧지만 생각이 깊어졌다. 키노트 발표는 스파크의 구조적 스트리밍과 딥러닝 내용을 다루고 앞으로 스파크가 변할 모습을 설명하는 시간이었다. 뒤이어 시연한 딥러닝 예제는 스파크로 얼마나 단순하게 딥러닝을 구현할 수 있는지 보여주는 좋은 시간이었다.

키노트가 끝나고, 전쟁과 같은 세션 참여 시간이 무려 이틀 동안 이어졌다. 우리는 미리 준비해 간 세션 목록을 따라 수많은 방을 옮겨 다니며 가혹한 일정을 수행하고 있었다. 다음은 기억에 남는 세 개의 세션을 추려 정리한 내용이다.

스파크와 모니터링 도구[2]

표면적인 내용은 스파크 애플리케이션 성능 개선에 필요한 도구와 성능 측정 방법론이었다. 이 책의 4부에서 설명한 내용에 해당한다고 볼 수 있다. 모니터링 도구에 대한 설명도 의미가 있었지만 '누구는 누구보다 성능이 몇 배 빠르다!' 같은 문장에 현혹되지 않고 자신만의 기준을 설정해 성능을 평가하는 방법론이 더 재미있었다. 빅데이터 업무를 하다 보면 '빠름'이라는 단어에 현혹되는 경우를 쉽게 만날 수 있다. '과연 우리에게 빠름은 어느 수준을 의미할까?'를 되새기고 성능을 논해야겠다.

치우친 데이터 다루기[3]

이 발표의 부제는 반복적 브로드캐스트The Iterative Broadcast다. 데이터 치우침은 비단 빅데이터 처리만의 문제가 아니다. 하지만 병렬 처리를 기본으로 하는 빅데이터 처리 기술과 함께 하는 참

---

2 옮긴이_ http://bit.ly/2ICtNuu

3 옮긴이_ http://bit.ly/2Np66GP

으로 지독한 '친구'임에 틀림없다. 친구니 친해져야 한다. 이 친구의 영향력은 막강하다. 발표자들은 브로드캐스트 대상 테이블을 로우를 기준으로 나누고 익스큐터에서 테이블 일부를 받아 반복적으로 조인한 후 결과를 만들어내는 '반복적 브로트캐스트 조인' 과정을 설명했다. 그렇다, 빅데이터 처리 분야의 기본적인 개념인 '분할과 정복'이 다시 나왔다. 문제를 해결하는 원리를 이해하고 해결해나가는 과정은 매우 흥미로웠다.

셔플 과정 가속화[4]

페타바이트 규모의 실전 데이터 처리를 단순 맵 작업만으로 끝낼 수 있다면 얼마나 좋을까? 하지만 현실은 우리를 가만히 놔두지 않는다. 조금만 처리가 복잡해지면 금세 '셔플'이라는 친구가 찾아온다. 데이터 치우침이라는 친구만큼이나 우리를 난감하게 만드는 친구다. 피할 수 없다면 즐기라 했던가? 셔플을 없앨 수 없다면 더 빠르게 벗어나는 방법이 필요하다. 이 세션에서는 모던 이더넷 카드가 가지고 있는 RDMA 기능으로 셔플 블럭 전송에 불필요한 과정을 생략하는 과정을 설명했다. 이 구현체를 사용하려면 의존성을 정의하고 `spark.shuffle.manager` 속성을 변경하기만 하면 된다. 코드를 변경하지 않아도 기저의 동작 방식만 변경하여 사용할 수 있다는 장점이 마음에 들었다. RDMA/RoCE를 지원하는 네트워크 카드만 있다면 사용할 수 있는 기능이다.

스파크 서밋의 참가자, 세션 모두 우리가 원하고 기대했던 상황을 뛰어넘었다. 그렇게 더블린의 시간이 흐르는 동안 우리는 스파크 커뮤니티의 구성원들과 함께했다.

B.4 느끼다

스파크 서밋은 전 세계의 스파크 사용자들이 한자리에 모여 새로운 기능과 자신의 연구 성과 활용 사례를 공유하고 커뮤니케이션 활동을 하는 자리다. 서밋에서 얻을 수 있는 것은 다양하지만 그중 몇 가지를 꼽는다면 다음과 같다.

---

4 옮긴이_ http://bit.ly/2ICtNuu

B.4.1 만나다

전체 일정을 확인해보면 쉬는 시간이 여럿 보인다. 때로는 아예 기술 관련 담화가 마련되기도 한다. 더블린에서는 스파크 커뮤니티에서 이름 있는 개발자인 홀덴 카라우[5]가 진행한 「Women in Big Data Lunch and Talks」가 열렸다. 제목이 정답이다. 아저씨는 피하는 것이 상책이다. 대신 마테이 자하리아를 포함한 데이터브릭스의 개발자들과 오픈소스 티셔츠를 입고 있는 심상치 않은 포스의 여러 사람을 만나볼 수 있다. '한국인은 몇 명이나 있지?' 하는 궁금증에 참여자를 확인하던 중 VCNC의 스파크 활용 사례를 발표하려 김상우 님(쏘카 데이터그룹 그룹장)이 참가한 것을 알았다. 한국인이라는 이유만으로 우리는 일정 내내 자주 만났다. 원정대의 일원이었던 가넷은 김상우 님의 발표 세션에 참가했다. 마지막 날에는 김상우 님을 비롯해 서밋에 참가했던 유럽 친구 두 명과 함께 더블린의 명소인 템플바에서 사는 이야기를 안주로 맥주 한잔 걸쳤다. 유창하지 않은 영어로 나눈 빅데이터 관련 대화는 매우 유익한 경험이었다. 나는 한국에서 왔고 '싸우쓰!' 코리안이라는 농담을 했을 때 썰렁했던 분위기는 아직도 기억난다. 분단 상황을 몰랐겠거니 생각했다. 그리고 꼭 한번 만나고 싶었던 마테이 자하리아도 만날 수 있었다. 워낙 여러 사람이 주위에 있어 오랜 시간 대화를 나누지는 못했지만, 한국에서 왔고 통신사 데이터를 실시간으로 처리하는 데 스파크를 매우 잘 활용하고 있어 감사하고 있다는 마음을 표현했다. 비록 빠른 사진 촬영으로 마무리(영어로 말하기의 중요성)되기는 했지만, 그 순간은 지치고 힘들 때 여전히 큰 도움이 된다. 그렇다. 스파크 서밋에는 이렇게 다양한 만남이 있다.

B.4.2 얻다

서밋이나 밋업에서는 다양한 기술 이야기가 오간다. 미공개 기술보다는 여러 사람이 사용하며 개발한 모듈에 대한 소개나 잠시 잊고 있었던 원리에 대한 이야기도 많이 나온다. 개인적으로는 발표자들이 직면했던 문제와 문제를 풀어가는 과정이 더 인상적이었다. 당시에는 구조적 스트리밍과 딥러닝이 대세였으므로 새로운 기술에 대한 정보도 많이 얻을 수 있었다. 수많은 세션에서 얻을 수 있는 지식의 양은 매우 많았다. 본업이 솔루션 개발이다 보니 점심시간에 각 회사가 마련한 부스에 들러 어떤 솔루션을 시연하는지 보는 것도 유익했다. 마이크로소프트 부스에서는 영상을 촬영해 나이와 기분을 추정하는 데모를 보여주고 있었다. 동료들과 함께 만들어 보자고 했던 솔루션이 눈앞에 펼쳐지고 있었다. 컴퓨터가 착해서일까? 내 나이를 5살이나 어

---

5 옮긴이_ https://twitter.com/holdenkarau

리게 추정했다. 감사할 따름이었다. 스파크 서밋은 다양한 경험과 지식을 짧은 시간 안에 다양하게 얻는 장소다.

B.4.3 되새기다

내가 지내던 시간과 공간에서는 일하는 관성 때문일까 당연한 것을 잊고 지내곤 한다. 비단 서밋에서만 얻을 수 있는 깨달음은 아니지만, 기초의 중요성을 다시 한번 떠올리게 된다. 많은 발표자가 본질적인 문제를 파고들어 문제의 본질에 접근하고 해결책을 얻고 있었다. 그런데 자세크 라스코프스키jacek laskowski가 진행한 세션에서 했던 말은 빤하지만 신선했다.

> "여러분이 다루고 있는 데이터를 먼저 알아야 합니다. 스파크가 알아서 문제를 해결해주지 않습니다."

그렇다. 어쩌면 우리는 데이터 처리라는 본질을 먼저 고려하지 않고 빅데이터 처리라는 단어에 빠져 특정 기술이 문제를 해결해줄 것이라는 미신을 믿고 있는지도 모르겠다. '새로 나온 어떤 프레임워크가 빠르다'거나 '기존 기술보다 진보한 기술이 더 낫다' 같은 말에 쉽게 현혹되는 상황을 너무 많이 봐서일까? 문제의 본질은 데이터를 원하는 수준의 요건에 맞춰 처리하는 것이다. 비록 기나긴 세션의 한 귀퉁이에 있는 말이지만, 내가 다루려는 데이터의 특성을 충분히 이해하고 처리 도구의 능력을 걸맞게 사용하는 것이 중요하다. 다시 한번 당연한 진실을 되새겼다.

B.5 나누다

두 가지를 나눠야 한다. 바로, 오랜 시간 떨어져 있던 가족과의 시간 그리고 동료들에게 경험을 전달하는 시간이다. 업무에 치여 볼 틈이 없던 동료들을 위해 원정대 보고를 했다. 2일간의 세션을 모두 일일이 설명할 수는 없으니 인상적이던 몇몇 세션을 동료들과 함께 이야기했다. 들었던 이야기, 느꼈던 점을 이야기하다 보니 세션 참여만큼이나 시간이 빠르게 흘러갔다. 혹시 스파크 서밋에 참가하게 된다면 주변 분들과 경험을 나누는 시간을 꼭 가지기 바란다. 기억은 견고해지고, 그때의 마음가짐은 더 오래 가게 된다. 기억뿐만 아니라 새로 얻은 지식 중 업무에 반영할 목록을 만들어 구현 계획을 세우는 것도 중요하다. 이어지는 그림은 사내 발표에 사용한 보고서 중 일부다. 배움은 나눠야 한다.

그림 B-2 더블린 원정대 보고서

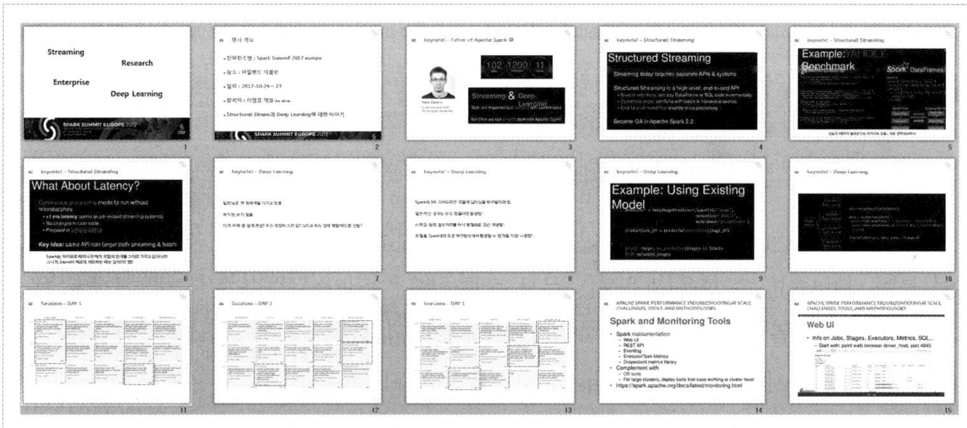

B.6 경험하다

서밋에 참여하지 못했다고 실망할 필요는 없다. 대부분의 서밋 행사가 그러하듯 스파크 서밋 또한 종료 후 관련 영상과 슬라이드를 공개한다. 지난 서밋의 정보가 궁금하다면 동영상을 모아놓은 사이트[6]에 접속해 각 행사별 동영상을 볼 수 있다. 과연 역자가 말한 세션이 정말 흥미로운지 찾아보는 것도 좋다. 얼마 전에 런던에서 열린 스파크 서밋 자료도 책이 출간될 즈음에는 올라와 있을 것이다.

6 옮긴이_ https://databricks.com/sparkaisummit/sessions

그림 B-3 지난 스파크 서밋 세션 영상

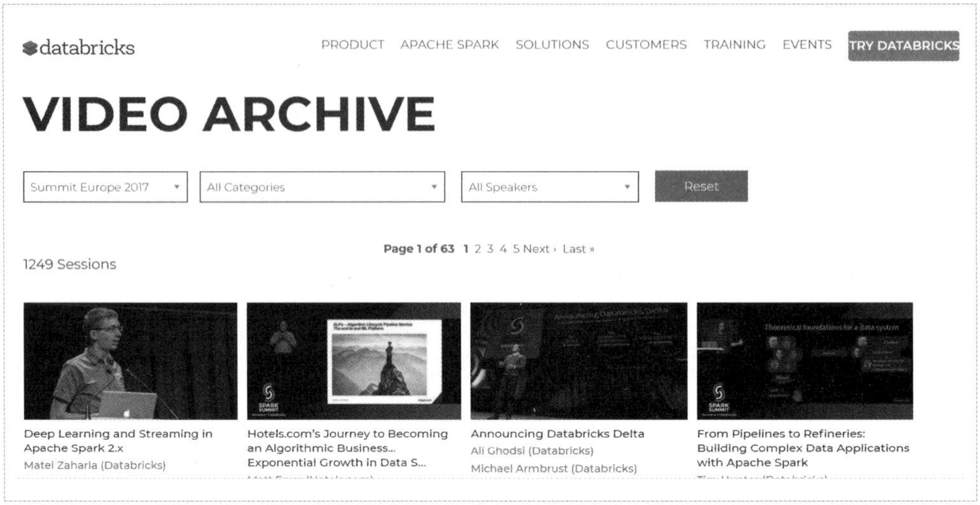

원하는 주제를 선택하고 동영상 플레이어 하단에서 Download Slide 버튼을 클릭하면 자료를 확인할 수 있다.

그림 B-4 세션 슬라이드 다운로드

비록 날것 그대로는 아니지만, 소리를 키우고 각 연사가 내뿜는 스파크에 대한 열정을 함께 느끼며 스파크 서밋 현장을 경험할 수 있다. 한 가지 덧붙이자면 2017년을 마지막으로 스파크 서밋은 스파크+AI 서밋으로 그 이름을 변경했다.

B.7 바라다

스파크가 빅데이터 처리 분야에 선사한 높은 편의성과 성능은 이미 많은 분야에서 검증되었다. 스파크 서밋에 참가해야만 스파크 개발을 할 수 있을까? 아니다. 인터넷에는 최신 스파크 관련 정보가 넘치며 스파크 전문가들이 펴낸 수많은 책이 우리 곁에 있다. 하지만 '스칼라를 엄청나게 잘하고 함수형 언어를 완전히 이해해야 하지 않나?'와 같은 두려움이나 '빅데이터 처리 지식도 별로 없는 내가 애플리케이션을 제대로 만들 수 있을까?'와 같은 불안감이 생길 수 있다. 만약 그렇다면 긴장하던 역자에게 마테이 자하리아가 했던 말을 떠올리며 스파크를 내 것으로 만들어나가기 바란다.

"Sure! Why not!"

_2018년 10월 더블린 같은 하늘을 가진 제주에서

INDEX

N

O

P

T

INDEX

INDEX